寧國年鑒

2017 YEARBOOK OF NINGGUO

寧國年鑒

宁国市人民政府 主办
宁国市地方志办公室 编纂

方志出版社

图书在版编目（CIP）数据

宁国年鉴 . 2017 / 宁国市地方志办公室编 . -- 北京：方志出版社，2017.11

ISBN 978-7-5144-2648-9

Ⅰ . ①宁… Ⅱ . ①宁… Ⅲ . ①宁国— 2017 —年鉴Ⅳ . ① Z525.44

中国版本图书馆 CIP 数据核字（2017）第 273599 号

宁国年鉴（2017）

编　　者： 宁国市地方志办公室
责任编辑： 刘　珊　王海荣

出 版 人： 冀祥德
出 版 者： 方志出版社
地址　北京市朝阳区潘家园东里 9 号（国家方志馆4层）
邮编　100021
网址　http://www.fzph.org
发　　行： 方志出版社图书经销中心
电话（010）67110500
经　　销： 各地新华书店
设计制版： 合肥艺杭文化传媒有限公司
印　　刷： 安徽新华印刷股份有限公司

开　　本： 889 × 1194　　1/16
印　　张： 30.25
字　　数： 1000千字
版　　次： 2017年11月第1版　2017年11月第1次印刷
印　　数： 0001 ~ 1000册

ISBN 978-7-5144-2648-9　　定价：168.00元

编辑说明

一、《宁国年鉴》是宁国市人民政府主办，宁国市地方志办公室编纂的地方综合信息资料性文献，1999年创刊，《宁国年鉴（2017）》是第九卷。

二、《宁国年鉴（2017）》以马克思列宁主义、毛泽东思想、邓小平理论、“三个代表”重要思想、科学发展观、习近平新时代中国特色社会主义思想为指导，坚持辩证唯物主义和历史唯物主义的立场、观点、方法，存真求实，全面、客观、系统地记述2016年宁国政治、经济、文化和社会等各个方面的基本面貌和发展情况，为社会各界了解、研究和发展宁国提供基本信息资料，为续写《宁国市志》积累相关史料。

三、本卷年鉴篇目结构由上卷的小篇改为中篇，栏目相应进行了调整：卷首设特载、专记、市情概览、大事记4个栏目；主体内容由上卷的32个栏目改为25个，并将政治部类栏目调至经济部类前；卷末设附录、索引2个栏目。

四、本卷记述时段原则上为2016年，特载与部分图片资料截至出版前，“专记”“市情概览”和“小资料”记载内容上溯事物发端，以体现完整性。

五、在全书文中条目和栏目后根据需要作注释与插补“小资料”，被注释词条在该词条后用▲注明，注释随文用楷体排版。文中除“民主党派”分目外，未标明党派的“市委”，均为“中共宁国市委”，“党员”均为“中共党员”，“市经信委”“市检察院”“团市委”等全书出现较多的机关、单位、人民团体的简称在“目录”前设“常见组织机构简称、全称对照表”，“简略语”在第一次出现时予以括注。文中货币未注明的，均为人民币。文中交叉记述的事物，从不同的角度记述，或此详彼略或互见法处理。

六、本卷年鉴索引设“条目索引”“正文图表索引”“简略语和名词解释索引”3种。

七、本卷年鉴所载信息资料由市直各部门、各乡镇（街道）及有关企业与驻宁单位撰写提供，经年鉴编辑部整理编辑，各供稿单位审核而成。所刊图片主要由市文联、市文旅委、市新闻传媒中心、各供稿单位和市摄影家协会提供及向社会征集，部分图片拍摄者不详，为统一起见，除彩页中已知拍摄者的图片署名拍摄者外，本书图片主要拍摄者统一署名于书前，若有疏漏，请与《宁国年鉴》编辑部联系；所载数据以《2017宁国统计年鉴》公布的统计数据为准，《2017宁国统计年鉴》未公布的，采用各主管部门和有关单位提供的数据。本卷除农业、林业面积单位照顾习惯沿用“亩”（一亩等于666.67平方米）外，其他均采用法定计量单位。为保持文献原貌，《特载》所刊文献和《附录》所辑统计公报中的数据及单位均不作变动。

八、本卷年鉴的编纂出版，得到了市文联、市文旅委、市新闻传媒中心等各供稿单位及社会各界的大力支持，广大编撰人员付出了艰辛的劳动，在此谨表谢意。由于成书仓促，水平有限，如有疏漏和不足之处，敬请广大读者批评指正。

《宁国年鉴》编辑部

2017年11月

宁国市地方志编纂委员会

《宁国年鉴》编辑部

（周胤/摄）

栏目

宁国坐标

宁国位置　地处安徽省东南部，毗邻皖浙七县市
宁国历史　江南古邑，建置 1800 余年
宁国市树　南方红豆杉
宁国市花　江南牡丹
宁国精神　开放包容　敢为人先　艰苦创业
邮政编码　242300
电话区号　0563

数字宁国

（截至 2016 年 12 月 31 日）

总面积 2487 平方千米
总人口 38.55 万人
生产总值 254.43 亿元
人均生产总值 6.60 万元
第一产业增加值 21.59 亿元
第二产业增加值 148.24 亿元
第三产业增加值 84.60 亿元
财政收入 41.40 亿元
社会消费品零售总额 91.99 亿元
全年发明专利授权 294 件，年末全市万人有效发明专利拥有量 16.64 件
各类学校 128 所，在校生：普通高中 4693 人、职业高中 4386 人、初中 8837 人、小学 18332 人、在园幼儿 10783 人
各类医疗卫生机构 270 个，卫生技术人员 2558 人，医疗床位 1877 张
城镇非私营单位就业人员年平均工资 54896 元
城乡居民人均可支配收入 27016 元

图片链接

“中国之艳　十大秋色”——醉美红杉林

醉美红杉林景区位于宁国市青龙湾上游方塘乡境内，随着寒冬渐深，红杉林渐次变红，倒映在清澈碧绿的水面，恍如北疆的喀纳斯风光，装点出一处独特的宛如油画般的湿地美景，被媒体网友们惊呼“中国之艳　十大秋色”。

2015 年，红杉林景区被中国摄影家协会授予“中国摄影创作基地”。2017 年 11 月，红杉林景区被《大众摄影》杂志社授予“中国醉美红杉林拍摄基地”。同月，千亩红杉林的美景被央视财经频道《第一时间》栏目组、《人民日报》海外版和央视《新闻联播》相继报道。

宁国荣誉

美丽中国十大最美城镇
中国十大质量魅力城市
中华诗词之乡
中国山核桃之乡
中国元竹之乡
中国竹子之乡
中国优秀旅游城市
中国耐磨铸件之都
中国前胡之乡
中国摄影创作基地
国家卫生城市
国家生态市
国家园林城市
国家知识产权强县
全国山区综合开发先进县（市）
全国义务教育发展基本均衡县（市、区）
全国平安建设先进县（市）
全国生态保护与建设示范区
全国休闲农业与乡村旅游示范县
全国农业产业化先进市
全国国土资源节约集约模范县（市）
全国科技进步先进县（市）
全国科普示范县（市、区）
全国绿色小康县
2016 年度中国中小城市创新创业（双创）百强县市
2016 年度中国中小城市综合实力百强县市
2016 年度中国中小城市新型城镇化质量百强县
2016 年度中国最具投资潜力中小城市百强县市
2016 度中国十佳“两型”中小城市

方塘红杉林景区——中国醉美红杉林拍摄基地（万辉/摄）

风景名胜

国家森林公园：	板桥自然保护区
国家水利风景区、省级风景名胜区：	青龙湾风景区
国家AAAA级旅游景区：	恩龙世界木屋村　夏霖风景区　青龙湾风景区
国家AAA级旅游景区：	东津河漂流旅游区　石柱山风景区　落花荡景区　吴越古道景区　宁国市华东大裂谷景区　千秋畲族文化园
全国休闲农业与乡村旅游示范点：	千秋畲族休闲园
国家重点文物保护单位：	仙人塔　“官山、毛竹山”旧石器遗址
省级重点文物保护单位：	周氏祠堂　千秋关　山门洞摩崖石刻群　上坦大桥
省级非物质文化遗产：	云梯畲族民歌　畲族婚嫁习俗　宁国龙窑制陶技艺
旅游景点：	恩龙世界木屋村　中国树木博览园　皖南川藏线　夏霖九天银瀑　青龙湾风景区　仙人塔　石柱山风景区　一万岭风景区　凤栖沟风景区　仙人洞　道场坪　黑洞瀑布群　吴越古道　储家滩　云梯将军关漂流　南极漂流　青龙双河漂流

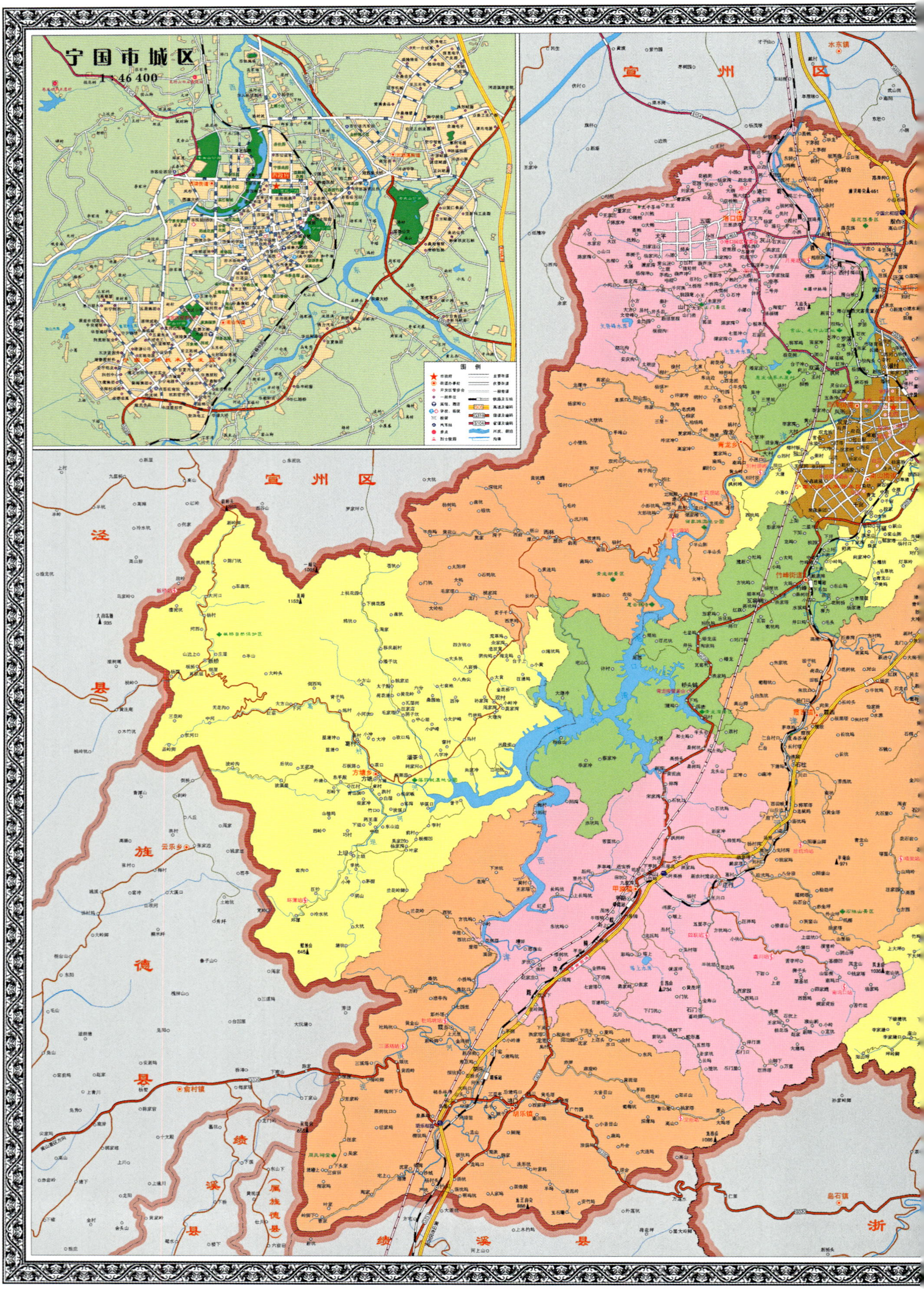

宁国市民政局　安徽省第四测绘院　编制　　审图号：皖宣S〔2017〕001号

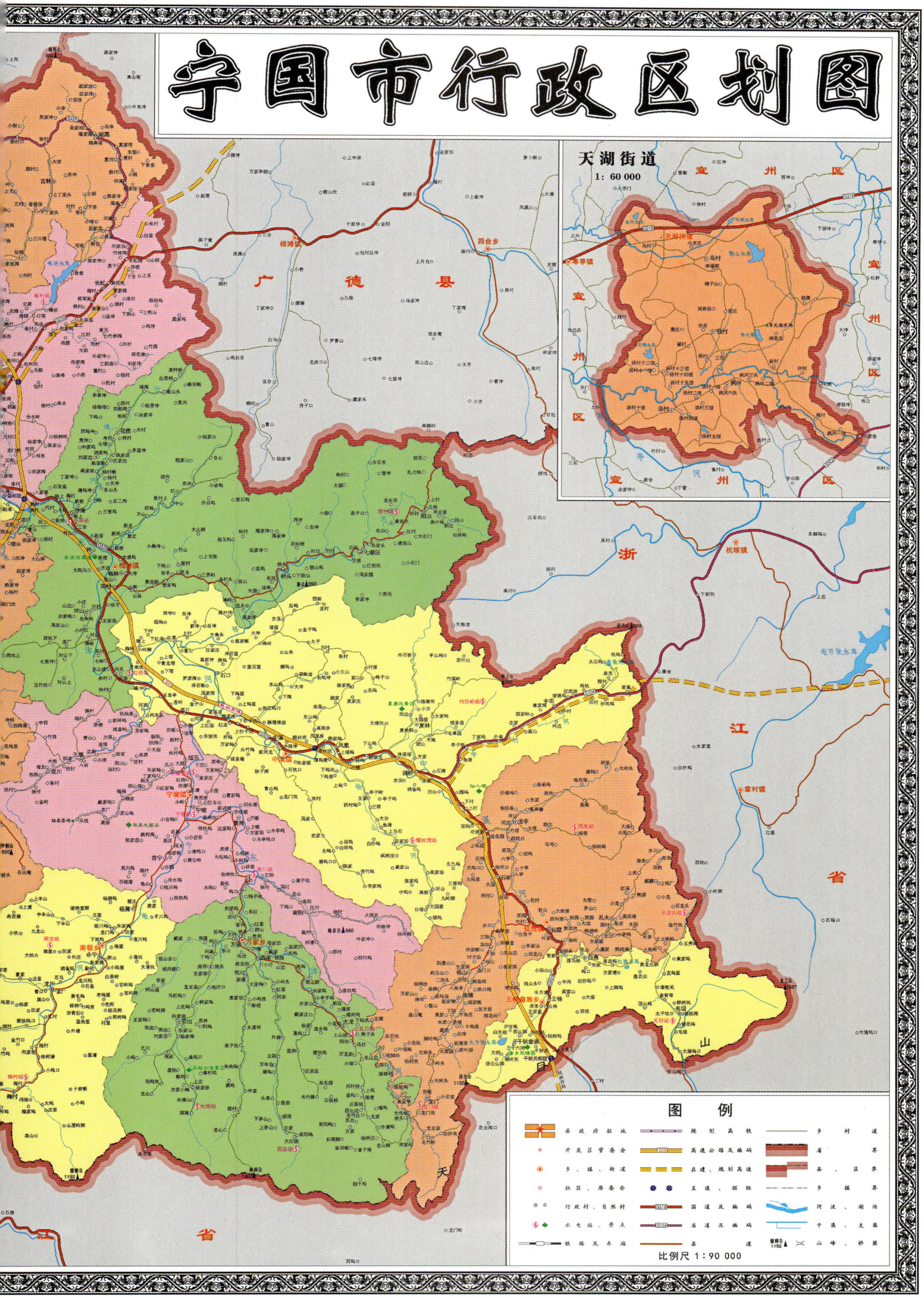
宁国市行政区划图
天湖街道
1：60 000
宣州区
广德县
浙江省
天目山
省
图例
县政府驻地
开发区管委会
乡、镇、街道
社区、居委会
行政村、自然村
水电站、景点
铁路及车站
规划高铁
高速公路及编码
在建、规划高速
互通、枢纽
国道及编码
省道及编码
县道
乡村道
省界
县、区界
乡镇界
河流、湖泊
干渠、支渠
山峰、桥梁
比例尺 1：90 000

二〇一七年十一月

凤翔府城　最美宁国

（项吉凌／摄）

初心筑梦 勤政强宁

CHUXINZHUMENG · QINZHENGQIANGNING

北城鸟瞰（田凯／摄）

市委书记王普在党代会上讲话

中共宁国市第十四届代表大会第一次会议

2016年6月19—21日，中共宁国市第十四届代表大会第一次会议在宁国市区举行。大会选出中共宁国市第十四届委员会、中共宁国市纪律检查委员会和宁国市出席宣城市第四次党代会代表，通过十三届市委工作报告《领跑安徽　比肩苏浙　为“进军五十强、率先现代化”而努力奋斗》的决议和纪委工作报告的决议。6月21日举行第一次全体会议，选举产生中国共产党宁国市第十四届委员会常务委员会委员、书记和副书记，批准中共宁国市纪律检查委员会第一次全体会议选举产生的书记、副书记和常务委员会委员。王普当选为中共宁国市第十四届委员会书记。

中国共产党宁国市第十四届代表大会第一次会议

市人大常委会主任叶蕴作市人大常委会工作报告

市长何田作政府工作报告

宁国市第十六届人民代表大会第一次会议

2017年1月4—6日，宁国市第十六届人民代表大会第一次会议在宁国市区举行。大会选举叶蕴担任市人大常委会主任，何田担任市人民政府市长，并选举产生市人大常委会副主任、市人大常委会委员、市人民政府副市长、市人民法院院长、市人民检察院检察长；审议批准《宁国市2016年国民经济和社会发展计划执行情况与2017年国民经济和社会发展计划草案报告》《宁国市2016年财政预算执行情况和2017年财政预算草案报告》《关于市十六届人大一次会议代表议案和建议、批评、意见的审查报告》；审议批准市人民政府工作报告、市人民代表大会常务委员会工作报告、市人民法院工作报告、市人民检察院工作报告；表决通过市十六届人大财政经济、法制、教育科学文化卫生、城乡建设环境与资源保护委员会组成人员名单；表彰人大代表议案、建议办理工作先进单位、先进个人及优秀议案、建议领衔提出人。

市政府全体组成人员向宪法宣誓

市领导看望参加会议的人大代表

市政协主席饶培康主持开幕会

市政协十届一次会议经济界别会议

中国人民政治协商会议第十届宁国市委员会第一次会议

2017 年 1 月 3—5 日，中国人民政治协商会议第十届宁国市委员会第一次会议在宁国市区举行。会议审议通过政协第九届宁国市委员会常务委员会工作报告和关于提案工作情况的报告，听取并讨论宁国市人民政府工作报告和其他报告；选举产生政协第十届宁国市委员会主席、副主席、秘书长、常务委员，饶培康当选政协第十届宁国市委员会主席；表彰 2016 年度优秀提案、承办提案先进单位和先进个人。

政协第十届宁国市委员会第一次会议开幕会

2016 年 7 月 25 日，2016 年度第一轮市委巡察工作动员暨培训会召开，正式启动巡察工作

2016 年 6 月 30 日，宁国市举行纪念建党 95 周年表彰大会暨优秀共产党员先进事迹报告会

2016 年 9 月 13 日，宁国市举行“把一切献给党”——“两学一做”学习教育艺术党课

初心展梦 创新活宁

CHUXINZHANMENG · CHUANGXINHUONING

平兴高速枢纽（秦维/摄）

2016年10月27日，宁国港口生态工业园区携手深圳市东方启辰科技有限公司举办首届中国·宁国车联网峰会

2016年4月，中鼎股份荣获2015年度十佳中国大买手“金哨奖”

中鼎高层与海外企业家交流

2016 年 7 月 20 日，宁国市首个 PPP 项目——中医院迁扩建 PPP 项目举行开工仪式

2016 年 11 月 11 日，宣城宁国核心基础零部件产业集聚发展基地相关企业参加第七届中国（芜湖）科普产品博览交易会

2016 年 6 月 13 日，宁国市被授予“国家知识产权示范城市”称号

2016 年 12 月 21 日，宁国市被授予“中国十大质量魅力城市”称号

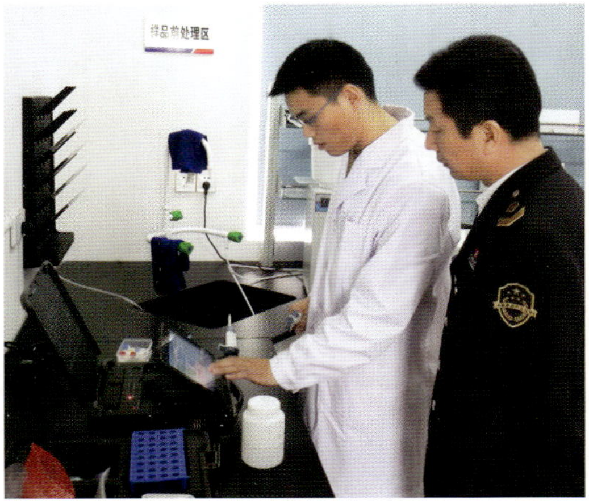

中溪市场监督管理所快检实验室对当地农贸市场进行抽样检查

江南化工研发的无固定操作人员智能化粉状乳化炸药生产线，达到国际领先水平

2016年，港口园区龙晟公司成功制备高性能石墨烯导电纤维产品

中鼎公司车间工作场景

凤阳宁国现代产业园暨安徽凤阳硅工业园

初心蝶梦 聚力兴宁

CHUXINDIEMENG · JULIXINGNING

西津河上赛龙舟（项吉凌/摄）

2016 年 5 月 26 日，宁国市社会保障局与浙江省肿瘤医院医疗服务协议签字仪式在市会议中心举行

2016 年 12 月 30 日，安徽材料工程学校、宁国市委党校迁扩建及配套路网 PPP 项目举行开工仪式

全市创建国家慢性病综合防控示范区领导小组（扩大）会议在会议中心召开

《宁国年鉴（2016）》荣获全国年鉴质量评比一等奖

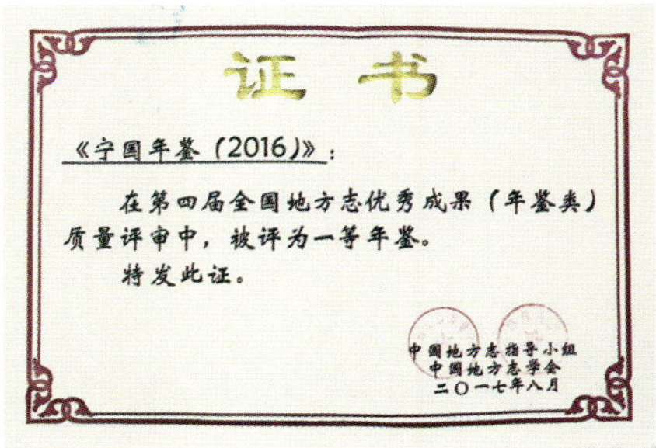

证书

《宁国年鉴（2016）》：

在第四届全国地方志优秀成果（年鉴类）质量评审中，被评为一等年鉴。

特发此证。

中国地方志指导小组
中国地方志学会
二〇一七年八月

市青少年活动中心到“安徽省中小学档案教育社会实践基地”——宁国市档案局开展暑期实践活动

2016 年 12 月 2—4 日，第二十八届全国职工射击大赛及第五届全国业余飞碟大奖赛在梅林狩猎场举行

第二十八届全国职工射击大赛比赛现场

2016 年 11 月 11 日，宁国市第三届全民健身运动会开幕式在市奥林匹克体育场举行

安徽宁国·格兰枫度斯柯达 HEROS 中国自行车系列赛在宁国举行。图为比赛现场（曾照静 / 摄）

初心萦梦 生态美宁

CHUXINYINGMENG · SHENGTAIMEINING

生态青龙湾（胡黎明 / 摄）

2016年5月18日，全市创建全国文明城市推进大会召开

2016年6月24日，全市创建国家卫生城市工作推进会召开

2016 年 5 月 18 日，省委宣传部副部长、省文明办主任贺懋燮（前排左二）到宁国调研文明创建工作

2016 年 9 月，文明城市创建督查现场

城市创建志愿者清理河道垃圾（胡博／摄）

2016年1月，宁国市被住房和城乡建设部命名为“国家园林城市”。图为市民在翠竹公园健身（何宣东／摄）

市民在新民广场晨练（何宣东／摄）

宁阳公园雪景（洪晓霞／摄）

初心和梦 共享惠宁

CHUXINHEMENG · GONGXIANGHUINING

秀水长廊步行桥夜景（帅林飞 / 摄）

市民在西津游舫休闲（项吉凌／摄）

滨河绿道休闲长廊（刘云海／摄）

"一村一品"河沥草莓

龙腾花乡（汪国林 / 摄）

2016 年 12 月 30 日，宁绩高速胡乐鸿门互通建成使用

霞西镇主干道

革命老区板桥（查宝峰／摄）

美丽乡村港口集镇街景

舞龙闹新春

狮迎吉祥

皖南花鼓戏

与花比美的畲族女（万辉／摄）

安徽畲乡·云梯“三月三”歌会

民俗工艺——推磨碾（程露／摄）

民俗工艺——编草鞋（陶少林／摄）

老宅有喜（徐美英／摄）

古村童年（鲍高峻／摄）

民俗工艺——打糍粑

民俗工艺——弹棉絮（方盛国/摄）

老街中药铺（董子群/摄）

新农家（董志强/摄）

胡乐老街长桌宴（李晓红/摄）

目　录

特　载

专　记

大 事 记

市情概览

中国共产党宁国市委员会

宁国市人民代表大会

宁国市人民政府

中国人民政治协商会议宁国市委员会

民主党派·工商联·人民团体

简称	全称
市美好办	宁国市美好乡村建设办公室
市文旅委	宁国市文化旅游发展委员会
市卫计委	宁国市卫生和计划生育委员会
市国土局	宁国市国土资源局
市安监局	宁国市安全生产监督管理局
市市场监管局	宁国市市场监督管理局
开发区管委会	宁国经济技术开发区管理委员会
青龙湾管委会	宁国市青龙湾原生态旅游度假区管理委员会
港口园区管委会	安徽宁国港口生态工业园区管理委员会
市供销社	宁国市供销合作社联合社
市金融办	宁国市人民政府金融工作办公室
市移民局	宁国市水库移民管理局
市工商联	宁国市工商业联合会
团市委	中国共产主义青年团宁国市委员会
市妇联	宁国市妇女联合会
市科协	宁国市科学技术协会
市文联	宁国市文学艺术界联合会
市残联	宁国市残疾人联合会
市地税局	宁国市地方税务局
市国税局	宁国市国家税务局
市烟草局	宁国市烟草专卖局
市人行	中国人民银行宁国市支行
市银监办	中国银监会宣城监管分局宁国办事处
市工行	中国工商银行股份有限公司宁国支行
市农行	中国农业银行股份有限公司宁国市支行
市建行	中国建设银行股份有限公司宁国支行
市中行	中国银行股份有限公司宁国支行
市农发行	中国农业发展银行宁国市支行
安徽宁国农商银行	安徽宁国农村商业银行股份有限公司
市邮储银行	中国邮政储蓄银行股份有限公司宁国市支行
市人保公司	中国人民财产保险股份有限公司宁国支公司
市人寿保险公司	中国人寿保险股份有限公司宁国支公司

常见组织机构简称、全称对照表

简　称	全　称
市委	中国共产党宁国市委员会
市人大常委会	宁国市人民代表大会常务委员会
市政府	宁国市人民政府
市政协	中国人民政治协商会议宁国市委员会
市人武部	宁国市人民武装部
市委办	中共宁国市委员会办公室
市纪委	中共宁国市纪律检查委员会
市委组织部	中共宁国市委组织部
市委宣传部	中共宁国市委宣传部
市委统战部	中共宁国市委统一战线工作部
市委政法委	中共宁国市政法委员会
市委党校	中共宁国市委党校
市编办	宁国市机构编制委员会办公室
市广播电视台	宁国市广播电视台
市关工委	宁国市关心下一代工作委员会
市法院	宁国市人民法院
市检察院	宁国市人民检察院
市政府办	宁国市人民政府办公室
市政务中心	宁国市政务服务中心
市公管局	宁国市公共资源交易监督管理局
市民族宗教局	宁国市民族宗教事务管理局
市发改委	宁国市发展和改革委员会
市人防办	宁国市人民防空办公室
市教体局	宁国市教育体育局
市科技局	宁国市科学技术局
市经信委	宁国市经济和信息化委员会
市人社局	宁国市人力资源和社会保障局
市环保局	宁国市环境保护局
市住建委	宁国市住房和城乡建设委员会
市城管局	宁国市城市管理行政执法局
市公路局	宣城市公路管理局宁国分局
市农委	宁国市农业委员会

开放型经济

工　　业

农业·林业·水利·气象

商　　贸

旅游·青龙湾原生态旅游度假区

金　　融

综合管理与监督

财政·税务

基础设施建设

城乡建设与管理

国土资源管理·环境保护

人力资源与社会保障

法治·军事

科学技术

教育·体育

文 化

卫生·计生

社会生活

乡镇·街道

人物·荣誉榜

附　　录

索　　引

CONTENTS

Ningguo Municipal People's Congress

Ningguo Municipal People's Government

Ningguo Municipal Committee of the CPPCC

Democratic Parties, Industrial and Commercial Association & Mass Organizations

Open Economy

Industry

Agriculture, Forestry, Water Conservation & Weather Services

Commerce & Trade

Tourism & Qinglongwan Original Ecological Tourist & Holiday Resort

Finance

Integrated Economic Management

Finance & Taxation

Infrastructure Construction

Urban and Rural Construction and Management

Land Resources Management & Environmental Conservation

Human Resources & Social Security

Legal and Military Affairs

Science & Technology

Education & Sports

Culture

Medical Services & Family Planning

Social Life

Townships & Streets

Personages & Honor Rolls

Appendixes

Indexes

特载

Special Documents

宁国年鉴

·在市委十四届二次全体（扩大）会议暨全市经济工作会议上的讲话（节选）

·政府工作报告（节选）

——在宁国市第十六届人民代表大会第一次会议上

宁阳晨曦

在市委十四届二次全体(扩大)会议暨全市经济工作会议上的讲话(节选)

(2016年12月22日)

中共宁国市委书记　王　普

一、比学赶超、比肩领跑,就是要不忘初心,闯出一片新天地

宁国作为一个山区小县,能够实现率先崛起、进入百强、县域领跑,关键就是靠敢想敢干、敢为人先的一股"闯"劲,关键就是靠东向发展。可以说,宁国多年来的奋斗史,其实就是一部对接苏浙沪的改革开放史,就是一部学习苏浙沪的创新创业史。

*一是在起步阶段,我们传承了东向发展的"基因"。*20世纪80年代,宁国接收了上海"小三线"14个单位的全部资产,按照1984年末的统计,共有固定资产原值5729.4万元、净值3656.5万元、国拨流动资金1046.3万元,建筑面积261417平方米,大小金属切削机床423台、锻压设备55台、各种汽车133辆。这笔资产成为宁国工业起步的"第一桶金"(当时全县每年基本建设投资仅157.3万元),孕育了宁国东向发展的产业和文化基因。

*二是在推进阶段,我们奠定了东向发展的"基础"。*起初,我们学习借鉴"苏南"模式[①]大办乡镇企业,实现了由农业贫困县向全国百强县的历史跨越;后来,我们学习"温州模式"[②],推进企业改制,实现了从乡镇企业大发展向民营经济大繁荣的华丽转身;2009年以来,受苏浙"机器换人""创新驱动"等启发,实施"四换四驱",实现了从"要素经济"向"创新经济"、从"复制经济"向"并购经济"的顺利转型。

*三是在深化阶段,我们确定了东向发展的"基调"。*现在,历史的"接力棒"交到了我们这一班人手上,我们唯有不忘初心,东向发展,才能闯出一片新的天地。因此,我们提出了"比肩苏浙、领跑安徽"的发展主基调[③]和"两融两接"的开放新格局[④],目的就是要把"东向发展"不断引向深入,就是要不断推进我市与苏浙沪全方位、立体化、深层次、宽领域的交流合作,就是要学先进、补短板、谋创新、促合作,就是要努力将我市打造成对接苏浙沪的桥头堡和示范区。

二、比学赶超、比肩领跑,就是要咬定目标、实现一次新跨越

只有目标明确,才能路径准确、措施科学。此次,根据宣城市要求,我们明确兰溪作为赶超对象、临安作为追赶标兵,使我们比学赶超、比肩领跑的目标由模糊变得清晰,由宽泛变得具体。

*一方面,必须咬定赶超对象,解决"与谁比肩"的问题。*具体来说,就是力争到2020年,全市经济总量超过兰溪等苏浙沪中等县市(最低目标),科学发展水平接近临安等苏浙沪先发县市(挑战目标)。对此,由统计部门牵头,对宁国、临安、兰溪"三地"主要经济指标和各自强项弱项,进行全面系统深入的对比分析,尤其是"十二五"期间的经济总量、增速和走势,"十三五"发展的预期目标和增速。在此基础上,由两办牵头,分年度制定赶超目标和计划,确保以最实的举措、最好的状态争取最好的结果。决不允许存有小进即满、小富即安的思想,决不允许出现差距拉大、位次下滑的局面.决不允许给人们以言而无信、行而无果的口实。

*另一方面,必须找准比学内容,解决"怎么领跑"的问题。*一是要在视野上比、在理念上学。学习苏浙沪以宽广的国际视野、敏锐的战略思维,把发展放到经济全球化和全国大格局中去谋划和定位,突出宁中搬迁、"三馆"建设、"四水八岸"[⑤]"夜景宁国'等重点,努力打造一批城市建设的精品和艺术品。(宜兴以城市客厅和文化地标的定位,规划建设文化中心,其理念、功能、品位都令人叹为观止。核心部分包括大剧院、影视城、博物馆等场馆及商业设施,成为市民享受高雅艺术,感受历史文化,体验科技奥妙,遨游知识海洋的"殿堂")二是在创新上比、在创业上学。学习苏浙沪求才若渴的风格和做派,不断强化"创新是第一动力、人才是第一资源"的理念,加快形成"以人才支撑创新、以创新引领发展、以发展汇聚人才"的生动局面,努力在科创团队、基地建设、并购经济、全域旅游等方面,努力创造无愧于时代、无愧于人民、无愧于宁国的新业绩。(湖州南太湖科技创新中心为湖州市集聚科技人才、加强创新能力和以科技成果推动经济发展转型

升级产生了良好示范作用，共引进400多位高层次科技人才；杭州梦想小镇，以完善的服务配套、优越的生活品质，迅速汇聚起一支以海归系、阿里系、浙大系、浙商系为代表的创新创业"新四军"）三是在干劲上比、在作风上学。苏浙沪虽然发展领先，但始终保持着强烈的忧患意识、争先意识和进取意识，始终清醒地认识到，不创新不行，创新慢了也不行，不发展不行，发展慢了更不行，始终保持了充足的干劲和务实的作风。当前，无论是基地建设，还是全域旅游，抑或城市创建、征收征迁、招商引资等等，都是难啃的"硬骨头"，都需要下"硬功夫"，必须在作风上实而又实、措施上细而又细、要求上严而又严。（上海经过1年多的调研论证，制定出台了建设全球影响力的科技创新中心"22条意见"，最大限度地让科研人员主动创新、愉快创新；江苏全面复制推广上海自贸区经验做法，给予苏州工业园区开放创新14项政策扶持，使全省利用外资又重回全国第一）

三、比学赶超、比肩领跑，就是要精准对接、走出一条新路子

学习对接苏浙沪决不能简单搞复制，不能简单做加法，必须坚持问题导向，结合自身实际，聚焦具体问题，做到精准对接，发挥"乘数效应"。因此，我们提出了"七大聚焦对接行动"。

一要全力推进思想观念聚焦对接行动。突出"六学六破"，扎实开展"践行新理念、对接苏浙沪"暨观念更新学习讨论活动，广泛深入学习宣传苏浙沪地区的思想观念，力争把观念提升体现在政策完善中，渗透到平时工作中，落实到具体行动中。

二要大力推进科技创新聚焦对接行动。重点是组建集技术、资本、转化、运营于一体的高标准、市场化、综合性的科创中心，打造全省县域一流的创新创业孵化平台；在临安青山湖科技城设立合作窗口，探索建设"创新飞地"，努力把宁国建成苏浙沪科技成果转化的重要基地；发挥平台优势，大力实施"三津人才"行动计划，加快完善柔性引才机制，积极引进"高精尖缺"人才；加快科创团队成果转化和产业化步伐，努力形成一个科创团队催生一个领军企业、一个领军企业带动一个新兴产业的生动局面。

三要大力推进交通物流聚焦对接行动。重点是加快交通基础设施建设，全力推进宁广高速、扬绩高速黄山连接线、申嘉湖高速西延至宁国段、宁宣杭高速於潜段等项目；争取皖赣铁路项目早日开工，超前谋划合芜宣杭城际铁路项目前期工作；拓展青龙湾通用机场服务功能，着力打造航空产业园和华东地区低空飞行体验区；加快物流产业发展，建设汪溪现代物流产业园、港口工业物流产业园，加快物流特殊监管区建设，建成中鼎公用型进口保税仓库和出口监管仓库，统筹大数据、云计算、物联网产业布局发展，发展平台经济、分享经济。

四要大力推进产业要素聚焦对接行动。重点是提高省级核心基础零部件产业集聚发展基地建设影响力、集聚力和带动力，打造具有国际核心竞争力的产业发展集群；发展"并购经济"，加快构建"1+5+N"产业发展新体系[6]；立足产业"特而强"、功能"聚而合"、形态"小而美"、机制"新而活"，突出中德智造小镇、亚夏汽车小镇、港口龙窑小镇等，打造新的经济增长极；积极推进"中德产业园"落户宁国，鼓励开发区、港口园区和工业乡镇与苏浙沪产业园区、工业强镇建立合作关系。

五要大力推进生态旅游聚焦对接行动。重点是制定出台我市加快全域旅游发展的实施意见，持续开展旅游主题年活动，深度融入皖南国际文化旅游示范区，加快完善"两圈三龙三带"旅游发展格局，把宁国打造成为苏浙沪居民首选的休闲度假目的地；深度挖掘宁国历史文化资源，突出抓好红楼梦文化园、宗杲文化园、云梯畲族风情园、河沥溪老街改造提升、城西湖"会芳园"等重点项目建设，大力发展文化旅游产业；充分发挥青龙湾旅游发展公司、乡村旅游发展公司龙头作用，探索公司化运营新模式；突出青龙湾综合开发、皖南"川藏线"等重点，加快打造一批旅游精品景区、精品路线，力争青龙湾成功创建国家AAAAA级旅游景区；依托我市山核桃、竹子、茶叶、中药材等特色资源，培育引进一批农产品精深加工龙头企业，加强与知名电商合作，把我市打造成买全国、卖全国的食品精深加工基地。

六要大力推进新型城镇化聚焦对接行动。重点是以"东改西提"为统揽，以"金廊玉带"为轴线，持续推进征收征迁，大力实施组团开发，全力打造河沥特色新区、城南产业新区、城西商贸新区和城北品质新区；积极规范推进PPP项目，突出抓好"四水八岸"城市滨水景观、河沥片区整体改造提升、凤形片区"三馆"建设、城市夜景设计等"十大工程"；以创建全国县级文明城市为统揽，以创建促城建、以创建补功能、以创建强管理，全面提升城市生态生产生活空间。

七要大力推进体制机制聚焦对接行动。重点是复制推广上海自贸区等经验做法，建设“市民之家”，探索行政审批和网上审批改革，努力为企业和市民提供便捷高效优质的审批和服务；突出正向激励，完善目标管理考核机制，推进绩效工资管理改革，努力形成“上级为下级提待遇、下级为上级担责任”的良性互动机制；探索社区管理建设新模式，开展“邻里中心”建设试点。

四、比学赶超、比肩领跑，就是要驰而不息、干出一番新事业

在近年来的工作中，我们逐步形成了以项目为总抓手、持续开展主题年活动的有效做法，聚焦全市中心和重点工作，坚持“不换频道、只做微调”，一项工作持续抓，一年接着一年干，不见成效不罢休。2017年，我市“三个年”活动，初步考虑是基地建设争先争优年、全域旅游提速提效年、城市创建决战决胜年。

（一）扎实推进基地建设争先争优年活动

努力通过争先进位，使我市基地建设进入一种“位次好、奖扶多、干劲足、成效实”的良性循环。2017年，基地建设的争先目标是“保七争五”。“保七”是因为在今年5月公布的2015年度基地建设评估报告中，我市基地得分82.63，位居第7位。“争五”是因为在今年上半年和第三季度的预警情况通报中，我市基地连续成为全省产值、固投、税收三项指标全部绿灯达标四个基地之一。同时，产值总量指标249.9亿元、位列第5位（铜陵铜基材料498.1、合肥新型显示304.8、滁州智能家电295.8、蚌埠硅基新材料285.4），增速11%、位列第12位；税收总量8.5亿元、位列第6位（合肥新型显示25.6、蚌埠硅基新材料20、合肥集成电路13.0、合肥智能语音11.8、滁州智能家电9.3），增速11.6%、位列第14位；固投总量58亿元、位列第4位（合肥新型显示166.8、亳州现代中药73.3、芜湖现代农机59.3），增速27.9%、位列第9位。我市基地三项关键指标都在5位左右，尤其是固投指标排在第4位，后劲较大，如果能够把固投后劲更多地转化为发展增速，我市基地争取综合第五的目标是完全可以实现的。

借此机会，我想谈谈加快经济形态的“四个转变”：一是加快从“要素经济”向“创新经济”的转变。要加快处置“僵尸企业”，尽快出台《处置“僵尸企业”工作实施方案》和《关于建立企业金融诉讼调解衔接机制的意见》，按照“盘活优先、规范为要、发展为重、稳定为大”的原则，对于“僵尸企业”进行分类指导，以资产为标准、效益为核心，因地、因业、因企施策，最大限度地盘活闲置要素资源。同时，要抓好科创团队项目，要尽快兑现帮扶和奖补政策，发挥好产业基金的作用，积极引进关键人才，在新兴产业上抓紧抢滩布局，向创新要动力、要潜力、要竞争力。二是加快从“复制经济”向“并购经济”的转变。产能短缺年代，“复制经济”一统天下；产能过剩年代，“并购经济”独占鳌头。要主动适应产能过剩的宏观形势，依托上市企业的资本优势，加快并购步伐，迅速做大做强，扩大产业版图，按照“领军企业—重大项目—产业链条—产业基地”的推进思路，加快形成“一个上市企业建成一个园区，一个领军企业带动一个产业”的生动局面。三是加快从“常规经济”向“特色经济”的转变。竞争出奇制胜，经济因特而强。聚焦细分领域，依托高端产业和产业高端，拉长做粗产业链，发展块状经济，这是浙江特色小镇建设的最大特色。（“人类活动的信息中80%与地理位置有关”，德清地理信息小镇的打造就是起源于这样一条简单的信息。目前，该小镇将关乎海陆空天所有的空间信息一网打尽，全面打造空间数据从采集到储集、加工、处理、应用的全产业链，形成了一个全新的大产业）我市也要依托现有的产业基础和资源优势，突出亚夏汽车小镇、中德智造小镇、港口龙窑小镇等重点，加快打造一批集聚精英人才、新技术、好项目、大资金的特色小镇，不断形成经济新动能。四是加快从“单享经济”向“分享经济”的转变。分享经济是一种通过大规模盘活经济剩余而激发经济效益的经济形态。2015年，美国分享经济市场规模约为5000亿美元，约占美国GDP的3%；中国分享经济市场规模约为1.956万亿元，占GDP的2.8%。目前，分享经济处于个人闲置资源分享阶段，在3～5年内，会全面进入企业闲置资源分享阶段，未来5～10年，会进入公共闲置资源分享阶段。未来几年，分享经济年均增长速度在40%左右，到2020年市场规模占GDP比重将达到10%以上，分享经济有着广阔的市场前景。宁国总体上是一个资源紧缺型的县市，发展分享经济既可以降低企业经营管理成本，又可以提高资源使用效率，还可以促进创新创业，是破解要素资源制约的有效之举。

（二）扎实推进全域旅游提速提效年活动

近年来，我市持续开展旅游突破年、旅游提速年活动，全市旅游发展取得阶段性成效。先后成功创建国家AAAA级旅游景区2家、国家AAA级旅游景区7家，青龙湾原生态旅游度假区被评为省级风景名胜区，游客接待中心和游客码头基

本建成，先后获评美丽中国十大最美城镇、中国摄影创作基地、长三角自驾游十强城市，皖南“川藏线”入选2016长三角自驾游十大精品线路。在肯定成绩的同时，我们必须清醒认识我市旅游发展面临的突出问题，概括起来主要是三个方面。一是“点上不亮，显不出”。旅游发展仍然处在点状培育、零敲碎打的初级状态，在项目开发、企业培育、景区建设等方面都没有形成明显的“闪光点”。全市至今没有一家国家AAAAA级旅游景区，没有一家旅游领军企业，没有一个龙头型的旅游项目，没有一个叫得响的旅游景区。二是“线上不畅，进不去”。环湖公路至今没有全面贯通，景区道路普遍偏窄，沿途缺少错车道、停车场、旅游公厕、集散中心等设施功能配套，造成了“逢节必堵、大节大堵、小节小堵”的状况，严重制约旅游业的健康发展（据不完全统计，“十一”黄金周期间，皖南“川藏线”堵车最高峰，堵车数量超过万辆，堵车里程近50千米，从方塘一路堵到青龙）。三是“面上不强，留不住”。旅游业本身是一个密度高、链条长、拉动大的产业，旅游业每增加1个工作人员可带动增加5个就业岗位，每增加1元收入可带动相关产业增收4.3元。在我市，因为旅游开发缺乏足够的力度、广度和深度，“慢旅快游”现象较为突出（路上因堵车慢慢悠悠，点上因无处可玩匆匆而过）。

要全面、系统、根本地破解这些问题，必须向全域旅游要思路、要方法、要成效。一要打造“闪光点”。突出红楼梦文化园、司尔特“大健康产业园”、河沥溪老城改造等重点，集中全市优势资源，建设龙头项目，打造龙头景区，培育龙头企业，力争打造一两个过得硬、拿得出、叫得响的旅游“拳头”产品。二要打造“精品线”。突出“一山一湖一线”（即天目山脉景观带、环青龙湖景观带、皖南“川藏线”）及“四水八岸”城市滨河精品景观带等重点旅游线路，突出抓好旅游沿线房屋规划建设管理，全力抓好乱建滥葬、乱采滥挖等整治工作，每年确定若干个精品“线段”，整合资源，精雕细琢，争取用3～5年的时间，打造两三条具有区域影响力的旅游精品线路。三要打造“品质面”。要按照“旅游+”的总体思路，加快多规合一，推进多产融合，不断完善“吃住行、游购娱”等旅游元素，不断丰富“商养学、闲情奇”等旅游内涵，把旅游打造成最有潜力、最有带动性的产业，把全市打造成最大的景区、最美的旅游目的地。在此基础上，加强与周边县市的交流合作，深度融入皖南国际文化旅游示范区，打响“宁临安——美三角”旅游品牌，主动接受旅游先发地区的辐射与带动，实现优势互补、融合互动、合作共赢。

（三）扎实推进城市创建决战决胜年活动

2017年，无论是对于“创”城，还是对于“建”城，都是十分关键的一年，必须拿出决战的状态，取得决胜的成果。

一方面，在文明创建上打一场漂亮的“大决战”。自从2001年以来，我市连干16年，实现了省级文明县城、省级示范文明城市、全国县级文明城市提名城市的“三级跳”，并且在前两年综合测评中获得全省领先的好成绩，这些都为我们成功创建全国县级文明城市打下了坚实基础，但创建成败关键在明年（三年分值比率分别为15%、25%、60%），2017年的创建成效将起到决定性作用，必须下定决心、背水一战，全城总动员，全民总动员，调动每一根神经，在最后一搏中勇夺全国县级文明城市。

另一方面，在要素保障上打一场漂亮的“翻身仗”。一要利用新一轮的土地利用总体规划调整和永久基本农田划定这个契机，确保彻底解决基本农田倒挂问题，尤其要加强部门间的沟通协调，力求精确到点、精确到项目、精确到年度，为未来新型城镇化、新型工业化发展留足空间、留准空间。二要持续深入推进控违拆违、征收征迁等工作，坚持露头就打，坚守政策底线，突出城区道路建设、教育布局调整等工作重点，分清轻重缓急，有理有序有效推进征收征迁工作，确保不因征迁工作影响项目建设进度。三要积极规范推进PPP项目申报工作。根据专家预测，中央将从明年下半年开始逐渐收紧国开行、农发行等政策性贷款，届时PPP项目将成为地方建设最主要的融资渠道。我们必须用好PPP项目这个城市建设的“按揭贷款”，最大限度地为城市建设发展提供强有力的资金支撑。

五、比学赶超、比肩领跑，就是要党建铸魂，锤炼一种新境界

境界决定眼界。必须深入学习贯彻党的十八届六中全会精神，落实责任、综合施策，强化制度、标本兼治，坚定不移推动管党治党真正走向严实硬，使全市广大党员干部以一种崭新的面貌和状态，投入到新一年的各项工作之中，为全市经济社会持续健康快速发展，提供坚强有力的政治保证。

（一）全面把握“建”与“管”的关系，促进干部清正

“建”主要包括三个方面：一要建思想。要加强思想理论武装，把学习贯彻习近平总书记系列重要讲

话，特别是视察安徽重要讲话精神摆在首要位置，深刻领会十八大以来党中央治国理政新理念、新思想、新战略，切实解决好“总开关”问题。要加强党性党纪教育，深化拓展“两学一做”学习教育，扎实开展“讲看齐、见行动”学习讨论，增强“四个自信”，强化“四个意识”，引导广大党员以信念、人格和实干立身。要加强党内政治文化，旗帜鲜明抵制和反对关系学、厚黑学等庸俗腐朽的政治文化，始终对党忠诚老实、光明磊落，说老实话、办老实事、做老实人，着力构建清清爽爽的同志关系、规规矩矩的上下级关系。要加强意识形态工作，健全意识形态领域情况分析研判、预警和处置机制，牢牢把握意识形态工作领导权主导权话语权。二要建队伍。要扎实做好“三班两院”的换届工作，必须严格落实“九个严禁九个一律”要求，必须做到“凡提必审、凡提必核、凡提必听、凡提必查”，必须坚持20字好干部标准，把真正忠诚干净担当、为民务实清廉的好干部选出来、用起来，让选出来的干部组织放心、群众满意、干部服气。要建立干部基础信息档案、运行情况备案、调整配备预案，统筹做好年轻干部、女干部、少数民族干部和党外干部选拔培养工作，根据履职情况和工作表现，利用轮岗交流、提拔重用等手段，不断优化各级领导班子和干部队伍结构，进一步形成能者上、庸者让、劣者汰的选人用人格局。三要建组织。要牢固树立大抓基层的鲜明导向，认真落实基层党建工作责任制，完善基层党组织书记“联述联评联考”制度，推进基层党组织标准化建设，健全人员向基层流动、资金向基层投入、政策向基层倾斜的工作机制，推动基层组织建设全面过硬。要拓展“智慧党建”平台功能，扩大非公党建品牌优势，积极培育农村党建、社区党建示范点，强化基层党组织政治功能和服务功能，结合文明创建、征收征迁、平安建设等重点工作，持续抓好软弱涣散基层党组织整顿，及时处置不合格党员，充分发挥各级党组织的战斗堡垒和广大党员的先锋模范作用。

“管”也包括三个方面：一要强监督。坚持党内监督和人民群众监督相结合，强化自上而下的组织监督，改进自下而上的民主监督，充分发挥巡视监督“利剑”作用，始终保持惩治腐败的高压态势，切实践行好监督执纪“四种形态”，抓早抓小，动辄则咎，促进各级干部干净干事、干成事不出事。二要强问责。严格落实《问责条例》，做到有权必有责、有责要担当，有权受监督、失责必追究。围绕党的建设和经济社会发展“两个一百分”，按照“工作项目化、项目目标化、目标责任化、责任考评化”的要求，制定专项的、可行的考核问责办法，让每个责任主体都能对照“责任”入座，担着责任干事。三要强激励。落实好我市《支持干部履职担当干事创业容错减责免责办法》，切实做到“三个区分开来”，为担当者担当，为尽责者尽责。要强化正向激励，完善目标管理考核机制，争取绩效工资改革试点，灵活用好“发帽子”“发票子”，形成“上级为下级提待遇、下级为上级担责任”的良好格局，充分调动各级各类干部的积极性和创造性。

（二）科学把握“破”与“立”的关系，促进政府清廉

“破”就是要在法律允许的范围内，破思维定式、破条条框框、破工作惯例，最大限度地扫除前进路上的各种障碍，最大限度地释放改革红利。一要深化行政审批制度改革，加快政府职能转变，重点是学习复制推广上海自贸区经验，重点是加快“市民之家”建设，开展行政审批和网上审批改革、网上“中介超市”建设等，全面提升政府服务管理效能。二要积极稳妥推进农村综合改革，探索“三权分置”有效办法，推进农村集体资产确权到户和股份合作制改革，以“三变”改革为抓手，积极探索农业适度规模经营，拓展农业的多功能性，做好农旅、农工、农商等结合文章，努力在农民增收、农业增效和农村改革上闯出新路。三要大胆创新工作思路方法。统计显示，国家和省两级政府平均每天就要出台1项新政策，很多事情昨天行不通并不代表今天行不通。同时，相对我市的很多难题，在先发地区都有成熟的解决办法。所以，一定要保持足够的敏感性、提高研究的专业性、扩大视野的开阔性，找准政策结合点和突破口，找准学习样板，做到为我所用。如学习借鉴苏州工业园、苏滁产业园等先进经验，探索社区管理建设新模式，开展“邻里中心”建设试点，围绕12项居住配套功能，从“油盐酱醋茶”到“衣食住行闲”，为百姓提供“一站式”的服务，努力形成邻里和谐、守望相助的社区氛围。

“立”就是要立规矩，根本在于推进依法行政。一要健全依法决策机制，深化行政执法体制改革，深入推进综合执法，强化对行政权力的制约和监督，加快建设法治政府。积极推行法律顾问制度和公职律师、公司律师制度。二要完善司法管理体制和司法权力运行机制，规范司法行为，促进公正司法，努力让人民群众在每一个司法案件中感受到公平正义。三要推进法治社会建设，召开“七五”普法动员大会，实施“七五”普法规划，增强全民法治观念。四要推进落实法治建设责任制，党员干部特别是各级领导干部要做尊法学法守法用法的模范，善于用法律的观点来观察和分析问题，善于用法律手段协调和化解矛盾，坚持用法治思维和法治方式深化改革、推动发展。

（三）重点把握“政”与“商”的关系，促进政治清明

在市场经济条件下，构建和谐的政商关系是推进全面从严治党的一个重要方面。对此，今年两会期间，习近平总书记首次用“亲”“清”两个字定位新型政商关系，不仅让政商双方有规可依、有度可量，更为党员干部和企业家之间怎样打交道，指明了方向，划出了底线。

宁国是一个县域经济较为发达的县市，全市万人拥有企业数达160家，总部型上市企业达7家，民营经济创造了全市70%的社会投资和税收、80%的国内生产总值、90%的社会销售总额和100%的进出口贸易。构建什么样的政商关系，是宁国推进全面从严治党过程中不可回避的课题。总体来说，宁国的政治生态是好的，政商关系是和谐的，但也存在一些不容忽视的问题，特别是我市最近查办的几起案件来看，确实令人警醒。伴随宁国经济快速发展，我们的政商关系从融为一体好办事，逐步演变成给了好处乱办事，最后到不给好处不办事。变形变质的政商关系，破坏了公平公正的游戏规则，破坏了创新创业的干事环境，长此以往，必将影响到政治生态，必将影响到事业发展。突出“清”“亲”二字，营造和谐的政商关系，建设风清气正的营商环境，对于提升党风政风、带动民风社风具有重要而深远的意义。

一方面，对领导干部而言。所谓“亲”，就是要坦荡真诚同民营企业接触交往，特别是在民营企业遇到困难和问题情况下更要积极作为、靠前服务，对非公有制经济人士多关注、多谈心、多引导，帮助解决实际困难，真心实意支持民营经济发展。所谓“清”，就是同民营企业家的关系要清白、纯洁，不能有贪心私心，不能以权谋私，不能搞权钱交易。另一方面，对民营企业家而言。所谓“亲”，就是积极主动同各级党委和政府及部门多沟通多交流，讲真话，说实情，建诤言，满腔热情支持地方发展。所谓“清”，就是要洁身自好，做到遵纪守法办企业、光明正大搞经营。靠旁门左道搞企业，不仅败坏了社会风气，心里也不踏实，路也走不远。

□小资料

《在市委十四届二次全体(扩大)会议暨全市经济工作会议上的讲话》(节选)名词解释

①苏南模式(第2页左栏):由费孝通在20世纪80年代初率先提出,是指江苏省苏州、无锡和常州等发达地区通过发展乡镇企业实现非农化发展的方式。其主要特征是:农民依靠自己的力量发展乡镇企业;乡镇企业的所有制结构以集体经济为主;乡镇政府主导乡镇企业的发展。

②温州模式(第2页左栏):发展市场经济的模式,是指20世纪80年代以来浙江省东南部的温州地区以家庭工业和专业化市场的方式发展非农产业,从而形成小商品、大市场的发展格局。小商品是指生产规模、技术含量和运输成本都较低的商品。大市场是指温州人在全国建立的市场网络。其基本特征:经济形式家庭化,小商品大都是以家庭为单位进行的;经营方式专业化,有家庭生产过程的工艺分工、产品的门类分工和区域分工;专业生产系列化;生产要素市场化,按市场的供需要求组织生产与流通,资金、技术、劳动力等生产要素,均可自由流动;服务环节社会化。进入21世纪,浙江省温州市提出了“以民引外,民外合璧”的口号,积极引导、鼓励私营企业加强同国际知名企业开展技术与品牌合作,走国际化道路,区域合作、跨国合作风生水起。在进一步扩大对外开放的大背景下,作为私营经济发展的代表性模式——温州模式呈现出四大新特点:一是资本流动跨区域化。二是家族企业现代化。大批私企纷纷转而建立现代企业制度,逐步发展成为现代化的股份制企业或上市公司。三是企业发展国际化。四是经济发展自律化。

③“比肩苏浙、领跑安徽”的发展主基调(第2页中栏):中共宁国市委于2015年12月22日在《中共宁国市委关于制定宁国市国民经济和社会发展第十三个五年规划的建议》中提出。

④“两融两接”的开放新格局(第2页中栏):向东融入杭州都市圈(是国家六大都市圈之一),向西融入皖南国际文化旅游示范区,向北承接长江经济带(是国家“十三五”区域发展战略的“重头戏”),向外承接国际国内区域合作。

⑤四水八岸(第2页右栏):围绕皖东南最美城市滨水绿廊定位,开展环城东、中、西津河、水阳江“四水八岸”滨水景观设计和建设,打造“文旅胜地、宜居之城、最美河岸、生态水滨”的滨水活力空间。

⑥“1+5+N”产业发展新体系(第3页中栏):打造以中鼎为龙头的核心基础零部件千亿元首位产业,加快发展司尔特循环经济、耐磨铸件、电子元器件、新材料新能源、生物医药及食品等5个百亿元主导产业,大力培育电子信息、通用航空等一批战略性新兴产业。

政府工作报告(节选)

——在宁国市第十六届人民代表大会第一次会议上

(2017年1月4日)

宁国市人民政府市长　何　田

一、过去五年工作回顾和2016年工作情况

市十五届人大一次会议以来的五年，是经济新常态下宏观环境复杂多变、改革发展稳定任务十分艰巨的五年，也是宁国发展极不平凡、富有成效的五年。五年来，在中共宁国市委的坚强领导下，在市人大、市政协的监督支持下，市政府团结和带领全市人民，坚持“五大战略”“四换四驱”①不动摇，主动适应把握经济新常态，经济社会发展取得了令人瞩目的成绩，迈上了新的台阶。

这五年，是实力持续提升的五年。我们始终把稳增长作为重中之重，坚持精准发力、多措并举、综合施策，经济持续健康较快发展。预计全市生产总值由2011年的162亿元提高到2016年的245亿元，年均增长10.2%；财政收入由27亿元提高到41.4亿元，年均增长8.9%；固定资产投资年均增长18.8%；社会消费品零售总额年均增长13.8%。三次产业结构优化为8∶59∶33。主要指标增幅始终高于宣城市平均水平，综合经济实力始终保持全省领先位次，“全国科学发展百强县市”排名跃升至第68位，“中国十佳‘两型’中小城市”排名保持第4位。宁国对外形象的美誉度、知名度不断提升。

这五年，是活力持续激发的五年。我们始终把促改革作为发展关键，坚持问题导向、目标导向、效果导向，突出基层实践和创新，实施了一批具有牵引作用的改革试点。行政审批、政务公开、公共资源交易、放管服、商事制度、社会管理、公务用车、农村综合改革、统筹城乡土地使用制度、普惠制金融等改革成效明显，形成了一批在全省有影响力的改革品牌和改革成果，激发了发展的内在活力。坚持以开放促发展，深度对接苏浙沪，积极承接产业转移，开发区成功升格为全省首家县域国家级开发区，港口园区获评国家级智慧城市试点园区，五年引进市外资金总量位居宣城市前列，跻身“2016年度中国最具投资潜力中小城市百强”第10位。外向型经济健康发展，五年累计利用外资9.5亿美元，实现对外贸易额32亿美元。

这五年，是动力持续转换的五年。我们始终把创新摆在发展的核心位置，坚持下“先手棋”、打“技术牌”，初步形成了技术和产业、金融和资本、平台和企业、制度和政策四大创新体系，成为推动发展的不竭动力源泉。扎实推进全省唯一县域自主创新综合试验区建设，创新型企业、高新技术企业、万人拥有发明专利、科创团队引进数量位居全省前列，先后荣获全国科技进步先进县、国家知识产权示范市、全国科普示范市等多项殊荣。核心基础零部件产业基地入围全省首批战略性新兴产业集聚发展基地。“邦宁国泰、品质承载”城市质量精神形成共识。“1+6+6+8”的多层次资本市场体系②构建了安徽资本市场的“宁国板块”，五年直接融资137亿元。

这五年，是魅力持续彰显的五年。我们始终把生态文明作为第一品牌，坚持生态优先、城乡一体、统筹发展，致力于做规划、拉框架、补功能、提品位、优环境，持续开展城市创建主题年活动，城乡面貌日新月异。在全省率先实施县域生态主体功能区规划，被确定为全省唯一的城市风貌特色塑造试点市，建成了一批基础性、民本性、带动性项目，成功争创国家园林城市，跻身国家生态市、国家级生态保护与建设示范区，荣获首届中国生态文明奖，被确定为全国县级文明城市提名城市。美丽乡村建设水平全省领先，旅游发展提速升温，先后获评全国休闲农业与乡村旅游示范县、中国摄影创作基地、长三角自驾游十强城市、美丽中国十大最美城镇。宣宁、宁绩、宁千三条高速建成通车，成为皖东南公路交通新枢纽。

这五年，是民力持续凝聚的五年。我们始终把保障和改善民生作为工作的出发点和落脚点，坚持发展靠民、发展为民、发展富民，以民生聚民心、凝民力，人民群众的安全感、获得感、幸福感持续提升。民生投入力度持续加大，连续多年被评为全省民生工程绩效考评先进县市。社会保障体系更加完善，城乡居民基本养老保险、基本医疗保险、大

病保险、救助制度实现全覆盖。就业、教育、文化、卫生、计生等各项社会事业协调发展，工作成绩保持全省领先位次。平安建设持续深化，安全生产形势稳定，跻身全国平安建设先进县行列。

刚刚过去的2016年，是“十三五”的开局之年。一年来，市政府紧紧围绕“进军五十强、率先现代化”这一目标，从全局性、长远性和基础性工作着手，扎实开展“三个年”活动，狠抓各项工作落实，较好地完成了市十五届人大五次会议确定的目标任务。

初步预测，全市实现生产总值245亿元，增长8.6%，高于年初预期0.6个百分点；完成财政收入41.4亿元，增长6%，高于预期1个百分点；实现规模工业增加值143亿元，增长9%，高于预期0.5个百分点；完成固定资产投资325亿元，增长14.7%，高于预期2.7个百分点；实现社会消费品零售总额91.8亿元，增长12.5%，高于预期0.5个百分点；完成进出口总额5.7亿美元；城镇和农村居民人均可支配收入均增长9%；完成了年度主要污染物减排任务。

一年来，我们突出抓了以下七个方面工作：

（一）突出增强后劲，狠抓项目建设。认真落实项目工作“四督四保”[③]和“八项制度”[④]工作机制，实施了123个市级重点项目。重大项目加快推进。抽水蓄能电站通过预可研报告审查，皖赣铁路扩能改造项目持续跟进，万家水库进入国家“十三五”水利规划并完成初步规划方案。宁广高速开工建设，扬绩高速鸿门互通建成通车，申嘉湖高速西延至宁国段启动了前期工作。招商合作成果丰硕。优化整合专业招商力量，按照“紧盯上市公司和集团公司、紧盯征迁区域和产业转移区域、紧盯建链补链型和税源型项目”的要求，实行划片蹲点驻守招商。上海紫燕食品、红楼梦文化大观园等45个亿元以上项目相继签约，协议投资超过120亿元，其中3亿元以上“大好高”项目12个；杭州炫恩科技整体搬迁等45个亿元以上项目开工建设；保隆内高压成型汽车结构件等25个亿元以上项目投产达效。飞达新材料与中国京安集团、亚新科与郑州煤矿机械集团实现战略合作。全年实际利用外资2.4亿美元。PPP[⑤]合作全省领先。全年推出了8个PPP工程包，总投资超过50亿元。中医院迁扩建、开发区电镀中心和工业污水处理厂、安材和党校迁扩建3个项目开工建设，城北新城综合开发、S104“二改一”河沥溪段两个项目完成社会资本方采购，港口园区综合配套项目完成招标评审，城市公园绿地项目进入采购环节，凤形新区综合开发完成“两报告一方案”[⑥]编制，形成了梯次推进局面。城北新城项目还成功入围国家第三批PPP示范项目。项目争取成效显著。建立了争取项目考核激励机制，全年累计争取国家、省级资金突破10亿元。中鼎集团成功争取国家智能制造专项资金支持，江南化工跻身全国民爆行业唯一智能制造试点示范项目，安泽电工等4家企业进入国家专项建设基金支持范围。

（二）突出固本强基，狠抓工业转型。坚持工业主体和转型主题不动摇，夯实加快发展的根基。基地建设稳步推进。扎实开展基地建设推进年活动，预计基地全年实现工业总产值350亿元，完成税收13.5亿元，分别占省定年度目标任务的121%和119.5%，在全省基地预警评比中全部绿灯达标。编制完成核心基础零部件产业发展规划。全年对上争取基地引导资金2.4亿元，首批入库112个项目当年完成投资90亿元，新增基地产业名录企业22家，总数达到143家。中鼎公司成功入围工信部制造业单项冠军示范企业。产业结构逐步优化。汽车零部件、耐磨铸件、电子元器件三大主导产业完成产值310亿元，占全市规模工业总产值的53.6%。战略性新兴产业实现产值200亿元，增长11.4%。成功举办首届全国橡塑密封件高峰论坛、承办全国紧固件标准化技术委员会年会，中国耐磨铸件之都顺利通过复审。被国家知识产权局列入全国唯一产业导航分析试点县市。科技创新步伐加快。全年实现高新技术产业增加值93亿元，增长24.8%。新增高新技术企业15家。国家级赛宝实验室宁国分中心正式挂牌，国家级橡塑密封件产业检验检测中心开展规划设计，科创中心启动建设。建成中鼎院士工作站、凤形博士后工作站，全年新增省级企业技术中心1家，省级工程技术研究中心1家。引进落户9个高层次科创团队，2家企业获评国家级众创空间。荣膺2016年度中国十大质量魅力城市。司尔特公司获评第三届省政府质量奖。成功举办首届宁国青年企业家论坛，倡导新生代企业家“继承好传统、弘扬正能量，掀起创新创业新高潮”。企业帮扶精准有力。建立市级领导联系帮扶重点企业制度，分层分类帮扶企业发展。支持企业并购重组，中鼎成功入选海外并购金哨奖“中国十佳大买手”，司尔特与国购集团战略合作，凤形成功收购无锡雄伟精工。加快僵尸企业处置出清，建立了企业风险预警监测平台，组建了开发区破产审判庭，实施了7家“僵尸企业”盘活处置。园区承载能力提升。国家级开发区产城融合步伐加快，河沥溪新水厂动工建设，兴宁路等5条道路建成通行，智慧园区系统投入运营，获评全国知名品牌创建示范区、省知识产权示范园区。港口园区场平、道路等基础设施有序推进，职工生活服务中心一期投入使用。统筹两个园区资源共享和项目互动，全年新开工项目54个、投产45个。

（三）突出山水融城，狠抓城市建管。开展城市创建攻坚年活动，全年累计投入资金30亿元，实施城市建设项目28个，城市建管水平进一步提升。城市综合承载更强。按照“东改西提、组团开发”思路，推进新一轮城市建设。启动河沥片区旧城改造，特色街区保护性开发全面完成危房收储，开展了规划设计和项目包装，河沥保障房一期交付使用。推进城西片区综合开发，光明路、新安路、城西路延伸段动工建设，城西景观湖项目挂网招标。加快城南、凤形片区路网建设，宁城南路延伸段完成初步设计评审，长乐路延伸段、旗山路动工建设，时代广场步行桥完成主体工程。城市宜居品位更高。编制完成街区层面控制性详细规划，开展了“四水八岸”城市滨水景观设计，完成了地下空间、城市消防等11项专项规划编制。建成“一河、两路、三节点”[7]特色风貌塑造工程，实施了“一带、两路、两园”[8]城市夜景工程。新增城市绿道15千米、城市绿地30万平方米，牡丹园基本建成。完成人民路、东风路等9条道路“白改黑”。实施人行道改造提升6条、地下管网改造9.3千米。宣城至宁国天然气支线管网即将全线贯通。征收征迁更加规范。坚持“阳光、依法、和谐”征迁原则，调整规范了征收征迁政策、程序和要求，建立了征迁协保工作机制，全年累计完成土地收储4525亩，房屋征迁约27万平方米。实施拆违控违专项行动，启动了查违问责机制，拆除违法建设6.8万平方米。城市创建有序推进。深入开展“四城联创”，实施背街小巷改造19条，完成老旧小区改造33个。开展了农贸市场专项治理。建立了小区物业三级管理体系。全国县级文明城市第二次文明指数测评继续位居全省前列。全年新入选中国好人1人、安徽好人4人，官东家庭入选首届全国文明家庭。国家卫生城市创建顺利通过全国爱卫会暗访考核。国家森林城市和国家生态园林城市创建有序推进。

（四）突出三产提升，狠抓旅游提速。以旅游发展提速年活动为引领，加快服务业发展，全年预计实现第三产业增加值81亿元。全域旅游方兴未艾。全年游客接待量达692万人次，实现旅游收入43.4亿元。完成全域旅游资源普查，组建了青龙湾和乡村旅游投资公司。青龙湾成功创建国家AAAA级旅游景区，游客接待中心正式运营，水环境综合治理成效明显。恩龙三期、夏霖二期提升工程基本建成。成功承办“全国职工射击大赛暨业余飞碟大奖赛”“2016安徽公路（山地）自行车赛”等活动。新建中国摄影创作基地最佳摄影点6个，新增省级休闲农业与乡村旅游示范点2个。皖南“川藏线”自驾游线路火热，获评“2016年长三角自驾游十大精品线路”。被评为“全国森林旅游示范市”。金融工作成效显著。按照“三梯队、四个一”[9]的工作机制，积极培育上市后备企业，晨光精工正式启动A股上市，朝农化工成功挂牌“新三板”[10]，5家企业完成股改。成功争取省高新投首个政府性引导基金县级试点。设立了工业投资引导基金。启动了担保公司改制工作。积极争取省政府发行的地方债11.5亿元，国投公司二期城投债获国家发改委批准待发行。深化政银企合作，完成新型“政银担”业务[11]5.8亿元、“税融通”[12]业务2.7亿元，全年新增各项贷款余额17.7亿元。商贸服务业有序发展。完成了石材加工划行归市管理。鼓励引导总部型楼宇经济发展，诚信大厦投入使用。国际农贸商城一期、华联商厦主体基本建成。中鼎保税仓库已经合肥海关批准建设。全市新增销售额百万元以上电商企业5家，建成淘宝村81个。建成了全省唯一的县级地方云计算中心。

（五）突出农业增效，狠抓三农工作。全年预计实现农业增加值20亿元，农村居民人均可支配收入达1.5万元。现代农业转型提速。科学有效应对涝旱急转灾情，实现农业增产丰收，全年实现农产品加工产值183亿元。完成省级河沥现代农业示范园规划编制，启动核心区入口道路建设。詹氏公司被评为农业产业化国家重点龙头企业。新增省级示范农业产业化联合体4家、省级农业龙头企业7家、省级示范家庭农场4个。山核桃有害生物防治技术指南进入国家林业行业标准，新增“三品一标”[13]农产品13个。皖南航空护林站获省林业厅批准建设。美丽乡村提质扩面。累计投入资金1.1亿元，高标准建成3个省级中心村、整治6个集镇建成区、提升18个已建中心村，农村环境卫生综合治理实现常态化，连续第三年位居宣城市考核第一名。港口镇入围首批省级特色小镇目录，树木博览小镇纳入宣城市特色小镇培育名单。中溪镇成功入列全国重点镇。霞西镇被评为省级特色旅游景观名镇。云梯千秋畲族村被授予首批中国少数民族特色村寨。山门村、白茂村列入第四批中国传统村落名录。基础设施逐步完善。实施病险水库除险加固8座。潘分路、仙孔路建成通车，石千线、岛鸿线完成改造，方胡路、冷三路、桥梅路即将启动建设，乡村旅游通达条件大幅提升。中宁路和宁墩大桥建成通车，中宁梅区域协同发展加速推进。新建林区作业道路142千米。完成农村危房改造800户。110千伏柳桥变动工建设，年度农网升级改造工程全面完成。农村改革持续深化。全面完成农村土地承包经营权确权登记颁证试点，农村集体土地流转平台交易实现全覆盖。启动胡乐国有林场改制，开展了津南村农村集体资产股份合作制改革试点。推进农村小型水利、交通工程建管模式改革。完成了永久性基本农田划定，获评全国国土资源节约集约模范县。按照"五年三步走"[14]思路，有序推进墓葬制度改革，新建公益性生态公墓5处。

（六）突出改善民生，狠抓社会建设。高度重视社会建设和民生问题，市级用于教育、卫生、文化等民生方面的经费支出达32亿元，占财政总支出的80%以上。社会保障水平提高。累计投入资金8.5亿元，全面完成省定33项民生工程。新增城镇就业岗位1.1万个。社会保障一卡通全面启动。修订了被征地农民养老保险办法，全年累计发放社会养老金4.9亿元。启动了医疗保险补偿跨省定点结算。争取移民后扶项目48个，发放移民直补资金1112万元。全面完成群众水毁住房恢复重建任务。建成500亩保障性蔬菜基地。教育布局持续优化。全年完成教育工程项目投资8000万元。宁国中学迁扩建即将动工建设，致力打造"全省一流、功能齐全、特色鲜明、质量优良"的示范名校。特殊教育学校投入使用。城西教育园区初中部完成扩建，小学部启动建设。全面完成6所义务教育学校标准化建设任务。实施基础教育信息化建设工程，中小学宽带接入率、校园网建成率均达100%。入选全省唯一国家学前教育改革发展试验区。社会事业稳步发展。成功创建"中华诗词之乡"，跻身全省首批公共文化服务体系示范区。骨科医院主体工程基本建成。人口计生工作继续保持全省先进，进入全省计划生育优质服务先进市行列。成功举办第三届全民健身运动会。宁国籍运动员王伟在残奥会上获得优异成绩。市工商联被评为全国"五好"工商联。社会福利院工作标准被列为全国民政行业标准。广播电视、《今日宁国》创新开展宣传。《宁国市志》编纂获全省特等奖。外事侨务、民族宗教、对台工作以及粮食、供销、档案、烟草、气象、地震、邮政等工作扎实推进，妇女、儿童、青年、工会、老龄、关心下一代和红十字等事业都取得了新成绩。社会治理成效显著。全面实施城区禁燃区锅炉整治。完成34处地质灾害治理和搬迁。安全生产管理持续强化，全年未发生较大以上安全事故。持续开展打击非法集资专项行动。成功化解信访积案98件，实现了重要敏感时期"去省进京零上访"重大突破。加强应急保障能力和"平安宁国"建设，完善社会治安防控体系，高压打击各类违法犯罪行为，社会大局和谐稳定。国防动员、民兵预备役、人民防空工作进一步加强。

（七）突出服务发展，狠抓自身建设。深入推进作风建设。扎实开展"两学一做"学习教育，深入开展"讲看齐、见行动"和"践行新发展理念、学习对接苏浙沪"更新观念学习讨论活动。强化行政监察，认真贯彻"三条例、两准则"[15]，全面落实党风廉政建设主体责任。加大审计监督，深化预算执行审计和领导干部经济责任审计，核减政府性投资项目建设资金5870万元。加强公共资源交易监管。全市"三公经费"支出下降11%。严格落实依法行政。主动接受市人大及其常委会的法律监督、工作监督和市政协的民主监督，落实市政府负责同志领衔办理制度，共办理人大建议119件、政协提案133件。跟进办理十五届人大四次会议一号议案，完成小南河整治丰盛苑至盛唐酒店段改造，启动星河、龙潭河整治。建立了市政府常务会议会前学习法律和政策制度，深入开展规范性文件清理。严格落实市乡两级权责清单制度，建立政府权力清单网上运行平台。在全省率先发布首个县级普法动漫形象"竹娃"，全面启动"七五普法"。切实优化发展环境。制定了"1+1+5"产业扶持政策体系[16]，累计兑现企业各类奖扶资金2.4亿元。出台了推进供给侧结构性改革促进经济平稳健康运行的意见，降低企业生产经营成本。按照"下限收费"原则，建立了涉企收费清单制度，实行清单之外无收费。继续深化行政审批制度改革，市民之家完成主体工程。规范中介服务行为，启动组建"中介超市"[17]。发布失信被执行人名单12批，社会诚信体系建设持续加强。

各位代表！五年成就来之不易，这是市委正确领导的结果，是市人大、市政协监督支持的结果，更是全市人民和广大外来投资者齐心协力、团结拼搏的结果。在此，我谨代表市人民政府，向各位代表、各位委员，向全市广大干部、群众，向多年来一直关心政府工作的离退休老同志，向所有关心、支持、参与宁国发展的同志们、朋友们，表示崇高的敬意和衷心的感谢！

总结五年来的工作，我们深刻体会到：做好政府工作，必须解放思想、开拓创新。要始终以理念领先带动发展争先，主动契合上面的新要求，善于借鉴外面的新经验，及时发现下面的新做法，不断拿出自己的新招数，以改革创新破解发展难题、提升工作水平、推动事业发展，走出一条科学清晰、符合宁国实际的发展路子。做好政府工作，必须求真务实、苦干实干。要始终立足宁国实际，抓住关键环节，从市情民意出发，多做打基础利长远的工作，把经济工作项目化、责任化，认准方向，明确目标，盯着干、算着干、比着干、争着干，全力以赴，以过硬的本领攻坚克难，以崭新的业绩实现目标。做好政府工作，必须强化责任、担当作为。要始终以“领跑安徽、比肩苏浙”的勇气和魄力，自我加压、拉高标杆，确保各项工作在“宣城争第一、全省争领先、全国有影响”。坚持凡是有利于宁国发展、有利于群众利益的，都要有激情、有干劲、有方法、有措施。做好政府工作，必须团结协作、合作共事。要始终在市委的坚强领导下，提振精神、团结协作，充分调动各方面的积极性和创造性。在做好本职工作基础上，主动上前、相互配合，做到“拧成一股绳、全市一盘棋”，凝聚成全市上下干事创业的强大合力。

在肯定成绩的同时，我们也清醒地看到，发展中还存在一些困难和问题。主要是：经济总量仍然较小，与发达县市的差距较大；受经济下行影响，部分行业和企业生产经营较为困难，效益下滑；转型发展任务艰巨，农业基础较为薄弱，服务业尤其是现代服务业发展较为滞后；改善民生任重道远，教育、就业、医疗、养老等领域的供需矛盾较为突出；政府服务还不够高效，少数干部不敢担当、作风不实等问题不同程度存在；党风廉政建设“两个责任”落实不到位，少数干部自我要求不严、违纪问题突出。对此，我们将采取有效措施认真加以解决。

二、未来五年奋斗目标和主要任务

未来五年是我市大有可为、大有作为的重要战略机遇期。根据十四届党代会第一次会议的总体部署，未来五年市政府工作的总体要求是：全面贯彻中共十八大和十八届三中、四中、五中、六中全会精神，深入贯彻习近平总书记系列重要讲话特别是视察安徽重要讲话精神，统筹推进“五位一体”总体布局和协调推进“四个全面”战略布局，牢固树立和贯彻落实新发展理念，坚持开放兴市、工业强市、生态立市、创新活市、和谐安市发展战略不动摇，紧紧围绕“进军五十强、率先现代化”奋斗目标，以推进供给侧结构性改革为主线，加快调结构、转方式、促升级，全力打造战略性新兴产业集聚地、全域性休闲旅游目的地、综合性区域交通枢纽地、示范性文明建设先行地，着力构筑产业新优势、生态新优势、区位新优势、环境新优势，争当全省科学发展排头兵，为建设生态文明的现代化中小城市奠定坚实基础。

未来五年发展的主要目标是：

以“进军五十强、率先现代化”为标杆，努力建设更高水平的全面小康社会。

——综合实力再上新台阶。GDP、规模以上工业增加值、财政收入等主要经济指标增长高于宣城市平均水平，力争进入中国中小城市科学发展 50 强行列、在全省率先基本实现现代化。

——转型升级取得新突破。深入实施加快调结构、转方式、促升级行动方案，进一步优化调整三次产业结构，力争进入安徽省创新型城市行列，争创国家级创新型城市，建设资源节约型、环境友好型社会。

——区域发展再筑新优势。深入学习对接苏浙沪，深度融入皖南国际文化旅游示范区，主动承接长三角城市群、长江经济带和国际国内区域合作，着力形成“两融两接”的开放发展新格局，打造宁国新一轮发展的产业、生态、区位和环境新优势。

——民生共享实现新提升。持续加大保障和改善民生的力度，推进城乡统筹发展和社会事业协调发展，确保城乡居民人均可支配收入增速高于经济增长，人民生活更加美好。

未来五年发展的主要任务是：

第一，围绕打造战略性新兴产业集聚地，加快创新发展，构筑产业新优势。坚持工业强市不动摇，以核心基础零部件产业集聚发展基地建设为龙头，持续推进“四换四驱”，推动产业向中高端转型升级。着力打造核心基础零部件千亿首位产业，加快发展循环经济、耐磨铸件、电子元器件、新材料新能源、生物医药及食品等 5 个百亿产业，大力培育电子信息、通用航空等一批战略性新兴产业，构建“1+5+N”的产业发展新体系。加快国家级开发区高端化发展，推进省级港口园区生态化发展，支持东津特色产业园集群化发展，建立园区互补融合发展新机制，构建全市产业生态圈。加快培育一批产业有特点、文化有内涵、旅游有基础的特色小镇，打造产业创新发展新平台。

第二，围绕打造生态性休闲旅游目的地，加快绿色发展，构筑生态新优势。全面实施生态主体功能区规划，坚持“绿水青山”就是“金山银山”，积极创建国家生态文明建设示范区。深入开展城市风貌特色塑造试点，大力实施城市“东改西提[18]、组团发展”战略，着力构筑“山水融城”的城市风貌。深度融入皖南国际文化旅游示范区，提速发展全域旅游，加快构筑"两圈、三龙、三带"⑲的旅游发展新格局。大力发展高效农业，推进农业"接二连三"，强化农村环境治理，打造长三角休闲养生农业基地。加快发展电子商务、现代金融、健康养老等新兴服务业态，积极争创省级服务业集聚区。

第三，围绕打造综合性区域交通枢纽地，加快开放发展，构筑区位新优势。全面践行新发展理念，深入学习对接苏浙沪，实施七大聚焦对接行动，主动承接资金、技术、信息等优势资源，大力发展分享经济，全面参与区域分工与合作。坚持"主攻长三角、突破珠三角、面向全中国、放眼全世界"，积极引进世界500强、中国500强企业和战略投资者。全力争取和推进高速铁路、高速公路等重大交通基础设施建设，加速实现与上海、杭州、南京、合肥等区域中心城市无缝对接，成为皖东南区域综合交通新枢纽。

第四，围绕打造示范性文明建设先行地，加快和谐发展，构筑环境新优势。以全国县级文明城市创建为统揽，统筹开展各类创建活动，完善城乡公共服务功能，提高城乡居民文明素质。坚持优先发展教育事业，积极推进文化繁荣发展，深化医药卫生体制改革，大力实施充分就业战略，不断提高社会保障水平，健全城乡一体的基本公共服务体系，增强群众满意度和获得感。深化行政审批制度改革，积极构建综合公共服务大平台。推进社会治理模式创新，强化法治宁国、平安宁国建设，确保社会和谐稳定。

围绕上述目标，我们将坚持以项目工作为总抓手，牢固树立"大抓项目、抓大项目"的工作理念，在产业发展、城市建设、基础设施、社会事业等领域，滚动遴选十大事关宁国未来发展的牵动性项目。一是推进以石墨烯产业园、高效电机产业园、聚隆第四代洗衣机、金安国纪池窑拉丝等为重点的一批"大新专"项目。二是推进以政府投资的"十大工程"为重点的大城建项目。三是推进以农资公司与恩龙公司战略合作的健康养生基地等为重点的大健康项目。四是推进以青龙湾综合开发、河沥溪老街保护性开发等为重点的大旅游项目。五是推进以紫燕食品、"三只松鼠"加工基地、特色农产品精深加工等为重点的大食品项目。六是推进以红楼梦文化大观园、东方卢浮宫等为重点的大文化项目。七是推进以宁广高速、申嘉湖高速西延至宁国段、宁宣杭高速临安於潜段、皖赣铁路扩能改造、既有线城区段西迁取直等为重点的大交通项目。八是推进以抽水蓄能电站、万家水库等为重点的大水利项目。九是推进以棚户区改造、保障房建设、污水处理、供水、供气等为重点的大民生项目。十是推进以中德智造、司尔特循环经济、亚夏汽车文化、千年龙窑、树木博览等为重点的一批特色小镇项目。对这些项目，市政府将成立专门工作班子，分年度制定推进计划，紧盯不放、持续用力、久久为功。我们坚信，经过五年持续不懈的努力，一个具有更强实力、充满创新活力、彰显无限魅力的新宁国一定会展现在市民面前！

三、2017年工作目标和重点任务

2017年是实施"十三五"规划的重要一年，也是新一届政府的开局之年和宁国撤县设市20周年。开局事关全局，做好今年的各项工作，意义深远，至关重要。我们将认真落实市委的各项决策部署，坚持稳中求进工作总基调，以项目工作为总抓手，以优化发展环境为总保障，深入推进供给侧结构性改革，全力加快调转促步伐，扎实开展基地建设争先争优年、城市创建决战决胜年、全域旅游提速提效年活动，确保圆满完成经济社会发展的各项目标任务，为"进军五十强、率先现代化"奠定坚实基础。

综合考虑各项因素，建议今年经济社会发展的主要预期目标为：生产总值增长8.5%以上；财政收入增长6%左右；规模以上工业增加值增长9%以上；全社会固定资产投资增长11.5%以上；社会消费品零售总额增长12%以上；城镇和农村居民人均可支配收入增幅高于经济发展水平；完成节能减排任务。

围绕上述目标，我们将重点抓好以下七个方面的工作：

（一）围绕招商引资、要素保障，全力以赴推动项目建设

第一，抓优项目工作机制。谋划实施120个市级重点项目，建立"1-3+8"工作机制，实行十大牵动性项目、30个重大项目、80个重点项目分层联系、联动调度。开展"四季竞赛、四大比拼"，每个季度对项目建设、招商引资、财税工作、征收征迁进行考核评比，形成晒成绩、比进度、争先进的浓厚氛围。严格实行"三办一销"督办制度，强化政府交办、领导督办、部门领办和办结销号。认真落实项目预审制度，强化产业、环保、用地、规划等方面的联动把关。继续开展对上争取项目考核，力争全年争取国家、省各类资金10亿元以上。

第二，抓实项目招商引资。坚持大招商、招大商，充分发挥专业招商队伍、园区和重要经济职能部门的核心作用，紧盯"两大区域、两类企业、两型项目"，实行驻点招商、精准招商，提高专业招商质效。继续

实行市直部门、乡镇(街道)招商任务认领制度，加大外出招商频次，提升全员招商氛围。建立市政府负责同志领衔招商机制，对重点招商项目实行“一名市长、一个班子、一套方案、一抓到底”的工作制度，力促意向项目早签约、签约项目早开工。力争全年新签约亿元以上项目50个以上，其中，3亿元以上项目15个以上；新开工亿元以上项目50个以上；新投产亿元以上项目30个以上。力争实际利用外资3亿美元以上。

第三，抓好项目要素保障。启动平台公司市场化改制，适时发行国投公司11亿元二期城投债。精心包装一批项目对接金融机构，争取低息长期项目融资。力争全年新增贷款15亿元以上。确保土地利用总体规划调整完善通过省政府批准，积极包装项目多渠道争取用地指标。加大存量土地盘活力度，力争整改盘活闲置低效用地1000亩，提高土地集约化利用水平。制定用工优惠政策，建立劳务输入长效机制，满足企业用工需求。

（二）围绕转型升级、园区承载，千方百计做大工业总量

第一，聚力发展战新基地。开展基地建设争先争优年活动，争取全年完成工业总产值400亿元以上、固定资产投资100亿元以上、税收14亿元以上，力争在全省基地综合评估中“保七争五”，确保预警再次全部绿灯达标。发挥中鼎、凤形、聚隆、亚新科、保隆等基地核心企业集聚磁吸作用，大力发展“并购经济”，加快建成一批基地“园中园”。支持安泽、晨光等一批骨干企业发展壮大，加快培育一批“专精特新”式中小企业，夯实基地发展基础，力争全年新增基地入库企业25家以上，新增项目10个以上。

第二，合力推进企业转型。扎实开展“稳企暖企行动”，完善领导联系、部门认领、企业评价机制。推进工业化与信息化深度融合，大力开展智能制造，建成智能工厂3～5个，力争完成工业技改投资100亿元。开展“规改股、股上市”专项行动，力争1家企业启动上市股改，1家企业进入辅导期，新增新三板、新四板挂牌企业2家。鼓励已上市企业增发、配股再融资，力争在资本市场募集资金20亿元以上。突出产业基金引导，力争投放产业基金6000万元，支持有技术、有市场的企业加快发展。积极开展“僵尸企业”处置，建立府院联动“绿色通道”，按支持、维持、重组、破产4种类型分类施策，力争全年处置“僵尸企业”20家以上。

第三，着力提升园区承载。启动国家级开发区管理机制和服务模式改革。完成南山西路改造、钓鱼台路延伸，加快推进电镀中心和工业污水处理厂建设，完成河沥溪新水厂主体工程，积极争创国家级知识产权示范园区和全国知名品牌创建示范园区。加强与松江开发区合作办园，积极筹建中德合作产业园宁国分园。有序推进港口园区功能提升，启动建设职工生活服务中心二期、综合服务中心、科创中心、幼儿园和水系治理等项目。启动东津特色产业园规划编制，谋划宁国工业未来发展新的增长极。

（三）围绕完善功能、提升形象，持之以恒打造宜居环境

第一，强化规划引领。推进“多规合一”⑳，建设城市规划信息管理平台。完成城市控制性详规评审报批，加快城市交通、综合管廊、地下空间、海绵城市等专项规划编制，启动编制生态激励建设规划。按照“山水融城、生态打底、文化铸魂”的理念，把握功能化、品质化、节约化、艺术化“四化融合”的要求，深化核心区城市设计，让每一个城市建设项目都能成为一处城市景观、一个艺术作品。坚持以规划指导征收征迁和查违拆违，围绕重点项目实施“四大片区、十大地块”征迁拆违计划，坚持阳光公平征迁，力争征迁房屋30万平方米，拆除存量违建2万平方米以上。

第二，实施“十大工程”。在去年工作基础上，再用1～2年时间，投资约160亿元，全力推进城市建设政府投资类“十大工程”，让宁国的城市配套功能和整体品位得到极大提升，城市面貌焕然一新。一是“四水八岸”城市滨水景观工程。围绕皖东南最美城市滨水绿廊定位，开展环城东、中、西津河、水阳江“四水八岸”滨水景观设计和建设，打造“文旅胜地、宜居之城、最美河岸、生态水滨”的滨水活力空间。二是教育卫生提升工程。实施“6个1”计划，迁扩建1所全省环境一流的示范性普通高中、1所全省最具特色化的中职学校、1所全省规模最大的标准化干部培训学校、1所全省领先的二级甲等中医院，新建1所高标准的公办幼儿园，完成10所城区义务教育学校布局优化调整。三是城北新城综合开发工程。围绕新宁国中学建设，实施“八路两桥三体”项目，建设振宁路延伸段、凤凰路、嵩合路、汪溪路、张村路、规划支路、胡乐路延伸段、金桥路延伸段、振宁路跨东津河大桥、金桥路跨西津河大桥以及体育馆、游泳馆、全民运动中心，实现河沥溪与城市无缝对接、联动发展，打造“津水河岸、宁国名片、高端品质、文旅商务新区”的城市新名片。四是城西片区整体推进工程。以融入红楼梦文化元素“会芳园”为原型的城西湖为中心，实施“一湖七路”

建设，建成国泰路、独山路、新安路、光明路、城西路延伸段、仙霞南路延伸段，完成凤形路改造，全面改进和提升城西片区市容市貌，加快实现开发区与城区产城完美融合，为市民打造一处典范式、可体验和多元化的城市亲水乐园。五是河沥片区配套提升工程。实施“114”计划，以河沥溪旧城改造为1个龙头，以加快S104“二改一”项目为1条主线，建设1所义务教育学校、1所民办幼儿园、1家专业特色医院、1个邻里中心[21]，打造宁国东大门新形象。六是凤形片区综合提升工程。实施“341”计划，高起点、高标准、高品位建设规划馆、图博馆、大剧院，同步建设旗山路、观澜路、仙霞北路、向阳路，提升牛头山公园，增强配套服务功能。七是城市绿地公园建设工程。按照“一个公园一个文化主调、一个花卉主色”思路，统筹推进西津河城市湿地公园、泗联河公园、聚龙山公园等建设以及宁阳公园、南山公园等提升，着力形成“四季有花、一园一景”城市景观格局。八是城市夜景及“白改黑”形象提升工程。完成“一带、两路、两园”夜景工程，统筹推进城市重要干道和重点区域景观亮化，把宁国城市打造成一个“白天山清水秀创新创业活力之城、夜晚流光溢彩休闲娱乐魅力之城”。同步实施城市主干道和路况较差的道路“白改黑”计划，推进地下管廊、人行道板改造升级。九是城乡道路建设工程。按照城市“窄马路、密路网”和农村“大联网、可循环”的理念，全面建设完善城乡道路体系，在建好主干道的基础上，改造一批支干道路，建设一批区间道路，提升城乡交通的通达性和微循环能力，推动城乡协同发展。十是港口片区配套提升工程。围绕“打造全省一流强镇、建设生态工业新城”目标，实施港口园区综合配套PPP项目，统筹推进港口园区和港口集镇路网、水系等基础设施建设，实现融合发展，加速打造城市副中心。

第三，攻坚城市创建。开展城市创建决战决胜年活动，争取成功创建全国县级文明城市、国家卫生城市，统筹推进国家森林城市、国家生态园林城市创建。改造提升20个老旧小区和15条背街小巷。设立住宅小区物业管理专项基金，巩固三级管理新模式。加快城市资源经营公司市场化运作，依托智能化设备恢复城区主要路段停车收费，鼓励引进公共电动汽车分时租赁项目。建成生活垃圾水泥窑协同处置项目，完成城区4座生活垃圾中转站和转运系统改造。改造城区自来水管网7千米，启动城市污水处理厂迁扩建前期工作。铺设城区燃气管网40千米。启动企业污染物在线监控平台建设，常态化开展餐饮油烟污染、建筑施工扬尘治理，持续性开展“三车”[22]整治，全面建成机动车尾气检测线。弘扬“凡人善举、大爱宁国”正能量，实施30个志愿服务品牌项目。建立全市统一的公共信用信息系统，积极争创国家信用体系建设试点示范城市。

（四）围绕生态旅游、特色小镇，坚持不懈带动三产提升

第一，大力推进全域旅游。开展全域旅游提速提效年活动，持续推进滥埋乱葬、乱种乱养、农民建房、三线四边及青龙湾环境五项整治行动，为全域旅游发展创造良好的环境基础。强化旅游宣传和策划，深入挖掘本土特色文化，策划一批宁国旅游消费品牌产品，力争全年接待游客人数达到800万人次，实现旅游总收入50亿元，确保创成安徽省旅游强县。编制全域旅游发展规划，引领建设安徽省有地位、长三角有竞争力、全国有影响力的全域旅游目的地。依托乡村旅游公司，引入市场机制，项目化推进皖南“川藏线”最美宁国段建设，贯通方胡路、周西路，建设方云路、胡西路，提升沿线旅游配套功能，打造华东地区最具特色的自驾游精品线路。加快青龙湾公司市场化运作，启动青龙湾国家AAAAA级旅游景区创建和上市前期工作。推进恩龙、夏霖国家AAAA级旅游景区提升改造，力争新增国家AAA级旅游景区2家以上。大力发展‘旅游+”，培育旅游新兴业态，新增四星级以上农家乐5家，打造乡村旅游升级版，争创全省智慧旅游示范县。

第二，加快培育特色小镇。坚持以产业为基础，融合文化、旅游、社区等要素，围绕工业、农业、商贸、旅游、科创五大类型，创意若干主题，谋划包装一批产业“特而强”、功能“聚而合”、形态“小而美”、机制“新而活”的特色小镇，并按国家AAA级以上旅游景区标准建设。市财政每年设立2000万元专项资金，实行特色小镇建设以奖代补。探索运用PPP模式建设特色小镇基础设施。坚持梯次培育、示范引领、滚动发展，支持港口镇省级美丽特色小镇建设，加快千年龙窑、树木博览等小镇培育，力争再入围省级美丽特色小镇1个，培育宣城市级以上特色小镇2家以上、宁国市级特色小镇5家以上。

第三，积极发展新兴业态。建成电子商务产业孵化园，引进中国网库、网来云商等第三方交易平台。依托农村淘宝，推进“网货下乡”和“农产品进城”双向流通。力争新培育电商20家，实现电子商务交易额3亿元。深入推进普惠制金融发展，实现金融服务室村级全覆盖，积极引进股份制银行和城市商业银行来宁国设立分支机构。加快推进中鼎保税仓库建设。积极发展总部型楼宇经济，支持司尔特建设总部大楼。强力推进划行归市管理，改造提升中心农贸市场，开业运营国际农批一期。积极培育健康养老、文化体育、教育培训、创意体验等领域消费热点。扎实推进商品住宅去库存，保持房地产市场健康稳定。鼓励云计算发展。

（五）围绕产业联动、夯实基础，多措并举抓好三农发展

第一，转变农业发展方式。立足山核桃、竹业、中药材、茶叶等特色资源，依托"互联网+"，以"买全国、卖全国"模式为方向，大力发展农产品精深加工，努力构建全国知名的大食品生产和销售基地。力争农产品加工产值突破200亿元。实施"563"提升计划㉓，打造10个省级生态农业产业化示范乡镇。建成省级河沥现代农业示范区核心区，力争司尔特农业测土配方项目入驻，启动争创国家级农业可持续发展示范区。积极推进青龙湾绿色农业示范区建设。引导农业企业轻资产运营，促进农民合作社规范化发展，推进家庭农场标准化提升，力争培育30个生态农业产业化示范主体。完成省级粮食储备库扩建，完善"放心粮油"供应网络。扶持10个农产品质量追溯示范主体，新增"三品一标"认证产品10个，积极争创国家级农产品质量安全示范县。推进农机农艺融合，开展山区特色农产品机械化示范创建。

第二，提升建设美丽乡村。支持乡镇编制控制性详细规划。坚持规划引领、对标建设，整合涉农资金1.2亿元，建成省级中心村5个、市级中心村7个、县级中心村9个、乡级中心村11个，完成6个集镇建成区整治，提升农村环境卫生综合整治成效。全面推行"河长制"㉔，建立水环境保护联动长效机制，力争顺利通过省水生态文明城市建设试点验收。探索建立青龙湾综合执法机制，持续强化青龙湾水资源及周边环境综合整治，强力清退库区精养水面，切实保护好全市人民的"大水缸"。推广农村污水微动力分散式处理。强化畜禽养殖企业排放监管，建立禁养区养殖企业退出机制。大力发展林下经济，推进生态修复，加强山核桃蒲壳、秸秆等农业废弃物综合利用。深入推进墓葬改革，加快生态公墓建设，积极倡导骨灰存放、树葬、花葬等节地生态安葬方式。

第三，完善农村基础设施。积极推进小农水项目县、水土保持治理重点县建设，实施8座小型水库除险加固，推进农村安全饮水工程改造提升。启动国道小汪村—殷白段、平兴—梅林段"二改一"，完成新港宁路、宁泾公路前期工作，开工宁虹公路，实施国省干道路面改善工程44千米，完成农村公路畅通工程280千米。新建林区作业道路100千米，维护已建林道30千米，建成皖南航空护林站。加强农村建房审批管理，市财政安排1000万元用于农村集中安置点滚动建设，引导农民集中安置、建新拆旧。完成34处地质灾害点治理和搬迁。建成110千伏柳桥变、35千伏龙湾变工程，完成72个中心村农网改造升级任务。

（六）围绕创新引领、改革推动，坚定不移转换发展动能

第一，强化科技创新引领。整合公共服务平台智力资源和创新要素，加快建设集技术、资本、转化、运营于一体的科创中心，争创国家级耐磨铸件检验检测中心，筹建国家级橡塑密封件产业检验检测中心。积极与临安青山湖科技城对接设立合作窗口，探索建设"创新飞地"，加速苏浙沪地区科技成果吸收、转化和运用。大力培育创新主体，力争新增高新技术企业10家以上、省级以上创新型企业4家以上，新增院士工作站2家、博士后科研工作站1家、省级以上众创空间2家。大力实施"三津人才"行动计划，力争新培育和引进科创团队5个，引进创新创业领军人才5名、高层次急需人才10名、新兴产业专业技能人才50名。深入推进品牌创建和标准化建设，确保成功创建全国质量强市示范城市，新增省著名商标10件以上、省名牌产品8件以上，万人有效发明专利达20件以上。

第二，深化重点领域改革。深化行政审批制度相对集中改革，优化集中审批、网上审批流程，切实提高行政审批效率。深化清单制度建设，实行权力清单、责任清单和涉企收费清单动态调整，建立并推行公共服务和行政权力中介服务清单制度，建成"中介超市"。深化投融资方式创新，大力推广运用PPP模式撬动社会资本参与产业培育和公共服务项目建设，再包装推出5个PPP项目，积极争创国家PPP模式创新试点市。深化城市执法体制改革，进一步提升城市管理和公共服务水平。深化农村土地制度改革，强化农村土地承包经营权确权登记颁证成果运用，全面落实农村"三项补贴"㉕政策。扎实推进金融支持林业试点，积极创建国家集体林业综合改革试验示范区。深化供销合作社综合改革。全面完成胡乐国有林场改制任务。

第三，优化政策制度扶持。积极倡导企业家精神和工匠精神，评选发展功勋、优秀职业经理人、创新创业之星，开展职工创业技能大赛。认真落实制度性交易、用地、用人、用能等方面"降本减费"政策，切实减轻企业生产经营成本。进一步突出事前引导和事后奖励相结合，修订完善"1+1+5+X"财政扶持政策。积极推进"五证合一"商事制度改革，开展全民创业“两增两转”行动，力争新增民营企业800家、个体工商户3500家，实现“个转企”90家、“小转规”40家以上。

（七）围绕共建共享、改善民生，不遗余力发展社会事业

第一，着力提升社会保障水平。实施好33项省定民生工程，争创全省民生工程绩效评价先进县。千方百计扩大就业，多渠道开发公益性岗位300个以上，新增就业岗位7600个以上。继续推进“五险一金”扩面征缴。扩大城乡居民医疗保险药品目录，提高大病保险报销比例。新增异地医疗保险定点机构2家以上。建成4个区域性农村养老服务中心、3个城市社区养老服务中心，新增养老床位200张。加快推进南山、河沥保障房二期工程，启动殷白安置区建设，完善安置房市场化运营机制。改造农村危房800户。挂牌保护保障性蔬菜基地3000亩。认真实施移民后扶项目，精准帮扶移民发展。高度关注退伍军人、独双女户、空巢老人、留守儿童、失独家庭、残疾人等特殊群体生产生活。大力发展红十字和慈善事业，做好各项社会救助工作。

第二，优先发展教育体育事业。建成城西教育园区小学部，实施义务教育教师无校籍管理改革，推进义务教育均衡优质发展。深化普通高中课程改革，积极顺应高考模式新变化。提升职业教育内涵，全力实施教学质量、管理水平、文明创建“三位一体”提升工程。扎实推进国家学前教育改革发展试验区建设，以民办公助形式提高幼儿园办学质量。探索校车市场化经营管理模式，加强校园及学生安全管理。推动全民健身和全民健康深度融合，开展“医保健身一卡通”试点。积极引进社会资本兴办体育场馆。

第三，统筹发展卫计、文化等各项社会事业。深化医药卫生体制综合改革，加快建立分级诊疗制度，推广家庭医生签约服务模式，争创国家级慢性非传染疾病综合防控示范区。支持市医院改革发展，完成骨科医院迁扩建。强化全面两孩政策服务，争创全国计划生育优质服务先进市。启动龙窑制陶技艺国家非遗申报，争创中华观赏石之乡，积极培育摄影、奇石等文化产业。举办庆祝撤县设市20周年系列活动。提升广播电视、《今日宁国》宣传水平。完成第二次全国地名普查。加快数字化档案馆建设，扎实做好机关事务管理、民族宗教、外事侨务、台湾事务、地方志、烟草、邮政、气象、防震减灾等工作。支持工商联、工会、共青团、妇联、科协等人民团体创新性开展活动。认真抓好国防动员、民兵预备役和人民防空工作。

第四，创新社会治理方式。推进社区管理体制改革，融合公共服务和社区商业功能，试点建设邻里中心，解决公共服务“最后一公里”问题。启用市民之家，搭建市民办事、互动、资讯的一站式综合服务平台。严格落实信访责任制，强化网上信访和初信初访办理，全面推进诉访分离和分类处理，加大信访积案化解力度。深入推进“铸安行动”，牢固树立“红线”意识，严格落实安全生产“党政同责、一岗双责”，强化部门监管和企业主体责任，确保不发生重特大安全事故。建成全省区域性食品检验检测中心，积极争创省级食品安全示范县。组建应急管理专家库，提升社会风险防控能力和突发事件应对处置能力。纵深推进“平安宁国”“法治宁国”建设，全面完成“天网工程”四期，严厉打击各类违法犯罪活动，争取再次跻身全国平安建设先进县行列。

四、切实加强和创新政府自身建设

各位代表，做好政府各项工作，关键要敢干、真干、实干、会干。我们将切实加强作风建设，深入推进环境转变转型，以学习激发创新力，以落实强化执行力，以自律提升免疫力，努力打造人民满意的政府。

第一，坚持加强学习，做到科学施政。深入学习习近平总书记系列重要讲话精神，牢固树立“四个意识”，切实增强“四个自信”，深化运用“讲看齐、见行动”学习讨论成果，始终在思想上、政治上、行动上与中央保持高度一致。坚持政府常务会议会前集中学习法律和政策制度，加强对新技术、新业态、新模式、新经济的学习了解，努力成为推动经济社会发展的行家里手。自觉践行新发展理念，深入学习对接苏浙沪，按照瞄准临安、赶超兰溪的要求，多渠道、深层次开展互访交流，研究制定学习追赶的目标、内容、路径和举措，实现思想观念、机制体制、政策制度等高对接。

第二，坚持规范运行，做到依法行政。成立决策咨询委员会，严格执行重大行政决策公众参与、专家论证、风险评估、合法性审查、集体讨论制度。规范行政权力运行，主动接受人大的法律监督、工作监督、政协的民主监督和社会公众的舆论监督，高质高效办理人大代表议案、建议和政协委员提案。提高政府常务会、市长办公会、市政府专题会议事效率，严格项目预审、土地利用、投融资管理等委员会议事规则。严格执行新一轮乡镇、园区财税体制，强化依法治税和协税护税，确保应收尽收。加强政府预算管理，依法规范举债行为，切实防范地方政府性债务风险。创新推进“七五”普法，落实“谁执法、谁普法、谁开展法律服务”责任制，提升“新绿洲”普法品牌。

第三，坚持主动担当，做到高效理政。坚决贯彻上级各项决策部署，确保政令畅通、步调一致，杜绝“为官不为”现象。坚持立说立行、马上就办的工作作风，探索建立“痕迹管理”制度。建立正向激励机制，倡导攻坚克难、创新创业，认真落实干部履职担当干事创业容错减责免责制度。创新政务督查督办方式，优化市民热线、政民互动平台受理，推动问政向问效转变。市政府班子和组成部门将率先垂范，努力打造公正公平、公开透明、精简务实、高效便民的政务环境，以良好的政风带民风、正社风。

第四，坚持严格自律，做到廉洁从政。坚持把纪律和规矩挺在前面，带头遵守“三条例、两准则”，细化落实政府系统党风廉政建设主体责任，认真履行领导干部“一岗双责”。加强公共资金、国有资产、国有资源使用审计监督，进一步强化领导干部经济责任审计。支持纪检监察机关监督执纪问责，支持审判检察机关独立行使职权。进一步规范政府采购和公共资源交易监管，强化政府投资项目建设全过程管理，加强财政专项资金使用监管和绩效评估。深化村务公开，规范管理农村“三资”。坚持厉行节约，严格控制“三公”经费支出，切实把有限的资金用在加快发展和改善民生上。

各位代表，前进的号角已经吹响，奋进的脚步已经迈起！让我们在市委的正确领导下，紧紧团结和依靠全市人民，以“领跑安徽、比肩苏浙”的气魄，以“进军五十强、率先现代化”的决心，砥砺前行、开拓进取、奋勇争先，努力创造无愧于时代的辉煌业绩，以优异的成绩迎接党的十九大胜利召开！

□小资料

《政府工作报告》名词解释

①五大战略、四换四驱（第9页左栏）：五大战略为开放兴市、工业强市、生态立市、创新活市、和谐安市。四换四驱为腾笼换鸟、空间换地、机器换人、网+换新；创新驱动、上市驱动、品牌驱动、物流驱动。

②“1+6+6+8”多层次资本市场体系（第9页右栏）：“1”，即国投公司；“6”，即总部在宁国的6家上市企业；“6”，即在“新三板”挂牌的6家企业；“8”，即在“新四板”挂牌的8家企业。

③四督四保（第10页左栏）：督查推进新建项目，保证开工率；督查推进续建项目，保证竣工率；督查推进竣工项目，保证达产率；督查推进储备项目，保证转化率。

④八项制度（第10页左栏）：遴选审核制度、联系协调制度、目标管理制度、分级调度制度、问题交办制度、督查通报制度、动态调剂制度、考核评比制度。

⑤PPP（第10页中栏）：是政府和社会资本合作模式（Public-Private Partnership）的简称，指“政府采取竞争性方式择优选择具有投资、运营管理能力的社会资本，双方按照平等协商原则订立合同，明确责权利关系，由社会资本提供公共服务，政府依据公共服务绩效评价结果向社会资本支付相应对价，保证社会资本获得合理收益”的模式。

⑥两报告一方案（第10页中栏）：指财政承受能力报告、物有所值评价报告和PPP实施方案。

⑦一河、两路、三节点（第11页左栏）：“一河”，即小南河综合治理；“两路”，即迎宾路、津河东路两条特色风貌示范街；“三节点”，即英雄岭、凤凰桥头、金桥桥头三个特色塑造节点。

⑧一带、两路、两园（第11页左栏）：“一带”，即西津河沿河景观带；“两路”，即宁国大道、宁城北路；“两园”即南山公园、宁阳公园。

⑨三梯队、四个一（第11页中栏）：“三梯队”，即将上市后备企业分为三个梯队进行帮扶培育，第一梯队由市政府主要领导带队帮扶，第二梯队由分管副市长带队帮扶，第三梯队由金融办会同开发区、港口园区、经信委进行帮扶；“四个一”，即一个拟上市企业有一名联系领导，一个工作班子，一张困难列表，一套解决方案。

⑩新三板（第11页中栏）：也称为全国中小企业股份转让系统，是全国性的非上市股份有限公司股权交易平台，主要针对中小微型企业。

⑪新型“政银担”业务（第11页右栏）：指地方政府性担保机构、省担保集团、银行、地方政府分别按

4：3：2：1的比例承担担保贷款代偿责任。

⑫ 税融通(第11页右栏)：指银行金融机构根据中小微企业纳税情况，向依法诚信纳税中小微企业提供一定数额信用贷款或担保贷款。

⑬ 三品一标（第11页右栏)：无公害农产品、绿色食品、有机农产品和农产品地理标志的统称。

⑭ 五年三步走（第12页左栏)："滥建乱葬" 专项整治目标任务，即：第一步到2017年底，完成公墓规划建设，规划控制区域无新增墓穴，新增骨灰集中安葬率达到50%以上；第二步到2018年底，消化重点区域散葬旧坟存量，新增骨灰集中安葬率达到80%以上；第三步到2020年底，有序完成全市范围内墓葬迁移工作，新增骨灰集中安葬率达到100%。

⑮ 三条例、两准则(第12页中栏)：《中国共产党纪律处分条例》《中国共产党问责条例》《中国共产党党内监督条例》《中国共产党廉洁自律准则》《关于新形势下党内政治生活的若干准则》。

⑯ "1+1+5" 产业扶持政策体系(第12页右栏)："1"，即财政扶持经济发展政策的若干规定；"1"，即政府性产业发展引导基金使用管理办法；"5"，即新型工业、现代农业、现代旅游业、现代服务业、自主创新五个方面的扶持发展政策。

⑰ 中介超市(第12页右栏)：涉及企业投资项目中介机构集中式办公、规范化管理的新模式。政府提供一个类似超市的平台，各中介机构按超市的规则经营，向"顾客"售卖中介服务。

⑱ 东改西提(第13页右栏)：是指以现有皖赣铁路线为界，改造东部城区，提升西部城区。

⑲ 两圈、三龙、三带(第14页左栏)："两圈"，即苏浙沪旅游经济圈、大黄山国家公园旅游圈；"三龙"，即青龙湾原生态旅游度假区、恩龙世界木屋村养心生态城、青龙山抽水蓄能电站旅游观光区；"三带"，即环主城区休闲度假带、环青龙湖观光养生带、环天目山乡村体验带。

⑳ 多规合一(第15页中栏)："多规"，指国民经济和社会发展规划、城乡总体规划、土地利用总体规划、环境保护规划等。

㉑ 邻里中心(第16页左栏)：指立足"大社区、大组团"进行功能定位，建设集商业、文化、体育、卫生、教育等功能于一体、为社区居民提供一站式服务的居住区商业中心。

㉒ 三车（第16页中栏)：渣土车、砂石类散装运料车、混凝土搅拌车。

㉓ "563"提升计划(第17页左栏)：即推进绿色增效、品牌建设、科技推广、主体培育、改革创新5大示范行动，开展规模化、标准化、科技化、生态化、休闲化、艺术化6大标准提升，打造养眼、养胃、养心3大全新农业。

㉔ 河长制(第17页左栏)：是从河流水质改善领导督办制、环保问责制所衍生出来的水污染治理制度，由各级党政主要负责人担任"河长"，负责辖区内河流的污染治理。目的是为了保证河流在较长的时期内保持河清水洁、岸绿鱼游的良好生态环境。

㉕ 三项补贴(第17页右栏)：指农作物良种补贴、种粮农民直接补贴和农资综合补贴。

专记

Special Reports

· 省战略性新兴产业（宁国核心基础零部件）集聚发展基地建设综述

· 宁国市获『中国十大质量魅力城市』称号纪实

水韵储家滩

省战略性新兴产业（宁国核心基础零部件）集聚发展基地▲建设综述

2015年12月22日，宁国市委十三届十一次全体（扩大）会议暨全市经济工作会议将2016年定为"基地建设推进年"，同日市政府出台《加快推进安徽省战略性新兴产业（宁国核心基础零部件）集聚发展基地建设实施方案》。一年来，全市扎实开展"基地建设推进年"活动，围绕供给侧结构性改革这一主题，大力实施"1238"计划▲，狠抓项目建设，推进企业创新，提升产业层次，基地各项建设工作成效明显。

建立完善工作机制。2016年，市基地建设工作领导组办公室陆续制定出台《基地专项资金管理办法》《基地统计监测方案》《基地建设工作领导组调度会议制度》《基地建设项目标签化管理办法》《基地项目验收工作方案》等一系列制度，对重点项目实行"合同制"和"标签化"管理，建立严格的动态准入和退出机制，对入选扶持项目实行"月跟踪、季督查、定期验收"。邀请工业和信息化部所属赛迪研究院认真调研产业发展现状，完成《宁国核心基础零部件产业发展规划（2016—2020）》编制工作。

加大对外推介力度。全年先后组织企业参加中国（芜湖）科普产品博览交易会、中国国际徽商大会、宣城市地方名品展等各类展会，宣传推介宁国基地，帮助企业借助展会平台开拓市场。对外开通基地官方网站及微信公众号，接受《国际商报》《安徽日报》《新安晚报》、安徽广播电视台与安徽电视台卫视、公共及经济生活频道等媒体专题采访10批次，在国家级媒体发表文章6篇，中安在线发表文章1篇，刊登宣传专版2篇，省发改委、商务厅、科技厅等官方网站刊文18篇，接受国家级媒体（国际商报）采访1次、省级媒体采访8批次。

有序开展专项资金落实工作。2015年宁国基地9000万元省级专项资金全部分配到位。2016年获得省级专项资金1.17亿元，按"年度统筹、切块管理、动态调整"的原则，明确基地2016年专项资金安排方案，制定出台专项资金项目评审办法和评分细则等配套制度。同时，该基地早谋划，早准备，自2016年6月开始，面向基地企业征集第二批创新发展项目，经过几轮遴选，共有60个项目纳入扶持范围。

图1　2016年12月27日，宁国赛宝核心基础零部件产业技术研究院正式运营

强力推进项目建设。2016年，围绕基地首批入库的112个项目，坚持完善市领导联系推进重点项目制度，建立"四督四保"（督新建保开工、督续建保竣工、督竣工保投产、督储备保转化）推进机制，着力提高项目开工率、竣工率、达成率和转化率。截至2016年12月底，入库112个项目总投资307.45亿元，已完成投资125.85亿元。其中，中鼎关键基础件研发及生产基地迁扩建、保隆汽车结构件、亚新科工业园一期等67个项目已投产或试生产，聚隆传动科技工业园、永泰汽车零部件等33个在建项目正在加快推进，另有12个前期或储备项目正在开展前期工作。

大力实施"龙头企业带动、协作企业集聚"的联动发展战略，龙头企业标杆效应显现。2016年，中鼎集团名列"全球非轮胎橡胶行业50强"第19位、"全国橡胶制品行业10强"首位，入选"全国民营企业500强"，在跨国并购上再创佳绩，斥资1.3亿欧元收购德国AMK公司100%股权，入围工业和信息化部首批制造业单项冠军示范企业名单；聚隆机器人减速器公司获高工金球奖"2016年度RV减速机技术创新奖"及"2016年度最具投资价值奖”，在机器人领域崭露头角；凤形股份跨界收购无锡雄伟精工科技有限公司100%股权，进军汽车零部件领域。

招商引资引智卓有成效。2016年，基地新增签约项目58个，炫恩科技、永泰汽车零部件等一批优质项目落户基地。同时，招商引智取得重大进展，全年注册落户创新团队8个，其中南洋理工大学创新团队径向式汽轮机项目已进入中试阶段，复旦大学创新团队石墨烯制备工艺已取得成功；加州大学二代精准医疗、华成金研高温合金材料等两个团队获省创新团队资金扶持。

创新能力大步提升。一是加快推进平台建设。公共创新服务平台建设成效明显，赛宝基础零部件产业技术研究院基本建成，省级耐磨铸件质量监督检验中心搬迁基本完成，科技创业服务中心迁扩建项目正在建设，橡塑密封件检验检测中心正在积极筹建，与上海交通大学初步达成合作建设国家技术转移中心宁国分中心意向，与临安市初步达成共同推进创新发展战略合作协议，成功举办首届中国（宁国）橡塑密封件产业发展高峰论坛。二是大力开展智能制造。出台《宁国市智能工厂（车间）建设管理办法》，遴选中鼎、聚隆、保隆3家企业作为首批智能工厂建设试点示范单位。三是抓创新要素激活。安排2000万元注入产业引导基金，专项用于支持初创型、科技型小微企业和团队发展。成功为48家基地企业争取省研发设备补助资金共计1240万元。四是自主创新能力大步提升。2016年，基地新增授权发明专利169件；宁国经济技术开发区入选国家知识产权试点园区，成为长江经济带国家级经开区协同发展联盟理事单位；中鼎获评“国家知识产权示范企业”，海天力公司获得第十八届中国专利奖优秀奖，聚隆传动、中鼎密封件、海天力3家公司入围2016年安徽省发明专利百强企业。五是企业创新平台再添动力。2016年新增高新技术企业10家，总数达60家；新增博士后科研工作站1家、省级院士工作站1家、省级工业设计中心1家、省级工程技术中心1家、省级企业技术中心1家，拥有省级以上创新平台30家。六是企业创新荣誉硕果累累。新增国家技术创新示范企业1家、国家级两化融合管理体系贯标试点企业1家，凤形公司获国家科学技术奖二等奖；新增省“专精特新”中小企业9家、省工业和信息化领域标准化示范企业1家、安徽省工业精品3项；双津实业获得安徽省科学技术奖三等奖，海伟公司获安徽省重大科技专项支持。

主要经济指标稳步增长。全年完成工业总产值368.2亿元，同比增长15.5%，占省定年度目标任务127.4%；完成固定资产投资90.2亿元，同比增长25.6%，占省定年度目标任务410%；税收13.5亿元，同比增长10.7%，占省定年度目标任务119.5%。分行业看，密封元器件行业完成产值212.4亿元，同比增长19.0%；高端机械基础件完成产值102.1亿元，同比增长17.9%；电子元器件完成产值53.7亿元，同比增长0.1%。

▲省战略性新兴产业（宁国核心基础零部件）集聚发展基地，简称基地，于2015年9月经省政府批准设立，是全省首批14个战略性新兴产业集聚发展基地之一。截至2016年年底，基地已由最初的宁国经济技术开发区，拓展至以其为核心，涵盖全市包括港口生态工业园区与中溪、宁墩、梅林3个重点工业乡镇在内的密封元器件、电子元器件、高端机械基础件三大领域的产业集群，共有核心基础零部件规模以上企业142家（其中高新技术企业60家），国家级创新平台3家，省级博士后工作站、企业技术中心、工程研究中心、创新型（试点）企业、重点实验室、工业设计中心等各类省级创新平台28个，基地关联企业持有发明专利365件、重大科技成果243件、省级以上新产品138件、省级以上知名品牌30个，牵头或参与制定国家、行业标准总数105个；持有中国驰名商标4件、安徽省著名商标35件、安徽省名牌产品43件。

▲“1238”计划，即：围绕一个核心产业（核心基础零部件产业），依托两大载体（国家级宁国经济技术开发区和省级港口生态工业园区），突出三大重点领域（密封元器件、高端机械基础件、电子元器件），实施八大任务（完善载体功能、优化产业结构、强化创新驱动、培育骨干企业、深化招商合作、加快绿色发展、激活资本市场、强化人才引育）。

（市基地办　黄　剑）

宁国市获“中国十大质量魅力城市”称号纪实

2016年12月21日，在北京人民大会堂举行的2016年度“质量之光”颁奖盛典上，宁国市被授予“中国十大质量魅力城市”称号。“质量之光”评选活动由国家质检总局、《中国质量报》于是年11月举行，全国20个城市入选，宁国市作为安徽唯一城市入选年度质量魅力城市参加评选，最后以全国得分第三获得该称号。

早在1995年，宁国考察学习温州经验，实施“质量立县、名牌兴业”战略，在安徽省率先开展“质量兴市”。1996年被列为“全国消灭无标生产试点县”，1997年在安徽率先通过验收，被国家技术监督局评为消灭无标生产先进县。2001年率先在安徽省开展质量兴市工作。2006年，宁国市以全省最高分通过“全省质量兴市”阶段性验收；2010年在“全省质量兴省”阶段性验收中被评为先进市。2011年在全省率先提出建设“品牌宁国”，通过政策引导、财政支持、品牌创建、人才建设、强化监管等方式，全面提升全市质量工作。

2012年9月，宁国市作为唯一县级市，被国家质检总局批准为首批25个“全国质量强市示范城市”争创城市，成立由市长任组长的质量强市创建工作领导组，领导组下设办公室，牵头全市质量强市争创工作，全面落实创建办人员和经费。市人大、市政协将质量工作作为评议、检查的重要内容。全市以基地示范工程、创新引领工程、品质承载工程等“十大工程”为抓手，实施质量技术创新“千企培育、百企示范”计划，推进品牌兴市、质量强市战略。先后出台《关于开展质量强市活动的意见》《宁国市质量发展纲要》《品质承载工程实施方案》等文件。建立质量强市联席会议制度，实现部门之间质量相关数据共享联动。实施“双月调度、季度点评、年度考核”工作机制，促进部门联动协同创建。将质量强市创建纳入各地各单位目标管理责任制考核内容，并将考核结果作为干部任用、评优评先的重要依据。大力推进质量惠民工程，实施放心食品工程，推进餐饮量化分级管理和明厨亮灶工程，强化食品检测能力建设。推进完善质量诚信体系机制建设，专门制定政策，常规性开展质量诚信评比活动，建立质量“红黑榜”制度。实施产业人才“515”引进计划，大力引进实施质量发展战略急需的创新创业领军人才、高层次人才等专业技术人才，建成“专家楼”“英才苑”“学士苑”，无偿为高层次人才提供生活保障服务。全面推行首席质量官制度，指导帮助规模以上企业建立质量关键岗位考核机制，全面推行先进质量管理模式。为加快产业转型升级，强力推进“四换四驱”（即腾笼换鸟、空间换地、机器换人、网＋换新，上市驱动、创新驱动、品牌驱动、物流驱动）战略，出台“1+1+5”政策体系，每年兑付7000余万元专项资金，用于鼓励和支持企业加强质量技术创新和品牌化、标准化建设。经过层层征集、多方征询评选，于2015年7月10日发布“邦宁国泰、品质承载”的宁国质量精神主题语。2016年1月又成立全国首个县级质量发展局，与市市场监督管理局合署办公，增设总工程师一职，设立质量与商标广告科、标准计量科、特种设备科3个科室，成立市场监督检验所和质量技术监督执法中队，增加74名专职工作人员。在全市8个派出机构中设立品牌建设指导服务站，并在乡、村、组三级建立近500人的“质量专管员”“质量监督员”“质量协管员”和“质量信息员”等“四员”队伍，构建起“横向到边、纵向到底”的监管和服务网络。2016年11月成立“质量流动诊所”，在全市范围内首批公开征集耐磨铸造、汽车零部件、电子元器件等7大行业质量技术专家117人，建立“质量流动诊所”专家团，对相关产业企业实行专家问诊、个性化帮扶等质量服务。

至2016年年底，在全市312家规模以上企业中全面推行首席质量官制度。全市已拥有中国名牌产品1个、中国名牌农产品1个、中国驰名商标7件、安徽名牌产品56个、省著名商标70件，获得国家地理标志保护产品2个、地理标志证明商标1件、农产品地理标志1个，省级名牌产品、著名商标数量均位居安徽省县（市）前列。全市有7家企业获安徽省卓越绩效奖，保隆公司获国家卓越绩效管理模式先进单位，司尔特公司获省政府质量奖。宁国市被命名为全省汽车橡胶零部件高新技术产业基地和“中国耐磨铸件之都”，拥有院士工作站2家、博士工作站5家，重点实验室1家，国家级创新型试点企业1家、省级16家。

（市市场监督管理局）

大事记

Timeline

寧國年鑒

·2016 年宁国市大事记

2016 年宁国市大事记

1 月

5—7 日　中国人民政治协商会议第九届宁国市委员会第五次会议在市区举行。会议增选政协第九届宁国市委员会副主席 1 名和政协常委 1 名。

6—8 日　宁国市第十五届人民代表大会第五次会议在市区举行。会议审查批准《宁国市国民经济和社会发展第十三个五年规划纲要》，选举何田为市人民政府市长，选举产生市人民检察院检察长和市第十五届人大常务委员会副主任 1 名。1 月 8 日，在大会闭幕会上首次举行市政府全体工作人员向《中华人民共和国宪法》宣誓仪式。

8 日　位于河沥溪东城大道与 S104 线交汇处东南侧的新宁国汽车站自零时起正式启用，原宁国汽车站（位于津河东路）、客运东站（位于东津路）同日关闭，停止运营，原两站的客运车辆（含经许可停靠的过境客运车辆）在新宁国汽车站始发。新宁国汽车站开工于 2013 年 9 月 30 日，2015 年 12 月竣工。

同日　全市“金税三期”上线启动仪式在市地税局一楼办税服务大厅举行。

同日　全市县域医疗服务共同体试点工作启动会召开，会议宣读了《宁国市县域医疗服务共同体试点工作实施方案（试行）》。

同日　市委书记王普任市人武部党委第一书记。

9 日　市人民检察院正式启用电子卷宗管理系统，制作上传了第一份电子卷宗，全面开启线上办案工作。

10 日　宁国市户外徒步运动协会成立并举行揭牌仪式。

12 日　全市第一家城市商业综合体——大润发大型超市开业。

同日　全市首家企业院士工作站——保隆（安徽）汽车配件有限公司安徽省院士工作站举行揭牌仪式。中国工程院院士、浙江大学教授、博士生导师谭建荣出席揭牌仪式。

15 日　宁国市被住房和城乡建设部命名为“2015 年度国家园林城市”。5 月 28 日，在湖北省武汉市举办的“第十届中国（武汉）国际园林博览会”闭幕式暨授牌仪式上被正式授牌。

24 日　万家乡吴越古道、宁墩镇华东大裂谷景区被批准为国家 AAA 级旅游景区。

25 日　科技部火炬中心公布 2015 年度国家火炬特色产业基地复核结果，国家火炬宁国橡塑密封件特色产业基地通过复核。

29 日　安徽省凤形耐磨材料股份有限公司（简称“凤形股份公司”）与暨南大学、广东省工业技术研究院（广州有色金属研究院）等单位合作的“节材耐磨损钢铁材料制造技术研发与工业应用”项目获国家科学技术奖二等奖。

2 月

2 日　宁国市举行各级道德模范、身边好人及美德少年表彰仪式。

同日　宁国市被教育部批准为国家学前教育改革发展实验区，宁国市是安徽省唯一进入实验区的县（市）。

4 日　宁国市被命名为首批 2016—2020 年度全国科普示范县（市、区）。

14 日　海军大连舰艇学院学员旅学员 26 队宁国籍学员官东当选“感动中国”2015 年度人物。同年 1 月 15 日，官东入选“2015 安徽十大新闻人物”。

15 日　宁国市 2016 年春季人力资源招聘会在世纪广场举行。

18 日　全市乡镇党委换届工作动员会暨业务培训会召开。

23 日　全市项目工作暨“基地建设推进年”“城市创建攻坚年”“旅游发展提速年”活动动员大会举行。会议表彰了 2015 年度“宁国发展功勋”“宁国发展贡献奖”获得者和 2015 年“项目提质年”“城市提升年”“旅游提速年”先进单位及先进个人代表。

3 月

3 日　宁国市启动公务用车制度改革，召开动员大会。

11 日　万家乡国家级山核桃标准化示范基地建设正式启动。

19 日　宁国中学首届成人礼活动暨清华大学安徽校友会奖学金发放仪式举行。

20 日　“米赛尔杯”宁国市第二届玉兰花海山地自行车赛暨“健康安徽”2016 环江淮万人骑行大赛首站比赛在宁国市恩龙树博园举行。

25—26 日　全国人大常委会委员、农业与农村委员会主任委员陈建国率调研组到宁国市调研农业与农村新型经营主体发展情况。省人大常委会副主任宋卫平等陪同调研。

同月　宁国市启动“乡镇人大建设年”活动。

4月

8日　宁国经济技术开发区被命名为首批安徽省知识产权示范园区。6月13日，在宁国经济技术开发区管委会举行授牌仪式。

9日　云梯畲族乡在千秋畲族村举行畲族“三月三”民俗系列活动，广西电视台新闻频道与安徽电视台公共频道合作对畲族婚嫁仪式和“三月三”祭祀活动进行了直播。

10日　津南村召开村民代表大会正式启动农村集体资产股份合作制改革试点。同年12月30日成立村集体经济组织——宁国市津南农业发展有限公司，完成试点工作。

16—17日　省委常委、组织部部长邓向阳到宁国经济技术开发区展示中心（非公企业党群活动中心）调研指导“两学一做”学习教育工作。

19日　宁国市召开“两学一做”学习教育工作会议，部署全市学习教育工作。

21—22日　在由晨哨集团主办、中国股权基金投资协会联合主办、凯迪拉克全程支持的“第三届中国跨境投资并购峰会暨第二届金哨奖颁奖典礼”上，中鼎集团获评“金哨奖中国十佳大买手”。

22日　在由长三角自驾游专家委员会、新华—长三角自驾游指数工作委员会和横店四共委联合主办的2016长三角自驾游十强城市发布会上，宁国市入选2016长三角自驾游首批发展十强的城市。

23日　安徽材料工程学校教师周建平获安徽省2015年度“江淮好班主任”称号。

27日—6月3日　宁国市2016年度五大行业职业技能大赛举行。

29日　宁国市首家文化产业园——架云轩文化产业创意园正式开园。

同日　宁国市首届青年企业家论坛举行。

同日　中共中央直属机关事务管理局副局长、巡视员刘鲤生率中央公务用车改革督查组到宁国市督查公务用车改革工作。

同日　宁国市教育体育局根据《宁国市人民政府重大行政决策程序规定》，在宁国市政务公开网、宁国市教育体育局网站、《今日宁国》报公布《关于迁扩建宁中高中部的决策建议草案（征求意见稿）》及相关说明，向社会广泛征求意见。

5月

4日　原挂靠在市政务服务中心的公共资源交易监督管理局从该中心剥离，单独设置为市政府直属正科级全额拨款事业单位；原挂靠在市政府办的市社会管理服务中心（城市管理指挥中心）从该办剥离，与市政务服务中心（政务公开办公室）合署办公。

5日　宁国市被国家知识产权局命名为第四批国家知识产权示范城市。

同日　宁国市第三次获得“中国耐磨铸件之都”称号。

8—12日　安徽材料工程学校14级建筑施工班学生毛陈昊，代表安徽省参加2016年全国职业院校技能大赛获中职组建筑CAD比赛项目个人三等奖。

17日　宁国市首个PPP项目——市中医院迁扩建项目正式签约，7月20日举行开工仪式，8月22日正式开工建设。

同日　安徽省高新技术产业投资有限公司、宁国市国有资产投资运营有限公司、宁国市中安辰星投资管理有限公司（筹）举行战略合作签约仪式，签订宁国中安创业投资基金合作协议，成立首期规模为1亿元的宁国市中安创业投资产业引导基金，这是全市首支产业引导基金。

19日　宁国市志诚机械制造有限公司的智成牌“ZZJX-F铁型覆砂曲轴铸造自动化生产线”被中国铸造协会授予“全国铸造装备创新奖”。

20日　宁国市被授予全国法治宣传教育先进集体。

23日　宣城市首家国地税联合办税大厅在宁国建成并投入使用。

27日　宁国市向港口镇山门村五组、八组村民颁发首批农村土地承包经营权证。

同日　宁国市睿普磁电科技有限公司的“磁性电子元器件”项目在全省第一届“赢在江淮”创业大赛位列第三名，获二等奖。

28日　《宁国市生态保护红线划定规划》开始编制。

同日　宁国市幼儿园体操队首次闯进全国14强名列第十三名，再获全国幼儿体操比赛金奖，是安徽省幼儿体操代表队在全国幼儿体操比赛中取得的最好成绩。

30日　宁国市被环保部授予中国生态文明奖。

同日—6月2日　中科协九大代表、市林业局林业技术服务中心副主任、林业技术专家吴志辉出席中国科协第九次代表大会。

6月

2日　安徽江南化工股份有限公司、安徽中鼎密封件股份有限公司入选工业和信息化部2016年两化融合管理体系贯标试点企业。

5日　《安徽宁国港口生态工业园区总体规划（2016—2030）》通过评审。

8日　南山街道创业社区党支部被命名为首批“全省社区党建示范点”。

15日　在中共安徽省委党建工作领导小组召开的专题会议上，宁国市委汇报的“智慧党建”平台建设工作受到省委副书记李国英的高度肯定，省委要求省委组织部研究推广该项工作。

19—21日　中共宁国市第十四届代表大会第一次会议在宁国市区举行，大会选举产生中共宁国市第十四届委员会、中共宁国市纪律检查委员会和宁国市出席宣城市第四次党代会代表，通过了十三届市委《领跑安徽　比肩苏浙　为“进军五十强、率先现代化”而努力奋斗》工作报告的决议和纪委工作报告的决议。6月21日举行第一次全体会议，选举产生了中国共产党宁国市第十四届委员会常务委员会委员、书记和副书记，王普当选为中共宁国市第十四届委员会书记。

20日　宁国市被命名为全国第三届国土资源节约集约模范县。

22日　市政府出台《宁国市房地产市场平稳健康发展的实施意见》，决定在2016年7月1日至12月31日期间，对个人购买商品房实行给予财政补贴的去库存政策。

23日　龙晟柔性储能材料科技有限公司在国内率先成功制备高性能石墨烯电极纤维，并于11月18日量产。

27日　国家工商总局发布2014—2015年度“守合同重信用”企业公示名单，安徽司尔特肥业股份有限公司、安徽亚夏实业股份有限公司、安徽詹氏食品股份有限公司、亚新科噪声与振动技术（安徽）有限公司入选。其中，安徽司尔特肥业股份有限公司、安徽亚夏实业股份有限公司曾连续被公示为2010—2011、2012—2013年度国家级“守合同重信用”企业。

30日　宁国市正式启动全市不动产登记业务，颁发全国统一的不动产权证书。

7月

1日　在北京人民大会堂举行的庆祝中国共产党成立95周年大会上，安徽中鼎控股（集团）股份有限公司党委被授予全国先进基层党组织称号，是安徽省唯一一个被授予该称号的非公企业党委。

同日　安徽江南化工股份有限公司“工业粉状炸药智能制造试点示范”项目入选工业和信息化部2016年智能制造试点示范项目，成为2016年安徽省唯一入选该项目的企业。

6日　宁国市预防职务犯罪警示教育基地在宁国市人民检察院揭牌。

8日　宁国市华金皖南花鼓戏剧团再次被评为全省民营艺术“百佳院团”。

20日　宁国市被安徽省经济和信息化委员会命名为安徽省信息消费示范市。

22日　宁国市人民检察院首部未成年人检察工作题材微电影《青春的救赎》开拍。11月，该片获全省“阳光护苗·关爱重点青少年群体”微电影大赛二等奖。

同日　宁国市印发《中共宁国市委巡察工作实施办法（暂行）》。

25日　宁国市召开2016年度第一轮市委巡察工作动员暨培训会，正式启动巡察工作。

26日　港口镇树木博览小镇被列入宣城市首批市级特色小镇培育名单。

29日　宁国市被宣城市命名为市级无传销城市。

同日　官东被授予“全国拥政爱民模范”称号。

8月

3日　凤形股份公司与无锡雄伟精工科技有限公司签署股权收购协议，拟以12.87亿元全资收购无锡雄伟精工股权，布局汽车零部件领域。并于10月份申报中国证券会待批。

4日　省人大常委会委员、省人大城建环资委副主任委员梅劲，宣城市人大常委会副主任张玉峰率省及宣城市环保世纪行采访团到宁国市，就农村环境整治及秸秆综合利用情况联合开展集中采访。

19日　凤形股份公司经安徽省人社厅批准，设立“博士后科研工作站”（博士后创新实践基地）。

23—25日　宁国市在西津街道罗溪村开展第三次全国农业普查综合试点工作。

24日　宁国市与休宁县签订“友好市县”协议。

25日　全国工商联发布2016中国民营企业500强榜单，中鼎控股集团股份有限公司位列第438位，比上年上升42位。

31日　市发改委节能监察中心成立。

同月　在甲路镇庄村村发现安徽省分布最大的一个华东黄杉天然林居群。

9月

1日　宁国市市场监督管理局登记注册窗口正式向企业核发加载统一社会信用代码的“五证合一、一照一码”的营业执照。在原有工商营业执照、组织机构代码证、税务登记证“三证合一”实行基础上，再整合社会保险登记证和统计登记证。

3日　全市规模最大、标准最高、设施配套最完善的幼儿园之一的市幼儿园凤凰分园举行开园仪式。

7日　宁国市政府出台《宁国市鼓励高层次科技人才团队创新创业实施办法（试行）》《宁国市众创空间备案管理实施细则（试行）》两个规

范性文件。

18日　宁国市政府印发修订后的《宁国市被征地农民基本养老保险实施办法》，港口湾水库建设被征地农民纳入宁国市被征地农民基本养老保险保障范围。

19日　宁国市被命名为首批安徽省农产品质量安全县。

22日　宁国市“水景记”派出的选手曹循以作品《黄山印象》获得“南风杯第六届中国水族箱造景大赛”亚军，该大赛是国内造景行业最高水平赛事。

30日　宁国首个普法动漫形象“竹娃”由市司法局发布。

同日　宁国市政府批准实施《宁国市生态环境保护“十三五”规划》。

同月　全市首家社会工作服务机构——宁国市山城社会工作服务中心成立。

同月　市医院的远程心电会诊系统与中溪中心卫生院心电图机及操作系统成功对接，实现市医院医师对该卫生院采集上传的患者心电图进行远程及时诊断。

10月

1日　青龙湾游客接待中心试运营。

12日　云梯畲族乡被省民委命名为第一批全省民族团结进步创建活动示范单位。

同日　宁国市召开滥建乱葬专项整治工作动员会，全市新一轮殡葬改革正式启动。

13日　安徽省民委代表国家民委向云梯畲族乡千秋畲族村授予“中国少数民族特色村寨”牌匾。

14日　安徽詹氏食品股份有限公司获评农业产业化国家重点龙头企业。

18日　全国妇联党组书记、副主席、书记处第一书记宋秀岩率调研组到宁国市港口工业园区、中鼎集团、河沥溪街道平兴村、东津河“徽姑娘”农家乐调研基层妇女工作。

同日　宁国市启动产业专利导航工作，北京国知专利预警咨询有限公司专家组一行到宁国开展橡塑密封件产业专利导航工作。

21日　国家知识产权局组织人民网、新华社、《中国日报》《经济日报》《科技日报》《中国科学报》、中国经济网、《中国知识产权报》等10家中央媒体，到宁国开展“知识产权、竞争未来”主题采访活动。

27日　宁国港口生态工业园区携手深圳市东方启辰科技有限公司举办首届中国·宁国车联网峰会，东方启辰车联网产业基地正式落户该园区。

同日　安徽省人大常委会副主任宋卫平率执法检查组到宁国市开展环境保护法律法规执法检查。

同日　市委、市政府印发《宁国市国有林场改革实施方案》，正式启动国有林场改革工作。

28日　安徽中鼎控股(集团)股份有限公司被认定为国家技术创新示范企业。

同月　市西津、港口、中溪食品药品监管所食品安全快速检测实验室和大华农贸市场、中心农贸市场、港口农贸市场食品安全快速检测室建成并投入使用。

同月　凤形股份公司获“安徽省工业和信息化领域标准化示范企业”称号。

11月

1日　安徽省政府副省长谢广祥携省市部分单位领导到宁国市调研农村学校全面改薄和寄宿制学校运行保障工作。

4日　市林业局主持制定的《山核桃有害生物防治技术指南》通过国家林业行业标准审定。

同日　宁国电视台1套、2套节目正式上线电信ITV平台，宁国电视台1套、2套节目在本地频道的序号分别为717、718。

7日　《人民日报》和《2016中国中小城市发展报告·绿皮书》联合发布第十二届中国中小城市科学发展指数研究成果，公布“2016全国综合实力百强县市”等榜单。宁国市自2008年起第9年入围“中国中小城市综合实力百强”，位列第68位，较上年前进1位；位列“中国十佳‘两型’中小城市”第4位，第7次成为安徽省唯一获此殊荣的县市；位列“2016年度中国最具投资潜力中小城市百强县市”第10位，较上年前进2位；位列“2016年度中国中小城市创新创业(双创)百强县市”第58位；位列“2016年度中国中小城市新型城镇化质量百强县”第46位，较上年前进2位。

10日　宁国市首个全流程电子化公开招标项目——宁国市城西路(凤形路—仙霞路)道路工程在市公共资源交易服务中心开标。

11日　宁国市被中华诗词学会命名为“中华诗词之乡”。

11—14日　宁国市举行第三届全民健身运动会。

14日　《宁国市处置“僵尸企业”工作意见》出台。

16日　宁国经济技术开发区工业污水处理设施和电镀标准化厂房建设项目正式签约，12月开工建设。

17日　港口镇被安徽省住房和城乡建设厅、省发展和改革委员会、省财政厅列入第一批省级特色小镇。

18日　安徽皖斛堂生物科技有

限公司的“皖斛堂—生物智造星创”、安徽省司尔特肥业股份有限公司的“司尔特星创天地”获科技部第一批星创天地备案。

21日　安徽中鼎密封件股份有限公司院士工作站通过省级备案。

22日　宁国市“践行新发展理念、学习对接苏浙沪”观念更新学习讨论活动动员大会召开。

24日　《宁国市生态文明建设示范市建设规划》通过安徽省环保厅组织的评审。

同日　宁国市城北新城综合开发PPP项目在市公共资源交易服务中心顺利完成公开招标。项目包括“八路”（汪溪路、凤凰路、嵩合路、胡乐路、振宁路、张村路、金桥路和规划路）、“两桥”（金桥路跨西津河大桥、振宁路跨东津河大桥）、“一校”（宁国中学高中迁扩建）、“三体”（体育馆、游泳馆、全民运动中心），项目总估算投资19.71亿元。

24—25日　在江苏金坛的东方盐湖城召开的第六届长三角自驾游产业论坛上，“皖南川藏线——最美宁国段”，以独特的秀、美、峻、艳、险等特色被评为2016十大长三角自驾游线路（短线）。

26日—12月4日　第28届全国职工射击比赛，第18届全国职工弓弩比赛，第5届全国业余飞碟大奖赛，首届射箭、弹弓比赛在宁国市梅林狩猎俱乐部举行。

29日　宁国市实验小学被认定为“宁国市知识产权教育示范学校”，宁国市开发区小学为“宁国市知识产权教育试点学校”。

同月　宁国市首次对市本级预算项目开展公开评审，邀请市人大常委会、政协、监察局、审计局领导参与对市住建委、市农委等7个群众和社会关注度较高部门2017年预算项目的公开评审工作。

12月

2日　方塘乡潘分路改扩建工程举行通车典礼，该工程由中鼎集团捐建，2015年9月2日开工建设。

5日　首届中国（宁国）橡塑密封产业发展高峰论坛在宁国市举办。

8日　宁国市第一届青少年钢琴大赛在市青少年活动中心举办。

9日　安徽司尔特肥业股份有限公司获得第三届“安徽省政府质量奖”。

同日　港口镇山门村和霞西镇白茂村入选第四批中国传统村落名录。

12日　河沥溪街道长虹村官东家庭被中央精神文明建设指导委员会授予首届“全国文明家庭”称号。

13日　宁国市海天力工业发展有限公司的“汽车制动气室橡胶隔膜的生产工艺”（ZL200910249742.7）发明专利获中国专利优秀奖。

14日　宁国市梦想故事汇众创空间获安徽省省级众创空间认定。

15日　宁国市科学技术协会第五次代表大会召开。

16日　宁国市与武汉网来云商环球信息技术有限公司签署跨境电商皖东南（宁国）服务中心框架协议。

18日　全市务虚工作会议暨学习对接苏浙沪专题讨论会召开。

20日　宁国市市乡人大换届选举日，全市举行市乡人大代表换届选举投票。

同日　安徽省政府党组成员、省促进旅游业改革发展领导小组副组长陈强率调研组到宁国市青龙湾旅游度假区、青龙湾通用机场、皖南“川藏线”、云梯畲族乡调研重点旅游项目暨旅游特色小镇建设工作。

21日　宁国工业转型升级与区域军民融合政策发展论坛开幕式暨赛宝核心基础零部件产业技术研究院揭牌仪式举行。

同日　2016年度“质量之光”颁奖盛典在北京人民大会堂举行，宁国市被国家质量监督检验检疫总局授予“中国十大质量魅力城市”称号，得分位居全国第三。

22日　宁国市政府出台《宁国市国有资产监督管理暂行办法》。

同日　全国人大代表、省人大常委会党组副书记、副主任胡连松率部分驻皖全国人大代表到宁国市，考察全市经济社会发展和“三去一降一补”（去产能、去库存、去杠杆、降成本、补短板）推进情况。

23日　西津街道金桥社区被中国地震局命名为“国家地震安全示范社区”。

26日　安徽中鼎密封件股份有限公司被国家质量监督检验检疫总局授予第三批“中国出口质量安全示范企业”称号。

27日　宁国市出台《关于实施“三津英才”六大行动计划打造人才高地的意见》。

同日　宁国首届青年创业大赛初赛举行。

29日　《宁国核心基础零部件产业基地发展规划》通过专家评审会评审。

30日　安徽材料工程学校、宁国市委党校迁扩建及配套路网PPP项目在汪溪街道举行开工仪式。

同日　宁绩高速鸿门互通工程建成并投入使用。该项目于2015年12月5日正式开工建设。

31日—2017年1月2日　港口镇政府在山门村风景区（景观大道）举办宁国市首届民俗旅游文化系列活动。

同月　宁国市委组织部被人民日报社评为2016年度“优秀党建云平台暨基层党建宣传示范单位”。

市情概览

A Profile Of Ningguo City

- 地理
- 自然资源
- 气候
- 物产
- 建置区划
- 人口 民族
- 风景名胜
- 历史人文
- 市树·市花·宁国精神
- 全面深化体制改革
- 经济发展
- 社会发展
- 精神文明建设
- 宁国市组织机构及负责人名录

田园板桥

地　理

【区域位置】 宁国市位于安徽省东南部，东依天目山，西靠黄山山脉，素有“安徽东南门户”之称。地跨北纬 30°16′～30°47′，东经 118°36′～119°24′。东西长 75.5 千米，南北宽 55.3 千米。东至南的梅林、中溪、仙霞、云梯、万家、南极、甲路 7 个乡镇与浙江省安吉县、临安市接壤，西至西南的方塘、胡乐两个乡镇与泾县、旌德、绩溪县毗连，西北至北的方塘、青龙、港口、汪溪 4 个乡镇（街道）与宣城市宣州区交界，东北至东的汪溪、河沥溪、梅林 3 个乡镇（街道）与广德县相邻，天湖街道在宣州区境内。

宁国市区距上海市 300 千米，距合肥市 260 千米，距南京市 220 千米，距杭州市 160 千米，距黄山市 140 千米，宁国市为长三角经济区、皖江经济带与黄山旅游区的接合部。

【地质地貌】 宁国市地层属扬子地层区江南分区，缺中、早泥盆世和早第三纪地层，以距今六亿至四亿年下古生界的寒武系、奥陶系、志留系地层出露最广。西津河以西主要是志留系地层，以东主要是震旦系、寒武系、奥陶系地层相间出露。以沉积岩分布最广，砂岩、粉砂岩、页岩最为常见。西津河以西岩性比较单纯，以东岩性比较复杂，有较大面积石灰岩出露。境内岩浆岩主要呈小片分散出露，最大一片岩浆岩分布于仙霞、云梯、杨山等地，出露面积达 50 平方千米以上。

自西北到东南，有北东向的黄山凹褶断束、绩溪穹褶断束、清凉峰凹褶断束斜贯境内，它们之间的界线分别是呈北东向斜贯境内的绩溪大断裂和虎（岭关）—月（潭）深断裂。地壳发展经历了元古代、早古生代、晚古生代、中生代、新生代。

宁国市位于皖南地区丘陵区，南高北低，东西山川起伏。东南部龙王山（海拔 1587 米）为地势最高点，北部汪溪街道联合村（海拔 40 米）为地势最低点。海拔 200 米以下高程面积、海拔 200～500 米高程面积、海拔 500～1000 米高程面积、海拔 1000 米以上高程面积，分别占全市总面积（2447 平方千米，未包括天湖街道 40 平方千米）的 43.9%、41.8%、14.3% 和 0.6%。地貌类型有：中山（分为龙王山、汤公山、乐利峰、阴山—龙凤山、龙池山、高峰——峰尖 6 片）；低山（分布在中山地带向下延伸的区域和沿市境边缘单独成低山地带）；高丘（为主要地貌类型，在境内广泛分布，大体沿东津河、中津河、西津河干支流向前延伸）；台地（主要分布在中北部，分沉积台地和剥蚀台地两种）；河谷平原（即“平畈”，主要分布在水阳江上游、东津河、中津河、西津河干支流两岸，面积较大的有港口平原、河沥溪平原、宁墩平原、方塘平原）；山间盆地（面积较大的有杨山盆地、仙霞盆地）。

【山脉水系】 天目山脉由绩溪县、临安市入宁国市境，向东北延伸，经宁国东南部入广德县、安吉县境，有龙王山、汤公山、乐利峰等 32 座主要山峰。黄山山脉从旌德县、泾县入宁国市境，向东北延伸，经宁国西南部到宁国市、宣州区交界地带，有高峰山、黄花山等 14 座主要山峰。中北部以低山丘陵为主，宣（州）郎（溪）广（德）丘陵从宣州区入宁国市境，沿水阳江及东津河、中津河、西津河等干支流两侧向上游延伸，有文脊峰、老虎山等 9 座主要山峰。

宁国市境内河流分属 4 个水系：东津河、中津河、西津河分别在城区附近汇合后，向北流入宣州区境内，为水阳江水系。其流域面积占全市总面积的 96.8%；西部方塘乡境内的蔡村河流入泾县，属青弋江水系；东南部云梯畲族乡境内的茅坦河流入临安市天目溪，属钱塘江水系；东南部仙霞镇境内的孔夫河与云梯畲族乡境内的沙湾河，流入安吉县西笤溪，属太湖水系。

【土壤植被】 宁国市地形地貌复杂，受气候降水、垂直变化双重影响，土壤类型多。中北部低山丘陵平畈区有红壤性土、棕色石灰土、棕钙泥田、扁石泥田、沙泥田、黄泥田、青扁石泥田等；东南部中山水土保持区有麻石黄红壤、麻沙土、麻石沙泥田、扁石泥田等；西南部高山水源涵养区有扁石黄红壤、红壤性扁砂土、酸性紫色土、扁石泥田、上位砾石扁泥田、青扁石泥田、紫砂泥田、陷泥田。

全市绿色植物覆盖率达 85%，森林覆盖率达 77.70%，居全省前列，是安徽省重点山区。植被特点：1.属于安徽省南部常绿阔叶林带。地带性植被仅分布在边远山区；大部分地区的植被已侵入生长迅速的落叶阔叶树种，形成常绿、落叶、阔叶混交林；在低山丘陵大面积分布次生灌丛及草丛。2.地势平坦的畈、冲、坡地绝大部分已开垦为耕地和园地，形成农作物及果园、茶园、桑园等栽培植被。在东津河、西津河两岸的河滩、平地、丘陵等地区，形成“三竹”（毛竹、淡元竹、笋用竹）、“五果”（银杏、山核桃、板栗、青梅、香榧）特色林业。3.珍稀林种在较低海拔的山坡上分布普遍、发育良好。青钱柳林属安徽省级珍稀保护植物。

（郑树森）

自然资源

【土地资源】 2016年年末，全市土地总面积2487平方千米（包括天湖街道40平方千米）。具体土地分类情况为：1. 全市农用地面积227730.97公顷，比上年末减少45.65公顷。其中耕地17612.08公顷，比上年末增加2.84公顷；园地21564.21公顷，比上年末减少5.80公顷；林地183768.01公顷，比上年末减少43.39公顷；其他农用地4786.67公顷，比上年末增加0.7公顷。2.全市未利用地3371.18公顷，比上年末减少1.28公顷。3.建设用地面积15587.18公顷，比上年末增加46.93公顷。

【矿产资源】 2016年年末，全市有矿产资源8大类40个矿种。已查明资源储量的矿种有38个。其中，能源矿产3种：煤、石煤和地热；金属矿产15种：金、银、铜、铅、锌、钨、锰、钼、钒、钴等；非金属矿产19种：石灰石、石棉、页岩、陶土、黏土、萤石、大理石、花岗岩、高岭土等；水气矿产1种：矿泉水。另新发现稀有金属铷、铍等2个矿种。全市有矿产地104处（其中共伴生矿产地26处），其中有22处矿产地未利用。

（市国土资源局）

【水资源】 境内大小河流共有465条，河道总长度1734.6千米。河网密度平均每平方千米0.7千米。10千米以上的河流34条，其中东津河、中津河、西津河和水阳江上游河段是境内的主要河流。

境内地表水属全国水文区划中湿润地带的丰水区域，多年平均径流深度为856.2毫米，相应地表水径流总量为20.95亿立方米。外加旌德、绩溪两县流入过境水量3.87亿立方米，全市地表水总量为24.82亿立方米，占全省地表水总量的3.54%。按不同保证率计算：丰水年（保证率20%）地表水总量为28.78亿立方米，平水年（保证率50%）地表水总量为24.57亿立方米，偏枯年（保证率75%）地表水总量为21.34亿立方米，枯水年（保证率95%）地表水总量为13.37亿立方米。按人口、耕地计算，平均每人拥有地表水量6272立方米，每亩耕地拥有地表水6893立方米。水资源分布大致分3个区：中北部丘陵平畈区，多年平均地表水总量为6.75亿平方米；东南部中低山区，多年平均地表水总量为7.73亿立方米；西南部中低山区，多年平均地表水量为6.47亿立方米。

全市地下水总量为5850万立方米。地下水资源由地质构造的裂隙水、泉凝结水和喀斯特溶洞水3部分组成。普通地下泉水已发现的有河沥溪街道畈村村杨树桥村民组的冷水泉，泉水眼位于山脚处，涌水量较大，终年不断；另有原桥头铺中泉村泉水1处（现位于港口湾水库库区）；胡乐镇小岭塘矿泉水1处，日流量240吨，泉水表面36摄氏度，保证流量每日150吨。据西津河北侧的水门塔附近2平方千米范围内9个试验钻孔资料分析，该地段含水层富水性好，平均含水厚度4～5米，平均渗透系数为185立方米/昼夜，最大涌水量2688吨/昼夜，水质较好。

据测算，宁国水能理论蕴藏量为24.2万千瓦，年电能蕴藏量5.08亿千瓦时。小型水能资源可开发利用量为9.1万千瓦。

（市水务局）

【野生植物资源】 境内野生植物资源未进行全面普查。根据对全市树种资源、山野食用植物资源、中药材资源和野生珍稀植物资源的专项调查统计，全市有各类野生植物162科1700余种。按用途可划分为材用、果品、蔬菜、淀粉、油脂、药材、纤维、栲胶、香料、饮料、蜜源、花卉观赏和工业原料等类型。初步调查显示：位于青龙湾国家级森林公园（2004年国家林业局批准设立）和板桥省级自然保护区（1995年安徽省林业厅批准设立）范围内有维管束植物136科746种。据有关专家于2002年对位于天目山余脉的万家乡进行梅花鹿保护区规划的初步调查，确认该乡境内有种子植物493种，分属102科。

境内有属于国家、省级保护的珍稀植物资源41种，其中国家保护植物16种，属于一级保护的植物有南方红豆杉、银杏、金钱松、杜仲（原生种）、水杉5种，属于二级保护的植物有香榧、连香树、凹叶厚朴、鹅掌楸、毛红椿、红椿、七子花、厚朴、香果树、香樟、华东黄杉11种；属于省级保护的植物有17种，分别为山核桃、青檀、明党参、天竺桂、朵花椒、青钱柳、黄山木兰、天女花、三尖杉、天目木姜子、牛鼻栓、大血藤、剪夏罗、青皮树、省沽油树、膀胱果、山茱萸。特别是在板桥自然保护区有成片的青钱柳、金钱松、七子花、青檀等珍稀群落分布，在胡乐镇霞乡村一万岭有南方红豆杉原生群落分布，在甲路镇庄村村有安徽省分布最大的一处华东黄杉天然林居群。

【野生动物资源】 境内野生动物已知有5类326种，已记录脊椎动物共251种，其中兽类8目18科40种，鸟类15目40科163种，爬行类

3目9科30种，两栖类2目8科18种。属国家一级保护的野生动物有云豹、金钱豹、梅花鹿、黑麂、原麝、白颈长尾雉6种，属国家二级保护野生动物有猕猴、短尾猴、鬣羚、斑羚、大灵猫、小灵猫、金猫、豺、黑熊、穿山甲、白鹇、勺鸡、水獭、大鲵、隼、鹗等20种，属省级保护的野生动物有62种，其中省一级17种、省二级45种。

【森林资源】 2016年，全市林地面积196702.3公顷，有林地面积188996公顷，活立木总蓄积量855.62万立方米，林木蓄积净增23.89万立方米，森林覆盖率77.70%，林木绿化率80.60%，分别较上年增加0.19个百分点、0.47个百分点。

（市林业局　李　丽）

气　候

【概况】 根据中国气象局发布的《中国地面资料1981—2010气候标准值数据集》载，宁国市属北亚热带季风湿润气候区，四季分明，气候温和，雨量丰沛，光照充足。春季气温回暖早，不稳定。春末夏初降水集中，且因南北地势落差大，易洪涝，水势来得快退去也快。夏季有伏旱。秋季降温快，常有秋绵雨。多年平均气温为15.8摄氏度，年平均降水量为1475.2毫米。年平均总日照时数为1699.8小时，4—8月总日照时数为836.2小时，占全年日照时数的49%，其中7—8月最多，月均192小时以上；1—3月最少，月均99～119小时之间。年均无霜期233天。

2016年，宁国市年平均气温17.0摄氏度，高出历年平均值1.2摄氏度，属气温偏高年份。全年降水量2267.9毫米，比历年平均值偏多五成以上，但各月降水分布不均，2月和8月偏少近6成，4月、9月和10月约为历史同期3倍。是年6月18日入梅，7月19日出梅。出梅以后，持续高温晴热少雨，旱情普遍发生，部分乡镇灾情较为严重。9月受14号台风“莫兰蒂”和17号台风“鲇鱼”外围云系影响，出现两次强降水天气过程，缓解了旱情。年日照时数偏少。

【年度基本气候情况】 （一）气温。2016年，宁国市年平均气温17.0摄氏度，比历年平均值高1.2摄氏度，属气温偏高年份（图2）。

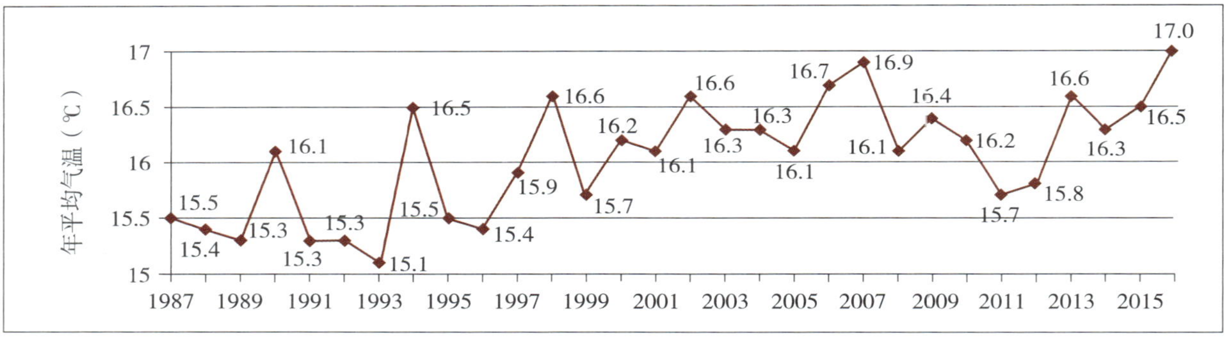

图2　近30年宁国市年平均气温变化

全年气温距平普遍超过历史同期。年内，月平均气温除5月、6月比历年同期平均气温偏低外，其余各月均比历年同期平均值偏高，特别是12月异常偏高2.6摄氏度，8月偏高2.2摄氏度（图3）。

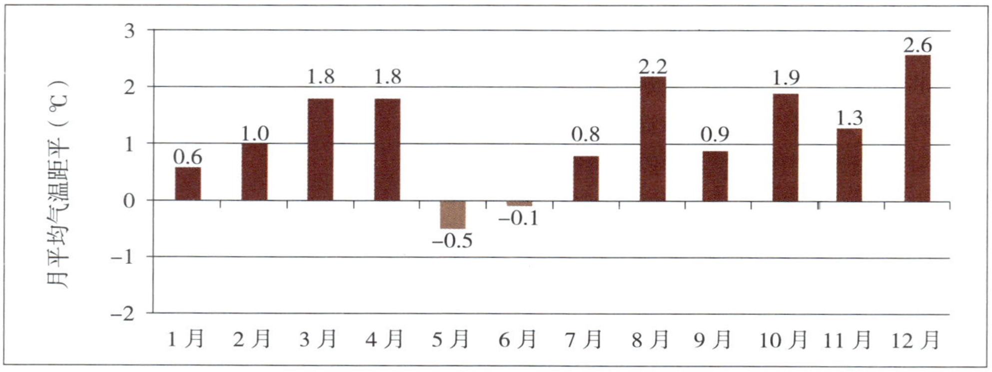

图3　2016年1—12月宁国市月平均气温距平

冬季(2015 年 12 月—2016 年 2 月),宁国市平均气温 5.6 摄氏度,较历史同期偏高 1.1 摄氏度,总体呈前高后低的态势,其中 12 月异常偏高 1.5 摄氏度。

春季(2016 年 3 月—5 月),宁国市平均气温 16.6 摄氏度,较历史同期偏高 1.1 摄氏度,3 月和 4 月平均气温偏高,其中 5 月异常偏低 0.5 摄氏度。

夏季(2016 年 6 月—8 月),宁国市平均气温 27.4 摄氏度,较历史同期偏高 0.9 摄氏度。其中 6 月偏低 0.1 摄氏度,8 月偏高 2.2 摄氏度。日最高气温≥35 摄氏度的日数为 33 天,极端最高气温有 3 天达到 39.5 摄氏度。

秋季(2016 年 9 月—11 月),宁国市平均气温 18.2 摄氏度,较历史同期偏高 1.4 摄氏度。季内各月平均气温均偏高较多。

(二)降水。2016 年,宁国市降水量 2267.9 毫米,比历年平均值偏多五成以上(图 4)。全年降水分布不均匀,其中 2 月和 8 月偏少近 6 成,4 月偏多近 2 倍,9 月和 10 月偏多 2 倍以上(图 5)。全年出现 9 次暴雨,最大日降水量为 110.7 毫米。

2016 年,年日降水量≥0.1 毫米日数 168 天,较常年偏多 14.2 天。

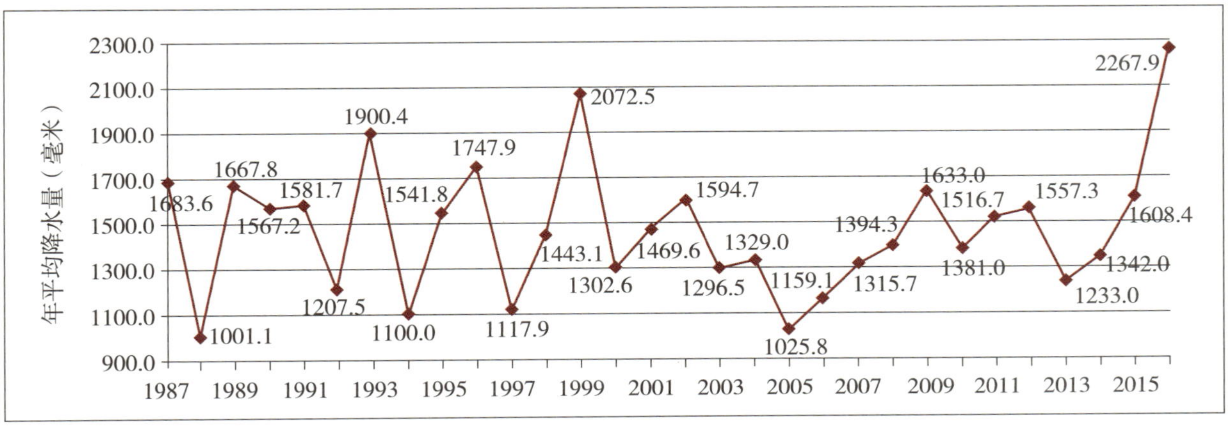

图 4　近 30 年宁国市年降水量变化

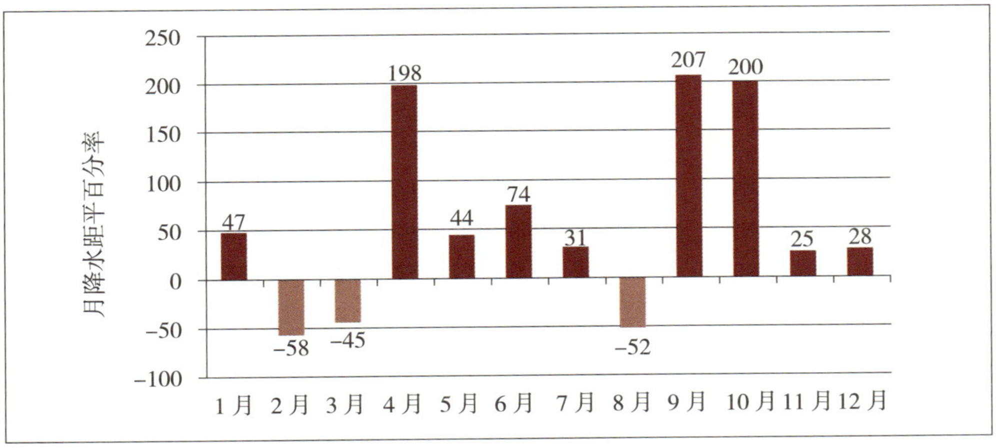

图 5　2016 年 1—12 月宁国市月降水距平百分率

冬季(2015 年 12 月—2016 年 2 月),宁国市降水量 221.9 毫米,比历史同期偏多一成多。其中 2 月降水偏少近六成,12 月降水偏多近八成,冬季出现 3 次降雪天气过程,其中 1 月出现的降雪天气过程较强,持续时间也较长,最大雪深 18 厘米。

春季(2016 年 3 月—5 月),宁国市降水量 656.5 毫米,比历史同期偏多六成多。3 月处于晴雨相间的天气,4 月和 5 月降水量过多,降雨时间较多,不利于春季踏青春游、采茶、插秧和麦收。

夏季(2016 年 6 月—8 月),宁国市降水量 787.3 毫米,比历史同期偏多近三成。其中 6 月偏多七成多,8 月偏少五成多,6 月 18 日入梅,7 月 19 日出梅。入梅出梅时间基本正常,梅雨期间降水量偏多。季内出现4次暴雨天气过程，其中最大两次出现在6月中下旬，受强降水影响，12日和20日宁国市发生灾情，12日城区街道积水严重，部分乡镇出现灾情，主要为农田被淹，玉米、水稻和在田水果及蔬菜经济作物受损，部分乡村道路、水利设施受损，竹峰街道一户住房受损。由于长期受副热带高压控制，出梅以后到8月份持续高温晴热少雨，旱情普遍发生，部分乡镇灾情较为严重。

秋季（2016年9月—11月），宁国市降水量625.2毫米，是历史同期的2.5倍。9月受14号台风“莫兰蒂”和17号台风“鲇鱼”外围云系影响，出现两次强降水天气过程。10月阴雨天气时间较长。12月宁国市降水量56.6毫米，比历史同期偏多近三成。

（三）日照。2016年，宁国市日照时数1661.6小时，较历史同期偏少38.2小时，属日照偏少年份。

（四）极端气候值表

2016年宁国市极端气候值一览表

表1

极端气候名称	数　值	出现时间
年降水日数	189天	全年
最大日降水量	110.7毫米	6月12日
最长连续降水日数	2次、8天	4月20日—4月27日、7月30日—8月6日
最长连续无降水日数	2次、11天	2月2日—2月12日、7月17日—7月27日
日极端最高气温	3天、39.5摄氏度	7月27日、7月29日、8月18日
日极端最低气温	−12.2摄氏度	1月25日
最大积雪深度	18厘米	1月23日
最小相对湿度	15%	3月28日
无霜期	261天	3月12日—11月29日
年极大风速	22.1米/秒	4月16日
年最多风向	东南偏东风	全年
最大冻土深度	6厘米	1月25日

物　产

【山核桃】 山核桃是中国特有珍贵干果和木本油料树种，仅分布在皖浙交界的天目山区。宁国栽培山核桃历史悠久，明清县志均有记载。宁国山核桃以其粒大、壳薄、桃仁肥厚、品质优良、商品性佳而著称，是宁国著名的传统土特产品之一。其果实加工成干果，香脆可口，风味独特，营养丰富。且具有防治冠心病和润肺滋补、益胃、养颜、乌发等功效。其面积、产量均居全省首位，全国第二。1996年，国务院经济发展中心农村发展研究部、中国农学会特产经济事业委员会、《中国特产报》联合宣传推荐宁国为“中国山核桃之乡”。2000年被国家林业局命名为“中国名特优经济林山核桃之乡”。2003年10月，全市山核桃标准化示范区被纳入全国第四批农业标准化示范区项目。2005年2月4日，国家质量监督检验检疫总局批准对宁国山核桃实施原产地保护。2009年2月，“宁国山核桃”证明商标获国家工商行政管理总局商标局批准注册。现山核桃加工从果皮处理，蒸煮、烘烤到封口包装等加工过程基本实现机械化作业，产品有坚果、山核桃仁、山核桃油和颗粒活性炭四大类。

2002年10月20—21日，经国家林业局批准，由宣城市人民政府和省林业厅主办、宁国市人民政府承办举行“中国·宁国第一届山核桃节”。全国人大常委会副委员长王光英题词“中国山核桃之乡”。节中举行安徽省首届森林食品专家论坛、全国山核桃产业发展研讨会、新闻发布会及招商引资等活动。2004年11月9—11日、2008年9月8—21

日分别举办第二届、第三届“中国·宁国山核桃节”。2015年9月10日至10月31日又举办第四届宁国山核桃文化节。

【宁国元竹】 宁国元竹资源丰富，有20多种，分材用为主的淡元竹和笋用为主的早竹、石竹两大类。宁国元竹通常指沿河两岸的淡竹及以生产竹材为主的竹林，自20世纪50年代开始，宁国元竹产量一直位居全省第一。其特点是竹材收缩量小，割裂性、弹性和韧性高，可制作竹席、竹帘、竹垫、竹胶板和编织多种用具、农具等。元竹适应性强，低山、丘陵、平地、河滩都能栽植，其生长快、成林早、产量高、用途广。

宁国元竹主要分布于东津、中津、西津河及境内水阳江的两岸河滩、山坡地，形成长达100余千米的绿色长廊。以中溪、汪溪、万家、宁墩、南极等乡镇（街道）出产最多。1988年，石口镇以生产元竹多而被省林业厅授予“安徽竹乡”。1996年，国务院经济发展中心农村经济发展研究部、中国农学会特产经济事业委员会、《中国特产报》联合宣传推荐宁国为“中国元竹之乡”。1997年中央电视台在《九州神韵》节目中，播出宁国电视台和中央电视台联合摄制的专题片《宁国竹韵》。

1997年后，全市实施“竹业致富工程”。2003年11月8日，由安徽省林业厅和宣城市人民政府主办，宁国市人民政府承办了“中国·宁国第一届元竹节”。2005年11月9—11日，由宁国市政府与《浙商》杂志社共同举办“中国·宁国第二届元竹文化节暨浙商（宁国）论坛”。2006年10月22日，在第五届中国竹文化节期间，被国家林业局授予“中国竹子之乡”。2007年10月30日，举办“中国·宁国竹文化节暨撤县设市十周年庆典”。

【宁前胡】 宁国是全国前胡主产地之一，系白花前胡分布中心区。清代就有“宁前胡”之称，宁前胡为伞形科多年生草本植物，其根入药。1990年出版的《安徽名优特产》中载：“宁国是前胡重点产区，素以个大、皮黑、条长、肉白、质软、香味浓等优点而著称，是当地大宗药材之一。”宁前胡性微寒，味苦、辛，有疏风清热、止咳祛痰之功效。

宁前胡主产区在东南部仙霞、云梯、万家、中溪、南极等乡镇，尤以万家乡大小坪溪、云梯乡茅坦、仙霞镇龙门、甲路镇四联所产品质最佳。1985年全县中药材普查，宁前胡蕴藏量500吨，年收购量50~100吨，约占全省的三分之一，1962—1985年外贸出口232.9吨。1996—1998年，省医药局批准立项在狮桥、方塘、桥头等地开展人工栽培试验，种子发芽率90%，平均亩产110千克，产值超过1000元。1999年中溪、万家、梅林、万家、南极、宁墩等10个乡镇栽培前胡1000亩，产值60万元。2009年被中国特产之乡推荐暨宣传活动组织委员会认定为“中国前胡之乡”。2010年5月，宁前胡获农业部颁发的农产品地理标志证书。

【宁国牡丹】 宁国栽培牡丹历史悠久，历代宁国县志均有记载，宁国府志也有记载。清嘉庆二十年（1815年）《宁国府志》卷十八《食货志·物产·花之品》载：“牡丹，出宁国县，种类最多。黄者为姚黄、金带腰。红者为硃砂红、红绣球、西瓜瓤、醉胭脂、玉楼春，醉杨妃，粉绣球、一捻红。紫者为朝天紫、腰金紫、紫仙姑。白者为白剪绒、无瑕玉、玉天仙、水晶球诸品。而黄白二者格韵尤胜。”清光绪《宁国县通志》载：“牡丹五十余种，见花谱，宁国所产盛多，以正赤为佳，得此花必赖人工莳艺。”可见，在清代中晚期，宁国牡丹栽培兴盛。民国25年（1936年）《宁国县志》载：“宁国蟠龙素产牡丹，以黄、白为贵，囊土人运往广东，价重洛阳。洪杨乱后，所产甚希。近陈氏莳艺，尚保存遗种云。”当代中国著名植物专家、中国牡丹协会副会长李嘉珏教授主编《中国牡丹大全》一书指出：“清代江南牡丹就以宁国为主要栽培中心，并以栽培观赏牡丹为主，杭州市西湖花港观鱼公园所栽培的牡丹以宁国牡丹为主，每到花期，杭州市民争往游览。”1983年出版的《花卉栽培》载：“安徽宁国生产的牡丹适于南方栽培。”1985年9月21日，《中华花木报》刊登南极牡丹园创始者许方格撰写的《南方牡丹栽培技术》。1990年，宁国牡丹被编入《安徽名优特产》一书。1995年9月，苏州市园林局开展的宁国牡丹盆栽选育研究成果通过国家级著名牡丹专家鉴定，在对宁国、洛阳、菏泽选评的8个盆栽牡丹品种评比中，宁国牡丹综合品质指标优于菏泽和洛阳牡丹，进一步确定宁国牡丹为南方牡丹代表的地位。2016年1月28日，宁国牡丹被批准注册地理标志证明商标。

现宁国牡丹有白、红、大红、紫红4个色系，主要品种10余个。以西施、四旋最为名贵，丹凤白、玉楼被视为珍品，还有珍稀的黑牡丹。上海、苏州、南京的园林和广东、广西、湖南、湖北、浙江、云南、四川、福建、江西、海南等地引种宁国牡丹，均予好评。宁国牡丹栽培面积以南极乡为最，其次有胡乐、甲路、仙霞、云梯、万家等乡镇。牡丹根入药称“丹皮”，为宁国传统中药材之一。

【宁国笋干】 笋干是竹笋经蒸煮、烘烤制成的一种干菜，味鲜色美，脆香爽口，是营养丰富的佐餐佳品。宁国笋干系列产品有条笋、焙熄、肥挺、脱挺和小挺五种。其中焙熄为"宁国笋干"之珍品，畅销国内，远销日本、欧美等地。近年来又开发生产出小包装的五香笋片、笋丝。宁国笋干竹基地面积大，位居安徽省第一。主产区位于天目山北麓乡村，以云梯畲族乡为最，其次有仙霞、万家、中溪、甲路、南极等乡镇。1998 年，仙霞镇以盛产早竹笋被省林业厅命名为"安徽竹乡"。詹氏牌、喜乐林牌笋干被中国绿色食品发展中心认定为绿色食品标志产品，山里仁、詹氏牌笋干被评为中国农业博览会名优产品和安徽名牌产品。2013 年 12 月，宁国笋干被国家质量监督检验检疫总局批准为地理标志保护产品。

【宁国板栗】 宁国盛产板栗。宋代苏颂《图经本草》记载，"栗处处有之，而兖州、宣州者最胜"。清嘉庆《宁国府志》载，"素称'宣城栗子'即宁国产，沙埠最良"。1989 年，沙埠乡被省林业厅授予"板栗之乡"称号。宁国板栗地方特有品种有 20 多个，其中软刺早、二新早、黄栗浦 3 个品种于 1997 年被安徽省林木良种审定委员会审定为优良品种，其特点是丰产性能好、上市早、耐贮藏、风味佳，大的栗子每千克 40 个左右。久负盛名的三元大红袍板栗具有栗子一大、二红、三发光的特征，能切片制肴，为席中珍品。

20 世纪八九十年代，板栗列入宁国开发性农业和农业产业化的重点项目，在市域东中部地区建设板栗林基地。据 2012—2014 年调查，全市板栗种植面积约 6 万亩，以中溪、梅林、宁墩、霞西等镇最多，其中梅林镇有 2 万余亩。

【宁国名茶】 民国 25 年（1936 年）《宁国县志》载："宁国产茶，昔重鸦山，今以高峰为最，色绿而味香醇厚，若改良焙法，不亚龙井。"高峰即方塘乡境内高峰山一带。现宁国有名茶：

"黄花云尖"茶。1983 年，县农业部门茶叶科技人员在济川乡（今属青龙乡）西林村黄花山，采摘宁国茶树良种"黄花山大叶种"和"猪耳茶"芽叶开始试制。次年研制成功。该茶外形挺直平伏、色泽绿翠显毫、内质香气高而持久、滋味醇爽回甘、汤色清澈明亮、叶底肥嫩绿亮。1985 年 6 月被评定为全国十一种新名茶之一，并获得农牧渔业部优质农产品证书和奖杯。1989 年 7 月，农业部在西安举办全国名茶评比会，"黄花云尖"名茶再次被审定为全国名茶，再次获得农业部优质农产品证书。

"野兰香"茶。产于宁国市板桥省级森林生态自然保护区，1994 年研制成功。1997 年 5 月，野兰香茶通过省科委组织鉴定，该茶外形燕尾形，舒展、平直、匀齐、完整、净度高，色泽绿翠显毫；内质——兰花香，高雅，汤色浅绿明亮，滋味鲜醇，味有花香，叶底嫩绿明亮，朵形。同年，在北京 97 中国国际茶技术及茶文化交流会暨 97 中国国际茶叶展览会上，野兰香茶被评为国际新名茶，荣获中国食品工业协会、中国国际科学技术合作协会颁布的金奖。2006 年，在安徽省茶叶博览会上被评为"全省十大创新名茶"。

此外，宁国的"龙潭翠毫"茶于 1987 年被评为安徽省级名茶；"双狮眉秀"茶获澳门发明城中心 1995 年度第六届国际新优发明技术及产品评选展示会金奖证书和奖杯，1997 年获中国国际茶会银奖；"虹龙绿剑"名茶于 1995 年和 1998 年两次获评安徽省省级名茶。

【宣石】 原名"宣州雪石"，又称"宣城石""宣州石"，主要产于宁国市，宣城市宣州区水东镇亦有少量出产。宁国历史上隶属宣州，故名"宣石"。宣石质地细致坚硬、性脆；属酸性火成岩，主要成分为石英，呈半透明晶簇状、梳状、粒状集合体，也有平面块状体，石表棱角分明，断裂处有玻璃光泽。石表有粗细之分，粗者嶙峋苍古，细者清润亮泽。颜色有白、黄、灰黑等，以白色为主，掺杂部分铁锈色、灰褐色或黑色。宁国市所产的宣石主要有："灯草宣"或"线宣"，石表面类似灯草簇生梳状石芽，多为山石。"米粒宣"，石表面有成片颗粒状的宣石，多为河卵石。"黑白宣"，石英岩与灰黑色的石灰岩融为一体，形成黑白分明的画面；"黑白宣"犹如水墨画，也称为"水墨宣"，水墨宣有两种，一是白底黑画，二是黑底白画。"彩宣"，由其他致色元素浸染后成为彩色，此石少而精贵。"马牙宣"，结构形似马牙。

明代计成所著《园冶·选石》载："宣石产于宁国县所属，其色洁白，多于土积渍，须用刷洗，才见其质。或梅雨天瓦沟下水，冲尽土色。惟斯石应旧，愈旧愈白，俨如雪山也。"《云林石谱》中称宣石"俨如白雪"。宣石，初出土时呈铁锈色，日久逐渐转为洁白色。清宁国人汪作霖作《宣石赋》称其"俨冰玉之齐辉，亦星云而并嫭。大则立于庭前，友花竹而成趣；细乃置诸文几，偕琴书兮在御"。宣石造型上有皱、瘦、透、漏，嵯峨空灵。色调反差清明、浑厚沉稳，多似雪景冰山。古代多为庭院雪景假山，给人以清凉静心之快。扬州个园的"冬景"假山就是采集宣石造的。可制作盆景，曹雪芹对宣石特别厚爱，在《红楼梦》第五十二回曾写到林黛玉的闺阁中有宣石点缀的水仙花盆景。宣石还可制作石砚等。

（王宁生）

建置区划

【建置沿革】 宁国境域，春秋战国时期先后隶属吴、越、楚国，秦属鄣郡地，汉元封二年(公元前109年)属丹阳郡宛陵县。东汉建安十三年(208年)，孙吴分宛陵县南部始置宁国县和怀安县，属丹阳郡。宁国县名有两说：一说春秋时诸侯国“甯国”(在今河南省修武县，以国为姓)部分族人南迁定居今宁国市万福一带，仍以故国名乡、县，汉字简化后“甯”通作“宁”。一说取自《易·乾卦》中“首出庶物、万国咸宁”，寓意邦宁国泰，长治久安。吴景帝时(258—263年)改属故鄣郡。西晋太康二年(281年)置宣城郡，治在宛陵，宁国属之。南北朝沿旧制。隋开皇九年(589年)并宁国、怀安县入宣城县。唐武德三年(620年)分宣城复置宁国县、怀安县，属宣州。武德七年并入宣城县。唐天宝三年(744年)以原宁国、怀安二县地置宁国县，属宣城郡。怀安县未再设置。五代十国时属宣州。北宋属宣城郡。南宋乾道二年(1166年)属宁国府。元至元十四年(1277年)改府为路，宁国县属宁国路。元至正十七年(1357年)朱元璋改路为府，宁国县复属宁国府。明、清相沿。民国元年(1912年)废府，宁国县直属安徽省。民国3年(1914年)属芜湖道，民国21年(1932年)属宣城首席县长，同年11月属第九行政督察区，民国29年(1940年)属第六行政督察区，民国35年(1946年)改属第七行政督察区。1949年4月23日宁国县城解放，5月隶属宣城专区。1952年1月属徽州专区，1956年2月属芜湖专区，1961年3月复属徽州专区，1980年1月改属宣城地区。1997年3月11日，国务院批准撤销宁国县建制，设立宁国市，为省辖县级市，由宣城地区代管。同年5月1日，正式撤县设市。2001年1月隶属宣城市代管。

(郑树森)

【行政区划】 2016年年末，宁国市辖河沥溪、西津、南山、汪溪、竹峰、天湖6个街道，仙霞、中溪、宁墩、梅林、胡乐、甲路、港口、霞西8个镇，云梯、万家、南极、方塘、青龙5个乡，共辖102个村委会、18个社区居委会、10个居委会、2502个村民组。

2016年年末宁国市乡镇(街道)、村(居)委会一览表

表2

乡镇(街道)	所辖村(居)委会数	所辖村(居)委会名称
西津街道	6村	大村、双溪、罗溪、凤形、津北、潘村
	7社区	城东、城西、城中、城北、北园、凤凰、金桥
南山街道	8村	千亩、独山、杨山、双龙、津南、鸡山、高村、万福
	4社区	城南、南河、创业、白云
河沥溪街道	3村	长虹、平兴、畈村
	5社区	桥东、桥西、坞村、蔬菜、嵩合
汪溪街道	6村	殷白、汪溪、渡口、姚高、古林、联合
	1居	汪溪
竹峰街道	3村	竹峰、瓦窑铺、桥头铺
天湖街道	4村	马村、钱村、汤村、枫河
	1居	天湖
梅林镇	8村	七都汪、桥头、花园、沙埠、梅林、田村、阳山、对山
	1居	梅林
中溪镇	6村	凤凰、中溪、狮桥、中田、石口、夏林
	2居	中溪、狮桥

续表 2

乡镇（街道）	所辖村（居）委会数	所辖村（居）委会名称
宁墩镇	7 村	宁墩、吉宁、黄岗、南阳、纽乐、三塔、双川
	1 居	宁墩
霞西镇	6 村	朱村、虹龙、上门、石河、霞西、石柱
	2 居	霞西、虹龙
甲路镇	4 村	甲路、枫山、庄村、石门
	1 居	甲路
胡乐镇	5 村	霞乡、胡乐、竹川、鸿门、龙池
	1 居	胡乐
港口镇	7 村	港口、灰山、西村、凉亭、山门、太平、五磁
	2 社区	港口、新村
仙霞镇	7 村	仙霞、孔夫、龙亭、杨山、盘樟、龙门、石岭
云梯畲族乡	4 村	千秋、云梯、白鹿、茅坦
南极乡	5 村	杨狮、永宁、龙川、南极、梅村
万家乡	4 村	大龙、西泉、万家、云山
方塘乡	6 村	板桥、葛村、上坦、双村、方塘、潘茶
青龙乡	3 村	青龙、龙阁、西林

（市民政局）

人口　民族

【人口】 2016 年年末，全市人口总户数 137955 户，总人口 385380 人。其中，男性 198177 人，女性 187203 人，男女性别比为 105 : 100。总人口比上年减少 528 人，户均人口 2.8 人。2016 年出生人口 3211 人，出生率 8.33‰，比上年下降 0.6 个千分点；死亡 2346 人，死亡率 6.09‰，同比下降 0.3 个千分点；自然增长率 2.24‰，同比上升 1.04 个千分点。全市迁入 876 人（省内迁入 403 人，省外迁入 473 人），迁入率 2.27‰；迁出 1274 人（迁往省内 599 人，迁往省外 675 人），迁出率 3.31‰。机械变动增长率 -1.04‰。

（市公安局　徐　良）

【民族】 宁国市常住民族以汉族为主，畲族次之。据 2010 年第六次全国人口普查（以 2010 年 11 月 1 日零时为标准时点）统计，全市总人口 376857 人，有 30 个民族，按人口数多少排序依次为汉族、畲族、苗族、回族、土家族、壮族、布依族、彝族、哈萨克族、哈尼族、黎族、仡佬族、满族、侗族、藏族、蒙古族、白族、瑶族、佤族、水族、土族、朝鲜族、傣族、傈僳族、拉祜族、维吾尔族、京族、羌族、怒族、乌孜别克族，其中汉族人口为 374565 人，占全市总人口的 99.39%。29 个少数民族人口共计 2292 人，占全市总人口的 0.61%。其中：畲族人数最多，有 1106 人，占少数民族人口的48.25%，其中男性 604 人、女性 502 人；其次是苗族有 267 人，其中男性 84 人、女性 183 人。畲族主要分布在云梯、仙霞等乡镇，云梯畲族乡是安徽省畲族人口聚居地，畲族人口以云梯畲族乡居多，有 697 人，占总数的63.02%；其次为仙霞镇有 195 人，占17.63%；西津街道 78 人，占 7.05%；南山街道 46 人，占 4.16%；中溪镇 41 人，占 3 71%。

（王宁生）

风景名胜

【青龙湾原生态旅游度假区】 位于宁国市西南部，距市区15千米，国家森林公园、国家水利风景区，辖胡乐、竹峰、甲路、方塘、青龙5个乡镇(街道)，总面积880平方千米。水域面积32.8平方千米，有38个独立岛屿。俯瞰青龙湾，酷似一条青龙腾空而起。清风秀水胜仙境，群岛曲峡夺天工，青龙湖里潜青龙，尾摆三方首朝东，故取名"青龙湾"。其集山景、水景和人文景观于一体，有着"一级空气一级水"美誉，是典型江南山地、湖泊兼具型旅游度假胜地。区内有国家级保护植物10余种和国家一、二级保护动物20余种，西北部板桥省级自然资源保护区有北亚热带东北部保存最好、林相最完整的万亩甜槠林。东南部胡乐一万岭有华东最大的红豆杉野生群落。境内盛产板栗、银杏、香菇、香榧、竹笋、茶叶等产品。湖水浩渺，岛屿罗布，高峰如云，飞瀑飘逸，古木参天，林海茫茫，游客可以享受探险、垂钓等多种体验。海拔1153米的高峰山顶有千年古刹，明代称为"白云禅寺"，又称为"铁瓦寺"，曾声名远扬、香火兴盛。2002年将宋代高僧宗杲出家的惠云禅寺移建于库区绣云岛上。区内港口湾水库大坝是安徽省首座钢筋砼面板堆石坝。2016年11月，青龙湾度假区通过国家AAAA级旅游景区省级验收，2017年3月30日获正式批准。

【储家滩景区】 距市区16千米，位于青龙乡龙阁村储家滩，2.4千米的河湾清流碧绿，倒映峰峦。茂林修竹，山色葱茏，峰峦林木幽翠，平湖波光潋滟，节假日苏浙沪地区的游客前来观光，摄影爱好者把这里作为摄影创作基地，市区多家婚纱影楼在这里拍照。2015年被评为宣城市"湿地公园"。2011年以来，储家滩村民凭借这一"十里画廊"的优势，大力开展农家乐和旅游商品销售，向游客提供食宿、烧烤，销售黄花云尖、老鹰茶、野兰香等品牌茶叶及香菇、木耳、竹工艺品、火烘鱼等农特产品。

【恩龙世界木屋村】 距宁国市区8千米。1997年起，在生态科技示范园的基础上逐步建成集观光旅游、休闲度假、中小型会议于一体的生态旅游度假区。区内建有大门景观、千亩银杏园、特色林果园、水上乐园、木屋别墅群、民俗风情园等景点。2001年11月开业以来，以优美的园林风光、鲜明的民俗风情、清新的绿色生态和温馨周到的服务，共接待国内外游客200余万人次。于2005年底跻身"国家AAAA级旅游景区"行列，2008年5月被批准为四星级旅游饭店，日接待能力可达5000人。2016年，恩龙世界木屋村被批准为省级旅游度假区。

【中国树木博览园】 地处恩龙世界木屋村旁，面积13平方千米，春季玉兰、牡丹盛开，夏季荷花、紫薇怒放，秋季桂花、菊花飘香，冬季腊梅、黄梅迎霜，四季花开花落，一片花海。园内环形道路达148千米，2015年、2016年在该园连续举办两届"玉兰花海"山地自行车赛。

【夏霖九天银瀑景区】 九天银瀑原名夏霖风景区，地处皖浙边界、天目山北麓，国家AAAA级旅游景区，距宁国市区29千米，景区规划面积43平方千米，属山地型景区，该景区属亚热带季风湿润气候，四季分明，雨量充沛，集峡谷深涧、奇岩飞瀑、竹山林海于一体。境内奇峰幽洞无数、孤壁绝崖万千；沟壑峡谷险峻、飞瀑流泉密布；野藤古树参天、竹海松涛共鸣。外石桥、平山坞等小山村处于群山环抱之中，绿树掩映、粉墙黛瓦、清溪绕宅、山径通幽，一派皖南田园风光。景区主要线路有两条：左侧情人谷直通石门景点；右侧卧龙谷通达观音瀑。其中大龙潭、观音瀑、石门、龙须瀑、乌龙瀑为亮点景观。

【石柱山风景区】 位于霞西镇境内，距市区25千米，面积40平方千米，是集奇、险、秀于一体的自然生态观光区。2011年获得"国家AAA级旅游景区"证书。区内植被葱郁，千年榧树与山核桃树、毛竹、红豆杉交错，有多种珍稀动物栖息；石峰耸立、瀑布飞溅，石观音、石长城、百丈天梯、骆驼峰、迷你情人谷等奇特景观为皖东南之最，其中石观音似石柱，矗立云霄，高达70余米，酷似观音送子，令人叹为观止。

【吴越古道景区】 位于宁国市万家乡与临安市龙岗镇交界的千顷山(以山顶有近千亩的水塘而得名)的北麓，距市区50千米，国家AAA级旅游景区。全长约35千米，石阶山路，系五代十国时期吴与吴越的重要通道和明清徽商通往浙江的一条便道。沿途，有金钱松林、各色山花和溪流瀑布，曲径通幽，行步山道似在画中游。山顶千顷关有"一夫当关万夫莫开"之势；千顷天池(又名"千顷塘")被誉为"江南第一池"，波光粼粼，南宋进士章樵曾题诗："一池春水应江潮，中起沙鸥数尺高。谁谓风云远朝市，乱山深处亦波涛。"池中有钵盂山，池边有数处凉亭和大片松林。环池四周是连绵群峰，山上有多处石林和原始植被，此处是南方梅花鹿的栖息地，还有云豹、猕猴、穿山甲、白鹇等珍稀动物30余种。天池东北角巍然耸立瘌痢尖(又名"乐利峰"，海拔 1363 米），《昌化县志》云："壁立百余丈，飞泉自山崖下泻。石山莎草厚如茵褥，若龙须然；山高而险峻，春冬雾气，白昼如夜。"这里仿佛人间仙境：暮春杜鹃花红欲燃、樱花簇簇；夏季凉风习习，诚为避暑胜地；秋天盛开万亩山楂，野果飘香；冬季雾凇成片，冰挂琼枝。

千顷山佛事始于晋，盛于唐宋。有多位高僧曾在此任住持，以唐代禅宗黄檗派创始人希运禅师和清代高僧了然最为著名，留下许多生动神奇的传说，今存黄檗道场遗址、千年银杏树。

【华东大裂谷景区】 位于天目山北麓，宁墩镇境内，国家 AAA 级旅游景区，距市区 33 千米。以大裂谷、大竹海、大茶园、大石浪为四大特色，大小景观 23 处，景区游步道依山崖而建，顺峡谷而行，处处断崖绝壁，巨瀑高挂。一年四季，各呈异色，景象颇为壮观。

【千秋畲族文化园】 位于天目山北麓，云梯畲族乡千秋畲族村境内，国家 AAA 级旅游景区，距市区 49 千米，云梯乡是安徽省唯一的畲族乡。畲族文化底蕴深厚，风情独特，有著名的千秋关、万亩汤公山映山红、畲族文化交流中心、畲族文化广场、千秋激浪漂流、太子坑水库等景点。

【皖南"川藏线"】 又称安徽"川藏线"、"江南天路""皖南 318"。东起宁国市的青龙乡，西至泾县的西阳乡，路线：青龙乡—青龙湾生态旅游区—方塘乡—板桥自然保护区—桃岭—苏红村—汀溪乡—爱民乡—月亮湾景区。全程大约 120 千米，被网友誉为"江南天路，皖南 318"。线路曲折惊险，风景独特，穿越了皖东南的最大水库—港口湾水库和最大的原始森林—板桥自然保护区。沿线风光旖旎，共分三段：青龙乡至方塘乡的公路因沿港口湾水库，绿水环绕，碧波荡漾，水库南岸植物多以松、杉为主，似有北疆的喀纳斯之貌，沿途有万亩竹海、储家滩、惠云禅寺、落羽杉林等景区；方塘乡至板桥村沿线山上又多为喀斯特山石，颇有云南石林的感觉；板桥村至西阳因单车道的 N 道 90 度以上的连续弯道盘山公路，堪比川藏线的怒江 72 道拐。2016 年 11 月 24—25 日，由宁国市文旅委推荐的"皖南川藏线——最美宁国段"，以独特的秀、美、峻、艳、险等特色被评为 2016 长三角自驾游十大精品线路（短线）。

【板桥自然保护区】 设立于 1995 年，距市区 55 千米。西与泾县相邻，南与旌德县相依，北与宣州区为界。面积 63 平方千米，保存着 5 万余亩郁郁葱葱的天然甜槠林，是亚热带东北部边缘保存最好、林相最完整的唯一一片原始森林，内有国家级保护植物 10 余种及国家一、二级保护动物近 30 种，省级保护动物近千种，拥有堪称中华一绝的成片甜槠林、多种珍稀植物及云豹、金钱豹、大鲵、环颈雉等珍稀动物，专家称之为"动植物的王国、生物多样性的殿堂和基因库、可贵的净土"。区内景观丰富，以高峰十景为代表，集峰、水、石、洞、花、树、鸟、兽于一体。

【山门洞】 位于城北 15 千米文脊山东麓，一名石门，又称灵岩。文脊山系石灰岩形成，怪石林立，洞府众多。传说有"大小七十二洞"，最著名的有龙潭、紫云、枇杷、涟漪、灵岩、朝阳 6 洞，尤以灵岩（山门洞）为最奇，高 10 米，宽 17 米，石壁削立，豁然中开，俨若城门，可通车马。门内有狮子峰，如吼狮昂首；门外有银杏树 9 株，参天蔽日；洞旁有水洞、天洞、莲花洞、石笋、石乳，各具天姿。唐贞元年间于灵岩洞旁建寺（已圮）后香火兴盛，文人雅士接踵而至。唐代诗人韦应物、宋代科学家沈括常游于此，并赋诗赞美。流传下来的历代歌颂山门的名诗作不下百首，以"天下之奇山门有，山门之奇天下无"之句为后人传诵。1981 年 10 月，山门洞入选《中国名胜词典》，1989 年被列为县重点文物保护区。景区有北宋至清代时期的摩崖石刻多处。2012 年 6 月，山门洞石刻群被列为省重点文物保护单位。2016 年，山门洞被批准为国家 AAA 级旅游景区。

【千秋关】 位于宁国市东南 60 千米，原名千秋岭。明嘉靖《宁国县志》记载"宋南渡时建"，置关戍守都城临安，始称"千秋关"。五代杨吴与吴越曾在此激战。原有指挥洞、点将台、炮台等设置，今已废。四周有畲族人居住，凿石造田，田大者可卧，小者可坐，层层梯田，螺旋而上。岭高数百仞，云烟笼罩，唐代诗人罗隐有"想望千秋岭上云"之名。1981 年 10 月，千秋关入录《中国名胜词典》。2012 年 6 月被列为省重点文物保护单位。

【仙人塔】 又名"当阳山塔"，位于宁国市东南 50 千米的仙霞镇龙亭村南冲。建于峭壁之上，塔身挺秀，修长如笔。民国 25 年（1936 年）《宁国县志》载：仙人塔始建于唐朝贞观年间（627—649 年），"相传建之时，邑人鸠工庀材，甫开始，工匠乃不知不觉如在梦寐中，经七昼夜浮屠七级成焉，若有仙助，因名之曰仙人塔"。仙人塔七层六面，通高 26 余米，砖木结构，每面宽 2 米，各层均有拱门及蹬道，每层设有平座和挑出飞檐，由塔体外壁可盘旋而上。第二层蹬道两侧设有佛龛。现塔内中空，楼板与飞檐均毁。塔基一周层砌磨青砖，中嵌如意纹饰大方砖。塔基内地宫早年被盗，现已中空。塔刹部分，系生铁浇铸，高5米，现完整保存了覆钵、仰莲、相轮及宝瓶。塔刹通体布满铭文和花草、莲花瓣纹饰。铭文约有3000余字，多为铸刻捐助人姓名及捐款数的文字，另有不少诗句。像这样多的完整铭文保存下来，在安徽省尚属罕见，在全国也不多见。塔顶有两株桃树，传为"飞植天桃"，阳春三月，桃花甚茂，衬着蓝天白云，远近视之，灿若红霞。1981年10月，仙人塔载入《中国名胜词典》。1998年5月被列为安徽省级文物保护单位。2013年3月被列为国家文物保护单位。

【道场坪】 位于万家乡大龙村境内，海拔千米左右，面积400余公顷，由10余块大小不一的开阔茅草地组成，置身其中宛如徜徉于无边的草原。其北侧古有"黄沙关"，清同治三年（1864年）七月底，太平军洪仁玕部在桥头七都汪村败于清军刘铭传部，经此关撤往昌化县白牛桥，这里见证了烽烟征战的悲壮。

【黑洞瀑布群】 位于万家乡大龙村窑田畈，距市区48千米。溪水自山顶飞泻而下，长流不断，瀑布叠现，高达数丈。瀑布与瀑布之间，或峡谷纵深，或溪流婉转，集幽、奇、壮、险于一体，有许多动人的传说。旅游业内人士考察后认为，此景观堪称华东地区最密集的瀑布群。

【东津河漂流旅游度假区】 位于宁国市梅林镇，距宁国市区12千米，是集漂流观光和休闲度假于一体的综合性旅游区。漂流全长6千米，游程约1小时。沿途有古桥一座、新桥两座、石砌拦河大坝一座；有东晋隐士瞿硎等七儒士垂钓、游乐的七儒潭；有悬崖吊金棺的传说。两岸风景优美，河水清澈见底，漂流其间，如入画中。河两岸有十里元竹林。在漂流的下码头，建有休息长廊和游乐场，可荡秋千、坐滑梯、露营烧烤等。

历史人文

【风俗】 宁国山川朗秀，土地肥沃。据明清县志记载：宁国民风淳厚，崇尚气节，诗礼之教颇盛，代有贤人。民业农桑，崇俭约，安土躬耕，耕读传家；工商简朴，不崇华丽；山产虽丰，皆宣歙商人之利。

明清时期，在乡营生者多赣籍人，城镇经商的皆徽州人，既而泾县、旌德县商人遍及全县，安庆人住棚垦山，谓之"棚民"。清咸丰兵乱瘟疫后，宁国土著人幸存者十不及一。随后，湖北、河南及皖北人移民全境，畲族人则在东乡定居。由于宁国市人的祖辈多从外籍迁入，以致形成当代"五方杂居，风俗各殊"的风俗特点。庄村、南极、青龙等深山区，土著后裔较多，风俗仍沿吴语吴风。河沥溪、港口地区，多为湖北籍人，鄂地风情常在。宁墩、狮桥、方塘、虹龙山区，安庆籍人村落多，相沿祖籍乡风。胡乐地区与绩溪山水相连，绩语徽风甚浓。云梯、仙霞畲人聚居，传承畲族风貌。

（摘自《宁国县志》1997年版）

【方言】 宁国境内方言主要有宁国"湖北话""安庆话""吴语"和畲族人说的"畲话"。

宁国"湖北话"是宁国境内的主要方言，是清末湖北移民后裔说的话。由于这种话与他们先辈们带来的（麻城、应山、安陆、襄阳、黄陂、随县、荆门、枣阳等地）湖北话在时空上已有很大差距，所以把它叫作"宁国湖北话"。说宁国湖北话的人口占全市人口的大多数。

"安庆话"是安庆、怀宁、潜山、桐城、枞阳等地移民后裔所说的话，是宁国境内仅次于湖北话的第二种方言。操这种方言的人较多地居住在狮桥、中田、大龙、万家、宁墩、中溪等东南部山区和方塘等西部山区。

宁国的"吴语"有两种情况，一种是早期浙江省浦江县移民后裔说的浦江话。由于说这种话的人们长期以来与祖籍地交往比较密切，加上大多集中居住，所以至今还有不少人能说较纯正的浦江话。

宁国的另一种情况的吴语，却是正宗的宁国土语。它是太平天国运动之后幸存的宁国土著居民的话。这不太多的土著居民主要分布在西南部的青龙、甲路及东南部的云梯、仙霞乡镇的一些村子和南部南极乡的部分村庄。

宁国的"畲话"是早期畲族移民后裔说的话。他们的先辈在清光绪年间先后从浙江省景宁、兰溪、淳安县徙居宁国云梯等地。他们的话实际上是近似"客家话"的一种汉语方言。说"畲话"的总人数千余人。由于成员们受教育的情况和社会职业的不同，以及亲缘关系的影响，"畲话"已失去了它体系的统一性。

（摘自《宁国县志》1997年版）

【文物】 至2016年年底，全市有国家级文物保护单位2处、省级文物保护单位4处、宣城市级文物保护单位9处、市级文物保护单位11处。

2016年年末宁国市各级重点文物保护单位情况一览表

表3

序　号	文物名称（形成年代）	保护级别	批准时间	所在乡镇（街道）	所在村（社区）
1	千秋关（宋、元、明、清代）	安徽省第六批	2012-06-21	云梯畲族乡	千秋村
2	望仙庵摩崖石刻群（含“宋故吴公居士之墓”摩崖石刻、望仙庵岩画）（清代）	宣城市第二批	2016-11-30		
3	仙人塔（南宋）	国家级第七批	2013-03-05	仙霞镇	龙亭村
4	望仙桥（明代）	宁国市第二批	2009-12-04		仙霞村
5	狮桥（明代）	宁国市第二批	2009-12-04	中溪镇	狮桥村
6	东山渡桥（明代）	宣城市第二批	2016-11-30	梅林镇	田村村
7	花园石窟（明代）	宣城市第二批	2016-11-30		花园村
8	东津桥（明代）	宣城市第二批	2016-11-30	河沥溪街道	桥东社区
9	河沥溪小溪口古街区（明、清代）	宁国市第二批	2009-12-04		桥东社区
10	义泉井（明代）	宁国市第二批	2009-12-04	汪溪街道	殷白村
11	烈士陵园（现代）	宁国市第一批	1989-03	南山街道	烈士陵园管理处
12	丁村岭天门洞（明代）	宁国市第二批	2009-12-04		万福村
13	毛竹山、官山遗址（旧石器时代约60万年前）	国家级第七批	2013-03-05	西津街道	罗溪村
14	张汝霖墓（清代）	宁国市第二批	2009-12-04		大村村
15	山门洞石刻群（北宋—清代）	安徽省第六批	2012-06-21	港口镇	山门村
16	上坦大桥（明代）	安徽省第六批	2012-06-21	方塘乡	上坦村
17	芝兰坞古窑址（唐、宋代）	宣城市第二批	2016-11-30		方塘村
18	万年台（清代）	宣城市第二批	2016-11-30		潘茶村
19	白云禅寺（铁瓦寺）遗址（唐代）	宁国市第二批	2009-12-04		潘茶村
20	周氏祠堂（清代）	安徽省第五批	2004-10-28	胡乐镇	胡乐村
21	周赟墓（民国）	宁国市第三批	2012-08-11		竹川村
22	“故隐士汪君墓志铭”碑刻（元代）	宣城市第二批	2016-11-30	甲路镇	庄村村
23	汤氏宗祠（清代）	宣城市第二批	2016-11-30	霞西镇	霞西村白茂村民组
24	马头岭古道遗址（宋代——清代）	宁国市第三批	2012-08-11	南极乡	梅村村
25	吴越古道遗址（五代）	宣城市第二批	2016-11-30	万家乡	云山村
26	道场坪古道遗址（五代）	宁国市第三批	2012-08-11		大龙村

全市馆藏文物有三级以上文物145件套，涉及砖瓦、陶瓷、石器、金银器、铜器等多个文物类别。其中：国家一级6件，分别为唐代灰陶屐形砚（文具）、唐代双鸾月宫纹葵花镜（铜器）、元代莲形乐伎鎏金银杯（金银器）、元代牡丹花纹鎏金银碗（金银器）、元代莲花鎏金银碗（金银器）、元代八瓣荷花形人物鎏金银盘（金银器）；二级2件，均为宋代景德镇窑影青釉划花水波纹斗笠盏（瓷器）；三级137件套。

【非物质文化遗产】 至2016年年底，全市有各级非物质文化遗产保护项目94项，其中省级3项，分别为安徽省第三批省级非物质文化遗产（2010年7月19日公布）的云梯畲族民歌、畲族婚嫁习俗，第四批省级非物质文化遗产（2014年5月4日公布）的宁国龙窑制陶技艺。

宣城市级13项，分别为宣城市第一批市级非物质文化遗产（2007年8月28日公布）的云梯畲族民歌、蚌壳舞、貔貅舞、畲族婚嫁习俗、畲族祭祖习俗，第二批市级非物质文化遗产（2010年4月1日公布）的苗氏民间吹打、采茶舞、红酒酿造技艺、清明粑制作技艺，第三批市级非物质文化遗产（2013年5月10日公布）的宁国龙窑制陶技艺、笋干制作技艺、老鹰茶制作技艺，第四批市级非物质文化遗产（2014年7月2日公布）的仙氏中医正骨。

宁国市级有89项，包括第一批县级非物质文化遗产名录5项（2008年7月20日公布），第二批（2009年12月4日公布）41项，第三批（2012年8月24日公布）43项。

【历代战事】 宁国地扼皖浙要塞，历来为兵争之地。环宁皆山，形势险要，旧志记载境内曾设关隘17处。早在东汉时期，东吴孙权便在今南山街道的独山村一带筑城，以防山越。唐天宝三年（744年）迁今址并筑城，城小而坚，有四门，抗日战争时期为防日军进犯而拆除。古代较大战事为千秋关大战。五代十国后梁乾化三年（913年），淮南吴王杨隆演遣属将李涛率二万兵力大举南征，进攻吴越，兵至宁国千秋关。吴越王钱镠遣子钱传瓘率部镇守，堵塞各路要道之后发起猛攻，俘淮南军3000余众。随即乘胜越过天目山，直取宣州，占领广德，大胜回师。

北宋宣和年间，农民起义领袖方腊率众攻占县城。元至正十三年（1353年），泰州盐商张士诚自称“诚王”，起兵反元，南征途中取道宁国，攻下县城。元至正十七年，朱元璋亲率大军围攻县城七日始得攻克。清顺治二年（1645年），宁国推官邱祖德（成都人），举人钱文尤、沈寿尧，诸生麻三衡及武状元王干等响应金声（休宁人，明右都御史兼兵部右侍郎）起兵抗清号召，率兵至宁国港口与清军激战，为清军所败。

近代有：清咸丰六年（1856年）至同治三年（1864年），太平军先后攻占县城10次。光绪二十七年（1901年）冬，哥老会首领田化龙在东乡七都（今梅林镇桥头村）揭竿举义反清，率部攻打县城不克失败。

现代有：1927年3月5日，北伐军第二军第六师在师长戴岳、中共党代表萧劲光率领下由绩溪挺进宁国。1929年春，宁国县最早的党组织——中共宁国特支在宁国蓬山村（现名仙霞镇盘樟村）建立。随后中共党组织领导宁国人民同国民党反动势力开展了艰苦的反抗斗争，著名的石壁山战斗就是其中一例。

1937年7月7日日本全面侵略中国后，从1937年11月8日派飞机轰炸宁国火车站起至1945年1月26日轰炸港口镇商业街止，轰炸次数近50次，宁国县蒙受了巨大的人员财产损失。

抗日战争胜利后，蒋介石集团发动内战。中共党组织领导的武装力量进行了武装游击斗争，先后开展了板桥反围剿战斗、攻打国民党甲路乡公所、攻打长虹乡公所、攻克万家桥和解放宁国墩等著名战斗。1949年4月23日，宁国县解放。是年夏开展了平息杨山暴动和追剿甲路窜匪的剿匪战斗。

【历代名人】 宁国古往今来孕育了一代代的仁人志士，数历史上南宋最盛，当代更是人才辈出。南宋政治家、文学家虞俦，官至兵部侍郎，工诗文，其著作《四库全书》有收录。名僧宗杲，创禅宗参话头，以雄辩闻名于世，九华山僧徒尊其为“定光佛”，铸铁佛像供奉。吴氏一门三进士，进士之一吴潜南宋嘉定十年（1217年）中状元，累官至左丞相，系一代名臣，以“不畏奸佞、励精图治”为后人称颂。明代黄一腾，任户部主事，鼎新革故，振兴经济、改善民生建政绩，百姓齐称“自有榷使以来未之有也”。晚清韵律学家周赟首创“六声韵学”，清廷授予二品衔，湘军首领曾国藩赠匾曰：“二品教官天下有，六声韵学古来无。”当代有中科院资深院士、“两弹一星功勋奖章获得者”、著名宇航工程技术专家任新民，领导组织“长征”系列等多种运载火箭的研制工作，主持参与“东方红一号”等多个卫星工程的研制、试验、发射工作，被周恩来总理称为“放卫星的人”。著名诗人高加索，一生放歌诗坛，留有许多名篇佳作，被誉为“诗国忠臣”。著名企业家有全国最大的汽车橡胶（非轮胎）零部件生产出口企业的创始人，被称为中国乡镇企业管理改革标兵、改革开放风云人物的夏鼎湖；

有亚洲最大、世界第二的耐磨材料专业生产企业创办者、被誉为亚洲钢球大王的陈宗明等。2015年又涌现出荣获第五届全国敬业奉献道德模范、被李克强总理称赞为“把生的希望留给别人,把危险留给自己”的海军潜水员官东;以及同年当选为中国科学院技术科学部院士的汪卫华等。

(王宁生)

市树·市花·宁国精神

【宁国市树】 市树:南方红豆杉。2012年5月18日,宁国市十五届人大常委会第三次会议决定南方红豆杉为市树。南方红豆杉属于裸子植物红豆杉科红豆杉属,是国家一级保护树种,在宁国广泛分布,胡乐、甲路、方塘、青龙、霞西、竹峰、梅林、万家等乡镇(街道)均有分布,较为集中的群落分布在胡乐镇霞乡村—万岭一带,面积近3000亩,是较为少见的天然南方红豆杉自然分布的集中群落。其易栽植推广,为乔木,树形优美,四季常青,每年10月果子成熟,其形状似樱桃。为弘扬森林文化,壮大特色产业,发展农村经济,打造宁国城市名片,强力推动市树市花产业的发展,市林业局制定《宁国市红豆杉产业发展规划》《宁国市江南牡丹发展规划》并于2012年7月6日通过评审。是年7月9日,市委、市政府出台《关于加快市树、市花产业发展的意见》。

【宁国市花】 市花:江南牡丹。其与市树南方红豆杉同时被决定为市花。江南牡丹是中国四大牡丹品种群系之一,宁国牡丹为江南牡丹群系重瓣牡丹的主要代表。宁国牡丹具有鲜明的地方特色,栽培历史悠久,适应性强,寿命长,深受广大民众的喜爱,也寓意宁国人高雅富贵、顽强美丽的品格。

(王宁生)

【宁国精神】 宁国建县于东汉建安十三年(208年),千百年来,移民迁徙垦荒生息形成宁国“土著少,客籍多,五方杂居,风俗不一”的独特市情和多元的移民文化底蕴,造就了宁国人开拓、创新的进取思维。正是依靠这种开放、豁达、包容的博大胸襟,宁国创造了一个又一个跨越式发展的历史奇迹,先后跻身于“全国百强县”“中国科学发展百强县市”的行列。

1995年9月22日,县委、县政府作出《关于呼应全区学赶宁国活动,加快实现“三个”率先目标的决定》,提出“万众一心,求实创新,鼓劲加压,再争领先”的宁国精神。

近年来,宁国又积极打造“多元文化相融共生的繁荣之地”,在全力建设开放创新的文化城市上迈开新的步伐。在全市范围内形成“自尊而不封闭,自强而不排外”以及“尊重外商、服务外商、支持外商”的良好氛围,使“开放创新、合作共赢”的思想观念成为全市38万人民的普遍共识和自觉行动。2009年以来,市委结合宁国实际,通过把多元、移民文化传承的“豁达包容、开放创新、合作共赢”精神与“拼搏创新、艰苦创业、争先创优”的宁国人文精神结合,在总结、提炼的基础上,将宁国精神赋予新的内涵,形成极具宁国新时期特点的“翠竹精神”:勇破勇立的拼搏创新精神、自信自强的艰苦创业精神、竞风竞节的争先创优精神。并在2009年7月30日中共宁国市委十二届七次全体(扩大)会议通过的《关于争当全省科学发展排头兵的决定》中正式提出,“要大力弘扬翠竹精神”,“打造具有时代特征的宁国人文精神”。2016年6月19日,中共宁国市委书记王普在中共宁国市第十四届代表大会第一次会议所作的报告中,又将宁国精神凝练为“开放包容、敢为人先、艰苦创业”。

(市广播电视台 张礼宾
市委宣传部 胡 起)

全面深化体制改革

【概况】 2016年,全市从确保各项改革工作落地着眼,加强对全面深化改革工作的过程管控。一是科学部署。科学制定改革工作要点及分工分案,明确改革任务114项,涉及经济发展、创新创业、社会管理、党的建设等多个方面。其中,承担上级规定改革事项108项,宁国市自选改革事项6项。先后于年初和年中召开宁国市全面深化改革领导小组全体(扩大)会议对全面深化改革工作进行部署、小结和强调。二是健全机制。围绕抓落实、出实效,先后出台《全面深化改革工作信息报送办法》《全面深化改革宣传工作方案》《市委改革办督查工作制度》《市委改革办主任例会制度》《全面深化改革考核评分细则》等制度。三是注重调研。先后围绕农村集体股份合作制改革、行政审批体制改革、社会信用体系建设、教师无校籍管理、组建乡村旅游发展公司等多项改革,深入基层开展调研,以及赴发达地区考察学习。四是严格督查。市改革办通过电话督查、一线督查等方式,围绕114项改革事项、重点改革事项开展全面督查和专项督查,及时发现问题和解决问题。准确把握改革工作节奏,始终与上级改革部署保持同步,不抢跑、不越位。截至12月初,除需要上级统一部署的1项和实际未被作为改革试点的2项改革任务外,已完成104项,完成率93.7%,其余正抓紧推进。

【民主法治领域改革】 2016年出台《宁国市人民代表大会常务委员会讨论、决定重大事项的规定》，完善人大代表联系群众制度，建立人大常委会委员联系人大代表、人大代表联系选民的“双联制度”，基层群众性自治和“村务公开”制度进一步完善。出台执法过程全记录试点方案，开展行政执法公示制度试点，初步建立“谁执法、谁普法、谁开展法律服务”的学法用法新机制。

【经济体制改革】 2016年，安徽省投资项目在线审批监管平台正式运行，社会诚信体系建设进一步完善，社会信用代码制度推广使用。全面推进新型“政银担”业务和“税融通”业务，是年新型“政银担”业务新增贷款额58174万元，“税融通”业务新增贷款额5885万元。全市农村土地承包经营权确权登记发证工作基本结束，津南村集体资产股份合作制试点改革有序推进。全面落实营改增实施方案，继续推进实施基础设施建设PPP模式，中医院迁扩建PPP项目已开工建设，开发区电镀污水处理设施及电镀标准化厂房建设已签约，城北新城综合开发、S104“二改一”河沥溪段、港口生态园区综合配套建设等项目正在进行招标工作。推进农村金融改革，基本建成多层次、广覆盖、低成本、可持续的农村金融服务体系，深化农村淘宝项目建设，实现“网货下乡”和“农产品进城”的双向流通功能，探索乡村旅游市场化运营模式，成立宁国市三津乡村旅游发展有限责任公司。

【行政体制改革】 2016年深化行政审批改革，印发《关于对涉及中介服务的行政审批前置环节及相关中介服务机构开展调查摸底的通知》《关于公布宁国市行政审批中介服务项目清单的通知》，探索推进“一局一章”行政审批体制和网上审批模式，建立行政审批中介服务项目清单制度，推进“中介服务超市”建设，对涉审中介服务项目进行清理整顿，规定除法律法规设定的中介服务事项予以保留外，其他不得作为行政审批前置服务项目，进一步规范中介服务收费行为。启动市民之家建设，全面完成宣城市政府权力清单运行平台应用工作。公务用车制度改革完成。

【文化体制改革】 2016年，市委成立意识形态工作领导小组，印发《党委(党组)意识形态工作责任制实施细则》。出台《关于推动传统媒体与新兴媒体融合发展的实施意见》，新闻网站及市属媒体“两微一端”(微博、微信公众号、客户端)进一步壮大。深化公共文化服务体系建设，顺利通过省级公共文化服务体系示范区验收工作。深化文化市场综合执法改革，完成新闻出版许可准入制度。实施文化产业重大项目带动战略，有序推进2016年6个省重点文化产业项目，完成投资5.34亿元。

【社会管理体制改革】 2016年以司法责任制为核心改革试点工作顺利推行，推进司法公开相关制度机制进一步健全，法律文书说理和公开全面推进。全面深化公安改革，“一主五翼”的公安派出所基层勤务模式▲改革受到省公安厅的肯定和推广。升级完善信访网络平台，推进信访信息系统应用，社会治安综合治理信息化建设顺利推进，矛盾纠纷联合调处中心挂牌成立。

▲“一主五翼”的公安派出所基层勤务模式：即以勤务指挥大厅为龙头，以合成作战室、社区行动队、警民联调中心、执法管理中心和安保志愿者团队为补充的公安派出所基层勤务模式。

【社会事业体制改革】 2016年扎实推进“无校籍管理”改革，制定义务教育学校校长教师交流轮岗实施办法，落实中小学教师资格定期注册制度，全面推开中小学教师职称制度改革。机关事业单位工作人员养老保险工作全面启动。继续深化医药卫生体系综合改革，家庭医生签约服务工作有效推进，总体签约率为18.86%。深化支付方式改革，市医院、市中医院合计按病种付费病人覆盖率提高至39%。开展医保管理体制改革试点，全面整合城乡居民基本医疗保险政策和经办管理。

【生态文明体制改革】 2016年加快生态文明体制机制改革创新，推进城乡环境保护一体化，出台《宁国市环境保护督查方案》。制定《宁国市重点排污企业环境信用评价分级管理办法(试行)》，建立并完善企业违法排污行为举报制度，开展环境监督重点企业信用评价，向社会发布环境信用“红黑名单”。推进全流域跨界联防防控体系建设，与周边旌德、绩溪县，浙江省临安市、安吉县建立跨界污染联防联控机制。探索种养结合现代生态农业模式，开展猪—沼—菜等生态循环农业模式建设工作。推进国家集体林业综合改革试验示范区建设，出台《宁国市国家集体林业综合改革试验示范区改革实施方案》和《宁国市国有林场改革实施方案》。

【党的建设制度改革】 2016年落实关于从严治党二十条意见，出台《宁国市党的建设工作目标管理考核实施办法(试行)》。市乡党代会年会制、一平台两中心、“互联网+”智慧党建三个创新项目推进顺利，成效明显。扎实开展“两学一做”学习教育，进一步健全从严管理干部工作机制，落实干部选拔任用全程监督制度，建立健全街道社区、非公企业和社会组织、机关党建工作机制，制定《关于进一步加强农村基层党组织建设的实施意见》和《宁国市农村基层党建保障工程实施方案》，建立宁国“智慧党建”平台，全面推行党员管理“红黄榜”制度，党员管理得到有效加强。印发《宁国市发展壮大村级集体经济工作方案》，设立1000万元扶持村级集体经济发展基金。推进人才发展体制改革和政策创新，完善《关于实施“三津英才”六大行动计划打造人才高地的意见》和“心动＋行动”柔性引进政策，引进高层次人才44人。

【党的纪律检查体制改革】 2016年通过《宁国市党风廉政建设党委（党工委、党组）主体责任清单和纪委（纪工委、纪检组）监督责任清单（试行）》，建立线索分类管理台账和交办督办跟踪问责制度，完成市委工作部门和群团组织纪检监察机构派驻工作，出台巡察工作实施办法，完善巡察工作领导体制和工作机制，实现巡察全覆盖。

【“僵尸企业”处置工作破题】 2016年，宁国市先后出台产业发展、投资引导基金、新型工业化发展、现代农业发展、现代服务业发展、旅游业发展等“1+1+5+X”政策扶持体系，与省担保集团合作，建立新的政银担保风险分摊机制，并通过“循环贷”“联保松绑”等方式，增强应对和防范风险能力。出台《关于鼓励引导企业兼并重组的意见（试行）》，鼓励企业间通过资产重组、产权转让等方式盘活存量资产和资源。对风险企业资产、负债、担保等情况进行摸排评估，全面监测企业生产经营、银行贷款、民间借贷、职工信访等方面指标，及时锁定问题企业。市政府成立不良资产及债务管理公司，建立不良贷款偿还“资金池”，释放抵押资产处置权，由资产管理公司对抵押资产进行处置，化解不良债务。将所有破产企业土地、房产资产转让过程中产生的地方税收（地方所得部分）注入破产管理专项资金专用账户，设立破产管理专项资金，统筹解决破产企业拖欠职工工资、养老保险及偿还政府性债务等问题。

是年完成12家破产、停产、困难企业的兼并重组，盘活存量土地约66.67公顷，解决12家现有企业扩大生产的用地问题，成功化解8笔不良信贷，总额达11253余万元。

（市委改革办）

经济发展

【概况】 2016年，全市实现生产总值254.4亿元，按可比价格计算，同比增长9.0%，其中，第一产业实现增加值21.6亿元，增长3.2%；第二产业实现增加值148.2亿元，增长8.8%；第三产业实现增加值84.6亿元，增长11.1%。三次产业比重为8.5：58.3：33.2，按常住人口计算，全市人均生产总值为66171元，折合9962美元。

农业。全年实现农林牧渔业总产值36.4亿元，按可比价计算，增长3.6%。其中，农业产值增长2.2%，林业产值下降1.9%，牧业产值增长4.1%，渔业产值增长1.5%。全年油料产量1.3万吨，增长1.5%。全年肉类总产量5.6万吨，增长4.9%，生猪出栏22.1万头，增长1.11%；生猪存栏11.5万头，增长0.02%。水产品产量8116吨，增长4.9%。全市农业机械总动力30.1万千瓦，增长2.0%；全年化肥施用量（折纯）9898吨，下降10.7%；农村用电量26028万千瓦时，增长1.7%。

工业。2016年年末全市规模以上工业企业达320家，全年规模以上工业实现增加值143.4亿元，增长9.5%，其中，股份制企业实现工业增加值133.1亿元，增长9.2%；外商和港澳台商投资企业实现工业增加值9.4亿元，增长14.0%。全年规模以上工业总产值达598.8亿元，增长10.5%，三大主导产业完成总产值320.5亿元，占全部规模以上工业总产值的53.5%，其中，汽车零部件实现总产值241.9亿元，增长19.2%；耐磨铸件实现总产值44.9亿元，下降6.6%；电子元器件实现总产值33.7亿元，下降16.3%；节能建材与新能源应用、生物医药和电子信息三大新兴产业完成总产值14.2亿元，增长21.6%。全市规模以上工业经济效益综合指数271.3%，比上年下降1.5个百分点。实现主营业务收入552.2亿元，增长11.0%；实现利税55.5亿元，增长13.4%；实现利润43.8亿元，增长19.8%。

截至2016年年底，国家级宁国经济技术开发区共有注册企业2017家，其中工业企业823家，完成工业总产值460亿元，增长11.7%；实现财政收入19.6亿元，增长9.9%。省级港口生态工业园区共有注册企业221家，其中工业企业109家，完成工业总产值119.3亿元，增长17.9%；实现税收收入5.1亿元，增长8.6%。

建筑业。全市资质内建筑企业完成总产值30.8亿元，增长16.9%。房屋建筑施工面积230.8万平方米，比上年减少16.7万平方米，其中新开工面积33.3万平方米，比上年减少57.1万平方米；房屋竣工面积36.2万平方米，比上年减少4.0万平方米。

固定资产投资。全年全社会固

定资产投资335.32亿元，增长18.4%。按三次产业分，第一产业投资22.34亿元，增长66.0%；第二产业投资164.64亿元，增长12.2%，其中工业投资164.6亿元，增长12.2%；第三产业投资148.34亿元，增长20.5%。全年房地产开发投资34.4亿元，增长14.1%；商品房销售面积73.7万平方米，增长35.0%。2016年，市委、市政府认真落实项目工作"四督四保"和"八项制度"工作机制，实施了123个市级重点项目。重大项目加快推进。宁广高速开工建设，扬绩高速鸿门互通建成通车，申嘉湖高速西延至宁国段启动了前期工作。

交通。全年实现交通运输、仓储和邮政业增加值10.2亿元，增长4.5%。年末全市民用汽车拥有量5.6万辆，增长12.0%，其中私人汽车4.7万辆，增长27.3%。

邮电。全年完成邮电业务收入3.5亿元，增长5.6%。年末本地固定电话用户5.2万户，移动电话用户42.9万户。每百人拥有电话125部（含移动电话），互联网宽带用户达12.6万户，增长13.9%。

商业、外贸。全年实现社会消费品零售总额92.0亿元，增长12.7%，其中，限额以上消费品零售额58.6亿元，增长16.5%。分城乡看：城镇市场实现消费品零售额60.9亿元，乡村市场实现消费品零售额31.1亿元。全年实现进出口总额57130万美元，下降17.9%，其中，出口53190万美元，下降19.0%；进口3940万美元，下降0.1%。

全年实际利用外资23798万美元，增长8.0%，当年新增外商投资项目1个，合同外资1000万美元。实际利用省外资金151亿元，其中工业项目115亿元，占到位资金的76.1%；全市在建招商引资项目209个（含合资合作），其中新开工项目113个；在建招商引资项目中工业项目108个，占51.6%；农业项目14个，三产及其他项目87个。

旅游。全年共接待旅游者692.1万人次，增长14.6%。实现旅游总收入43.4亿元，增长21.2%，其中门票收入1.5亿元，增长19.8%。全市共有4A级风景区2个，国家水利风景区1个，国家森林公园1个。

财政。全年完成财政收入41.4亿元，增长6.0%，其中地方财政收入27.3亿元，增长11.4%；全市完成税收收入31.6亿元，下降2.8%；全市完成财政支出38.0亿元，增长1.9%。

金融。年末全市金融机构人民币存款余额220.3亿元，比年初增加49.0亿元，比上年增长28.6%。其中，住户存款127.9亿元，比年初增加19.8亿元，比上年增长18.2%。金融机构人民币贷款余额为190.1亿元，比年初增加23.5亿元，比上年增长14.1%。

保险。全年保险业保费收入2.9亿元，其中，财产险保费收入1.7亿元，人身险保费收入1.2亿元。全年赔款和给付支出合计1.1亿元，其中财产险赔付0.7亿元，人身险赔付0.4亿元。

社会发展

【概况】 2016年，市级财政用于教育、卫生、文化等民生方面的经费支出达32亿元，占财政总支出的84.16%。社会保障水平提高。累计投入资金8.5亿元，全面完成省定33项民生工程。新增城镇就业岗位1.1万个。社会保障一卡通全面启动。修订被征地农民养老保险办法，全年累计发放社会养老金4.9亿元。启动医疗保险补偿跨省定点结算。争取移民后扶项目48个，发放移民直补资金1112万元。全面完成群众水毁住房恢复重建任务。建成500亩保障性蔬菜基地。教育布局持续优化。全年完成教育工程项目投资8000万元。宁国中学迁扩建立项建设，特殊教育学校投入使用。城西教育园区初中部完成扩建，小学部启动建设。全面完成6所义务教育学校标准化建设任务。实施基础教育信息化建设工程，中小学宽带接入率、校园网建成率均达100%。入选全省唯一国家学前教育改革发展试验区。各项社会事业稳步发展。成功创建"中华诗词之乡"，跻身全省首批公共文化服务体系示范区。骨科医院主体工程基本建成。人口计生工作继续保持全省先进，进入全省计划生育优质服务先进市行列。成功举办第三届全民健身运动会。宁国籍运动员王伟在残奥会上获得优异成绩。市工商联被评为全国"五好"工商联。社会福利院工作标准被列为全国民政行业标准。广播电视、《今日宁国》创新开展宣传，《宁国市志（1978—2003）》获全省志书编纂评比特等奖。

科学技术。2016年年末，全市省级以上研发机构39家，其中国家级企业技术中心1家、省级企业技术中心23家、工程技术中心8家、院士工作站2家、博士后工作站5家；拥有科技服务机构16家。新通过备案国家级星创天地2家，省级众创空间1家；新获批省重点扶持高层次人才团队项目2个；组织申报省级以上科技项目80余项，列入国家、省级科技计划项目近50项。高新技术企业用于科技开发经费支出7.36亿元。

年末全市拥有高新技术企业77家，通过省级创新型（试点）企业认定17家。全市专利申请量1802件，其中发明专利申请976件；专利授权量854件，其中发明专利授权294件。

教育。年末全市共有各类学校128所，在校学生47044人，其中：中等专业学校1所，在校生3521人；普通高中3所，在校生4693人；普通初中20所，在校生8837人；小学29所，在校生18332人；幼儿园79所，在园人数10783人。小学学龄儿童入学率为100%；初中升学率100%，高中升学率96.5%。全年输送本科学生1634人。

文化。年末全市有艺术表演团体8个，举办各类文化活动120余场，开展“送戏进万村”103场。放映电影1236场，受益观众达25.12万人。《今日宁国》报为4开8版双面彩印，全年发行250期，共300万份。全年编发广播新闻2904条，广播栏目8044期；全年编发电视新闻2210条，电视专题72期。

卫生。年末全市有医疗卫生机构270个，其中医院、卫生院26个，共设置社区卫生服务机构21个，村级卫生室154个。全市拥有卫生技术人员2558人，医疗床位1877张，平均每千人拥有卫生技术人员6.6人，床位4.8张。全市城乡居民合作医疗保险参合人数35.6万人，共补偿110.5万人次，补偿金额20323万元。

体育。2016年，全市《国家学生体质健康标准》测试达标人数33796人，达标率93.9%。全年举办运动会50次，全民健身活动30次，参加全民健身活动人数8.1万人次。全市等级运动员85人，其中，健将级运动员2人、一级运动员5人、二级运动员78人；等级裁判人数201人，其中，一级裁判员11人、二级裁判员40人、三级裁判员150人。参加国内外比赛获奖牌数9枚，其中，金牌2枚、银牌4枚、铜牌3枚。

社会保障。年末全市参加城镇职工基本养老保险人数为80649人，参加城镇职工基本医疗人数为72408人，参加失业保险人数为44595人，参加工伤保险人数为57685人，参加生育保险人数为51159人。城镇登记失业率3.0%。年末全市共有敬老院和福利院29个，床位2922张，收养1919人；享受低保救济人员13216人，其中，城市居民2526人、农村居民10690人，全年发放保障金4111.4万元。

精神文明建设

【概况】 宁国市社会主义精神文明建设指导委员会办公室（简称市文明办）是协助市委宣传部主管全市精神文明建设的工作部门、挂靠市委宣传部，内设综合科、文明创建科、道德建设科3个机构，核定行政编制6名。2016年，该市精神文明建设工作以培育和践行社会主义核心价值观为主线，以构筑道德风尚高地建设为目标，以创建“全国县级文明城市”为总抓手，突出重点、创新实践、真抓实干，为全市经济社会发展提供坚强的思想道德基础。

【全国县级文明城市创建工作】 2016年，市创城指挥部以创建全国县级文明城市（简称“创城”）为统揽抓创建，开展全市“城市创建攻坚年”活动。以创城指导整体工作，2月22日，印发《宁国市城市创建攻坚年活动实施方案》。对照全国县级文明城市测评体系，结合宁国实际，重点围绕经济、政治、文化、社会、生态文明和党的建设等方面工作，营造廉洁高效的政务环境、民主公正的法治环境、公平诚信的市场环境、舒适便利的生活环境、可持续发展的生态环境。确定了“文明指数测评”，未成年人思想道德建设，“党建带群建、合力促创建”和志愿服务，文明单位、文明村镇（社区）、文明家庭、文明行业创建，诚信建设制度化和网络文明建设，宣传帮扶身边好人、市民素质提升，市容市貌提升，基础设施提升，交通秩序提升，集贸市场提升，物业管理提升，“三线四边”综合环境治理及精品线路提升工程十二项攻坚任务。将其按照工作任务分解和时间节点，建立督查考评机制，纳入年度目标管理考核，作为年度评选文明单位、文明村镇、文明社区、文明行业的重要依据。

高标准高要求抓创建。对社区每月一督查，对行业窗口定期督查，对文明单位动态管理，加强以查代训。依据测评结果，两轮对市直机关、重点职能部门、乡镇（街道）、窗口行业处于末位且未达最低要求的22个单位进行问责。对标达标抓创建。对测评体系进行量化分解，印发责任分解表和操作手册，发动全民参与。

围绕重难点抓创建。加强集贸市场管理，规范城区车辆停放；继续开展“党建带群建促创建”活动；改造老旧小区26个，投入资金2839.7万元；组成了市直机关、干部职工、4050就业人员、驾校学员、违规司机、商业主5支文明交通志愿劝导队伍。

突出思想内涵和道德要求。加强核心价值观宣传，组织开展“弘扬工匠精神　争当文明职工”演讲比赛、“好家风好味道”家庭厨艺展示赛等各种主题实践活动，增强文化的正面影响力。开展“讲文明树新风”公益广告宣传。建立诚信企业“红黑名单”，公示不诚信被执行人19批次422人。开展“我推荐、我评议身边好人”，2016年，获评中国好人1人，安徽好人4人、提名3人；官东家庭荣获首届全国文明家庭。帮扶身边好人道德模范，对官东等22名道德模范和身边好人银行授信305万元。开展文明校园创建活动，5所学校被评为宣城市文明校园。开展经典诵读活动。推进志愿服务，殷美明被评为全国“最美100个志愿者”。

夯实创建工作基础。深化“联点共建”活动，参加“联点共建”的单位达百个，参与人次上万人。发挥194个小区业主委员会、2717个楼道长作用。累计投资3000余万元对老旧小区进行改造提升。开展“文明楼道”“文明卫生示范小区”等评选活动。

【“三线四边”环境治理】 把“三线四边”环境综合整治与美丽乡村建设、文明城市创建等结合起来，将“三线四边”环境整治作为文明城市创建十大重点工程，整合资源，集中力量，长足推进。一是围绕市容市貌、交通秩序、集贸市场、绿化亮化、建筑工地、小区物业等重点内容制定长效管理措施。二是将“三线四边”环境治理作为文明创建的重要载体，出台《实施意见》《工作方案》，召开全市文明创建巩固暨“三线四边”环境治理工作推进大会，全面启动沿线沿边环境治理工作。三是成立由市委书记任政委、市长任指挥长的高规格指挥部，下设7个工作组，分别由市政府分管副市长担任组长，分类牵头抓统筹、抓协调、抓落实。四是印发《“三线四边”环境治理工作宣传册》2万份，在电视台、《今日宁国》报开辟新闻专题专栏，在城乡主干道路沿线和交通要道设置户外宣传广告牌，营造浓厚的活动氛围。五是加强督查检查，将“三线四边”环境综合整治工作纳入目标管理考核，实行突出问题媒体曝光、责任单位领导约谈等工作制度，确保各项治理工作扎实有序推进。六是针对公路沿线、铁路沿线、河流（水库）沿线、省际周边、城区周边、村旁屋边和景区周边，集中力量，重点突破，全面清理脏乱死角，推进绿化提升，清理规范户外广告，整治废品收购等。

【公民思想道德建设】 深化公民道德宣传，开展道德论坛、道德修身等活动；以道德讲堂为主阵地，开展道德模范、劳动模范、宁国好人和美德少年评选和宣传，设立“身边好人榜”，组织先进典型事迹进乡村、进社区、进学校、进机关，开展巡展、巡讲、巡演，给予先进模范崇高的社会礼遇，建立生活困难先进模范的帮扶工作机制。弘扬中华传统美德，开展孝敬、勤俭和礼仪教育，发展新乡贤文化、君子文化，培育优良家风家教，传承优良校风校训，弘扬优秀企业文化。发挥党员干部模范带头作用，开展敬业担当宣传教育。加强社会诚信建设，完善守信激励和失信惩戒机制，定期发布红黑榜。培育爱岗敬业、精益求精的工匠精神和勇于探索、奋力进取的创新创业精神。

【未成年人思想道德建设】 一是深化“中国梦”主题教育。在全市各中小学校全面开展文明校园创建活动，8所学校被评为宁国市文明校园，5所学校被评为宣城市文明校园；开展好家风好家训系列征文活动，以讲故事的形式诠释中国梦；在全市开展书香家庭活动，引导未成年人多阅读，深化对中国梦的理解。二是在重要时间节点开展活动。围绕纪念建党95周年和长征胜利80周年开展主题活动，在“我们的节日”开展童心向党、“向国旗敬礼”等活动，全市未成年人参与率达85%以上；在清明节期间组织开展“网上祭英烈”活动。三是以各类活动为依托，推进未成年人思想道德建设。开展“小手拉大手、文明路上一起走”活动，近万户家庭参加，受此活动直接或间接影响的达数万人；开展“戏曲进校园”活动，共演出36场，实现全覆盖；开展以孝敬、友善、节俭和诚信为主要内容的中华经典诵读活动，增强未成年人的民族自信心和自豪感。

【“寻找美德少年”活动】 2016年4月18日，市文明办、市教体局、市新闻传媒中心共同发起第二届“寻找美德少年”活动。经各校推荐、初评、复评、公示、投票、终评等环节，共评选出宁国市第二届美德少年10名及提名奖10名。是年，宁国市入选宣城市“十佳美德少年”2名、提名1名，入选宣城市“百名美德少年”13名。

2016年宁国市第二届美德少年名单一览表

表4

姓　名	所在学校	姓　名	所在学校
章汉青	宁中初中部	李艺臣	开发区小学
周　晓	宁中初中部	盛　健	津河中学
潘煜洲	西津小学	许　帜	宁墩小学
彭博文	西津小学	刘　可	宁中初中部
李陈希	鼎湖小学	赵申松	港口小学

2016年宁国市荣获宣城市“十佳美德少年”及其提名奖名单一览表

表5

称　号	姓　名	性　别	学　校
十佳美德少年	许　帜	女	宁国市宁墩小学六年级学生
	章汉青	男	宁国市宁国中学七年级学生
十佳美德少年提名奖	程梓俊	男	宁国市津北小学三年级学生

2016年宁国市荣获宣城市“百名美德少年”名单一览表

表6

姓　名	学　校	姓　名	学　校
潘煜洲	宁国市西津小学	王　可	宁国市霞西小学
李陈希	宁国市鼎湖小学	赵雨轩	宁国市津南小学
盛　健	宁国市津河中学	吴雪筝	宁国市东津小学
李艺臣	宁国市开发区小学	潘小雅	宁国市宁墩初中
赵申松	宁国市港口小学	任志强	宁国市港口中学
黄　睿	宁国市宁阳学校	张梦珠	宁国市云梯小学
曾蓝锌	宁国市实验小学		

【推进社会主义核心价值体系建设】 2016年，该市把社会主义核心价值观学习教育纳入党委中心组学习，纳入创建文明单位、文明行业、文明社区、文明家庭考评内容，融入课堂教学和校园文化，融入市民公约、村规民约、学生守则、行业规范等行为准则。建立和规范有社会主义核心价值观内涵的礼仪制度，开展升国旗、入党入团入学等仪式。利用重大纪念日、祭典日、民族传统节日等，开展各种纪念活动。组织开展经常性的孝老爱亲主题活动，宣传好家风好家训，传承中华孝道和敬老之风。组织开展“节俭养德”“文明餐桌”等活动。

【家风美德建设】 2016年，该市开展一系列家风美德建设活动。一是开展“经典家训、文明家风”征集评选活动，面向基层，立足实际，收集文明向上的家风家训和优秀感人的家风家训故事。二是开展寻找“最美家庭”及“最美家庭成员”活动，结合民族传统节日和现代重要节庆日，在机关、学校、企事业单位、部队等广泛开展寻找好家风好家训熏陶下的“最美家庭”及“最美家庭成员”活动，评选表彰“美德少年”“孝老爱亲好人”“孝敬公婆好儿媳”“好军嫂”“优秀兵妈妈”等典型。三是开展优秀家风家训媒体宣传，在《今日宁国》报、宁国广播电视台等媒体重要版面、重要时段设立“好家训好家风”等专题、专栏，各类网络媒体运用客户端、微博、微信等形式，开展大讨论，传播好家训、宣传好家风、展示好家庭。四是开展“最美家庭　最美庭院”农村广场舞集中宣传活动。各乡镇（街道）以村（社区）为单位组织广大农村妇女参与广场舞活动，在活动中展示自己的美丽庭院，分享家风家训故事，引导广大家庭传承家庭美德，共谱文明新风。五是在乡镇（街道）广泛开展“写家训、挂厅堂、进讲堂”活动，组织文化志愿者进村入户写家训、拍全家福，指导家庭制作成匾额、条幅等，挂在门楣厅堂之上。六是设置优秀家风家训公益广告，在全市公共场所、A级以上旅游景区及大型广告资源设置好家风好家训大型公益广告；利用电子显示屏、建筑围挡、人行道护栏灯箱等，特别是村、社区的宣传橱窗、宣传栏等设置一批好家风好家训的“微广告”，形成大小相宜、错落有致的主题公益广告格局。七是开展“树家风、促党风、带民风”暨“最美家庭、最美家风”巡讲活动。八是开展优秀家风家训家庭亲子活动。围绕“传承好家训、培育好家风”主题，组织“好家风　好味道”家庭厨艺大赛、首届宁国亲子文化节、“好家风好家训”少儿书法展演，让优秀家风家训深入人心，营造注重家庭文明建设的浓厚氛围。

【公益广告宣传工作加强】 2016年，全市广泛开展“讲文明树新风”公益广告宣传，在交通集中地段设置近300处大型公益广告，在重点路段、重要媒体、电子屏植入核心价值观内容，比例不少于30%。注重公益广告文化墙宣传，塑造文明宁国良好形象。通过公益广告牌、报纸、电视等媒体持续宣传社会主义核心价值观。利用挂灯笼、贴对联、社区文化墙、广场晚会等形式，宣传核心价值观，弘扬优良传统民族文化、社会公德、文明创建等内容。印发了一系列文件，强化文明创建责任意识，提升市民素质和文明礼仪涵养，营造社会发展环境与氛围。通报了各单位创建全国县级文明城市公益广告整改情况，并明确整改要求。

【先进典型评选】 2016年，全市以《公民道德建设实施纲要》为主线，开展社会公德、职业道德、家庭美德和个人品德教育，开展各类主题道德实践活动，涌现出一大批自觉践行社会主义荣辱观、体现社会主义道德要求的先进典型。一是涌现出一批各种类型好人。如中国好人周铁军、安徽好人王长林等；全市被评为中国好人1人，安徽好人4人、提名3人。累计产生中国好人25人，安徽好人42人(其中3人提名)，宣城好人163人、宁国好人245人，各级道德模范11人，好人数量位居全省前列。官东被评为2015年度感动中国人物，官东家庭被评为首届全国文明家庭。二是涌现出一批美德少年。共评选出宁国市第二届美德少年10名及提名奖10名，当选宣城市十佳美德少年2名、提名1名，美德少年13名。三是涌现出一批志愿者。评选志愿服务先进组织6个，五星级志愿者2人、四星级5人、三星级45人，最美青年志愿者10人。殷美明被评为“全国100个最美志愿者”。四是涌现出一批美好家庭。评选“最美家庭”57户，“五好文明家庭”57户，“孝敬公婆好儿媳”50人。五是涌现出一批文明校园。评选2016年度宁国市文明校园9所。

【文明村镇（社区）创建】 2016年，该市深化文明村镇（社区）创建，促进城乡乡风民风、人居环境、文化生活美起来。坚持美丽乡村建设主题，抓好12项具体项目，为农民办好事、办实事；评选身边好人，发挥农村优秀基层干部、道德模范、身边好人等“新乡贤”示范引领作用和乡规民约、市民公约规范约束作用，营造向上向善的乡风民风。2016年度，8个乡镇被评为宣城市2015年度文明乡镇，38个乡村(社区)被评为宣城市2015年度文明乡村(社区)；12个乡镇被评为宁国市2015年度示范文明乡镇，14个乡镇被评为宁国市2015年度文明乡镇；4个乡村（社区）被评为宁国市2015年度示范文明乡村（社区），38个乡村（社区）被评为宁国市2015年度文明乡村(社区)。

【文明单位创建】 2016年，该市修订完善全市各级文明单位服务守则、规章制度和窗口单位行业规范，建设廉洁高效的政务环境，引导文明单位履行社会责任，发挥职能优势，开展结对帮扶贫困乡村和贫困群体工作，充分发挥文明单位率先垂范作用。2016年度，共70个单位被评为宁国市2015年度示范文明单位，89个单位被评为宁国市2015年度文明单位。

【家庭文明建设】 做细做实家庭文明教育，以寻找“最美家庭”“最美家庭成员”和“好家风”系列活动为载体，深入推进“文明家庭”“十星清洁户”创建，引导广大家庭讲道德，重家风，自觉践行社会主义核心价值观。广泛开展“好家庭好家教好家风”系列宣传教育活动，推动家庭文化、家庭教育常态化，把培育好家风、传承好家训转化为每个家庭的内在需求，在全社会形成弘扬中华传统美德，传承良好家风、培育良好家教、构建和谐家庭的浓厚氛围。

【官东家庭当选第一届全国文明家庭】 2016年12月12日，官东家庭当选第一届全国文明家庭。官东家庭，安徽省宁国市河沥溪街道长虹村，家庭成员4人。2015年6月，在执行“东方之星”号客轮翻沉事件救援任务中，官东多次潜水并救出两名幸存者。为救出第二名幸存者，官东把生的希望留给别人，却把危险留给自己，将潜水器具让给对方，自己险被急流冲走。因执行任务表现突出，官东荣立一等功1次。官家家教严格，其父常用“承家多旧德，继代有清风”这条家训对儿子官东进行教育，要求儿子做人做事要有道德，遇人要和气，遇事要心平。正是在优良家教家风熏陶下，官东成长为一个独立、正直、敢于担当的男子汉。官东曾获得“全国道德模范”荣誉称号。

【志愿服务活动】 依托宁国市志愿者之家网站，整合社会资源，开展系列志愿服务活动。发布志愿服务项目60个，被认领54个，投入资金

260万元。组织“3月5日学雷锋日”“爱心送考”、一家亲“关爱失独老人”等系列志愿服务活动。随着志愿者协会的成立，招募、注册、嘉许等制度的完善，党员进社区、争当志愿者蔚然成风，党建带群建促创建效果显现，市民报名参与创建文明城市志愿服务热情高涨。2016年年底，该市已有志愿服务队146支，注册志愿者13200人，其中党员志愿者3051个；5个志愿服务组织、50名志愿者获上级表彰。殷美明被评为全国“最美100个志愿者”。

【“怡养家园”关爱失独家庭志愿服务项目获省“十佳志愿服务项目”】 2016年4月，宁国市义工联合会“怡养家园”关爱失独家庭志愿服务项目被安徽省文明办评为2016年3月份全省学雷锋志愿服务“十佳志愿服务项目”。截至年末，该项目团队有项目义工40余人，医护、水电维修等专业义工占60%以上。

2014年1月开始，市义工联盟会组织项目团队开展“怡养家园”关爱计生困难家庭公益项目，对城区36户计生困难家庭共56人提供15项菜单式志愿服务，包括：住房保洁、住房安全隐患排查、水电维修，保健、医疗服务，生活品代购、陪购，陪护就医，协助办理证件、医疗报销等服务，参加社区（小区）活动、文娱活动、近郊旅游（部分有偿）和组织参加社区志愿者活动、清洗换季衣物、节假日联谊等特别活动，定期上门随访与协助了解国家有关政策法规等服务。市计生协会提供2万元项目资金，项目团队又通过社会化筹集经费及物资近2万元，为服务对象开展多次集体联谊活动，并为部分家庭条件较差的家庭送生活物资。2015年，志愿服务范围拓展至港口镇，服务对象达100余人。项目资金由市卫计委提供0.5万元，一爱心单位项目认购提供2万元。

【春芽志愿者服务队获全省“十佳志愿服务组织”】 2016年5月，宁国市春芽志愿者服务队被安徽省文明办评为2016年4月份全省学雷锋志愿服务“十佳志愿服务组织”，截至年末有志愿者70人。

该队成立于2013年5月。截至2016年5月，该队先后制定《财务管理制度》《志愿者服务行为规范》等制度与“关爱留守儿童开展十大服务内容”，累计到农村学校开展关爱留守儿童志愿者服务活动46次，向中溪小学等12所农村小学捐赠体育娱乐器材与学习用品共计3万元，为300余名儿童免费拍摄照片和给他们父母写信，志愿者累计参加活动300余人次。先后开展关爱残疾儿童、孤寡老人活动与建设美好家园等志愿服务活动。2014年8月，《宁国新闻网·宁国论坛》上开办春芽志愿者版块，宣传志愿服务工作。2016年，在全市农村小学开展春芽关爱留守儿童“读一本好书”活动。

（团市委　蔡樱良子）

【“我学习我践行宁国精神”征文活动】 2016年6月29日，该市组织开展“我学习我践行宁国精神”征文活动。征集作品内容以中共十八大和党的十八届三中、四中、五中全会精神为指导，紧紧围绕“四个全面”战略布局，深入贯彻习近平总书记在安徽讲话等系列讲话精神，传播社会主义核心价值观和中华优秀传统文化，弘扬社会正能量，体现中国精神和时代主旋律；围绕中国共产党宁国市第十四届代表大会第一次会议确立的坚持“五大理念”、推进“五大战略”、构建“四地四优”等宁国市未来发展目标的战略举措，展现宁国人在思想观念、精神状态、价值取向、改革创新等方面必备的品格、修养和思考；以大力弘扬宁国精神为主线，展现宁国人在经济社会发展、生产生活方式、社会家庭伦理道德、创建美好家园等方面的新思想、新品位、新需求。征文截止后，组委会组织专家对征文进行评选，其中12篇作品在《今日宁国》报、中国文明网登出。

【向环卫工人“献爱心”活动】 2016年10月10日，市文明办、市城管局、市工商联向社会各界发出向环卫工人“献爱心”活动倡议，共有25个市直单位、11家企事业单位和6位爱心人士捐赠爱心善款185490.00元，全部捐赠给“困难环卫工人”。11月25日下午，举行“宁国市环卫工人节系列活动——向困难环卫工人‘献爱心’捐赠仪式”，共16户困难环卫工人家庭分别收到1500元至50000元不等的爱心善款。活动结束后，《今日宁国》报对善款捐赠情况进行公告。

【“争做文明职工”活动】 为纪念公民道德宣传日14周年，9月28日上午，市文明办、市总工会共同举办迎国庆“弘扬工匠精神，争当文明职工”全市职工演讲比赛。比赛中，来自全市各行业的12位参赛选手紧扣比赛主题，以自己的成长经历、工作体会、身边的感人事迹和奋斗精神为例，通过演讲，表达对“工匠精神”的理解与感悟以及对做文明职工的激情与担当。最终，来自安徽中鼎控股（集团）股份有限公司的黄景林获得本次比赛的第一名。比赛大力弘扬工匠精神、劳动精神，激发全市职工做文明职工、创文明城市的热情，发挥职工在全市文明城市创建中的作用。

【文明创建测评体系完善】 2016年，该市完善文明创建测评体系。一是及时总结改革经验做法，定期收集上报全面深化改革工作开展情况。二是通过问卷调查、宁国文明网、宁国市政府门户网站和宁国电视台等渠道，向社会宣传解读文明创建测评体系。三是与省、宣城市文明办交流沟通，接待邻市、县到宁国交流调研。四是举办业务知识培训，传达有关会议和文件精神，征求各单位对文明创建测评体系的意见和建议，在扎实工作的基础上，印发了《关于完善文明创建测评体系的通知》(包括2016年度中央文明办、安徽省文明办重点工作任务分解及宣城市文明城市测评工作方案)。

【文明创建督查与问责】 2016年，该市强化文明创建督查与问责：一是明确标准，以《全国文明城市测评体系》《全国未成年人思想道德建设工作测评体系》《宁国市文明城市创建测评任务分解表》为标准。二是定期督查，每季度对全市市直单位、承担"实地考察"的重点职能部门、乡镇(街道)的文明创建工作进行测评。三是严格问责，依据两轮第三方测评结果，对处于末位且未达最低要求的22个单位进行问责。四是强化文明指数测评，加强以查代训；对社区每月一督查，对行业窗口定期开展督查，对文明单位进行动态管理。

2016年宁国市获"宣城好人"及其以上荣誉情况一览表

表7

荣誉称号	类　型	获得者	当选时间	事　迹
中国好人	助人为乐	周铁军	6月	参见《人物·荣誉榜》中《先进人物》
安徽好人	孝老爱亲	黄　丽	4月提名	宁墩镇纽乐村村民，挺身而出捐肾救夫，将丈夫从生死边缘拉回来
		陈仕梅	9月提名	霞西镇霞西村村民，丈夫患有尿毒症后，不离不弃，四处筹钱为丈夫治疗，得知自己肾源与丈夫匹配后，坚持将自己的肾换给丈夫
	见义勇为	董　赛	5月	梅林镇沙埠村村民，在芜湖某学校内一女生不慎滑入池塘，另一名女生和一名男生先后去营救但相继落入水中的危急关头，他不顾天寒地冻和自身安危，奋勇救起其中两名落水者
		应树林	11月	仙霞镇仙霞村村民，在邻家小伙精神病发作追打村民时，正在菜地里劳作的他听见呼救后，勇敢上前施救，在自己负伤情况下救下两名无辜受害邻居
	敬业奉献	王长林	2月	市公安局梅林派出所民警，在辖区一服装店发生火灾，且楼下厨房还有两个煤气罐的危急关头，五次勇闯火海救出二楼被困女孩
	助人为乐	周铁军	4月	参见《人物·荣誉榜》中《先进人物》
		吴大普	6月	西津街道北园社区居民、宁国市"五老"网吧义务监督员，他义务资助少年完成学业；他帮助残缺家庭重新找到生活的希望；他多年为居民反映公厕问题
		殷美明	8月	方塘乡潘茶村村民，自18岁起就步入爱心公益事业，17年来她不求名利金钱，在救灾捐赠、无偿献血、造血干细胞捐赠甚至遗体捐赠方面都展现了一个农村妇女的公益情怀
		黄智立	8月提名	梅林镇田村村村民，春蕾安防、安徽美好塑木新材料有限公司董事长，热心公益，助学济困，将慈善爱心回报给社会
宣城好人	孝老爱亲	郑志芳	1月	市社会福利院院长，十年如一日，用自己温暖的爱心，精心照料孤寡老人和孤残儿童
		黄　丽	4月	参见"安徽好人"中黄丽《事迹》
	孝老爱亲	陈仕梅	8月	参见"安徽好人"中陈仕梅《事迹》
		梁　君	12月	市国土资源局中溪分局工作人员，在父亲去世后，尽心尽力赡养奶奶，2014年，她带着奶奶一起出嫁

续表 7

荣誉称号	类　型	获得者	当选时间	事　迹
宣城好人	见义勇为	董　赛	5 月	参见“安徽好人”中董赛《事迹》
		杨克胜	6 月	中溪镇狮桥村村民，面对一对父子落水的险情，路过的他不顾自身手术后病伤未愈，毅然跳入 3 米多深的东津河中，成功将两人救起
		周传音	9 月	西津街道城西社区居民，看到交通事故受伤的小伙子便毫不犹豫地用电瓶车把他送医院，并挂号、就诊，直到其家人到来
		应树林	10 月	参见“安徽好人”中应树林《事迹》
	敬业奉献	王长林	2 月	参见“安徽好人”中王长林《事迹》
		袁明志	2 月	市肢体残疾人协会副主席，身残志坚，推动肢残专门协会成立，近十年来帮助近千名肢残人就业，协助处理近百件残疾人经济纠纷
		周海星	12 月	南山街道党工委委员，爱岗敬业，始终奋战在征迁工作第一线，因身体长期超负荷，病倒在自己的岗位上
	助人为乐	周铁军	4 月	参见《人物·荣誉榜》中《先进人物》
		殷美明	7 月	参见“安徽好人”中殷美明《事迹》
		祝章成	9 月	仙霞镇杨山村耄耋老人，几十年如一日支持扶贫事业。仅 2015 年，老人先后为国家扶贫机关、基层村组织、烈士亲属及福利院孤残儿童累计捐赠 2.7 万元，仅给自己留下了 3000 元的生活费

（杨　辰）

宁国市组织机构及负责人名录

（截至 2016 年 12 月 31 日）

副县级以上领导干部名单

中共宁国市委员会

书　　记　王　普
副 书 记　何　田　谢　彬
常　　委　马文清　梅长春　侯正茂　邱铁军　俞志刚　金庆文　丁　俊

宁国市人民代表大会常务委员会

主　　任　叶　蕴
副 主 任　胡晓明　吴学明　余　平

宁国市人民政府

市　　长　何　田
副 市 长　侯正茂　王　方　许立勋　张永强　史晓民(挂职)　何　琳　汪　忠(挂职)　江政义

政协宁国市委员会

主　　席　饶培康
副 主 席　万　辉　李爱玲　刘　琳　许东升　金文忠

市委督查组

副 组 长　汪恭远　盛荣恒

市人民法院

院　　长　袁风影

市人民检察院

检 察 长　刘　军

市公安局

局　　长　何　琳

市委党校

常务副校长　王　屹

宁国经济技术开发区管委会

主　　任　张永强

青龙湾原生态旅游度假区管委会

主　　任　方　莉

港口生态工业园区管委会

主　　任　吴　轶

安徽材料工程学校

校　　长　甘培坤
党委书记　章明安

港口镇

党委书记　程三九

人大主席　程宁林

中溪镇

党委书记　陈柏平

人大主席　王　毅

市直机关工委

书　　记　段鸿龙

市总工会

主　　席　张建军

市政务服务中心（政务公开办公室、社管中心）

党工委书记、主任　杨德明

市直一级机构和乡镇、街道领导班子成员名单

一、市直一级机构

市委办公室

主　　任　魏先龙

副 主 任　汪国成　祝晓亮　汪　廷

市委政策研究室

主　　任　汪国成

副 主 任　陈庆保

市委督查室

主　　任　祝晓亮

副 主 任　徐　博　沈　波

市人大办公室

主　　任　金友成

市人大教科文卫工作委员会

主　　任　刘　干

市人大人事代表选举工作委员会

主　　任　俞惠玲

副 主 任　彭跃业

市人大内务司法工作委员会

副 主 任　许丽丽

市人大农业和农村工作委员会

主　　任　秦旺生

副 主 任　汪家彬

市人大财政经济工作委员会

主　　任　方光明

副 主 任　余晓霞

市人大法制室（信访室）

主　　任　唐翠华

副 主 任　汪书洲

市政府办公室（外事侨务办公室、法制办公室）

主　　任　汪伟平

法制办公室主任　胡宣宁

外事侨务办公室主任　张　斌

副 主 任　黄和喜　周明宝　方　健　陈　磊

纪检组长　汪维根

法制办公室副主任　潘　苗　魏　天

外事侨务办公室副主任　鲍　俊

市目标管理办公室

主　　任　李　军

副 主 任　林　忠　钟朝阳

市人民防空办公室

主　　任　王国洲

副 主 任　程江宁　江　勇

市政协办公室

主　　任　杨建华

市政协专委会办公室

主　　任　庞雪峰

副 主 任　朱超界　王舒毅

市政协提案委员会

主　　任　胡良政

市政协学习和文史资料委员会

主　　任　赵祖军

市政协人口资源和环境委员会

主　　任　杨　军

市政协民族和宗教委员会、经济委员会

主　　任　方仕喜

市纪律检查委员会（监察局）

书　　记　马文清

常务副书记　汪小牛

副 书 记　杨献平

局　　长　汪小牛

市委巡察办公室主任　朱生德

常委、副局长　钟云辉

常　　委　向　进　刘定国　李　鹏

副 局 长　杨丽君

副 主 任　李金润

市纪委、监察局派驻第一纪检监察组组长　程　斌

市纪委、监察局派驻第二纪检监察组组长　胡忠忠

市委组织部（组织员办公室、非公有制经济和社会组织工作委员会）

部　　长　梅长春

常务副部长　李　靖

副 部 长　胡正平　韩　亮　包家云

非公有制经济和社会组织工作委员会书记　胡正平

非公有制经济和社会组织工作委员会副书记　汪纯辉　刘承平

市委宣传部（讲师组、文明办）

部　　长　金庆文

常务副部长、讲师组组长　沈之法

副 部 长　汪世钢　梁　艳

讲师组副组长　方万林

文明办主任　汤池平

文明办副主任　胡平凡　程　律

市委统战部

部　　长　邱铁军

常务副部长　万　辉　罗华斌

副 部 长　朱寿胜

民族宗教局局长　蓝云峰

民族宗教局副局长　蓝苏娣

市委政法委（维稳办、综治办、防邪办）

书　　记　饶培康

常务副书记　田云山

副书记、维稳办主任　陈卫兵

副书记、防邪办主任　操金荣

综治办主任　卢红军

综治办副主任　孙志军

维稳办副主任　张　强

防邪办副主任　曹福喜

市委党校

校　　长　谢　彬

常务副校长　王　屹

副 校 长　张宁云　刘华林

校委会委员、教育长　黄光辉

校委会委员、办公室主任　方　琴

市委群众工作部（市信访局）

部　　长　饶培康

常务副部长、局长　彭跃刚

副局长　周家宇　付学昌
　　　　朱庆锋

市直机关工委

书　　记　段鸿龙
副书记　王爱红　李昵民

市委老干部局

局　　长　包家云
副局长　周华山　黄　婷

市总工会

主　　席　张建军
副主席　盛储华　方忠英

团市委

书　　记　黄　竞
副书记　胡冰靖　钱　琨

市妇联

主　　席　汪慧勤
副主席　张春梅　邵　萍

市工商业联合会

主　　席　刘　琳
党组书记、第一副主席　朱寿胜
副主席　杨晓见　刘承平

市机构编制委员会办公室

主　　任　项道根
副主任　项有红　王立明

市审计局

局　　长　戴安丽
副局长　李三六　李　刚
纪检组长　程桂萍

市档案局（馆）（地方志编纂办公室、党史研究室）

局长、地志办主任、党史研究室主任
　华　艳
纪检组长　陈启宏
地志办副主任　张树林
党史研究室副主任　朱普敏
副局长　冯朝海
总编辑　华宝新

市政务服务中心（政务公开办公室、社管中心）

主任、党工委书记　杨德明
党工委副书记、纪工委书记
　王贵兴

副主任　丁兰英　梁新宇
　　　　白宏林
社管中心副主任　邓　晖　李碧源

市公共资源交易监督管理局

局　　长　周文革
副局长　李相阳　梁新宇

市机关事务管理局

局　　长　章　茜
党组书记　黄和喜
副局长　葛　蔚　田继璋

市残疾人联合会

理事长　徐　健
副理事长　杨广发

市文化旅游发展委员会

主任、党组书记　胡　斌
副主任　张　斌　徐双喜
　　　　肖宏亮
纪检组长　申鹏海
系统工会主席　帅昌明

市广播电视台

台　　长　唐明晖
副台长　张礼宾　王　勇
纪工委书记　王　俐
系统工会主席　杨　柳
总编辑　吴旻浩

市新闻传媒中心

主　　任　魏书斌
副主任　帅忠平　芮　滢

市文联

主　　席　许东升

市教育体育局（教育督导室）

局长、党委书记　杨从生
党委副书记、纪工委书记、宁国中学党委书记　邱先才
副局长　李小平　俞晓友
　　　　王　成　胡卫琳
系统工会主席　周文敏
教育督导室主任　余模坤
教育督导室副主任
　胡家洲　舒守振

安徽材料工程学校

校　　长　甘培坤
党委书记　章明安

党委副书记、副校长　晏国成
党委副书记、纪委书记　程胜林
副校长　朱本明　曹明所
系统工会主席　程小辉

市卫生和计划生育委员会

主　　任　赵从群
党委副书记、纪检组长　黄利军
副主任　王文强　王宗兵
　　　　张方杰
系统工会主席　严银娣

市红十字会

会　　长　许立勋（兼）
常务副会长　邵　琴
副会长（驻会）　吴本华

市城市管理行政执法局

局　　长　余建亚
副局长　柯贤俊　王永松
纪检组长　李泽锋

市市场监督管理局

党委书记、局长　俞建平
副局长　杨　民　赵先平
　　　　凌　国　江　敏
纪检组长　段　梅
总工程师　柯建国
系统工会主席　丁守国

市发展和改革委员会（项目办、铁路办）

主　　任　奚修维
副主任、铁路办主任　刘根树
副主任　窦宁枫　胡永兵
项目办副主任　吴成荣
铁路办副主任　刘晓晖
纪检组长　陈正明

市住房和城乡建设委员会

主　　任　唐海宾
党委副书记、纪工委书记　郭定顺
副主任　凤　璟　胡国权
　　　　程葆丰　晏　东
系统工会主席　李自红
总工程师　王　平

市城乡规划局

局　　长　刘　凡
总工程师　朱湘义

市环境保护局

局　　长　郭玉峰

副 局 长　李小农　叶　强

　　　　　陈立松

纪检组长　周安勇

总工程师　朱新民

市物价局

局　　长　汪令祥

副 局 长　黄端平　马　勇

纪检组长　许　文

市人力资源和社会保障局

局　　长　洪建华

副 局 长　黄晓阳　万多华

　　　　　陈　彬　纪世中

系统工会主席　吕闽宁

纪检组长　宋爱华

社保局局长　程金海

社保局副局长　王晓龙　夏南青

　　　　　　陈淑海

青龙湾原生态旅游度假区管委会

主　　任　方　莉

副 主 任　许　靖　明　炜

纪检组长　吴继承

市水库移民管理局

局　　长　周声启

副 局 长　柴五四　陈　茗

纪检组长　罗光勇

市统计局

局　　长　李恭喜

副 局 长　陈道军　卢　军

总统计师　万　水

纪检组长　程建宁

市财政局

局　　长　谭　浩

副 局 长　彭兴军　陈新爱

　　　　　吕　波

党组副书记、纪检组长　谢洪文

总会计师　彭兴军

市金融办(上市办)

主　　任　马　剑

副 主 任　汪时明

市商务局

局　　长　傅　虹

副 局 长　胡曙光　陈　刚

纪检组长　李清凡

总经济师　宁国祥

市粮食局

局　　长　傅双喜

副 局 长　方联喜　胡志红

纪检组长　林疆宏

工会主席　曹　群

市供销社

主　　任　王学坤

副 主 任　裴本强　洪观全

纪检组长　汪宁华

市农业委员会(农村能源生态局、农机管理局)

主　　任　朱和根

农机管理局局长　陈　正

副主任、农村能源生态局局长　李汉林

党委副书记、纪工委书记　李晓东

副 主 任　程元兵　汪卫东

　　　　　龚广彬

总农艺师　方义成

总工程师　龚万海

工会主席　吴彩云

农村能源生态局副局长　刘新宁

农机管理局副局长　章　军

市林业局

局长、党委书记　王　伟

党委副书记、纪工委书记　项　林

副 局 长　李光轩　钟　鸣

　　　　　周毅芳

系统工会主席　王少义

市水务局

局　　长　向经强

副 局 长　邹继林　胡　巍

　　　　　郑智宏

纪检组长　纪孝平

系统工会主席　任先泽

市美好乡村建设办公室

主　　任　彭小强

副 主 任　管建强　方建国

市科学技术局

局　　长　葛英祥

副 局 长　戴　超　朱中强

纪检组长　薛　骏

市科学技术协会

主　　席　杨同国

副 主 席　王　菊

市公安局

局　　长　何　琳

党委副书记、政委　韩建民

副 局 长　胡　忠　陈新建

纪工委书记　季　凯

系统工会主席　陈可海

市人民法院

院　　长　袁风影

副 院 长　曹艳琴　储兴旺

　　　　　勾世江

纪检组长　魏东海

市人民检察院

检 察 长　刘　军

副检察长　袁　平　倪　雯

　　　　　彭　涛

纪检组长　张洪明

市司法局

局　　长　王汤梅

副 局 长　李　晖　蓝照军

纪检组长　开跃立

市民政局

局　　长　陈　健

副 局 长　尤志宏　汪文生

　　　　　许海英

纪检组长　方晓辉

市经济和信息化委员会

主　　任　陈献华

副 主 任　沈　勇　张培青

　　　　　陈衍涛

纪工委书记　张亿勤

系统工会主席　陆渐红

市安全生产监督管理局

局　　长　傅　翔

副 局 长　黄　雷　潘群松

纪检组长　童希钧

总工程师　徐凤宏

市交通运输局

局长、党委书记　张师范

党委副书记、纪工委书记　谢春宁
副局长　程绍忠　彭　群
张宏友
系统工会主席　李庆华
总工程师　杨克志

宁国经济技术开发区管委会

主任、党工委书记　张永强
党工委副书记　王炳根
党工委副书记、管委会副主任
梅骏国
副主任　梅长顺　仇海斌
熊小进
纪工委书记　余小平
武装部部长　张爱国
总工会主席　程　念
党群工作部部长　戴建明
党群工作部副部长　高　岚
办公室主任　何　伟
办公室副主任　储毅然
建设局副局长　邓海林　刘永宏
程凯丰　朱　勇
财政局局长　熊小进
财政局副局长　徐礼平　陈绪斌
经济发展局局长　仇海斌
经济发展局副局长　韩超刚
社会事业局局长　俞铁梅
社会事业局副局长
楼继生　俞仲元

市招商局

局　长　刘文超
副局长　胡　健　黄　炜
李韶山
纪检组长　赖仙明

市项目服务中心（投资服务中心）

主　任　凌雪峰
副主任　林昌平　鲍　鸣

港口生态工业园区管委会

主　任　吴　铁
副主任　张太宁　伍春林
童卫国
纪检组长　汪本有

二、乡、镇、街道

河沥溪街道

党工委书记　张玉家
人工委主任　彭毅宁
党工委副书记、办事处主任
汤红剑
党工委副书记　华清平
刘晓晖（挂职）
党工委副书记、纪工委书记
戴　浩
党工委委员、办事处副主任
周春宁　陈辉敏　方　玲
党工委委员、武装部部长　杨朝忠
党工委委员　余海群
办事处副主任　俞清华（挂职）

西津街道

党工委书记　江周斌
人工委主任　童剑锋
党工委副书记、办事处主任　余海松
党工委副书记　沈　浩
刘习国（挂职）
党工委委员、办事处副主任
朱玉美　程顺华　李旺生
党委委员、武装部部长　陶良明
党工委委员　李艳丽

南山街道

党工委书记　胡　伟
人工委主任　尹春玲
党工委副书记、办事处主任
易秉祥
党工委副书记　陈文明
叶云浩（挂职）
党工委委员、副主任
姜守明　李广安　何　平
党工委委员、武装部部长　朱海军
党工委委员　张继华

汪溪街道

党工委书记　刘小陆
人工委主任　陈红莲
党工委副书记、办事处主任　戴曹君
党工委副书记、纪工委书记　汪敏华
党工委副书记　唐　山
鲁　熠（挂职）
党工委委员、办事处副主任
甘　标　邱培宁　陈　凡
党工委委员　丁　燕

竹峰街道

党工委书记　费勤魁
人工委主任　傅立群
党工委副书记、办事处主任　程金兰
党工委副书记、纪工委书记　张　蓓
党工委副书记　郭士光
党工委委员、办事处副主任
吕拥军　孙燕明
党工委委员、办事处副主任、武装部部长　宋建宁
党工委委员　舒京富

天湖街道

党工委书记　刘小陆
人工委主任　刘培基
党工委副书记、办事处主任　陈　燕
党工委副书记、纪工委书记　贡剑平
党工委副书记　卢　俊
党工委委员、办事处副主任
陈　奇　王晓娟　陈　伟
党工委委员、武装部部长　杨　斌
党工委委员　靳珍珍

港口镇

党委书记　程三九
人大主席　程宁林
党委副书记、镇长　李　华
党委副书记　赵国华
党委委员、纪委书记　鲍海斌
党委委员、副镇长
刘道林　罗　燕
党委委员、副镇长、财政局局长
汪　辉
党委委员、武装部部长　文　炜
党委委员　许　燕　甘　磊
人大副主席　方友平

青龙乡

党委书记　韩拥军
党委副书记、乡长　丁　涛
人大主席　胡祖斌
党委副书记　李　燕
党委委员、纪委书记　李迎辉

党委委员、副乡长

胡之文　虞双新

副乡长　明骆杰

党委委员、武装部部长　张　欣

党委委员　赵国华

方塘乡

党委书记　王家柱

党委副书记、乡长　刘　勇

人大主席　钱国锋

党委副书记　汪先志

党委委员、纪委书记　叶辉剑

党委委员、副乡长

甘成军　谢　欢　陈　峤

党委委员、武装部部长　徐　彬

党委委员　金　静

霞西镇

党委书记　胡振东

党委副书记、镇长　朱亚斌

人大主席　李三清

党委副书记　纪亦辉

党委委员、纪委书记　郑少锋

党委委员、副镇长

葛文庆　黄兰兰　汪道成

党委委员、武装部部长　王　维

党委委员　杨淋芳

甲路镇

党委书记　何祖文

党委副书记、镇长　张春虎

人大主席　雷明东

党委副书记　彭国政

党委委员、纪委书记　江　萍

党委委员、副镇长　邓秀玲　程　辉

党委委员、副镇长、武装部部长

王　辉

党委委员　方　俊　张乐宁

胡乐镇

党委书记　何国强

党委副书记、镇长　杨春丽

人大主席　胡兴波

党委副书记　刘　晟

党委委员、纪委书记　谢宇辉

党委委员、副镇长

刘本念　周黎菁　郭宜龙

党委委员、武装部部长　周继伟

党委委员　舒军武

梅林镇

党委书记　余　良

党委副书记、镇长　李　檬

人大主席　汪清平

党委副书记　施远蜜

党委委员、纪委书记　李海燕

党委委员、副镇长

王　胜　韩双红　尹述国

党委委员、武装部部长　郭　晨

党委委员　刘　芳

宁墩镇

党委书记　唐世洲

党委副书记、镇长　金周喜

人大主席　章学龙

党委副书记　万启刚

党委委员、纪委书记　张远平

党委委员、副镇长

潘建宏　杨艳萍　程　坦

党委委员、武装部部长　张　勤

党委委员　汪　喆

南极乡

党委书记　佘小毛

党委副书记、乡长　史朝华

人大主席　杨昌明

党委副书记　郭宜群

党委委员、纪委书记　喻长进

党委委员、副乡长

谢宏星　吴华丽　钱方荣

党委委员、武装部部长　王泽焕

党委委员　舒家明

万家乡

党委书记　苏　政

党委副书记、乡长　吕　骥

人大主席　赵抒林

党委副书记　汪桂娟

党委委员、纪委书记　刘青松

党委委员、副乡长

余　万　方守家　叶卫珍

党委委员、武装部部长　王传根

党委委员　雷芳程

中溪镇

党委书记　陈柏平

人大主席　王　毅

党委副书记、镇长　周小平

党委副书记　李秋菊

党委委员、纪委书记　唐　志

党委委员、副镇长

邱海伦　朱　赟　杨乃和

党委委员、武装部部长　胡　斌

党委委员　韩友才　赵　园

人大副主席　刘　凡

仙霞镇

党委书记　潘志胜

党委副书记、镇长　金慧兰

人大主席　杨仁国

党委副书记　罗明军

党委委员、纪委书记　张自明

党委委员、副镇长

喻姗姗　李光华　文高见

党委委员、武装部部长　许　旸

党委委员　卢　苇

云梯畲族乡

党委书记　朱俊敏

党委副书记、乡长　钟奕辉

人大主席　程天全

党委副书记　熊朝梁

党委委员、纪委书记　刘志勇

党委委员、副乡长

金雅玲　王词银

党委委员、武装部部长　钟晓晋

党委委员　李明萍

副乡长　张　鹏

（市委组织部　刘　浏）

宁国市垂直部门领导班子成员

（截至 2016 年 12 月 31 日）

市国土资源局

局　　长　江泽洪

党组书记　徐成军

副局长　张怀宁　孙治平

总工程师　袁建辉

纪检组长　黄　珺

市国税局

党组书记、局长　曹宁祥

党组成员、副局长　王　华

毛　杰　程书政　戴正刚（挂职）

党组成员、纪检组长　陈称星

市地税局

党组书记、局长　李寅生

党组成员、副局长

祝寿庚　魏子云　徐菊荣

党组成员、主任科员　杨西发

党组成员、纪检组长　张育林

市烟草局

局长、经理　范家宏

副局长、纪检组长　朱怀清

副 局 长　杨　宁

副 经 理　沈　强

市盐务管理局（盐业公司）

局长、经理　李　农

副局长、副经理　李剑锋　胡国平

市气象局

党组书记、局长　束长汉

副 局 长　谢实赟

纪检书记　方　军

市公路管理局

局　　长　刘文波

教 导 员　刘宏胜

副 局 长　何孟彩　洪卫宁

副教导员　周世跃

市供电公司

总 经 理　徐荣根

党委书记　方家文

副总经理　方新家　王明江

殷　庆

纪委书记　刘　俊

中国邮政集团公司安徽省宁国市分公司

总 经 理　梁　磊

副总经理　刘秀年

中国电信宁国分公司

总 经 理　王益群

副 经 理　宋长友　张松成

刘继承

安徽移动通信有限责任公司宁国分公司

总 经 理　黄海红

总经理助理　李　军　陈秉文

中国联通有限公司宁国分公司

总 经 理　刘诗丰

党支部书记　杨　焱

总经理助理　陶嵘峥

中国人民银行宁国市支行（国家外汇管理局宁国市支局）

行长、局长　徐久红

副 行 长　程世安　赵东存

纪检组长　陈　华

中国银监会宣城监管分局宁国办事处

主　　任　江顺生

中国农业发展银行宁国市支行

行　　长　王　拥

副 行 长　戴庆华　何霜霜

中国工商银行股份有限公司宁国支行

行　　长　江　俊

副 行 长　金　朋　李惠霞

张根水　许亚玮

纪检监察员　周林芳

工会主席　倪　毅

中国农业银行股份有限公司宁国市支行

行　　长　赵明旺

副 行 长　朱　幸　喻　峰

王　安　喻天亮

中国建设银行股份有限公司宁国支行

行　　长　马献根

副 行 长　陈建军　汪　洋

宋明东

中国银行股份有限公司宁国支行

行　　长　王海力

副 行 长　朱恩平　赵正清

夏小虎

中国邮政储蓄银行股份有限公司宁国市支行

行　　长　洪国飞

行长助理　朱　辉

安徽宁国农村商业银行股份有限公司

董 事 长　刘　平

行　　长　毛凤国

监 事 长　李　慎

副 行 长　周国文　林　彬

杨开勇

董事会秘书　唐明顺

徽商银行宁国支行

行　　长　闫　俊

副 行 长　汪文汉

徽商银行宁国南山支行

行　　长　吴　涛

副 行 长　田钰泉

行长助理　周明炜

江苏吴江农村商业银行股份有限公司宁国支行

行　　长　钟　鸣

副 行 长　吴胜杰　戴　洁

宁国民生村镇银行

董 事 长　濮阳建军

行　　长　周家凯

副 行 长　张爱国

风险总监　姚　明

中国人民财产保险股份有限公司宁国支公司

经　　理　王理军

副 经 理　胡梅雪

经理助理　汪先军

中国人寿保险股份有限公司宁国支公司

经　　理　章　昕

副 经 理　方　锐　殷　琳

华安证券股份有限公司宁国津河东路证券营业部

总 经 理　王　慧

国元证券股份有限公司宁国宁城中路证券营业部

总 经 理　窦遐晖

宁国新华书店

经　　理　刘　刚

副 经 理　俞雪飞

（王宁生　辑录）

中国共产党宁国市委员会

Ningguo Municipal Committee Of The CPC

- 宁国市党员代表大会
- 市委全体会议
- 工作部署
- 理论学习
- 市委办公室（政研室）工作
- 纪检监察
- 组织工作
- 宣传工作
- 统战工作
- 对台交流与合作
- 政法工作
- 群众（信访）工作
- 党校工作
- 市直机关党建
- 老干部工作
- 机构编制管理

汤公山杜鹃

宁国市党员代表大会

【中共宁国市第十四届代表大会第一次会议】 2016年6月18日—21日，中共宁国市委召开第十四届代表大会第一次会议。系统总结宁国市第十三次党代会以来的工作，科学确定未来五年的奋斗目标和重点任务，顺利选举产生新一届中共宁国市委员会和纪律检查委员会。

会上，共有333名正式代表和92名列席人员参加会议。大会听取和审议市委工作报告和市纪委工作报告，通过先差额预选后正式选举的方式选举产生35名市委委员，7名市委候补委员，17名市纪委委员和54名宁国市出席中共宣城市第四次代表大会代表，及时召开十四届市委一次全会和市纪委一次全会，选举产生新一届市委常委领导班子和市纪委常委领导班子，完成市委换届各项工作任务，为实施“十三五”规划提供坚强有力的组织保证和政治保证。

大会共收到提案118件，其中10人以上代表联名提出的提案共111件，10人以下联名和党员个人提出的意见建议7件。经代表提案工作委员会认真仔细讨论、审查，认为111件提案全部符合提出程序和条件，予以受理，其余的7件作为意见建议办理。

市委全体会议

【市委十三届十二次全体会议】 2016年4月19日，市委十三届十二次全体会议召开。市委委员、候补委员；市纪委委员参加会议。

【市委十三届十三次全体会议】 2016年6月14日，市委十三届十三次全体会议召开。市委委员、候补委员；市纪委委员参加会议。

【市委十四届一次全体会议】 6月21日，中国共产党宁国市十四届委员会第一次全体会议召开。全市党代表出席会议。会议内容：讨论酝酿中共宁国市第十四届委员会常务委员会委员、书记、副书记候选人；通过选举办法；选举产生中共宁国市第十四届委员会常务委员会委员、书记和副书记；通过中共宁国市纪律检查委员会第一次全体会议选举结果的报告；宣城市委换届工作指导组（督查组）组长汪谦慎作重要讲话。

【市委十四届二次全体（扩大）会议暨全市经济工作会议】 12月22日，市委十四届二次全体（扩大）会议暨全市经济工作会议召开。市委委员、候补委员；不是市委委员、候补委员的市级领导；市纪委委员；各乡镇（街道）党政主要负责人；市直各局以上单位主要负责人；部分党代表、人大代表和政协委员参加会议。

会上，市委书记王普代表市委常委会向全委会汇报2016年工作情况；市委副书记谢彬宣读《宁国市践行五大发展理念、学习对接苏浙沪的行动方案》；市委副书记、市长何田部署经济工作；市委书记王普总结讲话。

工作部署

【主要工作】 1月21日，全市信访工作会议召开。有关市领导；各乡镇（街道）主要负责人；市委办、政府办、政法委、群工部（信访局）、法院、公安局、交通运输局、住建委、国土局、规划局、民政局、人社局、教体局、卫计委、市场监管局、城管局、农委、林业局、水务局、环保局、金融办、商务局、开发区管委会、港口园区管委会主要负责人参加会议。

2月18日，全市乡镇党委换届工作动员会暨培训会召开。市委书记、分管副书记，市委常委、纪委书记，市委常委、组织部部长、统战部部长；各乡镇党委书记、副书记、组织委员及组织干事；乡镇党委换届工作领导小组成员单位成员；乡镇党委换届指导督查组工作人员参加会议。

2月23日，全市项目工作暨“三

图6　市委十四届二次全体（扩大）会议暨全市经济工作会议

个年”活动动员大会召开。市四大班子全体领导，市人武部政委，市法院院长、检察院检察长、公安局局长，青龙湾管委会主任，安徽材料工程学校校长、党委书记，市委党校常务副校长，港口园区管委会主任；市直各局以上单位主要负责人；各乡镇（街道）党政主要负责人；开发区管委会、港口园区管委会、青龙湾管委会、发改委、文明办、住建委、卫计委、林业局、文旅委、交通运输局、招商局、农委、经信委、商务局班子成员及各招商分局局长；2015年度宁国发展功勋、宁国发展贡献奖获得者；2015年“项目提质年”“城市提升年”“旅游提速年”先进单位及先进个人代表参加会议。

2月29日，市委组织、宣传、统战工作会议，第十三届纪律检查委员会第六次全体（扩大）会议和全市政法综治信访工作会议召开。1.市委组织、宣传、统战工作会议：市四大班子领导，市人武部政委，市法院院长、检察院检察长、公安局局长，开发区管委会主任，青龙湾管委会主任，安徽材料工程学校校长、党委书记，市委党校常务副校长，港口园区管委会主任；各乡镇（街道）党（工）委书记、分管副书记、组织委员（组织干事）、宣传委员（宣传干事）、统战委员（统战干事）；市直单位主要负责人、办公室主任（政工科长、人事科长）；组织部、宣传部、统战部二级机构以上负责人；各企业党委负责人、组织干事参加会议。2.第十三届纪律检查委员会第六次全体（扩大）会议：市四大班子领导，市人武部政委，市法院院长、检察院检察长、公安局局长，开发区管委会主任，青龙湾管委会主任，安徽材料工程学校校长、党委书记，市委党校常务副校长，港口园区管委会主任；市纪委委员；各乡镇（街道）党政主要负责人，纪（工）委书记；市直各局以上单位主要负责人，纪（工）委书记、纪检组长；各企业党委主要负责人、纪委书记；市纪委（监察局）室以上负责人参加会议。3.全市政法综治信访工作会议：市四大班子主要领导及有关市领导；各乡镇（街道）主要负责人、分管负责人及综治办主任、信访员；市直各局以上单位主要负责人，综治重点责任单位综治联络员、信访重点责任单位信访员参加会议。

3月3日，全市公务用车制度改革动员大会召开。市四大班子有关领导；各乡镇（街道）主要负责人、分管负责人；市直有关单位（市委办、人大办、政府办、政协办、纪检会、组织部、宣传部、统战部、政法委、文明办、市直工委、编办、老干局、目标办、信访局、检察院、法院、人防办、法制办、发改委、物价局、教体局、科技局、经信委、公安局、民政局、司法局、财政局、人社局、环保局、住建委、城管局、交通局、农委、美好办、水务局、林业局、商务局、文旅委、市场监管局、卫计委、审计局、统计局、国土局、安监局、开发区管委会、港口园区管委会、团市委、妇联、工商联、总工会、残联、科协、党校、粮食局、供销社、档案局、招商局、机关事务管理局、政务服务中心、国税局）主要及分管负责人参加会议。

3月7日，“三八”国际劳动妇女节庆祝表彰大会暨“党建带妇建，带红半边天”——“最美”故事会召开。市四大班子主要领导及有关市领导；各乡镇（街道）党（工）委，市直各局以上单位党组织及企业党委分管负责人；各乡镇（街道）妇联主席，市直机关及事业单位、企业妇委会主任；村妇代会主任、社区妇联主席；表彰对象（“巾帼建功标兵”“双学双比女能手”“五好文明家庭”“最美家庭”“孝敬公婆好儿媳”“平安家庭示范户”“十星清洁示范户” 等代表）；行业妇女代表参加会议。

3月22日，全市农村工作暨美丽乡村建设推进工作会议召开。市四大班子主要及分管联系领导；市直有关单位主要负责人；各乡镇（街道）主要及分管负责人；各村主要负责人及市第六批选派干部；省级以上农业龙头企业、专业合作社及家庭农场负责人；市农委、林业局、水务局、美好办、移民局、民政局、气象局班子成员参加会议。

4月8日，全市党的群团工作会议召开。市委副书记，市四大班子分管联系领导；各乡镇（街道）党（工）委主要负责人，市直单位分管负责人；市总工会十三届全委委员，经审委委员；各系统工会主席，开发区总工会主席，部分企、事业工会主席，各乡镇（街道）工会干事；团委委员、候补委员；各乡镇（街道）团委，开发区团工委、市直有关单位团委、部分企业团组织负责人；市妇联十三届执委委员；各乡镇（街道）妇联主席，市直妇委会主任，有关企、事业妇委会主任；工商联、科协、文联、残联、红十字会班子成员参加会议。

4月11日，全市征收征迁工作动员大会召开。市城市征收征迁工作指挥部政委、指挥长、副政委、副指挥长；市直各局以上单位主要负责人；各乡镇（街道）党政主要负责人；西津街道、南山街道、河沥溪街道、汪溪街道班子成员及村（社区）主要负责人参加会议。

4月19日，全市“两学一做”学习教育工作会议召开。市委常委，市人大常委会、政府、政协中的党员负责人，市人武部政委，市法院院长、检察院检察长、公安局局长，开发区管委会主任，青龙湾管委会主任，安徽材料工程学校校长、党委书记，市委党校常务副校长，港口园区管委会主任；各乡镇(街道)党政主要负责人，分管副书记；市直单位党组(党委)主要负责人；各企业党委负责人参加会议。

4月25日，全市关心下一代工作会议召开。市四大班子分管联系领导；各乡镇(街道)、市直各部门关工委主任；“四个报告团”团长；先进个人代表参加会议。

4月27日，全市项目工作、招商引资暨“三个年”活动调度会召开。市四大班子全体成员，市人武部政委，市法院院长、检察院检察长、公安局局长，青龙湾管委会主任，安徽材料工程学校校长、党委书记，市委党校常务副校长，港口园区管委会主任；市直有关单位主要负责人；各乡镇(街道)党政主要负责人参加会议。

5月4日，市委常委(扩大)会议召开。市委常委；市人大、政府、政协领导班子成员；市人武部政委，市法院院长、检察院检察长、公安局局长，青龙湾管委会主任，安徽材料工程学校校长、党委书记，市委党校常务副校长，港口园区管委会主任及其他在职县级干部参加会议。

5月4日，全市领导干部会议召开。市委委员、候补委员，市人大、政府、政协领导班子成员，市人武部政委，市法院院长、检察院检察长、公安局局长，青龙湾管委会主任，安徽材料工程学校校长、党委书记，市委党校常务副校长，港口园区管委会主任及其他在职县级干部；近五年内退下来的县级老同志；各乡镇(街道)党(工)委、人大、政府(办事处)正职，市直一级机构党政正职；市纪委常委，市委组织部副部长；部分县级以上“两代表一委员”参加会议。

5月5日，上市企业项目推进工作座谈会召开。市四大班子主要和分管联系领导；上市企业主要负责人(中鼎公司、司尔特公司、风形公司、亚夏公司、聚隆公司、江南化工、宁国水泥厂、金安国纪、安徽瑞泰、安徽通润、盛隆铸业)；有关乡镇和街道主要负责人(港口镇、宁墩镇、南山街道、河沥溪街道、汪溪街道、西津街道)；市直有关单位主要负责人(市委办、人大办、政府办、政协办、发改委、经信委、开发区管委会、港口园区管委会、财政局、公安局、招商局、科技局、市场监管局、商务局、国土资源局、人社局、统计局、林业局、金融办)参加会议。

5月6日，全市保密培训工作会议召开。市直各有关单位涉密岗位工作人员；近五年新进公务员；涉密企业保密办主任参加会议。

5月18日，全市创建全国县级文明城市工作推进大会召开。省文明办、芜湖市文明办、宣城市文明办有关领导，20个县市宣传部部长、文明办主任、省级有关媒体；市四大班子领导，市人武部政委，市法院院长、检察院检察长、公安局局长，开发区管委会主任、青龙湾管委会主任，安徽材料工程学校校长、党委书记，市委党校常务副校长，港口园区管委会主任；市直各局以上单位主要和分管负责人；各乡镇(街道)党(工)委主要及分管负责人；重点部门创建干事(市委办、政府办、组织部、纪委、宣传部、政法委、开发区管委会、政务服务中心、社管中心、住建委、公安局、城管局、文旅委、市直工委、交通运输局、卫计委、市场监管局、安材学校、新闻传媒中心、教体局、发改委、铁路办、民政局、美好办、总工会、妇联、商务局)；各中小学校长；13个社区主要负责人及创建干事；省级以上文明单位主要负责人参加会议。

5月27日，全市党员领导干部会议召开。市委委员、候补委员，市人大、政府、政协领导班子党员成员，市法院院长、检察院检察长、公安局局长，青龙湾管委会主任，安徽材料工程学校校长、党委书记，市委党校常务副校长，港口园区管委会主任及其他在职党员县级干部；近五年内退下来的县级党员老同志；各乡镇(街道)党(工)委、人大、政府(办事处)正职，市直一级机构党员正职(含市人大各工委主任、市政协驻会专委会主任、开发区管委会领导班子成员、市国税局、地税局、国土局、供电公司主要负责人，不含其他垂直管理单位)；市纪委常委，市委组织部副部长参加会议。

6月13日，宁国市建设国家知识产权示范城市工作座谈会召开。国家知识产权局领导，省知识产权局领导，宣城市科技局、知识产权局领导；市委、市政府主要领导，市人大、市政府、市政协分管(联系)领导；开发区管委会、港口园区管委会、发改委、经信委、财政局、农委、文旅委、教体局、市场监管局、科协、编办主要负责人；科技局班子成员及二级机构负责人参加会议。

6月13日，宁国市高标准建设国家知识产权示范城市工作推进会召开。国家知识产权局领导，省知识产权局领导，宣城市科技局、知识产权局领导；市四大班子领导，市法院院长、检察院检察长、公安局局长，开发区管委会主任，青龙湾管委会主任，安徽材料工程学校校长、党委书记，市委党校常务副校长，港口园区管委会主任；市直各局以上单位主要负责人；各乡镇(街道)主要负责人；市科技局班子成员及二级机构负责人；高新技术企业负责人；服务宁国市场的专利代理机构负责人参加会议。

6月18日，全市基层党(工)委负责人会议召开。市委常委；各乡镇(街道)党(工)委书记；市直单位(市直工委、开发区管委会、政务服务中心、公安局、市场监管局、住建委、经信委、地税局、交通运输局、国税局、卫计委、教体局、广电台、农委、林业局、安徽材料工程学校、供电公司)党(工)委书记;各企业党委负责人参加会议。

6月24日,全市人口和计划生育工作会议和国家卫生城市创建推进会议召开。1.全市人口和计划生育工作会议:市委、市政府主要及分管领导,市人大、市政协联系领导;市直各局以上单位主要负责人;各乡镇(街道)党政主要负责人、分管负责人、计生办主任,村(社区)两委主要负责人;各乡镇卫生院长、街道社区卫生服务中心主任,市直各卫生计生单位主要负责人和助产机构负责人;市卫计委科室以上负责人参加会议。2.国家卫生城市创建推进会议:市委、市政府主要及分管领导,市人大、市政协联系领导;西津街道、南山街道、河沥溪街道、汪溪街道、竹峰街道、港口镇主要及分管负责人;市直各局以上单位主要负责人;西津街道、南山街道、河沥溪街道辖区内各中小学校长;西津街道、南山街道、河沥溪街道辖区内一级以上医疗机构负责人、社区卫生服务站负责人;西津街道、南山街道、河沥溪街道社区主要负责人;市卫计委科室以上负责人参加会议。

6月24日,全市落实省委对中央巡视组巡视"回头看"反馈意见交办任务整改暨专项整治推进会召开。市四大班子领导,市法院院长、检察院检察长、公安局局长,开发区管委会主任,青龙湾管委会主任,安徽材料工程学校校长、党委书记,市委党校常务副校长,港口园区管委会主任;市纪委常委、市委组织部副部长、市委巡察办主任;各乡镇(街道)党政主要负责人;市直单位主要负责人、纪检组长(纪工委书记)参加会议。

6月28日,县处级以上离退休老干部政治经济形势通报会召开。有关市领导;县处级以上离休干部;抗日战争时期参加革命工作的离休干部;县处级以上担任实职的退休干部;市委办、人大办、政府办、政协办、组织部、财政局、人社局、市直工委、卫生局、老干局等单位主要负责人参加会议。

6月30日,全市纪念建党95周年表彰大会暨优秀共产党员先进事迹报告会召开。市四大班子全体领导,市法院院长、检察院检察长、公安局局长,青龙湾管委会主任,安徽材料工程学校校长、党委书记,市委党校常务副校长,港口园区管委会主任;市直各局以上单位主要负责人及分管党建负责人;各乡镇(街道)党政主要负责人及分管副书记、组织委员、组织干事;各企业党委主要负责人及组织干事;受表彰的先进党组织和优秀党员代表;党员方阵队伍参加会议。

7月4日,举办项目工作专题讲座,并开展相关业务培训。1.专题讲座:邀请浙江省工程咨询有限公司副总经理兼PPP中心总经理、金融工程硕士、IPMP(国际项目经理资质认证)、注册监理工程师蒋中松作《PPP操作流程与落地实践》专题报告。市四大班子领导,市法院院长、检察院检察长、公安局局长,开发区管委会主任,青龙湾管委会主任,安徽材料工程学校校长、党委书记,市委党校常务副校长,港口园区管委会主任;各乡镇(街道)行政主要负责人,市直各局以上单位主要负责人、分管负责人和具体经办人员参加讲座。2.业务培训:由市发改委主任、市政府项目办主任奚修维讲解《发改系统项目申报基本知识》。各乡镇(街道)行政主要负责人,市直各局以上单位主要负责人、分管负责人和具体经办人员参加培训。

7月15日,全市行业协会和学会不规范问题及干部人事管理突出问题专项整治工作推进会召开。市委副书记,市委常委、组织部部长、统战部部长;各乡镇(街道)党(工)委主要负责人;市直单位主要负责人参加会议。

7月22日,市委党建工作领导小组7月份工作调度会召开。市委党建工作领导小组组长、副组长及成员;各乡镇(街道)党(工)委书记,市直机关工委书记、开发区党工委书记;市直各局以上单位主要负责人参加会议。

7月25日,2016年度第一轮市委巡察工作动员暨培训会召开。市委书记,市委常委、纪委书记,市委常委、组织部部长、统战部部长;市委巡察工作领导小组成员;各乡镇(街道)党(工)委书记、纪(工)委书记;第一批次巡察组全体成员;市纪委(监察局)、市委组织部科(室)以上负责人参加会议。

7月28日,宁国市2015年度综合考核情况反馈会议召开。市委委员、候补委员,市人大、政府、政协领导班子成员,市法院院长、检察院检察长、公安局局长,青龙湾管委会主任,安徽材料工程学校校长、党委书记,市委党校常务副校长,港口园区管委会主任及其他在职县级干部;近五年内退下来的县级老同志;各乡镇(街道)党(工)委、人大、政府(办事处)正职,市直一级机构党政正职;市纪委常委,市委组织部副部长;部分县级以上"两代表一委员"参加会议。

8月1日,全市党管武装暨征兵工作会议召开。市委、市政府主要及联系领导,市人武部政委;各乡镇

（街道）党政主要负责人，市直机关工委书记，开发区党工委书记；市征兵领导小组成员单位负责人（政府办、宣传部、公安局、教体局、民政局、财政局、卫计委、交通运输局）；征兵办公室成员；各基层人民武装部部长；企业武装工作负责人：宁国水泥厂、凤形公司、亚夏公司；市公安局治安大队教导员、各基层派出所所长参加会议。

8月2日，全市项目建设、招商引资暨财税工作调度会议召开。市四大班子全体成员，市法院院长、检察院检察长，公安局局长，开发区管委会主任，青龙湾管委会主任，安徽材料工程学校校长、党委书记，市委党校常务副校长，港口园区管委会主任；市直各局以上单位主要负责人，分管项目或招商引资工作负责人；各乡镇（街道）党政主要负责人；发改委、财政局、国税局、地税局班子成员，开发区管委会、港口园区管委会班子成员及二级机构主要负责人，招商局班子成员及各产业招商分局负责人参加会议。

8月15日，全市征收征迁工作推进大会召开。市四大班子全体领导，市法院院长、检察院检察长、公安局局长，开发区管委会主任，青龙湾管委会主任，安徽材料工程学校校长、党委书记，市委党校常务副校长，港口园区管委会主任；市直各局以上单位主要负责人；西津街道、南山街道、河沥溪街道、汪溪街道班子成员、参与拆迁工作人员及村（社区）主要负责人；各乡镇、竹峰街道、天湖街道党政主要负责人；市法院、住建委、国土局、公安局、城管局班子成员及科室以上负责人，法制办全体成员、市政府法律顾问团；四大片区征迁工作政策指导员参加会议。

8月15日，征收征迁工作座谈会召开。征收征迁工作指挥部办公室主任、副主任及各工作组成员；各片区指挥分部指挥长、副指挥长及办公室主任、副主任；西津街道、河沥溪街道、南山街道、汪溪街道党政主要负责人、各征迁工作组组长；法院、住建委、城管局、国土局、规划局、公安局、法制办主要负责人、分管负责人及单位法律顾问参加会议。

9月9日，全市第32个教师节庆祝表彰大会召开。市四大班子主要及分管联系领导；各乡镇（街道）主要负责人；市直有关单位主要负责人（市委办、政府办、宣传部、发改委、教体局、公安局、财政局、人社局、住建委、文旅委、卫计委、市场监管局、国土局、安监局、规划局、编办、妇联、残联、地税局）；各中小学校长、幼儿园（含规模以上民办幼儿园）园长；受表彰的先进教育工作者、模范教师、模范班主任；市教体局班子成员及二级机构负责人。

9月14日，创建国家卫生城市工作推进会召开。市委、市政府主要领导，市四大班子分管联系领导；南山、西津、河沥溪街道党政主要负责人、分管负责人及所辖村、社区主要负责人；市直各局以上单位主要负责人；市卫计委班子成员、相关科室及城区一级以上医疗机构主要负责人参加会议。

9月26日，省第六环境保护督察组督察宣城市工作动员会议及全市生态文明与环境保护委员会（扩大）会议召开。市委常委，市人大常委会主任，市政协主席，市政府副市长，市人民法院院长，市人民检察院检察长；各乡镇（街道）党政主要负责人；市直有关单位主要负责人；市环保局班子成员及内设科室、派出机构负责人参加会议。

9月29日，2016年度首轮第二批次市委巡察工作动员暨培训会召开。市委书记、纪委书记、组织部部长；市委巡察工作领导小组成员；市直被巡察单位主要负责人，纪工委书记、纪检组长；市纪委派驻第一、二纪检监察组组长；第二批次巡察组全体成员参加会议。

10月12日，全市计划生育迎检工作动员大会和全市滥建乱葬专项整治工作动员大会召开。1.全市计划生育迎检工作动员大会：市委、市政府主要领导及市四大班子分管联系领导；各乡镇（街道）党政主要负责人、分管负责人、计生办主任；市直人口和计划生育综合治理重点单位（开发区管委会、法院、公安局、财政局、住建委、市场监管局、民政局、人社局、社会管理服务中心）主要及分管负责人；各村（社区）主要负责人；市卫计委领导班子成员、科室负责人，市妇幼保健和计划生育服务中心、市疾控中心负责人，各乡镇卫生院、街道社区卫生服务中心负责人参加会议。2.全市滥建乱葬专项整治工作动员大会：市委、市政府主要领导及市四大班子分管联系领导；市直各局以上单位主要负责人；各乡镇（街道）党政主要负责人、分管负责人；各村（社区）主要负责人；市民政局班子成员、科室负责人参加会议。

10月19日，省第六环境保护督察组督察宁国市工作情况汇报会召开。有关市领导；市直有关单位［市委办（政研室）、政府办、纪委（监察局）、组织部、宣传部、发改委、经信委、公安局、财政局、环保局、住建委、交通运输局、农委、水务局、林业局、国土局、城管局］主要负责人参加会议。

10月25日，市委常委（扩大）会议召开。市委常委；市人大、政府、政协领导班子成员；市法院院长、市检察院检察长，青龙湾管委会主任，安徽材料工程学校校长、党委书记，市委党校常务副校长，港口园区管委会主任及其他在职县级干部参加会议。

11月4日，全市市、乡人大换届选举工作会议召开。市委书记、分管副书记，市委常委、组织部部长，市委常委、副市长，市人大常委会主任、副主任；各乡镇（街道）党（工）委书记、人大主席（人工委主任）、人大秘书；市人大常委会各工作机构、办事机构主要负责人；市直各局以上单位主要负责人参加会议。

11月9日，全市领导干部会议召开。市委、人大、政府、政协领导班子成员，市法院院长，市检察院检察长，青龙湾管委会主任，安徽材料工程学校校长、党委书记，市委党校常务副校长，港口园区管委会主任及其他在职县级干部；近五年内退下来的担任过正、副县级领导职务的老同志；各乡镇（街道）党（工）委、人大、政府（办事处）正职、市直一级机构党政正职；市纪委常委，市委组织部副部长参加会议。

11月22日，全市"践行新发展理念、学习对接苏浙沪"观念更新学习讨论活动动员大会召开。市四大班子领导，市法院院长，市检察院检察长，青龙湾管委会主任，安徽材料工程学校校长、党委书记，市委党校常务副校长，港口园区管委会主任；各乡镇（街道）党政主要负责人；市直各单位主要负责人参加会议。

11月27日，市委全体（扩大）会议召开。市委委员、候补委员，市人大、政府、政协领导班子成员，市法院院长、市检察院检察长，青龙湾管委会主任，安徽材料工程学校校长、党委书记，市委党校常务副校长，港口园区管委会主任及其他在职县级干部；近五年内退下来的县级老同志；各乡镇（街道）党（工）委、人大、政府（办事处）正职，市直一级机构党政正职；市纪委常委，市委组织部副部长参加会议。

11月28日，市政协换届工作部署会议召开。有关市领导；各乡镇（街道）党（工）委主要负责人；市直有关单位主要负责人参加会议。

12月1日，在全市党员干部中开展"讲看齐、见行动"学习讨论动员大会召开。市四大班子领导，市法院院长，市检察院检察长，青龙湾管委会主任，安徽材料工程学校校长、党委书记，市委党校常务副校长，港口园区管委会主任；各乡镇（街道）党政主要负责人；市直各单位主要负责人参加会议。

12月1日，全市创建全国县级文明城市迎检工作动员会议召开。市四大班子领导，市法院院长、检察院检察长，青龙湾管委会主任，安徽材料工程学校校长、党委书记，市委党校常务副校长，港口生态工业园区管委会主任；各乡镇（街道）党政主要负责人、分管负责人、创建干事；市直各单位主要负责人、分管负责人、创建干事；重点单位班子成员；13个社区主要负责人、分管负责人、创建干事；各中小学校校长；样本点负责联系人；部分窗口行业负责人参加会议。

12月1日，全市市乡换届风气监督工作专题会议召开。市委分管副书记，市委常委、纪委书记，市委常委、组织部部长，市委常委、统战部部长，市人大、市政协党组副书记；各乡镇（街道）党政主要负责人；市直各单位主要负责人参加会议。

12月14日，学习贯彻党的十八届六中全会精神报告会召开。邀请宣城市委宣讲团成员、宣城市市直工委书记姜先进作学习贯彻党的十八届六中全会精神宣讲报告。市四大班子领导，市法院院长、检察院检察长，青龙湾管委会主任，安徽材料工程学校校长、党委书记，市委党校常务副校长，港口园区管委会主任；各乡镇（街道）党（工）委书记，市直各局以上单位主要负责人；部分离退休老干部代表；非公企业党委负责人；市委党校全体教师参加会议。

12月15日，市科学技术协会第五次代表大会召开。市四大班子有关领导；全体科协代表、历届科协主席、近年来受上级科协组织表彰的先进个人；市直有关单位（市委办、政府办、组织部、宣传部、开发区管委会、市委党校、科技局、财政局、发改委、教体局、文旅委、市场监管局、卫计委、人社局、农委、林业局、水务局、民政局、司法局、环保局、住建委、国土资源局、经信委、安监局、气象局、文明办、美好办、广电台、新闻传媒中心、总工会、妇联、团市委、安徽材料工程学校）分管负责人参加会议。

12月18日，全市务虚工作会议暨学习对接苏浙沪专题讨论会召开。市四大班子领导，市法院院长、检察院检察长，青龙湾管委会主任，安徽材料工程学校校长、党委书记，市委党校常务副校长，港口生态工业园区管委会主任；各乡镇（街道）党政主要负责人；市直相关单位主要负责人参加会议。

12月28日，全市"六五"普法总结暨"七五"普法启动大会召开。市四大班子主要及分管联系领导；市直各局以上单位主要负责人；各乡镇（街道）党政主要负责人、司法所所长；城区学校校长、城区村（社区）主要负责人；全国、省、宣城市、宁国市"六五"普法先进集体、先进个人代表参加会议。

12月30日，市工商联换届工作会议召开。市工商联换届工作领导小组全体成员；市工商联主席；各乡镇（街道）分管负责人；基层商会会长；非公有制经济人士综合评价单位分管负责人；开发区、港口园区管委会分管负责人参加会议。

【践行五大发展理念】 在贯彻上级精神、借鉴外地经验、广泛征求意见、集体研究讨论的基础上，出台宁国市《践行五大发展理念精准对接苏浙沪行动方案》，明确提出大力推进思想观念、科技创新、交通物流、产业要素、生态旅游、新型城镇化、体制机制七大对接行动，力争到2020年，全市经济总量超过兰溪等苏浙沪中等县市，科学发展水平接近临安等苏浙沪先发县市，努力把宁国打造成对接苏浙沪的桥头堡和示范区。

【全面推进依法治市工作部署】 狠抓民主法治建设。制定《中共宁国市委工作规则》《市委制度建设清单》，提高市委决策民主化、科学化水平。出台《宁国市人民代表大会常务委员会讨论、决定重大事项的规定》《关于加强人民政协协商民主建设的实施意见》等文件，建立市委、市政府领导领衔督办人大提案、政协议案工作机制，支持人大、政协依法按章履职。

【全面深化改革工作部署】 共有8个方面114项具体工作。突出重点领域的改革探索，深化金融财税体制改革，创新投融资方式，PPP运作在全省领先；积极推进行政审批制度改革，加快转变政府职能，进一步简政放权。深化农村综合改革，扎实开展农村“三变”试点工作，加快推进现代农业转型步伐，为全市经济社会发展提供不竭动力。

理论学习

【概况】 1月8日，市委理论学习中心组专题学习会议召开。市四大班子领导，市人武部政委，市法院院长、检察院检察长、公安局局长，开发区管委会主任，青龙湾管委会主任，安徽材料工程学校校长、党委书记，市委党校常务副校长，港口园区管委会主任参加会议；市委办、人大办、政府办、政协办、纪委、组织部、宣传部、统战部、政法委主要负责人列席会议。会议深入学习习近平总书记在中央政治局“三严三实”专题民主生活会上重要讲话、王学军在省委中心组理论学习会和常委扩大会上的讲话以及邓向阳在1月5日省委电视电话会议上的讲话精神；会上市党政班子成员，人大、政协主要负责人针对学习内容谈学习体会和思想认识，对照争当“四个自觉”模范的要求查找问题，连同“三严三实”专题民主生活会上查找的问题，剖析原因，明确努力方向和具体整改措施。

2月14日，市委理论学习中心组会议召开。市四大班子领导，市人武部政委，市法院院长、检察院检察长，公安局局长，开发区管委会主任，青龙湾管委会主任，安徽材料工程学校校长、党委书记，市委党校常务副校长，港口园区管委会主任参加会议；市委办、人大办、政府办、政协办、纪委、组织部、宣传部主要负责人列席会议。会议学习内容：1.《中国共产党章程》；2.《中国共产党地方委员会工作条例》；3.中国共产党第十八届中央纪律检查委员会第六次全体会议公报；4.中共中央《中国共产党党组工作条例（试行）》；5.中共中央《推进领导干部能上能下若干规定（试行）》；6.王岐山在中国共产党第十八届中央纪律检查委员会第六次全体会议上的工作报告；7.安徽省《贯彻〈中国共产党党组工作条例（试行）〉实施细则》；8.安徽省《关于贯彻〈推进领导干部能上能下若干规定（试行）〉实施细则》；9.省委办公厅关于认真学习贯彻《贯彻〈中国共产党巡视工作条例〉实施办法》的通知；10.王为民在中国共产党宣城市第三届纪律检查委员会第六次全体会议上的工作报告。

4月11日，市委理论学习中心组会议召开。会议学习全国“两会”精神和《党委会的工作方法》。市四大班子领导，市人武部政委，市法院院长、检察院检察长、公安局局长，开发区管委会主任，青龙湾管委会主任，安徽材料工程学校校长、党委书记，市委党校常务副校长，港口园区管委会主任参加会议。市委办、人大办、政府办、政协办主要负责人列席会议。

5月4日，市委理论学习中心组（扩大）会议召开。邀请著名经济学家、中国人民大学经济学院院长、中央政治局第22次集体学习报告人黄卫平教授作“十三五”规划专题讲座。市四大班子领导，市人武部政委，市法院院长、检察院检察长、公安局局长、开发区管委会主任，青龙湾管委会主任，安徽材料工程学校校长、党委书记，市委党校常务副校长，港口园区管委会主任；各乡镇（街道）党政主要负责人，市直各局以上单位主要负责人；发改委、开发区管委会、港口园区管委会、青龙湾管委会二级机构以上负责人参加会议。

5月26日，市委理论学习中心组（扩大）会议召开。会议传达习近平总书记视察安徽重要讲话精神，省委书记王学军、省长李锦斌关于认真学习贯彻习近平总书记视察安徽重要讲话精神的讲话；学习2016年5月9日《人民日报》文章：《权威人士谈当前中国经济》；关于宣城市本级和县市区落实省委巡视组巡视整改情况及对市直单位巡察发现问题情况的通报；围绕“坚定理想信念，明确政治方向”开展专题研讨，侯正茂、邱铁军、郑守龙、金庆文等作交流发言。市四大班子领导，市人武部政委，市法院院长、检察院检察长、公安局局长，开发区管委会主任，青龙湾管委会主任，安徽材料工程学校校长、党委书记，市委党校常务副校长，港口园区管委会主任；各乡镇(街道)党政主要负责人，市直各局以上单位主要负责人参加会议。

6月2日，“传统文化与中国现代化”专题报告会举办。邀请江苏省委党校哲学教研部主任章凝作“传统文化与中国现代化”专题报告。市四大班子领导，市法院院长、检察院检察长、公安局局长，开发区管委会主任，青龙湾管委会主任，安徽材料工程学校校长、党委书记，市委党校常务副校长，港口园区管委会主任；各乡镇(街道)党政主要负责人，市直各局以上单位主要负责人参加会议。

6月27日，市委理论学习中心组(扩大)会议召开。邀请中国社会科学院世界社会主义研究中心特邀研究员、上海市委党校党史党建部副主任杨俊教授作《学习习近平总书记系列重要讲话精神》专题报告。市四大班子领导，市法院院长、检察院检察长、公安局局长，开发区管委会主任，青龙湾管委会主任，安徽材料工程学校校长、党委书记，市委党校常务副校长，港口园区管委会主任；各乡镇(街道)党政主要负责人，市直各局以上单位主要负责人参加会议。

7月22日，市委理论学习中心组(扩大)会议召开。会议学习习近平在庆祝中国共产党成立95周年大会上的重要讲话精神；市委常委梅长春、俞志刚、丁俊等结合学习体会作交流发言；市委书记王普讲话。市四大班子领导，市法院院长、检察院检察长、公安局局长，开发区管委会主任，青龙湾管委会主任，安徽材料工程学校校长、党委书记，市委党校常务副校长，港口园区管委会主任；各乡镇(街道)党(工)委书记，市直各局以上单位主要负责人参加会议。

8月23日，市委理论学习中心组(扩大)会议召开。会议学习《中国共产党问责条例》；学习《中共安徽省委办公厅　安徽省人民政府办公厅印发〈关于坚持和完善计划生育目标管理责任制的实施意见〉的通知》；开展专题学习研讨，王普、何田、谢彬、马文清等作交流发言；市委书记王普讲话。市四大班子领导，市法院院长、检察院检察长、公安局局长，开发区管委会主任，青龙湾管委会主任，安徽材料工程学校校长、党委书记，市委党校常务副校长，港口园区管委会主任；各乡镇(街道)党政主要负责人，市直各局以上单位主要负责人参加会议。

9月13日，“三津大讲堂”专题讲座举办。讲座邀请国家一级高级检察官柴学友作“珍惜现有生活、远离职务犯罪”专题讲座。市四大班子领导，市法院院长、检察院检察长、公安局局长，开发区管委会主任，青龙湾管委会主任，安徽材料工程学校校长、党委书记，市委党校常务副校长，港口园区管委会主任；各乡镇(街道)党政主要负责人，市直各局以上单位主要负责人参加会议。

10月27日，市委理论学习中心组会议召开。会议观看廉政警示教育展览；市委副书记谢彬传达宣城市第四次党代会精神；学习习近平总书记在中纪委六次全会上的重要讲话精神；市委书记王普讲话。市四大班子领导，市法院院长、检察院检察长、公安局局长，开发区管委会主任，青龙湾管委会主任，安徽材料工程学校校长、党委书记，市委党校常务副校长，港口园区管委会主任参加会议；市委办、人大办、政府办、政协办主要负责人列席会议。

11月1日，“三津大讲堂”专题讲座举办。讲座邀请中国著名的国际战略学和国家安全学专家罗援少将作“国防形势与周边安全环境热点问题”专题讲座。市四大班子领导，市法院院长、检察院检察长、公安局局长，开发区管委会主任，青龙湾管委会主任，安徽材料工程学校校长、党委书记，市委党校常务副校长，港口园区管委会主任；各乡镇(街道)党政主要负责人，市直各局以上单位主要负责人，市人大各工委主任、市政协驻会专委会主任；各乡镇(街道)分管宣传负责人、武装部部长，市委宣传部科室负责人、市人武部全体成员；市移动公司VIP客户参加会议。

11月4日，市委理论学习中心组(扩大)会议召开。会议学习十八届六中全会公报；传达中共安徽省委第十次代表会议精神。市四大班子领导，市法院院长、检察院检察长、公安局局长，开发区管委会主任，青龙湾管委会主任，安徽材料工程学校校长、党委书记，市委党校常务副校长，港口园区管委会主任；各乡镇(街道)党(工)委书记，市直各局以上单位主要负责人参加会议。

市委办公室(政研室)工作

【概况】 宁国市委办公室(市委政策研究室)是市委综合性办事机构和政策研究机构。下设市委督查室、市委机要局(市委密码管理局)、市委保密办(市国家保密局)、市委常委办公室、综合一科、综合二科、信息科、文书科、行政科9个机构，核定行政编制24名。2016年，市委办公室（政研室）对标“五个坚持”，围绕中心、服务大局，力求在“新、实、严”上做文章，全面提升“三服务”水平，为全市各项工作顺利推进提供有力保障。

一是顺利完成党支部换届选举，选优配强党支部工作人员。二是积极开展“日学一刻钟”“党员故事汇”“特别党费”等创新品牌活动。三是以开展“两学一做”学习教育为统揽，先后组织开展观念更新和“讲看齐、见行动”学习讨论活动，领导班子成员和党支部委员带头撰写心得体会。四是不断加强理论知识学习，安排46次集体学习，进一步严肃组织生活，高质量完成办公室民主生活会和组织生活会。

【综合协调工作】 落实市领导“周计划、日通报”工作制度，促进市几大班子及办公室之间的协调与配合，形成工作合力。完成了全国人大常委会、全国妇联、省委办公厅、省委组织部、省委综合考核组、中小城市经济发展委员会、省委和宣城市委领导以及相山区、和县、敦煌市、郎溪县等兄弟县市到宁国考察考核调研等重要接待任务。牵头组织了市十四次党代会会务筹备工作，积极做好宁国、休宁友好县市对接、市党政考察团赴江苏宜兴、浙江德清和兰溪考察、“两会”人大代表、政协委员调研等工作，确保各项活动的有序开展。

【督查督办工作】 创新督查方式，坚持一线督查、联合督查工作机制，同时注重研究分析，溯本求源，提出解决问题的对策建议，确保督查实效。一是抓好决策督查。把市委确定的重点工作作为贯穿全年的工作重点，突出做好市委全委会、市委重要文件、上级党委及市委重大安排部署的贯彻落实情况的督促检查。全年完成上级党委交办任务48件。二是抓好专项督查。抓好“三个年”活动、上级党委和本级市委领导批示交办事项、文明创建、民生热点问题等专项督查，同时，认真分析产生问题的原因，提出解决问题的对策和建议。全年，共开展专项督查29次，编发《宁国督查督办》10期，《督查专报》7期，《征收征迁专辑》12期。三是抓好留言办理。坚持网友留言“百分百”处理，做到“全下载、全处理、全回复”，确保“件件有落实、事事有回应”。全年累计办理人民来信11件；人民网网友留言29件，其中，省委书记留言4件、宣城市委书记留言6件、宁国市委书记留言19件。

【调研参谋工作】 一是牵头组织起草市第十四次党代会报告和《宁国市践行五大发展理念、学习对接苏浙沪行动方案》，明确宁国市未来五年的发展思路和对接苏浙沪的七大聚焦对接行动。二是围绕全市工作重点和难点，先后组织开展各类调研40余次，编发《领导参阅》16期、《宁国信息参阅》19期、《信息专报》58期，为市委决策提供依据。三是积极总结归纳宁国市在文明创建、深化改革、核心基础零部件基地建设、“调转促”工作、人才工作等方面的先进经验做法，全年累计向省、宣城市两级报送信息800余条，采用90条，其中《宁国市五步联动探索处置“僵尸企业”新途径》等9条信息被《安徽信息情况专报》和《宣城要情专报》采用。四是完成市十四次党代会、“三个年”活动、文明创建、农业农村、征收征迁、党建、对接苏浙沪等重要会议、重要文件、重要活动的文字材料起草工作，较好地发挥了以文辅政作用。

【机要后勤工作】 适应新形势要求，梳理完善相关制度，确保党办各项工作有章可循，有规可依。一是严把办文各个环节，开展规范性文件清理工作，全年收发办理各级文件895份，实现“零差错”。全年共办理各类明密电1192份，做到“零失误”。严格密码管理各项制度，未发生一起泄密事件。二是建立完善机要值班和办公室值班制度。坚持24小时值班制度，做好应急值守工作。编制应急工作预案，编排市委总值班室值班安排表，确保值班值守零失误。三是强化干部职工上下班考勤打卡、档案管理、法治宣传教育等一系列工作制度。四是做好宁国市委网站平台的日常管理和维护工作，及时更新市委最新工作动态，打造良好窗口形象。五是推进文明创建工作。组织开展志愿服务、文明劝导、科普宣传，推进联点共建小区文明创建工作，组织机关干部赴霞西镇石柱村开展关爱留守儿童等活动，先后邀请市委党校教师等开展4次道德讲堂活动，确保各项创建工作有序推进。六是完成办公室的公务用车制度改革，妥善安置司勤人员。

（刘金琳　朱　嵩）

纪检监察

·综　　述·

【概况】 2016年，宁国市委始终坚持率先垂范，带头落实主体责任，科学决策部署，深入推进党风廉政建设和反腐败工作。市委主要负责人坚持以身作则，认真履行第一责任人职责，亲自协调和解决纠正“四风”、纪律审查、机构改革、换届选举等重大问题；市委常委认真履行“一岗双责”，切实抓好分管范围的党风廉政建设；各级党组织认真落实管党治党的政治责任，严格执行各项监督制度；各级纪检监察组织聚焦主业主责，忠诚履职，敢于担当；全市广大干部群众对党风廉政建设和反腐败工作大力支持、积极参与。全市党风廉政建设和反腐败工作取得新的进展和成效。

【内设机构调整改革】 2016年，根据《市编委会关于同意市纪委机关、市监察局内设机构调整的批复》，市纪委机关、监察局内设机构9个，分别为办公室、组织部、党风政风监督室（市政府纠正行业不正之风办公室）、信访室、案件监督管理室、第一纪检监察室、第二纪检监察室、第三纪检监察室、案件审理室。调整后，直接从事监督执纪工作人员占编制总数的62%，实现人员力量向监督执纪一线倾斜。

【深化纪检监察机关“三转”工作】 2016年，根据省纪委《关于换届中按照“三转”要求谋划好新一届纪委工作的几点意见》，市纪委在市乡两级党委换届过程中以“三转”（转职能、转方式、转作风）为指导，着力解决职责定位不准、工作布局发散有余等问题，纪检监察机关向本位回归。为全市19个乡镇（街道）配齐纪（工）委书记、副书记和纪检专职干事，纪检组长实现专职专岗，工作分工更加规范，主责主业更加聚焦。

·重要会议·

【中共宁国市第十三届纪律检查委员会第六次全体（扩大）会议】 2016年3月1日，中共宁国市第十三届纪律检查委员会第六次全体（扩大）会议召开。市委书记王普，市委副书记、市长何田，市人大常委会主任叶蕴，市政协主席、政法委书记饶培康，市委副书记谢彬等市四大班子领导出席会议。王普作重要讲话。会议书面传达宣城市纪委三届六次全会主要精神，市委常委、市纪委书记马文清代表市第十三届纪律检查委员会常务委员会作《深化体制改革　夯实基层基础　深入推进党风廉政建设和反腐败工作》的工作报告，在总结2015年主要工作成效的基础上，就2016年党风廉政建设和反腐败工作任务进行安排部署。提出：要严明党的纪律，坚决维护纪律的严肃性；要深化体制机制改革，夯实监督执纪的基层基础；要坚持挺纪在前，保持惩治腐败高压态势；要深化作风建设，推动全面从严治党向基层延伸；要坚持标本兼治，强化反腐倡廉宣传教育；要突出从严从实，建设忠诚干净担当的纪检监察队伍。

【参加中共宁国市第十四届代表大会第一次会议】 2016年6月18日，中共宁国市第十四届代表大会第一次会议召开。会议为期3天。市委书记王普主持会议。市委常委、市纪委书记马文清代表中共宁国市纪律检查委员会作《坚持纪在法前　忠诚履行职责　为推进全面从严治党作出新贡献》的工作报告。报告从强化执纪问责，推动责任落实，释放有责必问、执纪必严的强烈信号；聚焦主责主业，坚决惩治腐败，坚持反腐败“零容忍”，始终保持惩治腐败的高压态势；全面从严从实，深化作风建设，弛而不息纠正“四风”和“小四风”问题；加强宣传教育，着眼源头预防，教育和督促各级党组织和党员干部坚守纪律“底线”；引导广大纪检监察干部“争做守纪模范、争当执纪尖兵”等5个方面回顾了十三次党代会以来党风廉政建设和反腐败工作。报告还从严明党纪党规、坚决遏制腐败、深化作风建设、加强巡察监督、持续深化改革、加强自身建设6个方面提出今后五年全市党风廉政建设和反腐败工作意见。会议以举手表决的方式，一致通过市纪委工作报告。

·主要工作·

【纪律审查工作】 2016年，宁国市纪委共受理信访举报191件（其中上级交办115件），初步核实170件，谈话函询4件，初核率为91%；初核转立案60件，同比增长20%；初核了结114件，同比增长16%。共立案232件，同比增长152%，其中，涉及乡科级干部9人；结案221件，结案率为90%，同比增长157%。共处理党员干部226人（乡科级干部8人）。严肃查处财政局原副局长程某某受贿案、财政局财政监督局原副局长汪某某受贿案等一批严重违纪违法案件。不断丰富实践“四种形态”，严格分类处置问题线索，扩大谈话函询覆盖面。全市纪检监察机关谈话函询400余件（次），给予纪律轻处分198人，纪律重处分28人，移送司法机关7人，监督执纪“四种形态”的要求在实际工作中逐步落实体现。进一步落实“纪严于法、纪在法前”的要求，对177名涉嫌违法犯罪的党员和国家工作人员予以纪律处分。健全市委反腐败协调小组工作机制，增强反腐败工作合力。市检察院立案查处贪污贿赂、渎职侵权等职务犯罪案件9件14人，市法院审结贪污贿赂、渎职侵权案件3件10人。制定出台《适用简易程序审理党纪、政纪处分案件的暂行办法（试行）》，累计运用简易程序审理党纪政纪轻处分案件101起。

【反腐倡廉宣传教育】 2016年，市纪委通过学习“两准则”“四条例”、拍摄《走出“亲、清”新路——宁国市构建新型政商关系》警示片、编发《党员干部违纪违法典型案例选编》、观看《镜鉴》《永远在路上》《打铁还需自身硬》教育片、组织党员干部赴军天湖监狱、市看守所和市警示教育基地接受现场警示教育、发送警示短信等形式，深入广泛开展廉政宣传教育。积极推进廉政文化精品工程建设，完成《宣城日报》“廉政之窗”宁国专栏组稿工作，市地税局被评为“安徽省廉政文化建设示范点标兵”，新增市级廉政文化建设点4家，先后组织市妇联、卫计委、汪溪街道、西津街道编排廉政节目进行巡回廉政文化汇演。制定出台《支持干部履职担当干事创业容错减责免责实施办法（试行）》，旗帜鲜明地鼓励干部勇于担当，忠诚履职。

【作风建设】 2016年，市纪委采取重点抽查、专项督查、明察暗访等方式，对十八大后不收敛、不收手、规避组织监督、违规收送礼品礼金、大办婚丧喜庆、违规配备使用车辆等行为深挖严查。结合安徽省委对中央巡视组“回头看”反馈意见交办任务整改工作，扎实开展“酒桌办公”、违规兼职经商办企业等专项整治活动。全年累计开展明查暗访12次，发现问题10个，查处违反八项规定精神问题3个，党纪政纪处分2人。

【巡察工作】 2016年，成立市委巡察工作领导小组，组建市委巡察办和巡察组，召开高规格的巡察动员及业务培训会，出台《中共宁国市委巡察工作实施办法（暂行）》和《中共宁国市委2016年度巡察工作方案》。配合宣城市委完成对港口镇常规巡察，完成市委首轮18个乡镇（街道）和15个市直单位常规巡察以及市、乡人大、政府、政协换届纪律专项巡察，累计发现问题228个，移交问题线索16件，立案4件，给予党政纪处分4人。全面完成中央巡视组对安徽省巡视“回头看”反馈意见交办任务和宣城市委巡察反馈问题整改工作。

【群众身边“四风”和腐败问题专项治理】 2016年，市纪委开展查处在“三资”管理、民生惠民、土地征收等领域存在的“雁过拔毛”、吃拿卡要、优亲厚友等问题，完善查处侵害群众利益的不正之风和腐败问题工作机制。全年累计查处问题172起，给予党政纪处分177人，移送司法机关16人，对58起典型问题进行通报曝光。加强扶贫领域监督执纪问责工作，累计查处贪污挪用救济物资、截留私分扶贫款、优亲厚友等突出问题79起，给予党政纪处分77人。

【建立健全非公有制企业党组织中的纪检组织】 2016年，市纪委按照“党的组织建设设置到哪里，党的纪律检查工作延伸到哪里”的要求，在已设立党组织的非公有制企业中集中推进纪检组织建设。对尚未建立党组织的非公有制企业，在推进党组织建设的过程中同步建立纪检组织。全年非公有制企业党组织中建立纪检组织40个，并全部达到“六有”标准（有组织机构、有办公场所、有工作台账、有规章制度、有经费保障、有规章制度上墙）。

（童卫兴）

组织工作

【概况】 宁国市委组织部是市委主管组织、干部工作的工作部门，内设办公室、调研科、组织一科（市委党代表联络工作办公室、市农村基层组织建设工作领导小组办公室、市选派干部到村任职工作领导小组办公室、市选聘高校毕业生到村任职联席会议办公室）、组织二科、干部科（干部档案室）、干部监督科、干部教育科（市干部培训工作领导小组办公室）、人才科（市人才工作领导小组办公室）、党员电化教育中心9个机构，核定行政编制22名。市农村党员干部现代远程教育办公室为市委组织部所属全额拨款事业单位，核定事业编2名。2016年，该市共有基层党（工）委42个、其中非公企业党委6个，党总支125个、支部1422个，党员总数23893名。2016年以来，市委组织部以落实全面从严治党为主线，以抓好“两学一做”学习教育、市乡领导班子换届、领导班子和干部队伍建设、基层党组织“创优晋级行动”和人才工作为重点，完成全年各项目标任务。涌现全国先进基层党组织——中鼎集团党委。市委组织部获得“全国基层党建宣传示范单位”“全省组工信息工作开展比较好的单位”等荣誉，获评全市目标管理考核先进单位、文明示范单位、文明创建工作先进单位、项目提质年先进单位、城市提升年先进单位、招商引资工作先进单位、民族团结进步先进单位、双拥合格单位、计划生育工作先进单位、民生工程组织奖等。

【“两学一做”学习教育】 2016年4月，在全市党员中开展了“学党章党规、学系列讲话，做合格党员”学习教育活动。将“两学一做”学习教育作为党建工作龙头任务，得到省委领导李国英、邓向阳的充分肯定。学习教育中，夯实学的基础，综合运用“领导干部上讲台”“党员中心户”“四层联学”“周学月考” 等学习载体。市委常委班子带头开展“坚定理想信念，明确政治方向”“坚持根本宗旨，发挥党员作用”“坚守纪律底线，培养高尚情操”等专题研讨。发挥榜样作用，遴选6名优秀党员组建事迹报告团开展巡回宣讲30余场次；联合省演艺集团举办2场《把一切献给党》“两学一做”学习教育艺术党课。把握做的关键，制定“1+5”方案，设置“四学四找四争四提”“双争”特色载体，引导党员立足岗位作贡献。结合“纪念建党95周年”，开展优秀党员巡回报告会10场，开展“好支部、好党员、好故事”演讲比赛，引导广大党员学先进见行动。抓住改的牵引，推进专项整治，组建10个督查组先后3次开展“两学一做”集中督查，组成11个巡察组开展两轮巡察。强化严的要求，严格落实“三会一课”等制度，建立党员积分制、党员先锋指数考评机制，印制2万余本党员证发放给每名党员，严格执行按月缴纳党费制度，从源头上严肃党内政治生活。

【“践行新发展理念、学习对接苏浙沪”观念更新学习讨论活动】 2016年11月，召开动员大会，确定将兰溪市作为赶超对象，将临安市作为追赶标兵。全市各地各单位围绕“创新理念上的差距是最大差距，创新发展上的短板是最大短板”开展专题研讨，结合民主生活会开展学习讨论。组织开展“观念更新大家谈”主题征文活动，共收集征文180余篇，创新案例60余篇。12月5日—8日，市委书记王普率领党政考察团赴江苏省宜兴市、浙江省德清县、兰溪市等地实地考察，学习苏浙沪在旅游发展、现代服务业发展、城市建设和管理等方面的先进经验。各地各单位结合实际，赴安吉、德清、临安等地考察学习，并形成考察报告。

【党建责任制落实】 制定了全市党建工作意见，将28项重点任务分解为87项具体工作清单，明确牵头领导、责任单位和完成时限。建立党的建设工作专项考核评价体系，出台《宁国市党的建设工作目标管理考核实施办法（试行）》，统筹纪委机关、组、宣、统、工、青、妇等部门建立“百分制”“大党建”考核架构，推进党的建设各项工作有效落实。扎实开展基层党建工作“创优晋级行动”，推进基层党组织晋位提升。

【中共宁国市第十四届代表大会代表选举】 2016年4月起，市委组织部根据党章及中央、省和宣城市委规定要求，按照市委关于换届工作统一部署，全面完成中共宁国市第十四届代表大会代表选举工作。全市28个选举单位共选举产生中共宁国市第十四届代表大会代表333名。其中，各级领导干部175名，占52.6%；各类专业技术人员74名，占22.2%；各类先进模范人物81名，占24.3%；解放军、武警和消防部队代表3名，占0.9%；妇女代表89名，占26.7%；少数民族代表4名，占1.2%。

【市委换届工作】 2016年5月初启动换届考察，切实做好干部考察、会务筹备、人事安排、代表推选、大会选举等工作。6月中下旬顺利组织召开市十四届一次党代会，选举产生新一届市委、市纪委领导班子。新一届市委班子由35名市委委员、7名市委候补委员组成，平均年龄46.5岁，其中市委常委11人，女干部4人，大专以上文化程度100%。新一届市纪委由17名委员组成，平均年龄45.2岁，其中市纪委常委7人，女干部2人，大专以上文化程度100%。选举产生54名出席中共宣城市第四次代表大会代表，代表结构完全符合要求。

【乡镇领导班子换届工作】 超前谋划乡镇党委换届工作，认真细致做好换届考察。坚持正确用人导向，于2016年3月底全面完成13个乡镇的乡镇党委换届工作。共选举产生党委委员116名、纪委委员61名，新当选的党委成员和党委书记平均年龄分别为37.3岁、41.3岁，每个乡镇均配备1名以上女干部。拓宽选人渠道，从“三类人员”中择优选配乡镇党委委员24人。11月，全面启动乡镇人大、政府换届工作，从市纪委、组织部抽调工作人员组成6个考察组分3次赴13个乡镇开展乡镇人大、政府换届考察工作。

【领导班子和干部队伍建设】 优化干部评价体系，建立“党建考核100分、目标管理绩效考核100分”的综合考评机制，全方位“扫描”班子和干部的政绩差异，作为干部选拔任用、班子调整配备的重要依据。2016年初，完成对67个市直机关、13个乡镇、5个街道领导班子和512名班子成员的落实党风廉政建设责任制暨推进惩防体系建设检查与干部年度考核工作。抓实干部能上能下，坚持优胜劣汰与才尽其用相结合，加大调整不适宜担任现职干部力度，激发干部队伍活力。全年共抽调1名组工干部到省委巡视组协助工作，选派4名市直单位新提拔的副科级干部到信访局挂职锻炼，抽调13名优秀干部参与产业招商工作，选派9名优秀年轻干部到休宁县挂职锻炼，促进干部到一线砥砺作风、增长才干。有序推进职务与职级并行工作。

【开展比选择优选拔干部工作】 2016年3月，面向全市在编在岗的公务员和事业单位工作人员公开比选市基地办工作人员，通过撰写调研报告、无领导小组讨论两轮选拔，遴选4名干部到市基地办工作。9月份，开展团市委副书记和市社管中心副主任2个岗位公开比选择优工作，通过结构化面试的方式，充分发挥党组织推荐把关、组织部门比选择优、市委集体研究的作用，择优选拔2名人员担任副科级领导干部，促进优秀年轻干部脱颖而出。

【干部教育培训工作】 2016年，加强换届后领导班子建设，开展“学经典、讲经典、考经典”活动，共开展12次理论中心组学习，心得交流会200余场次，谈心谈话1000余人。抓好党章、党规和习近平系列重要讲话知识测试，18739名党员干部参加知识测试。加强主体班次培训，举办主体班次培训班10期，培训520余人次。做好上级调学，先后完成46期培训班126人次调学任务。加大干部在线培训力度，1685人参学，通过率100%，位居宣城市前列，提前完成在线学习任务。改进干部教育培训方式，加强现场教学基地建设，初步建成以“五大发展理念引领县域科学发展”为主题的现场教学基地18个，接纳其他县市培训班到宁国现场教学10余场次。省委组织部副部长肖超英到宁国调研干部教育培训工作，并给予充分肯定。

【干部监督管理】 2016年来，切实加强换届工作监督，广泛宣传“九严禁”纪律规定，认真落实“四必看、四必谈、四必训”要求，组织3600余人次集中观看警示教育片《镜鉴》《警钟》，组织2800余人次签署严守换届纪律承诺书，共有370余名领导干部及2290名各级代表、委员接受谈心谈话。成立3个专项巡查组分赴各乡镇开展专项巡察，组建6个换届工作指导督查组，强化督查指导，确保换届风清气正。结合换届开启重大事项报告“月报告”制度，及时修改完善报告内容，实行干部重大事项“月报告”“零报告”。严格落实干部选拔任用全程监督制度，坚持干部档案“凡提必审”、个人有关事项“凡提必核”、纪检监察机关意见“凡提必听”、线索具体的信访举报“凡提必查”。结合日常考核等情况，对问题没有查清的一律暂缓研究，切实防止干部“带病提名”“带病提拔”。2016年以来，共对318名拟提拔重用考察对象的个人事项报告逐一进行核实。扎实开展干部人事档案专项审核工作，对全市1989卷干部档案进行全面审核。加强对干部日常教育提醒，拓宽干部监督渠道。

【推进领导干部履行经济责任审计监督全覆盖工作】 2016年来，严格贯彻落实党组（党委）书记履行干部日常监督管理第一责任人职责制度，实行职责履行情况季度报告。建立科级干部个人有关事项月度报告工作机制，及时掌握了解科干日常动态信息。加大领导干部经济责任审计力度，确定13名领导干部作为经济责任审计对象并实施审计。认真落实领导干部离任经济事项交接办法，共对51名党政“一把手”开展离任经济事项交接工作。从严科级干部因私出国（境）监督管理，完成因公出国（境）备案16人次，因私出国（境）审核43人次。

【机关党组织建设】 2016年，实行机关党建工作“月记实”制度，深化“三亮三比三评”，推行机关党员“不作为”告诫制度，大力培育示范，持续整顿后进。深入推进“党建带群建，合力抓创建”活动，全市2000余名党员干部联系18000余户居民，共组织开展集中入户走访活动5次，志愿服务8000余人次，推动了机关服务型党组织建设。

【农村党组织建设】 出台《宁国市农村基层党建保障工程实施方案》，按照3000人以下的村5万元、3000～5000人的村7万元、5000人以上的村9万元的标准落实村级组织基本运转经费。完善村干部“三位一体”激励保障机制，实现与城镇职工养老保险的并轨。发展壮大村级集体经济，出台《宁国市发展壮大村集体经济实施方案》，开出培育集体经济组织、盘活集体资产、开发集体资源等“七剂良方”。建立1000万元发展专项基金，实施“一村一策”，安排104个市直单位结对帮扶集体经济收入薄弱村，切实增强村级“造血”功能。港口镇、甲路村分别获评全省“五个好”乡镇党委标兵和村党组织标兵。宁国市农村党建工作相关做法在中组部《党建研究》刊载。

【社区党组织建设】 推进社区党建示范点创建工作，共投入资金10万元对6个创建社区进行以奖代补，南山街道创业社区被评为首批省级社区党建工作示范点。扎实开展社区“两委”干部培训班，组织50余名社区“两委”在安徽师范大学参加培训，提升社区工作者服务能力。宁国市社区党建“同心圆”典型经验被《社区党建》《安徽日报》等媒体专题报道。

【非公企业和社会组织党建】 加大非公企业党组织单独组建力度，新建1500平方米的众益工业广场党群服务中心。选派第二批180名非公企业党建指导员，并结合建党95周年表彰第一批10名优秀非公企业党建指导员。开展非公企业和社会组织“双比双争”活动，中鼎集团党委被评为全国先进基层党组织。健民医院党支部在宣城市社会组织党的建设座谈会上作典型经验交流，司尔特党委被评为省级“双强六好”非公企业党组织，开发区被评为园区非公党建工作先进单位。

【“智慧党建”平台建设】 2016年，依托在全省率先建成的“智慧党建”平台，拓展平台功能，开通手机APP，打造党务“手中宝”，为全市党员提供全方位服务。4月，省委常委、组织部部长邓向阳到宁国调研时，对宁国市“智慧党建”工作给予充分肯定。6月，宁国市“智慧党建”工作赴省委专题汇报，受到省委副书记李国英高度肯定，并在全省推广。《安徽省组工快报》《安徽组工信息》《安徽党的建设》《安徽日报》等媒体专题报道宁国市“智慧党建”工作。

【组织制度创新】 2016年，在巩固完善乡镇党代会年会制基础上，在宣城市率先开展县级党代会年会制试点工作，制定党代表提案提议、调研检查、学习培训、联系服务党员群众等5个制度，办理了118件代表提案和意见建议，推动党代表发挥作用常态化。

【人才工作】 2016年，建立“六大类人才”信息库，完善“心动＋行动”的柔性引才机制，共引进高层次人才44人。加快建设产学研用一体化平台，深化企业与高校、科研机构合作“联姻”，建成中鼎公司、保隆公司院士工作站和凤形公司博士后工作站。加大高层次创新团队建设，成功引进8家科创团队，共有2家科创团队入选省重点扶持团队目录。加大各类人才对上申报力度，2个企业入选宣城“宛陵英才”创新团队，1名企业家入选“宛陵英才”创业人才，3家企业纳入全省首批平台引才工作资助奖补名单。聚焦培养“工匠型”人才，牵头举办全市职业技能大赛。落实“新生代”企业家培训制度，拓宽驻外人才工作站、英才苑、学士苑功能。人才工作被《中国组织人事报》报道，并在安徽省人才工作会议上作典型交流。

【实施“三津英才”六大行动】 围绕“调转促”，先后组织市人才工作成员单位到浙江临安、新昌、余姚和江苏张家港等地进行学习调研。出台《关于实施“三津英才”六大行动计划打造人才高地的意见》，全方位、多层面提高人才政策含金量。文件明确自2016年起用五年的时间，实施产业人才集聚、柔性引才激励、高层次人才创新创业扶持、创新平台建设3456、重点人才队伍建设推进、人才环境提升六大行动计划，着力把全市打造成人才智力密集、创新创业活跃、新兴产业繁荣、服务保障齐全的人才发展高地。

【选聘、选派干部工作】 2016年，全市共有第六批选派干部10人，第七、八、九批大学生（选调生）村官19人，任职于全市27个村。方塘乡方塘村第一书记谢一鹏荣获“安徽省选派干部标兵”称号。加强大学生村官教育培养，公开选拔2名担任村党组织第一书记，第七批大学生村官叶鹏荣获“全省大学生村官优秀标兵”称号，好蔬记农产品贸易有限公司获评第三批安徽省大学生村官创业示范基地（园）。依据《宁国市大学生村官期满安置竞争性选岗暂行办法》，将第六批10名期满大学生村官安置进入市、乡事业单位。选派选聘工作在中组部到安徽举办的座谈会上作交流发言。

【专项整治工作】 开展了“基层党组织长期不换届”“行业协会和学会不规范问题”“干部人事管理突出问题”“违反干部任职回避规定”等专项整治工作。完成基层党组织长期不换届专项整治工作，共查找出未按规定及时换届基层党组织97个，全面完成换届。推进行业协会和学会不规范问题专项整治，清理科级干部在行业协会和学会兼职39人，并根据干部管理权限，对符合兼职条件的9名科级干部进行审批。推进干部人事管理突出问题专项整治，提前完成超职数配备干部整改消化工作。推进违反干部任职回避规定专项整治，完成全市67个市直单位、18个乡镇（街道）所有规定范围的干部、国家工作人员等共2720人的自查工作。

【招商引资考核】 2016年，由市委组织部牵头，从监察局、发改委、审计局、财政局、招商局等部门抽调18人组成考核小组，完成2015年度招商引资考核工作。全市45个单位105个项目纳入考核，认定实绩28.02亿元。全市2015年招商实绩位居宣城市前列。

【党员教育】 开展纪念建党95周年庆祝活动，表彰50个先进基层党组织、120名党务工作者。严把党员入口关，建立党员发展备案审查制，全年发展党员285名。全面推行党员管理“红黄榜”制度，引导党员学有榜样、干有方向。整顿软弱涣散党组织，建立流动党员“双联双管双带”制度，处置不合格党员。加强组工信息工作，组工信息成绩位居宣城市首位，在中组部4月份举办的全国骨干信息员培训班上作典型交流发言。做好组工宣传工作，全年在安徽省级以上报刊、杂志发表文章32篇。完善"智慧党建"平台建设，加强平台推广应用。开展远教站点"三个辐射"工程和"一站双点"建设，扎实做好"四季四色"主题教学。建强宁国市委组织部微博和微信公众号、党建手机平台、党建QQ群，打造电教远教全媒体，电教中心工作在安徽省电教中心（远程办）主任会议上作交流发言。加大党建信息宣传，全年安徽手机报采用信息8条，安徽先锋网采用信息194条，宣城先锋网采用1151篇，采用量位于宣城市首位。加强课题调研工作，《宁国市创新人才体制机制研究》获安徽省党建研究会"优秀调研成果二等奖"。

（黄建华　刘　浏）

宣传工作

【概况】　宁国市委宣传部是市委主管意识形态方面工作的部门，内设办公室、宣传科、新闻科、干部科、外宣办（市政府新闻办）、理论教育科、文化产业发展办公室7个机构，核定行政编制12名。2016年，宣传部坚持围绕中心、服务大局，切实履行意识形态工作指导、组织、协调、督查和抓好落实的综合职能部门职责，通过了宣城市委对宁国市意识形态工作的年度督查和考核；抓好全市各级领导干部的理论武装工作，推进学习型党组织、领导班子建设，扎实开展"讲看齐、见行动"学习讨论活动；围绕创建"全国县级文明城市"工作，大力推进重点难点热点问题解决和社会主义核心价值体系、未成年人思想道德建设；舆论引导成效显著，内宣、外宣和网络舆情引导工作开展各具特色；文化事业健康发展，公共文化设施不断完善，群众性文化活动丰富多彩，文化产业发展、文化体制改革工作稳步推进。

【意识形态责任制】　高度重视意识形态工作，建立市委常委会专题研究意识形态工作制度，出台《党委（党组）意识形态工作责任制实施细则》，制定《意识形态工作目标管理考核评分细则》，顺利通过宣城市委对宁国市2016年度意识形态工作责任制的年度督查与考核。

【理论武装】　着力抓好全市各级领导干部的理论武装工作，召开市委理论学习中心组会议15次，发放各类学习资料4500余册。继续推进学习型党组织和学习型领导班子建设，开设宣传骨干培训班一期，举办"三津大讲堂"20余场，组建市委宣讲团开展"送理论进基层"宣讲活动100余场，市法院党组获"全省第三批学习型党组织建设示范点"称号。扎实开展"讲看齐、见行动"学习讨论活动，教育广大党员干部始终做到思想清醒、政治坚定。

【文明创建】　以文明指数测评为导向，围绕重点难点热点问题，加强集贸市场管理、规范城区车辆停放、深化党建带群建促创建活动，全年改造老旧小区26个，投入资金2840万元。深入推进社会主义核心价值体系建设，积极开展"我推荐、我评议身边好人""我们的节日"等各种主题实践活动，广泛开展"讲文明树新风"公益广告宣传，加强文明单位管理和推进诚信体系建设；官东家庭入选首届全国文明家庭，周铁军入选中国好人，王长林等5人入选安徽好人、3人获安徽好人提名，12人获评宣城好人，202人获评宁国好人。强化志愿服务体系建设，广泛开展"倡导文明新风·我参与我奉献"志愿服务系列活动，全年发布志愿服务项目60个，投入资金260万元；不断完善志愿者招募、注册、嘉许等制度，全市志愿服务队伍146支、注册志愿者13200余人，殷美明被评为全国"100个最美志愿者"。全面加强未成年人思想道德建设，启动文明校园创建活动，扎实开展"小手拉大手、文明路上一起走"系列主题教育实践活动。

【舆论宣传】　以市委、市政府中心工作为主线，深入宣传全市经济社会发展成果、重点工作推进成效和先进典型经验，全年市内媒体共刊播新闻9800余篇（条），组织宣传专版240余个、电视专题190余期、广播专题1000余期。

【外宣工作】　进一步加强与中央、省、市主流媒体的沟通联络，求深度、争位置，《安徽领导专供》刊发《山区洼地创新经济活力何来？——县域经济"宁国样本"启示》，邀请新华社、《人民日报》、安徽广播电视台等主流媒体开展4次集中采访活动；举办新闻发布会7场，完成宁国外宣片拍摄工作。全年在市外综合媒体上稿达980余篇（条），其中，中央级媒体40余篇（条），省级媒体140余篇（条），地市媒体800余篇（条）。

【网络建设】　高度重视网络舆情引导工作，全年举办"在线访谈"12期；加强对网上有害信息和涉宁舆情的实时监控，有效引导"文明城市创建”“皖赣铁路扩能与改建”等网络热点舆情，成功化解“城区道路白改黑工程”“城区教育布局调整”等网络热点事件，快速处置黑客攻击、信息泄露等网络安全事件；宁国市政府网、宁国市文明网、宁国市新闻网被评为第二届“宣城市文明网站”。全年收集各类信息1000余条，编印《涉宁网络舆情》6期，在省、市网络媒体转发新闻稿件400余篇。

【文化建设】 围绕公共文化设施达标建设，全面建成3个省级农民文化乐园，提升2个省级农民文化乐园，启动社区综合文化服务中心试点建设；成功争创“中华诗词之乡”，组织开展元宵节、“三下乡”、“龙舟表演赛”等系列文化活动；加大文化市场监管力度，深入开展“扫黄打非”专项行动。大力推进文化产业快速发展，津桥包装印刷、睿普磁电科技入选第二批宣城市文化产业基地，全年新增民营文化企业102家，总量达397家，其中，规上企业净增4家，总量达29家。稳步推进23项文化体制改革工作，推荐“智慧宁国手机台”、网络创新建设管理两个文化体制改革先进经验，上报省文化体制改革工作领导组。

（胡 起）

统战工作

【概况】 宁国市委统战部是市委统一战线工作职能部门，市委台湾工作办公室（市政府台湾事务办公室）挂靠市委统战部，内设办公室、干部统战科2个机构，核定行政编制6名。2016年，宁国市委统战部认真贯彻《中国共产党统一战线工作条例（试行）》和《中共安徽省委贯彻〈中国共产党统一战线工作条例（试行）〉实施办法》，解放思想，开拓创新，服务大局，各项工作在宣城市处于领先位次。

【多党合作】 民盟宁国总支召开民盟总支年度协商会议，开展黄丝带帮教、送医送法下乡等活动。提出了《关于引进教育高质量人才策略的建议》《关于完善重大疾病社会救助体系的建议》提案，引起市委、市政府高度重视，由市委主要领导亲自督办，并得到有效落实。

【党外人士工作】 健全完善党外干部数据库。全市新提拔2名县处级党外领导干部，11名科级以上党外干部。在人大、政协换届中，64名党外人士当选宁国市人大代表，4名党外人士当选宣城市人大代表；106名党外人士担任宁国市政协委员，15名党外人士担任宣城市政协委员。

【联系新社会阶层人士】 重视发挥新社会阶层代表人士的作用，出台《宁国市新的社会阶层人士统战工作联席会议制度》，协调联系有关单位及行业协会，共同推进新社会阶层人士统战工作。重视新媒体代表人士工作，建立经常性联系渠道，加强线上互动、线下沟通，充分发挥新媒体人士在净化网络空间、弘扬主旋律、凝聚正能量等方面的作用。2016年8月，中央政治局委员、中央统战部部长孙春兰在安徽调研时，听取宁国市对条例贯彻落实情况的汇报后，给予高度评价。创新“新生代”培养途径，组织40名青年企业家赴上海财经大学进行专题培训。

【建立新的社会阶层人士统战工作联席会议制度】 重视发挥新社会阶层代表人士的作用，出台《宁国市新的社会阶层人士统战工作联席会议制度》，协调联系有关单位及行业协会，共同推进新社会阶层人士统战工作。

【新媒体代表人士统战工作】 2016年4月，宁国市在全国统战部部长第三期培训班上就做好新媒体代表人士统战工作作交流发言。

【民族宗教工作】 （参见《社会生活·民族宗教工作》）

【经济统战工作】 组织引导非公有制经济人士参与捐资助学、扶贫帮困、抗洪抢险救灾等活动，全年光彩捐赠达1026万元。组织宁国市非公企业到凤阳县开展精准扶贫，对凤阳的贫困村进行帮扶。市委统战部、工商联进行以优化民营经济发展环境为目的三级调研，形成的调研报告经“直通车”提交省工商联，为有关部门出台降低企业负担、优化发展环境相关政策提供了参考。大力推进“五好”工商联创建活动，2016年，市工商联荣获全国“五好”县级工商联称号。开展工商联换届工作，为工商联工作增添新生力量。

【对台及海外统战工作】 组织市经贸考察团赴台开展经贸活动，促进宁国市企业与台湾企业达成合作意向。服务中鼎、保隆、双津等5家企业13人次赴台进行商务考察，帮助民政局、农委等5家单位8人次办理赴台确认件。先后三次接待台湾“大中华农商生技经贸协会”会长、台湾桂峰台农股份有限公司董事长周王隽到宁国考察，双方就在宁国建立现代农业示范基地和农业企业CEO培训中心形成共识。关注台资企业发展，对口帮扶大大科技、大润发公司。关心台胞台属，帮助台胞台属解决生产生活中的困难和问题。组织台资企业和台属政协委员向宣城灾区捐款捐物6万元。加强与海外华侨华人的沟通和联系，支持宁国市"中美爱心"基金开展公益活动。

对台交流与合作

【概况】 截至2016年年底，宁国市有常居台胞5人，外嫁台湾地区人员11人，经常同家乡联系的台胞40多人，台胞亲属1000多人。市内有台资企业（含合资合作）4家，其中大大科技为台商独资企业，生力轻工、山里仁公司和大润发超市为合资合作企业。

【涉台经济】 根据2014年宁国市赴台经贸考察团与台湾"大中华农商生技经贸协会"达成的合作意向，该协会会长、台湾绿舟科技董事长周王隽2016年先后3次到宁国，就建立现代农业示范基地和农业企业CEO培训中心进行考察和项目洽谈。市委统战部、台办、招商局接待绍兴台商协会来访，陪同该协会参观港口生态工业园。市台办协调有关单位为大大科技解决了能源改造问题，使企业顺利进行产业升级。市台办还主动服务大润发，为公司顺利开业提供保障。

【对台经贸文化交流交往】 应台湾"中华两岸经贸文化发展协会"的邀请，2016年5月，市经贸考察团赴台进行为期7天的考察交流，先后访问内湖工业园区、南港软件园，参访10多家台湾民间组织和企业，与40多位台胞进行深入的接触，向台湾各界人士宣传宁国，扩大宁国在台湾的知名度和影响力。市民政局、能源生态局、畜牧兽医局、安徽材料工程学校、津南小学等单位派出人员赴台进行考察交流。中鼎公司、保隆公司、晨曦机械、新马耐磨、双津集团5家企业13人次赴台开展商务活动。

【台胞联谊】 走访慰问台胞、台属，其中慰问贫困台属8户，送去慰问金6000元。在宣城遭受特大洪涝灾害后，市台办迅速发动台胞台属向灾区捐款捐物，台资企业大大科技向灾区捐款5万元，4名台属政协委员捐款4000元，1名台属政协委员还亲临灾区捐献价值5000余元的物资。

（艾　娜）

政 法 工 作

【概况】 2016年，宁国市委政法委扎实推进平安宁国、法治宁国、过硬队伍建设，有效完成年度各项工作任务，为全市经济社会加快发展营造了良好环境。综治、防范等工作亮点纷呈，社会治安综合治理工作连续十年位居宣城市目标管理考核第一名，防范工作获得中央表彰。

【平安宁国建设】 推进"平安城市"第四、五期工程建设，建成770个视频监控点、2个市级勤务指挥中心、4个高空瞭望摄像头、7个治安卡口、30处抓拍卡口，将监控延伸到旧小区和人行道。按照"一年建设，三年付清"的思路，由市财政出资，建设农村视频监控点729个。全市所有党政机关及500余家企事业单位办公楼安装了视频监控系统，累计安装监控探头4500个。

【社会矛盾化解】 坚持市一个月、乡镇（街道）半个月、村社区每周一次的矛盾纠纷排查调处制度，全年共调处矛盾纠纷2799起，调处成功2770起。针对重大矛盾和问题，按照"一个重大隐患、一名市级牵头领导、一套工作班子、一套化解方案"的要求挂牌督办。完善调解、仲裁、行政裁决、行政复议、诉讼等有机衔接、相互协调的多元化纠纷解决机制。全面推广"宣城市七大调解法"，为每个乡镇（街道）配备1名专职调解员，推进社会矛盾调解工作。发挥道路交通事故、劳动人事争议、法院诉前调解、医疗纠纷、物业纠纷等专业性调解组织以及"警民联调室"调解作用，成功调解矛盾纠纷2605起。

【社会治安环境整治】 围绕重点时期，组织开展打黑除恶、禁赌禁娼等专项行动，解决治安重点问题。开展G20杭州峰会▲期间寄递渠道安全管理专项整治，确保寄递渠道安全畅通。针对重点项目，惩罚影响经济发展环境违法行为，成功查处以阻挠供电公司大楼项目施工为代表的案件16起。深入重点地区，特别是针对校园周边环境进行重点整治，切实解决学校附近交通安全设施不全、占道经营等社会普遍关注的7大类42个问题。开展防范和打击电信诈骗专项整治，各银行通过悬挂警示标语、工作人员现场劝导等方式增强群众防范诈骗意识，成功劝止案件232起。

▲G20杭州峰会：指2016年9月4日—5日在中国杭州召开的G20峰会，G20峰会是一个国际经济合作论坛，由20个国家一起面对全球经济提出相应的改革和创新，为全球经济治理的主要平台。

【健全完善维稳机制】 扎实开展教育资源规划调整等24个重大项目

风险评估，预防化解社会矛盾和不稳定因素。全力做好敏感时期的维稳工作，未发生重大不稳定群体事件。圆满完成G20杭州峰会维稳安保任务，在入浙重要卡口开展联勤查控，强化社会面巡逻防控，支持了峰会主会场杭州的绝对安全。

【夯实基层基础】 一是建立完善市乡村三级综治维稳信访工作平台。整合市联合接访中心和市矛盾纠纷联合调处中心，建立了市级综治维稳信访工作中心，将25个市直部门纳入中心成员单位，落实交通、住建等6个部门常驻办公，其他成员部门轮值的常态化办公方式，并推动律师进驻中心。规范提升基层综治工作中心（站）建设水平，三级平台按照“一个窗口服务群众，一个平台受理反馈，一个流程调解到底，一个机制监督落实”的“四个一”模式规范运作，分级分类处置。二是推进综治基层组织建设。加强乡镇(街道)综治委(办)建设，及时调整和充实工作人员。全面推动社区民警进村（居）委会班子。举办全市第十五期综治干部培训班。对村级综治工作资料进行全面清理，实现村(社区)基础工作资料“一本通”，有效提升综治工作规范化水平。三是加强网格化和信息化工作。将乡镇(街道)和村(社区)网格化服务管理应用情况纳入综治目标管理考核。在河沥溪街道、青龙乡、云梯畲族乡试点推行农村网格员专职化队伍建设，设立网格综合信息员，全面收集网格内安全隐患、矛盾纠纷等各类信息，建立考核奖惩机制。

【基层平安法治创建】 持续开展“平安细胞”工程及“零命案乡镇(街道)、零发案村(社区)”创建活动，平安创建覆盖率达85%以上。成功承办皖浙两省毗邻县(市)建设平安边界论坛暨第十次联席会议，为促进边界地区平安稳定发挥积极作用。举办全市法治副校长业务培训班，表彰8名优秀法治副校长。开展机关干部集中学法月活动，提高广大干部依法办事的意识和水平。

【司法体制改革】 推进公安改革和司法体制改革，市法院推进繁简分流机制、审判工作机制、审判权力运行机制改革；市检察院强化审判活动监督，稳妥推进公益诉讼试点。稳妥推进法官、检察官员额制改革。市公安局深入推进创新社会治安治理体制、公安行政管理改革，不断完善执法权力运行机制和人民警察管理制度。市司法局以全面推进依法治市为主线，突出法治宣传、人民调解、法律服务三个重点，抓住基层基础、特殊人群管理、队伍建设三个关键，取得新成效。

【涉法涉诉信访改革】 推进律师参与化解和代理涉法涉诉信访工作，化解涉法涉诉信访案件16件。加强政法各单位和信访部门的有序衔接，加大司法救助力度，扎实做好涉法涉诉信访积案化解工作，省委政法委交办的涉法涉诉信访积案全部办结到位。

【政法队伍建设】 组织全体政法干警参加政法干部学习讲座3次。指导督促政法各部门加大执法规范化建设力度，不断提高执法公信力。扎实开展案件评查工作，不定期对政法各部门办理的案件进行评查，全年共评查各类案件30起，及时纠正法律文书欠规范、证据不足等瑕疵案件。

（张　强）

群众(信访)工作

【概况】 宁国市委群众工作部是主管全市信访工作的党委工作部门，市政府信访局与市委群众工作部合署办公，下设综合办公室、复查复核办公室、督查督办办公室和办信科4个机构，核定行政编制9名，下属一个副科级全额拨款事业单位群众服务中心，核定事业编制8名。2016年，市委群工部（信访局）接待群众来宁国市上访1010批4909人次，与上年同比批次和人次分别下降10.86%和24.84%；集体访183批3457人次，与上年同比批次和人次分别下降23.75%和31.18%；受理群众来信136件。该市被省委、省政府授予“2015年度全省信访工作责任目标管理优秀单位”称号，被宣城市委、市政府授予“2015年度群众工作暨信访工作目标管理先进单位”称号。

【领导干部接访】 完善市领导开门接访常态化机制，严格执行公示、接访、包案、落实等规定，全年市党政领导开门接访132次(其中市委、市政府主要领导接访25次)，接待来访群众187批1622人次，及时解决群众诉求162件。完善乡镇(街道)党政主要领导每周一固定接访日制度，全年接待来访群众531批645人次，及时就地解决483件。

【信访工作制度改革】 贯彻落实中央关于信访工作制度改革精神，推进“阳光信访”“责任信访”“法治信访”建设。依法实行诉访分离，全年共接待涉法涉诉类信访事项340件，均成功引导其通过司法途径反映诉求。探索信访事项依法分类处理，首批24个市直部门出台依法分类信访工作清单，引导群众明确投诉请求、投诉途径、法律依据、办理程序，推动群众有序、有效信访。全年共依法分类导出信访投诉请求14件，由相关部门按法定程序办理。

【《安徽省信访条例》修订实施10周年宣传月活动】 通过网站、广播、电视、报刊、论坛、展板、LED显示屏等途径，全面宣传《安徽省信访条例》及诉访分离、依法逐级走访、网上信访、依照法定途径分类处理投诉请求等法律政策规定，提高群众知晓率。组织开展《安徽省信访条例》集中宣传月和"《安徽省信访条例》在我身边"征文活动，并在《宣城日报》刊发文章10篇，荣获宣城市优秀组织奖。

【信访建设】 印发《关于在全市开展信访工作"三无乡镇(街道)"争创活动的实施意见》，全年共有11个乡镇(街道)获得2016年度信访工作"三无乡镇(街道)"称号，获得市委、市政府通报表彰。在市政府网站、信访局网站、宁国新闻网、宁国论坛等媒体开通网上信访投诉平台，启用微信受理平台，引导群众参与网上信访。

【信访工作落实机制实施】 建立"日报告、周通报、月分析、季调度、年考核"工作制度，编辑《一周信访》《信访月分析》，每周预警信访隐患并提出相关建议，每月分析存在的问题并提出工作对策，每季度召开专题事项调度会。对重大突发集体访，采取《信访信息专报》的形式第一时间上报市委、市政府，为领导及时掌握动态、有效做出决策提供参考，当好市委、市政府的参谋助手。

【信访积案化解】 结合"两学一做"学习教育，开展分类化解重点信访事项和清理化解重点信访事项"百日会战"两个专项行动，采取市级领导包案、具体责任单位承办，对上级交办重点积案，按照"一案一策"的要求，逐一制定积案化解的具体工作方案，明确责任单位、责任人、化解措施，综合运用法律、行政、救助等措施化解信访积案。上级交办的34件重点信访事项和29件信访积案，已按要求全部办结。

【信访办理】 按照《安徽省信访条例》规定，第一时间受理信访事项，在规定期限内按时办结，引导上访群众参与办理结果的评价，提升群众参评率、满意率。落实专人负责，建立"日巡查"制度，及时提醒、适时催办，杜绝责任单位未及时受理、未按期办结等情况的发生，确保信访信息系统录入的每件信访事项整个办理过程"零差错"。全年，信访部门及时受理率为99.32%，承办单位及时受理率为99.13%；信访件按期办结率为100%；信访部门信访事项处理群众满意率为99.82%，承办单位信访事项处理群众满意率为99.56%；群众参评率为69.48%；网上信访占比为84.3%。

【信访督查工作】 发挥信访部门督查督办职能，多次召开全市信访工作调度会，对重点信访事项进行调度和督办。市信访局联合市委督查室、市政府督办室，对19个乡镇(街道)和24个市直重点部门开展半年信访工作督查。同时，对市领导批示交办的重点信访事项，采取"点对点"方式开展督查督办；重要敏感时期，不定时到各乡镇(街道)督查信访维稳工作。全年共对38件信访事项进行现场督办。

(石祖星)

党校工作

【概况】 宁国市委党校为中专体制规格，是市委直属事业单位，主要是轮训培训党员领导干部、理论宣传骨干和农村基层干部，宣传研究党的理论、路线、方针和政策等，内设办公室、教务处、理论教研室、市情研究室（图书室）和总务处5个机构，核定事业编制30名。2016年，市委党校贯彻落实《2013—2017年全国干部教育培训规划》，以社会主义核心价值体系统领党校教育培训，贴紧时代发展，贴紧宁国实际，贴紧干部需求，开展教学科研咨政一体化建设。荣获2011—2015年宁国市法制宣传教育先进集体、2016年征收征迁工作先进单位、项目工作配合责任先进单位，一位教职工获得"优秀兵妈妈"称号，三位教职工被评为"宁国好人"。

【教育培训工作】 2016年，党校按照年初制定的干部教育培训计划，大力开展干部教育培训，顺利完成各项培训任务。全年举办主体班14期(其中2期专题研讨班)、接待外来班次12期、共计26期，培训2000余人。主体班分别为综治干部综合能力提升班、新提任科级干部培训班、组工干部培训班、党政正职班(科干班第1期)、科级干部培训班(科干班第2期)、食品安全管理人员专题研讨班、基层干部进修班、全市村党组织书记培训班、非公经济新生代暨"调转促"专题培训班、中青年干部培训班、基层工会干部培训班、安全监管干部培训班（2期）等。其中多个班次分别赴嘉善、绩溪、桐庐、长兴、凤阳等党校，及浙江大学、上海财经大学等高校进行现场教学和异地培训。接待外来班次分别为宣州区第 14 期中青年干部培训班、宣城市委党校第 26 期中青年干部培训班、宣州区宣传干部培训班、宣城市委党校第 8 期女干部培训班、宣州区领导干部经济管理专题培训班、绩溪县委党校经济调转促培训班、五河县选派干部培训班、宣城市委党校五大发展理念专题研修班、广德县 2016 年中层干部培训班(2 期)、宣城市委党校宣州区村(社区)党组织书记培训班、怀远县工会干部培训班。学员自主管理更鲜明,课程设置更精细,精心打造“党性锻炼单元设计”,实现干部教育培训新突破。同时把培训延伸到本校之外,2016 年教师到机关、乡镇、企业等外出授课 80 余场,受众 4000 余人。

建成以“五大发展理念引领县域科学发展”为主题的现场教学基地,共接纳宣城市、宣州区、广德县、绩溪县、蚌埠市五河县、怀远县等培训班来宁国市进行现场教学 10 余场次,成为宣城党校宁国市“五大发展理念引领县域科学发展”现场教学基地。

【教学科研工作】 组织教师参加中央党校、省委党校、宣城市委党校等各类师资培训,组织主业主课课程开发,完善凸显自身特色的课程体系。举办市委党校第四次教学比赛,两位教师参加宣城市党校系统教学比赛,均获得二等奖。开展教学试讲评课和各类学习研讨活动,全年组织教师主体班授课 20 余人次,其中有两位教师走上宣城市委党校主体班讲台。

组织教师开展调研,深入港口、霞西、文旅委、民政局、组织部、经信委、农委等单位开展社会调研 35 余人次,先后参加市级重点调研专题座谈 6 人次。开展课题申报,在宣城市党校系统立项课题 4 个,其中《关于健全宁国市高层次人才激励机制的研究》和《关于加快宁国市智慧旅游建设发展的调查与思考》获重点课题立项,省级课题《皖南山区农村集体土地确权问题研究》结项。围绕全域旅游发展、人才工作、智慧党建、农村集体经济发展、社会组织培育、中鼎发展经验等主题编辑发行《宁国发展研究》6 期,多篇研究成果获得市委、市政府主要领导批示。全年在省级刊物上发表论文 9 篇。

【教师队伍建设】 在学习形式上采取集中学习和自学相结合,全年开展中心组学习 12 次,集体学习 26 次(其中专题报告 10 次、辅导讲座 6 次)。在职支部党员每年参加学习培训不少于 24 学时,做到有学习材料、有学习活动记录、有学习主持人、有党员学习心得。先后组织相关教师参加中央党校“两学一做”师资班、安徽省委党校党性教育师资班、宣城市委党校干部教育培训师资班、长三角基层党校教学教法科研提升培训班、浦东干部学院基层党校网络师资培训班、中央党校学习贯彻党的十八届六中全会精神教研骨干培训班、安徽省学习贯彻十八届六中全会师资班,参加宁国市委组织的《十三五规划》《传统文化与中国现代化》《学习习近平总书记讲话精神》《国防形势与周边安全环境热点问题》中心组学习活动。同时,在校内组织各类学习研讨活动,先后组织“坚定理想信念,明确政治方向”研讨会、宣城市第四届党代会精神学习研讨会,贯彻全国全省党校工作会议精神研讨会、党的十八届六中全会精神学习研讨会,参加宣城市委和宁国市委组织的学习活动,组织收听收看安徽干部在线教育、宣讲家网站相关教学视频,不断提高教师的理论素养和教学水平。

【党校迁扩建项目】 根据“规模适中、留有余地”的原则,经市政府常务会议研究,决定规划建设一所“全省一流,与全市经济社会发展同步”的高品位生态园林式党校。项目选址位于宁国市汪溪街道木竹湾片区,具体为滨江大道以西,新港大道以南,落花荡以北合围地块。占地 3.1 公顷,按同时接纳 500 人左右办学规模建设,总建设面积约 19800 平方米。2016 年 12 月 30 日,市委党校迁扩建 PPP 项目开工建设。

(胡　引)

市直机关党建

【概况】 宁国市直属机关工作委员会(简称宁国市直工委)是宁国市委的派出机构,是负责领导市直属机关党的工作的市委工作部门,内设办公室、组宣科(武装部)2 个机构,核定行政编制 6 名。截至 2016 年年底,市直机关直属宁国市直工委的基层党组织共有党总支 14 个,党支部 100 个(含总支所属支部),党员 1734 名。

【组织建设】 市直工委按照从严治党要求,贯彻落实市委关于全面从严治党二十条意见,与市直 69 个党组织签订党建责任书。督促市直各级党组织严格执行“三会一课”、民主评议党员、党员领导干部双重组织生活会等党的政治生活和组织生活制度。年初修订完善了市直党组织目标管理考核体系,进一步完善考核机制,更加注重考评工作实绩的导向。2016 年初,采取“现场述职+代表提问 + 领导点评 + 书面评议”和“召开党员大会述职评议 + 实地查看”两种方式对市直单位 69 个党组织 2015 年度抓基层党建工作情况进行了述职考核评议。

开展“基层党组织长期不换届”专项整治工作，新成立8个支部，33个总支、支部进行换届选举，6个届中调整、增补委员。指导3个机关党委召开党代会或党员大会，选出新一届党委班子。开展党员组织关系大排查，核清1665名党员身份信息，理顺党员组织关系。开展“不按规定缴纳党费”专项整治工作，全面核查每一个党员自2008年4月以来的党费缴纳情况并督促补交。

做好党员发展工作，培训入党积极分子120余名，发展新党员20名，预备党员转正23名。推行党组织书记领办党建创新项目制度，36个市直单位党组织结合各自的工作实际确定了38个党建创新项目。圆满完成出席市十四届党代会114名代表的选举工作，并对党代表进行了业务培训。举办4期党务干部培训班，培训党务干部300多人次。

【教育培训】 继续推进学习型党组织建设，完善各级党委（党组）中心组学习制度，全年中心组集中学习12次，把党性修养和作风教育作为市直各级党委（党组）中心组和干部教育培训必学内容，强化马克思主义经典著作特别是中国特色社会主义理论体系的学习宣传，每个党员领导干部全年至少研读3本经典原著并撰写心得体会。在市直机关党员中普遍开展学党章、学法律、学科技活动，增强依法办事观念，提升党组织和党员的服务能力和水平。市直各单位党组织加大对党员学习的服务保障力度，健全和落实学习制度，制定学习方案，备好学习资料，确保人员、时间、效果的落实。抓好“学经典”活动，结合实际制定具体的学习方案，明确学习目的、学习方法、学习篇目和时间安排，订阅相关经典著作。把学习情况纳入目标管理考核，领导干部以身作则带头学习，定期检查。真正把学习经典著作的“软任务”变成“硬约束”。抓好“两学一做”学习教育活动，市直各级党组织通过集中学习、个人自学、上党课、专题研讨会、举办党务干部培训班、进行革命传统教育和廉政教育等方式加强对党员干部的教育。

【党风廉政建设】 落实党风廉政建设责任制，按照主要领导履行第一责任人，对班子内部反腐倡廉负总责的原则，明确市直机关工委党风廉政建设的“主体责任”和市直纪工委的“监督责任”，制定《市直机关工委主体责任制度》和《市直机关纪工委监督责任制度》，推进纪律监察“三转”要求，聚焦主业主责。履行好党组织的监督职能，深化基层党组织党务公开工作，畅通党员参与和监督党内事务渠道。落实党委作风建设主体责任，开展了“与书记面对面”交心谈心活动，落实廉政谈话制度，及时了解思想作风状况，给予提醒、告诫和鼓励。开展“廉政文化进机关”活动，运用廉政党课、典型示范教育和反面警示教育等方式开展廉政教育和党风党纪教育。举办《关于新形势下党内政治生活的若干准则》等3个专题讲座，让党员熟知党章对党员干部的廉洁自律要求和纪律要求。注重对党员干部的日常教育管理和监督，开展丰富多彩的廉政文化建设，对违反党规党纪的行为及时给予批评教育、组织处理和纪律处分，全年查处党员违纪案件2起。

【党务活动】 围绕全国县级文明城市、国家卫生城市创建工作，认真抓好“双城创建”工作。按照“党建带群建，合力抓创建”的思路，根据市文明城市及卫生城市创建指挥部的安排，组织市直机关党员参与创建活动，充分发挥机关党员干部在创建活动中的“走在前、做表率”作用。一是在市直机关持续开展“联点进户共创建”“党员志愿服务”“联点共建”“周末大扫除”4项活动，深化党员干部下基层、下社区工作，与居民面对面沟通交流，宣传文明创建和公共卫生知识，清理卫生死角。二是开展“工间操”推广活动。三是牵头负责市直单位书法组织建设工作，为申创“中国书法城”奠定坚实基础。四是在社区开展“文化共建”活动。在城东文化广场放映露天电影，在社区家长学校举办《学校、家庭、社会“三位一体”——共同关注我们的孩子》专题讲座，向梅林镇桥头村留守儿童赠送少儿读物、书柜和书桌。对2015年度做出优异成绩的55个先进基层党组织、98名优秀共产党员和17名优秀党务工作者进行表彰。

（陈　刚）

老干部工作

【概况】 宁国市委老干部局是主管全市离休干部和县处级实职退休老干部和易地安置离休干部工作的职能部门，内设办公室（老干部科）、市委老干部活动中心（关心下一代工作委员会办公室、老干部教育科）2个机构，核定行政编制4名。2016年，该市加强老干部思想政治建设和党支部建设，落实老干部政治和生活待遇，丰富老干部精神文化生活，抓好老干部活动中心和老年大学建设。截至年底，全市共有离休干部82人，其中地厅级3人（含代管），县处级23人，参加抗日战争8人；县处级以上担任实职的退休干部55人，其中地厅级2人。市委老干部局现有编制10名，实有工作人员11人。

【落实政治待遇】 一是落实学习阅文制度。做到有文件、有报刊、有阅览室、有会议室，相关制度健全。既做到政治学习有计划、有安排，又做到学习形式多样化。年初制定全年政治理论学习计划，明确学习重点和讨论主题。每月10日组织县处级离休干部代表阅文学习，重点学习党的方针政策以及中央、省委和市委的重要文件。每月编辑《学习月刊》供老干部参阅。

二是定期通报政治经济形势。2016年元旦和“七一”期间，召开全市政治和经济形势通报会，向老干部通报全市经济建设及重点民生工程项目建设，主动征求老干部的意见和建议。召开教育布局规划调整征求意见座谈会，市委、市政府主要领导和分管领导亲自参加，一方面向老干部通报形势；一方面广泛听取意见和建议。及时让老干部了解国家、省、市重要决策和重要事务，充分调动老干部的主观能动性，发挥老干部余热。及时通报关于老干部各项新的福利政策，凡是涉及老干部切身利益的事务和重大决策都会邀请老干部代表参与决策。

三是组织参观经济社会发展成果。11月份，组织县处级以上离退休老干部参观考察青龙湾原生态旅游度假区、中鼎关键基础件研发及生产基地、城区内河（小南河）综合治理工程。

【落实生活待遇】 一是加强医疗健康保障。随着老干部“双高期”的到来，市老干局始终把老干部的就医问题摆在日常工作的首位，抓好老干部病房建设。落实病房40余间，提高医疗结算比例，经市委、市政府同意将原人均1.8万元/年的统筹标准提高至人均2万元/年，超出部分由定点医疗机构与市财政按4：6比例分担，出台多项服务措施，全面开展优质服务。实行月信息汇集、看望制度，每月定期由医保中心提供离休老干部住院就诊信息，市老干局领导到医院依次看望老干部，全年共走访和看望生病住院老干部100余人次，并对去外地住院的离休老干部进行了探望，仅此一项就安排专项资金6万多元。定期邀请医学和保健专家举办讲座，帮助老干部形成健康、正确的保健养生生活方式。

二是开展常态化慰问活动。春节期间，市委、市政府主要领导先后上门慰问地厅级老干部6人（次）。全市拿出32.96万元资金，对离休老干部及离休老干部遗孀普遍开展春节慰问活动。开展离退休老干部生日上门祝福活动。市老干局成立4个慰问小组，拿出5万元购置鲜花、礼品，先后100多次深入离休老干部和副处级以上退休干部家中开展生日祝福，并帮助老干部解决各类困难和矛盾30多件（次）。

三是定期组织体检。5月下旬，市老干局安排18万元，对全市200多名离退休老干部在市医院进行全面身体检查。卫生部门精心选派一批过硬的医疗骨干力量进行体检，做到医务热情、检查仔细，确保体检质量。同时，针对老干部的身体状况逐年调整和增加体检项目。

四是订阅老年阅读刊物。为全市100多位离休老干部、处级退休干部赠订《开心老年》《康寿》等刊物，为每位老干部订阅《习近平系列讲话读本》，统一赠送报刊箱，费用共计6.5多万元。

五是做好异地安置离休干部服务。市老干部局与离休干部安置所在地的老干部工作部门签订代管协议，全面落实各项政策待遇。每年春节期间由老干部局代表市委、市政府慰问异地居住的老干部，带去慰问金和慰问信，了解他们在异地生活的各方面情况，并与当地部门加强联系，及时协调解决他们的困难，使其深感两地党组织的温暖。

【老干部思想政治建设】 加强老干部思想政治建设和离退休干部党支部建设。印发《为党和人民事业增添正能量活动倡议书》。定期举办知识讲座，全年共举办养生保健、法律知识、道德礼仪、防金融诈骗等各类知识讲座6场。组织老干部就近就地参观工农业生产，让老干部了解形势，开阔眼界，增长见识。

【老年大学建设】 2016年，老年大学共有学员180余名，组织老年大学庆“元旦”“七一”文艺联欢会、重阳节走进社区和乡镇福利院、9月初赴市人武部送新兵慰问演出等活动。此外，老年大学文艺宣传队活跃在全市各项大型表演活动中，为全市精神文明建设做出积极贡献。加强老年大学教师队伍建设，聘请的教师全部具有中级以上职称，教师队伍稳定。按照“按老施教、按需施教”的办学原则，开设适合老年人的教学课程。

【老干部活动中心建设】 根据老干部文娱活动需求，调整活动中心的活动项目，增添活动器材，装修老干部乒乓球室、桌球室、棋牌室，更换桌椅等设施，铺设防滑地面，改善老干部的文娱活动条件。

（冯冠培）

机构编制管理

【概况】 宁国市机构编制委员会办公室（简称市编办）是该市机构编制委员会的常设办事机构，负责全市行政管理体制和机构改革以及机构编制的日常管理工作，设有综合科、机构编制科、督查室3个职能科室，其中督查室为副科级建制。下设市事业单位登记管理局，为副科级全额拨款事业单位。共有行政编制8个、事业编制2个，实有工作人员8人。

【政府机构改革】 按照“大部门制”要求，将乡镇（街道）计划生育服务所并入乡镇（街道）卫生院（社区卫生服务中心），将原地方病防治站和市疾病预防控制中心合并，组建市疾病预防控制中心，将原人口计生委所属计生服务站与原卫生局所属妇幼保健中心合并，组建市妇幼保健计划生育服务中心，将原卫生监督所更名为市卫计委综合行政执法局。

【机构编制管理】 设立宁国市国有资产监督管理委员会，挂靠市财政局。将市民宗局划转挂靠市政府办。将市公共资源交易管理从市政务服务中心剥离，设立市公共资源交易管理局，印发胡乐国有林场“三定”方案。

为市政协办公室增设副主任1名（兼任研究室主任，正科），政协机关增设提案委员会副主任1名（副科）。

设立行业管理办公室，为经信委所属事业单位，设主任1名（可按副科级配备）。主要负责提出行业发展方向、监督检查行业政策实施情况，分析汇总行业相关情况。

为市农委设立内设机构纪检监察室，监督检查农委系统内部贯彻落实党风廉政责任制和廉政勤政情况。

调整市经济技术开发区管委会有关机构编制。为管委会办公室设立二级内设机构信息中心，经济发展局设立内设机构项目办公室。设立开发区科技人才局，为经济发展局所属全额拨款事业单位。

为市公安局增设副政委1名（副科）。

为市总工会增设经审委主任1名（副科），设立文行办，为总工会所属事业单位，承担窗口文明行业创建工作。

成立物业管理办公室，为房管局所属全额拨款事业单位，设主任1名（按副科级配备），副主任1名，主城区4个街道（西津、河沥溪、南山、汪溪）分别设立街道物业管理工作站，物业管理纳入社区网格管理工作之中。

为市政务服务中心增设内设机构中介服务管理科，负责对入驻政务服务中心涉及行政审批中介服务机构备案、服务项目的确定和调整等。

【事业单位登记管理】 完成2015年度事业单位法人登记、审核工作，新登记事业单位法人14个、变更15个、注销11个，年检年审158个，年检合格率100%。完成158个事业单位、74个行政机关和7个群团组织的统一社会信用代码证的发放工作。

【全面深化“放管服”改革▲】 2016年，对宁国市、乡两级权责清单进行动态调整，市本级政府权力事项由原来的1507项精简整合为1430项，乡镇政府权力事项由原来的78项精简整合为72项，街道权力事项由原来的58项精简整合为53项。

梳理规范全方位的公共服务清单，市本级46个部门共整理1036项公共服务清单，并逐条编制公共服务指南；乡镇（街道）共整理出248项公共服务清单，同时编制公共服务指南。

清理规范行政审批中介服务事项。经梳理、审核，市直30个部门梳理保留了99项行政审批事项，其中11个部门的20项行政审批事项受理条件中需要提供中介服务事项共34项，已于2016年10月12日公布施行。

制定完善权责清单监管细则。36个市直单位、乡镇及街道的权力运行监管细则已全部制定完成。

▲“放管服”改革：即简政放权、放管结合、优化服务改革。

（周国丽）

宁国市人民代表大会

Ningguo Municipal People's Congress

- 综述
- 代表大会和常委会会议
- 代表工作
- 议案建议办理工作
- 监督工作

综　述

【概况】 2016年初，召开市十五届人大五次会议，全年市人大常委会举行12次常委会会议、16次主任会议。市人大常委会将城乡住宅小区物业管理、出租车经营服务管理、防范和处置非法集资、农贸市场规范化建设等11项内容确定为人民代表听证议题，组织召开11项代表议案建议的听证会议。坚持依法办信接访，关注征地拆迁、非法集资等领域信访案件，全年接待群众来访143批227人次，受理群众来信22件，省、宣城市人大交办7件。

市人大常委会组织人大代表围绕"三个年"活动以及群众关心的热点难点问题，开展重点项目进展、财税工作等专题调研以及小南河综合治理等考察。认真督办代表建议，联合市政府督办室，深入议案建议承办单位进行督办。开展法治宣传教育工作。邀请党校相关专家组织开展了宪法、代表法、新预算法的专题讲座。

启动开展市乡人大换届选举工作。推进"乡镇人大建设年"活动。落实机关科室负责人联系基层人大工作制度，注重指导和帮助乡镇人大、街道人工委健全完善工作制度，规范工作程序。

深化改革。市人大常委会探索建立健全"双联"工作制度（即常委会委员联系人大代表、人大代表联系选民工作制度，简称"双联"工作制度）实践。让代表与原选区选民或者原选举单位和人民群众保持密切联系，听取和反映他们的意见和要求，将群众反映的热点、难点问题和重点信访情况及时转交有关部门，并督促办理落实。制定《宁国市人民代表大会常务委员会讨论、决定重大事项的规定（草案）》，并通过市人大常委会第四十三次会议审议，于2016年12月28日起施行。完善审计查出问题整改情况向市人大常委会报告机制。市人大常委会贯彻中共十八大和十八届三中、四中全会关于加强全口径预算决算审查监督、强化国有资产监督职能、实现审计全覆盖的要求，结合本市实际，印发《宁国市人大常委会党组关于完善审计查出问题整改情况向市人大常委会报告机制的意见》报告宁国市委，并由市委转发全市各乡镇（街道）及各部门。

【市乡人大换届选举工作】 根据中央、省、市人大换届选举工作的部署和要求，2016年10月下旬开始启动市乡人大换届选举工作。全市共划分市人大代表选区19个，乡镇人大代表选区370个。全市换届选举工作划分为四个阶段（准备、动员部署阶段；选区划分、选民登记阶段；提名候选人、选举阶段；总结阶段）。市委成立了以市委主要领导为组长的换届工作领导小组，转发了《市人大常委会党组关于宁国市市、乡人大换届选举工作的意见》，并成立六个换届工作指导组，由部分市委领导和市人大常委会主任、副主任任组长。11月4日，全市人大换届选举工作会议召开。11月25日，市委副书记谢彬召集市人大办、市委组织部、市纪委、市委政法委、市委统战部对市级人大代表初步候选人的审查工作进行布置。12月5日，311名市人大代表初步候选人名单上墙公布。12月13日，正式候选人311人上墙公布。经过准备、宣传发动、选民登记，提名初步候选人、审查考察初步候选人、协商确定正式代表候选人、投票选举市乡人大代表，审查代表资格、召开新一届人大会议和检查验收与统计数据等阶段的工作，2017年1月底市乡人大换届选举的各项目标任务全面完成，依法选举市人大代表207名，实现代表"两升一降一保证"的要求；依法选举乡镇人大代表716名。2017年1月3日至6日，召开新一届市人民代表大会第一次会议，依法选举产生市人大常委会组成人员，市人民政府市长、副市长，市人民法院院长、市人民检察院检察长和宣城市第四届人大代表。2017年1月中旬，召开新一届乡镇人民代表大会第一次会议，依法选举产生乡镇人大、人民政府领导班子。

【"乡镇人大建设年"活动】 按照宣城市人大常委会的总体部署，宁国市人大常委会贯彻落实中央18号、省委12号、宣城市委14号、宁国市委35号文件精神，立足宁国实际，扎实开展"乡镇人大建设年"活动。3月，开始启动"乡镇人大建设年"活动。4月7日，市人大常委会第三十三次会议讨论通过了《关于开展"乡镇人大建设年"活动实施方案》，方案从加强组织机构建设、加强制度建设、加强阵地建设、提高乡镇人大依法履职工作水平、提高乡镇人大代表工作水平五个方面予以明确。4月21日，全市召开"乡镇人大建设年"活动动员大会，部署"统筹安排、高点起步、开拓创新、彰显特色"的工作要求，活动拉开序幕。7月19日，召开"乡镇人大建设年"活动现场推进会，会议参观了梅林镇、宁墩镇的人大活动室和村级代表工作站。市人大常委会从抓好工作部署、强化阵地建设、增强监督效果、提升工作水平四个方面，推动"乡镇人大建设年"活动取得新成效，全市13个乡镇人大建设初步实现"四规范""两提高"活动目标，即组织机构建设、制度建设、行使职权程序、阵地建设和资料管理进一步规范；依法履职工作水平、人大代表履职能力和积极性明显提高，基本完成五项重点建设任务。

代表大会和常委会会议

【市十五届人大五次会议】 2016年1月5—8日，市十五届人大五次会议召开。会议听取和审议市人民政府工作报告，书面审议宁国市国民经济和社会发展第十三个五年规划纲要、宁国市2015年国民经济和社会发展计划执行情况与2016年国民经济和社会发展计划草案的报告、宁国市2015年预算执行情况和2016年预算草案的报告，批准宁国市2016年国民经济和社会发展计划、2016年市本级预算。会议听取和审议市人大常委会工作报告、市人民法院工作报告、市人民检察院工作报告。会议提出2016年市人大常委会工作的总体要求是：在中共宁国市委的坚强领导下，深入学习领会中共十八大及十八届三中、四中和五中全会精神，认真贯彻落实全市人大工作会议和宁发〔2015〕35号文件精神，按照“四个全面”战略布局和“四个善于”总体要求，紧紧围绕全市中心和重点工作，开拓进取，依法履职，积极助推“基地建设推进年”“城市创建攻坚年”“旅游发展提速年”活动，为实现“进军五十强、率先现代化”目标而努力奋斗。会议收到人大代表提出的议案和建议、批评、意见共119件，其中“关于加快城区小南河综合治理”作为2015年1号议案跟进办理，118件作为建议、批评、意见办理，并遴选“关于要求继续跟踪青龙湾环境保护，并切实落实好长效机制的建议”等11个建议作为人民代表听证议题。会议表彰市政府办、住建委、交通运输局、水务局、财政局、民政局、林业局、农委、城管局、公安局10个单位为“议案、建议办理先进单位”，表彰朱姗姗、唐海宾、王欢等5人为“议案、建议办理先进个人”，表彰何方生、胡光辉、刘云、章朝宁、张建军、陈献华、李恭喜、肖忠、秦旺生、郭玉峰、刘培洲、王学坤12人为“优秀议案、建议领衔提出人”。

【市十五届人大常委会三十二次至四十四次会议】 第三十二次人大常委会会议于2016年1月4日召开。会议补选黄虹宁、陈波为宣城市第三届人大代表。会议讨论了《市人大常委会工作报告(征求意见稿)》。

第三十三次人大常委会会议于2016年4月7日召开。会议接受洪建华辞去市十五届人大代表职务的请求。会议决定任命:唐翠华为市人大法制室(信访办)主任，谭浩为市财政局局长，杨从生为市教育体育局局长，葛英祥为市科学技术局局长，陈献华为市经济和信息化委员会主任，陈健为市民政局局长，王汤梅为市司法局局长，洪建华为市人力资源和社会保障局局长，郭玉峰为市环境保护局局长，向经强为市水务局局长，赵从群为市卫生和计划生育委员会主任。会议决定免去:应桃红市人大内务司法工作委员会主任、法制室(信访办)主任职务，张春虎市人大常委会办公室副主任职务，余平市财政局局长职务，周小平市水务局局长职务，杨从生市科学技术局局长职务，晏国成市教育体育局局长职务，王国洲市经济和信息化委员会主任职务，俞安林市民政局局长职务，汪令祥市司法局局长职务，汪恭远市人力资源和社会保障局局长职务，汪小牛市环境保护局局长职务，段鸿龙市卫生和计划生育委员会主任职务。会议听取了2014年度审计整改落实情况的报告，听取和审议市政府三项融资议案、《宁国市“乡镇人大建设年”活动实施方案》，传达学习十二届全国人大四次会议、省十二届人大六次会议、宣城市三届人大七次会议精神以及2016年中央1号文件和《中共中央国务院关于进一步加强城市规划建设管理工作的若干意见》精神。

第三十四次人大常委会会议于2016年5月17日召开。会议决定任命汪小牛为市监察局局长，任命程文广为市人民法院庭长。会议决定免去赵翠萍市监察局局长职务，免去汪严冰等4人市人民法院副庭长职务。会议听取了市政府关于《中华人民共和国农民专业合作社法》贯彻实施情况的报告、市政府关于市人大常委会2015年市场监管局工作评议审议意见整改落实情况的报告、市政府关于市人大常委会2015年青龙湾环境保护工作专题询问审议意见整改落实情况的报告、市政府关于市人大常委会2015年城乡住宅小区物业管理人民代表听证审议意见整改落实情况的报告、市政府关于出租车经营服务管理工作情况的报告，讨论通过宁国市乡镇人民代表大会议事规则，听取和审议市政府2项融资议案。

第三十五次人大常委会会议于2016年7月8日召开。会议听取和审议市政府关于《中华人民共和国环境保护法》贯彻实施情况的报告，听取了市政府关于防范和处置非法集资工作情况的报告、市法院关于司法公开工作情况的报告、市检察院关于规范司法行为专项工作情况的报告、市政府关于乡村旅游发展情况的报告，听取和审议市政府2项融资议案。会议接受应桃红辞去市十五届人大常委会委员职务的请求，决定任命耿宏启为市人大常委会研究室副主任。

第三十六次人大常委会会议于2016年7月27日召开。会议听取和审议市政府关于实施宁国中学高中部迁扩建项目情况的报告、市政府3项PPP项目有关情况的报告、市政府3项棚户区改造情况的报告。会议决定免去程金玲市人民检察院检察委员会委员、检察员职务，听取和审议其他事项。

第三十七次人大常委会会议于2016年9月8日召开。会议听取和审议市政府关于2016年上半年国民经济和社会发展计划执行情况的报告、市政府关于2015年财政决算草案和2016年上半年财政预算执行情况的报告，审查批准2015年市本级决算。听取和审议市政府关于将2016年地方政府债券资金纳入政府财政预算的报告、市政府关于2015年市本级预算执行和其他财政收支审计工作情况的报告、市政府关于2项PPP项目的议案。听取了市政府关于《宁国市妇女发展规划（2011—2020）》《宁国市儿童发展规划（2011—2020）》实施情况的报告以及市政府关于宁国市实体经济运行情况的报告。听取和审议《宁国市人民代表大会常务委员会讨论、决定重大事项的规定（草案）》《宁国市人大常委会组成人员联系代表和代表联系选民实施意见（草案）》。会议接受葛红兵辞去市十五届人大代表职务的请求。会议决定任命李艳林为市人大常委会预算工委副主任。

第三十八次人大常委会会议于2016年9月10日召开。会议接受曾明学辞去市十五届人大代表职务的请求。

第三十九次人大常委会会议于2016年10月20日召开。会议对汪谦慎、黄虹宁、陈波、叶蕴、温海波等7名宣城市人大代表进行了述职评议。会议决定任命何琳、汪忠2人为市人民政府副市长，任命李智勇、胡李霞2人为市人民法院庭长。会议决定免去李智勇等3人市人民法院庭长、副庭长职务。会议听取了市政府关于农贸市场规范化建设工作情况的报告、市政府关于文化体育馆建设工作情况的报告、市政府关于林区道路建设工作情况的报告，听取和审议市政府关于“六五”普法工作开展情况和“七五”普法工作安排情况的报告。

第四十次人大常委会会议于2016年10月20日召开。会议听取和审议市、乡（镇）人大换届选举工作有关情况的报告，听取市政府关于深化殡葬管理改革工作情况的报告，听取和审议市政府关于市财政局将国投公司在建行固定资产投资贷款纳入年度财政预算的议案，接受刘发明辞去市十五届人大代表职务的请求，学习党的十八届六中全会公报精神，还进行了人事任免。

第四十一次人大常委会会议于2016年11月25日召开。会议决定任命侯正茂为市人民政府副市长。因工作变动，决定免去邱铁军市人民政府副市长职务。会议决定免去刘发明市人民政府副市长职务。

第四十二次人大常委会会议于2016年12月15日召开。会议决定任命王方、江政义2人为市人民政府副市长，任命盛敏芳为宁国市人民法院庭长，任命魏少敏、陈木三2人为宁国市人民法院审判员。因工作岗位变动，会议决定免去彭若晖市人民政府副市长职务。会议决定免去胡琳娟副市长职务。会议决定免去徐浩市人民法院审判员职务。

第四十三次人大常委会会议于2016年12月27日召开。会议决定任命：尹春玲为南山街道人大工作委员会主任，傅立群为竹峰街道人大工作委员会主任，童剑锋为西津街道人大工作委员会主任。会议决定免去：胡光辉南山街道人大工作委员会主任职务，何方生西津街道人大工作委员会主任职务，尹春玲竹峰街道人大工作委员会主任职务，傅立群市人大教科文卫工作委员会副主任职务。会议讨论决定了议案建议办理先进单位、承办先进个人与优秀议案建议领衔提出人建议名单。会议听取和审议市政府关于议案和建议、批评、意见办理情况报告，宁国市2016市本级预算调整方案（草案）的报告，市人大常委会讨论、决定重大事项的规定（草案）和市人大常委会代表资格审查委员会关于市十六届人大代表的代表资格审查报告。会议听取了市政府关于2016年度环境状况和环境目标完成情况的报告，初步审议宁国市2016年财政预算执行情况和2017年预算（草案）的报告，审议关于提交市十六届人大一次会议审议的相关草案，讨论市政府工作报告（征求意见稿）、市政府关于2016年国民经济和社会发展计划执行情况与2017年国民经济和社会发展计划（草案）的报告（征求意见稿）。

第四十四次人大常委会会议于2016年12月30日召开。会议听取“人民代表听证”工作有关情况的说明，书面通报市人大常委会2016年“人民代表听证”11项议题调研情况，听取市政府有关部门议题办理工作情况的报告，并开展代表听证。

代表工作

【概况】 2016年3月21日—27日，市人大常委会副主任胡晓明带队，组织乡镇人大主席、街道人工委主任、人大机关部分干部，赴北京参加全国人大常委会举办的“人大干部能力与提升”培训班。

2016年11月4日，组织各乡镇（街道）党（工）委书记、人大主席、人工委主任、人大秘书进行换届选举工作业务培训。

2016年，围绕中心大局，先后组织代表开展小南河综合治理工程、预防和打击非法集资、《环境保护法》贯彻执行、“乡镇人大建设年”“调转促”、文化体育场馆建设、“六五”普法完成和“七五”普法安排、乡村旅游发展、深化殡葬管理改革及“滥建乱葬”整治等考察调研活动，全年组织代表参加活动累计达120余人次。继续组织7名宣城市人大代表开展述职评议。按照“七有”标准，进一步规范全市19个乡镇（街道）和1个市直代表小组的“代表之家”建设，丰富代表履职活动，促进代表履职常态化。

议案建议办理工作

【概况】 2月3日，召开议案建议联合交办会，对市十五届人大五次会议收集的119件议案、建议进行集中交办。坚持完善市人大常委会主任会议和主任、副主任领衔督办制，实行市政府领导领衔办理，通过联合交办、限时退办、重点督办等方式，认真落实议案建议办理工作。全年共办理议案、建议119件，其中已经解决22件，正在办理93件。

附：

一、2016年度人大代表议案、建议办理先进单位（10个）

市政府办、市住建委、市交通运输局、市林业局、市水务局、市公安局、市民政局、市教体局、市文旅委、市商务局

二、2016年度人大代表议案、建议办理先进个人（8名）

李靖（市委组织部常务副部长）、谭浩（市财政局局长）、俞建平（市市场监管局局长）、郭玉峰（市环保局局长）、余建亚（市城管局局长）、程元兵（市农委副主任）、胡平凡（市文明办副主任）、夏南青（市社保局副局长）

2016年度优秀议案、建议情况一览表

表8

序号	优秀议案、建议名称	领衔提出人
1	《关于加强老旧小区整治，建立长效机制的建议》（12号建议）	何方生
2	《关于加强对物业管理公司的监管力度，完善管理办法的建议》（14号建议）	姚冬平
3	《关于加强出租车行业管理的建议》（31号建议）	程天全
4	《关于深化殡葬改革，加强农村滥埋乱葬治理的建议》（37号建议）	孙爱忠、黄嘉诚
5	《关于提高社区服务能力和管理水平的建议》（39号建议）	刘　云
6	《关于进一步加快学前教育发展的建议》（47号建议）	邵　伟
7	《关于加大对安徽川藏线旅游精品线路基础设施投入的建议》（76号建议）	郭玉峰
8	《关于尽快启动批发市场规划设计，进一步加强农贸市场管理的建议》（106号建议）	张　瑛
9	《关于进一步规范金融秩序，加大对非法集资、非法吸收公众存款的预防查处和赃物追缴，维护社会稳定的建议》（117号建议）	胡光辉、徐久红

监 督 工 作

【概况】 先后听取市政府关于2016年上半年国民经济和社会发展计划执行情况的报告，听取市政府关于2015年财政决算草案及2016年上半年预算执行情况的报告、2015年度市本级财政预算执行和其他财政收支的审计工作报告，组织开展小南河综合治理工程、预防和打击非法集资、《中华人民共和国环境保护法》贯彻执行、“乡镇人大建设年”、“调转促”、文化体育场馆建设、“六五”普法完成和“七五”普法安排、乡村旅游发展、深化殡葬管理改革及“滥建乱葬”整治等调研考察，听取市政府关于2014年度审计整改落实情况的报告，听取市政府关于《农民专业合作社法》贯彻实施情况的报告，听取市政府关于市人大常委会2015年市场监管局工作评议审议意见整改落实情况的报告，听取市政府关于市人大常委会2015年青龙湾

环境保护工作专题询问审议意见整改落实情况的报告，听取市政府关于市人大常委会2015年城乡住宅小区物业管理人民代表听证审议意见整改落实情况的报告，听取市政府关于出租车经营服务管理工作情况的报告，听取市政府关于防范和处置非法集资工作情况的报告，听取市法院关于司法公开工作情况的报告，听取市检察院关于规范司法行为专项工作情况的报告，听取市政府关于乡村旅游发展情况的报告，听取市政府关于《宁国市妇女发展规划（2011—2020）》和《宁国市儿童发展规划（2011—2020）》实施情况的报告，听取市政府关于宁国市实体经济运行情况的报告，听取市政府关于农贸市场规范化建设工作情况的报告，听取市政府关于文化体育馆建设工作情况的报告，听取市政府关于林区道路建设工作情况的报告，听取市政府关于深化殡葬管理改革工作情况的报告，听取市政府关于2016年度环境状况和环境目标完成情况的报告。开展"关于要求继续跟踪青龙湾环境保护，并切实落实好长效机制的建议"等11项议题人民代表听证。

【人民代表听证工作】 在市十五届人大五次会议上，市人大常委会按照"群众期盼、代表关注、市委重视、政府力推、人大可为"的要求，继续开展并完善"人民代表听证"监督方式，采取征求意见、大会表决的方式，决定把关于要求继续跟踪青龙湾环境保护，并切实落实好长效机制的建议；关于加强对非法集资的预防、查处和赃款追缴工作的建议；关于加速推进2015年度小南河综合治理暨1号议案落实力度的建议；关于深化殡葬管理改革，加强农村乱埋乱葬治理的建议；关于切实落实市政府《宁国市住宅物业管理暂行办法》的建议；关于尽快启动批发市场规划建设，进一步加强农贸市场管理的建议；关于进一步加大村村通及林区道路建设资金投入的建议；关于强力推进乡村旅游发展，提高从业人员素质的建议；关于优化政务环境、提高行政效率，为实体经济服务的建议；关于加快文化体育场馆建设，并出台相关优惠政策，促进民办文体场馆发展的建议；关于加强出租车行业管理的建议11项作为人民代表听证议题。围绕听证议题，市人大常委会全年开展调研、考察、座谈等活动13次。

2016年12月30日，市十五届人大常委会召开第四十四次会议，专题就继续跟踪青龙湾环境保护，并切实落实好长效机制等11项议题开展"人民代表听证"。市人大常委会党组书记、主任叶蕴，市委副书记谢彬，市委常委、组织部部长梅长春，市委常委、秘书长俞志刚，市人大常委会副主任胡晓明、吴学明和市十五届人大常委会组成人员出席会议。市委常委、常务副市长侯正茂，副市长王方，副市长、开发区管委会主任张永强，副市长何琳、江政义，市人民法院院长袁风影列席会议。会议听取了"人民代表听证"工作有关情况的说明，书面通报了市人大常委会2016年"人民代表听证"11项议题调研情况，听取了市政府有关部门作议题办理工作情况的报告，并开展了代表听证。与会代表、市民共提出问题35个，市政府分管负责人、市住建委、市城管局、市林业局、市文旅委、市交通运输局、市金融办等部门主要负责人现场接受问询。听证会纪实在"今日宁国"（两会特刊）专刊刊载。

【决定决议】 审议了市政府关于《中华人民共和国环境保护法》贯彻实施情况的报告、关于实施宁国中学高中部迁扩建项目情况的报告、5项FPP项目有关情况的报告、3项棚户区改造情况的报告、关于2016年上半年国民经济和社会发展计划执行情况的报告、关于2015年财政决算草案和2016年上半年财政预算执行情况的报告、关于将2016年地方政府债券资金纳入政府财政预算的报告、关于2015年市本级预算执行和其他财政收支审计工作情况的报告、关于"六五"普法工作开展情况和"七五"普法工作安排情况的报告、宁国市2016市本级预算调整方案（草案）的报告、关于议案和建议、批评、意见办理情况，审议了《宁国市"乡镇人大建设年"活动实施方案》《宁国市人民代表大会常务委员会讨论、决定重大事项的规定（草案）、《宁国市人大常委会组成人员联系代表和代表联系选民实施意见（草案）》、市人大常委会讨论、决定重大事项的规定（草案）、市人大常委会代表资格审查委员会关于市十六届人大代表的代表资格审查报告、关于提交市十六届人大一次会议审议的相关草案。审查批准市政府关于市财政局将国投公司在建行固定资产投资贷款纳入年度财政预算的议案。批准了市政府7项融资工作报告。

【人事任免】 全年任免国家机关工作人员63人次，其中，任命28人，免职和接受辞职35人。补选宣城市人大代表2名。

（黄　鹏）

宁国市人民政府

Ningguo Municipal People's Government

- 综述
- 重要会议
- 市政府办公室工作
- 目标管理考核工作
- 政务服务
- 政务公开
- 社会管理服务
- 公共资源交易
- 公共资源交易监管
- 外事侨务工作
- 机关事务管理工作

龙舟竞发

综　　述

【概况】 2016年，宁国市政府围绕“进军五十强、率先现代化”的目标，开展“三个年”活动，抓好各项工作落实，重点突出7个方面工作，即突出增强后劲、狠抓项目建设，突出固本强基、狠抓工业转型，突出山水融城、狠抓城市建管，突出三产提升、狠抓旅游提速，突出农业增效、狠抓三农工作，突出改善民生、狠抓社会建设，突出服务发展、狠抓自身建设，完成该市十五届人大五次会议确定的目标任务。

全市实现生产总值254.4亿元，增长9.0%；完成财政收入41.4亿元，增长6.0%；实现规模以上工业增加值143亿元，增长9.5%；完成固定资产投资335亿元，增长18.4%；实现社会消费品零售总额92亿元，增长12.7%；完成进出口总额5.7亿美元；城镇居民可支配收入增长8.2%，农村居民可支配收入增长9.2%；完成年度主要污染物减排任务。

【电子政务建设】 推进服务事项和服务功能网上汇聚，推进事中事后监管内容整合，构建“集中＋分布”式网上政务服务共享体系；初步建立人口库、空间地理等全市基础信息数据库；围绕“互联网＋政务服务”新模式，构建集网上办事、政府信息公开、便民服务、政民互动等功能于一体的新型政务服务门户。发挥政务微博、微信、门户网站等新媒体的政民互动作用，坚持把公信力放在首位，及时发布权威政务信息。

【议案、建议和提案办理】 做好人大建议、政协提案办理工作，市政府共承办人大代表议案1件，建议118件，经过各承办单位的共同努力，所有建议都在规定时间内办理完毕并向代表答复，满意率100%。政协委员提案133件，均在规定时间内办理完毕并向代表答复，满意率100%。

【跟进办理十五届人大四次会议1号议案】 市十五届人大四次会议上，《关于加快城区小南河综合治理的议案》被列为1号议案，在市十五届人大五次会议上继续被列为1号议案。市政府高度重视该议案办理工作，小南河综合整治于2015年启动。2015年实施了小南河（盛唐大酒店—人民路段）1.7千米，现已经完成建设。2016年，实施小南河综合整治二期：宁城南路至上游丰盛苑段1.1千米的河道截污改造、龙潭河上游河道治理以及龙潭河、星河部分河段环境综合改造提升。

【督查督办工作】 加强对市政府全体会议、常务会议、市长办公会议议定事项以及市政府领导同志重要批示事项的督办，对落实事项实行专人管理、台账管理、销号管理，承办单位没有按时完成的事项，市政府督办室跟踪督办问效。开展政务督查督办专项活动，编发《督办通报》32期，《督查督办（征收征迁）》16期，《督查督办》11期，共交办事项180项，确保政府的各项政策规定和领导的重要批示落实到位。

【“四项清单”制度完善工作】 印发《宁国市人民政府关于公布宁国市市乡政府权力清单目录（2016年动态调整版）的通知》《宁国市人民政府办公室关于进一步深化权责清单和开展公共服务事项清单制度建设的通知》等文件，进一步完善四项清单制度（权力清单、责任清单、负面清单、涉企收费清单），涉企收费项目由135项清理至82项，取消、未列入涉企收费清单项目53项，2015年为企业减轻负担约6700万元。2016年9月，对涉企收费清单进行动态调整，清理保留78项，进一步为企业减轻负担约500万元。

【建立政府权力清单网上运行平台】 2016年11月30日，“宣城市权力清单运行平台”在市政务服务中心成功上线运行，平台的推行有利于规范政务服务，提高工作效率，深化政务信息公开和简政放权工作。

【政府会议与工作制度建设】 印发《关于进一步规范市政府常务会议、市长办公会议和市政府专题会议议题收集和材料审核等有关工作的通知》，提升了市政府的依法行政水平，提高了市政府会议议事效能。

建立市政府常务会议学习制度，每次市政府常务会议前，利用20分钟时间，由政府办或法律顾问为市政府领导领学法律知识或业务知识。

【开展第五次规范性文件清理工作】 印发《关于开展规范性文件清理工作的通知》，开展第五次规范性文件清理工作，对2015年12月31日以前以宁国市政府名义（含政府令和以该市政府文件、该市政府办公室文件）发布的51件规范性文件进行全面清理，《宁国市人民政府关于印发宁国市困难群众遗体火化费用减免实施办法的通知》等11件规范性文件予以保留。《关于印发宁国市被征地农民基本养老保险实施办法（试行）的通知》等15件规范性文件宣布废止。《关于印发宁国市房地产开发项目建设资本金制度管理暂行办法的通知》等25件规范性文件因法律法规已作新的规定等原因应予修改。

宁国市人民政府第五次规范性文件清理中予以保留的规范性文件一览表

表 9

序号	文件名称	文号	起草部门
1	宁国市人民政府关于调整我市城镇土地使用税等级范围和税额标准的通知	宁政规〔2012〕5 号	地税局
2	宁国市人民政府关于印发宁国市困难群众遗体火化费用减免实施办法的通知	宁政规〔2012〕7 号	民政局
3	宁国市人民政府关于印发宁国市农村土地综合整治实施办法的通知	宁政规〔2012〕9 号	国土局
4	宁国市人民政府关于进一步节约集约用地的实施意见	宁政规〔2012〕10 号	国土局
5	关于印发宁国市股权、矿业权、土地使用权、房屋所有权转让税收征收管理办法的通知	宁政规〔2012〕12 号	国税局
6	关于印发宁国市住宅物业管理暂行办法的通知	宁政规〔2015〕1 号	住建委
7	宁国市人民政府关于印发宁国市规划区核心区农民建房与安置管理实施细则的通知	宁政规〔2014〕4 号	规划局、住建委
8	宁国市人民政府关于印发宁国市青龙湾原生态旅游度假区管理办法(试行)的通知	宁政规〔2014〕6 号	青龙湾管委会
9	宁国市人民政府关于印发青龙湾原生态旅游度假区核心区规划管理技术规定(暂行)的通知	宁政规〔2014〕9 号	青龙湾管委会
10	宁国市人民政府关于印发宁国市城乡居民基本养老保险实施办法的通知	宁政规〔2015〕2 号	人社局
11	宁国市人民政府关于印发宁国市农贸市场划行归市管理暂行办法的通知	宁政规〔2015〕3 号	市场监管局

宁国市人民政府第五次规范性文件清理中宣布废止的规范性文件一览表

表 10

序号	文件名称	文号	起草部门
1	关于印发宁国市被征地农民基本养老保险实施办法(试行)的通知	宁政〔2007〕87 号	人社局
2	关于印发宁国市人民防空工程建设管理暂行办法的通知	宁政〔2008〕29 号	人防办
3	印发关于加快总部经济发展的财政扶持政策(试行)的通知	宁政〔2010〕31 号	财政局
4	关于印发宁国市城市污水处理费征收使用管理暂行办法的通知	宁政〔2010〕86 号	住建委
5	关于印发宁国市市长质量奖管理办法(试行)的通知	宁政〔2010〕108 号	市场监管局
6	宁国市人民政府关于印发宁国市公共租赁住房管理办法的通知	宁政〔2011〕44 号	住建委
7	宁国市人民政府关于印发宁国市城乡居民社会养老保险实施办法的通知	宁政〔2011〕54 号	人社局
8	关于印发宁国市农村集体经营性建设用地使用管理办法（试行）的通知	宁政办〔2011〕71 号	国土局
9	关于印发宁国市农村土地产权制度改革中土地确权登记有关问题处理意见的通知	宁政办〔2011〕73 号	国土局
10	关于印发宁国市城乡居民社会养老保险实施细则的通知	宁政办〔2011〕84 号	人社局
11	宁国市人民政府关于印发宁国市价格调节基金征收使用管理办法的通知	宁政规〔2012〕15 号	物价局

续表 10

序　号	文件名称	文　号	起草部门
12	宁国市人民政府关于印发宁国市国有土地上房屋征收补偿安置暂行办法的通知	宁政规〔2013〕1 号	住建委
13	宁国市人民政府关于印发宁国市集体土地上房屋征迁补偿安置暂行办法的通知	宁政规〔2013〕2 号	国土局
14	宁国市人民政府关于印发宁国市城市规划管理技术规定（试行）的通知	宁政规〔2013〕4 号	规划局
15	宁国市人民政府关于印发宁国市专利发展专项资金管理办法的通知	宁政规〔2014〕3 号	科技局、财政局

宁国市人民政府第五次规范性文件清理中应予修改的规范性文件一览表

表 11

序　号	文件名称	文　号	起草部门
1	关于印发宁国市房地产开发项目建设资本金制度管理暂行办法的通知	政办〔2007〕66 号	住建委
2	关于印发宁国市地名管理暂行办法的通知	宁政〔2007〕95 号	民政局
3	关于印发宁国市被征地农民基本养老保险实施细则(试行)的通知	政办〔2007〕141 号	人社局
4	关于印发宁国市城市生活垃圾处理收费管理暂行办法的通知	宁政〔2009〕53 号	城管局
5	关于印发宁国市困难群众临时生活救助实施细则的通知	政办〔2009〕213 号	民政局
6	宁国市承接产业转移促进经济发展若干政策的通知	宁政〔2011〕20 号	招商局
7	关于印发宁国市农村土地股份合作社管理办法(试行)的通知	宁政〔2011〕36 号	国土局
8	宁国市人民政府印发省级宁国经济技术开发区 2011—2014 年财政管理体制实施意见的通知	宁政〔2011〕68 号	财政局
9	关于印发宁国市农村集体建设用地使用权招标拍卖挂牌出让办法(试行)的通知	宁政办〔2011〕72 号	国土局
10	关于印发宁国市国有土地上房屋征收房地产价格评估机构选定暂行办法的通知	宁政规〔2012〕1 号	住建委
11	宁国市人民政府关于印发宁国市国有土地上房屋征收社会稳定风险评估试行办法的通知	宁政规〔2012〕2 号	住建委
12	宁国市人民政府关于印发宁国市国有土地上房屋征收住房保障暂行办法的通知	宁政规〔2012〕3 号	住建委
13	宁国市人民政府关于印发宁国市城市地下空间开发利用管理暂行办法的通知	宁政规〔2012〕11 号	国土局
14	宁国市人民政府关于印发宁国市电子政务平台系统运行管理办法(试行)的通知	宁政规〔2012〕13 号	政务服务中心
15	市政府投资建设项目审计监督办法、跟踪审计实施办法、宁国市政府投资建设项目工程变更管理暂行办法的通知	宁政规〔2012〕14 号	审计局
16	宁国市人民政府关于印发宁国市城市规划区农民建房规划管理暂行办法的通知	宁政规〔2012〕16 号	规划局
17	宁国市医疗纠纷预防和处置暂行办法	政府令 4 号	司法局
18	关于印发宁国市公共资源交易监督管理办法(试行)的通知	宁政规〔2013〕3 号	公管局

续表 11

序　号	文件名称	文　号	起草部门
19	宁国市人民政府关于印发宁国市市级储备粮管理办法(试行)的通知	宁政规〔2013〕5 号	粮食局
20	宁国市人民政府关于印发宁国市农村宅基地退出办法(试行)的通知	宁政规〔2013〕6 号	国土局
21	宁国市人民政府关于印发宁国市政府性债务管理暂行办法的通知	宁政规〔2014〕1 号	财政局
22	宁国市人民政府关于印发宁国市建设用地预审办法(试行)的通知	宁政规〔2014〕2 号	国土局
23	宁国市人民政府关于印发宁国市砂石开采及加工管理办法（试行)的通知	宁政规〔2014〕7 号	水务局
24	宁国市人民政府关于印发宁国市城市规划区核心区外农民建房管理暂行办法的通知	宁政规〔2014〕5 号	规划局、国土局
25	宁国市人民政府关于印发宁国市城市道路临时停车收费管理暂行办法的通知	宁政规〔2014〕8 号	公安局

【不动产登记改革】 印发《关于印发宁国市不动产统一登记试点工作方案的通知》，成立市不动产登记局，明确原由各有关部门分散承担的土地、房屋、林木、土地承包经营权等不动产登记职责，统一交由市不动产登记局承担，行业管理职责继续由原主管部门承担。自 2016 年 6 月 28 日起开始停办房屋、土地登记业务，新的不动产登记发证信息系统进入试运行阶段。2016 年 6 月 30 日正式启动全市不动产登记业务，颁发全国统一的不动产权证书。

重要会议

【全体(扩大)会议】 7 月 12 日，市十五届人民政府第五次全体(扩大)会议在市委、市政府东三楼会议室召开。市委书记王普，市委副书记、市长何田，市人大常委会主任叶蕴，市政协主席、政法委书记饶培康和市政府领导班子成员出席会议。何田主持会议并讲话。会上，市政府领导班子成员围绕市政府重点工作任务上半年进展情况及下半年工作安排作发言；市统计局通报 2016 年以来全市经济运行情况；书面通报 2016 年以来全市“三个年”活动进展情况。

【常务会议】 2016 年，市人民政府召开了 10 次常务会议。（详见 2016 年宁国市人民政府常务会议一览表）

2016 年宁国市人民政府常务会议一览表

表 12

序　号	会议时间	会议名称	会议内容
1	2016-01-29	市政府第 50 次常务会议	听取宁国市政府权力清单动态调整有关情况汇报，2015 年项目工作考核及 2016 年项目工作有关情况汇报，向上争取项目资金考核奖励有关情况汇报，2016 年招商引资工作有关情况汇报，2016 年市政府重点工作任务分解有关情况汇报，青龙湾水域船舶、浮动设施、垂钓管理有关情况汇报，宁国市水污染防治工作有关情况汇报，2014 年机关事业单位工作人员年度考核奖励有关情况汇报，宁国市政府投资建设工程变更管理暂行办法修订有关情况汇报，宁国市中医院迁扩建 PPP 项目有关情况汇报，有关案件情况汇报
2	2016-04-01	市政府第 51 次常务会议	听取“1+1+5”财政扶持政策有关情况汇报、征收征迁工作有关情况汇报、政府性投资项目有关情况汇报、公务用车改革有关情况汇报、宁国市成立扶贫工作机构有关情况汇报、税源培植有关情况汇报、省林业厅与宁国市合作开展安徽省航空护林皖南基地建设有关情况汇报、党校有关情况汇报、加快宁国市村级集体经济发展有关情况汇报、市场监管工作有关情况汇报、继续开展宣城市第三届劳动模范先进工作者评选预推荐工作有关情况汇报、有关案件情况汇报

续表 12

序　号	会议时间	会议名称	会议内容
3	2016-04-28	市政府第52次常务会议	听取一季度经济运行情况的汇报、讨论宁国市房屋征收(迁)货币补偿"购房券"操作使用(试行)办法(讨论稿)、听取宁国市勘察建筑设计院改制有关情况汇报、听取河沥现代农业示范区有关情况汇报、讨论《宁国市政府性资金存放商业银行管理改革实施方案(修订稿)》、讨论《宁国市金融支持地方经济发展考核奖励暂行办法(修订稿)》、听取诚信大厦预借周转金有关情况汇报、听取大润发超市享受服务业政策有关情况汇报、听取依法行政工作有关情况汇报
4	2016-06-07	市政府第53次常务会议	听取PPP项目有关情况汇报、防汛抗旱工作有关情况汇报、市级领导联系帮扶重点企业制度有关情况汇报、基地产业发展规划编制有关情况汇报、2015年度招商引资考核有关情况汇报、整合规范公共资源交易工作有关情况汇报、计划生育工作有关情况汇报、安徽材料工程学校迁扩建项目有关情况汇报、宁国市农村土地承包经营权确权登记颁证工作有关情况汇报
5	2016-07-12	市政府第54次常务会议	审议城北新城综合开发PPP项目实施方案、审议S104"二改一"河沥溪段PPP项目实施方案、审议开发区工业污水处理厂和电镀中心PPP项目实施方案、听取加强全市公共消防设施和多种形式消防队伍建设有关情况汇报、讨论《宁国市深化墓葬改革及滥建乱葬整治工作实施方案(草案)》、听取建筑垃圾处置特许经营有关情况汇报、听取进一步规范市政府有关会议议题收集和材料审核工作有关情况汇报、听取宁中高中部迁扩建有关情况汇报
6	2016-08-18	市政府第55次常务会议	讨论《宁国市经济适用住房上市交易实施意见(讨论稿)》、听取《宁国市被征地农民基本养老保险实施办法(试行)》修订有关情况汇报、听取政务服务工作有关情况汇报、听取清理规范行政审批中介服务有关情况汇报、听取安泽电工国开基金项目合同签署有关情况汇报、讨论《宁国市鼓励高层次科技人才团队创新创业实施办法(讨论稿)》和《宁国市众创空间备案管理实施细则(讨论稿)》、审议港口园区综合配套建设PPP项目实施方案、听取成立宁国市乡村旅游发展有限责任公司有关情况汇报、听取安徽青龙湾文化旅游发展有限公司组建有关情况汇报、听取查处违法建设考核工作有关情况汇报、讨论《宁国市城市规划区查处违法建设工作责任追究暂行办法(讨论稿)》
7	2016-09-14	市政府第56次常务会议	听取PPP项目采购评审和谈判工作安排有关情况汇报，讨论《关于加快发展总部型楼宇经济的若干意见(讨论稿)》，听取调整双拥工作考核有关情况汇报，听取进一步加强小型水利工程建设管理工作有关情况汇报，听取调整退休人员2016年度基本养老金有关情况汇报，听取部分矿山、石场地质环境治理有关情况汇报，听取解决宁国市合宁机动车辆检测有限公司新站建设土地出让金有关情况汇报，听取港投公司向浦发银行新增融资有关情况汇报，听取宁国油库汪溪滨江加油站有关情况汇报，听取新鸿泰公司重组有关情况汇报，讨论《宁国市城市规划区内企业整体搬迁新上项目财政补助暂行办法(讨论稿)》，听取宁国市第五届市长质量奖评审有关情况汇报，听取建立乡镇专职人民调解员队伍有关情况汇报

续表 12

序　号	会议时间	会议名称	会议内容
8	2016-10-17	市政府第57次常务会议	集中学习《宣城市政府起草地方性法规草案和制定规章程序规定》，听取兑现2015年财政奖扶政策有关情况汇报，听取新安全生产目标管理考核标准调整及职业卫生监管有关情况汇报，听取政府性投资银行直接融资类项目有关情况汇报，听取项目预审和2017年重点项目谋划工作有关情况汇报，听取民政工作有关情况汇报，听取2016年度规范性文件清理工作有关情况汇报，听取城北新城综合开发PPP项目投标保证金退还有关情况汇报，听取修订新一轮宁国经济技术开发区、港口生态工业园区以及乡镇财政管理体制有关情况汇报，听取宁国市政府投资基金运作管理有关情况汇报，讨论《宁国市政府投资项目工程质量管理责任追究办法(讨论稿)》，讨论《宁国市支持干部履职担当干事创业容错减责免责实施办法(讨论稿)》，听取健宁木竹制品有限公司征收有关情况汇报，听取新材料工程学校地块已征收苗木拍卖有关情况汇报，听取总部税源引进有关情况汇报
9	2016-11-11	市政府第58次常务会议	开展政策学习、讨论《关于加快特色小镇培育创建的实施意见(讨论稿)》、听取城市公园绿地PPP项目有关情况汇报、听取水利工程资金及项目前期工作有关情况汇报、听取2015年度机关事业单位工作人员年度考核奖励有关情况汇报、听取全域旅游大会筹备和推进全域旅游发展实施意见有关情况汇报、讨论《农村居民建房管理办法(讨论稿)》、听取汪溪街道补充新增耕地项目有关情况汇报、听取进一步规范管理住宅专项维修资金有关情况汇报、听取进一步完善住宅小区物业管理有关情况汇报、讨论《宁国经济技术开发区临时挖掘道路管理办法(讨论稿)》、听取新建工业项目用地及投资奖励政策有关情况汇报、讨论《实施三津英才六大行动计划打造人才高地的意见(讨论稿)》、听取规范调整住房公积金缴存比例及基数有关情况汇报、听取国庆期间六起违法建设问责有关情况汇报、听取有关案件情况汇报
10	2016-12-09	市政府第59次常务会议	开展政策学习、讨论《政府工作报告(讨论稿)》、讨论《宁国市2016年国民经济和社会发展计划执行情况与2017年国民经济和社会发展计划草案报告(讨论稿)》、讨论《宁国市2016年预算执行情况和2017年预算草案的报告(讨论稿)》、讨论《宁国市国有资产监督管理暂行办法(讨论稿)》、听取开展医保健身一卡通试点工作有关情况汇报、听取全市“七五”普法工作有关情况汇报、研究市政府部分负责同志工作分工

【市长办公会议】 2016年，宁国市人民政府召开了16次市长办公会议。(详见2016年宁国市人民政府市长办公会议一览表)

2016年宁国市人民政府市长办公会议一览表

表 13

序　号	会议时间	会议名称	会议内容
1	2016-01-11	市政府第1次市长办公会议	听取宁国市石材加工点集中整治工作情况汇报，听取经济适用房政策调整及历史遗留问题处理有关情况汇报，听取拨付南山东路等7处征收项目安置过渡费用有关情况汇报，听取归还恒源公司暂借款有关情况汇报，听取宁国市土地定级与城镇基准地价更新成果有关情况汇报，听取拨付供电公司等地块土地收储费用有关情况汇报，听取2016年水利建设项目费用有关情况汇报，听取2015年油菜籽收购财政补贴有关情况汇报，听取华普公司流动资金贷款担保有关情况汇报，听取新汽车站公交站场建设项目资金支付有关情况汇报，听取宁国核心基础零部件产业集聚发展基地建设项目评审有关情况汇报，听取拨付凤形、城北片区重点项目征迁资金有关情况汇报，听取南山片区重点项目征迁资金有关情况汇报，听取给予奕美公司贷款担保有关情况汇报

续表 13

序　号	会议时间	会议名称	会议内容
2	2016-01-29	市政府第2次市长办公会议	听取2016年交通项目前期费用有关情况汇报、听取拨付原水泥厂宿舍房屋征收资金有关情况汇报、听取兑现2014年度中小企业国际市场开拓资金有关情况汇报、听取拨付城市建设部分资金有关情况汇报、听取河沥溪初级中学大门重建工程资金有关情况汇报、听取宁国市2015年第三批及2016年第一批移民后扶项目资金分配有关情况汇报、听取五星公司享受财政奖补政策有关情况汇报、听取太阳禽业公司享受财政奖补政策有关情况汇报、听取华晟塑胶享受上市（挂牌）奖励扶持政策有关情况汇报、听取拨付河沥溪街道办事处城市建设项目拆迁劳务费用有关情况汇报、听取配套2015年省科技重大专项资金有关情况汇报、听取支付金山实业土地收储资金有关情况汇报、听取收储安徽迈吉尔模具有限公司老厂区资产有关情况汇报、听取开发区采购“智慧园区”综合管理平台有关情况汇报
3	2016-02-16	市政府第3次市长办公会议	听取全市项目工作暨“三个年”活动动员大会筹备情况汇报、听取宁国市公务用车制度改革有关情况汇报
4	2016-03-09	市政府第4次市长办公会议	听取提高全市城乡一体化住户调查补贴和统计员工作补助标准有关情况汇报、听取安泽电工申请国开产业基金项目资本金有关情况汇报、听取2016年全市农村工作会议筹备有关情况汇报、听取2016年地质灾害危险点治理有关情况汇报、听取滨江大道建设燃气管道迁移所涉费用有关情况汇报、听取图博馆等重点项目设计经费有关情况汇报、听取中福在线销售大厅购房款项及机构基本支出有关情况汇报、听取“村村通”网化工程有关情况汇报、听取财政收入任务分解有关情况汇报、听取交通运输业税收征管工作有关情况汇报、听取申请浦发银行信托贷款有关情况汇报、听取“1+1+5+X”政策制定有关情况汇报
5	2016-04-13	市政府第5次市长办公会议	听取中宁路及宁墩大桥建设有关情况汇报、听取广宁高速宁国段征收安置有关情况汇报、听取支付路灯合同能源管理改造电费有关情况汇报、听取亚夏立体停车场建设有关情况汇报、听取宁国市高污染燃料禁燃区范围划定有关情况汇报、听取青龙湾国家森林公园有关情况汇报、听取恩龙公司请求返还相关税费有关情况汇报、听取宁国市金桥实业有限公司贷款有关情况汇报、听取兑现“1+6+2”省科技创新项目配套资金有关情况汇报、听取宁国市弥深停车收费管理公司暂停停车收费项目有关情况汇报、听取大华市场和中心农贸市场文明创建相关费用有关情况汇报、听取开发区河沥片区幼儿园建设有关情况汇报、听取开发区与中节能集团战略合作有关情况汇报、听取农发行不良债权化解有关情况汇报、听取宁港水务有限公司实行净水生产供应和污水处理一体化委托运营有关情况汇报、听取收购港宁资产管理有限公司标准化厂房有关情况汇报
6	2016-05-19	市政府第6次市长办公会议	听取2015年市级储备粮轮换盈余有关情况汇报、听取千秋畲族风情园公司有关情况汇报、听取文明创建有关情况汇报、听取拨付2015年土地管理工作经费有关情况汇报、听取拨付土地收储费用有关情况汇报、听取促进宁国市房地产市场平稳健康发展有关情况汇报、听取担保公司有关情况汇报、听取补助天湖街道新建天湖学校资金缺口有关情况汇报、听取恩龙公司有关情况汇报、听取成立宁国市创业投资引导基金有关情况汇报、听取减免房产税有关情况汇报、听取国开基金转投安泽电工有关情况汇报、听取广田房地产项目有关情况汇报、听取聚隆公司享受招商引资政策有关情况汇报、听取天一合成革享受帮扶政策有关情况汇报、听取2016年专业招商引资考核办法有关情况汇报、听取全额返还非税收入有关情况汇报、听取全面推开“营改增”试点带来系列政策调整有关情况汇报

续表 13

序　号	会议时间	会议名称	会议内容
7	2016-06-22	市政府第7次市长办公会议	讨论《关于推进供给侧改革促进经济持续健康发展的若干意见（讨论稿）》，听取拨付征收征迁资金有关情况汇报，听取2016年度美丽乡村规划招标及预算有关情况汇报，听取文欣公司补交土地价款有关情况汇报，听取安排6月份城区征地费用有关情况汇报，听取新设长虹、汪溪页岩矿矿权有关情况汇报，听取支付凤形公司土地收储资金有关情况汇报，听取生活垃圾处理中心有关情况汇报，听取在市委、市政府大院建设智能立体停车库有关情况汇报，听取宁国市国有林场改革工作有关情况汇报，听取2015年度综合治税工作考核有关情况汇报，听取兑现中鼎公司上市再融资奖励政策有关情况汇报，听取"营改增"扶持政策调整后对宁国市引进税源经济影响有关情况汇报，听取兑现"新三板"企业挂牌奖励政策有关情况汇报，听取社区矫正有关情况汇报，听取天成电气公司享受财政扶持政策有关情况汇报，听取杭州炫恩科技有限公司整体搬迁项目有关情况汇报
8	2016-08-01	市政府第8次市长办公会议	审议安材、党校迁扩建和配套路网PPP项目实施方案，听取安排2015年度城市建设项目部分资金有关情况汇报，听取拨付宁国水务公司2015年度水量水价补偿款有关情况汇报，听取安置房上市销售有关情况汇报，听取宁国勘察建筑设计院资产过户税费有关情况汇报，听取飞达御府西侧房屋搬迁有关情况汇报、听取西津公寓用地有关情况汇报，听取拨付山里仁公司天桥新村（原工业品集团公司仓库）土地收储费用有关情况汇报，听取宁国市乡镇社会治安视频防控体系建设有关情况汇报，听取村村通延伸工程有关情况汇报，听取国泰公交暂借周转资金维持运营有关情况汇报，听取恩龙树博园道路建设有关情况汇报，听取新的科创中心建设有关情况汇报，听取解决公办养老机构消防资金有关情况汇报，听取规范统一部分已选岗2005—2011年度自谋职业转业士官待遇有关情况汇报，听取安排城市公益性公墓及环形道路建设征迁补偿资金有关情况汇报，听取6·20以来洪涝灾害灾情及灾后应急工作有关情况汇报
9	2016-08-01	市政府第9次市长办公会议	听取启动城西教育园区小学部建设有关情况汇报、听取银盘湖项目土地征收有关情况汇报、听取广宁高速安置区和公墓建设所需资金有关情况汇报、听取晨光公司新项目建设用地有关情况汇报、听取保隆公司新项目建设用地有关情况汇报、听取补充补偿迈吉尔模具良种场土地资产有关情况汇报、听取要求办理贷款抵押有关情况汇报、听取宁国市城市滨河绿地景观规划编制有关情况汇报、听取国家卫生城市创建有关情况汇报、听取港口园区招引财源工作有关情况汇报、听取港口园区路网建设项目农发行贷款办理抵押登记手续有关情况汇报、听取恩龙接待中心建设项目贷款贴息有关情况汇报、听取宁国市公务用车制度改革中取消车辆处置工作有关情况汇报、听取担保工作有关情况汇报、听取检察院老大楼移交、新大楼资金需求有关情况汇报
10	2016-08-29	市政府第10次市长办公会议	听取人防疏散基地、训练基地、疏散地域建设和市级指挥中心建设与资金安排有关情况汇报，听取拨付南山东路等7处征收项目过渡安置费用有关情况汇报，听取小南河综合治理工程原津南饭店房屋征收有关情况汇报，听取城区公共区域旱厕改造有关情况汇报，听取城区锅炉整治工作有关情况汇报，听取久天化工缴纳土地出让金及兑现久天化工基础设施建设补助资金有关情况汇报，听取凤形安置区民办幼儿园租赁门面房有关情况汇报，听取自然博物馆场地无偿使用有关情况汇报，听取兑现司尔特公司奖扶政策有关情况汇报，听取总部税源培育及物资回收行业扶持政策调整有关情况汇报，听取青龙湾度假区项目建设资金安排及融资有关情况汇报、听取第三届全民健身运动会筹备工作有关情况汇报，听取南极乡杨狮村凉风洞地质灾害治理工作有关情况汇报，听取申嘉湖西延宁国段前期工作有关情况汇报、听取解决云铜路升级改造所需资金安排有关情况汇报，听取汪溪水厂二期工程决算有关情况汇报，听取新岭路（原汪河路）工程变更有关情况汇报，听取宁国慧萍洗衣服务部土地及房屋征迁有关情况汇报

续表 13

序 号	会议时间	会议名称	会议内容
11	2016-09-27	市政府第11次市长办公会议	听取市文化活动中心大楼修缮工作有关情况汇报，听取教育建设项目需求资金有关情况汇报，听取支付星晴公寓项目用地收储费用有关情况汇报，听取国有划拨土地转让中收取土地收益金有关情况汇报，听取申报2016年森林防火项目有关情况汇报，听取返还老年公寓房屋租金有关情况汇报，听取建行项目贷款有关情况汇报，听取拨付科技团队专家评审等工作经费有关情况汇报，听取原聚隆公司宿舍及正街部分危房征迁补偿安置有关情况汇报，听取凤形片区旗山路建设有关情况汇报，听取永丽公司办理华贝城市广场二期建设工程施工许可证有关情况汇报，听取拨付征迁咨询服务费有关情况汇报，听取上海紫燕食品生产、培训基地建设项目及重庆琪金食品生猪宰杀、深加工项目有关情况汇报，听取省级粮食储备库一万吨仓库扩建项目有关情况汇报，听取宁国市工业发展投资有限公司筹建工作和担保公司改制有关情况汇报
12	2016-10-20	市政府第12次市长办公会议	研究市政府部分负责同志工作分工调整、听取安徽省宁国市农业生产资料有限公司请求市政府给予短期借款有关情况汇报、部署市政府近期有关工作
13	2016-10-25	市政府第13次市长办公会议	听取宁国市机关事业单位占编聘用人员工资待遇调整有关情况汇报，听取恩龙公司暂缓归还世行贷款有关情况汇报，听取兑付飞达电气土地使用税有关情况汇报，听取国投公司存量安置房维修有关情况汇报，听取安泽电工国开基金项目合同修改有关情况汇报，听取建行已批复固定资产贷款有关情况汇报，听取金融工作部分指标宣城市目标管理考核有关情况汇报，听取广播电视设备更新有关情况汇报，听取拨付征收征迁及购房券补贴资金有关情况汇报，听取拨付供电公司、凤形公司土地收储费用有关情况汇报，听取收储用地报批费用和征地准备金有关情况汇报，听取高峰崩塌（群）地质遗迹保护项目配套资金有关情况汇报，听取潘分路滑坡及小南河沿岸飞达御府段地质灾害点工程治理有关情况汇报，听取收回再生资源有限公司国有建设用地使用权有关情况汇报，听取潘分路改扩建项目征迁及青苗补偿有关情况汇报，听取拨付津大公司垫付安置房回购资金有关情况汇报，听取宁国市地方海事处办公用房征迁有关情况汇报，听取城区亮化工程建设有关情况汇报，听取滨河路（山门北路）建设工程量变更有关情况汇报、听取冷三路、桥梅路乡级畅通工程有关情况汇报，听取新增2017年城管局费用有关情况汇报，听取宁国市众益市政园林建设有限公司改制有关情况汇报，听取建设临时农贸批发市场有关情况汇报，听取解决原工商大楼维修改造新增工程量和预算费用有关情况汇报，听取宁国市武警中队营房改造有关情况汇报，听取增发在押人员医疗专项经费有关情况汇报，听取增加公安辅警经费保障有关情况汇报，听取政府性资金存放银行机构考核调整有关情况汇报
14	2016-10-31	市政府第14次市长办公会议	研究推进华贝城市广场项目建设
15	2016-11-11	市政府第15次市长办公会议	听取洪家坞移民自用码头另行选址有关情况汇报，听取农业综合开发林业生态示范项目建设有关情况汇报，听取扶持2016年引进科创团队有关情况汇报，听取总部税源引进有关情况汇报，听取追加2016年基本公共卫生服务项目市本级配套资金有关情况汇报，听取住建委建设监督管理站调剂使用结余资金有关情况汇报，听取凤形安置区项目主供电源有关情况汇报，听取关于城市地下综合管廊专项规划编制有关情况汇报，听取恢复停车收费管理前期工作有关情况汇报，听取生活垃圾转运系统工程项目建设有关情况汇报，听取市场监管局有关项目采购情况汇报，听取富利达公司资产处置用于保隆公司新建项目有关情况汇报，听取拟投资射频滤波器项目有关情况汇报，听取法律服务中心、社区矫正中心建设有关情况汇报，听取交管大队小型汽车驾驶人考试科目三考场建设有关情况汇报

续表 13

序 号	会议时间	会议名称	会议内容
16	2016-12-09	市政府第16次市长办公会议	听取土地征收费用有关情况汇报，听取拨付土地征收测绘等费用有关情况汇报，听取国土资源执法五中队人员工资和工作保障有关情况汇报，听取清华苑经济适用房小区用地及土地收益收取有关情况汇报，听取综合治税考核办法修订有关情况汇报，听取2015年发展功勋和发展贡献奖牌采购有关情况汇报、听取有关规划及施工图编制有关情况汇报，听取公益性事业单位绩效工资有关情况汇报，听取2016年度第二批大中型水库移民后期扶持项目资金分配有关情况汇报，听取拨付森林长廊建设工程余款有关情况汇报，听取国泰路及综合管廊建设有关情况汇报，听取拨付小南河综合治理，老旧小区改造等项目房屋征收补偿资金及评估费用有关情况汇报，听取安置房结算交付有关情况汇报，听取拨付文明创建背街小巷建设资金有关情况汇报，听取宁国市四方房地产开发有限公司有关情况汇报、听取滥建乱葬专项整治工作奖补政策有关情况汇报，听取贯彻落实国家及省污水处理费征收使用政策有关情况汇报，听取红楼梦文化园项目公司组建有关情况汇报，听取宁中高中部迁扩建项目设计招标有关情况汇报，听取关于给予老卷烟机械厂职工信访群体法律援助情况汇报，听取宁墩镇黄岗路建设有关情况汇报、听取宁城南路延伸段平兴500KV高压线271#塔迁移改造有关情况汇报，听取兑现东方碾磨和科正新材料优惠政策有关情况汇报，听取给予亚夏股份公司设立合伙企业优惠政策有关情况汇报，听取众益公司参与新鸿泰在建工程竞拍有关情况汇报，听取苏州仕净环保收购原泰顺公司资产有关情况汇报，听取司尔特渠道工程变更有关情况汇报，听取兑现晨光精工挂牌奖扶政策有关情况汇报，听取设立农业银行美好乡村建设产业基金有关情况汇报

市政府办公室工作

【概况】 宁国市人民政府办公室（市政府研究室）是市政府的参谋部门和综合办事协调机构，在市政府直接领导下，参与政务，开展调查研究，提供决策服务，搞好综合协调，加强督促检查，处理日常事务，为领导、基层和群众服务，发挥参谋助手作用。下设市政府督办室、市政府应急管理办公室、秘书一科、秘书二科、秘书三科、信息科、调研科、文书保密科、行财科、综合科10个机构。

2016年，该办紧紧围绕市委、市政府重点决策部署及中心工作，不断强化措施，狠抓工作落实。

【文保工作】 全年办理各类收文约2611份、明传电报358份、发文953份，筹备组织全市综合性会议和活动，以及各类专项会议和活动。牵头筹备首届青年企业家论坛、第三届全民健身运动会等10余个综合性会议活动，承办各类专业性会议80余次，完成各项会务任务。

【调查研究】 针对全市经济社会发展热点、难点问题，按照“沉下去、走出去、请进来”的工作思路组织秘书班子深入乡镇、部门、企业进行实地调查，全年全办共开展调研50多次，形成调研报告46篇，市政府主要和分管领导多次作出重要批示。

【政务信息】 提倡全员办信息，全年上报政务信息530余条，被省政府办公厅信息处采用信息16条，信息得分位列全省直报点第三名。其中，《宁国市五步法处置僵尸企业》信息被报送至国务院办公厅。

【信息化建设】 完成党政综合办公平台升级，全年发文11808件，收文57214件，微信办公功能在四大班子办公室推广试用，进一步提高无纸化办公的高效性、便捷性；建成较为完善的网络和信息安全防护体系，发现问题及时处理，保证了政务网络安全、稳定、有序运行，全年无网络安全事故发生。

【项目工作】 积极主动作为，探索和推进政府和社会资本合作（PPP）项目。成立PPP工作办公室，由1名政府办副主任兼任副主任，参与和推进PPP项目咨询公司库的组建、两报告一方案编制初审、招投标文书的初审等8个首批PPP工程包相关前期工作，形成梯次推进局面。

【应急值守工作】 印发《宁国市2016年应急管理工作考核办法》，完善应急预案及应急设备，保证在重大活动、重要会议、突发事件、节假日和恶劣天气期间运转正常，加强24小时值守应急，及时上报各类突发事件信息，迅速有效处置各类突发事件。

（丁　泉）

目标管理考核工作

【概况】 市目标管理办公室主要承担宣城市目标管理绩效综合考核和宁国市目标管理考核2项工作任务。至2016年年底，内设综合科和考核科2个科室，行政编制5名。

【承担宣城市目标管理考核】 2016年，对照宣城市目标管理绩效考核办法，市目标办及时进行责任分解，并要求相关责任单位进一步落实到相关科室，责任到人，形成"一级抓一级，人人有担子"的工作局面。同时出台承担宣城市目标考核的专项考核办法，从日常工作、年终排位、退位进位等多方面强化责任落实，实现专项考核、专项奖惩、精准激励。每月对各责任单位指标运行分析上报情况进行通报，通报结果纳入各单位年度考核内容。借鉴其他部门智慧软件建设有益经验，市目标办积极探索目标管理信息化建设，开发了"智慧考核"软件系统，将宣城市目标管理考核的70多个指标全部纳入平台管理，变纸质报送为网络报送，改结果管理为过程管理。通过软件的自动催报、综合分析、综合排位、督查督办功能，提高工作效率。开展宣城市目标管理考核专项督查调研，每月结合指标完成情况，对一些弱势指标或存在缺口的问题指标，进行重点督查督办，帮助相关责任单位找问题、析原因、拟对策，确保各项指标按时间节点有序推进。对一些被宣城市通报或存在年终扣分风险的指标，市目标办及时邀请市领导主持召开专题调度会，坚持问题导向，精准调度。创新简化通报形式，将全部指标完成情况、存在问题、建议措施、风险等级以表格形式通报，方便责任单位对标对症整改提高。同时，与宣城市目标办衔接，第一时间搜集其他县市区信息，分析预判该市排位；督促指导各责任单位加强对上沟通衔接，实现考核指标动态监测。2015年，该市连续第14年荣获宣城市目标管理绩效考核先进县市区表彰。

【宁国市目标管理考核】 2016年初，由市目标办牵头，从市直相关单位抽调人员组成集中考核组，一次性对乡镇（街道）30多个指标进行考核。考核坚持一把尺子、一个标准，对全市目标管理单位考评情况进行汇总、反馈，考核结果经市考委会研究，并报市委常委会审定后，对2015年度48个目标管理先进单位（贡献奖单位）、273名先进个人进行表彰。

是年，市目标办组织人员赴浙江安吉、德清考察，学习目标管理先进经验和做法，完善宁国市考核办法。拟订办法过程中，坚持"两上两下"征求意见，广泛听取市领导、乡镇（街道）、市直相关单位意见和建议；在指标体系设置上，做到"四个兼顾"，即兼顾宣城市考核要求、兼顾市委市政府中心工作、兼顾乡镇（街道）功能区划分、兼顾考核对象承受能力，精减考核指标，科学拟定全市2016年度目标管理考核办法及其实施细则。市目标办组织召开乡镇（街道）分管负责人及经办人员业务培训会，便于乡镇（街道）有针对性地推进目标任务。前后开展3轮次乡镇（街道）调研指导工作，参加6个乡镇（街道）目标考核分析调度会。按照有关考核奖励和事业单位绩效工资有关规定，市目标办会同有关部门对该市现有目标考核奖金发放进行规范，认真核实目标管理单位编制人员，明确发放范围和标准。鼓励引导各单位建立内部绩效考核办法，建立完善目标管理考核奖金与考核结果直接挂钩的激励机制。

（湛继仓）

政务服务

【概况】 宁国市政务服务中心［政务公开办公室、社会管理服务中心（城市管理指挥中心）］（简称市政务服务中心）按照"一个机构、三块牌子"模式运行，为市政府正科级行政机构，负责对进入政务服务中心的行政许可和服务事项的确定、调整，对办理情况进行协调、督查；负责对"窗口"工作人员的管理与考核；受理公民、法人及其他组织对中心机关及"窗口"工作人员违纪、违规、违诺行为的投诉和查处；负责对乡镇（街道）为民服务全程代理工作的业务指导。下设公共资源交易中心和市长热线办公室两个副科级二级机构，内设党政办公室、综合管理科、督查科、政务公开科、中介服务管理科、纪检监察室和财务科7个科室。

2016年，市政务服务中心以深化改革工作为主线，以落实"两个责任"、细化目标考核、深化文明创建、强化标准化建设为抓手，进一步提升服务能力，提升服务效能，提升群众满意度，着力创建良好的政务服务环境，努力打造"比肩苏浙、领跑安徽"的县（市）级政务服务平台。是年，市政务服务中心获评国家卫生城市创建先进单位、安徽省卫生先进单位、省政府网站工作先进单位、全市法制宣传教育先进集体、项目工作先进单位、征收征迁工作先进单位、文明创建先进单位、文明示范单位、双拥模范单位、民族团结进步先进单位、优秀志愿服务组织、社会治安综合治理工作先进单位和先进基层党组织等。中心及窗口共收到企业和办事群众送来的锦旗6面，各类表扬信件21件。

【深化行政审批制度改革】 2016年，根据国务院和省总体部署，市政务服务中心继续推进简政放权工作，强化“两集中、三到位”监管，加快网上审批和“互联网+政务服务”工作；积极推进行政审批制度改革，最终实现“一次办结”。

是年，参照省、宣城市权力清单建设，本着“所有权力进清单、清单以外无权力”“法无授权不可为、法定职责必须为”等原则，进一步优化审批流程，压缩办理时限，减少申报材料，降低门槛，加强事中事后监管，推进“放管服”工作。

【推行政务服务标准化】 2016年，市政务服务中心继续实行标准化服务，将政务服务、公共资源交易、社会化管理服务工作各个流程、环节，按照标准化的形式予以确定下来，使每个环节都有固定的办理程序、时限、标准，统一规范服务，实现“有人就有工作标准，有事就有质量标准，有物就有管理标准”，以标准化流程打造政务服务品牌化。

【网上审批和电子监察系统建设】 2016年，市政务服务中心协同“窗口”单位继续探索网上审批模式改革工作；积极推进宣城市权责清单平台在宁国市的应用，先后召开平台应用培训会，开展平台基础数据录入工作。积极优化权责清单和窗口服务事项流程，做好平台应用的各项准备工作。同年11月，宣城市权责清单平台在市政务服务中心正式上线运行。同时，推进“互联网+政务服务”工作，将线上线下办理相结合，利用网络平台信息化对审批事项办理情况进行适时监督管理。

【行政审批中介服务项目清单】 根据省政府办公厅《关于清理规范省政府部门行政审批中介服务的通知》、宣城市政府办公室《关于开展社会中介组织服务项目清理规范工作的通知》要求，市政府办于2016年10月公布《宁国市行政审批中介服务项目清单》。项目清单共34项，涉及市安监、发改、规划、国土、水务、环保等11家部门。同年12月成立了中介服务管理科，主要承担对涉审中介机构的监督、管理、考核。

【行政审批项目清理】 全面实施政府权力清单、责任清单、负面清单和涉企收费“四个清单”制度。积极深化行政审批制度改革，2016年承接上级下放行政审批事项5项，宁国市行政审批事项为99项。

【基建项目并联审批】 2016年，市政务服务中心继续推行重大建设项目并联审批和重大投资项目“绿色通道”制度，积极履行职责，牵头协调各职能部门，改善投资环境和提高政务服务效率，积极为重大项目提供优质、高效的服务。

【为民服务全程代理工作】 负责农村网格化服务平台的技术指导及平台维护，配合组织部实施好“一平台两中心”建设，并依托“一平台两中心”，将政务服务、便民服务延伸到乡镇（街道）、村和社区，便于乡镇（街道）、社区和村提供服务，也让村民就近能够获得相关服务信息。

【“中介超市”组建工作启动】 2016年，市政务服务中心积极规范、引导涉审中介服务市场，公开中介机构的基本信息和业务办理情况，供业主选择，实现投资项目信息网上共享、中介服务实时监测互动。紧紧围绕“放管服”改革，设立中介服务实体、网上超市，制定涉审中介管理办法，推行信用等级评价和黑名单制度，规范涉审中介服务机构管理。

【“市民之家”建设工作】 2016年，市政务服务中心先后组织人员前往深圳、佛山、杭州、滁州等地考察“市民之家”建设工作，学习借鉴外地“市民之家”建设先进经验。确定选址华贝广场1号楼为“市民之家”主体大楼；进一步梳理行政审批、行政确认及其他权力项目、公共服务项目、中介服务事项，为“市民之家”内部布局设计提供依据。除已进驻中心的25家单位外，“市民之家”建成后，公安、交通、国土3个分中心全部入驻中心，届时还将增加银行自助终端，以及水、电、煤、气等费用缴纳“窗口”，真正实现“进一家门、办百家事”，最大限度方便群众办事。

政务公开

【概况】 宁国市政务公开办公室为正科级全额拨款事业单位，与市政务服务中心合署办公，主要承担市政府门户网站工作；承担市政务公开工作领导组的日常工作；研究制定全市政务公开工作计划、方案和有关制度；负责组织、指导、督促、检查全市政务公开工作等。

2016年，完成政府信息公开平台和目录改版升级，全市共主动公开政府信息39282条，接受信息公开申请9件（信函方式2件、网络申请7件），办结率100%，其中，依申请公开行政复议案件1件；全年实现宣城市政府“零纠错”和行政诉讼“零败诉”；政务微信、微博、头条“宁国发布”发布2850余条。

是年，宁国市人民政府荣获全省

政府网站工作先进单位、宣城市政府网站先进集体和宣城市政务公开工作先进集体。

【制度建设】 2016年,围绕政务公开工作,宁国市政府及相关部门先后印发《关于贯彻落实宣城市2016年政务公开重点工作的实施细则》《宁国市政府信息主动公开目录(2016年版)》《宁国市政府信息依申请公开办理工作制度》《关于做好2016年度政务公开示范点创建工作的通知》等文件,进一步明确主动公开事项和内容深度,规范推进公开平台建设,规范政府信息依申请公开办理和发挥示范点示范引导作用。

【平台建设】 2016年,市政务服务中心按照《安徽省政府信息公开网络平台技术规范》(2016年版)要求,对政府信息公开网进行全面改版,着重对政府信息公开网的页面布局、目录设置、发布内容等进行梳理和调整,除省里统一规定的基本目录外,还依据工作实际制定相关特色栏目。在门户网站首页设置重要转载栏目,自动转载国务院、省政府重要政策信息;制定微博、微信日常运维管理、信息发布审核等相关制度,确保信息的权威性和准确性。积极对接宣城市政府权力清单网上运行平台,实行行政审批和服务事项在线咨询、网上办理、电子监察。充分利用政务微博及微信、社会服务管理平台等新平台,扩大信息传播,开展在线服务,增强用户体验,优化政务服务。

【新闻发布】 2016年,市政务服务中心制定并印发《宁国市2016年政府信息公开重点领域新闻发布会计划》,围绕城镇土地定级与基准地价更新、不动产统一登记工作、二孩政策、重点价格改革、高新技术企业认定、环境保护等方面,共召开重点领域政府信息公开新闻发布会7次;充分利用网络平台,邀请9个单位的负责人参加《在线访谈》栏目。

【政策解读】 在及时转载国务院、安徽省、宣城市政策解读的基础上,积极开展市本级政策解读。2016年,市本级共制定并发布政策解读32篇,内容涵盖本市经济转型、城市建设、社会管理、环境保护等群众关注的多个方面。

【考核评价】 《宁国市2016年度目标管理考核办法》明确政务公开和社会管理服务权重乡镇为4%,市直部门为4.5%。市法制办、市效能办分别将政务公开作为依法行政、效能考核指标。市政务服务中心全年开展4次政府信息公开季度测评工作,通报存在的问题,提出完善的意见与要求,并将季度测评成绩计入年度考核成绩;同时,加强日常巡查,对日常巡查发现的问题,按月整理通过党政OA(办公自动化)、政务公开工作群向相关单位进行提示、反馈,帮助乡镇(街道)、市直部门完善提高。

社会管理服务

【概况】 宁国市社会管理服务中心(城市管理指挥中心)(简称市社会管理服务中心),为正科级全额拨款事业单位,2016年5月与市政务服务中心(政务公开办公室)合署办公,主要承担全市社会管理监督与评价,社会管理信息采集、整理、分析和报送,管理、监督社会管理监督员(网格员、信息员)队伍,建立新型社会管理监督与指挥体系,开发、维护社会管理基础数据库和监督指挥信息系统等职责,内设市长热线办公室(主任按副科级高配的全额拨款事业单位,为二级机构)、综合科、指挥协调科、监督考评科等4个机构。

市社会管理服务中心自2013年8月全面启动建设,按照资源共享、集约建设原则,以“构建大平台、服务大民生”为目标,有序推进硬件建设、软件建设、队伍建设3大类12项工作,高标准、高起点在全省率先建成社会管理一体化综合服务平台,实现了多部门共用一个平台、数据共享、信息互通的目标,宁国市作为全省唯一“社会治理创新经验先进县(市)”被省民政厅推荐至民政部。2016年,中心累计办理案件139533件,其中立案派遣5057件,办结5042件,办结率99.70%;一线即时调处案件134476件,办结率100%,在城市精细管理、贴近为民服务及社会管理创新方面发挥了重要作用。

【社会服务管理信息化平台建设】 2016年,完成全市城区13个社区、19个乡镇(街道)社管通专网接入工作,实现与宣城统一社管平台的专网连接;完成城区范围25平方千米三维地图数据采集更新和城市公共部件普查工作;更新迁移城区13个社区、122个网格人口与房屋数据,通过集中培训、现场指导、组织交流等方式对社区网格员进行培训,基本实现社管平台“一网清”和“一户明”。

【城市网格管理】 2016年,为进一步提升城市精细化管理,打造和谐精品社区,发挥社区网格化管理优势,实现社区网格化管理服务对象明确、工作成效显著的目标,社区网格化管理采取项目化运作的新模式,合理有效利用以奖代补资金。一期有4个社区的5个项目通过初审,并于当年底完成验收工作。社会管理服务中心坚持以网格管理为手段,全年各网格共办理案件91667

件，其中立案派遣 363 件，办结 306 件，办结率 84.3%，真正做到变“被动应付”为“主动服务”。

【农村网格化建设与管理】 2016 年，按照“一平台、二中心”建设要求，市社会管理服务中心不断优化平台功能模块，完善农村网格化建设。针对农村人口居住分散的实情，运用短信平台，第一时间发布会议通知、工作部署、政策宣传等，大大提高了工作效率。同时，构建市、乡镇（街道）、村三级管理网络体系，建立科学的分工协作机制、高效的工作运行机制、规范的监督考核机制，实现网格管理的精细化，真正做到情况掌握在基层、矛盾化解在基层、工作推动在基层。

【数字城管】 2016 年，共办理案件 24712 件，其中自行处理 22133 件，办结率 100%，立案派遣 2579 件，办结 2563 件，办结率 99.38%。按照《关于印发宁国市“僵尸车”占用公共交通及停车资源问题集中治理工作方案的通知》要求，数字城管联合社区网格员开展“僵尸车”线索搜集工作，全年共摸排废弃机动车、非机动车（电瓶车、自行车）980 辆，并配合责任单位共同将城区街面范围内的“僵尸车”清理完毕。结合全国县级文明城市创建与国家卫生城市创建要求，积极做好相关案件上报工作。

【市长热线与政民互动】 2016 年，市长热线按时办结 1257 件，超时办结 8 件，转帖宣城市长热线 36 件，办结率 100%。政民互动按时办结 805 件，超时办结 2 件，转帖宣城政民互动 12 件，办结率 100%。

【社会咨询服务热线】 2016 年，市“4452880”便民服务热线共接听电话 300 余起，为居民解决号码咨询 150 余起，家政服务 100 余起，其他咨询 50 余起，为市民提供一系列便利快捷的社会化服务。

【代为处置】 2016 年，市社会管理服务中心共受理代为处置工程 25 项，主要包括下水管道疏通、化粪池清理、楼顶层防水修复、楼栋外墙修复、背街小巷道路维修等项目，工程总造价为 68.5 万元，中心支付代为处置工程资金 35.8 万元。是年，群众送来锦旗 2 面，社会反响良好。

公共资源交易

【概况】 宁国市公共资源交易服务中心为市政务服务中心下设的副科级全额拨款事业单位（二级机构），主要负责全市政府采购、建设工程、国有产权、土地出让等公共资源交易活动的组织实施，下设信息科、工程招标科、采购科等 4 个职能科室。

【公共资源交易平台】 2016 年 9 月，根据宣城市建立统一公共资源交易平台要求，宁国市公共资源交易中心开始启用宣城市公共资源交易服务网宁国端口。10 月 1 日，“宁国市教育体育校舍安全鉴定单位库项目”和“宁国市渔业渔政管理局《青龙湾水库渔业发展规划》编制”工程项目成功上线宣城市公共资源交易服务网，标志着宁国市公共资源交易项目与宣城市公共资源交易、服务、监管平台的对接工作顺利完成。新平台当年共完成 95 个项目，其中全流程项目 13 个；在宣城市公共资源交易服务网上线推送共计 3827 条信息。根据“放管服”改革工作要求，交易中心于 2016 年 10 月暂停收取标书费、招标代理服务费、交易服务费。

【实行社会代理制度】 2016 年 5 月，宁国市公共资源交易中心公开向社会征集招标代理机构库，全面推行招标代理社会化。对公共资源交易项目，切实还权还责于采购人（招标人、出让人），推行采购（招标）文件备案制。是年，各代理公司累计完成项目 122 个，完成政府采购项目 100 个。

【体制机制建设】 2016 年，宁国市公共资源交易中心以开展省级公共资源交易标准化试点为契机，先后出台《工程建设项目招标投标服务指南》《开标场所规定》《开标程序及开标会议组织规范用语》《宁国市工程建设项目招标流程图》等一系列文件，制定《宁国市公共资源交易服务中心投标保证金管理制度》《宁国市公共资源交易服务中心档案管理制度》《宁国市公共资源交易服务中心一次性告知制》《宁国市公共资源交易服务中心首问负责制》《应急处置预案》等规章制度。通过建章立制和完善规则，真正把公共资源交易权力关进制度的笼子里，使平台运行更加规范。

（王　颖）

公共资源交易监管

【概况】 宁国市公共资源交易监督管理局（简称市公管局）自 2016 年 5 月 4 日与市政务服务中心脱离，单独设立为市政府直属正科级全额拨款事业单位。其主要职责是对进入市公共资源交易中心的各类交易活动进行监督；对政府性投资工程预算造价（标的）进行标前审核；对招标人编制的资格预审文件、招标文件及交易过程中相关事务进行备案；受理交易活动中的投诉和举报；对交易活动中出现的违法违规行为及时移送相关行业主管部门进行查处；负责建立和管理市公共资源交易市场诚信体系等。内设办公室、标前审核科、备案科、交易监督科4个科室。

市公管局致力于改革体制机制，完善规章制度，运用先进科技，推行标前审核备案，加强标中监督，净化交易市场，保证了公共资源交易工作的健康发展。是年，市公管局被评为安徽省依法招标项目信息公开先进单位、2011—2015年度先进会员单位。

【公共资源交易】 2016年，市公共资源交易平台共完成招标采购363批次，其中：工程采购完成257批次，采购预算11.8亿元，实际成交金额9.98亿元，节约率15.42%；政府采购完成106批次，采购预算1.29亿元，实际成交1.19亿元，节约率7.75%。完成土地使用权出让40批次，成交金额2.7亿元。完成国有产权交易项目18批次，成交金额0.28亿元。完成6起PPP项目招标采购工作，采购金额30.79亿元。

【公共资源交易体制机制建设】 2016年7月，按照"一委一局一中心"的招投标管理模式，将原来市直各部门承担的招投标监管职能移交市公管局集中统一行使，构建执行权、管理权、监督权既相互制约又相互协调的服务管理监督机制，形成权界清晰、分工合理、权责一致、运转高效的公共资源交易市场体系。同时，出台一系列规范性文件和规章制度，探索建立小型项目简易招标模式等，真正把公共资源交易的权力关进"制度笼子"。

【开标（拍卖）现场管理暂行规定出台】 2016年9月20日，市公管局会同市政务服务中心出台《关于加强开标（拍卖）现场管理的暂行规定》，加强全市公共资源交易开标（拍卖）现场管理，规范交易行为，保障开标（拍卖）现场秩序。

【公共资源交易监管】 2016年，市公管局创新监管模式，从三个方面进行探索实践。成立标前审核科，及时发现并纠正建设工程预算编制过程中出现的错项、漏项，最大程度减少工程建设过程中的变更事项。强化标中监督，要求投标企业、项目经理均须到开标现场参加开标会议；制定开标现场纪律及监督程序，明确监管职责和内容；设置"开、评标现场视频直播间"，实现评标全程实时监控。建立违法违规行为查处机制，制定《宁国市公共资源交易不良行为记录和黑名单制度管理办法》，建立各行业主管部门行政处罚信息互通机制，打通公共资源交易领域违法违规案件移送通道，有效净化市公共资源交易市场。全年，市公管局共受理13起质疑投诉案件，移交行业主管部门1起。

【"互联网＋监管"模式推行】 2016年12月，自宣城市采用新的公共资源交易系统后，市公管局推进公共资源交易网上监管系统建设，通过互联网详细录入当天公共资源交易监管信息或项目交易异常产生的项目警告、投诉登记、违规处罚记录和处罚信息记录等，监管系统能同时满足省、宣城市公共资源交易行政监管部门对交易活动的网上监管，可随时调阅相关资料，即时了解交易活动，实现信息共享，形成政府多层监管一步到位。

【招标采购代理机构信用考评和管理】 2016年8月，市公管局制定《宁国市招标采购代理机构信用考评和管理办法（试行）》，定期由招标人、公管局和交易中心对招标采购代理机构进行评分，并将评分结果向社会公布。同时，加强对招标人及招标代理机构的业务培训，先后组织开展7次业务培训，其中对已通过进场交易审核的21家代理机构进行集中培训，切实提高招标人及招标代理机构的业务水平。为提高管理水平，同年11月派员参加安徽省发改委举办的全省公共资源交易工作业务培训班。

【电子招投标工作体系建设】 2016年11月10日，市公管局首个项目在市县一体化公共资源交易电子化平台中成功挂网招标，全面推行网上发布公告、网上报名、网上发布标书、网上缴纳和退还保证金、网上下载招标文件、网上投标、网上抽取专家和网上电子辅助评标新模式，实现由传统招投标模式向现代招投标模式的转变，实现项目全流程电子化交易。

【何田市长带队到市公管局调研指导工作】 2016年8月9日，市委副书记、市长何田，市委常委、市纪委书记马文清等领导带领市委组织部、市政府办、市财政局、市人社局、市编办等部门负责人，到市公管局进行专题调研。何田在会上指出，公共资源交易领域处于"风口浪尖"，市公管局的每位工作人员都必须保持严谨的态度，对工作深入研究，将监管措施落到实处，努力做到"三满意"，即让群众满意、让社会满意、让市委、市政府满意。

【山东省荣成市公管办到宁国市调研考察】 2016年11月8日，山东省荣成市公共资源交易管理办公室来宁国市调研考察公共资源交易工作。座谈会上，市公管局向荣成市公管办介绍了该局的运行管理情况，交流了在公共资源交易服务标准化体系建设和招标流程中一些好的做法，双方还就如何建设统一规范公共资源交易平台展开讨论。

（魏明亮　杨　帆）

外事侨务工作

【概况】 2016年，全市办理因公出国(出境)8批14人次(其中本市组团2批8人次、参加宣城市组团1批1人次、参加省组团5批5人次)，分别前往澳大利亚、新西兰、印度等国家和地区进行招商引资、项目洽谈、技术培训等公务活动。全年共接待外宾2批11人次。

2016年，市外侨办开展了侨情普查，完善市侨务管理信息库。截至2016年年底，宁国市在海外的华人华侨223人，主要居住在美国、加拿大、巴西、墨西哥、马来西亚、新加坡、澳大利亚、泰国、日本、印度尼西亚、菲律宾等10余个国家和地区；市内侨眷206人(不含一般亲属)；在海外学习的留学生58人，在外务工人员35人，跨国婚姻14对；侨属投资企业3家，涉及食品、服务等行业。

是年，为7名困难侨眷发放慰问金3500元，为2名退休老归侨送去慰问金2400元；为侨眷石小虎的精准扶贫项目争取到1.5万元帮扶资金。10月，组织全市中小学生参加“第十八届世界华人华侨学生作文大赛”，报送参赛作文122篇，有20名学生分获一、二、三等奖。

【制度建设】 2016年6月，宁国市成立了由市委书记任组长的市委外事工作领导小组，成员单位包括统战部、宣传部、开发区管委会、招商局等15个部门，在市外侨办设领导组办公室。出台《市委外事工作领导小组职责和工作规则》《市委外事工作领导小组办公室工作细则》《关于进一步加强因公临时出国(境)管理的通知》以及《关于加强我市市民和机构境外安全保护工作实施方案》，为规范全市外事工作管理打下坚实的基础。

【出访来访】 2016年4月，市委常委、组织部部长梅长春率港口园区管委会主任吴轶、市国土资源局局长谭浩赴澳大利亚、新西兰开展经贸洽谈(与澳大利亚悉尼科技大学软磁复合材料研发中心负责人就宁国井田公司二期项目准入及用地规模进行审核；与新西兰奥克兰大学电子实验室负责人就宁国井田机电引进其植入式生物医学传感器等进行洽谈)。

2016年7月15日，市政府副市长张永强在开发区管委会接待到宁国考察的意大利华商代表团一行。该团实地参观了安徽中鼎股份有限公司及安徽恩龙生态发展有限公司，团长陈世甫对宁国的投资环境给予肯定并表达投资意向。7月23日，市委常委、市政府副市长邱铁军接待到宁国访问的保加利亚帕扎尔吉克市政府秘书长鲁门·尼古拉耶夫·科朱哈诺夫一行，参观安徽中鼎股份有限公司及青龙湾生态旅游区，邱铁军代表宁国市政府向团长鲁门赠送特色纪念品。

【侨法宣传】 在市金桥社区、城南社区的配合下，市外侨办通过发放宣传页、公开栏张贴等方式，开展侨法宣传工作，宣传《中华人民共和国归侨侨眷权益保护法》及国家、省、市有关涉侨工作的方针政策，扩大侨务工作的影响力。

【服务外向型企业】 2016年3月，开展针对市外向型企业的调研活动。经统计，该市共有各类进出口企业375家，初步掌握了这些企业对外合作情况，了解外向型企业对政府外事工作的需求和建议。

为企业“走出去”拓展国际市场提供政策咨询及签证服务，全年为3家企业人员办理了6张APEC(亚太经济合作组织)商务旅行卡；争取省外办支持，为企业“请进来”提升自身综合实力给予支持，帮助天亿滚塑有限公司聘请外籍专家到宁国工作办理相关报批工作。

组织市涉侨企业参加由中侨联举办的“中国侨联新侨创新创业成果展”及“中国侨联新侨创新创业联盟”评选，山里仁食品有限公司(侨属企业)作为创新企业获第六届“中国侨界贡献奖”和“中国侨联新侨创新创业联盟理事单位”称号，公司总经理韦伟荣获“中国侨联新侨创新创业联盟理事”称号。

【为侨服务】 2016年10月26—27日，召开宣城市第二次归侨侨眷代表大会，宁国市组织侨界代表共22人参会，其中5人当选为委员，1名代表当选为主席团成员，1名在美华侨被聘为海外顾问。年内推荐石小虎、黄亚玲为宣城市海外联谊会个人会员，推荐宁国市政府外事侨务办公室为宣城海外联谊会团体会员。

10月，宁国市委书记王普接待到宁国探亲的美国康奈尔大学园艺系教授许克农夫妇，介绍该市经济社会发展情况，在增进友情的同时拓宽该市招商引智的渠道。

(吴　雷)

机关事务管理工作

【概况】 市机关事务管理局是指导、监督和协调市直机关后勤工作的市政府直属机构。至2016年年末，有全额拨款事业编制11名，下设办公室、接待科、综合科3个内设机构，主要负责市直机关事业单位办公用房建设项目的审核管理、办公用房的调配管理、办公用房维修项目的审批管理；负责市直机关事业单位日常公务出行用车服务保障、公务用车管理、更新等工作；负责机关大院内绿化美化、环境卫生、安全保卫等管理工作；负责承办市领导机关内宾接待工作，协助做好市领导机关外出参观、考察的服务保障工作；负责市领导机关以及上级在宁国市召开的重要会议和开展的重要活动的服务保障工作；负责制定并组织实施全市公共机构节能规划、能耗的统计、宣传、教育培训等工作；负责全市公共机构节能工作的监督检查；承担市委、市政府交办的其他工作。是年，获评2015年度项目提质年考核先进单位、2015年度示范文明单位、2015年度文明创建工作先进单位、2015年度创建双拥合格单位、2015年度社会治安综合治理先进单位、2015年度民族团结进步先进单位、安徽省2015年度节约型公共机构示范单位等。

【机关大院后勤管理与会务服务】 2016年，市机关事务管理局完善安全防范措施，加强昼夜值班人员在位检查、重大活动的安保协调，加大水电设施和消防及电梯等特种设备的巡查力度，抓好物业公司派遣保安人员履职尽责的督促检查。对老市委大楼消防设施设备进行全面升级改造。整治市政府机关大院交通和停车秩序，施划道路交通标线和停车位，设立交通标志牌。利用市政府机关大院东西两侧绿化地建设生态停车场，新增停车泊位85个，并于12月中旬开工建设智能立体停车库1座，设计停车位39个。按照《会议中心会务服务管理办法》和《会务服务考核细则》，加强日常管理，精细标准化服务，全年承担会务保障任务300余场次，累计服务参会人员2万余人次。

【接待工作】 2016年，市机关事务管理局严格控制接待标准，联合接待宾馆开展“光盘行动”，降低接待成本。严格执行中共安徽省委办公厅、安徽省人民政府办公厅印发的《省内公务活动禁止饮酒规定》。全年共承担各类公务接待253批次7200余人次。

【公共机构节能工作推进】 2016年，市机关事务管理局举办公共机构节能业务工作培训会，编发《网上直报系统填报须知》，完成年度能源资源消费统计工作。在全国节能宣传周期间，举行公共机构节能工作干部职工应知应会测试活动，联合市教体局开展全市中小学生“节能领跑 绿色发展”主题绘画比赛活动，引导各部门结合工作主题活动日、职能阵地开展节能宣传活动。建立联络员信息报送制度，宣传报道全市节能工作。是年，全市有4人完成国管局和清华大学共同举办的公共机构节能管理远程培训任务。组织市政府机关大院、市财政大楼、开发区管委会办公楼成功申报第二批省级节约型公共机构示范单位，完成市政府机关大院和宁国中学节水型单位建设创建工作。安徽省机关事务管理局通报表扬宁国市公共机构节能工作；10月26日，宁国市在全省节能工作会议上作典型发言。

【公车制度改革工作】 2016年，市机关事务管理局牵头制订了《宁国市公务用车制度改革实施方案》。是年3月，全市公务用车制度改革工作全面启动，全市79个单位参加车改，截至3月底，完成全市公务用车制度改革工作。

【公务用车管理与服务】 2016年，市机关事务管理局搭建公车服务平台。根据宣城市统一安排，组建宁国市公务用车服务平台，各参改单位可通过用户服务平台方便快捷的申请预约用车。成立市直公务用车服务中心，用于保障市直各参改单位正常公务出行。公车服务中心对131台定向化保留车辆统一管理，变更专号段车牌，在车辆前挡风玻璃右下角张贴“宁国市公务用车”标识，公布监督电话，并安装GPS定位系统，强化公车运行监管。印发《宁国市市直机关公务用车制度改革保留车辆使用管理有关规定》《宁国市直公务用车管理服务信息平台使用管理办法》《宁国市市直公务用车服务中心车辆使用结算办法（试行）》等规章制度，严格规定用车条件，严格实行用车审批，规范管理公务用车。在做好市直公车管理的同时，加强对乡镇（街道）实物保障车辆的监督管理。4月29日，中央车改办到宁国市调研检查，对该市公务用车制度改革工作和公务用车管理与服务情况给予肯定。

【办公用房管理】 2016年，市机关事务管理局做好办公用房分配管理工作。统筹安排市工商联、移民局、铁路办、安监局、法制办入驻市社会就业和社会保障服务中心大楼的3、4层；安排市红十字会及广通巷市教体局部分科室在老市委大楼办公；安置市司法局、经信委、金禾工业投资公司入驻原检察院大楼，市司法局法律援助中心、公证处、社区矫正中心办公用房实现有效整合。市文旅委整体合并搬入原移民局大楼，将老工商局办公大楼移交给市市场监管局作为该局城关分局、消协等机构办公用房使用。同时规范办公用房的维修管理，对市林业局、林业公安、老干局、红十字会、种植业局、畜牧局、港口园区、档案局、运管所等单位提交的维修申请项目现场核查后结合实际进行审核批复，委托各单位按照招标要求自行办理。

（方　璞）

中国人民政治协商会议宁国市委员会

Ningguo Municipal Committee Of The CPPCC

- 综述
- 重要会议
- 考察调研
- 专委会工作
- 重要提案

综　述

【概况】 中国人民政治协商会议宁国市委员会(简称“政协宁国市委员会”“宁国市政协”）成立于1980年，是中国人民政治协商会议地方组织，是宁国市最具广泛代表性的爱国统一战线组织，是中国共产党领导的多党合作和政治协商的重要机构。至2016年年底，宁国市政协共历九届。市政协第九届委员会由中国共产党、各民主党派、工商联、人民团体和无党派人士组成,有政协常委33名、政协委员183名，有专门委员会8个(学习和文史资料委员会、提案委员会、人口资源环境委员会、社会和法制委员会、港澳台侨和外事委员会、教科文卫体委员会、民族和宗教委员会、经济委员会),界别组15个(中共界别组、青联界别组、妇联界别组、工会界别组、工商联界别组、民主党派及无党派界别组、教育体育界别组、农业界别组、医药卫生界别组、文艺新闻界别组、经济界别组、民族宗教界别组、台侨联界别组、科技界别组、特邀界别组)。市政协第九届委员会设主席1人、副主席5人和秘书长1人,由常务委员会主持会务,市政协机关内设办公室和专委会办公室,共有工作人员21人。

【政协常委会主要工作】 2016年,围绕宁国市委十三届十一次全会提出的目标任务,认真履职,为“进军五十强、率先现代化”做出贡献。

为全市改革发展大局建言资政。市政协九届五次全会上，委员们就全市经济社会发展大局和事关民生幸福等重要问题协商讨论，形成协商意见60余条。召开7次常委会议和6次主席会议，分别就村级财务管理工作、农村污水治理工作、河沥溪基础设施建设情况、基地建设情况等重要事项进行重点协商。各专委会和界别组围绕城区停车收费工作、全域旅游发展工作、宗教活动场所建设、外向型企业发展等课题,与政府相关部门开展系列的协商建言活动,提出一批有针对性的意见和建议。

围绕党政工作中心开展调研议政活动。围绕村级财务管理工作、家庭农场发展情况、城市公园文化建设等课题,组织委员开展考察、调研活动,形成《关于加强村级财务管理工作的协商意见》等4篇送阅材料、调研报告,为党委政府掌握民情、制定政策、改进工作提供参考。完成省优化经济发展环境专题资政会、城市重点项目建设等专题调研任务;为宣城市政协“加快发展乡村生态休闲旅游”“加强城市水环境治理”“加快发展现代职业教育”等专题调研活动撰写材料。

拓宽渠道开展民主监督。九届五次会议以来，共收到提案150件,立案136件。筛选出重点提案23件,分别提请市委、市政府批办,市委、市政府领导和市政协领导领衔督办,并召开重点提案专题督办会议。经办理,所提建议得到落实、基本落实和列入计划逐步落实。通过社情民意简报等形式,及时向市委、市政府和有关部门反映群众普遍关注的问题,全年编发社情民意简报22期。

围绕全市中心工作献策出力。根据市委统一部署，市政协领导联系全市多个重点建设项目并担任指挥部相关领导，经常深入一线调查研究,进行协调,确保项目建设顺利推进。市政协深入委员所在的企业,详细了解企业生产经营情况，将有关情况报送市委、市政府。组织开展优化经济发展环境专题调研，围绕政务、财税金融、社会法治、工业、农业、服务业等方面形成1篇建议案、1篇调研总报告和10篇子报告,并召开“市政协优化经济发展环境”专题资政会,提出56条有针对性的建议。委员们积极扶危济困、捐资助学,参与美丽乡村建设、“三线四边”环境治理、“双城”联创和其他社会公益活动等,积极开展多渠道、多形式的招商引资活动。

为和谐宁国建设营造良好环境。尊重和保障民主党派、工商联、无党派人士和人民团体的民主权利，加强同港澳台同胞和海外侨胞的联系，安排他们参加政协有关会议、考察、调研等活动,就共同关注的重大问题协商讨论。适时走访委员，向他们了解民情。注重与上级和兄弟县市区政协的联系交流,接待上海、浙江、河南、江西等各地各级政协来宁国考察40余批200余人次，与之进行广泛交流，宣传推介宁国。按照上级关于清理整顿行业协会的精神，市政协书画院注销民政登记，纳入市政协内部管理。10月中旬,出台《宁国市政协书画院管理办法》，并召开市政协书画院第二届会员大会，产生新一届书画院领导班子。

加强自身建设。坚持常委会议、主席会议学习制度，全年开展学习13次。专题召开专委会、界别组工作推进会1次。年初,根据《委员履职综合评价办法》，围绕委员提交提案、反映社情民意、参加活动、自身建设、履行社会责任等八个方面情况，对委员履职情况进行百分制量化考核，并首次将委员2015年度履职评价情况以百分制打出“成绩”,逐一发放委员履职“成绩单”,实行一人一档管理，通过成绩单形式让委员“心中有责、心里有数”,找到自身的履职差距,以此促进政协委员在履职工作中发光发热，担当起促进发展、引领创新的重大责任。制定出台《政协宁国市委员会公文制度》，强化机关公文管理责任意识，严把文稿起草、审核、收发“三关”，确保文稿质量。建立健全制度规范，先后制定出台《关于进一步落实工作日志制度的通知》《市政协宣传信息工作实施办法》《政协机关学习制度》等文件规范，落实“以制度管人”理念。结合学习习近平视察安徽重要讲话、“两学一做”学习教育等活动，做好宁国市智慧党建平台、宣城市党建综合管理平台和安徽省“两学一做”纪实评价系统平台的维护和信息上报工作。

重要会议

【市政协九届五次全体会议】 2016年1月5—7日在市区召开，会议应到委员183名，实到175名。经审议，会议同意市政协第九届委员会常务委员会所作工作报告和提案工作情况报告；听取宁国市委书记王普在开幕会上的讲话；列席市十五届人大五次会议有关大会，听取并讨论政府工作报告以及其他有关报告；对17件2015年度优秀提案、7家2015年度承办提案先进单位和14名2015年度承办提案先进个人进行表彰；听取市政协九届五次会议提案审查情况的报告；听取市委副书记、代市长何田和市政协主席饶培康在闭幕会上的讲话，选举金文忠为政协第九届宁国市委员会副主席，选举方仕喜为政协第九届宁国市委员会常务委员。会中还考察了市部分重点建设项目。

【市政协九届三十九至四十四次主席会议】 2016年1月29日，召开了市政协九届三十九次主席会议。会议讨论通过市政协领导分工安排、2016年度市政协工作要点和2016年度政协协商工作计划；提案委汇报九届五次会议提案立案、交办及督办事项；专委会办公室汇报2015年度委员履职综合评价情况。

2016年3月31日，召开了市政协九届四十次主席会议。会议听取市农委关于村级财务管理工作总体情况汇报，听取市审计局、财政局、监察局、检察院、万家乡、胡乐镇、南山街道关于村级财务管理工作相关情况汇报，并进行座谈讨论。

2016年6月17日，召开了市政协九届四十一次主席会议。会议听取提案委汇报《市政协提案办理工作年度绩效考核暂行办法（征求意见稿）》，并进行座谈讨论。

2016年8月4日，召开了市政协九届四十二次主席会议。会议期间，市政协领导实地考察河沥溪基础设施建设情况，听取市住建委、规划局、河沥溪街道关于河沥溪基础设施建设情况汇报，并进行座谈讨论。

2016年11月25日，召开了市政协九届四十三次主席会议。会议听取了统战部负责同志汇报《政协宁国市第十届委员会委员、常委推荐提名工作方案（草案）》，并进行座谈讨论。

2016年12月15日，召开了市政协九届四十四次主席会议。会议听取办公室负责人汇报十届一次会议筹备工作报告（送审稿）、专委会办公室负责人汇报十届一次会议日程安排（草案），讨论市政协常委会工作报告（征求意见稿）及提案工作报告（征求意见稿），研究通过提案承办先进单位、优秀提案、承办提案先进个人名单，研究修订委员履职综合评价办法，传达学习中共中央关于换届工作有关纪律要求。

【市政协九届二十六至三十二次常委会议】 2016年2月23日，召开了市政协九届二十六次常委会议。会议通报2015年度委员履职综合评价情况，审议《政协宁国市委员会2016年工作要点（送审稿）》《政协宁国市委员会2016年协商计划安排（送审稿）》，通过撤销有关委员资格事项，传达学习省政协十届四次会议精神。

2016年4月15日，召开了市政协九届二十七次常委会议暨“优化经济发展环境”专题资政会。会议第一阶段，通过有关人事事项。会议同意杨建华担任市政协办公室主任，杨军任市政协人口和资源环境委员会主任，胡良政任市政协提案委员会主任，同意免去包家云市政协常委、政协办公室主任职务，免去徐海礁市政协人口和资源环境委员会主任职务，免去胡乐天市政协提案委员会主任职务。会议第二阶段，进行资政发言，宣读调研报告（讨论稿），各调研组进行大会发言并座谈，听取优化经济发展环境建议案（草案）情况说明，通过调研报告（讨论稿）和建议案（草案）。

2016年6月15日，召开了市政协九届二十八次常委会议。会议期间进行了实地考察，听取开发区、发改委、经信委关于基地建设情况汇报，并进行座谈。通过有关人事事项，会议同意王舒毅任市政协专委会办公室副主任。

2016年9月2日，召开了市政协九届二十九次常委会议。会议听取市政府上半年经济工作及财政预算执行情况通报。

2016年11月2日，召开了市政协九届三十次常委会议。通过有关人事事项，会议同意祝定任市政协研究室副主任。会议学习中共十八届六中全会公报，通报2016年政协机关工作开展情况，部分常委作交流发言。

2016年11月25日，召开了市政协九届三十一次常委会议。会议审议《政协宁国市第十届委员会组成若干问题决议（草案）》，传达学习中共十八届六中全会、省第十次党代会精神。

2016年12月21日，召开了市政协九届三十二次常委会议。会议协商市政府、市法院、市检察院工作报告（征求意见稿），协商《宁国市2016年国民经济和社会发展计划执行情况及2017年计划安排的报告》《宁国市2016年财政预算执行情况和2017年财政预算草案报告》，审议市政协九届常委会工作报告（讨论稿）、提案工作情况报告（讨论稿），听取市委督查室和市政府督办室关于市政协2016年协商意见办理情况通报，审议通过市政协九届五次会议优秀提案、承办提案先进单位和先进个人建议名单，审议通过关于召开市政协十届一次会议的决定，审议通过市政协十届一次会议议程、日程（草案），协商通过市政协十届委员会委员名单，协商通过市政协十届委员会常委委员候选人建议名单（草案），协商通过市政协十届委员会关于界别和委员组成的决定，审议通过市政协十届一次会议主席团、主席团常务主席和秘书长、副秘书长建议名单，审议通过市政协十届一次会议提案审查委员会建议名单（草案），审议市政协十届一次会议选举办法（草案）。

【全市政协宣传信息工作会议】 5月16日，全市政协宣传信息工作会议召开。市政协主席饶培康、市政协副主席万辉出席会议，会议由万辉主持。传达学习相关文件精神，并就政协新闻宣传工作和社情民意知识进行专题辅导。饶培康在会上指出，2015年以来，全市政协宣传信息工作紧紧围绕党和政府的中心工作，不断拓展宣传阵地，改进宣传形式，政协的社会影响力也在不断提升。但是，在肯定成绩的同时，我们也要清醒地认识到市政协工作仍存在宣传效果还不够好、宣传层次还不够高等问题。他要求，全市各政协组织、各参加单位要不断增强做好政协宣传信息工作的责任感、使命感，进一步突出重点、明确任务，强化领导、完善机制，切实把思想问题解决好，把方法措施研究好，把工作机制完善好，努力把全市政协宣传信息工作提高到一个新水平。市政协各专门委员会主任、各乡镇（街道）政协工委负责人、政协宣传信息员参加会议。

考察调研

【村级财务管理工作情况考察】 2016年3月31日，市政协九届四十次主席会议暨村级财务管理重点协商会召开。会上，市农委汇报村级财务管理工作总体情况，相关职能部门及部分乡镇（街道）结合工作实际，就村级财务管理工作情况进行汇报。与会人员还就村级财务管理工作存在的问题提出意见和建议，并形成《关于加强村级财务管理工作的协商意见》报送市委、市政府，供决策参考。

【加强档案管理工作情况考察】 2016年3月30日，市政协特邀、妇联、青联界别部分委员赴市档案局就加强档案管理工作进行协商，市政协主席、市委政法委书记饶培康，副主席金文忠，秘书长熊宁东应邀参加。会议就加强档案管理工作提出一些建议，并形成《关于加强档案管理工作的协商意见》报送市委、市政府，供决策参考。

【促进民族村寨保护与发展情况考察】 2016年4月19日，市政协民族宗教界别部分委员赴云梯乡就民族村寨保护与发展工作进行协商，市政协副主席、统战部常务副部长万辉应邀参加。会议就促进民族村寨保护与发展工作提出一些建议，并形成《关于促进民族村寨保护与发展的协商意见》报送市委、市政府，供决策参考。

【加强农村污水治理工作情况考察】 2016年6月27—28日，市政协副主席、统战部常务副部长万辉率队赴浙江临安市、桐庐县考察农村污水治理工作情况，市政协经济委员会部分委员及市环保局相关负责同志陪同考察，并形成《关于加强农村污水治理工作的协商意见》报送市委、市政府，供决策参考。

【优化经济发展环境调研】 在“优化经济发展环境”专题调研工作中，市政协主席、副主席分别带队，组织相关单位和部分委员成立6个调研组，历时近4个月，深入26个部门调研，发放企业调查问卷900份，围绕宁国市经济发展环境现状、存在的突出问题及意见建议进行深入调研，形成1篇建议案、1篇调研总报告和10篇子报告，并召开“市政协优化经济发展环境”专题资政会，提出56条有针对性的建议。市委、市政府高度重视，主要领导对相关意见建议做出批示，加快组建“行政审批局”、探索行政审批“一局一章”、设立中介超市等建议都得到很好的采纳。

专委会工作

【文史工作】 2016年，学习和文史资料委员会与市地方志办公室、市文旅委合作，征集和出版宁国文史资料专辑《梨园今昔——皖南花鼓戏在宁国》《津河浮古——宁国儒释道三名家》两本书，均由市政协主席饶培康作序，《梨园今昔——皖南花鼓戏在宁国》全书分历史回顾、人物春秋、艺术探究、民间剧团、传统唱腔实录、新创唱腔实录、剧本选登几个部分，全面详细记载皖南花鼓戏在宁国的发展变迁过程，此书将对振兴宁国地方戏曲起到积极的推动作用。《津河浮古——宁国儒释道三名家》由宁国中学教师汪秋明编著，全书分上编仙翁葛洪、中编大慧宗杲、下编丞相吴潜。

5月19日，市政协文史委召开文史书稿评议会，确定2016年度宁国文史专辑出版计划。2016年，宣城政协文史委编辑出版《宣城记忆》一书，宁国市文史委承担组稿任务，征集资料7万字。

8月26日，市政协学习与文史资料委员会开展“城市公园文化植入”专题协商座谈会，听取市规划局、市住建委园林局关于城市公园建设文化植入规划的汇报，委员们提出许多好的意见和建议。9月、10月，市政协学习与文史资料委员会，积极发挥存史、资政的重要职能，为宁国“小三线”浮雕墙文化内容、宁阳公园《古代宁国》浮雕墙文化内容、烈士陵园大门旁浮雕墙上红色文化内容提供文史资料参考，通过撰写社情民意信息为市委、市政府决策提供准确、客观的文史资料。

【宣传工作】 充分利用报刊、网络、电视等宣传形式，及时做好市政协各项重点工作的对外宣传。制定出台《市政协宣传信息奖励办法》，充分调动宣传信息员和机关干部做好宣传工作的积极性和主动性，宣传信息稿件数量和质量显著提高。5月，承办“协商民主在宣城——走进宁国”新闻采访活动，形成各类高质量的信息稿件11篇，并在人民政协网、《江淮时报》、《宣城日报》等媒体刊发，全方位、多角度展示宁国市政协在协商民主、协商议政、资政建言、提案办理、民主监督等方面的工作经验和成效，不断提升政协工作的社会影响力和关注度。7月，完成第三、四期《宁国政协》期刊的编发工作。在《江淮时报》刊登宣传信息12条，上报刊登省政协网站动态信息160篇，位于全省各县市区第一名。市政协上报并刊登宣城市政协网站动态信息126篇，位于宣城各县市区第一名。9月，在全省政协工作经验交流会上，被评为“2015—2016年度全省政协宣传工作先进单位”。全年市政协稿件被《人民政协报》采用1篇，《江淮时报》采用8篇（理论性调研文章2篇），《宣城日报》采用5篇，人民政协网采用3篇，中国宣城网采用1篇，安徽新华网采用1篇。

【社情民意】 5月，制定《市政协反映社情民意信息工作实施办法》，成立反映社情民意信息联络员队伍，并召开市政协宣传信息工作会议，开展社情民意信息业务培训，为提高社情民意信息撰写质量奠定基础。引导广大委员和社情民意信息联络员深入基层一线，及时了解反映群众的呼声愿望和利益诉求，切实发挥下情上传的“直通车”作用。全年收到社情民意信息100余条，向市委、市政府上报社情民意信息22篇。其中，《关于加强校园周边液化气站点监管工作的建议》《关于尽快在文化大世界前设立临时公交站台的建议》《关于在宁阳公园建设“古代宁国”浮雕文化墙的建议》等一批社情民意信息及时得到采纳和落实。《关于加强农村污水治理工作的几点建议》《关于创建国家卫生城市工作的几点建议》等社情民意信息被宣城市政协采用，《关于加强农业保险工作的几点建议》被省政协采用，并得到分管副省长的批示。

【提案工作】 市政协九届五次会议以来，收到政协提案150件，经审查，立案136件，转作议政建言10件。为推动提案办理落实，年初，在坚持市委、市政府领导批办重点提案和市政府领导、市政协领导领衔督办重点提案的基础上，提请市委出台《市委常委领衔督办政协重点提案实施办法》，并筛选出重点提案23件，分别提请市委、市政府批办，市委、市政府领导和市政协领导领衔督办。8月5日，市委书记王普带头对其领衔督办提案《关于完善重大疾病社会救助体系的建议》进行现场督办，有效推动重点提案的办理落实。出台《市政协提案办理工作年度绩效考核暂行办法》，将提案办理工作考核结果作为市直单位年度目标管理绩效考核依据，并实行提案质量、提案办理质量双向评议，进一步增强提案承办单位办理提案的责任意识，为增强提案办理实效打好基础。

2016年度优秀提案情况一览表

表14

序　号	提案名称	提案单位(人)
1	关于教育高质量人才引进策略的建议(74号)	民盟宁国总支(朱国盛、李鸣)
2	关于加强金桥社区宁国花园居家养老中心政策宣传和资金扶持的建议(97号)	民盟宁国总支(吴俊芳等)

续表 14

序号	提案名称	提案单位(人)
3	关于加快推进"科教兴市"战略的建议(23号)	工商联
4	关于完善重大疾病社会救助体系的建议(96号)	胡　敏
5	加强劳动保护,科学防治尘肺病(106号)	吴艳玲
6	关于引导农业企业规避经营风险的建议(60号)	尤春萍
7	关于进一步推进我市"中华诗词之乡"创建的建议(33号)	程燮平
8	关于加强村级财务管理的几点建议(62号)	戴安丽
9	关于宁国市汽车零部件核心基地建设"十三五"规划的建议(88号)	宋玖月
10	关于改善环卫工人工作条件的建议(45号)	王爱琳
11	关于加强老旧小区基础设施建设的建议(17号)	陈美元
12	关于制定出台《关于扶持引导宁国市发展"众创空间"的优惠政策》的建议(103号)	赵从群、操宝舟

重要提案

【关于完善重大疾病社会救助体系的建议】 市政协九届五次会议第96号提案，提案人胡敏，承办单位市民政局。宁国市将积极争取上级财政加大补助和本级财政加大投入医疗救助资金，根据财政资金投入情况适时调整医疗救助政策，提高救助水平，扩大救助覆盖面；适时开展慈善捐赠活动，募集慈善资金，加强社会力量参与社会救助力度；利用救助申请家庭经济状况核对平台，与社会救助参与部门加强配合，共享救助信息，力求医疗救助等社会救助公平有效实施。

【关于引进教育高质量人才策略的建议】 市政协九届五次会议第74号提案，提案单位民盟宁国总支，承办单位市人社局。提案与市委、市政府决策不谋而合，市委、市政府高度重视，近年来教育和人社部门已经在公开招聘、人才引进、聘用免费师生、岗位设置政策上向宁国中学倾斜，每年为宁中补充教师5～8人。

【关于加强村级财务管理的几点建议】 市政协九届五次会议第62号提案，提案人戴安丽，承办单位市农委、财政局。市委、市政府正多措并举发展壮大村集体经济，开展农村集体资产股份合作制改革，建立村集体经济组织。明确村党支部、村委会、村集体经济组织三者之间的关系，形成在村党组织的领导下、村委会自治管理与村集体经济组织自主经营的新格局，从而规范村级财务管理。

【关于宁国市汽车零部件核心基地建设"十三五"规划的建议】 市政协九届五次会议第88号提案，提案人宋玖月，承办单位开发区管委会。承办单位认真办理，致力打造核心基础零部件产业集聚发展基地示范工程，不断加快"调转促"步伐，提升产业层级，促进产业结构不断优化。

【关于申报建设海绵城市的建议】 市政协九届五次会议第8号提案，提案单位民盟宁国总支，承办单位市住建委。宁国市正在积极推进海绵城市理念的学习、植入以及海绵城市建设。具体行动方案是在已建成的公园绿地中，遵循低影响开发的原则，从绿量、地形与水体、生态铺装三个方面入手，打造城市绿地海绵体。

【制定出台《关于扶持引导宁国市发展"众创空间"的优惠政策》的建议】 市政协九届五次会议第103号提案，提案人赵从群、操宝舟，承办单位市科技局、财政局。2015年12月11日，宁国市第一家众创空间——梦想故事汇正式成立。至2016年年底，已入驻创客超过90人，在孵项目31家。另一家以电子商务为主题的"青年众创孵化基地"项目也正在稳步推进之中。此前，科技局会同工商联进行了多轮前期论证、赴外地学习调研，经过多次讨论座谈，已形成了初步的实施方案，以科技局和工商联联合行文报市政府研究。科技局已拟定《宁国市众创空间备案管理实施办法（试行）》，从备案管理、政策资金扶持、绩效考核等方面进行了明确和规范。

（彭　飞）

民主党派·工商联·人民团体

Democratic Parties, Industrial And Commercial Association & Mass Organizations

· 民主党派
· 工商联
· 人民团体

民主党派

·中国民主同盟宁国总支·

【概况】 2016年，民盟宁国总支组织盟员学习中共十八届六中全会相关文件，学习《中国民主同盟章程》和《中国共产党领导的多党合作和政治协商制度建设的意见》。组织盟员参加安徽省"兴盟杯"基础教育征文活动，投稿2篇；组织参加民盟宣城市委成立10周年征文活动并获优秀奖1篇，参加民盟省委"纪念费孝通逝世10周年"征文获一等奖1篇。

调查研究。2016年围绕全市经济建设和社会发展热点开展调查研究，先后到仙霞中学、胡乐小学调研并向两校捐赠教学用品。9月23—25日，民盟宁国总支到徽州开展特色旅游调研，撰写调研报告《徽州旅游调研报告之民宿调查》。全年提交提案、议案15篇，撰写社情民意9篇。

社会服务活动。2016年，与市司法局在南山街道开展"黄丝带"帮教活动，为帮教对象提供健康咨询服务。同年还开展"烛光教育千人行"和到市老年大学开展普法宣传等社会服务活动。

截至2016年年底，民盟宁国总支下有3个支部，共有盟员31人。其中，具有大学本科以上学历的28人，中级职称的9人，高级职称的16人；担任宣城市人大代表1人，宣城市政协委员2人；1人担任宁国市人大代表并任常委会委员；担任宁国市政协委员5人，其中，常委会委员2人。10月底，民盟宣城市委换届选举大会上，民盟宁国主委朱国盛被推荐为民盟宣城市第三届委员会委员兼医疗卫生委员会主任。是年，宁国总支被民盟宣城市委评为参政议政先进集体，6人被民盟宣城市委评为宣城市优秀盟员，3人被民盟宣城市委评为宣传信息工作先进个人。

【参政议政】 2016年1月宁国市"两会"期间，民盟宁国总支的人大代表和政协委员共提交提案、议案15篇。其中，朱国盛、李鸣晓撰写的《关于教育高质量人才引进策略的建议》、胡敏撰写的《关于完善重大疾病社会救助体系的建议》、吴俊芳撰写的《关于加强金桥社区—宁国花园居家养老中心政策宣传和资金扶持的建议》共3篇提案被评为宁国市政协2016年"优秀提案"。梁燕撰写的《关于强力推进乡村旅游发展，提升旅游从业人员素质的建议》被列为宁国市人大代表听证议题。

组织盟员反映社情民意。2016年，杨冬翠上报7篇，有1篇被宣城市政协采纳获宁国市政协表彰；瞿国庚上报2篇，其中，《尊重民办学校市场属性，为民办高中单独划线》一文被宣城市政协采纳获宁国市政协表彰，另一篇《关于对"毁林种茶"现象进行跟踪调研的建议》被宁国市政协采纳。

（吴俊芳）

工商联

【概况】 2016年，市工商联围绕"领导班子好、组织建设好、工作机制好、作用发挥好、基本保障好"（简称"五好"）五个方面的工作目标，践行"两个健康"（大力促进非公经济健康发展和非公经济人士健康成长）工作主题，坚持"精心组织，以创促建"的原则，推进创建全国"五好"工商联活动，6月份，被中华全国工商联评为全国县级"五好"工商联。

开展基层商会建设。2016年，市工商联召开全市基层商会工作会议，交流基层商会服务会员企业的先进做法。加强基层商会考核指导，按照《宁国市基层商会管理办法》，兑现基层商会奖励资金18万元，推进基层商会"有人员、有场所、有牌子、有制度、有经费、有活动"（简称"六有"）为主要内容的乡镇商会规范化建设。截至年底，全市建立基层商会14家，全部实现"六有"。市工商联有执委企业180家，其中A股上市企业7家。

截至2016年年底，市工商联（总商会）承担参政议政、代表并维护会员的合法权益、反映会员的意见、要求和建议等职能，并为会员提供信息和科技、管理、法律、人才、融资、咨询、考察培训、对外交流等服务。内设办公室，共有工作人员5名。下设"宁国市非公经济发展服务中心"，为全额拨款事业单位，有工作人员3名。

【全市民营经济发展情况】 2016年，全市实现规模以上工业总产值518.8亿元，增长10.5%；完成民间投资259.4亿元，增长率高于全省增长率（15.3%）6.5个百分点，总量占全部固定资产投资的77.6%。全市民营经济创造了全市70%的社会投资和税收、80%的国内生产总值、90%的社会销售总额和100%的进出口贸易，为全市经济社会持续健康发展提供重要支撑。是年，5家企业入围2015年安徽省民营企业营业收入百强、纳税百强、进出口总额百强榜单。其中，安徽中鼎控股（集团）股份有限公司营业收入总额、纳税总额、进出口总额分列全省第5、7、4名；安徽亚夏实业股份有限公司营业收入总额、纳税总额分列第9、40名；安徽省司尔特肥业股份有限公司营业收入总额、纳税总额、进出口总额分列第17、80、79名；宁国双赢再生资源有限公司纳税总额列83名；亚新科噪声与振动技术(安徽)有限公司进出口总额列76名。

【优化民营经济发展环境调研工作】 2016年,市工商联聚焦民营经济发展难题,以优化民营经济发展环境为目的,先后组织开展全国工商联"上规模民营企业调研",省工商联"民间投资情况调研"及"民营企业百强排序"活动,以及宣城市工商联"企业降成本"等调研活动,撰写调研报告5篇。其中,《关于要求改善河沥园区企业用水状况的建议》获得市政府领导的肯定与批示,《关于降低企业社会保险费率,调整企业工伤待遇支付项目的建议》经"工商联直通车"提交给省工商联,同时为宁国市出台扶持民营企业"1+1+5"产业政策提供决策参考,为有关部门出台降低企业成本、优化经济发展环境的相关政策提供参考。

【民营企业家守法诚信教育实践活动】 2016年,根据中央统战部、中华全国工商业联合会的部署要求,市工商联制定下发《宁国市关于以守法诚信为重点深入开展理想信念教育实践活动实施方案》,先后开展"民营企业家守法诚信书画作品展"、法律知识专题讲座、"守法诚信教育实践活动倡议书"等系列活动。联合市文明办开展文明企业创建工作,引导企业优化环境卫生,倡导文明诚信经营,弘扬志愿服务精神,培育企业先进文化。联合市法院、人社局、总工会等部门,在企业合法经营、构建和谐劳动关系、劳动纠纷仲裁、工资集体协商等多个方面开展合作,引导会员企业自觉守法、诚信经营。

【会员企业帮扶】 2016年,市工商联定期走访执委企业,关注企业及重点项目建设进展情况,帮助解决遇到的困难及问题。解决企业招工难题,免费宣传用工信息并协助举办招聘会,签订就业协议5000余份。联合市中行、邮储银行分别在万家商会、甲路商会及安徽安迪速食食品有限公司共举办银企对接会3场。开通"绿色通道",协助企业融资2000余万元。开展法律服务工作,先后组织企业参加省工商联举办的"法律服务能力建设暨仲裁法律制度推广培训班""法律服务能力建设暨构建和谐劳动关系培训班";全年接受法律咨询、参与劳动仲裁、协调解决非公企业纠纷50余起。开展民营企业推介活动,先后组织企业参加安徽省项目推介会、中韩经贸洽谈会等商务活动。开展以商招商、以企招商,先后赴淮南、台州、杭州等地开展招商活动,签约云间茶庄F2C(从厂商到消费者的电子商务模式)项目并已开工。

【会员企业政策信息服务】 2016年,市工商联邀请执委企业加入宁国市"政企通"平台,该平台由开发区管委会负责管理,统一由其发布市政府政策信息。市工商联与市开发区管理委员会经济发展局合作,将"政企通"服务平台使用范围扩大至所有工商联执委企业,帮助企业及时了解政府出台的最新政策信息。利用商会网站、微信公众号、《宁国商界》宣传商会动态和会员企业风采,传送政策信息。全年编印《宁国商界》2期1500余册免费向会员企业赠阅。是年,市工商联被评为安徽省工商联系统宣传工作先进单位。

【会员企业培训】 2016年,市工商联实施青年企业家培养工程,与市开发区管委会、团市委联合举办宁国市首届青年企业家论坛。推荐16名青年企业家担任宣城市青年商会理事候选人。10月,联合市委组织部、统战部、党校举办"上海财经大学·宁国市2016年非公经济新生代暨调转促专题培训班"。

先后组织企业参加中国人民大学企业管理公益讲座、2016(第四届)安徽民营经济发展与管理论坛,系统学习"新三板与中小企业金融创新""最新宏观经济政策解读"等课程。

【光彩事业】 2016年,市工商联开展"千企帮千村"精准扶贫活动。根据《安徽省民营企业"千企帮千村"精准扶贫行动实施方案》,宁国市在凤阳县至少要帮扶5个贫困村。5月,到凤阳县工商联开展对接活动,双方就精准扶贫方式进行交流讨论;6月在全市基层商会工作会议上进行动员部署,引导有条件的民营企业采取产业扶贫、技能扶贫、就业扶贫、公益扶贫等方式参与精准扶贫帮扶活动。

开展访贫问苦活动。春节前夕,组织工商联界别政协委员到青龙乡敬老院、青龙村特困群众慰问,赠送价值3.6万元的慰问品。

开展救灾捐赠活动。宣城市进入6月后连降暴雨,导致宣城市宣州区等5个县市区多次遭受严重洪涝灾害。市工商联向全市民营企业及非公经济人士发出倡议书,号召大家帮助宣州区受灾群众及早渡过难关、重建家园。其中,中鼎公司捐款500万元,司尔特公司捐赠100万元,市公益联盟、市美食协会向灾区捐送被子、衣物、食物、饮料等生活急需用品价值12万多元,詹氏、亚新科、华晟塑胶公司等企业也向灾区捐献救灾物资。

组织工商联执委履行社会责任,参与捐资助学、扶危救困、精准扶贫等光彩事业。是年，中鼎、司尔特等民营企业参与公益事业共计捐资达1000余万元。

【“香味飘飘·百笋百味”中国·宁国百笋宴系列活动】 于2016年11月27—28日举行，活动由市文旅委和市工商联主办，新华鸿传媒公司创意策划，宁国市美食协会承办，是“旅游发展提速年”重要内容之一。宁国是“中国元竹之乡”，活动围绕宁国地方特产——竹笋展开，均以笋为食材，体现宁国笋文化。以“香味飘飘·百笋百味”为主题，旨在为宁国市“旅游发展提速年”推介具有文化底蕴的宁国特色菜肴和美食文化。活动分农家乐厨艺大赛和美食协会会员作品展示两个阶段进行。11月27日，农家乐厨艺赛在宁国农批临时市场举行，共有24名星级农家乐厨师参加总决赛，展示宁国百笋宴农家菜菜肴作品48道。一道极具畲族风味的美食“畲乡特色乌米饭”获得农家乐厨艺大赛一等奖。11月28日，百笋宴展示活动在恩龙世界木屋村举行，宁国市美食协会各会员单位的76名厨师提交展示作品，展示宁国百笋宴菜肴作品148道。

（华数理）

人民团体

·宁国市总工会·

【概况】 2016年，宁国市委将工会工作纳入全市党建工作考核，市总工会制定了市直单位和乡镇（街道）工会工作目标考核细则，并开展年度考核。全年新建工会56家，新加入工会会员7165人，15家工会达到“六好”工会标准，在全市党的群团工作会议上对15家“六好”工会和106名优秀工会工作者进行了表彰。

开展工会干部培训与工作交流活动。在浙江省总工会干部学校举办工会干部培训班，部分乡镇（街道）工会、系统工会、行业及企业工会负责人和工会干部58人参加培训。全年先后举行全市市直机关工会半年工作交流会议、乡镇工会半年工作交流会、规模企业工会工作现场交流会和组织部分工会干部到发达地区考察学习。

同年，市总工会增设市创建文明行业活动指导委员会办公室（简称文行办），为全额拨款事业单位，定编2人（新增1人，内部调剂1人）。截至年末，全市有工会组织1632家，其中，开发区总工会1家，乡镇总工会2家，乡镇（街道）工会联合会4家，乡镇（街道）工会工作委员会13家，市直系统工会18家，企业、社区（村）和其他机关、事业单位工会1594家，有会员88433人。工会组建率92%，职工入会率93%。市总工会机关下设办公室、经济保障部、组织宣传部，下辖工人文化宫、职工维权帮扶中心、文行办3个事业单位，有正式在编人员10人，其中1人挂职中鼎公司。

图7 2016年4月8日，宁国市召开党的群团工作会议

【农民工集中入会】 2016年，全市发展农民工入会15090人，全市农民工入会总数达52469人，超额完成宣城市总工会下达的农民工入会工作任务，顺利实现“三年任务两年完成”目标。

【厂务(事务)公开】 2016年，全市开展民主评议、厂务(事务)公开的单位1062家(其中：事业单位95家，国有企业4家，非公有制企业963家)。公开形式主要以职代会和职工大会为载体，以公开栏、明白墙为阵地，以厂情发布会、职工座谈会、党政工联席会、广播与黑板报为补充形式，定期公开与随时公开相结合。

【工资集体协商】 2016年3月，全市工会系统开展工资集体协商“要约行动月”活动，新签订合同19份，历年累计签订单项集体合同308份、行业集体合同2份、区域性集体合同30份，覆盖962家企业，签订率85.8%。

【“八送”服务职工活动】 2016年，市总工会继续组织开展“八送”活动服务职工。

春送岗位：参与“宁国市2016年春季人力资源招聘会”组织宣传活动，市总工会帮扶中心接待介绍职业352人次。

夏送清凉：走访慰问重点工程建设项目、环卫工人、交警等高危、高温作业单位17家，慰问送物品价值6.47万元。全市各级工会积极响应，普遍落实防暑降温措施。

秋送助学：8月30日举行第十九届“金秋助学”资助仪式，向34名应历届困难学生发放助学金12.4万元，并向各位困难学生赠送励志书籍。

冬送温暖：元旦、春节期间慰问困难职工778户，共发放慰问金38.9万元。此外，全年生活救助102人，共帮扶金额19.3万元；医疗救助79人，共帮扶金额30.43万元。

送法律进企业：帮扶中心律师咨询窗口每周一安排律师坐班，免费为职工提供法律咨询和法律援助，接待职工来访256人次。启动“七五”普法宣传，结合工会活动宣传《中华人民共和国工会法》《中华人民共和国劳动法》等法律法规，发放相关材料1万余册。是年被评为“2011—2015年全市法治宣传教育先进单位”。

送图书进企业：协同市新华书店在规模企业和社区推进标准化职工书屋(书吧)建设，建成开发区总工会图书室等宁国市职工书屋5家。是年，安徽红桥金属制造有限公司图书室获得2016年安徽省示范点“职工书屋”称号，宁国市拓天电器有限公司、安徽红桥金属制造有限公司“职工书屋”获得2015年宣城市示范点“职工书屋”称号，宁国市民生纸业有限公司、宁国经济技术开发区总工会“职工书屋”获得2016年宣城市示范点“职工书屋”称号。

送文化进企业：免费在企业、工业园区、职工居住集中区放映电影98场，其中有10场电影放映前还举行了工会知识、文明创建、法律知识有奖竞答活动。

送培训进企业：组建36名“外地培训师+本地知名培训人才”组成的培训师储备库。根据职工需求和企业需要选择培训内容，联合市人社局举办培训13场，参训企业46家，近3000人参训。

【宁国市2016年度职业技能大赛】 于4月27日—6月3日举行。大赛由市就业工作领导小组主办，市委组织部、市人社局、市总工会牵头安排、统筹协调，市工商联、金融办、商务局、教体局、经信委具体承办，宁国经济技术开发区、安徽材料工程学校、市文旅委、人行、文行办等单位协办，分餐饮、金融窗口、电子商务、教育和工业主导产业五大行业5个专场，分别在都市阳光酒店、市财政局、安徽材料工程学校、宁阳学校、得力汽车部件公司和中鼎公司等赛点举行。大赛围绕市委、市政府“三个年”活动及基地“调转促”工作部署共设置12个工种，与上年均不同，竞赛内容全部为实践技能操作，除保留工业主导产业行业外，调整其他4个行业。工种分别是：餐饮行

图8　2016年4月27日，宁国市2016年度五大行业职业技能大赛启动仪式在市世纪广场举行

业——中式烹饪、中式面点项目，市工商联承办；金融行业——现场点钞、数据录入项目，市金融办承办；电子商务行业——美工设计、营销策划项目，市商务局承办；教育行业——信息技术应用能力、语文老师素养项目，市教体局承办；工业主导产业行业——焊工、数控车工、橡塑产品组合包装、橡塑产品手工装配项目，市经信委承办。通过层层选拔，来自全市五大行业近500名选手参加比赛。12个竞赛工种共12人获冠军一等奖，第二、第三名共24人获二等奖，第四至第六名共36人获三等奖，获奖选手均被授予"宁国市技术能手"称号，市工商联、市金融办、市商务局、市教体局、市经信委获组织奖，前六名获奖选手、凡国家职业标准设置有高级工等级项目的、技术等级为中级工的可以直接晋升为高级工，在中级工以下的可以直接晋升为中级工。

【区域、行业劳动竞赛】 4月12日下午，宁国经济技术开发区总工会和团工委在开发区幼儿园演播大厅举行开发区首届"众益杯"人才强区辩论赛。市卫计委系统工会7月举办全市基层卫生岗位技能大赛，9月组织参加宣城市卫生应急处置技能竞赛。市教育系统工会全年开展了10场教学大赛。

2016年，安徽江南化工股份有限公司宁国分公司被评为安徽省劳动竞赛先进集体，安徽宁国晨光精工股份有限公司被评为安徽省工人先锋号，安徽省宁国市飞达电气科技有限公司曾庆伟被授予安徽省五一劳动奖章。4月26日，司尔特公司金政辉、天思食品公司陈宁、港口山门村程守法、保隆公司仇志敏、中鼎公司李家福、高德韦尔公司李宁徽6人被评为宣城市劳动模范，云梯中心小学叶巧荣、市公安局交通管理大队程新建、宁国市林业局林业技术服务中心吴志辉3人被评为宣城市先进工作者。4月29日，安徽中鼎密封件股份有限公司夏迎松被授予全国五一劳动奖章。

【劳模服务管理】 2016年12月23日，市总工会对市福利院、司尔特公司、聚隆公司3家已正常开展工作的宁国市级劳模创新工作室进行授牌。同年，市人民医院程朝晖劳模创新工作室被评为宣城市劳模创新工作室。

是年春节，市总工会组织慰问全市各级劳模63人，其中市领导上门慰问困难劳模6人。全年为5名困难省部级农村劳模发放生活补助2.4万元，为3名困难全国劳模发放"三金"（春节慰问金、低收入补助金、特殊困难帮扶金）8.8836万元，为16名困难省部级劳模发放"三金"11.5万元，为2名困难宣城市劳模发放低收入补助0.36万元；组织4名劳模参加疗休养。

【职工互助互济保障】 2016年，全年12124名职工参加互助保障，保险金额达561722元；赔付女职工互助保险出险18起，赔付金额12.62万元。

【女职工工作】 2016年，市总工会开展关爱行动，为20名困难女职工送温暖共计2万元；医疗救助困难女职工5名共计1.6万元。3月7日举办第二届庆"三八"职工工间操比赛，19支代表队参赛。"三八"节期间在天成电气公司举办以"中华养生——妇女养生保健"为主题的健康保健知识讲座。"六一"期间分别到市福利院、西津小学、宁阳学校、东津小学、妇联幼稚园看望留守儿童。是年，聚隆公司职工王银银被评为安徽省女职工"岗位建功成才行动"先进个人。

【"安康杯"安全生产知识竞赛活动】 2016年4—5月，市总工会、安监局组织全市企事业单位参加"安康杯"安全生产知识竞赛活动，全市企事业单位共计参赛班组1428个，参赛职工37527人。是年，保隆（安徽）汽车配件有限公司被评为2014—2015年度全国"安康杯"竞赛优胜班组，安徽飞达新材料科技股份有限公司被评为2015年度安徽省"安康杯"竞赛优胜单位，宁国飞鹰汽车零部件股份有限公司离合器车间装配班组被评为2015年度安徽省"安康杯"竞赛优胜班组。

【劳动权益保护】 2016年，市总工会配合有关部门调处劳动合同纠纷63起，参与安全生产事故调查处理3起。

【工间操活动】 2016年5月，为创建国家卫生城市，深入贯彻落实《全民健身条例》，市总工会、教体局与市直工委、市爱卫会办公室联合下文在全市机关和企事业单位开展工间操（第九套广播体操）活动。全年举办工间操领操人员培训班2期，近百名学员参加培训，开展督察通报2次，倡导积极健康的工作方式，促进干部职工身心健康。是年，全市有100余个单位、5000余人参加工间操活动。

【职工文体活动】 2016年1月1日，市总工会与市教体局、工行联合举办第二十六届环城长跑，800多名职工、市民参加比赛。4月29日晚，由市总工会主办，经济技术开发区总工会承办的庆五一"劳动者之歌"文艺晚会在南山公园举行，晚会分"劳动美""创业美""和谐美"3个部分共15个节目，市领导、劳模代表与职工、市民1万多人观看演出。5月4—6日，与市地税局、教体局联合举办第十届“地税杯”五一职工乒乓球比赛，17支代表队、112名选手参赛。与市文联联合主办“聚焦劳动者”摄影比赛活动。10月，与市教体局、市农商行联合举办第三届“宁国农商行杯”羽毛球比赛，全市28支机关、企事业单位代表队300余名运动员参加比赛。组织全市职工参加宁国市第三届全民健身运动会。

【“聚焦劳动者”摄影比赛】 于2016年2月5日开赛，由市总工会、市文联联合主办，历时两个多月于五一前夕圆满结束。比赛旨在促进全市文明创建工作，以崇尚劳动，造福劳动者，关注、记录、讴歌社会的劳动者，展示劳动者生活之美、创造之美、奉献之美，定格人情冷暖，体现人文关怀为题材。比赛共收到全市摄影家及摄影爱好者的200余幅作品，经专家评选，评出相机组一等奖2名、二等奖4名、三等奖6名；评出手机组一等奖2名、二等奖4名、三等奖10名。

【文明窗口行业创建】 2016年，市文行办细化量化窗口实地考察考评细则，牵头指导全市21个行业、24个主管单位、147个窗口的文明创建工作。全年举办创建座谈会5次、观摩交流5次，督察7次，问题整改督办12次，督促整改问题1295个；印发创建简报42期，制作巡查专题片3个，发放问卷调查1000余份，开展窗口模拟检查2次，邀请第三方测评开展窗口检查2次，进行窗口细则培训400余人次，志愿服务常态化开展，有效提升全市窗口行业创建水平。

（梅全树）

·共青团宁国市委员会·

【概况】 2016年，团市委全力实施“创业宁国，青春行动”“美丽宁国，青春足迹”“文明宁国，青春给力”“幸福宁国，青春相伴”“效率宁国、青春加速”五大工程，开创全市共青团工作新局面。

推进青年工作网络新媒体阵地建设。完成“青年之声”手机微邦互动社交平台组建工作，开展“一网、两微、三群”（宁国青年网，“宁国青年”官方微博、“宁国青年”官方微信，宁国团委群、3690青春联盟群和宁国学校少先队群）新媒体工作阵地的日常更新工作，指导基层团队组织开通微博、微信60余个，“宁国青年”微信受众6000余人，发布微信251条。

开展全市青少年综合服务平台建设。按照全团关于建设青少年综合服务平台工作的要求，全市建成19个公益性、综合性青少年综合服务平台，其中，示范性青少年综合服务平台1个，即“快乐时光”上海花苑社区儿童活动中心。

加强青少年思想道德建设。2016年，团市委举行纪念五四运动97周年表彰大会暨“榜样的力量”优秀青年事迹报告会。全年全市各级团队组织先后开展“我的中国梦”“青春与法治同行”“红领巾相约中国梦”“核心价值观记心中”等主题活动500余次，直接影响覆盖青少年1万人次。

志愿服务工作改革全面启动，完成原市社会管理服务中心承担的志愿服务管理职能划入交接工作。

推进青年创业服务工作。先后举办首届宁国市青年创业设计大赛、首届青年企业家论坛活动。创新青年创业贷款形式，启动徽商银行青年创业小额贷款项目，全年发放贷款60余批次，累计贷款200余万元。与市人社局继续联合开展大学生暑期实习活动，共征集大学生实习岗位55个，安排大学生实习53名。

加强团组织建设。2016年发展团员1845名，评选表彰2015年度宁国市“五四红旗团（工）委”9个、“五四红旗团支部”28个、“优秀共青团员”58名、“优秀团干”31名。是年，仙霞初级中学团支部被评为2015年度全国“五四红旗团支部”。截至年末，团市委内设有办公室、组宣部，承担组织实施市委、市政府和上级团委部署的以青少年工作为主体的各项任务，负责全市团的组织建设，加强青少年活动阵地建设及对全市少先队工作的领导和全市志愿服务管理等职能，工作人员4名。全市有团员23232人，基层团组织663个。其中，基层团委150个、基层团工委1个、团总支5个、团支部507个。

【“青年之声”手机微邦互动社交平台组建】 2016年，团市委开展完成全市“青年之声”手机微邦互动社交平台▲的组建工作，共招募1300名专兼职团干部、相关领域专家学者组建平台专家团队。平台设有青年成长、健康、创业、志愿、心理、国学、就业、维权、婚恋以及爱心传递服务十大服务体系，旨在“反应青年呼声，回应青年诉求，维护青年权益，服务青年成长”。截至年底，全市各乡镇（街道）、各村及社区“青年之声”平台全部投入使用，全市“青年之声”浏览量320余万人次，点赞量3500个，平台留言提问3500余条。

▲“青年之声”手机微邦互动社交平台：由共青团中央指导、团中央网络影视中心与中国青年网承建，是青年与团中央互动社交的大型平台，于2015年4月28日正式开通上线。手机微邦是用来添加向青年推

广“青年之声”平台与解答困惑的地方团组织专家团队的网络平台。

【青年志愿服务】 2016年，团市委围绕全市文明城市创建，引导全市各级团组织开展“3·5”中国青年志愿者服务日系列活动，共有200余名青年志愿者参加。12月5日，团市委举行全市纪念第31个“国际志愿者日”广场活动暨壹基金温暖包发放仪式，部分社区志愿服务队、专业志愿服务队、社会组织共计24支队伍参加并举行志愿服务活动。围绕全市“旅游发展提速年”，以青年志愿服务为重点，团市委先后与有关单位联合策划主办“青春有约·玩转宁国”和“相思红豆邂逅老街”虞乐苑杯2016首届宁国胡乐户外旅游节等青年旅游宣传推介活动。

同年，先后承担“健康安徽”2016环江淮万人骑行大赛宁国站比赛、第二十八届全国职工射击大赛、第三届全民运动会等大型活动的志愿服务工作。组织各类青年志愿者参与“安全生产日”“禁毒宣传日”等主题宣传活动。

【“青春有约·玩转宁国”活动】 2016年，团市委助力“旅游发展提速年”建设，先后开展集志愿服务、旅游宣传、青年交友于一体的“青春有约·玩转宁国”品牌活动3次，共有320余人参加。

4月9日举行仙霞螺蛳湾站活动，由仙霞镇团委承办，主题为“重温红色经典，感悟仙霞自然旅游”，40余名团员青年徒步参加。6月19日，团市委与梅林镇政府联合主办，宁国同城资源共享平台承办，宁国天与地公司协办，在梅林镇阳山村举行梅林徽湖古道站活动。上午，160名青年分16组攀登徽湖古道，通过团队配合完成沿途文化创作、沿途垃圾收集、景点照片合影等游戏任务获取积分。下午分组举行撕名牌大战，为患病学生众筹治疗费用，并举行现场公益拍卖活动。8月20日，与甲路镇政府联合主办，宁国市灼阳农业发展有限公司承办，在甲路镇旭日休闲农业观光体验园举行“与子同行·乐动甲路”亲子体验活动，主题为“荷花韵 乡村情 甲路行”，体验分“田间采藕”和“捕鱼达人”两项，有36个家庭参加活动。

【“快乐时光”上海花苑社区儿童活动中心建成】 2016年，团市委整合资源，联合市社会管理服务中心、西津街道、市义工联合会申请上海联劝公益基金会项目资金，建设示范性青少年综合服务平台——“快乐时光”上海花苑社区儿童活动中心。4月在上海花苑A区物业综合楼开建，总投入26万余元(其中上海联劝公益基金会项目资金投入7.1万元，9月9日腾讯“99公益日”期间，该基金会又联合宁国市义工联合会为活动中心建设募集9万元的爱心款)。9月建成，该中心面积90平方米，具备开展图书阅览、电影放映、课外兴趣培养、安全知识讲座等功能。9月29日试运行，10月下旬正式对外开放。截至年末，该中心免费开展活动场所布置、图书阅览、儿童观影、书法兴趣小组、篮球兴趣小组、儿童性教育培训等各类活动80余次，参与人数累计430人次。

【关爱未成年人工作】 2016年，团市委探索开展“爱伴成长”志愿服务项目，印发《“关爱事实孤儿，爱伴健康成长”行动实施方案》，对全市事实孤儿进行搜集整理入档，联系真诚公益、新森爱心联盟等社会公益组织对60余名困难学生与事实孤儿进行慰问。全年资助学生60余名，结对20余名。对接国际知名公益基金会壹基金，为百名困境儿童提供冬季温暖包。以法治教育推进“青少年维权岗在行动”活动，实施“未成年人保护行动”。同年，宁国市获宣城市社会治安综合治理预防青少年犯罪工作综合考核第一名。

【爱心助学活动】 2016年，团市委与市教体局、市开发区管委会和市民政局、卫计委、工商联、总工会、妇联等爱心助学领导小组成员单位统一流程，确定由贫困学生个人申报，学校、村(社区)、乡镇团委和民政所分层审核把关的申报程序。全年募集“栋梁工程·圆梦大学”助学资金近50万元，全市近200名贫困学生申请，通过走访确定资助贫困学生123人。宁国市爱心助学活动开始于2007年，至2016年累计募集爱心捐款565.9万元，资助贫困学生3267人。同年，港口镇团委开展第九届“八月育才关爱行动”，募集爱心捐款2.8万元，资助13名贫困优秀学生上大学。

【宁国市首届青年企业家论坛】 于2016年4月29日在市区伯爵王朝大酒店举行，由宁国市青年企业家协会主办，团市委、宁国经济技术开发区总工会、市工商联协办，主题是“继承好传统，弘扬正能量”。市委、市人大常委会、市政府、市政协领导及相关企业代表、青年企业家协会会员、青年企业家代表、部分创业代表、相关单位负责人出席该活动。论坛邀请宁国市本土企业家代表、安徽亚夏实业股份有限公司董事长周夏耘，外地企业家代表、丝绸之路控股集团董事长凌兰芳，新生代企业家代表、安徽中鼎密封件股份有限公司总经理夏迎松结合自身发展情况作主题报告。邀请5位青年企业家代表进行主题对话。论坛还向全市青年企业家发出《继承好传统　弘扬正能量　再掀宁国创新创业新高潮——致全市青年企业家倡议书》。

【宁国市首届青年创业设计大赛初赛完成】 该赛于2016年7月启动，由市委组织部、团市委、市发改委、科技局、经信委、财政局、人社局、农委、商务局、文旅委、招商局、广播电视台、新闻传媒中心等部门联合主办，由徽行宁国南山支行、徽行宁国支行赞助，市青年企业家协会、市青年志愿者协会、梦想故事汇众创空间等组织协办，主题为“创业·创新·创优”，冠名“徽商银行”杯。初赛于12月27日在市区安徽材料工程学校报告厅举行，参赛选手汇集全市信息技术、互联网运用、文化创意、特色农业等领域行业的优秀企业和创业团队。比赛采用项目展示＋现场答辩的形式进行，选手就展示项目的运营情况、特色优势、发展前景等方面进行重点阐述。评委围绕个人能力、计划内容、项目评价三方面对选手的表现进行打分。最后8个涉及电商、旅游、服务业等领域行业的项目晋级决赛。

【志愿服务工作改革全面启动】 2016年7月13日，市编委会议研究决定将原市社会管理服务中心承担的志愿服务管理职能划入团市委；8月，团市委完成职能划入交接工作，负责全市志愿服务活动的总体规划、研究制定培育发展志愿服务组织政策和负责设计、协调、指导各类志愿服务活动及建立有关志愿者注册登记、星级评定、政策奖励标准等职责。同年，团市委根据《市委2016年全面深化改革工作要点》分工方案，牵头研究制定培育发展志愿服务组织政策，与市公安局、文明办、城管局建立了常态化开展城市公共文明劝导志愿服务机制。并践行“团干部＋社工＋志愿者”的工作模式，支持社会志愿服务组织发展。同年推动志愿服务社会化项目化运作，全年有50余家单位、爱心企业认捐20余个项目，认捐金额11万余元，为空巢老人、失独家庭、留守儿童、困难职工、残疾人等群体常年提供形式多样的志愿服务。全年全市围绕志愿服务项目设计、活动举办培训班641次，培训8.96万人次。加强对志愿者网站服务时长的审核认定，团市委还不定期对社区志愿服务站工作规范进行抽查，其结果纳入街道共青团工作考核。是年，市义工联合会“怡养家园”关爱失独家庭志愿服务项目、市春芽志愿者服务队分别被评为全省学雷锋志愿服务“十佳志愿服务项目”和“十佳志愿服务组织”。

宁国市志愿服务工作萌芽启动于2000年。2015年2月份成立市志愿者协会，组建志愿者之家负责统筹和指导全市志愿服务活动。截至2016年年末，各乡镇（街道）及市直各单位均建有志愿服务队伍，城区社区均建有志愿服务工作站，全市建立了“文明委统筹协调，团市委具体负责，志愿者之家、社区志愿服务站两级联动”的志愿服务工作机制。

（蔡樱良子）

·宁国市妇女联合会·

【概况】 2016年，市委将妇女组织建设纳入党建同部署、同考核，将领导重视、组织建设、队伍稳定、活动开展及作用发挥纳入乡镇（街道）党建考核内容，推进妇女组织建设。全年在“两新”组织新建立妇女组织10个，社区妇联全部配备兼职妇联主席。截至年末，全市市直机关妇委会28个、乡镇（街道）妇联19个、村妇联102个、社区妇联18个、企业妇联102个（其中非公企业妇联13个）、农合组织妇联6个，全市有妇联专职工作人员7人。市妇联内设有办公室、组宣部、维权发展部，另设有市政府妇儿工委办公室，共有工作人员8人，主要担负教育和引导广大妇女提高综合素质与全面发展、促进妇女创业就业、维护妇女儿童合法权益、关心妇女工作生活、发展妇联组织等职责。

开展“巾帼文明岗”创建活动，是年授予市供电公司营业大厅等10个岗位为“宁国市巾帼文明岗”。

实施巾帼维权行动。以《中华人民共和国反家庭暴力法》实施为契机，开展各个层次进社区、上街头宣传该法活动10余次。组织乡镇、社区妇联干部聆听法律讲座。将维权服务站所工作纳入年终对乡镇（街道）妇联的岗责考核。市妇联与市法院、检察院、司法局、教体局、团市委联合成立宁国市未成年人帮教基地。全年接待家庭类信访案件51起，办结率100%，提供法律援助2件。市妇联被授予“安徽省维护妇女儿童合法权益先进单位”称号。

实施巾帼关爱行动。实施妇女“两癌”（宫颈癌、乳腺癌）筛查项目，开展大病救助、贫困慰问、“春蕾女童”救助活动。全年开展育龄妇女宫颈癌免费筛查1万余人、乳腺癌免费筛查2000余人，30人获得救助；慰问贫困、留守妇女儿童200余人，送慰问金（含安徽省、宣城市妇联拨款）20余万元；开展大病救助35人，“春蕾女童”救助111人。

开展巾帼志愿服务，组织巾帼志愿者开展文明出行劝导、心理咨询疏导、帮扶助困关爱、邻里守望互助、维权律师志愿五大服务活动共计30余场次。7月，宁国市及周边部分县市(区)发生严重洪涝灾害,巾帼志愿者向灾区捐款捐物共计6.31万元。

继续在全市农村地区开展"十星清洁户"创建活动,与环境卫生综合整治工作同部署、同实施、同考核。部分乡镇(街道)将"十星清洁户"创建工作与环境综合整治工作打包,实行镇村干部联村包组责任制。举办"最美家庭·最美庭院"农村广场舞集中宣传月活动。全年"六星"级以上新挂牌46762户,挂牌率76.93%,比上年提高12.93个百分点;"九星"级以上户3840户,占总户数的8.21%。宁国市在宣城市农村环境卫生综合整治考核中名列前茅。市妇联被宣城市委、宣城市政府授予"十星清洁户"创建先进单位,许娇艳被评为宣城市"十星清洁户"创建先进个人。

同年,市妇联被安徽省妇联授予"2016年度全省妇联系统目标管理考核优秀奖"和安徽省"三八红旗集体"称号,市妇联汪慧勤、张春梅被授予安徽省"三八红旗手"称号。

【"两新"组织新建妇女组织工作】 2016年7月,市妇联联合市委组织部、市民政局印发宁国市《关于加强非公经济组织和社会组织中妇女组织建设的意见》,要求在非公经济和社会组织中建立妇女组织。是年,全市健全党建带妇建机制,共在"两新"组织中新建妇女组织10个(均为非公企业妇女组织),较上年的2个翻了两番多。

【妇女儿童发展规划中期监测评估报告完成】 2016年为推进《宁国市妇女发展规划(2011—2020年)》《宁国市儿童发展规划(2011—2020年)》中期目标顺利完成,市妇联牵头召开全市妇女儿童工作会议,汇报妇女儿童工作情况。9月,市人大常委会专题调研全市妇女儿童工作,专题听取全市妇女儿童工作情况汇报。

是年,市统计局开展规划实施情况监测调查,完成妇女、儿童发展规划(2011—2020年)中期监测评估报告。报告显示,截至2015年,规划总体实施情况较好。《宁国市妇女发展规划(2011—2020年)》涉及健康、教育、经济、参与决策管理、社会保障、环境和法律7个领域43项主要目标,其中可量化指标35项,报告显示有31项指标达到2015年中期目标,占比88.6%;《宁国市儿童发展规划(2011—2020年)》涉及健康、教育、福利、环境、安全和法律保护5个领域31项主要目标,其中可量化指标23项,报告显示20项指标达到2015年中期目标,占比87.0%。

【妇女创业就业】 2016年,全市评选表彰农村妇女"双学双比"活动女能手16名、城镇妇女"巾帼建功"标兵30名,举办"党建带妇建 带红半边天"最美故事会,邀请优秀女性代表讲述创业故事。市妇联继续开展妇女创业小额贴息担保贷款工作,累计发放贷款1072万元,扶持113名妇女创业就业,扶持10家专业合作社、"妇字号"龙头企业,受益群众近千人。联合市人社局开展"春风行动"就业用工现场招聘会,帮助近千名妇女就业。组织6名农家乐人员参加宣城市"徽姑娘"农家乐服务技能展示大赛。市妇联实施"皖嫂"家政服务中心、市妇联农村留守儿童、南山街道创业社区、西津街道凤凰社区4个省妇女创业扶持专项资金项目,共获得省妇联、省财政厅补助21.8万元,取得预期绩效。实施宣城市"巾帼示范村"项目。港口镇西村、汪溪街道姚高村、仙霞镇孔夫村、甲路镇甲路村、霞西镇虹龙村,按照生产发展、生活富裕、乡风文明、村容整洁、管理民主的要求,参与宣城市巾帼示范村创建,带动10名女性创业创新创富。

【社区"妇女之家"项目点建设】 2016年,南山街道创业社区和西津街道凤凰社区实施"妇女之家"项目点建设,各获得省妇联、省财政厅妇女创业扶持专项资金项目补助5万元。两个项目点以夯实"妇女之家"建设为根本,完善"妇女之家"管理制度、学习培训制度、联系群众制度、信访接待制度等,并上墙公开,建立"党建带妇建,巾帼绘新篇"宣传栏。全年开展月嫂培训、妇女实用技术技能培训和"对家庭暴力说不""爱阅读乐分享""育龄妇女免费'两癌'筛查"、女性生理特点及保养讲座等活动10余次,500余人参加月嫂培训,1100余人参加妇女实用技术技能培训,1.2万余人参加育龄妇女免费"两癌"筛查。

【"皖嫂"家政项目点建设】 2016年,宁国市"皖嫂"家政服务中心"皖嫂"家政项目点获得省妇联、省财政厅5万元妇女创业扶持专项资金项目补助。项目点集培训、服务、信息三大平台建设于一体,建立微信平台1个,成立社区服务网点24个,新开展婚庆婚介业务,协办宁国市第二届单身青年联谊活动。全年举办家政服务培训班10期,培训600人,推荐就业1000余人次。

【宁国市妇联农村留守儿童关爱服务项目实施】 2016年,市妇联农村留守儿童关爱服务项目获得省妇联、省财政厅6.8万元妇女创业扶持专项资金项目补助。项目突出关注留守儿童思想道德建设,组织留守儿童参与“诵经典·品书香·传美德”活动。“六一”期间慰问农村留守儿童60人，评比表彰20名优秀留守儿童。同年，市妇联拨付1.9万元资金支持乡镇留守儿童活动室的后续管养工作。

【家庭文明建设】 2016年，市妇联通过集中寻访、榜样宣传、家风家训征集等活动，引导全市家庭广泛参与“最美家庭”寻找和特色家庭评选活动，联合市委宣传部、市文明办等相关部门共评选表彰“最美家庭”57户、“五好文明家庭”57户、“平安家庭”43户、“孝敬公婆好儿媳”50名。联合市人武部、双拥办在全市开展“优秀兵妈妈”“好军嫂”评选活动，评选表彰宁国市“优秀兵妈妈”23名、“好军嫂”6名。是年，官东家庭被评为“全国五好文明家庭标兵户”，全市被评为安徽省“最美家庭”2户、“最美婆媳”1名、“五好文明家庭”和“五好文明家庭标兵户”各1户，宣城市“最美家庭”15户和“最美家庭成员”15名。

结合“两学一做”学习教育，开展宁国市“树家风、促党风、带民风”暨“最美故事”巡讲活动3场次，听众600余人。结合“三八”“六一”等节日，举办“诵经典、品书香、传美德”经典诵读表演，“好家风好家训”少儿书法展演，征集优秀作品200余条。开展“书香家庭·亲子悦读”活动，推进家庭文明建设。

【宁国市首届亲子文化节】 于2016年8月6日在西津街道凤凰城广场举行。文化节主题为“大手牵小手、和谐社区、健康亲子”，团市委、市妇联、西津街道党工委联合主办，宁国市义工联合会承办。活动设文艺表演、百米画卷、亲子趣味运动会、“寻爱1+1”爱心储蓄罐和露天电影5个项目。亲子趣味运动会主要包括“超级奶爸”“气球爆破”“三人四足”“篮球宝贝”“袋鼠宝宝”5个游戏。共有200余个家庭与70余名志愿者参与该活动。

【第二届单身青年联谊活动】 2016年5月28日，市妇联结合全市“旅游发展提速年”工作要求，与市文旅委、梅林镇政府在梅林镇举办“最是一年春碧处，古道悠悠恰逢君”第二届单身青年联谊活动。来自全市各行各业的85名单身青年参加活动。上午，在梅林镇活动会场，单身青年们通过互动游戏进行自我介绍、才艺展示，尽情展现自我、传递情感。下午到徽湖古道景区开展徒步登山活动。

（吴亚男）

·宁国市科学技术协会·

【概况】 2016年2月4日，宁国市被命名为首批2016—2020年度全国科普示范县（市、区）。8月12日，印发《宁国市全民科学素质行动计划纲要实施方案（2016—2020年）》，从实施青少年科学素质行动、农民科学素质行动等十大方面明确牵头单位和34个配合部门的任务和措施。12月15日召开市科学技术协会第五次代表大会，选举产生市科协第五届委员会。

科普宣传培训。2016年围绕科技服务三农，市科协深入南极乡杨狮村开展“三下乡”及各类送科技下乡活动，免费发放科普图书及相关适用技术书籍4000余册，接受群众咨询500余人次。与市农委联合开展退耕农民暨农村党员双技培训班和2016年新型职业农民培训班，开展农村实用技术培训。利用全国科普日、科技活动周、世界环境日、防灾减灾日、食品安全宣传周等重要节点，联合相关职能单位开展科普知识宣传活动，提高城镇劳动人口及社区居民的科学素质。6月23日，在西津街道开展主题为“尚德守法　共治共享食品安全”的食品安全科普知识宣传活动，发放各类科普书籍300余本。9月20日，在城南社区开展营养与健康知识讲座，提高社区居民的健康知识。10月21日，联合市营养与健康学会在人社大楼举办以“科学认识新风险，预防心梗和脑梗”为主题的科普知识讲座。利用网站、微信公众号等现代传播手段，围绕日常学习、生活、工作密切相关的热点问题和科学知识进行科普宣传，共发布协会最新动态和科普知识、科技信息200条（期）。

同年，全市新增全国农村科普示范基地1个，安徽省科普示范社区1个，宣城市科普示范社区1个、示范农村专业技术协会1个、农村科普示范基地1个、农村科普带头人1名，宁国市生态科普教育基地1个。全市拥有全国科普示范社区1个（城南社区），全国农村科普示范基地2个（宁国市小径竹笋产业化科普示范基地、宁国市天行健乌骨羊养殖示范基地），全国科普教育基地1个（宁国市自然博物馆），省级科普示范社区5个、农村科普示范基地3个，宣城市级科普示范社区7个、农村科普示范基地10个、示范农村专业技术协会8个、农村科普带头人6名、生态文化科普教育基地4个，宁国市级科普示范社区8个、科普示范镇村10个、农村科普示范基地7个、科普示范学校5个。

学术交流。2016年，市科协组织推荐22篇学术论文参加2016年宣城市科协年会优秀学术论文评比，10篇论文获奖。其中，获一等奖3篇、二等奖1篇、三等奖6篇，梅志安的《新常态下依法构建农产品质量安全监管长效机制的几点思考》，张智慧、凤翎、钱时明的《宁国山区茶园茶尺蠖害虫发生规律及防控措施》及何国安、童生元的《轻比重腰麻与全身麻醉在老年患者人工股骨头置换术中的应用效果分析》获一等奖。市津南小学贾成刚到台湾地区参加第六届皖台科技论坛，并作《立足乡土推进科普教育，创建模型打造绚烂风景》的交流发言。推荐林业科技专家吴志辉参加中国科学技术协会第九次代表大会。

全市新增宁国市抗肿瘤健康协会等2个学术团体。截至年末，全市有学术团体17个，共有团体会员206个、个人会员30847人；有乡镇（街道）基层科协组织19个，有企业科协5个，有农村专业技术协会20个。全市有科普志愿者143人。市科协内设办公室、科普部、学会部，工作人员7人。

2016年宁国市新增学术团体登记情况一览表

表15

社团名称	登记证号	负责人	登记时间	业务主管单位	类　别	会员数	
						个　人	团　体
宁国市营养与健康学会	社政字第146号	王建宁	2016-01-05	市科协	专业性	60	0
宁国市抗肿瘤健康协会	社证字第152号	赵　萍	2016-11-20	市科协	行业性	52	0

【宁国市科学技术协会第五次代表大会】 于2016年12月15日在市委、市政府东三楼会议室召开。有120名正式代表和33名特邀代表参加会议。会议听取并审议通过市科协主席杨同国代表第四届委员会作题为《履行科协职责　实施创新驱动　为“进军五十强　率先现代化”做出贡献》的工作报告，提出2017—2022年科协工作的指导思想和主要任务。会议选举产生市科协第五届委员会，选举委员21名、常务委员9名、副主席1名、主席1名，杨同国当选为主席，王菊为副主席。

【青少年科普教育】 2016年，市科协组织中小学参加各类科技竞赛。推荐的4个项目在2016年安徽省青少年科技创新大赛获奖。其中，津南小学的“古韵今风探山门”科技实践活动获一等奖，并在第31届全国青少年科技创新大赛中获二等奖。联合市教体局、科技局、团市委、市妇联举办宁国市第12届青少年科技创新大赛，推荐31项作品参加宣城市第5届青少年科技创新大赛，有17个项目获奖。其中，一等奖4项、二等奖6项、三等奖7项。同年，全市有8名小学生的发明成果获宁国市2014—2015年度科技进步奖。

指导4所学校成功创建省级青少年调查体验活动推广示范学校，开展青少年科学调查体验活动——“太空种子”种植活动，开展消防科普进云梯畲族小学活动。港口镇科协利用全国科普日，组织港口中学百余名学生参观研发、生产新型纤维材料和柔性能源器件的宁国市龙晟柔性储能材料科技有限公司。

2016年宁国市荣获全国、安徽省青少年科技创新大赛奖项情况一览表

表16

级　别	届次或年份	奖　次	奖项名称	项目或作品名称	学校名称	项目成员	指导教师
国　家	第31届	二等奖	科技实践活动	“古韵今风探山门”科技实践活动	津南小学	李宜芸等67人	贾成刚、何琳、李胜峰
安徽省	2016	三等奖	少儿科幻画	消防机器人	宁中初中部	陈佩吉	水　洵
安徽省	2016	一等奖	科技辅导员科技创新成果	“古韵今风探山门”科技实践活动	津南小学	罗　林	
		一等奖	科技实践活动	“古韵今风探山门”科技实践活动	津南小学	李宜芸等67人	贾成刚、何琳、李胜峰
		二等奖	科技创新成果	多功能药瓶	实验小学	袁一诺	江绍齐
		二等奖	科技创意	方便垃圾桶	实验小学	李晨曦	江绍齐

2016 年宁国市青少年发明成果获宁国市 2014—2015 年度科技进步奖一览表

表 17

项目名称	学校名称	项目成员	指导教师
剪刀式量角器	西津小学	张博辉	彭　玮
有滑动支架的勺子	实验小学	袁一诺	江绍齐
挂壁式保鲜膜盒	西津小学	陈佩吉	樊金菊
可以爬行阶梯的车	东津小学	蒋智强	涂玉国
可以直立的拖把	实验小学	江　城	江绍齐
自动定时定量浇花器	实验小学	熊天航	刘继红
滚动式视力表	东津小学	冯梦妮	冯俊、涂玉国
可以发光报警的汽车三角警示牌	实验小学	丁　曼	江绍齐

【宁国市第十二届青少年科技创新大赛】 2016 年 6—11 月，市科协、教体局、科技局、团市委、妇联联合举办第十二届青少年科技创新大赛。全市有 185 项作品参赛，其中，少儿科幻画 164 项，科技创新成果项目 13 项，科技创意项目 4 项，科技实践活动 2 项，科技辅导员创新成果项目 2 项。经评审，获一等奖 18 项、二等奖 20 项、三等奖 28 项。

【"太空种子"种植活动】 2016 年，市科协通过开展青少年科学调查体验活动推广示范学校创建工作，首次将"太空种子"种植作为青少年科学调查体验活动的一项重要内容。由市实验小学科技辅导员带领科技兴趣小组的 16 个同学在科普实验基地试种"太空种子"番茄、黄瓜、椒类、南瓜、茄和花草等品种近百枚，种子由中国空间技术研究院航天育种工程中心天水神舟绿鹏农业科技有限公司提供。学生们通过试种，学习施肥、浇水、授粉、测量等种植技巧，并与本地同类农作物作参照对比。

【宁国经济技术开发区"科技创新带头人"和"优秀企业好管家"评选】 2016 年，宁国经济技术开发区科协在全区范围内开展 2015 年度"科技创新带头人"和"优秀企业好管家"评选活动，该区管委会成立领导组与评审委员会，制定 9 项评选条件和标准，对纳税关系已纳入宁国经济技术开发区财政管理体制范围内的企业人士进行评选。经企业报送、奖项评选组初审、微信公众号投票、奖项评选组评定，最终评定出 10 名"科技创新带头人"和 10 名"优秀企业好管家"，于 12 月 5 日进行表彰颁奖。

【创新驱动助力工程工作】 2016 年，市科协贯彻落实《安徽省科协关于创新驱动助力工程的实施意见》，实地调研安徽皖斛堂生物科技有限公司、千方中药发展有限公司、茂盛食品有限公司等中小企业，了解企业发展情况及技术需求，与省级学会专家加强对接，搭接与企业交流互动平台，帮助企业解决技术难题和技术需求。安徽皖斛堂生物科技有限公司成功申报创新驱动助力工程奖补项目。开展"银会合作"，搭建市邮储银行与各类科普基地、农技协、农村专业合作社的资金需求平台，截至年底，市邮储银行共发放相关贷款 15 笔 441 万元。成功推荐宁国市天行健乌骨羊养殖示范基地获得 2016 年"基层科普行动计划"奖补单位，奖补资金 20 万元，该基地被中国科学技术协会、财政部命名为"全国科普示范基地"。组织 44 家企业管理人员、项目负责人、知识产权管理人员参加宣城市"科技信息企业推广应用服务"培训会，提高企业创新服务能力。

（尚　洁）

·宁国市文学艺术界联合会·

【概况】 截至 2016 年年末，市文联有工作人员 2 人，主要承担联络、协调、指导、服务市级文学艺术家协会、乡镇(街道)和产业系统文艺协会，开展文学艺术的创作和文学评论的研究工作与主办影响大的文艺演出、展览、比赛活动，组织对优秀文艺作品和优秀文艺人才的评奖和表彰、开展社会艺术教育、培训等有关行业执业资质认证、考级等工作的职责。辖有市作家、书法家、美术家、摄影家、音乐家、舞蹈家、观赏石、诗词、戏剧家9个协会,共有会员945名,比上年增加67名。

同年,成功申创“中华诗词之乡”。成立皖南花鼓戏研究会,启动皖南花鼓戏挖掘整理工作。参与港口镇千年龙窑特色小镇规划编制工作,组织专家论证会。组织举办宁国·泾县两地书画联展、市书协会员第二届作品展、市美协写生展、“千人快拍 诗画宁国”摄影系列活动、《大众摄影》“走进河沥”影友联谊会、中国摄影家协会网站群“聚焦胡乐首届户外旅游节”摄影联谊会、“碧桂园”杯书画大赛、“千年宁国·多彩诗乡”诗词吟诵会、大美宁国戏曲演唱会、“最美宁国·富华之夜”全市艺术培训机构艺术展演、“如水似莲”筝情诗韵·新年音乐会、市戏剧家协会年度汇报演出等活动;配合文明城市创建工作,举办诗词征稿、图片展。组织相关文化人士为城市主题公园文化植入、城市人文景观设计等工作提供文化支持。开展送戏、送诗词、送书画进乡村、进社区、进校园活动;参与组织“闹元宵”民俗表演活动、云梯畲族乡“三月三”歌会、青龙湾第二届龙舟表演赛暨宁国市首届民俗文化节等活动。根据宁国市作家胡冰玉创作的长篇小说改编的电视剧《如若巴黎不快乐》开机,由著名演员张翰、阚清子主演;市书协副主席雷骅书法作品入展中国书法家协会第八届中国书坛新人新作展;市作协副主席程洪飞作品《乌鸦飞过》入选《2016中国年度作品·散文诗》。全年编辑印发《青龙湾》文学刊物6期、《三津吟苑》诗词刊物2期,《宁国市文学作品选》《宁国赏石》正式出版。以宁国籍南宋状元吴潜为原型由宁国市作家桂忠阳创作的长篇小说《状元之歌》正式出版。

同年,市音乐家协会、市舞蹈家协会组织了中国音乐家协会、中国舞蹈家协会2016年社会艺术水平考级,来自市各艺术培训机构的500余名学生参加了钢琴、电子琴、小提琴、声乐、中国舞的考级。

2016年年末宁国市文联辖属协会基本情况一览表

表18

协会名称	会员数(人)	其中宣城市级及其以上协会会员数(人)		
		宣城市级	省级	国家级
宁国市作家协会	65	30	12	0
宁国市书法家协会	158	70	58	0
宁国市美术家协会	93	35	25	0
宁国市摄影家协会	185	15	60	43
宁国市音乐家协会	60	30	15	1
宁国市舞蹈家协会	70	—	2	1
宁国市观赏石协会	160	50	60	30
宁国市诗词学会	99	12	25	2
宁国市戏剧家协会	55	12	2	1

【“中华诗词之乡”成功创建】 2016年,全市组织开展“走进甲路”“桃花江南醉美世京”“赏万亩杜鹃,看畲乡风情”“游宁昌古道、赏国色牡丹”“凤栖春色”等主题采风创作及诗词吟诵、辅导讲座活动40余场次,举办诗赛3次,大型诗词演诵晚会2次。在《今日宁国》副刊版开设“争创中华诗词之乡”栏目20期,在市文学杂志《青龙湾》开设“宁国诗词”栏目,编印《三津吟苑》诗词刊物2期。引导全市各中小学校积极开展经典诵读活动。暑期在市图书馆开设经典诵读学习班。10月29日召开申创“中华诗词之乡”工作汇报会,举行“千年宁国·多彩诗乡”诗词吟诵文艺晚会。11月11日,宁国市被中华诗词学会命名为“中华诗词之乡”。同年,市开发区小学等5个单位被评为“中华诗教先进单位”,市实验小学等3个单位被评为安徽省“诗教先进单位”,市图书馆等3个单位被评为宣城市“诗教先进单位”。

2014年11月24日启动申报创

建工作后，该市先后成立领导组、召开创建动员大会，组建争创工作办公室，把该项工作写入政府工作报告，列为全市文化建设的重要考核内容，划拨专项经费。2014年12月12日举行宁国市诗词“六进”（进校园、机关、社区、乡村、企业、景区）骨干培训班，培训人员100余人。2015年，全市各小学举办诗词书法、诗词吟诵、培训活动近百场。组织创作人员为宁国籍英模人物官东讴歌；组织纪念抗战胜利70周年优秀诗词评选等活动。创作《沁园春·新韵》《宁国好男儿——官东》《满江红·新韵》等优秀诗词作品。成立宁国市诗词学会，编印宁国市创建“中华诗词之乡”诗词专辑《三津吟苑》1期。2015年年底，市诗词学会组织会员参加四川杨雄文化研究中心·凤凰诗社举办的全国诗词大赛，获得二等奖2名，三等奖1名，优秀奖7名。是年，宁国中学获安徽省“诗教先进单位”称号，实验小学等10个单位（2个小学、5个社区、方塘乡政府、市文化馆、夏霖风景区）获宣城市“诗教先进单位”称号。

表19

截至2016年年末宁国市获各级“诗教先进单位”情况一览表

级　别	获表彰单位	表彰时间	表彰单位
全国	宁国市开发区小学	2016-11	中华诗词学会
	宁国中学		
	中鼎控股（集团）股份有限公司		
	夏霖乡村生态旅游有限公司		
	方塘乡人民政府		
省级	宁国市实验小学	2016-06	安徽省诗词学会
	宁国市津南小学		
	宁国市文化馆		
宣城市级	西津街道城中社区	2015-09	宣城市诗词学会
	西津街道凤凰社区		
	西津街道北园社区		
	西津街道城东社区		
	西津街道金桥社区		
	石柱山观光旅游有限公司	2016-06	
	宁国市图书馆		
	仙霞镇人民政府		

【《宁国市文学作品选》《宁国赏石》出版发行】 2016年12月16日，在市文化馆举行《宁国市文学作品选》《宁国赏石》首发式。

《宁国市文学作品选》于2015年3月10日启动征稿工作，是年底选编成稿，2016年7月由文汇出版社出版。全书48万字，按文体分中短篇小说、散文、诗歌、辞赋古体诗四块，选录近30位作者的优秀作品，集中展示市作家协会成立以来所取得的成绩。《宁国赏石》画册共212面，计有图片322幅、文字2.5万余字，记录市内部分收藏赏石名家，展示部分奇石佳品，系统反映宁国奇石的悠久历史与基本风貌。

【宁国市架云轩文化产业创意园开园】 2016年4月29日，宁国市首家文化产业园——架云轩文化产业创意园正式开园。

图 9　2016 年 4 月 29 日，宁国市架云轩文化产业创意园开园典礼举行

该园是全市唯一一家花鸟奇石古玩市场和中国宣石交易基地，总建筑面积约 10380 平方米，是一座有宁国特色的、展现宁国历史文化的艺术品交流园区。是全市重点文化旅游项目、招商引资项目，是皖南特色艺术品文化交流中心。该园从 5 月第一个周末开始，每逢周五、周六，定期组织全国各地的古玩营销机构在园内举办古玩艺术品交易活动。截至年末，产业园已进驻商户 20 家。

【皖南花鼓戏研究】 2016 年 8 月 14 日，市戏剧家协会举行皖南花鼓戏渊源探究研讨会，就皖南花鼓戏的保护、传承和发展进行广泛的探讨交流。10 月 9 日举办“宁国县皖南花鼓戏剧团 65 年艺术回顾研讨会”。12 月 7 日，经市民政局备案成立“宁国市戏剧家协会皖南花鼓戏研究会”和“宁国市戏剧家协会黄梅戏联谊会”，启动皖南花鼓戏渊源探究工作。搜集相关史料与专业资料进行比对研究；走访宁国、宣城、合肥和湖北省武汉、麻城等地相关的老一辈艺术家，进行抢救式资料挖掘、整理，同时形成文本及音像资料。

皖南花鼓戏为安徽五大剧种之一，是一百余年前的湖北东路花鼓调与河南灯曲随移民流入皖南。在皖南宁国先与土著民间歌舞融合演唱，后又接受徽剧、京剧等剧种影响，逐渐发展演化为以湖北应山方言为基础的、极富乡土气息的戏曲剧种。主要流行于皖南、苏南、浙江相毗邻地区，宁国、广德、宣城、郎溪一带最为盛行。

【“如水似莲” 筝情诗韵·新年音乐会】 2016 年 12 月 28 日晚，为庆祝宁国市成功申创“中华诗词之乡”，由市文联主办，市诗词学会、音乐家协会、舞蹈家协会和百家筝鸣古筝艺术中心共同承办的“如水似莲”筝情诗韵·新年音乐会在市会议中心举行。音乐会共演出节目 16 个，融合筝乐、箜篌、诗词、演诵、舞蹈、书法、太极拳、情景剧等多种元素，展现“千年宁国”深厚的文化底蕴。80 人参加演出，特邀安徽省唯一一位箜篌传承人苗青现场表演。

【“千人快拍·诗画宁国”大型摄影活动】 于 2016 年 4 月 9—10 日在宁国市举行，活动由中国摄影报社、安徽省摄影家协会、宁国市文联、宁国市文旅委联合主办。《中国摄影报》社副社长方焕然，著名摄影家、浙江省摄影家协会副主席孙敏，著名摄影家、北京工业大学艺术设计学院教授李绍杰，著名摄影家、安徽省摄影家协会名誉主席徐殿奎，安徽省摄影家协会常务副主席、秘书长乐卫星以及省内各地级市摄影家协会主席，宣城市摄影家协会主席团成员应邀出席活动。活动分别在南极乡和霞西镇展开。举行集“行摄、采风、培训、交流、PK”于一体的精品摄影训练营活动，活动期间摄影名家还开展讲座培训活动。现场摄影家们用摄影记录宁国市花“江南牡丹”以及宁国特色的皮影戏、花鼓戏与打糍粑、做青稞、舞龙狮的民俗展演。全国各地近300名摄影家参加活动，两场PK赛共收到图片千余幅。《中国摄影报》《宣城广播电视报》均整版予以报道，《中国摄影报》记者李晶晶的一篇图文并茂的《春到白茂》微信阅读量逾10万人次。

【龙窑文化传承】 2016年7月10日，宁国市杨铎成▲创作的宣州窑罗纹双耳瓶入展第三届“中国当代工艺美术双年展”。同月21日，在上海张江当代艺术馆举办“陶·意——杨铎成宣州窑、紫砂作品展”。10月20日，代表宁国株木店龙窑柴烧作品参展的杨铎成宣州窑作品、开四海紫砂作品获第三届安徽工业设计大赛大学生陶瓷创意设计专项赛暨安徽省第二届陶瓷精品展金奖，叶莘龙窑柴烧陶瓷雕塑作品获银奖。7月18日，宁国市举行港口镇千年龙窑小镇专家论证会。8月4日，上海江东书院与宁国市文联宣布共建上海—宁国龙窑文化体验与传播基地。

▲杨铎成：安徽宁国人，曾任宁国紫砂厂厂长，现为安徽省工艺美术大师、安徽省陶瓷艺术大师、高级工艺美术师，黄山振峰陶瓷文化发展有限公司企业技术总监。宣州窑属于越窑的一个分支。杨铎成在翻阅大量古籍资料并实地考察古代窑址后，经过反复试验，最终制作出独具一格的宣州窑作品。“中国当代工艺美术双年展”是代表中国当代工艺美术最高水平的国家级制度性展览。

【上海—宁国龙窑文化体验与传播基地建立】 2016年8月4日，上海江东书院与宁国市文联宣布，共建上海—宁国龙窑文化体验与传播基地。同时，江东书院组织的“跟着李白游徽州”游学营20余名学员作为第一批体验者，参观了宁国柴烧龙窑传统工艺的整个流程。

宁国制陶历史悠久，曾有数十座传统工艺的柴烧龙窑。在宁国港口镇等地仍正常运行的龙窑尚有8条，形成国内唯一的龙窑集群。龙窑，就是烧制陶器的窑形状像龙，最长的近百米，盘附于山区的坡地上。龙窑采用自然通风方式，用松枝、树木为原料，变幻莫测的窑变，是各代工匠和艺术家最激动人心的期待。龙窑工艺早在5000年前的良渚文化时代即已成型，数千年来，除了增加少量铁器工具外，几乎没有大的变化。据考古发现，宁国龙窑从周朝开始即有制陶，距今已经3000多年。中国工艺美术大师、中华陶瓷大师联盟执行代主席孟树锋认为，宁国的龙窑集群为“千年龙窑，世界唯一”。江东书院是上海第一家正式批准的书院。

【宁国“水景记”获第六届中国水族箱造景大赛亚军】 2016年9月22日，“‘南风’杯第六届中国水族箱造景大赛”在天津汇川花鸟鱼虫商城水族广场举行，该大赛是国内造景行业最高水平赛事。宁国市“水景记”选手曹循通过层层选拔晋级全国30强选手，同台比拼造景技艺，曹循以作品《黄山印象》获得大赛第二名，获奖金3万元。

【首届民俗旅游文化节系列活动】 于2016年12月31日至2017年1月2日在港口镇山门洞风景区举行。活动由市文联、文旅委和港口镇主办，宁国论坛、文航广告传媒协办，共展示民俗小吃、民俗工艺、民俗文化200余项。在12月31日开幕式上还举行舞狮舞龙表演、歌舞表演、摄影大赛等活动，有嘉宾、当地群众和游客3000余人参加开幕式。

（许东升）

·宁国市残疾人联合会·

【概况】 2016年，全市有乡镇（街道）残联19个，有村（社区）残疾人协会128个，配备村（社区）残疾人协理员128名。全市有肢残人协会、聋人协会、盲人协会、智障亲友协会、精神病亲友协会5个专门协会，其中市肢残人协会属注册社团，有会员75人。市残联担负开展和促进残疾人康复、教育、劳动就业、文化生活、福利、社会服务等工作职责。内设有办公室、劳动就业服务所、文体宣传室、维权科、民生办5个科室（所），工作人员11人。是年，市残联开展福利企业年审33家，依法征收残疾人就业保障金80万元。全年报送办理第二代残疾人证2871份，新增持证残疾人1367人，其中，一级217人、二级688人。年末全市累计有持证残疾人10761人（其中，一级2365人、二级3629人），约占全市人口总数的3%。其中，视力残疾人1282人，占残疾人总数的12%；听力残疾1495人，占14%；言语残疾143人，占1%；肢体残疾4738人，占44%；智力残疾1088人，占10%；精神残疾1174人，占11%；多重残疾841人，占8%。

开展残疾儿童入学普查工作。

会同市教体局继续开展适龄残疾儿童入学普查工作，全市有119名适龄残疾儿童入学，入学率98%，接受普通教育的适龄残疾儿童少年，都能就近入学。35名适龄残疾儿童因重度残疾生活不能自理而未入学。

开展残疾人扶贫解困工作。全年生活救助贫困重度残疾人3823人，其中，一、二级2956人，三、四级867人，共发放救助资金271.16万元。开展元旦、春节送温暖慰问活动，慰问贫困残疾人577人共计慰问金25万元；发放残疾人机动轮椅车燃油补助125人；响应国家“贫困白内障患者复明工程”，联合市医院补助贫困白内障患者免费复明手术100例，共支付补助手术治疗费10万元。采取社会资助、政府资助等多种方式资助贫困残疾学生23名，累计资助金额4.95万元；共扶助12户残疾人建立“阳光大棚”项目，每户扶助3000元；建设“阳光助残”就业扶贫基地1个（位于宁墩镇三塔村的法自然有限公司，基地种植水稻、果木，面积700亩，扶持贫困残疾人10户），发放扶贫补助资金5万元。开展“阳光家园托养”工作，为150名智力、精神残疾人和重度残疾人共计提供托养补贴7.5万元；与市住建委对接，完成61名重度残疾人危房改造核查工作，全年改造残疾人危房54户，占2016年度全市危房改造总数5.3%。协助市民政局为2396名重度残疾人发放护理补贴。

开展重度残疾人托养工作。2016年，市残联依托各乡镇养老中心，托养各地域重度残疾人，共托养重度残疾人90人，按每人1500元的标准，共发放机构托养中心资金13.5万元。

开展残疾人维权工作。2016年，市残联接待来访群众22人次、电话咨询服务120余人次。全年无越级上访及上级转办信访件。

推进无障碍设施建设。继续推动城市无障碍设施建设工作，市残联为文明创建联系点津东小区每个楼道入口安装无障碍设施。同年启动惠残民生工程残疾人家庭无障碍改造工作。

开展服务残疾人志愿活动。3月3日，市残联组织“惠耳听力”开展第十七次全国“爱耳日”宣传教育活动，发放听力预防康复宣传手册及法律法规手册380余份，“惠耳听力”工作人员现场免费为听障人士测验听力，并向5名贫困残疾人捐赠助听器。5月15日第二十六个全国助残日期间，市残联到市福利院和家怡康复医院看望慰问残疾儿童，为社区6名重度肢体残疾人发放轮椅，到敬老院上门办证20人次。

【宁国市残疾人基本服务状况和需求信息数据动态更新工作完成】 2016年，根据中国残联、国家统计局等12部门《关于做好全国残疾人基本服务状况和需求信息数据动态更新工作的意见》，以全国首次残疾人基本服务状况和需求的专项调查涉及的残疾人基本状况36项调查指标和村（社区）基本公共服务11项调查指标为重要基础，对一年之内残疾人个人基础信息的变动情况、残疾人享受基本服务的落实情况、村（社区）残疾人基本公共服务的改进情况、残疾人基本服务需求的变化情况等动态开展更新调查工作。6月22—23日召开更新调查工作培训会议，对全市19个乡镇（街道）残联理事长与133个行政村文书、干事共152人进行培训。调查工作历时两个多月，8月底完成调查数据的录入上报工作。截至9月1日，调查期间注销死亡残疾人378人，实际调查10168人，其中，采取入户调查9612人、电话调查431人，入户调查率95.71%。

【残疾人康复工作】 2016年，市残联先后开展省民生工程残疾儿童康复与中国残疾人联合会彩票公益金贫困残疾儿童康复项目，开展脑瘫、听力、智力、孤独症等项目康复训练，共康复训练残疾儿童64人，其中，脑瘫28人、听力11人、智力16人、孤独症9人。开展残疾儿童抢救性康复项目工作，为8名残疾儿童配发矫形器及辅助器具，为1名残疾儿童适配助听器；为贫困残疾人免费发放轮椅64辆、拐杖2根。对全市450名精神残疾人治疗精神疾病给予药费补助，共补助药费45万元。加强定点康复机构的规范化管理和建设，投入康复训练经费25万元，并向家怡康复医院赠送康复床2张；开展残儿康复定点机构年检与督查工作，对家怡康复机构进行年检，年检结果符合康复机构标准；对康复机构开展年度残疾人康复工作督查，结果良好。

【残疾人就业工作】 2016年，联合市人社局举办残疾人创业就业培训班2期，共培训残疾人120名，发放创业补助资金24万元，支付培训费8万元；开展残疾人就业培训4期，共培训残疾人230名（其中，开展农村实用技术培训80人，职业技能培训150人），发放补助资金4万元，支付培训费4.5万元。建立残疾人就业孵化器基地1个，发放补助资金3万元；支付公益性岗位补助资金9.76万元；向各企业推荐就业愿望、有就业能力的残疾人用工283名。企业超比例安排就业60名，发放补助资金12万元。截至年末，全市分散就业586人，33家福利企业集中安排有劳动能力的残疾人973人。

【残疾人家庭无障碍改造工作】 2016年，市残联启动惠残民生工程残疾人家庭无障碍改造工作，1户残疾人家庭申请，经批准实施改造1户，补贴6000元对中溪镇狮桥村一贫困残疾人家庭实施无障碍改造工作。该户家庭有2名残疾人，分别为肢体残疾四级、视力残疾三级，居家环境没有无障碍设施。市残联为该户“量体裁衣”制定改造方案，按照《无障碍设计规范GB 50763—2012》标准，对门前地面和坡道进行无障碍改造。

【残疾人运动员参加各级比赛获佳绩】 2016年4月初，残疾人运动员王伟参加阿拉伯联合酋长国迪拜残疾人亚洲田径大奖赛F40级男子铅球项目获铜牌。9月参加巴西里约残奥会F40级男子铅球项目比赛获第七名。

9月7日，宁国市选派7名智力残疾人运动员组团参加宣城市第一届残疾儿童特殊奥林匹克运动会，获得100米、400米、1500米及跳远等项目的14金3银1铜共18块奖牌，获3个道德风尚奖和1个优秀组织奖。10月29—30日，选派4名运动员参加安徽省第四届特奥会，获得田径、羽毛球等项目4金1银5铜共10块奖牌，获道德风尚奖2个。

（吴梦华）

·宁国市红十字会·

【概况】 2016年，宁国市红十字会承担开展“三救”（救灾备灾、救护知识培训、人道救助）、“三献”（宣传和推动无偿献血、造血干细胞捐献、稳妥推进遗体器官捐献）、志愿服务、红十字精神传播等工作。先后被评为宣城市红十字会2015年度目标管理先进单位、2016年度主要目标任务综合考核先进单位、志愿服务工作先进单位等称号。截至年末，市红十字会有团体会员128个、个人会员17593人，理事会有理事63名，其中，会长1名、常务副会长1名、副会长7名（有6名不驻会），有机关工作人员4人。全市有红十字志愿者队伍3支共计志愿者498人（其中，市红十字会无偿献血志愿者94人、红十字精神传播志愿者101人、关爱健康志愿者服务队116人、其他红十字志愿者187人），比上年增加16人；新增红十字应急救护培训师1名，全市红十字应急救护培训师增至8名。

救灾救助助学。元旦、春节期间，市红十字会组织开展“红十字博爱送万家”活动，开展重大疾病、困难群众专项救助工作，为农村受灾贫困户、困难家庭、敬老院老人发放救灾大米25.1吨，发放“宣酒特供”专项救助金3000元，为78户符合救助条件的大病贫困（低保）家庭发放“健民医院”医疗爱心专项救助金14.85万元。7月募集爱心款物共计

图10 2016年10月10日，宁国市委书记王普（右三）接见从里约残奥会载誉归来的宁国籍运动员王伟（右四）

7.7万余元捐赠给天湖街道洪灾受灾群众。帮助2名白血病患儿获中国红十字基金会“小天使基金”救助共计6万元。开展结对帮扶和困难户慰问活动，发放帮扶慰问金5790元。争取中国红十字基金会“六个核桃·读书慧”公益基金书库项目落户仙霞中心小学。

救护培训。2016年“5·12”防灾减灾日期间，市红十字会联合市消防中队在西津街道城北社区开展“减少灾害风险，建设安全城市”主题宣传活动，举行基本消防应急技能演练，发放消防知识、红十字应急救护知识及相关普法宣传材料200余份。是年，市红十字会先后为城南社区、市委党校基层干部进修班、市农委新型职业农民培训班学员、宁阳学校三年级部分师生、全市4所高中学校秋季入学全体新生等受众开展应急救护知识普及培训9场，共培训3200余人。全年举办救护员培训班1期，培训16名消防官兵和32名来自天成电气、山里仁公司的企业员工，有45人通过考试考核获得省红十字会颁发的救护员合格证。

人道捐献。“5·8”世界红十字日期间，开展“红十字：处处为人人”无偿献血和健康义诊主题活动。全年组织大型无偿献血活动4次，献血总量达13万余毫升。是年举行捐献造血干细胞集中采样活动，完成25名捐献志愿者采样登记工作，全市进入中华骨髓库的造血干细胞捐献志愿者累计达115名，在宣城市名列前茅。全年新增遗体捐献志愿者2名。年末，全市有该会办理登记的遗体捐献志愿者8名，角膜捐献志愿者2名。

红十字志愿服务。全年到志愿者服务基地开展关爱孤寡留守老人、孤残儿童及环卫工人、助学、济困、拥军等红十字志愿服务活动30余次，参加志愿者300余人次，累计服务近2000小时，其中有10人以上参加的志愿服务活动14次。新增宁国市献血屋为市第5个红十字志愿者服务基地。

红十字精神传播。全年通过门户网站和政府信息公开网发布工作信息33篇（被宣城市红十字会网站采用28条、省红十字会网站采用17条），宁国文明网报道20余篇，《今日宁国》报道10期，宁国广播电视台报道16期，宣城电视台报道2期。柴红霞撰写的《一位农家妇女的公益情怀》（宣传志愿者殷美明事迹）一文获省红十字会“博爱江淮”公益摄影征文大赛三等奖。

红十字青少年活动。2016年，市红十字会与安徽材料工程学校配合，在该校开展红十字知识传播、应急避险知识教育及演练、扶危济困、敬老爱幼、助人为乐等红十字青少年活动共计15次。

【抗洪救灾募捐活动】 2016年，受冷暖空气共同影响，6月20日至7月初，宣城市宣州区等地发生严重暴雨洪涝灾害，地处宣州区的天湖街道先后受“6·20”“6·28”“7·2”三次强降雨袭击，导致辖区多处地区内涝，大面积农业、养殖业和道路塘坝等基础设施多次受灾。

7月1日，宁国市红十字会发布抗洪救灾募捐倡议书，先后收到宁国市康宁医药零售连锁有限公司捐赠的价值2万元的消杀药品、宁国健民医院捐物价值4万元及该院与市委党校科级干部培训班、基层干部进修班的捐款17125元。7月13日上午，市红十字会工作人员和爱心单位代表、市红十字会常务理事单位健民医院负责人在会长、市政府副市长许立勋的带领下，到天湖街道慰问受灾群众，捐赠爱心善款与物资。

【“六个核桃·读书慧”公益基金项目落户仙霞中心小学】 2016年5月，“六个核桃·读书慧”公益基金▲书库项目落户仙霞中心小学，为该校图书馆暨留守儿童之家捐赠1248册图书及配套书架一组，价值3万元。2015年12月，市红十字会向中国红十字基金会递交“六个核桃·读书慧”公益基金书库项目申请书，为宁国市农村学校申请图书及书架捐赠项目。

▲“六个核桃·读书慧”公益基金：由中国红十字基金会与捐赠方——河北养元智汇饮品股份有限公司设立，于2015年10月23日正式启动，计划用三年时间，捐资3000万元，为贫困地区至少1100所农村中小学捐赠图书及配套设施。旨在帮助更多好书走进校园，推进全民阅读。项目成立了由学校老师、教育界专家、学者组成的评审委员会，分不同年龄段为孩子们挑选书目，涵盖儿童文学、绘本、儿童科普读物和爱国主义教材等图书。

（柴红霞）

开放型经济

Open Economy

- 园区建设
- 区域经济合作
- 对外贸易
- 利用外资
- 招商引资

宁阳夜色

园区建设

·宁国经济技术开发区·

【概况】 宁国经济技术开发区于2000年12月经安徽省政府批准成立，2013年3月，经国务院批准，升级为国家级经济技术开发区。经过多年建设，已形成“一区三园一拓展”的格局，建成区面积已达20平方千米，中远期规划55.2平方千米。至2016年年底，园区注册企业2017家，其中工业企业823家，规模以上工业企业223家，高新技术企业66家，亿元企业56家，上市（挂牌）企业15家。

开发区先后荣获全国百佳科学发展示范园区、国家知识产权试点示范园区、国家增量配电业务改革试点、安徽省投资环境十佳园区、安徽省创新型园区、安徽省新型工业化产业示范基地、安徽省文明单位、安徽信用建设示范园区等称号，通过了ISO 9001质量管理体系认证和ISO 14000环境管理体系认证。2015年9月，成功入选安徽省第一批14个战略性新兴产业集聚发展基地。

【经济运行】 2016年，开发区完成工业总产值460亿元，同比增长11.7%，其中规模以上工业总产值440亿元，同比增长12.3%；实现工业增加值114.7亿元，同比增长12.2%；完成固定资产投资170.4亿元，同比增长20.2%；完成财政收入19.6亿元，同比增长9.9%；实际利用外资2.1亿美元，同比增长8.8%；实际利用内资91.2亿元，同比增长13.4%；完成进出口总额5.3亿美元。

【招商引资】 2016年，开发区招商引资实际利用内资91.2亿元，同比增长13.4%，实际利用外资2.1亿美元，同比增长8.8%，超额完成市政府下达的招商引资任务。完成新签约项目22个，新开工项目30个，新投产项目27个。1亿元至3亿元项目10个，3亿元至5亿元项目5个，5亿元以上项目2个，合同引资额53.2亿元。引进的上海紫燕食品、苏州仕净环保设备、杭州炫恩科技等一批项目极具发展前景，万佳建材、富乐泰、永泰拓盛等项目延伸拓展产业链条。2015年引进的一些项目，多数已有实质性进展，杭州炫恩科技、迪森工具、慈溪锦鼎等项目建成投产，赛宝、北京网库、迪贝乐儿电子商务等新业态已投入运营。

【项目建设】 开发区建立项目工作“主要领导负总责，分管领导亲自抓，牵头部门具体抓，多级联动，层层落实”的责任体系。每月召开项目建设调度会，部署推进项目工作。对于中鼎迁扩建项目、聚隆工业园、亚新科工业园等重大项目，建立“一个班子成员牵头、一个专门班子落实、一个工作方案推进、一抓到底”四个一的跟踪服务机制。做实“一线工作法”，制定副科以上干部联系企业及重点项目制度，每月走访联系企业至少一次，填写“走访调研企业登记表”，摸排企业在项目建设中困难和问题，搭建项目业主与职能部门联系的桥梁，畅通沟通渠道。

2016年，开发区列入市重点项目共28个（工业项目19个，综合配套设施项目9个），总投资67.4亿元，2016年计划投资15.9亿元，到位投资15.6亿元。其中，新建项目16个，续建项目12个。至年底，16个新建项目均已开工建设，28个项目中有24个项目按计划节点正常推进。中鼎关键基础件、亚新科工业园、欧凯汽车变速箱旋转油封项目、安泽电工蓄热式电采暖器项目等建成投产，聚隆工业园试生产。河沥路网工程完成严家湾9户征迁，钓鱼台路延伸完成华荣模具厂征收，解决了项目推进最大障碍。

通过综合管理信息平台，整合各类信息资源，建立标准化工作流程，实现园区管理精细化、信息化目标。2016年完成平台项目公开招标，成立项目领导组，制定项目建设工作方案，全力推进项目建设。已完成平台前期开发，正进行系统调试。

【基础设施建设】 兴宁路等12条园区道路建设有序推进。其中，兴宁路主体工程及附属工程已基本完工，正在进行亮化施工；新岭路道路工程主路面已全部完成，已于1月底正式通车；钓鱼台路延伸已完成路基工程，正在进行雨污水管道铺设；飞鹰环形道路拓宽已竣工验收；八里路延伸段、通盛路及千秋北路改造道路工程已完工通车；南山西路招标已完成，施工单位已进场；司尔特循环经济园场平工程一标段已完成，二标段完成90%；汪溪石材集中加工市场2、3、4号厂房完工交付使用；PPP项目电镀中心及污水处理厂已与安徽水安公司正式签约，已开工建设，河沥新水厂及原水管网工程2月底已挂网招标。

【基地建设】 2016年，宁国基地迎难而进，奋力拼搏，超额完成年度目标任务。全年完成规模以上工业总产值368.19亿元，同比增长19.2%，占目标任务的127.4%，相对于2015年增速提高了3.2个百分点；税收13.53亿元，同比增长10.9%，占目标任务的119.7%；固定资产投资90.24亿元，同比增长25.7%，占目标任务的410.2%。基地新培育10～50亿元企业1家，5～10亿元企业1家。新增高新技术企业8家，总数达58家；新增省级工业设计中心1家、省级工程技术中心1家、省级企业技术中心1家，拥有省级以上创新平台30家。

2016年收购3家海外新能源汽车产业链公司后，中鼎集团再次向欧洲一家公司发起收购，加速融入全球汽车零部件市场；凤形股份跨界收购无锡雄伟精工科技有限公司100%股权，布局汽车零部件领域。注册落户创新团队6个，其中华成金研高温合金材料团队获省创新团队资金扶持。

中鼎集团院士工作站获省科技厅批准设立，凤形公司博士后科研工作站获省人社厅批准设立。赛宝基础零部件产业技术研究院基本建成并开始营业，省级耐磨铸件质量监督检验中心搬迁基本完成，正在争创国家级检验中心。科技创业服务中心迁扩建项目、深圳华测（宁国）橡塑密封件检验检测中心启动建设。

2016年，宁国基地成功举办首届中国（宁国）橡塑密封件产业发展高峰论坛，积极与合肥工业大学、青岛科技大学、西安电子科技大学对接，开展产学研合作活动，开通基地官方网站及微信公众号，接受《国际商报》、《安徽日报》、《新安晚报》、安徽卫视等媒体专题采访10余次，在国家级媒体发表宣传文章6篇，各类省级媒体发布信息20多篇。

【征迁工作】 根据项目建设需求，开发区及时完成相关征地及房屋征收工作。全年完成房屋征收32户，协保征迁完成90%，征地36.67公顷。安置区建设取得新进展，全年预计完成安置170户。瑶湾安置区一期安置楼已经交房，配套工程已完工；燕子山农民公寓二期5～12#楼已竣工验收，附属工程已竣工验收；三里亭安置区三、五标段房建工程已竣工验收，附属工程正在施工；新安安置区1#、2#楼已竣工验收，附属工程正在施工；三津中学安置区市政配套工程完成招标。

【存量资产清理】 2016年“僵尸企业”处置取得新突破，全年处置南北源、福友、富利达等10家“僵尸企业”，盘活土地40.87公顷。继续推进土地二次开发利用工作，落实节约集约用地制度，对于低效利用土地逐个制定整改方案，通过督促建设、有偿收回、腾笼换鸟等方式盘活利用。

【财政工作】 2016年，强化收入征管，完成财政收入19.6亿元，增长9.9%。同时，筹措建设资金，保障发展需求，开发区建投公司按照“控制风险、降低成本、调优结构”的原则，抓住国家宏观政策偏暖的契机，加大与各金融机构的合作，全年完成融资收入20.5亿元，完成支出18亿元。

【新投产企业及项目选介】 1.司尔特循环经济小镇。司尔特循环经济小镇位于国家级宁国经济技术开发区汪溪园区，主要依托司尔特肥业股份有限公司及上下游产业，结合周边自然山水、农居，打造集循环经济产业、休闲农业、文化旅游、特色民宿、社区服务于一体的特色小镇。小镇总投资60亿元。总体规划面积约3.7平方千米，初步划分为小镇门户区、特色风貌区、生态休闲文化区、特色民宿区、循环经济产业区、生态农业种植体验区六大功能区。

为加快推进司尔特循环经济小镇建设，借鉴浙江特色小镇成功经验和先进做法，按照高起点规划、高标准建设，积极推进小镇各项建设，力争将司尔特循环经济小镇打造成为全国一流的特色小镇。

司尔特循环经济小镇生态休闲文化区，规划理念为结合现状河道及自然生态，通过景观打造，建成集郊野旅游、生态文化展示、休闲活动为主的综合生态休闲区域。该项目占地面积约32.8公顷，总投资约5288万元，总体布局为入口台地景观区、滨水活力体验区、山林健身休闲区、自然山水飘逸区四个分区。已完成规划设计和项目招标工作。

司尔特循环经济产业区位于司尔特循环经济小镇，总占地面积110.8公顷，项目总投资29.11亿元。

一期项目投资主体为安徽省司尔特肥业有限公司，占地面积60公顷，总投资11亿元，其中政府征地、拆迁（80户）和基础设施建设投资2亿元。建设内容为磷复肥生产、余热发电、测土配方中心等。2016年完成产值70亿元，税收3.7亿元。

二期项目占地面积50.8公顷，总投资18.11亿元，其中政府征地、征迁（180户）、场平、道路等基础设施建设投资2.6亿元。项目建设内容为万佳纸面石膏板、皇华建材、司尔特复合肥技改搬迁、电镀中心、污水处理厂、政捷危化品运输、司尔特化工设备制造、缓凝剂和司尔特仓储中心等项目。

2.宁国炫恩科技有限公司。宁国炫恩科技有限公司，是杭州炫恩科技有限公司在宁国成立的全资子公司，注册资金300万元，母公司杭州炫恩科技有限公司成立于2008年，坐落于杭州，于2016年7月迁址到宁国市，是国内知名的金属薄板加工设备设计制造企业，具备为大中型金属薄板加工企业提供方案设计、机械制造、电气和成套设备安装调试的资质，主要产品有多种规格的波剪生产线、飞剪生产线，纵剪生产线、整卷涂机组、高速打盖机组，针孔检测仪、高精度波剪模具等。

2016年，公司有龙门式加工中心配以国际先进的加工设备，建立了一支集设计研发、物资供应、生产制造、市场营销、售后保障于一体的强大团队，拥有国内最早开发设计制造纵剪线、波剪线、数控钻床以及针孔检测仪设备的研发制造经验；掌握多项发明专利和数十项实用新型专利技术，尤其是针孔检测仪设备，填补了国内金属薄板微孔检测领域的空白。

2016年8月份公司将生产加工基地从杭州迁至宁国市，拥有自主产权的4.33公顷工业土地和15872平方米的标准化厂房。迁址宁国后，公司组织设备调试试生产、招聘补充优秀人员、规划建设厂区环境、完善公司管理体系，是年年底，有员工90余人，大专以上学历36人，形成了金属食品包装、家电电器、军工核材料三大板块产品格局。

（肖　芳）

2016年宁国经济技术开发区签约项目信息统计表

表20

序号	项目名称	投资方	计划总投资（万元）	主要建设内容	产业类别
合　计			445000		
1	天然气热电联产项目	中基能源（深圳）有限公司	100000	改造淬火线45条，熔铁炉20台	工业
2	汽车液动制动皮圈皮碗产业化项目	安徽省宁国加贝利橡塑制品有限公司	63000	规划用地1.64公顷，规划总建筑面积16000平方米，项目达产后预计年销售收入12000万元，年纳税1194万元	工业
3	紫燕生产、培训基地建设项目	上海紫燕食品有限公司	55000	项目用地23.8公顷，其中一期用地16.56公顷，厂房面积20334.04平方米	工业
4	飞达产业园	安徽飞达电气科技有限公司	47000	收购爱普科斯公司，扩大电容器产能	工业
5	年产纸面石膏板、免漆板生产加工项目	安徽万佳建材有限公司	36000	规划用地面积16公顷，建设7万平方米厂房，项目建成后年综合利用磷复合肥副产品磷石膏80万吨，年产纸面石膏板8000万平方米、覆膜板4000万平方米，年销售收入达5亿元	工业
6	生猪宰杀和食品深加工基地项目	重庆琪金食品有限公司	15000	项目用地6.67公顷，建设年屠宰量百万头生猪宰杀和深加工基地	工业
7	氢能源开发应用一体化项目	无锡莱芙沃特新能源科技有限公司	15000	一期租用电子信息产业园标准化厂房15号楼及办公场地，进行已研发的产品生产销售，后续再扩大新产品的研发和投资，打造国内氢能技术产业研发及生产基地	工业
8	压力控制器及传感器项目	宁国市曼淇威电器有限公司	12000	该项目租用电子信息化产业园12号楼2层2148.3平方米，达产后年产压力传感器及压力控制器1000万只	工业
9	新型汽车发电机数字化生产技改扩能项目	宁国金鑫电机有限公司	12000	规划用地4公顷，项目达产后，预计年增加销售收入3亿元，新增利税6000万元	工业
10	年产5万台套泵阀产品扩建项目	安徽富乐泰水泵公司	12000	建设占地2.67公顷的厂房，形成年产5万台套泵阀产品生产能力	工业
11	炫恩科技整体搬迁项目	杭州炫恩科技有限公司	10000	收购福友公司土地4.3公顷，总规划建筑面积25000平方米，项目建成后，年产金属薄板加工设备48台、卷材3万吨	工业

续表 20

序号	项目名称	投资方	计划总投资（万元）	主要建设内容	产业类别
12	瑞安金属软磁粉芯项目	安徽瑞安宁磁性材料有限公司	10000	投资1亿元，建设金属软磁粉芯项目	工业
13	路畅交通沥青拌合站项目	安徽路畅交通工程有限公司	7500	投资7500万元，建设路畅交通沥青拌合站项目	工业
14	年产500万套汽车气压盘式制动器附件项目	宁国拓科汽车零部件有限公司	6000	项目总投资6000万元，总建筑面积约12000平方米，购置气压盘式汽车制动器附件等全套生产设备及质量检测等设备。年产500万套气压盘式汽车制动器附件，实现年产值6000万元，创利税1275万元	工业
15	利德尔年产2600万件橡胶件项目	安徽利德尔汽车零部件有限公司	6000	该项目规划用地面积1.96公顷，项目达产后，年产2600万件橡胶件	工业
16	汽车零部件及家电零配件生产	安徽都邦电器有限公司	5000	该项目由迪克涂料公司与合肥派蒙集团合作建设，项目总投资1亿元，利用迪克涂料公司现有厂房、设备，建设防辐射涂料研发中心与生产基地	工业
17	复合材料生产项目	安徽世轩机械科技有限公司	5000	改造现有厂房，新增生产设备	工业
18	年产10万台套滑片式空压机关键部件项目	安徽德宝压缩机有限公司	5000	投资5000万元，引进创业团队，进行压缩机的研发及生产	工业
19	赛宝科学技术研究监测中心	宁国赛宝核心基础零部件产业技术研究院有限公司	4000	根据宁国市产业结构特点、工业企业转型升级的客观需求，充分利用五所在质量与可靠性共性技术研究成果，围绕提升工业和信息产品的质量和市场竞争力，开展多渠道全方位合作，共同构筑宁国市工业和信息产品质量国家级共性技术服务平台	现代服务业
20	汽车发动机悬置安装支架等铝压铸制品生产项目	宁国市中泰汽车零部件有限公司	3000	一期租用恒元纺织厂房3000平方米	工业
21	新翔有机硅生产项目	宁国新翔有机硅材料有限公司	3000	投资3000万元，建设有机硅生产项目	工业
22	净水器、空气净化器生产	安徽麦特雷勃净化科技股份有限公司	3000	厂房、生产设备	工业
23	汽车发动机悬置安装支架等铝压铸制品的研发与制造	宁国市中泰汽车零部件有限公司	3000	一期租用恒元纺织厂房3000平方米	工业
24	中国电子元器件产业电子商务基地	宁国网库电子元器件技术有限公司	2000	搭建宁国电子元器件电子商务平台，并引进本土及外来1000家企业入驻平台运营	现代服务业
25	塑料管材及改性塑料生产项目	安徽盖洛普塑料科技有限公司	2000	投资2000万元，建设塑料管材及改性塑料生产项目	工业

续表 20

序号	项目名称	投资方	计划总投资（万元）	主要建设内容	产业类别
26	家电配件生产项目	安徽海惠美塑业有限公司	1500	投资 1500 万元，租用厂房，主要生产家电配件	工业
27	环保在线监测平台建设项目	待定	1000	环保在线监测平台建设，实现智慧环保网络，对工业企业污染源进行感知、处置与管理，协助宁国市政府及环保部门实时了解企业运行情况	工业
28	恒元橡胶模具及密封件生产项目	宁国市恒元模具制造厂	1000	该项目规划用地面积 0.33 公顷，总建筑面积 3500 平方米，主要生产橡胶模具及橡胶密封件。项目达产后，年产值达 1000 万元	工业

2016 年宁国经济技术开发区新开工项目统计表

表 21

序号	项目名称	在宁注册企业名称	计划总投资（万元）	主要建设内容	产业类别
合　计			324300		
1	聚隆传动科技工业园建设项目	安徽聚隆传动科技股份有限公司	40000	项目总投资 4 亿元，总建筑面积 59942 平方米，建设年产 300 台套全自动洗衣机新型高效节能减速离合器及一体化装置项目、关键零部件加工项目、电机项目、钣金制造项目、工程塑料项目、金属压铸项目。项目建成后，年产值达 16.3 亿元，利税 2.75 亿元	工业
2	年产纸面石膏板、免漆板生产加工项目	宁国万佳建材有限公司	36000	规划用地面积 16 公顷，建设 7 万平方米厂房，项目建成后年综合利用磷复合肥副产品磷石膏 80 万吨，年产纸面石膏板 8000 万平方米、覆膜板 4000 万平方米，年销售收入达 5 亿元	工业
3	高速冲压车间制造项目	宁国市宝银电机有限公司	25000	扩建厂房，新增生产线	工业
4	年产 1 万吨矿山设备橡胶衬里项目	宁国天亿滚塑有限公司	20000	主要生产矿山设备橡胶内衬产品，产量为：矿用橡胶 4500 吨，压延产品 20 万平方米，手工衬胶 10 万平方米；实现年产值 38000 万元，上缴税收 7500 万元	工业
5	凤形磨球生产线设备技改及新型复合金属材料铸造项目	安徽省凤形耐磨材料股份有限公司	17000	总投资 1.7 亿元，进行磨球离心铸造工艺及生产线成套设备研发、磨球辊轧工艺及生产线成套设备研发、硬质颗粒增强耐磨铸件工艺及生产线成套设备研发、双液双金属复合连续浇铸及铸造型板研发	工业
6	中基能耐磨铸件生产线电改气项目	中基能源（深圳）有限公司	12000	该项目由中基能源（深圳）有限公司投资建设，项目总投资 1.2 亿元，计划在宁改造 45 条淬火线、20 座融铁炉	工业

续表 21

序号	项目名称	在宁注册企业名称	计划总投资（万元）	主要建设内容	产业类别
7	年产千万件汽车零部件项目	安徽永泰汽车零部件有限公司	12000	该项目由永泰公司和上海拓盛公司共同投资建设，总投资 1.2 亿元，主要建设模具制造车间、动力辅助设施、办公楼等。年产 1200 万件汽车零部件，项目投产 5 年内，销售额达 4 亿元，利税达 6000 万元	工业
8	五金工具、注塑件项目（二期）	安徽迪森工具有限公司	10800	该项目由温岭开拓工具有限公司投资建设，项目总投资 1.08 亿元，规划用地面积约 4 公顷，总建筑面积约 45000 平方米，主要生产经营扳手、五金工具、千斤顶、组套工具、汽车摩托车配件、液压工具	工业
9	年 50 万立方米建筑垃圾资源化再生利用项目	宁国博尔建筑垃圾再生科技有限公司	10000	建于河沥园区青山路（国华建材公司厂内），占地 2.93 公顷，总建筑面积 17000 平方米，总投资 10000 万元，包括厂房、生产线设备、办公用房等建设，购置反击式破碎机、双卧轴强制式搅拌机等设备 66 台 / 套，年产各类建筑用材料产品 80 万立方米，年消化建筑垃圾 50 万立方米，项目建成达产后年产值 11200 万元，创利税 2382.36 万元。建设期 2 年	工业
10	高科技防辐射涂料研发中心及生产基地项目	安徽法耐德新型建材有限公司	10000	该项目由迪克涂料公司与合肥派蒙集团合作建设，项目总投资 1 亿元，利用迪克涂料公司现有厂房、设备，建设防辐射涂料研发中心与生产基地	工业
11	非晶磁性材料及电子元器件生产项目	安徽裕华非晶材料有限公司	10000	新建厂房 7600 平方米，生产非晶合金及非晶带材；与清华大学开展产学研合作，研发用于柔性直流输电变流器的柔性直流输电直流支撑电容器	工业
12	叠翠山庄休闲观光项目	宁国市叠翠坡休闲农业有限公司	10000	投资 1 亿元，建设休闲、旅游、度假于一体现代休闲观光项目	文化旅游
13	炫恩科技整体搬迁项目	杭州炫恩科技有限公司	10000	收购福友公司土地 4.3 公顷，总规划建筑面积 25000 平方米，项目建成后，年产金属薄板加工设备 48 台、卷材 3 万吨	工业
14	瑞安金属软磁粉芯项目	安徽瑞安宁磁性材料有限公司	10000	投资 1 亿元，建设金属软磁粉芯项目	工业
15	鑫诺服装加工项目	宁国金诺制衣有限公司	10000	规划用地面积约 2.4 公顷，总建筑面积 22500 平方米，年生产外贸出口服装 100 万件	工业
16	路畅交通沥青拌合站项目	安徽路畅交通工程有限公司	7500	投资 7500 万元，建设路畅交通沥青拌合站项目	工业

续表 21

序号	项目名称	在宁注册企业名称	计划总投资（万元）	主要建设内容	产业类别
17	专用车制造	宁国扬晨达车业有限公司	6700	专用车制造	工业
18	年产500万套汽车气压盘式制动器附件项目	宁国拓科汽车零部件有限公司	6000	项目总投资6000万元，总建筑面积约12000平方米，购置气压盘式汽车制动器附件等全套生产设备及质量检测等设备。年产500万套气压盘式汽车制动器附件，实现年产值6000万元，创利税1275万元	工业
19	合宁机动车检测项目	宁国市合宁机动车辆检测有限公司	6000	该项目由合肥客运总公司投资建设，总建筑面积3430平方米。新建安全检测线3条、摩托车安全检测线1条、环保检测线5条	工业
20	汽车零部件及家电零配件生产	安徽都邦电器有限公司	5000	盘活原中创厂房1.8公顷土地和厂房扩大产能，建设厂房48000平方米，仓库建筑面积3000平方米，宿舍、食堂建筑面积3000平方米，建成后生产铝箔管、硅橡胶管、橡胶管、编织软管、电加热带等产品，项目达产后，年产值可达6000万元、创利税500万元	工业
21	复合材料生产项目	安徽世轩机械科技有限公司	5000	改造现有厂房，新增生产设备	工业
22	生物质锅炉生产销售安装及配套生物质颗粒燃料加工生产项目	安徽省佳和能源开发有限公司（筹）	5000	一期建设生物质颗粒燃料生产厂房，配套多功能粉碎机、颗粒燃料成型机等设备；二期建设6000平方米厂房及生物质锅炉生产流水线	工业
23	年产10万台套滑片式空压机关键部件项目	安徽德宝压缩机有限公司	5000	投资5000万元，引进创业团队，进行压缩机的研发及生产	工业
24	赛宝科学技术研究监测中心	宁国赛宝核心基础零部件产业技术研究院有限公司	4000	根据宁国市产业结构特点、工业企业转型升级的客观需求，充分利用五所在质量与可靠性共性技术研究成果，围绕提升工业和信息产品的质量和市场竞争力，开展多渠道全方位合作，共同构筑宁国市工业和信息产品质量国家级共性技术服务平台	现代服务业
25	城市天然气利用工程	安徽省皖能港华天然气有限公司	4000	该项目由安徽省天然气开发股份有限公司和港华燃气投资有限公司共同投资建设。项目总投资10.3亿元。建设宣城—黄山218.5千米天然气管道、天湖和黄山输气站及宁国、绩溪、歙县分输站。宁国分输站项目总投资4000万元，规划用地面积0.87公顷。新建工艺装置区、隔油池、库房及辅助用房（三层）等设施	工业

续表 21

序号	项目名称	在宁注册企业名称	计划总投资（万元）	主要建设内容	产业类别
26	中空吹塑制品生产项目	安徽中鼎橡塑制品有限公司	3000	投资3000万元，新建厂房10000平方米，生产中空吹塑制品项目	工业
27	上格照明LED生产项目	安徽上格照明有限公司	3000	投资3000万元，扩建5000平方米，建设LED生产项目	工业
28	汽车发动机悬置安装支架等铝压铸制品生产项目	宁国市中泰汽车零部件有限公司	3000	一期租用恒元纺织厂房3000平方米	工业
29	脚手架租赁服务项目	宁国千文钢管租赁服务有限公司	2500	投资2500万元，建设脚手架租赁服务项目	现代服务业
30	机械自动化生产项目	宁国中鼎华卓自动化设备有限公司	2000	租赁厂房进行机械自动化设备的生产	工业
31	中国电子元器件产业电子商务基地	宁国网库电子元器件技术有限公司	2000	搭建宁国电子元器件电子商务平台，并引进本土及外来1000家企业入驻平台运营	现代服务业
32	宝银机电配件精加工项目	宁国市宝银电机有限公司	2000	该项目由浙江温岭客商投资建设，项目总投资2000万元，在现厂区续建，总建筑面积约3500平方米，项目建成后，年产电机配件70万套，年产值达1.2亿元	工业
33	开源复合涂层材料生产项目	宁国市开源电力耐磨材料有限公司	2000	投资2000万元，建设开源复合涂层材料生产项目	工业
34	家电配件生产项目	安徽海惠美塑业有限公司	1500	投资1500万元，租用厂房，主要生产家电配件	工业
35	40吨国酒茅台仓储物流项目	宁国市丰尚名酒销售有限公司	1500	规划用地0.55公顷，建设茅台酒储存仓库，办公楼等设施	现代服务业
36	容维物流综合楼建设项目	宁国容维物流有限公司	1500	投资1500万元，建设容维物流综合楼建设项目	现代服务业
37	刹车片及总成生产项目	安徽安奔摩擦材料有限公司	1300	年产200万套刹车片制动总成，在现有厂区内新建8500平方米厂房1幢。购买设备65台套	工业
38	太阳能智能全自动农家锅巴生产线及锅巴产品生产项目	宁国宣味佳食品有限公司	1000	该项目由宣城宣味佳食品有限公司投资，项目总投资1000万元，租用龙冠光电公司厂房3000平方米，项目建成后，年产锅巴产品400万箱，年产值达1.04亿元	工业
39	恒元橡胶模具及密封件生产项目	宁国市恒元模具制造厂	1000	该项目规划用地面积0.33公顷，总建筑面积3500平方米，主要生产橡胶模具及橡胶密封件。项目达产后，年产值达1000万元	工业

2016年宁国经济技术开发区投产项目统计表

表22

序号	项目名称	在宁注册企业名称	计划总投资（万元）	主要建设内容
合 计			399200	
1	关键基础件—橡胶制品研发及生产基地建设项目	安徽中鼎密封件股份有限公司	141100	规划用地面积25.8公顷，总建筑面积241201平方米，新建生产厂房6幢、研发办公楼1幢、宿舍2幢和食堂1幢，同时配套建设污水处理场、循环水站、变电站等相关公辅工程；购置高性能橡胶密封件生产线、胶管生产线、骨架五金件等关键生产设备2587台（套），配套研发、试验检测等辅助设备1378台（套），建成达产后将形成年产81000万件高性能橡胶密封件、年产11000万标米高性能胶管以及年产21500万件骨架五金件的规模
2	飞达产业园	安徽飞达电气科技有限公司	47000	收购爱普科斯公司，扩大电容器产能
3	汽车零部件生产项目	亚新科噪声与振动技术（安徽）有限公司	30000	项目总投资3亿元，规划用地面积12公顷，总建筑面积约18万平方米，分三期实施，一期主要完成生产厂房供电、道路、绿化等公共设施建设，二期完成研发大楼、员工宿舍及辅助设施建设，三期完成合资合作项目厂房建设。主要生产经营汽车制动系统橡胶制品及高端密封件
4	年产1万吨矿山设备橡胶衬里项目	宁国天亿滚塑有限公司	20000	主要生产矿山设备橡胶内衬产品. 产量为：矿用橡胶4500吨，压延产品20万平方米，手工衬胶10万平方米；实现年产值38000万元，上缴税收7500万元
5	年产10万台蓄热式电采暖项目	安徽安泽电工有限公司	15000	该项目计划总投资1.5亿元，新建15000平方米厂房，购置全自动折边冲磨生产线2条、高效全自动组装线3条、全自动电加热器生产线2条，建成年产10万台高效节能蓄热式变频电采暖器生产基地
6	压力控制器及传感器项目	宁国市曼淇威电器有限公司	12000	该项目租用电子信息化产业园12号楼2层2148.3平方米，达产后年产压力传感器及压力控制器1000万只
7	中基能耐磨铸件生产线电改气项目	中基能源（深圳）有限公司	12000	该项目由中基能源（深圳）有限公司投资建设，项目总投资1.2亿元，计划在宁改造45条淬火线、20座融铁炉
8	内高压成型技术轻量化汽车悬挂支撑件产业化项目	保隆（安徽）汽车配件有限公司	11800	该项目在现在的厂区，新建9700平方米的现代化厂房1栋，配套建设35KV变电站1座，购置友佳数控加工中心、蔡司三坐标、KUKA机械手、通快7040型3D激光切割机、颖霖CNC数控弯管机、合锻3600、5000T内高压成型机、永恒1200、2100T液压成型机、扬锻锻压机等合计30台套
9	五金工具、注塑件项目（二期）	安徽迪森工具有限公司	10800	该项目由温岭开拓工具有限公司投资建设，项目总投资1.08亿元，规划用地面积约4公顷，总建筑面积约45000平方米，主要生产经营扳手、五金工具、千斤顶、组套工具、汽车摩托车配件、液压工具

续表 22

序号	项目名称	在宁注册企业名称	计划总投资（万元）	主要建设内容
10	基于内高压成型技术的汽车结构产业化项目	保隆(安徽)汽车配件有限公司投资	10500	项目总投资 1.05 亿元，新建钢结构厂房 9600 平方米，购置激光切割机、400T 内高压设备、焊接机器人、数控弯管机、数控机床、250 吨气动冲床等关键设备 18 台(套)
11	高科技防辐射涂料研发中心及生产基地项目	安徽法耐德新型建材有限公司	10000	该项目由迪克涂料公司与合肥派蒙集团合作建设，项目总投资 1 亿元，利用迪克涂料公司现有厂房、设备，建设防辐射涂料研发中心与生产基地
12	炫恩科技整体搬迁项目	杭州炫恩科技有限公司	10000	收购福友公司土地 4.3 公顷，总规划建筑面积 25000 平方米，项目建成后，年产金属薄板加工设备 48 台、卷材 3 万吨
13	非晶磁性材料及电子元器件生产项目	安徽裕华非晶材料有限公司	10000	新建厂房 7600 平方米，生产非晶合金及非晶带材；与清华大学展开产学研合作，研发用于柔性直流输电变流器的柔性直流输电直流支撑电容器
14	路畅交通沥青拌合站项目	安徽路畅交通工程有限公司	7500	投资 7500 万元，建设路畅交通沥青拌合站项目
15	电容器配件生产项目(二期)	宁国翰宇电子有限公司	7000	该项目计划总投资 7000 万元，总建筑面积 34000 平方米，项目建成后，年产中频中压电容器 5 万台
16	年产 500 万套汽车气压盘式制动器附件项目	宁国拓科汽车零部件有限公司	6000	项目总投资 6000 万元，总建筑面积约 12000 平方米，购置气压盘式汽车制动器附件等全套生产设备及质量检测等设备。年产 500 万套气压盘式汽车制动器附件，实现年产值 6000 万元，创利税 1275 万元
17	慈溪锦鼎汽车零部件生产项目	宁国市锦鼎塑料制品有限公司	6000	规划用地面积 2.57 公顷，总建筑面积 20000 平方米，项目建成投产后，年产汽车零部件塑料制品 8000 万件，年产值达 1 亿元，创利税 2000 万元
18	年产 10 万台套滑片式空压机关键部件项目	安徽德宝压缩机有限公司	5000	投资 5000 万元，引进创业团队，进行压缩机的研发及生产
19	赛宝基础零部件产业技术研究院项目	宁国赛宝核心基础零部件技术研究院有限公司	4000	根据宁国市产业结构特点、工业企业转型升级的客观需求，充分利用五所在质量与可靠性共性技术研究成果，围绕提升工业和信息产品的质量和市场竞争力，开展多渠道全方位合作，共同构筑宁国市工业和信息产品质量国家级共性技术服务平台
20	耐磨材料生产建设项目	宁国市南方耐磨有限公司	4000	投资 4000 万元，在现有厂区空地扩建厂房 8000 平方米，扩大耐磨材料产能

续表 22

序号	项目名称	在宁注册企业名称	计划总投资（万元）	主要建设内容
21	坚果生态产业供应链体系共建项目	安徽三只松鼠电子商务有限公司、安徽詹氏食品股份有限公司合作共建	3500	该项目由詹氏公司和三只松鼠商务公司合作建设，项目计划总投资3500万元，总建筑面积3800平方米
22	脚手架租赁服务项目	宁国千文钢管租赁服务有限公司	2500	投资2500万元，建设脚手架租赁服务项目
23	机械自动化生产项目	宁国中鼎华卓自动化设备有限公司	2000	租赁厂房进行机械自动化设备的生产
24	华晟橡胶及塑料制品生产项目	安徽省华晟塑胶股份有限公司	2000	投资2000万元，建设橡胶及塑料制品生产项目
25	塑料管材及改性塑料生产项目	安徽盖洛普塑料科技有限公司	2000	投资2000万元，建设塑料管材及改性塑料生产项目
26	金港电子元器件生产项目	安徽金港电子实业有限公司	2000	投资2000万元，建设电子元器件项目
27	机动车检测项目	宁国市合宁机动车辆检测有限公司	2000	总建筑面积3430平方米。安全检测线3条、摩托车安全检测线1条、环保检测线5条
28	家电配件生产项目	安徽海惠美塑业有限公司	1500	投资1500万元，租用厂房，主要生产家电配件
29	太阳能智能全自动农家锅巴生产线及锅巴产品生产项目	宁国宣味佳食品有限公司	1000	该项目由宣城宣味佳食品有限公司投资，项目总投资1000万元，租用龙冠光电公司厂房3000平方米，项目建成后，年产锅巴产品400万箱，年产值达1.04亿元
30	利德尔汽车零部件项目	安徽宁国利德尔汽车零部件有限公司	1000	该项目由宁国利德尔汽车零部件有限公司投资建设，建设年产2600万件橡胶件项目

·港口生态工业园区·

【概况】 省级宁国港口生态工业园区于2010年4月经安徽省人民政府批复设立。首期规划面积13.64平方千米，远期规划50平方千米，已纳入宁国市城市总体规划面积18平方千米。园区紧紧围绕“工业主战场新园区、城市副中心新城区”的定位，以扩张经济总量和提升质量效益为重点，以项目为总抓手，统筹推进项目运作和资本运作，按照规范精细和务实高效的要求，实现了持续稳定健康发展。园区水、电、路、气等基础配套设施已经齐备，重点发展以石墨烯材料应用、新型节能建筑材料为主的战略性新兴材料产业和以高效电机材料研发及高效电机、压缩机生产制造、大屏车载导航等车联网系统硬件制造为主的核心基础零部件产业。建区以来，先后获得"安徽省新型工业化产业示范基地""安徽省绿色生态城区""国家级智慧城市试点园区"等称号。

2016年，园区实现工业总产值119.3亿元，增长17.88%；规模以上工业增加值27.0亿元，增长16.61%；完成固定资产投资59.6亿元，增长20.1%；实现财政收入5.4亿元，增长10.32%。

【园区规划】 2016年，结合开发区目录申报工作，修编港口园区总体发展规划(2016—2030年)完成化工集中区选址论证报告及上报工作，启动化工集中区可研编制工作。启动石墨烯产业园、电机产业园两大特色产业园区总体规划编制工作，完成了25.33公顷景观提升、新港大道城市带状公园、东一路、朱家湾路等项目规划设计方案及施工图设计。推进青龙湾灌区工程、川气东输工程、110千伏柳桥变及其输送线路工程、港口燃气次高压线路工程、宁泾路、港宁路二改一等重大项目的协调服务。配合完成宁国市特色风貌规划、综合管廊规划、城市防洪体系规划、电力专项规划等6项市域城市体系规划。

【基础设施建设】 2016年，园区按照"量力而行、轻重缓急、稳步推进"原则，围绕项目落地需要，启动了杜迁路(碧云路至明心路段)、文脊峰路(明心路至涟漪路段)、东一路的建设，2.6万平方米职工生活服务中心进入试运行阶段，4.2万平方米农民安置房建成并投入使用，110千伏柳桥变电站开工建设。综合利用宁国水泥厂闲置资产，改建设立了港口园区幼儿园，完善园区自来水厂、污水处理厂设施。完成了红旗陶瓷厂场平、宁磁挡墙设计调整及标准化厂房附属工程建设。

【招商引资】 2016年，园区在谈项目35个，总投资53.6亿元。全年完成签约项目12个，协议总投资16.25亿元，新投产项目15个。

以龙晟科技、井田机电等公司为载体，积极构建石墨烯材料产业园和电机产业园。携手东方启辰公司举办首届中国·宁国车联网峰会，东方启辰车联网产业基地正式落户园区，智能车机硬件制造项目由深圳全部搬迁园区。启动了电机产业园产业链、供应链专业招商，完成井田机电公司30多家重点配套和合作企业的梳理，上门对接中航三洋、苏州埃赛克斯、江苏本格自动化等企业，部分项目将在2017年陆续落户园区。

园区标准化厂房引入中浙科技、经纬智造、天阳激光、金山劳务等8家企业。至2016年年末入驻企业增至14家，有员工500余人，使用面积5万余平方米，厂房入驻率达70%。

【土地管理】 坚持"六位一体"供地管理模式，根据项目落地需要组织招拍挂供地，全年出让国有建设用地4宗，共计14.67公顷。开展节约集约土地利用年度评价工作，严格土地使用标准，有效盘活存量建设用地，加强土地供后监管，集中布局生活服务、污水处理、仓储及绿化等配套设施，促进产城融合。全年对上成功组卷报批土地12.37公顷。常态化开展国土执法检查、例行巡查，全年共发现、制止土地违法行为8起，违法开采砂石案件2起，受理个人建房78宗，土地登记发证160宗，调解土地权属纠纷9起。

【征迁安置】 坚持"三个不征"原则(不在土地利用总规范围的不征、没有用地建设指标的不征、没有安排落户项目的不征)，根据落户项目及土地指标要求，理性征地，及时安置。全年累计收储土地27.87公顷，房屋征收75户，农民安置房(西区)安置拆迁户245户。

【项目建设】 协助宁国水泥厂完成辊压机节能技改项目，江南化工粉状乳化炸药生产线技改项目通过省工办验收，朝农化工新三板成功挂牌，东方启辰启动股改工作；协助中小企业做好创新平台和相关政策申报工作。龙晟科技柔性储能器件项目被科技部纳入2016年度国家重大研发计划，组织睿普科技参加第一届"赢在江淮"全省创业大赛并获得二等奖，协助华普建材等企业衔接银行融资4000万元。

2016年，园区重点续建及新开工项目16个，新投产项目15个，龙晟科技、宁磁电子、井田机电被纳入宁国市核心基础零部件产业集聚发展基地项目库。安徽东方启辰信息技术公司4G车联网项目顺利投产，宁国井田机电公司高效电机及配件生产项目实现量产，龙晟科技公司柔性储能材料研发和生产项目实现小批量产业化生产。

【主要企业选介】 宁国井田机电有限公司，是一家从事高效电机、电机关键零部件铁心及SMC软磁再生材料生产的高新技术企业。依托技术创新，校企合智，开创"技术研发—材料采购—剪切配送—铁心加工—电机制造—以废代钢、低碳循环"的新材料运用产业链发展之路。2016年公司实现销售收入1.6亿元，创税收200余万元。该公司项目分为三期建设，预计全部达产后年产值将达到10亿元。

安徽东方启辰信息技术有限公司，是一家集汽车电子集成系统研发、生产、销售于一体的高新技术企业。首创中国安卓大屏车机并成功开发出专车专用10寸、12寸安卓智能导航系列专利产品。2016年又率先推出4G车联网导航，截至2017年3月底，销量已突破10万台，配套车型达到200余款。公司生产技术和工艺水平、生产规模、产品档次、经济效益在全国同行业中位居前列。

（何　凡）

2016年港口生态工业园区重点签约项目一览表

表23

序号	项目名称	项目业主	总投资（万元）	建设规模和内容
1	石墨烯柔性储能材料及相关石墨烯产品基地建设项目	宁国市龙晟柔性储能材料科技有限公司	63000	规划面积13.33公顷，一期用地3.33公顷，新建厂房、办公楼、仓库及其他附属设施2.7万平方米。项目建成达产后，年产石墨烯原料50吨、石墨烯导电纤维5000吨
2	车联网产业生态基地项目	安徽东方启辰科技有限公司	20000	一期拟建立车联网运营中心和云计算中心；二期拟增建制造基地和车联网客户端增量建设；三期拟建设车联网工程技术中心及车联网核心技术研究院；四期拟进行车联网产业升级及IPO上市
3	高效电机项目	宁国井田机电有限公司	110000	规划用地面积19.53公顷，一期项目建设厂房12500平方米、办公楼5000平方米，购置高效电机生产线3条，硅钢条料生产线1组、硅钢冲片生产线4条
4	超级小型风膜发电设备研发制造项目	上海市驭风科技有限公司	30000	规划用地面积10公顷，一期租用标准化厂房6600平方米、办公及科研中心1000平方米，购置发电扇叶生产线1条，材料切割生产线1条
5	棉袜纺织生产项目	安徽中浙科技有限公司	12000	年产1350万双中高档袜子、220万件无缝内衣及1300吨包覆纱，租用2、4、5号标准化厂房用于首期建设投产，二期项目拟为浪莎袜业等品牌做代加工
6	水泥包装材料项目	宁国市金山劳务服务有限公司	2000	租用3300平方米标准化厂房，用于生产水泥等产品的包装材料
7	佳宇物流总部经济项目	宁国市佳宇物流有限公司	—	为总部经济项目，年纳税额5000万元
8	泽信总部经济项目	安徽泽信进出口有限公司	—	为总部经济项目，主要经营纸张、化工原料进出口
9	江苏特丽亮总部经济项目	江苏特丽亮镀膜科技有限公司	—	为总部经济项目，年纳税额1.2亿元

2016年港口生态工业园区重点开工项目一览表

表24

序号	项目名称	项目业主	总投资（万元）	建设规模和内容
1	车联网产业生态基地	安徽东方启辰科技有限公司	20000	一期拟建立车联网运营中心和云计算中心；二期拟增建制造基地和车联网客户端增量建设；三期拟建设车联网工程技术中心及车联网核心技术研究院；四期拟进行车联网产业升级及IPO上市
2	棉袜纺织生产项目	安徽中浙科技有限公司	12000	年产1350万双中高档袜子、220万件无缝内衣及1300吨包覆纱，租用2、4、5号标准化厂房用于首期建设投产，二期项目拟为浪莎袜业等品牌做代加工
3	生产废弃物综合利用技改项目	安徽锦洋氟化学有限公司	2800	利用0.017公顷土地进行项目技改，建设高为5米生产装置系统及利用原有煤气站生产装置
4	海螺技改项目	安徽海螺集团	22300	主要对预热器、水泥窑、电收尘、碾压机等进行技术改造
5	水泥包装材料项目	宁国市金山劳务服务有限公司	2000	租用3300平方米标准化厂房，用于生产水泥等产品的包装材料

2016年港口生态工业园区重点投产项目一览表

表25

序号	项目名称	项目业主	总投资（万元）	建设规模和内容
1	导电石墨烯柔性储能材料及相关石墨烯产品生产项目	宁国市龙晟柔性储能材料科技有限公司	11500	用地3.33公顷，新建厂房、办公楼、仓库及其他附属设施2.7万平方米。项目建成达产后，年产石墨烯原料50吨、石墨烯导电纤维5000吨
2	耐磨材料生产设备、损配件加工及环保设备生产建设项目	安徽宁国龙升机械装备科技有限公司	9000	新建厂房、研发中心17892平方米。项目建成后，年产耐磨材料生产设备160台，模具5000副，大型环保设备3～5套，年销售收入2亿元，税收1000万元
3	汽车智能导航生产项目	安徽东方启辰科技有限公司	10000	总建筑面积3.8万平方米。项目建成后，年产汽车智能电脑15万台，产值1.5亿元。前期购置智能导航生产线2条，年产量2.4万台
4	高效电机项目	宁国井田机电有限公司	110000	规划用地面积19.53公顷，一期项目建设厂房12500平方米、办公楼5000平方米，购置高效电机生产线3条，硅钢条料生产线1组、硅钢冲片生产线4条
5	水泥包装材料项目	宁国市金山劳务服务有限公司	2000	租用3300平方米标准化厂房，用于生产水泥等产品的包装材料生产
6	海螺技改项目	安徽海螺集团	22300	主要对预热器、水泥窑、电收尘、碾压机进行技术改造
7	锦洋氟化学生产废弃物综合利用技改项目	安徽锦洋氟化学有限公司	2800	利用0.017公顷土地进行项目技改，建设高为5米生产装置系统及利用原有煤气站生产装置

区域经济合作

·凤阳宁国现代产业园·

【概况】 凤阳宁国现代产业园是省委、省政府"十二五"期间为实施振兴皖北、加速崛起战略而建设的7个县域现代产业园之一。该产业园以原有的省级开发区——安徽凤阳硅工业园为基础，由安徽省政府、凤阳县、宁国市三方合作共建。首期规划面积27.6平方千米，远景规划面积70平方千米。

产业园位于凤阳县城东15千米处，西连千年古镇临淮关，北临淮河黄金水道，内有千里淮河第一港——凤阳港，南靠京沪铁路；区内有宁洛高速凤阳出口，307省道穿区而过，交通便捷、区域位置优越；园区以硅产业和现代物流业为主导产业，培育新型建材、水晶灯饰、模具机械制造、电子制造等延伸产业，统筹兼顾引进汽摩零部件、食品加工、电子商务、现代服务等补充产业，进而形成主导产业突出、配套产业完善、集聚效应明显、布局科学合理、产业城市融合的发展新格局。

【园区规划】 坚持规划引导，先后完成园区控制性详细规划及南部新城城市设计和路网、雨污水、冷热电三联供分布式能源等专项规划编制，初步形成"四轴两带、北园南城、产城一体、宜业宜居"的总体发展布局，建成区面积达13.5平方千米。

【基础设施建设】 新建道路18条35.67千米，建成安置房10.85万平方米，在建4万平方米，建成标准化厂房6万平方米、雨污水管道42千米。园区综合服务大楼、220千伏洪武变电站、35千伏开关站、70万立方米/日的天然气管网、1万吨/日的取水泵站、0.7万吨/日的生活用水及1.5万吨/日的工业用水管网等工程先后建成投入使用，污水处理厂一期工程即将建成投入使用。实施了园区环境综合整治提升工程，完成S307板桥街道段改造工程，建成节点景观4处，完成绿化48万平方米。凤宁工业广场、园区综合配套服务中心等工程有序推进。

【项目建设】 按照"坚定不移地壮大主导产业，积极主动地培育延伸产业，统筹兼顾地引进补充产业"的产业定位，组织实施"双百十亿（即企业个数达100个，工业总产值达100亿，财政收入达10亿元）工程"。至2016年年底，签约项目70个，协议总投资近331亿元，其中，20亿元以上项目4个，5亿元以上项目16个。

通过帮办，累计建成投产项目20个（规模以上企业7家）。在建项目25个，开展前期工作项目25个。世界最大的单体玻璃生产线（台玻1200T/D在线LOW-E节能玻璃生产线）、世界最大的单体"白碳黑"生产线（年产7万吨白碳黑生产线）、世界最大的硅酸钙板生产线（联塑侨裕年产1600万平方米硅酸钙板生产线）、世界最大的麻将机生产线（兴乐年产90万台麻将机生产线）均已建成投产。盘活原奋祥钢材市场引进的京都电子商务园建成开园，原侨裕和联塑集团、赛吉元和横店集团实现战略重组，总投资20亿元的保通北斗凤阳科技园项目和总投资5.5亿元的光大凤阳城乡一体化项目正式开工建设，与央企合作实现了新突破。总投资30亿元的福莱特光伏玻璃项目于2016年8月开工建设，建成后将成为全国最大规模的光伏玻璃基件生产基地。

【资金融通】 2012年8月，成立了由省担保集团、宁国市国投公司和凤阳县经投公司三方为股东的凤阳凤宁投资有限公司，注册资本5.5亿元，累计融资到位资金3.42亿元，分别荣获省财政厅项目资金绩效评价良好和优秀级别。控股成立了安徽绿立方园区绿化工程有限公司和凤宁物业管理有限公司。

【征迁安置】 组建了征地拆迁工作办公室，成立了土地技术服务中心；完成395.93公顷土地指标组卷报批工作（批次指标137.2公顷、增减挂指标185.53公顷、独立选址指标75.2公顷）。确保征迁工作阳光透明，科学规范。累计完成征地330.48公顷，拆迁413户64501平方米，安置房屋905套104075平方米。创新安置方式，共采购5批420套商品房用于群众安置，既解决了商品房的库存问题，又快速推进了拆迁安置。

【社会事务管理】 按照"政府购买服务、公司市场运作"的模式，全面创新园区物业管理。安置区管理、规划区内卫生保洁、路灯管护等工作全部交由凤宁物业公司管理，卫生保洁面积近10万平方米，路灯管护1800余盏。

开展农村养老及被征地农民社会保障工作，2012年以来，累计1159人享受失地保险政策，缴纳保险金额1871万元。

在开展以危险化学品、建筑施工等领域为重点的安全隐患排查活动基础上，创建"专家查隐患、部门抓监管、企业抓落实"的工作新机制，2016年两次聘请安全生产专家对辖区内企业进行"诊断式"安全隐患把脉问诊，确保隐患及时发现、及时整改。

利用园区成立的绿立方绿化工程有限公司这一平台，将板桥镇18个村集体资产实行股权入股，努力盘活存量资产，增强村集体经济“造血”功能。2016年年初村集体累计分红36万元。

【主要企业选介】 1. 鸿鼎集装箱码头：凤阳港位于凤阳宁国产业园、淮河右岸，港口水路上距蚌埠市35千米，下距五河县42千米，距蚌宁高速和省道307约2千米，凤阳县城约10千米，京沪铁路约3千米。港口总投资7.3亿元，占地80公顷，共设3个区域分三期建设。三期集装箱物流区，投资1.2亿元，占地约33.33公顷，共建13个泊位，其中，10个件杂货泊位、3个货柜泊位，散货年吞吐量约200万吨，集装箱约15万TEU/年，10万平方米的现代化立体式综合仓库、3万平方米的集装箱仓储服务和中转物流区。港口一期杂货散货区已投入运营且效果良好，年吞吐量500万吨以上，营业额6000万元以上；三期集装箱区正在进行试运营。凤阳港主要经营业务有仓储、物流、装卸、港务服务等，是集散货件杂货码头、成品油码头、集装箱码头于一体的现代化综合性港口，是具有现代港口功能和独特比较优势的新兴港口，也是千里淮河上最大的港口。

2. 安徽福莱特光伏玻璃有限公司：福莱特太阳能超白压延玻璃和节能玻璃项目，由浙江福莱特玻璃镜业股份有限公司投资建设。该项目计划占地面积58公顷，总投资约20亿元，其中固定资产投资约15亿元，由浙江福莱特玻璃镜业股份有限公司或其在凤阳成立的子公司负责筹集资金投资建设，主要建设两条600T/D超白压延玻璃生产线、两条900T/D节能玻璃生产线、太阳能光伏和节能玻璃深加工、硅质原料开采加工项目等。

3. 光大国际凤阳城乡一体化项目：中国光大国际有限公司是中国光大集团实业投资领域的旗舰公司。中国光大集团是中央管理的国有重要骨干企业，以经营银行、证券、保险、投资管理、环保、实业等业务为主的特大型金融控股集团。集团下属有光大银行、光大证券、光大国际、光大控股四家上市公司。该项目投资主体为中国光大国际有限公司，项目总投资约10亿元，分为生物质热电联产和生活垃圾焚烧发电两个子项目。生物质热电联产项目总投资约6亿元，占地10公顷。配置2炉2机，分两期建设。其中一期投资总额约3.2亿元，注册资本约1.0667亿元。项目总规模为年处理30万吨农业秸秆，为本地农行增收8000万元。生活垃圾焚烧发电项目总投资约4亿元，占地3.33公顷。其中一期项目投资约为2.3亿元，注册资本约0.7667亿元，以外资形式投资，项目总规模为日处理城市生活垃圾800吨，配置2炉2机。其中一期处理规模400吨/日年处理规模14万吨。

（朱　敏）

对外贸易

【概况】 2016年，全市对外贸易保持回稳向好的态势，利用外资结构不断优化，境外投资持续发展。全市“走出去”企业共3家，均由安徽中鼎控股（集团）股份有限公司对法国、瑞士、德国的3家境外企业进行投资和经营，累计投资达2.2亿美元。全市外贸进出口总额5.71亿美元，总量在宣城市县市区中排名第一，增幅第五。组织40余家企业参加境外近70场展会，组织3家企业参加两季广交会。

同年，宁国市回转3家重点外贸企业，回转金额近5500万美元。全年新批外贸备案登记企业60家，新发生业绩企业27家。

【中鼎保税仓库获批建设】 2016年11月，中鼎保税仓库建设获得合肥海关批准，力争2017年10月建成运营。

（潘　亮）

利用外资

【概况】 2016年，全市共完成利用外资累计为23798万美元，同比增长8%，在宣城市各县市区中，总量居第二位，增幅居第五位。

【外资企业审批】 对新批的、变更的外资项目，依法审批，规范材料，简化程序。2016年10月前，市商务局共受理涉1亿美元以下的三资企业相关审批5件，其中：鼓励类、允许类外商直接投资项目1个［威固技术（安徽）有限公司生产销售自产的减震橡胶制品项目，合同外资1000万美元］；核准4家企业变更事项（股权变更2家、投资总额及注册资本变更1家、到期终止1家）。2016年10月后该项审批权限取消，改在宣城市商务局备案。

（潘　亮）

招商引资

【概况】 2016年，继续实行市级领导招商引资工作“一岗双责”制度，继续实施招商引资工作"一把手"工程。5月，市委组织部从全市公开选调16名有激情、懂政策、能沟通、善谈判、会宣传的招商能人充实到产业招商分局，整合招商局与产业招商分局的力量，组建专业招商组，各产业招商分局局长与原单位工作脱钩，专司招商工作，实行驻点招商。实施驻点招商出勤备案制度和日报告制度，由市招商引资考核中心负责考勤。驻外期间，按照"分工不分有，出门一把抓，回来再分家"的总体要求，负责驻点区域内所有项目的洽谈、跟踪工作，开创招商引资工作新局面。

全年招商引资新增签约项目172个，协议总投资189.03亿元，新增3亿元及以上项目16个；新增开工项目138个；新增投产项目99个，完成到位资金119.7亿元。上报亿元以上实际利用省外资金项目42个，利用省外资金153亿元，完成年度目标任务101.3%。宁国市被评为宣城市2016年度招商引资工作先进集体。

【投资环境推介】 10月18—19日，宁国市参加了"2016中国国际徽商大会"(在合肥举办)宣城投资合作恳谈会暨集中签约仪式，有3个项目(德国WEGU公司投资1.4亿元的降噪减震橡胶制品产业园项目；投资6.3亿元的大屏车载终端电脑研发制造项目；投资5.1亿元的汽车零部件生产项目)现场签约成功，投资总额12.8亿元。宁国市还推介8个项目，总投资额达132亿元。

是年，开发区招商分局、港口园区招商分局等9个招商分局分别在宁国、深圳、苏州、上海、宁波、昆山等地举办招商推介会，广泛宣传宁国投资环境及招商政策，进行了招商项目推介。

【产业链招商】 一方面，强化对主导产业和本土企业发展方向的深层次研究，发挥企业招商主体作用，制定"招商地图"，鼓励优质企业"走出去、请进来"，对本土企业对外合资合作、嫁接重组项目，均给予招商引资同等待遇，优先配置土地、人才、资金等要素资源；另一方面，立足现有产业链条，围绕"建链、延链、补链、强链"环节，在上下游协作配套上下功夫，注重研发平台、检测机构、中介服务等生产服务性项目的引进，瞄准行业龙头和话语权企业进行对接，大力引进行业相关央企、省属国有企业、知名民企到宁国投资，延伸产业链条、壮大产业规模。

【创新招商方法】 强化产业基地招商。立足国家火炬宁国橡塑密封件特色产业基地、安徽省核心基础零部件战略性新兴产业集聚发展基地等已形成的产业发展平台，扩大国字号的品牌效应，大力推进产业招商。瞄准上海迪士尼、杭州亚运会等重大项目建设和重要国际活动举办所带来的招商机遇，引进一批重大产业类项目，助推产业转型发展。

强化上市企业招商。发挥上市企业"资本＋技术＋市场"的叠加优势，按照"已上市企业抓扩大投资、新上市企业抓项目谋划"的要求，实行"一企一班、一企一策"，谋划上市企业上下游关联项目及平行关联业态项目，开展多层次、全方位的对外招商合作，打造完整产业链条，提升上市企业市场竞争能力。

强化创新团队招商。实施创新团队和高层次创新人才招引计划，围绕复旦大学、中科院、工业和信息化部等科研院所的科技创新团队，力争引进和培育1～2家创新创业团队到宁国发展。主动对接临安青山湖科技城，力争在产业承接、科技成果转化等方面推进合资合作，打造科技产业园。

【招商督察考核】 2016年，市招商引资考核中心、招商引资领导组办公室会同市委督查室、市政府督办室、项目帮办服务督查考核中心，每月跟踪督查各单位招商引资开展情况，实行月度通报、季度分析调度，通过媒体、会议、文件、短信等形式通报或反馈督查结果。

继续将招商引资工作纳入目标管理考核，纳入各单位主要负责人履职尽责能力考评范围。突出对新签约、新开工、新竣工投产或运营的项目个数和质量的考核，综合运用考评结果，严格兑现奖惩。

【优化招商后续服务】 2016年，精简行政审批事项，优化审批流程，缩短审批时限，严格实行重大项目并联审批制度和绿色通道制度。推进首席帮办联络员、帮办服务事项交办及反馈等一系列招商项目帮办服务制度。坚持顺势而为、主动作为、有所不为，因地制宜，分类精准帮扶。落实首问负责制、限时办结制，努力为投资者提供"零障碍、低成本、高效率"服务，逐步形成"引进一个、建好一个、带来一批"的联动效应，打造招商引资环境优势。

(章　晨)

工业

Industry

- 综述
- 工业门类
- 工业经济管理
- 上市公司

宁国经济技术开发区

综　　述

【概况】 2016年，全市工业经济以产业转型升级为主线，以“四换四驱”为抓手，总体呈现平稳增长的运行态势。规模以上工业实现总产值598.8亿元，增长10.5%；实现增加值143.4亿元，增长9.5%；实现主营业务收入551.7亿元，增长10.95%；实现利税总额55.5亿元，增长13.36%；实现利润43.8亿元，增长19.76%；完成工业固定资产投资164.6亿元，增长12.2%。工业用电量16.4亿千瓦时，下降3.4%。新增规模企业48家，规模企业数达到320家，产值超亿元的企业88家。

【工业固定资产投资】 2016年，全市完成工业固定资产投资164.6亿元，增长12.2%，高于宣城市平均水平1.4个百分点。其中技术改造完成投资74.6亿元，占工业固定资产投资比重45.3%，增长15.5%。

【首届全国橡塑密封件高峰论坛举办】 2016年12月5日，首届中国(宁国)橡塑密封件产业发展高峰论坛在宁国市举办，本次高峰论坛以“创新、智能、共享”为主题，由中国液压气动密封件工业协会和宁国市人民政府联合主办，安徽中鼎控股(集团)股份有限公司承办，参加论坛的有中国液压气动密封件工业协会及安徽省省直、宣城市直相关单位领导，邀请清华大学机械工程学院、青岛科技大学橡塑材料与工程教育部重点实验室、国家橡胶密封制品质量监督检验中心、浙江工业大学机械工程学院、广州机械科学研究院、美国杜邦公司等研究机构与企业的专家学者，以及各界新闻媒体人士、客商代表、宁国市橡塑密封件企业家代表。举行了中鼎院士工作站授牌仪式和专家主题演讲。此论坛旨在邀请行业专家学者为橡塑密封件产业发展问诊把脉，引导全市橡塑密封件企业梳理“创新、智能、共享”发展理念，了解行业发展动态，发挥产业集群集聚优势。

【企业帮扶】 印发《宁国市市级领导帮扶联系重点工作企业制度》。市级领导通过实地走访、信息平台交流、电话联系等方式与企业沟通交流，帮助企业解决在生产经营、市场开拓、要素供给、技术创新、项目建设、挂牌上市等方面的问题和困难。政策扶持方面，会同财政、科技、商务等职能部门开展了2015年度工业发展政策奖补兑现工作，兑付奖补资金3900余万元，推动企业转型发展。

全力破解要素制约。土地方面，清理长期闲置土地，盘活存量，防止土地被滥用和浪费。加大中小企业进标准化厂房政策扶持力度，激励企业建设多层厂房，节约集约用地，提高土地利用效率。融资方面，组织企业参加金融培训、申报银企对接项目，搭建好企业与银行对接的桥梁，为企业融资难题拓展新的解决路径。鼓励金融担保机构创新产品、创新服务，增加对中小企业

图11　2016年12月5日，首届中国(宁国)橡塑密封件产业发展高峰论坛举行

信贷投放，加大银企合作力度，主动搭建银企合作平台，为企业融资创造条件，加大企业上市工作力度。用工方面，出台相关政策，引导企业采取多种形式加强技术人才培养，特别是尖端技术人才的培养。采取搭建招工平台、定期召开招聘会等多种形式帮助企业招聘员工，组织在岗培训、职业培训，逐步改善用工待遇，开展职业教育和继续教育，培养一批高端技术人才和熟练技术工人。

优化企业服务方式。简化项目审批程序，尽快办理项目立项、审批、建设等手续；运用政策手段，出台普惠政策；搭建好部门与企业之间的信息沟通桥梁，加大扶持政策宣传；引导企业加强内部管理，适当提高劳动报酬待遇，改善劳动者工作环境，加强人文关怀，增强员工的归属感，降低员工的流失率；鼓励企业参加管理培训班、研讨会等，帮助企业分析形势、开拓思维。

抓好重点工业项目发展。围绕重点产业、重点企业和建链补链项目，积极编制“十三五”工业发展项目，科学谋划汽车零部件产业园、电子信息产业园、司尔特循环经济园等专业园区，中鼎工业园、聚隆科技工业园等龙头企业工业园，六大产业转型升级项目以及产城融合类项目，投资总额达1000亿元。抓好重点项目调度，按照“项目提质年”活动要求，扎实做好市重点工业项目的服务保障工作，确保项目早日投产达效。

【主要产业发展及骨干企业】 2016年，汽车零部件、耐磨铸件、电子元器件三大主导产业实现总产值320.5亿元，占全部规模工业总产值的53.5%。其中，汽车零部件实现总产值241.9亿元，增长19.2%；耐磨铸件实现总产值44.9亿元，下降6.6%；电子元器件实现总产值33.7亿元，下降16.3%。

2016年，按照《中国制造2025安徽篇》要求，以智能制造为主攻方向，出台《宁国核心基础零部件产业集聚发展基地智能工厂（车间）建设管理办法》。以中鼎、保隆、聚隆等龙头骨干企业为引领，开展智能工厂（车间）试点示范建设；中鼎密封件“新能源汽车用橡胶密封件智能制造新模式”项目获国家智能制造专项支持；莱恩电泵获批省级工业设计中心；风形耐磨被认定为“安徽省工业和信息化领域标准化示范企业”；中鼎集团获评为宣城市唯一的“国家级技术创新示范企业”。

【工业转型升级】 2016年，加大推动产业转型升级政策扶持力度。宁国市先后出台“1+1+5”的政策扶持体系，从技术改造升级、创新能力提升、企业做大做强等多方面予以扶持。同时，继续实行市级领导联系帮扶重点企业制度，通过实地走访、座谈交流、电话联系等多种方式帮扶联系企业，对反映的困难和问题，交办相关单位限时予以解决落实。

推进供给侧改革，宁国市及时出台《关于推进供给侧改革促进经济持续健康发展的的若干意见》，从落实企业减负、规范设企收费、降低用地、用工、用能成本，减少企业融资成本等方面，进一步加大补助力度，减轻企业负担。实施联合重组，盘活存量资产。支持市内外优势企业对现有资产和资源仍具有一定价值，资金链面临压力或经营不善导致的停产半停产企业，对进行兼并重组，整合、盘活企业资产资源。

推动“网+换新”。编制《宁国市“两化融合”专项规划》，以省级信息消费示范市建设为抓手，以企业信息化改造提升为重点，进一步提高“两化融合”水平。以智能制造为主攻方向，出台《宁国核心基础零部件产业集聚发展基地智能工厂（车间）建设管理办法》。依托省核心基础零部件产业基地建设，以中鼎、保隆、聚隆等龙头骨干企业为引领，开展智能工厂（车间）试点示范建设。建设公共技术服务平台，2016年，宁国市与广州赛宝信息产业技术研究院合作，建立宁国赛宝核心基础零部件产业技术研究院，围绕全市三大主导产业，为相关企业提供检测认证、教育培训、对标诊断（TSQ）等多个方面技术服务。

持续推进去产能，严格把控过剩及落后产能项目准入。常态化对产能过剩行业、落后产能企业进行全面清理、淘汰。截至2016年，全市关闭淘汰落后产能企业37家，涉及非煤矿山、玻纤、造纸等多个行业。开展推进“僵尸企业”处置工作，出台《宁国市处置僵尸企业工作意见》《宁国市处置僵尸企业工作实施方案》，对低端低效产能，缺乏竞争力，严重资不抵债、救助无望的企业，通过司法途径依法实施破产清算退出市场。

【国家级赛宝实验室宁国分中心正式挂牌】 宁国赛宝核心基础零部件产业技术研究院（简称“宁国赛宝”），由宁国市政府与工业和信息化部电子第五研究所合作共建，主要为企业提供完善的质量与可靠性、检验与检测、体系认证与技术培训等综合性公共服务。宁国赛宝成立于2016年5月31日，建筑面积5546平方米，主要承担电子元器件、汽车零部件、耐磨材料等质量与可靠性共性技术研发与技术服务。2016年12月21日，宁国赛宝高峰论坛暨揭牌仪式在市政府会议中心举行，标志着宁国赛宝正式投入运营。

(刘红苹)

【处置“僵尸企业”】 落实国家、省、宣城市关于推进供给侧结构性改革的决策部署，出台《关于印发宁国市扶持产业发展“1+1+5”政策体系的通知》《关于推进供给侧改革促进经济持续健康发展的若干意见》等系列文件，开展“去产能、盘存量、促升级”工作，取得了一定成效。出台《宁国市处置“僵尸企业”工作意见》和《宁国市处置“僵尸企业”工作实施方案》，成立了“僵尸企业”处置工作领导组，对全市企业经营情况进行监测，并将监测信息进行梳理汇总和分析研判，明确风险企业预警级别，经会议研究，对符合条件的“僵尸企业”予以统一认定，最终实现“僵尸企业”市场出清，优化产业结构，实现工业经济的提档升级。

【建立企业风险预警监测平台】 2016年，建立宁国市企业风险预警监测平台，印发宁国市防范和处置企业经营风险工作预案，制定平台管理考核暂行办法和月报送制度。市经信委通过对风险企业预警监测平台对全市在册企业相关经营数据进行全面监测，对监测数据整合汇总，分析研判，明确风险企业预警等级，将预警监测信息反馈至属地单位，属地单位再核实认定，经会议统一认定“僵尸企业”名单，为下一步“僵尸企业”市场出清奠定基础。

(池　莼)

【大力推进智能制造】 开展了2016年宁国核心基础零部件产业集聚发展基地智能工厂(车间)项目评审工作，中鼎金亚、高德韦尔、飞达电气、中鼎橡塑、欧凯密封件5家入围2016年基地智能工厂(车间)项目建设资金支持名单。

工业门类

【耐磨铸件产业】 宁国市是“中国耐磨铸件之都”、安徽省耐磨材料优质产品示范区。先后出台《关于规范提升耐磨铸件产业发展的意见》《关于促进耐磨铸件产业转型提升的实施意见》等扶持政策，从技术创新、品牌建设、兼并重组、企业上市、融资担保等多方面给予支持。鼓励企业调整产品结构，开展对外合作，向精密铸件、大型铸造件、核电泵铸件等高端产品延伸发展。“中国耐磨铸件之都”于2016年顺利通过由中国铸造协会组织的第三次复评。落实行业准入制度，全市有40家企业通过工业和信息化部前两批的铸造行业准入，准入企业数超过全国的三十分之一。依托省级耐磨材料产品检验检测中心，建立质量控制体系，鼓励企业采用国际标准和行业先进标准组织生产，杜绝“无标”生产或者不按标准组织生产。

【汽车零部件产业】 全市以“扶持龙头骨干，扩张产业规模”为重点，通过扶持培育、龙头带动、产业招商、配套协作、集聚发展等方式，充分利用维修和配套两个市场，大力发展“专、精、特、新”产品，形成了以中鼎、亚新科为代表的汽车减振、转向系统，飞鹰公司为代表的汽车摩擦材料系统，保隆公司、中鼎金亚为代表的汽车管件管系统和盛隆、晨光、永泰为代表的汽车铸件、冲压件系统等四大系列产品。同时，在深入研究产业布局与发展方向的基础上，通过产业招商，为现有汽车零部件企业寻找配套项目，促进产业做大做强。

(李　青)

【电子元器件产业】 立足该市电子元器件产业现状，紧扣新一代电子信息技术脉搏，大力发展电力电容器、机车电容器和超高温电容器，引进车载智能终端等电子信息产业项目，打造完整产业链，形成集聚发展新格局。依托宁国赛宝核心基础零部件产业研究院有限公司，共建研发平台和重点实验室，开展电子元器件企业质量认证、标准制定、产品检测和人员培训等，提升工业原始创新、集成创新和引进消化吸收再创新能力。大力培育飞达电气、源光电器、安泽电工等电子元器件骨干龙头企业，力促企业做大做强。建成龙驰电子创业园、电子信息产业园，提升电子元器件企业产业集聚度。

(池　莼)

【省级产业集群专业镇】 中溪镇把汽车零部件产业发展重点放在汽车橡胶密封制品、开发新型汽车减震橡胶制品及拓展汽车橡胶制品生产新领域等方面。合理确立园区功能定位和产业布局，形成互相带动、优势互补、错位发展、关系紧密、各具特色的发展格局。2016年，中溪镇拥有汽车零部件企业57家，其中规模以上企业12家，较上年新增3家，实现工业增加值7.97亿元。

梅林镇坚持发展以沙埠省级开发区的拓展区、东山工业小区和河千工业带为重点的“两区一线”工业布局，吸引在外发展的梅林籍企业家回乡发展配套加工，开展以电子电器配件为主的招商引资。2016年，全镇实现工业增加值2.11亿元。

（李　青）

工业经济管理

【企业技术改造与技术创新】 2016年，全市获得宣城市级企业技术中心3家，省级企业技术中心1家，省级工业设计中心1家，省工业和信息化领域标准化示范企业1家，省级技术创新示范企业1家，国家级技术创新示范企业1家，省新产品21个，“安徽工业精品”3个。

【信息化建设】 2016年，中鼎密封件、江南化工成功入选国家级两化融合管理体系贯标试点企业，保隆、安泽电工、源光电器、莱恩电泵成功入选省级两化融合管理体系试点企业，司尔特公司、中鼎密封件、江南化工先后启动两化融合管理体系评定工作。同年，风形耐磨、天成电工被评为安徽省“两化融合”示范企业。至年底，全市国家级两化融合管理体系贯标试点企业3家、省级两化融合管理体系试点企业4家、省级“两化融合”示范企业16家，均居宣城市首位。

【省信息消费试点县市建设】 2016年，成功争创省级信息消费示范市。司尔特测土配方施肥科技信息消费体验中心、飞达电气工业产品信息消费体验中心获省级信息消费体验中心称号。

【工业经济运行监测】 注重日常运行监测，会同统计部门按月下达工业增加值指导性目标，及时通报目标任务完成情况。及时督促企业，按月填报省企业生产运行监测分析系统，做到应报尽报。开展风险企业摸排工作，及时提供风险预警信息。加强与上级主管部门的沟通，及时掌握工业发展考核动态信息。

【节能降耗】 2016年，全市规模以上工业综合能源消费量64.5万吨标准煤，同比下降11.9%，万元工业增加值能耗为0.44吨标准煤，同比下降20%。对比历史数据，2016年市能耗处于低位运行，能耗降幅最大。

【小微企业创业基地建设】 根据《关于开展安徽省小微企业创业基地申报工作的通知》要求，经自愿申报、组织推荐、专家评审等程序，宁国市佳佳小微企业创业园和宁国市诚信小微企业创业基地被认定为“安徽省小微企业创业基地”。

【安全生产及行业监管】 坚持“管行业必须管安全、管业务必须管安全、管生产经营必须管安全”的要求，建立非煤矿山、民爆等行业日常检查、突击检查、专项检查的隐患排查治理工作机制，强化安全生产教育培训，建立健全完善安全生产责任体系，层层压实安全生产责任，确保责任落实到位。做好千亩道口及城区段铁路沿线安全监管工作，严防各类事故发生。

（夏登有）

2016年度宁国市完成工业总产值前10家企业情况一览表

表26　　单位：万元

企业名称	工业总产值	企业名称	工业总产值
安徽中鼎控股(集团)股份有限公司	1670728	安徽宝恒新材料科技有限公司	111333
安徽省司尔特肥业股份有限公司	673501	安徽五星集团有限责任公司	107133
安徽江南化工股份有限公司	196902	安徽詹氏食品有限公司	106035
亚新科噪声与振动技术(安徽)有限公司	170810	安徽海螺水泥股份有限公司宁国水泥厂	73429
安徽飞达新材料科技股份有限公司	162459	保隆(安徽)汽车零部件有限公司	70436

2016年度宁国市实现利税总额前10家企业情况一览表

表 27　　单位：万元

企业名称	利税总额	企业名称	利税总额
安徽中鼎控股(集团)股份有限公司	206860	安徽詹氏食品有限公司	12486
安徽省司尔特肥业股份有限公司	73318	亚新科噪声与振动技术(安徽)有限公司	10789
安徽江南化工股份有限公司	35451	安徽海螺水泥股份有限公司宁国水泥厂	10574
德特威勒密封技术(安徽)有限公司	18013	保隆(安徽)汽车零部件有限公司	7944
安徽聚隆传动科技股份有限公司	14450	安徽宁国晨光精工股份有限公司	5800

2016年度宁国市完成工业增加值前10家企业情况一览表

表 28　　单位：万元

企业名称	工业增加值	企业名称	工业增加值
安徽中鼎控股(集团)股份有限公司	400975	安徽宝恒新材料科技有限公司	26720
安徽省司尔特肥业股份有限公司	161640	安徽五星集团有限责任公司	25712
安徽江南化工股份有限公司	47256	安徽詹氏食品有限公司	25448
亚新科噪声与振动技术(安徽)有限公司	40994	安徽海螺水泥股份有限公司宁国水泥厂	17623
安徽飞达新材料科技股份有限公司	38990	保隆(安徽)汽车零部件有限公司	16905

上市公司

·安徽中鼎控股(集团)股份有限公司·

【概况】 2016年，安徽中鼎控股(集团)股份有限公司(简称"中鼎集团")总资产137亿元，员工1.9万人，销售收入135亿元，上缴税收7.8亿元，成功晋入"全球非轮胎橡胶制品20强""中国汽车工业30强""中国民营企业500强"，荣获"国家级技术创新示范企业""中国制造业单项冠军示范企业""国家知识产权示范企业""中国出口质量安全示范企业"称号。

【股市情况】 集团下属核心企业——安徽中鼎密封件股份有限公司于2006年通过资产重组，在深交所挂牌上市（股票代码000887），为中国密封件行业第一股。2016年年末，公司股本为123,444.01万股，截至2016年年底，公司总市值已超过300亿元。

【结构调整】 2016年，在做好主业

图12　中鼎关键基础件车间

的同时，继续向新型环保发动机、新能源汽车、铁路船舶、石化、核电、军工、航空航天等领域拓展。积极推进专业化生产，有针对性地提高产品的市场竞争力。

【海外并购】 2016年，中鼎集团斥资1.3亿欧元成功收购德国AMK公司，斥资1.85亿欧元成功收购法国TFH公司，两家企业均为欧洲一流汽车技术供应商。不断拓展海外市场，加强在欧美发达国家和地区的影响力，使中鼎的海外营收比重进一步提高。

【管理创新】 在市场创新方面，大力实施商物分流，规范全球业务操作流程。在技术创新方面，中鼎国内、欧洲、美国研发中心紧密配合，协调联动，成功拿下多项国际大平台项目。在管理创新方面，全面引进精益生产、六西格玛、阿米巴管理理念，不断提高管理效率，挖潜增效成果显著。

【制定发展规划】 围绕产业升级和文化升级，中鼎集团制定"十三五"的战略方针：创新驱动发展，文化引领未来。战略目标：大力提升"智造"水平，争做高端零部件制造商和高端综合服务提供商，在2020年前进入"全球非轮胎橡胶制品10强"。

（中鼎集团）

·安徽江南化工股份有限公司·

【概况】 安徽江南化工股份有限公司是盾安控股集团（中国企业500强之一）旗下的成员企业，是一家集研发、生产、销售和爆破服务一体化的大型民爆上市公司，主要为矿山开采、基础建设、城市拆除爆破等提供民用爆破器材和工程爆破服务。业务覆盖安徽、新疆、四川、河南、湖北、福建、宁夏、内蒙古、江苏、西藏10个省（自治区），拥有90余家全资及控股子公司。公司工业炸药许可产能25.15万吨，员工3000余人，形成了民爆器材生产、矿山爆破服务以及爆炸深加工三大业务齐头并进并积极布局人工智能等新产业的良好局面。

【股市情况】 2008年，江南化工在深交所中小板挂牌上市，公开发行股份1350万股（股票代码002226），募集资金1.7亿元。首发上市后，公司总股本增至5383.06万股。2011年，江南化工与盾安控股集团下属民爆产业完成重大资产重组，重组后公司总股本增至2.64亿股，资产规模快速壮大，生产能力、盈利能力迅速提升。2015年，公司启动非公开发行股票事项，至2016年10月，公司完成非公开发行股份1.2亿股，募集资金总额9.768亿元，加码公司主业，促进公司转型升级和持续发展。

至2016年12月末，公司总股本9.11亿元，较2007年增幅2177.50%；总资产51.21亿元，较2007年增幅3247.06%；净资产41.62亿元，较2007年增幅3940.78%；营业收入13.52亿元，较2007年增幅832.41%。公司自上市以来累计利用资本公积金转增股本6.16亿股，累计向股东现金分红7.01亿元。

【两化融合】 江南化工以"两化（工业化、信息化）融合"为契机，以智能制造为先导，通过自主研发、持续创新，在行业内率先打造数字化民爆产业链，不断提高企业本质安全水平。2016年，工业和信息化部分别公布2016年智能制造试点示范项目、两化融合贯标试点企业名单，江南化工均名列其中。

【安全文化】 江南化工依据国家宏观政策导向和行业发展规划，结合集团化管理的发展需求，打造"精研于心，慎严于行"的安全文化，践行以"安全为天，生命至上"为核心的安全理念体系，构建企业安全、可持续发展的安全管理模式，被评为"2015年全国安全文化建设示范企业"。

【技术创新】 2016年1月，公司研发的"JWL-DXRH-II型地下现场混装乳化炸药车"通过工业和信息化部组织的科技成果鉴定，技术居国际先进水平。2月，公司研发的"无固定操作人员智能化粉状乳化炸药生产线"通过工业和信息化部科技成果鉴定，达到国际领先水平。

【投资领域】 公司于2011年战略投资雪峰科技（603227），2016年年底持有其6400万股，市值超过7亿元；同时，以国际领先的民爆智能制造、信息化技术为启迪，聚焦人工智能领域投资，从人工智能人机互动技术投资入手，布局语音、视觉等感知智能领域，2015—2016年先后战略投资北京光年、锋时互动人工智能项目，并与如山资本携手设立新兴产业基金拓展人工智能、大数据、网络安全等新领域，储备多项相关优质项目资源。2016年，公司启动新能源行业重大资产重组，为公司拓展新的、更具成长性的未来发展空间，实现民爆业务及新能源业务双核驱动的多元化发展路径。

（丁海燕）

·安徽省司尔特肥业股份有限公司·

【概况】 安徽省司尔特肥业股份有限公司总部位于国家级宁国经济技术开发区，是专业从事各类磷复肥、

图 13　司尔特肥业股份有限公司厂区

缓控释肥料、专用测土配方肥、生态肥料、有无机肥料及新型肥料研发、生产与销售的现代化高科技上市公司，拥有安徽宁国、宣州、亳州及贵州开阳四大化肥生产基地与宣州马尾山硫铁矿山、贵州开阳磷矿山。

主要产品有各类高浓度缓释复合肥、测土配方肥、高端水溶肥、全元生物有机肥、高塔复合肥、氯基肥、硫基肥、硝基肥、花卉肥、粉状磷酸一铵、颗粒磷酸一铵、磷酸二铵、硫酸钾、土壤调理剂、硫酸、磷酸、盐酸、铁粉等。

综合实力跻身中国化肥行业百强、中国磷复肥行业十强、安徽企业百强行列，是安徽省最大的磷复肥生产和出口基地之一、农业部测土配方施肥定点生产企业。公司先后荣获“全国守合同重信用企业”“国家火炬计划重点高新技术企业”“安徽省创新型企业”“安徽省产学研联合示范企业”“安徽省政府质量奖”等称号。

【股市情况】 1.2010 年 12 月 15 日，安徽省司尔特肥业股份有限公司首次向社会公开发行人民币普通股(A 股，股票代码 002538）股票 3800 万股，采用网下向配售对象询价配售与网上资金申购定价发行相结合的方式，其中网下配售 760 万股、网上定价发行 3040 万股，2011 年 1 月 11 日完成发行，2011 年 1 月 18 日上市。2016 年 10 月 21 日，公司股东宁国农资公司与产业控股签署《股份转让协议》，宁国农资公司协议转让给产业控股司尔特无限售流通股 17953.00 万股，占司尔特总股本的 25%。2016 年 12 月 6 日，转让双方在中国证券登记结算有限责任公司办理股份转让过户登记。公司的控股股东由宁国农资公司变更为产业控股。

2.非公开发行股票：经中国证监会核准，由主承销商国元证券股份有限公司采用向符合中国证监会相关规定条件的特定投资者定价发行人民币普通股（A 股)126120283，发行后总股本 718120283 股。

【生产经营】 2016 年，公司募集资金的投资项目——亳州司尔特生态肥业有限公司年产 60 万吨新型复合肥项目(包括 20 万吨 / 年氨酸法转鼓造粒氯基复合肥项目、40 万吨 /年融料高塔造粒硝基复合肥项目)均已投产。至此，公司已构建 6 大产品体系：配方肥、高塔肥、水溶肥、缓控释肥、生物有机肥、土壤调理剂，以符合多样化市场需求。正在宣城建设年产 90 万吨新型复合肥(分两期建设）和年产 25 万吨硫铁矿制硫酸项目。

2016 年，公司向上游延伸产业链，收购贵州青利集团有限公司持有的贵州政立矿业有限公司 55%股权，并对宣州区马尾山硫铁矿矿权边部及深部进行勘探，有利于公司挖掘矿山多金属矿种、富矿的潜力，增加资源储量，延长矿山服务年限。

【技术创新】 2016 年，获得农业部与神农中华农业科技奖奖励委员会颁发的“中华农业科技奖证书”，“棉花专用配方缓释肥的研制与应用”项目获得中华农业科技奖二等奖；获得实用新型专利和发明专利证书各 1 项。

公司正全力打造集“声光电、全方位、一体化、高规格、高标准”，具备科研、培训、教育、展示等多功能，达到世界一流水平的“中国农业大学—司尔特测土配方施肥研究基地”，充分利用 VR/AR 等多媒体、展板、灯箱演示，以及实物展示体验等形式展示化肥发展历程、作物营养知识、测土配方施肥技术等内容。该基地“测土配方施肥科技信息消费体验中心”成为第二批安徽省信息消费体验中心。

通过农业大学数据整合，结合农资电商实现“一年早知道”，最终指导农户科学施肥，促进农业升级。公司成功注册“甜农网”电商平台，测土配方研究中心也已通过部分电商平台对外输送技术、信息，通过基地种植技术、种植结构等前期数据功能，就能知道农民种植结构的变化、怎样调整结构、怎样施肥等。

2016年6月，公司与南京农业大学签订《关于〈全元生物有机肥制造技术〉转让协议》，南京农业大学向公司转让全元生物有机肥制造技术，这将为公司推进生态测土配方肥及施肥技术，践行化肥减施增效再聚动力。

【获得第三届省政府质量奖】 2016年12月9日，司尔特公司荣获“安徽省政府质量奖”。

（吴　倩）

·安徽亚夏实业股份有限公司·

【概况】 安徽亚夏实业股份有限公司(简称亚夏集团)创建于1988年9月，是一家以汽车销售为核心，向汽车后市场延伸，集科工贸于一体的集团公司。亚夏集团率先在全省民营企业中通过ISO 9001国际质量体系认证，“亚夏”商标是安徽省著名商标，品牌价值超过亿元。

经过多年发展，亚夏集团进入中国民营企业五百强、安徽民营企业十强，荣获“全国模范劳动关系和谐企业”“全国先进基层党组织”“安徽省民营企业十强”“安徽省明星企业”“宣城市诚信企业”等多项称号，跻身全国十佳汽车营销集团，成为安徽省最大的汽车服务商。

亚夏集团在安徽各地建立70余家覆盖国内外20余个高中端知名品牌的汽车销售公司；在芜湖、合肥、亳州、阜阳、六安、宣城、黄山、滁州、安庆等地建立了包含汽车十大板块的汽车文化财富广场；在宁国、广德、巢湖、金寨等地建立了八大板块的汽车城；在宣城、芜湖、滁州、亳州等地建立了二手车交易市场，在宣城、芜湖、合肥、阜阳等地成立了八家驾校，实现了经营上覆盖汽车后市场六大板块、区域上覆盖安徽省各地市、模式上结合线上线下“互联网+”的全方位三位一体的局面。

2016年，亚夏集团总资产约70亿元，实现销售收入约97亿元，实现利税约4.3亿元，解决就业4300余人。

【股市情况】 2011年8月10日，亚夏集团控股子公司芜湖亚夏汽车股份有限公司在深交所挂牌上市（股票代码002607)，成为中国汽车服务业第二家上市公司。2016年，完成10亿元定向增发，提升企业的核心竞争力。

【管理创新】 作为安徽省最大的汽车服务商，亚夏集团制定了“立足安徽、辐射华东、面向全国”的三步走战略。在安徽各地建立线下的汽车市场，与国际国内顶级互联网企业合作，建立线上互联网+电商平台，通过ERP信息化、数字化管理，建立可复制的模式，为辐射华东、面向全国打下坚实的基础。

一是采购网络发展战略。汽车销售方面，在现有20余个国际品牌代理基础上，通过新建和兼并重组，形成国内合资与独资汽车品牌全覆盖。通过平行进口汽车实现国际汽车品牌全覆盖；后市场采购渠道方面，通过平行进口、代理品牌、配套厂家和合作伙伴等采购渠道采购供应备件、汽车用品，建立二手车、金融保险等六大板块采购渠道，建立快速物流配送体系，为客户和商户提供品质更高、物流配送更快捷、价格更优惠的产品。

二是销售网络发展战略。在安徽省会及各地级市建立十大板块的汽车文化财富广场、县城建立八大板块的汽车城和服务管理中心、社区和中心集镇设立快修服务网络，并通过互联网+的电商平台和快捷的物流配送，建成立体的线下、线上平台，同时在全省形成连锁效应、在当地形成集聚效应，实现在亚夏网络汽车服务消费、在全省各地都能得到优质服务的良好客户口碑。

三是转变模式发展战略。在现有的线下板块得到充分快速发展的同时，通过与阿里巴巴、途虎网、最惠保、德国欧维特、易车网、汽车之家、车轮网等国内外知名互联网公司建立战略合作关系，强强联合，完善线上电商平台，并通过ERP信息化管理平台，形成线下、线上、管理三位一体的现代化运营管理体系，与商户及创业者共享全新的发展模式。

四是经营发展战略。中国汽车后市场存在着数十万亿的增量发展空间，亚夏全力发展汽车后市场，在全省各地与商户合作，坚持汽车销售服务快速增长，全力提升金融保险、二手车、汽车教育、水平事业、汽车商业地产等六大板块，围绕汽车后市场，通过兼并重组向现代化汽车服务增值板块延伸，不断创新经营模式。

五是合作共赢发展战略。亚夏利用自身优势，为合作商户提供一系列的优惠合作政策，通过股权合作、金融保险、采购物流、线上互联网+、线下商业地产平台、信息化管理平台、销售网络等全方位合作支持，优势互补、充分发挥合作伙伴的优势，形成紧密的六大板块合作关系，实现携手同行、合作共赢、互惠互利、共同发展的战略目标。

（方笔玉）

·安徽聚隆传动科技股份有限公司·

【概况】 公司坐落于宁国市经济技术开发区，成立于1998年，是安徽省唯一专业生产洗衣机减速离合器的企业，已成为海尔洗衣机的核心供应商，美的荣事达、海信惠而浦、青岛澳柯玛等多家知名洗衣机公司的优秀配套供应商。被评为安徽省首批高新技术企业、安徽省创新型企业、安徽省知识产权优势企业、国家知识产权优势企业、安徽省首批知识产权贯标试点企业。连续多年荣获宣城市综合实力20强及宁国发展功勋荣誉称号。

【股市情况】 2015年6月10日，公司在深交所上市。募集资金4亿元，投资“年产300万套全自动洗衣机减速离合器关键零部件加工项目”及“年产300万台套全自动洗衣机新型、高效节能减速离合器及一体化装置总装项目”。2016年年底，公司股本2亿元，市值50.9亿元。

【生产经营】 公司拥有国内先进的洗衣机减速离合器全自动检测装配线，产品从普通型至“双动力”、从1公斤到16公斤多达几十个品种。2016年实现销售收入48146.65万元，上缴税收5122.28万元。

【技术创新】 公司开发十多项行业创新产品，尤其在节水、节电、环保方面突破，实现以直驱式双动力洗衣机减速离合器产品为主的变频直流环保节能产品。发明专利“洗衣机全自动减速离合器”产品为省级高新技术产品，荣获安徽省“科学技术二等奖”及国家知识产权局第九届“中国专利优秀奖”，“双动力减速离合器”荣获“第三届安徽省专利金奖”，参与制定了QB/T 4684—2014《家用洗衣机减速离合器技术要求》行业标准。

2016年，公司申报专利151项，研发投入高达1500余万元，当年获得授权发明专利4项、实用新型46项、外观38项。公司拥有省级企业技术中心，于2016年11月获准“安徽省洗衣机减速离合器工程技术研究中心”组建备案，该中心的建立确立公司在洗衣机减速离合器行业内的领先地位。

（刘　洋）

·安徽省凤形耐磨材料股份有限公司·

【概况】 安徽省凤形耐磨材料股份有限公司是一家在金属铸件领域专业从事耐磨材料研发、生产、销售和技术服务的高新技术企业。主要生产“凤形”牌高、低铬合金铸球段、多元合金铸球段及衬板等不同系列产品，属于新型研磨介质。产品被广泛应用于冶金矿山、建材水泥、火力发电、磁性材料等行业的物料研磨生产环节。现已在河北唐山、吉林通化、内蒙古满洲里建立了3家分公司。

公司成立以来，开展了对耐磨铸件应用技术领域的深入研究，通过对国内外先进技术的消化、吸收、借鉴和创新，自行研制了金属型覆砂铸球机械化、叠箱串铸等生产线，能够严格按照ASTM、JIS、DIN、BS等国际标准组织生产各类耐磨、耐热和耐腐蚀的优质铸件。

公司先后获得国家授权专利78项，其中发明专利13项，实用新型专利44项、外观设计专利21项；先后参与或主持GB/T 17445—2009、GB/T 8263—2010、JC/T 691—2010等多项国家或行业标准的起草工作，确立公司在行业内的技术优势。

公司设有省级企业技术中心及安徽省凤形耐磨材料工程技术研究中心，是安徽省高新技术企业，“凤形”牌商标被认定为中国驰名商标，“凤形”牌磨球被评为中国名牌产品，并被授予“中国建材机械行业名牌”等多项荣誉称号。凭借良好的品牌、优异的产品质量及技术优势，公司已和力拓矿业集团、中国黄金集团公司、中钢集团矿业有限公司、紫金矿业集团股份有限公司、巴西淡水河谷、华新水泥股份有限公司、华润水泥股份有限公司、拉法基水泥有限公司等国内外众多知名企业建立了稳定的合作关系，确立公司在行业内的品牌优势和客户优势。

公司已于2014年年底整体搬迁至国家级宁国经济技术开发区东城大道。根据国家产业政策，大幅提高了产能和质量，采用了天然气、太阳能等清洁能源，为国家节能减排做出贡献。

【股市情况】 公司股票已于2015年6月11日在深交所上市（股票代码：002760），2016年8月3日，公司与无锡雄伟精工科技有限公司签署了《股权收购协议》，拟定增募资11亿元用于雄伟精工股权收购项目。

公司2016年市值较小，业绩具有上调潜力，未来加快外延并购可能性大，首次覆盖，给予“增持”评级。

【凤形博士后工作站设立】 2016年9月，公司经安徽省人社厅批准，设立“博士后科研工作站”，将有利于公司吸引、培养和使用高端人才，推动产学研相结合，推进企业科技进步和技术创新。

（张　继）

农业·林业·水利·气象

Agriculture, Forestry, Water Conservation & Weather Services

·农业
·林业
·水利
·气象

西津河橡胶坝

农 业

·综 述·

【概况】 宁国市农委承担全市农业农村经济发展、农业机械化发展、农村能源开发建设、农业防灾减灾、农产品质量安全监管、农业生产资料安全监管及农业安全生产等职责。内设办公室、科教信息科、行政审批科、政策法规科、农村经营管理科、特色农业管理科。2016 年，全市实现农林牧渔业总产值 36.37 亿元，同比增长 4.5%，耕地面积 26.43 万亩，农村居民人均可支配收入 15016 元。是年，该市获全省现代生态农业产业化试点县、省农产品质量安全县等荣誉。

【强农惠农政策】 2016 年，市农委按照该市“1+1+5+X”新财政扶持政策体系，兑现 2015 年度现代农业扶持政策奖补资金 450.865 万元，分评先评优、设施设备补助、直接认定 3 种类型。评选出 49 个示范农场、25 个规范化合作社，兑现补助资金 228 万元。兑现 10 个设施大棚基地、2 个农业物联网应用、1 个生物组培室和 1 个质量追溯系统应用等设施设备补助 121.08 万元。兑现农产品加工值增长、新增省部级标准化种养基地、休闲农业示范点等以证书或文件直接认定的补助 96.79 万元。兑现名树古木保护资金 4.995 万元。

【河沥溪省级现代农业示范区建设】 2016 年，河沥溪省级现代农业示范区完成核心区详规编制，启动了示范区核心区主入口基础设施和园内经营主体设施提升建设。主入口道路完成路基建设，次道路从 3.5 米拓宽至 5.5 米。投资 48 万元完成核心区内亲水平台建设。浩林农场、荆虹农场、千方中药 3 家主体投资 130 万元新建 1.2 万平方米连栋温室。传福蔬菜合作社实施合作社供销项目，投资 300 万元完成基础设施提升建设。集农业生产、体验、休闲于一体的田园综合体雏形初显。

【合作社规范化建设】 至 2016 年年底，全市注册登记农民专业合作社 419 家，其中，国家级示范社 11 家、安徽省级 6 家、宣城市级 46 家、宁国市级 103 家。是年，新增省级示范社 1 家、宣城市级 4 家。同年，评选出 20 个规范化合作社和 5 个农机专业合作社，兑现奖补资金 70 万元。9 家合作社开设网店，2016 年度网上交易额逾 1000 万元。28 家合作社在社区开设直供直销店，销售品种 40 多个。5 家合作社参加上海、合肥农交会，与上海、合肥等地高校对接定向供应农产品。

【家庭农场建设】 至 2016 年年底，全市登记注册家庭农场 844 家，新增 480 家。其中，省级示范家庭农场 20 家、宣城市级 39 家，家庭农场完成率和增幅居宣城市首位。2016 年，宁国市通过政策倾斜，实施联村包户指导，整合菜篮子、职业农民培训、科技示范基地等项目，将乡镇（街道）目标考核多项农业指标整合成家庭农场 1 项指标等多项举措。

【农民培训】 2016 年，市农委开展新型职业农民培育工作，共培训 300 人；开展巩固退耕还林成果农民创业就业培训，共培训 800 余人；实施春季生产科技行动，培训农民 7000 余人次，举办各类技术培训 50 余场，印发技术指导资料 5 万余份，发放科技书籍 2000 余份。继续开展农业技术推广工作，指导服务 1730 户科技示范户，入户科技指导服务 1.7 万余人次。

【农业产业化经营】 2016 年，市农委以“全省现代农业生态产业化示范县”创建为目标，大力发展生态农业，探索一二三产融合发展新路径，农业产业化经营复苏回升。2016 年度宣城市政府目标管理考核宁国市农业产业化考核指标居全市第一（非并列），全年实现规模以上农产品加工值 64.3 亿元，增长 12.7%，总量和增幅分别居宣城市第三和第一。詹氏公司获评为国家级农业产业化龙头企业，天行健、皖斛堂、千方中药、佳乐科技、博农牧业、宁东粮油、今日食品 7 家公司获评为省级农业产业化龙头企业，新增詹氏山核桃、千方中药材、恩龙休闲农业、山里仁山核桃 4 家省级农业产业化示范联合体，詹氏公司、恩龙公司、五星集团获评为省级龙头企业甲级队，五星食品公司节粮优质抗病黄羽肉鸡新品种培育与应用获国家科学技术进步奖二等奖。李谢恩、詹权胜、韦伟、包勇 4 位企业家获宁国市农业产业化优秀企业家。

【农产品展销】 2016 年，市农委先后组织宁国市农业产业化龙头企业、合作社、家庭农场参加宣城市名特优农产品展示展销会、合肥农交会、上海农交会、深圳高新技术展销会等展示展销，提升全市名特优农产品品牌、市场美誉度和占有率。是年，詹氏公司与三只松鼠公司合作获 1.2 亿元订单、山里仁公司与良品铺子合作获 9000 万元订单。

（张伯卫）

2016年宁国市新增各级农业龙头企业情况一览表

表29

编　号	主体名称	类　型	认定级别
1	安徽詹氏食品股份有限公司	龙头企业	国家级
2	宁国千方中药发展有限公司	龙头企业	省级
3	安徽博农牧业有限公司	龙头企业	省级
4	安徽皖斛堂生物科技有限公司	龙头企业	省级
5	安徽今日生物食品发展有限公司	龙头企业	省级
6	宁国市宁东粮油有限责任公司	龙头企业	省级
7	安徽省宁国佳乐卫生用品有限公司	龙头企业	省级
8	安徽天行健农业股份有限公司	龙头企业	省级
9	安徽恩龙园林股份有限公司	龙头企业“甲级队”	省级
10	安徽詹氏食品股份有限公司	龙头企业“甲级队”	省级
11	安徽五星养殖(集团)有限责任公司	龙头企业“甲级队”	省级

2016年宁国市新增各级示范家庭农场情况一览表

表30

编　号	主体名称	认定级别
1	宁国市宁一果园家庭农场	省级
2	宁国市一滴水家庭农场	省级
3	宁国市大众梅园家庭农场	省级
4	宁国市江新华家庭农场	省级
5	宁国市晟鸣家庭农场	宣城市级
6	宁国市忠宁家庭农场	宣城市级
7	宁国市青龙湖蛇类养殖家庭农场	宣城市级
8	宁国市农家宜生态家庭农场	宣城市级
9	宁国市李世船家庭农场	宣城市级
10	宁国市山水情家庭农场	宣城市级
11	宁国市田畈五七家庭农场	宣城市级
12	宁国市大昌家庭农场	宣城市级

续表 30

编　号	主体名称	认定级别
13	宁国市双奇家庭农场	宣城市级
14	宁国市月新家庭农场	宣城市级
15	宁国市梓峰家庭农场	宣城市级
16	宁国市平兴建德家庭农场	宣城市级
17	宁国市毛坦村豪庭关家庭农场	宣城市级
18	宁国市五彩亲子家庭农场	宣城市级
19	宁国市罗汉松家庭农场	宣城市级
20	宁国市小观园家庭农场	宣城市级
21	宁国市小毕家庭农场	宣城市级
22	宁国市中溪镇枫树洼家庭农场	宣城市级
23	宁国市邹氏家庭农场	宣城市级
24	宁国市石柱山家庭农场	宣城市级
25	宁国市十三湾家庭农场	宣城市级
26	宁国市新星家庭农场	宣城市级
27	宁国市绿色之源家庭农场	宣城市级
28	宁国市百亩荷家庭农场	宣城市级
29	宁国市贵宝家庭农场	宣城市级

2016 年宁国市新增各级示范合作社情况一览表

表 31

编　号	主体名称	认定级别
1	宁国市方塘粮油专业合作社	省级
2	宁国市盘樟早笋种植专业合作社	宣城市级
3	宁国市北河苑蔬菜专业合作社	宣城市级
4	宁国市竹峰百姓蔬菜专业合作社	宣城市级
5	宁国市万家农机服务专业合作社	宣城市级

表 32

2016 年宁国市新增各级现代农业产业化联合体情况一览表

编　号	主体名称	认定级别
1	宁国市詹氏山核桃产业化联合体	省级
2	宁国市恩龙休闲农业产业化联合体	省级
3	宁国千方中药产业化联合体	省级
4	宁国市山里仁山核桃产业化联合体	省级

·特色农业·

【“一村一品”工程】 2016 年，宁国市发展“一村一品”专业乡镇 4 个，占 19 个乡镇（街道）总数的 21.05%；专业村发展到 64 个，占 103 个行政村总数的 62.1%，同比增长 1.5%。其中山核桃专业乡镇 2 个、早笋专业乡镇 2 个、山核桃专业村 10 个、毛竹专业村 7 个、早笋专业村 10 个、茶叶专业村 7 个、苗木专业村 3 个、乡村旅游专业村 13 个、蔬菜专业村 2 个、板栗专业村 1 个、中药材专业村 7 个、畜禽养殖专业村 3 个、水产专业村 1 个。“一村一品”专业村镇全部实现与合作社、龙头企业对接，同比分别增长 28.57%、36.96%。省级“一村一品”专业村（镇）11 个。

宁国市是“全国休闲农业与乡村旅游示范县（市）”“中国休闲渔业之乡”，已建成中国最美休闲乡村 1 个，全国十佳休闲农庄 1 家，休闲农业与乡村旅游示范点国家级 2 家、省级 3 家；全国休闲农业与乡村旅游五星级、四星级、三星级企业各 1 家、3 家、1 家；宁国市级休闲农业与乡村旅游示范点 68 家。2016 年，全市休闲农业接待游客突破 600 万人次，总收入 10 亿元；休闲农业从业人员 1.6 万人左右，其中农民约 1.2 万人，农村居民人均可支配收入有近 3500 元来自休闲农业与乡村旅游业。

【休闲农业示范点（企业）申报评选工作】 2016 年，出台《2016 宁国市休闲农业与乡村旅游示范点评选办法》。全市有 37 家单位进行申报。推荐指导休闲农业经营主体开展品牌创建，天地庄园申报国家级四星级休闲农业与乡村旅游企业、省级休闲农业与乡村旅游示范点，均已公示通过。

（汪盛秀）

·种　植　业·

【概况】 2016 年，宁国市粮食作物播种面积 14187 公顷，较上年增加 253 公顷，增幅 1.82%，总产量 81441 吨，较上年减少 3346 吨，减幅 3.95%；油料作物播种面积 5380 公顷，较上年减少 172 公顷，减幅 3.10%，总产量 13044 吨，较上年增加 199 吨，增幅 1.55%。有机水稻种植面积达 0.3 万亩，较上年增加 0.05 万亩，增幅 20%。

【农业支持保护补贴】 2016 年，农业 3 项补贴合并改革在宁国市全面推行，原良种补贴、农资综合补贴、粮食直补合并为“农业支持保护补贴”。全市补贴面积 111145.072 亩，补贴金额 15449165.01 元。

（张　澜）

【测土配方施肥项目】 2016 年，该市被列为全省 25 个测土配方施肥补助项目示范县之一。全年采集土样、植株样 500 个，完成化验分析 5500 余项次。完成田间试验 4 个。推广测土配方施肥技术面积 49 万亩，覆盖全市 19 个乡镇（街道）。其中：水稻 10.25 万亩，油菜 7.15 万亩，山核桃 25 万亩，其他作物 6.6 万亩。

（窦春英）

【安徽省蚕桑中药材产业技术体系宁国综合试验站成立】 2016年 6 月 6 日，根据省农委有关要求，成立安徽省蚕桑中药材产业技术体系宁国综合试验站。试验站设在市种植业局，工作人员 10 名，主要开展宁前胡规范化种植技术示范、药稻轮作生产模式的试验示范、药食同源中药材品种的种植试验示范、林药套种生产模式的推广应用等工作。

【中药材产业】 2016 年，全市中药材种植总面积 3 万余亩，其中：是年种植的速生中药材 24178 亩，历年存蓄的木本药材水栀子 5000 亩，铁皮石斛种植面积 150 亩，中药材总产量 3170 吨，中药材一产产值 8780 万元。皖斛堂公司铁皮石斛种植基地进入产出期，在万福新扩建 50 亩铁皮石斛种植基地项目顺利实施。是年，皖斛堂生物科技有限公司获3项发明专利，皖斛3号、皖斛4号2个铁皮石斛新品种获安徽省非主要农作物品种鉴定登记证书。“宁国千方中药产业化联合体”被认定为省级示范现代农业产业化联合体。

【宁前胡生产】 2016年，全市宁前胡种植面积20886亩，受7—8月份严重干旱天气影响，较常年减产30%左右，宁前胡价格从上年5.6元/千克增加到8.5元/千克(鲜品)。

（王倖青）

【水果生产】 2016年，全市果园面积720公顷，较上年增加8公顷，增幅1.1%；总产量4670吨，较上年增加20吨，增幅0.4%。休闲观光采摘果园快速发展，新增省级示范家庭农场3家，引进栽培的优质红心猕猴桃、红心火龙果、蓝莓、欧亚种葡萄等开始挂果。葡萄及火龙果设施栽培、控产提质栽培、水果套袋、果园水肥一体化、水果病虫害绿色防控等栽培新技术得到推广应用。天地庄园被省农委认定为第七批省级休闲农业和乡村旅游示范县和示范点。

（方必友）

【沙埠粮油加工厂】 该厂前身是福庆全油坊，始建于清·光绪二十四年(1898年)，迄今约有120年历史，现更名为宁国市沙埠粮油加工厂，位于该市梅林镇沙埠村，是一家集粮油生产、加工、研发、贸易、仓储、物流于一体的综合性企业。该厂占地4公顷，储油量10000多吨，年生产经营油菜籽65000吨左右，总资产逾亿元，2016年销售总额3.18亿元，主要经济指标位居安徽省同行业前列。拥有“百年福庆全、福庆全、野茶树、顶康、仁喜、福巨德”六大品牌，其中“福庆全、仁喜、百年福庆全”商标荣获安徽省著名商标，“福庆全”粮油荣获安徽省名牌产品。共有压榨菜籽油、有机菜籽油、菜籽色拉油、大豆色拉油、茶籽油、花生油、芝麻油七大系列，大、中、小包装116种产品。该厂坚持传承传统压榨工艺，结合现代机械压榨工艺改良，力求保持产品原汁原味。先后被评为“全国放心粮油进农村进社区示范工程示范加工企业”“安徽省农业产业化龙头企业”等称号。

【病虫害监测预报】 2016年，全市共有自动虫情测报灯5盏，稻纵卷叶螟性诱自动监测系统2套(其中2016年新增1套)，做到“灯下调查与田间调查相结合，系统调查与面上普查相结合”，全年共发布农作物《病虫情报》9期，农区害鼠情报1期。经过验证调查，准确率达95%以上。

【病虫害发生与防治】 2016年，全市农作物病虫总体发生程度中等，部分病虫偏重发生，未出现大面积病虫灾害，病虫草鼠发生总面积约109.65万亩次；开展病虫草鼠防治总面积134.2万亩次，全年挽回粮食、油料损失共计27817.6吨。

【专业化统防统治】 2016年，该市被列为全省重大农作物病虫害统防统治补助项目实施县。全市拥有各类专业化统防统治组织20个，其中全国农作物专业化防治示范组织1个(宁国市金穗植保专业合作社)，全省专业化防治示范组织1个(宁国市利民植保专业合作社)，全年开展农作物统防统治面积9万亩，辐射带动专业化统防统治面积达45万亩次。

【病虫害绿色防控】 2016年，该市被列为全国水稻病虫害绿色防控示范县和全省茶树病虫害绿色防控示范县。在绿色防控示范区推广应用性信息素诱杀技术3000亩、稻鸭共育控害技术2000亩、生物药剂防治病虫害技术1000亩、人工释放赤眼蜂试验示范100亩，新安装各类杀虫灯40余盏，扇吸式捕虫灯4盏，性诱剂装置1000余套，各类诱虫板2万余张，应用面积1万余亩；推广使用生物制剂5000余亩次。

（欧阳承）

·茶　　业·

【概况】 2016年，该市茶园面积近8万亩，无性系良种茶园达3.5万亩以上，新建无性系良种繁育苗圃30余亩。全市茶叶总产量2600吨，比2015年2500吨增产4.0%；名优茶产量1025吨，比2015年925吨增长10.8%；茶叶总产值(一产、下同)达到3.55亿元，比2015年3.05亿元增长16.4%；名优茶产值3.30亿元，比2015年增长17.9%，占总产值比重93.0%。

【宁国市被评为2016年全国重点产茶县市】 在2016年10月24—27日召开的“第十二届中国茶业经济年会”上，该市再次被命名为“全国重点产茶百强县市”，这也是该市连续第八年获得这一荣誉称号。

【宁国茶叶参加北京国际茶业展】 2016年6月24—27日，市种植业局组织安徽省云尖生态农业旅游开发有限公司、宁国市天思农特产品产销专业合作社、宁国市绿园家庭农场3家有代表性的茶叶企业前往北京参加2016北京国际茶业展，这也是该市连续三年组织企业在北京参加国际茶业展。

（柳　强）

·蔬菜产业·

【概况】 2016年，全年生产蔬菜6.7万亩（复种指数2.5），总产量11万吨。商品菜生产面积稳定为2.2万亩，总产量6万吨，产值2亿元，其中设施蔬菜1万亩。全市蔬菜年加工产值近3亿元。

【蔬菜质量安全】 2016年，在全市建立3000亩低毒生物农药补助示范项目区，实施低毒生物农药示范补助试点项目。在全面推广蔬菜标准化安全生产技术的基础上，探索建立有效、可行的质量追溯制度，建立完善蔬菜生产田间档案；扩大自律性速测为手段的检测站点建设，对全市各蔬菜基地和市场开展不定期抽检，全年共对市场和蔬菜基地抽样检测蔬菜样品1760个，合格1760个，合格率100%。

【标准化蔬菜基地建设】 2016年，全市推广标准化钢构大棚和无公害蔬菜生产技术规程。在竹峰街道百姓蔬菜专业合作社开展省级蔬菜标准园创建，该标准园成为该市第五家省级以上蔬菜标准园。

【保障性蔬菜基地建设】 2016年，该市把新建500亩保障性蔬菜基地建设纳入政府为民办的8件实事之一，在港口、河沥溪、南山、甲路、青龙、仙霞、竹峰、霞西8个乡镇（街道）相继建成标准化设施大棚蔬菜基地近200亩、露地蔬菜基地300亩。同时，继续开展保障性蔬菜基地挂牌保护工作，累计完成1620亩保障性蔬菜基地挂牌保护。

【科技兴菜】 2016年，市农委联合农业信息培训中心，开展蔬菜专业新型职业农民培训。组织蔬菜专业技术培训6场，培训菜农（含食用菌）600人次，实地指导800余人次，发放致菜农一封信等各类技术材料4000余份。开展"联村包户"活动，择优选择70名菜农作为重点服务对象，开展"一对一"技术帮扶和跟踪服务。

实施蔬菜绿色增长模式攻关，在河沥溪、竹峰、西津分别开展了"猪—沼—菜生态循环发展模式""水肥一体化管理""樱桃番茄—葡萄立体种植模式"生态农业示范点建设，每亩节本增效1000元以上。引进试验推广新品种12个，新技术8项，生物肥料、生物农药20余个。

【蔬菜产业化发展】 2016年，全市有蔬菜专业家庭农场46家，合作社15家，企业8家。是年，新增无公害认证2个，绿色食品认证1个，新注册商标2个。协调蔬菜基地与批发市场对接，保障性蔬菜基地批发场地问题基本解决。

（张芸莉）

·畜　牧　业·

【概况】 2016年，该市生猪出栏22.14万头，生猪存栏11.45万头；家禽出栏2476.61万只，家禽存栏395.08万只；肉类总产量5.26万吨；禽蛋总产量1.09万吨。畜牧业总产值12.39亿元，畜牧业产值占农业比重达34%左右。全市畜禽生产发展势态回暖向好。

【畜禽生产】 2016年，全市畜禽生产形势稳定，肉类总产同比有所上升。毛猪价格一度达到22元/千克，毛利润达1200元。至2016年年末，仍保持在17元/千克；鸡、鸭利润保持在3～4元/只；受羊肉进口量大幅增加等因素影响，肉羊养殖处于产能调整阶段，价格低迷。

【疫病防治】 2016年，市财政共安排动物防疫经费181.17万元，采购猪口蹄疫O型疫苗82万毫升，其中灭活疫苗69万毫升，合成肽疫苗13万毫升；高致病性蓝耳病活疫苗12万头份，猪瘟疫苗21万头份，牛羊口蹄疫疫苗3.5万毫升，高致病禽流感疫苗850万毫升，小反刍兽疫疫苗2万头份，确保防疫物资的充足供给，并建立防疫物资管理制度。春秋两季集中免疫期间，全市累计免疫家禽高致病性禽流感3036.67万只，免疫密度100%；免疫猪口蹄疫、猪瘟、猪蓝耳病各26.48万头，免疫密度100%；牛、羊口蹄疫和羊小反刍兽疫免疫密度均达100%。

年初，印发《2016年宁国市动物疫病监测与流行病学调查方案》，对全市所有家禽养殖企业（经纪人和合作社）、生猪和肉羊养殖企业实行全年常态化监测。对5种强制免疫病种及鸡新城疫、猪伪狂犬病、布病、结核病等常规疫病，采取监测和监督免疫等措施。宣传狂犬病等重点动物疫病和人畜共患病的防控知识，做到规模养殖户疫病监测的全覆盖。在安徽朝翔公司、百惠牧业公司猪场开展口蹄疫强免疫苗免疫对比实验，指导养殖企业科学防控。全年共对80多个规模养禽户进行禽流感抗体监测。对19个乡镇（街道）的春秋免疫抽检的样品进行抗体监测。按时完成农业部、省、市采样送检任务。做好2016年5月宁国市1例人感染H5N6病例的家禽监测采样任务。

【畜牧技术推广】 2016年，博农牧业有限公司生猪标准化示范场达国家级标准，荷叶生态牧业有限公司肉羊标准化示范场达省级标准。杨山八卦头牧业有限公司发酵床猪场建成投产,实现零污染排放。组织3个专家团队编写港口湾库区生猪、家禽及特种养殖3个绿色养殖技术规范。抓好湖羊杂交改良和中蜂保护开发工作,适度推广农田种草和秸秆青贮技术。加强省级青龙湾中蜂保护区规范化建设,指导2个中蜂保种户做好保种场的生产,开展蜂病防治技术宣传指导。开展畜牧科技进万家和基层农技推广补助工作。开展能繁母猪普查和理赔工作,全市共登记在册6669头能繁母猪,参保率100%。先后争取到位安徽博农牧业有限公司部级标准化猪场建设项目(50万元)、荷叶生态牧业有限公司省级标准化猪场创建项目(45万元)、皖南中蜂保护区建设及皖南黑猪种质资源保护项目(20万元)、宁国市吴家大院牧业有限公司和农诚农业发展有限公司贷款利息及担保费用财政补贴项目(47万元)。

【动物卫生监督】 2016年,全市落实产地检疫申报制度和屠宰场官方兽医驻场制度,严把检疫出证关,保障畜产品质量安全。全年共计产地检疫猪120517头,禽1872.2万只,产地检疫申报受理率100%;屠宰检疫猪75134头、牛632头、禽568.03万只,定点屠宰场检疫监管率达100%。

落实公路动物卫生监督检查站工作。公路检查站全年检查猪76518头、牛632头、禽1570.825万只,动物产品6448.95吨、副产品673.92吨,检查消毒车辆12813次。

开展动物卫生监督信息化建设推进行动。在组织做好"智慧动监"的培训和应用的同时,组织实施动物检疫电子出证工作。在检疫出证点配备电子出证的设施设备,组织开展官方兽医电子出证培训。自7月1日起,在全市8个检疫出证点实施跨省动物及动物产品检疫证明电子出证工作;11月10日起全面实施检疫证明电子出证工作。

动物卫生监管对象分类管理工作。对符合分类管理规模标准的动物卫生监督管理对象开展现场检查和档案更新工作。全年共完成552户养殖场、4个畜禽屠宰场、2个畜产品经营场所、20个畜产品储藏场所、4个动物诊疗场所的现场检查工作。

组织开展跨省调运乳用种用动物检疫监管及动物诊疗专项整治行动。督促养殖企业做好跨省调运审批工作,立案查处1起未办理审批手续跨省调运种猪的违法案件。

组织实施动物诊疗专项整治活动。对全市的动物诊疗场所进行全面检查,规范动物诊疗行为。对全市从事动物美容的场所进行1次拉网式检查,打击无证诊疗行为。全年共检查动物诊疗场所4家20次,美容场所4家12次;当场处罚4起动物诊疗简易案件。

落实病死动物无害化处理工作。按照《宁国市病死动物无害化处理管理办法》的要求,加强对规模养猪场病死动物无害化处理工作的监管。对3家规模养猪企业的无害化处理场所安装视频监控,实现远程实时监控。全年共现场确认并监督指导无害化处理病死猪18476头,其中深埋9111头、高温9365头,屠宰场无害化处理猪104头,家禽36512只,杜绝病死畜禽乱抛乱弃现象的发生。

加强生猪屠宰管理工作监管。落实官方兽医驻场制度、凭证入场制度、瘦肉精检测制度,按照屠宰检疫规程实施检疫,确保屠宰后肉品检验率达100%。通过落实屠宰企业食品安全第一责任人制度,执行肉品质量安全责任制,实现屠宰企业安全生产全面构建生猪屠宰监管长效管理机制。继续完善生猪屠宰远程在线监控,实现适时在线监督,保障畜产品安全。

组织实施兽药经营环节追溯试点工作。落实宁国市为农服务有限公司为追溯试点企业,录入兽药的采购、销售等信息,指导兽药经营单位下载安装"国家兽药查询"手机APP软件,通过扫描兽药二维码,实行兽药的可追溯。

全市污染治理。根据宁国市水污染防治工作方案的要求,按照《宁国市养殖布局规划》,对全市规模养殖场全面摸底调查,并在卫星地图上标注具体位置,详细统计禁养区、限养区和可养区的养殖场信息。至年底,已全面完成养殖场的调查工作,统计养殖场户(包括散养的)总计1027个。

(宁国市畜牧兽医局)

·渔　　业·

【概况】 2016年,全市水产养殖总面积7.37万亩,投放各类种苗1550吨,水产品总量达8186吨,渔业经济总产值2.8亿元。水产品加工4970万元,同比下降18.52%。全年开展水产品质量安全宣传培训、渔业养殖科学用药技术培训数次,共计培训百余人次。

【渔业生产】 2016年,制定《宁国市港口湾库区绿色水产品养殖技术操作规程》,规定养殖绿色水产品过程中的生产养殖技术规范等。推行"以渔净水、以水养鱼"的大水面增殖环境友好型渔业,推广水库生态渔业健康养殖、池塘立体生态养殖模式、"种草、移螺、稀放"河蟹养殖模式等生态健康养殖技术。

【疫病防治】 2016年,市渔业局落实国家星火计划重点项目"皖江流域草鱼疾害全程生态防控技术集成与示范”，项目完成注射草鱼鱼种1.4万尾。宁国市草鱼免疫防病技术示范推广，改善了草鱼鱼种在人工精养条件下发病率高，防治艰难、投资大、增长倍数低的状况，减少了水产品药物残留。

【水域养殖使用证核发工作】 2016年，全市发放水域滩涂养殖证2本，发证21.124公顷，其中：国有水域滩涂面积14.90公顷，集体6.224公顷。

【鱼类增殖放流】 2016年，在宁国市东津河、中津河开展增殖放流活动，放流品种：草鱼、鳊鱼、鲫鱼；放流总数量777.31万尾。

【渔政管理】 2016年，全市实施禁渔期制度，加大对港口湾库区及东、中、西津河渔政执法管理力度，打击各类渔业违法活动。涉渔案件24小时举报电话常年执勤，保持常态化管理。全年渔政执法出勤242次，出动执法人员607人次，执法船167次，执法车166次，处理案件13起，结案12起，移送司法机关1起(为宁国市首起追究非法捕捞水产品罪案件)。

【渔船管理】 2016年，全市共检验渔船24艘。检验过程中，对渔船的动力设备、适航性、船体的状况、消防设备、救生设备及船名牌照的悬挂情况等进行逐一的检验，在渔船显著位置重新喷涂船名号和“严禁载客”字样，同时开展渔船安全知识宣传教育工作，提高船员安全生产意识，确保库区渔业生产安全稳定。符合燃油补贴发放条件的渔船共23艘计229.1千瓦，全年累计发放补贴款共130500元。

【规范管理青龙湾垂钓秩序】 2016年，市渔业局参与开展青龙湾水上环境秩序综合整治工作，加强垂钓秩序巡查和宣传教育工作，开展垂钓缴费凭证办理，引导和规范库区垂钓行为。

（宁国市渔业渔政管理局）

·农产品质量监管·

【概况】 2016年，宁国市不断强化农产品质量安全监管、风险监测、综合执法能力和制度机制建设，成功创建安徽省首批农产品质量安全县，并被列为第二批国家级农产品质量安全县创建梯队。以保障农产品生产和消费安全为基本目标，开展安徽省农产品安全民生工程项目建设。以完善乡镇农产品快速检测手段为重点，建设乡镇农产品安全快速检测体系，健全宁国农产品质量安全风险监测网络；按照农业标准化、产业化和品牌化的发展理念，整体推进宁国农业“三品一标”规模化发展、规范化管理，全面实施农产品产地环境监测、规范农业投入品使用、推行全程质量控制、严格产地准出等一系列措施，为农产品质量安全提供强有力的保障。组织实施农产品“身份证”计划，落实农产品产地证明制度，结合安徽省农产品质量安全追溯管理示范项目建设，以“菜篮子”产品为重点开展质量安全追溯试点，在生产基地搭建集溯源信息、物联网实时数据与在线视频于一体的农业企业溯源系统，推广“二维码”等追溯管理手段，逐步推动食用农产品产地准出与市场准入衔接工作。强化农产品质量安全监测，以现代农业园区、“三品”生产基地、标准化示范基地、规模种养基地等为主要监测对象，重点抽查蔬菜、水稻、茶叶、水果、生猪、水产品等本地主导产业品种，结合专项整治行动，逐步实现宁国农产品产收贮运环节质量监测无缝对接。针对宁国所有农业投入品生产经营主体，重点抽查有代表性、经营量大、群众反映问题较多的产品，结合农资打假专项治理行动，确保农业投入品生产和流通环节秩序。

【农产品质量建设】 2016年，该市实施农产品质量安全“红黑榜”制度，2家农资经营店获“宣城市2016年度农资经营示范单位(店)”称号。开展全国基层农技推广补助项目、“3·15”维权宣传日、放心农资下乡进村宣传月、食品安全江淮行暨食品安全宣传周以及“三下乡”等宣传活动，营造支农、护农、惠农的良好社会氛围，强化农产品质量文化建设。同年5月，宁国市种子质量监督检验站被农业部批准为合格种子检验机构，颁发“中华人民共和国农作物种子质量检验机构合格证书”，允许对外开展农作物种子检验。根据安徽省农产品安全民生工程乡镇快检体系项目建设要求，该市四个基层农业综合管理服务中心、竹峰街道、方塘乡政府、胡乐镇政府、宁墩镇政府、霞西镇政府和青龙湾渔政站新建19套农产品安全快速检测系统，完善质量安全风险评估、监测、预警机制，落实乡镇属地管理责任。

【农产品质量安全监管】 2016年，全市相继开展春秋季种子市场专项检查、四季农资打假专项治理行动、高毒限用农药定点经营和实名购买专项治理行动、水剂百草枯专项检查行动、水稻与玉米新品种适应性试验示范展示工作、安徽省农产品质量安全县创建活动、宣城市农资经营示范单位(店)创建活动、安徽省农产品安全民生工程乡镇快检体系建设项目、禁限用农药等农产品质量安全专项整治和督查行动。完善农产品和农业投入品生产经营主体信息档案建设，强化监督巡查，严格执行生产记录（经营档案）、农药使用、安全间隔期等生产经营管理制度；召开宁国农产品质量安全监管员培训会、农产品生产主体质量安全培训会和农资工作培训会，落实乡镇属地管理责任和生产经营者主体责任。强化农产品质量安全风险监测，全年快速检测蔬菜瓜果等农产品样品5800余个、检测“瘦肉精”3900余头份，监督抽检食用农产品样品41个、农作物种子样品59个、肥料样品23个、农药样品16个。

【农业行政执法】 2016年，宁国市参加安徽省农业行政处罚案卷评查，1宗“经营劣质农药案”案卷被评为安徽省农业行政处罚优秀案卷。推行农业综合执法，开展农业投入品生产经营和农产品生产、收购储运等重点环节执法检查，严厉打击制售假劣农资、生产销售使用禁限用农药等违法违规行为。全年结案4起农业行政处罚案件。在宁国市农业委员会网站、农业行政执法与刑事司法平台公开案件信息，加大案件查办惩处和曝光力度。加强农业行政执法、食品安全监督执法与刑事司法的有效衔接，建立线索发现和通报、案件协查、联合办案、大要案奖励等机制，严惩违法犯罪行为。同年12月，参加在绩溪举办的“皖浙七县市农业行政执法第八次联席会议”，促进省际临界监管合作。完善农产品质量安全投诉举报和应急处置机制。

（李虹清）

表33

2016年宁国市新增“三品”一览表

序号	企业名称	认证产品	认证类别
1	宁国市农诚农业发展有限公司	活鸡、鲜鸡蛋	无公害农产品
2	宁国市绿乐果蔬专业合作社	芹菜、莴笋	无公害农产品
3	宁国市爱琴蔬菜家庭农场	辣椒等4个产品	无公害农产品
4	宁国市大众梅园家庭农场	青梅	绿色食品
5	宁国市世京果园	李子	绿色食品
6	宁国市千顷中药材专业合作社	竹笋、黄精	有机农产品
7	宁国市徽芝园食品有限公司	山核桃仁等4个产品	绿色食品(续展)
8	宁国市霞西食佳山核桃专业合作社	山核桃等2个产品	有机农产品

·农村能源·

【农村能源建设】 2016年，宁国市完成10处秸秆联户沼气国债建池项目，项目总投资17.5万元，其中：中央财政补助8万元，秸秆奖补资金3.36万元，农户自筹6.14万元。以乡镇(街道)为服务区域，整合乡镇农村沼气服务网点为市、乡镇(街道)的22个沼气服务站。管护沼气户数14100余户，市级管护资金14.1万元，世行贷款后续管护资金30.4万元。

【秸秆禁烧工作】 2016年，出台《关于印发宁国市农作物秸秆禁烧及综合利用奖补办法的通知》，分别从种植户秸秆禁烧补助、农业机械补助、秸秆能源化利用、收储利用、综合利用示范点、示范片机械化还田、高温堆肥补助、食用菌秸秆利用、秸秆利用研发、推广等9个方面进行综合利用奖补。

【秸秆综合利用工作】 2016年，全市秸秆粉碎还田14万亩。秸秆综合利用方面的合作社和企业，消纳秸秆(水稻、小麦、油菜和玉米)2.8万吨左右。秸秆能源化利用方面，消纳秸秆1万吨左右，如：绿拓、三鼎生物质加工企业等，高科农、长乐林气化炉设备生产企业等；秸秆饲料化利用方面，消纳秸秆1万吨左右，如：中溪荷叶生态养殖合作社、徽丰湖羊养殖企业等；秸秆基料化利用方面，消纳秸秆0.8万吨左右，如：亿农食用菌生产加工企业等。

（向泽文）

【农业循环经济】 “方塘庄园”是宁国市方塘粮油专业合作社的注册商标，合作社通过土地流转，拥有300亩有机稻生产基地，年生产“方塘庄园”有机稻10万公斤。基地选用优质水稻良种，以种植红花草和腐熟的家禽粪作为有机肥料，不施任何化学肥料；全面推广稻鸭共育技术，有效控制稻田草害和部分虫害；安装太阳能杀虫灯、频振式杀虫灯和性诱剂诱捕器，诱杀稻田害虫；辅以使用经有机认证的生物药剂或植物源药剂防治水稻病虫害，不使用任何化学农药，并全部实行专业化统防统治。在水稻生产和稻米加工过程中，实行全程机械化，全部实行机耕、自动化育秧、机械插秧、机械植保、机械收获、机械烘干生产和稻米精加工机械化。

一滴水家庭农场坐落于宁国市河沥溪街道荆虹村荆山村民组，该地位于市域东北部，离市区12千米，远离工业园区，基地周边3千米范围内无化工、制药等有“三废”排放的企业，距离国道、省道等交通要道2千米以外，途经河流为天然水质、未经任何污染；保持了生产基地地块的完整性，基地与常规地块之间有河流、山丘、人工隔离带区隔。通过“猪—沼—菜”生态循环模式，起到生产技术、生产方式、经营模式、消费方式和直接参与等方面的示范样板标准园作用，带动宁国市和周边地区农村运用高新生物技术走高产、优质、高效、低耗和无污染的生态新路子，实现该地区从农业资源型开发向农业科技型开发转变，达到生态效益、经济效益和社会效益的统一。

方塘庄园和一滴水家庭农场是全市农业循环经济的典型代表，也是该市种植业蔬菜生产和水稻生产的典型农业生态模式。

（黄有政）

【农业污染治理】 2016年，宁国市以循环农业建设为中心，围绕“一控两减三基本”▲的总目标，以畜禽粪便资源化利用、农产品产地土壤安全普查、化肥农药科学使用、循环农业建设为重点，全面实施农业面源污染防治，开展循环农业建设，提高农业废弃物资源化利用率和农药、化肥、地膜等农资的使用效率，提高农业可持续发展能力。

▲“一控两减三基本”：“一控”是指控制农业用水的总量；“两减”是指减少化肥和农药使用量；“三基本”是指畜禽粪便、农作物秸秆、农膜基本做到资源化利用，大力推进农业废弃物的回收与再利用。

【“三品一标”认证工作】 2016年，宁国市“三品一标”认证及监管工作坚持“数量与质量并重，认证与监管并举”的工作方针，立足本地资源优势，创新工作方式，引导和培育有一定规模发展潜力的企业申报“三品一标”认证。全年续展绿色食品企业1家，产品4个，新认证绿色食品2家，产品2个；新认证无公害农产品企业3家，产品8个；新认证有机产品企业2家，产品4个。

（张洪泉）

·农业机械·

【概况】 2016年，市农机局以农机化提升工程为抓手，以转变农机化发展方式、提升发展质量效益为目标，充分发挥农机化在稳产能调结构、降成本增效益、添绿色可持续方面的新作用，提升全程机械化水平，促进农机化事业持续健康发展。荣获“全省农机系统综合考评先进单位”称号。

【农机装备】 2016年，全市拥有各类农业机械7.83万台(套)，农机总动力达到30.14万千瓦，较上年增长2.17%，在册各类拖拉机1882台，其中大中型拖拉机112台，增长14台；联合收割机143台，增长13台；山核桃取仁加工生产线8套；粮食烘干设备14套。全市农机经营总收入达到34518万元。

【农机化作业】 2016年，全市主要粮食作物耕种收综合机械化水平达70.71%，全年完成机耕作业面积15750公顷，水稻机收8850公顷，机械植保作业面积44800公顷，机械初加工农产品16.5万吨。

【农机“三秋”会战】 2016年“三秋”期间，全市组织联合收割机260余台、大中型拖拉机140台配套秸秆还田机具投入作业，完成水稻秸秆还田5030公顷。

【农机培训】 2016年，市农机局举办各类培训班30期，培训农民2474人，召开现场演示会11次，发放科技宣传资料1.1万余份，上门指导服务1800余人次。

【农机购置补贴】 2016年，市农机局研究制定《宁国市2016年度农业机械购置补贴补充方案》，安排落实中央财政农机购置补贴资金221.867万元，补贴各类农机具1535台，受益农户1118户，拉动农民投入农机化发展资金940余万元。规范农机购置补贴档案管理，荣获“安徽省2016年度农机购置补贴政策落实延伸绩效管理优秀单位”称号。

【农机推广】 2016年，全市新增各类先进适用农业机械2830台。建立机插秧示范点10个，整村推进6个，建立有机水稻生产全程机械化示范基地1个，实施水稻机插秧面积2600公顷。从油菜机械种植和机械收获两大关键环节入手，油菜撒播机开沟覆盖技术、旋耕施肥播种机械化技术、油菜分段收获和联合收获机械化技术得到有效利用，油菜撒播机开沟覆盖技术普及率达98%，油菜机收面积3540公顷，机收水平达65.1%。实施“农机上山”行动计划，在南极、万家建立山核桃生产机械化示范基地，示范面积2000亩，推进割灌、植保、采摘、加工机械化，完成辐射10万亩的“农机上山”行动任务。宁国市“友明”“银牌”新型山核桃脱蒲机成功申报进入安徽省支持推广产品目录。

【农机服务】 2016年，市农机局依托基层农技推广补助项目，以农机化技术团队为骨干，在农机系统开展党员“走基层、进农家、送服务”党建项目活动，优化“我们在路上——农机服务在身边”活动内容，在全市设立5个便民服务联系点，打通农机综合服务“最后一公里”。

【农机安全管理与监理】 2016年，继续推进小型农田拖拉机登记备案试点工作，备案登记297台。组织开展农机“铸安”行动、“变拖”治理等专项整治活动，主动参与全市联合治超、“僵尸车”集中整治等行动。严格执行财税〔2016〕42号文件精神，落实农机安全监理惠农政策，注册登记拖拉机、联合收割机49台。举办安全宣传教育培训9场次，受教育群众850余人，出动执法人员84人次，检查各类拖拉机252台次，纠正违章17起，检查农机合作社12个，农机维修网点36个，排查隐患6处。检验拖拉机、联合收割机730台，发放安全教育学习卡990张，签订《安全生产责任书》1100余份、发放平安农机知识手册800本，安全宣传资料3000余份。

【平安农机示范创建项目】 2016年，市农机局继续开展“平安农机”创建工作，编制申报《平安农机示范创建项目》文本，获省级财政补助资金15万元。依托项目支撑，进一步完善市、镇（乡）、村三级农机安全监管网络建设，提升农机监理硬件和监管服务水平。在“平安农机示范镇”的基础上打造全市具有带动力的“平安农机”明星镇，扩大“平安农机”示范村、示范户（社）的覆盖面，发挥镇（乡）、村、户的示范带动作用。是年10月，开展优秀农机驾驶员评比表彰活动，共表彰牛兴国等10名优秀农机驾驶员。

【宁前胡种植机械化示范项目】 2016，市农机局为加速推进宁前胡种植机械化技术，编制申报《宁前胡种植机械化示范项目》文本，获省级财政补助资金15万元。依托项目支撑，借助省农机装备应用产业技术体系平台，加强与安徽农业大学工学院和本市农机生产企业联合协作，开展“产学政研推”，先后研制成功宁前胡中耕除草机、播种机，并开展宁前胡播种、中耕除草、收获作业试验示范活动，推进宁前胡种植全程机械化，提升宁前胡种植机械化、规模化、标准化水平。

（方双定）

·农经管理·

【概况】 2016年，宁国市全面完成农村土地承包经营权确权登记颁证试点工作。推进南山街道津南村集体资产股份合作制改革试点工作，成立集体经济组织，管理、运行集体资产，确保集体资产保值、增值。加强农村“三资”管理监督，健全完善农村“三资”管理监督各项制度。开展65个村的村级财务审计工作。全年新增50亩以上耕地流转5500亩。完成农村土地承包经营权流转情况调查、农经报表的调查填报等工作。未发生农民负担案件。

【农村土地承包经营权确权登记颁证试点全面完成】 至2016年年底，全市全面完成农村土地承包经营权确权登记颁证工作。全市共确权农户数6.6899万户，实际确权面积20.37万亩，确权完成率99.2%，确权

图14 2016年6月16日，宁国市农村土地承包经营权确权登记颁证仪式在甲路镇举行

图 15　2016 年 8 月 9 日，宁国市委书记王普（左一）调研村级集体经济发展情况

农户发证率 100%。

【减轻农民负担监督管理工作】 2016 年，全市严格管理涉农收费和价格，规范实施村级公益事业“一事一议”筹资筹劳，深入治理加重村级组织和新型经营主体负担问题。全年共清退不合规费用 1.2 万元，未发生因农民负担而引发的上访案件。

【开展津南村农村集体资产股份合作制改革试点】 2016 年，南山街道津南村按照“四议两公开”程序开展农村集体资产股份合作制改革试点工作。4 月 10 日召开村民代表大会正式启动改革。成立由该村两委成员、村民组长、村民代表、党员代表等 13 人组成的津南村集体股份合作制改革领导工作组，制订津南村集体资产股份合作制改革试点工作方案。先后组织相关人员赴浙江省湖州市德清县、温州市江北区、旌德县等地考察学习农村集体资产股份合作制改革工作方面的先进经验、成效和相关制度。股改工作中始终坚持依法、公正、公开的原则，广泛征求群众意见，先后召开股改专题会议 10 余次，社员代表大会 3 次，于同年 12 月 30 日顺利完成改革试点工作，成立村集体经济组织——宁国市津南农业发展有限公司。通过改革，明晰集体产权，做到集体资产归集体所有，成员人人有份，增加了农民的财产性收入，维护农民的利益。股改共量化集体经济资产总额为 6731 万元，其中量化经营性资产总额为 6564 万元；设个人股东 3091 股，未设集体股东，股本总额为 6564 万元。2016 年集体经济组织总收入 110 万元，可分配收益达 65 万元。

（刘　海）

林　业

·综　　述·

【概况】 2016 年，全市推进林业改革，促进生态建设和林业产业的协调发展。全市通过省千万亩森林增长工程竣工总验收。申报全国森林旅游示范市，新增森林旅游人家 19家，总量达 23 家。年末，全市林地面积 196702.3 公顷，有林地面积 188996 公顷，活立木总蓄积量 855.62 万立方米，林木蓄积净增 23.89 万立方米，森林覆盖率 77.70%，林木绿化率 80.60%，分别较上年增加 0.19 个与 0.47 个百分点。

2016 年，市林业局成立林业重点项目工作办公室，全年申报中央及省财政林业专项资金项目 11 个，计划补助资金 500 余万元。皖南航空护林站项目列入国家“十三五”森林防火规划。推进项目建设，完成林业基地、红豆杉大观园项目年度建设任务。完成在建招商引资项目 3 个，分别是林下种植三叶青、欧罗巴梦幻谷和白茶黄茶项目，累计完成投资 5103 万元。千方中药、诚信园林等 6 家企业成功申报为宣城市级林业重点龙头企业。年末，全市有国家林业重点龙头企业 2 家（詹氏、恩龙），省级林业产业龙头企业 28 家，宣城市级林业龙头企业 10 家，有以林业经营为主体的家庭农场 337 家。全年实现林业总产值 113.2 亿元，较上年增加 15 亿元。其中，竹产业产值 158652 万元，增加值 31730 万元，分别较上年增加 8465 万元、1333 万元；林下经济产值 15407 万元，增加值 3081 万元。农民人均林业纯收入 8391 元。

截至年末，市林业局内设有办公室、造林绿化科、森林资源管理科、项目与资金管理科、宁国市森林公安局；下辖林业有害生物防治检疫局、林业科技推广中心、安徽省宁国板桥自然保护区管理站、宁国市护林防火指挥部办公室、林业治安消防队和 17 个林业工作站、7 个森林派出所，6 个木竹检查站；共有工作人员 228 人，承担组织开展林业生态建设和国土绿化，全市林权、森林和湿地资源管理，组织指导全市森林防火、林业有害生物防治、森林植物检疫工作，组织重大林业案件查处等工作职责。

2016年宁国市林业产业产值统计表

表 34　　单位：万元

产业类别	总产值	增加值
总　计	1132053	226409
一、第一产业	214837	42966
1.林木育苗	8635	1727
2.营造林	5213	1042
3.木材采运	6680	1336
4.竹材采运	13381	2676
5.水果种植	1461	292
6.坚果、含油果和香料作物种植	75286	15057
7.茶及其他饮料作物的种植	79300	15860
8.森林药材种植	7273	1455
9.森林食品种植	4772	954
10.林产品采集	7617	1523
11.花卉及其他观赏植物种植	5219	1044
二、第二产业	667459	133491
1.木材加工	25478	5095
2.人造板制造	85523	17105
3.木制品制造	36451	7290
4.竹、藤、棕制品制造	28017	5603
5.木、竹、藤家具制造	23971	4794
6.木、竹浆制造	5897	1180
7.林产化学产品制造	10145	2029
8.木质工艺品和木质文教体育用品制造	7085	1417
9.木本油料、果蔬、茶饮料等加工制造	423681	84736
10.森林药材加工制造	14257	2851
11.其他	6954	1391
三、第三产业	249757	49952
1.林业旅游与休闲服务	213320	42664
2.林业生态服务	28203	5641
3.林业公共管理及其他组织服务	8234	1647

2016年宁国市主要林产品产量统计表

表35

产品名称	单位	产量	产品名称	单位	产量
商品原木	立方米	28481	笋干	吨	1626
商品薪材	立方米	15336	毛茶	吨	2800
非商品材农民自用材采伐量	立方米	2013	银杏(白果)	吨	112
非商品材农民烧材采伐量	立方米	9638	水果	吨	1044
毛竹	万根	1147.63	油茶籽	吨	21
小杂竹	吨	44637	木胶合板	立方米	14897
其他干果山核桃	吨	10232	竹胶合板	立方米	90358
板栗	吨	822	木质纤维板	立方米	168324

【国有林场改革启动】 2016年，国有林场改革全面启动。10月27日，市委、市政府印发《宁国市国有林场改革实施方案》，方案定性市国有林场主要承担国有生态公益林建设管理、国有森林资源保护培育和林业科技示范推广等公益职责，确定为公益一类副科级事业单位，更名为宁国市胡乐国有林场（原名宁国市胡乐林场），核定事业编制30人。人员经费和日常公用经费纳入财政预算予以全额保障。是年委托专业单位开展编制胡乐国有林场森林经营方案。

【木竹检查站改革推进】 2016年，全市通过择优选岗考试，从木竹检查站队伍中分流18人到市国土、城管等部门。根据检查站队伍职能现状，对留任人员重新配置，成立青龙湾库区等4个森林资源管理站（挂靠木竹检查站），加强区域森林资源巡查监管。

【林业改革金融支持制度试点工作】 2016年，宁国市推进集体林业综合改革试验示范区改革试点，围绕金融支撑林业改革，探索成立林权收储中心，协调落实人员、编制，建立林权收储业务流程和工作规范。2015年，宣城市被国家林业局确定为集体林业综合改革试验示范区，宁国市被列为完善金融支持制度试点县市。

【国家森林城市创建】 2016年，市政府再次向国家林业局递交创建国家森林城市申请(2012年，市政府曾通过省林业厅向国家林业局递交创建申请，但未批复)。围绕创建目标，高标准完成年度造林及“三线四边”绿化提升工程，大力推进城区绿地拓展工程、森林公园建设工程、城市景观林带建设工程，大力开展生态文明宣传教育。

开展青龙湾国家森林公园建设。启动总体规划编制工作，调整青龙湾国家森林公园的经营范围和面积，确定由安徽省林业调查规划院开展调整规划设计工作。

开展西津河湿地公园建设。加强保护“以水阳江两岸万亩元竹竹海为核心，以东津、中津、西津三条河流河岸的湿地、半湿地元竹护岸林体系为主体”的河岸小径竹湿地生态系统。

启动西津河湿地公园规划编制工作，委托专业咨询公司编制PPP项目的实施方案，明确建设规划初步意见和规划设计单位，公园绿地项目招标准备工作基本完成。

·林业生产·

【概况】 2016年，全市完成新造人工林10009亩，占宣城市下达计划任务数的124%，其中，完成巩固退耕还林成果专项规划造林5573亩（速丰林基地1865亩、经济林竹林基地3075亩、风景林基地633亩），完成长防林生态造林1000亩、石质山造林1500亩，完成其他造林1936亩。同年，组织实施森林质量提升行动计划，完成长防林封山育林1万亩，退耕还林专项规划现有林培育15025亩。义务植树42.4万株，四旁植树12.42万株。“三线绿化提升”新建公路绿化5千米、补植补栽2000株；“四边绿化提升”新造片林5554亩，其中石质山造林1300亩；城乡绿化新造片林4254亩。全面完成省、市下达的森林增长工程年度目标任务。

【花卉苗木种植】 2016年年末，全市花卉苗木种植2168公顷，花卉苗木种植企业119家（其中大中型企业16家），有花农3285户，花卉苗木种植从业人员6580人，其中专业技术人员280人。全年产绿化、观赏苗木3560万株，盆栽植物95680盆。

【千万亩森林增长工程完成】 2016年12月，全市通过省千万亩森林增长工程竣工总验收。同年，胡乐镇被命名为省级森林乡镇，胡乐村、甲路村、板桥村、夏林村、杨狮村被命名为省级森林村庄。

该市2012年起实施森林增长工程，至2016年圆满收官，五年完成造林10.81万亩，占调整后规划任务的180.2%。创成安徽省首批森林城市，建成7个森林城镇、18个森林村庄，建设森林长廊168千米，全市林木绿化率由2012年的75.98%增长到2016年的80.6%，净增4.62%，城市建成区人均公共绿地由8.6平方米增至14.3平方米，净增4.7平方米。通过工程带动，全市森林覆盖率由75.3%增长到77.7%，净增2.4个百分点；林业总产值由56.1亿元增长到113.2亿元，年均增长15.1%；农民人均林业收入从4400元增长到8391元，年均增长13.8%。

·林业病虫害防治·

【概况】 2016年，全市累计发生林业有害生物面积14.1955万亩，测报准确率为95%。无中度及以上程度危害，成灾率为0，属于中等程度发生年份。其中，山核桃病虫害发生总面积9.758万亩；竹林笋期害虫发生面积1.535万亩，与常年相当，较为普遍，但发生程度轻；板栗果实害虫发生较多，危害较大，造成果实不能食用，病虫害发生总面积为1.323万亩，比上年偏重发生。综合防治面积13.352万亩，无公害防治率为94%。是年首次通过购买社会化服务的方式对市松材线虫病疫点进行专业化综合防治。

林业有害生物测报。2016年3月，市林检局被授予全省2015年度国家级中心测报点“红旗单位”称号。继续推行重点地区松材线虫病常年专人监测制度，续聘专职监测员12名，全年发布主要病虫害中短期测报14期，按月上报松材线虫病及有关报表。

松材线虫病除治任务全面完成。2016年，市政府与各乡镇（街道）签订松材线虫病治理责任书，建立除治目标责任制，把除治工作纳入年度乡镇（街道）目标考核，强化政策扶持。投入劳力0.53万人次，直接投入除治经费65万元，累计清理死松树3162株，实施发病乡镇皆伐除治490亩，超前除治803.5亩，累计砍伐松树2910立方米，烧毁死树及枝丫105吨，设置诱捕器350个、诱木100株，化学防治2000亩次，全面完成除治任务。

【松材线虫病秋季普查】 2016年，市林检局首次通过政府招标方式，委托专业公司进行松材线虫病秋季普查工作，并利用无人机在重点高山地区进行监测普查。全市调查19个乡镇（街道）和胡乐国有林场，共计普查松林12.48万亩，普查率100%，共发现枯死松树3185株，取样868株，经镜检，发现河沥溪街道畈村村含松材线虫病的样品1个，涉及小班1个，发病小班总面积90亩，有松树350株、材积100立方米。发现拟松材线虫病样品342个，与历年相比增加明显。

【第三次全国林业有害生物普查完成】 2016年12月完成第三次全国林业有害生物普查，普查数据、技术总结、工作总结、风险评估报告全面上报完成。普查拍摄照片1000余张，采集标本300余个，全市查明有常见林业病虫害55种，并上报省林业厅山核桃普查标本5套、刚竹毒蛾完整生活史标本2套。

宁国市普查工作启动于2015年3月。

【山核桃有害生物防治技术示范推广项目通过检查验收】 2016年9月，宁国市山核桃有害生物防治技术示范推广项目通过省项目专家检查组的检查验收。

该项目是2014年确定的中央财政林业科技推广示范项目。截至2016年，建立山核桃科技服务中心1个，在万家乡、南极乡等地建立山核桃科技服务点各1个，在万家乡组建20～25人的山核桃防治专业队伍，2015—2016年，每年开展示范防治4500亩左右；开展技术培训26期，培训1774人次，编印《宁国山核桃生产技术》技术手册400本；建设示范林2230亩（其中，南极乡梅村村小坞1080亩、胡乐镇龙池村向阳组1050亩、梅林镇桥头村100亩），成林示范林总体有害生物发生率降低到14%，山核桃溃疡病等发病率降低到22%，感病指数均数降低55%，基地生态保护良好。2015年，南极乡成林基地产量较对照区提高30%。2016年幼林基地新梢年生长量78厘米，较对照区65厘米提高25%。

·林业科技·

【概况】 林业科技队伍建设。2016年，市林业局增加林业正高级工程师1名、副高级工程师6名、工程师

4名。截至年末，全市有从事林业科技推广的林业正高级工程师2名、副高级工程师17名、工程师53名。

林业技术培训。2016年，市林业局利用项目平台对示范户、合作社成员开展山核桃管理作业和病虫害防治作业培训150人次；对仙霞杨山雷竹示范区开展两次以冻灾灾后管理和使用专用肥为主要内容的示范培训。邀请省科技推广总站站长马永春作山核桃溃疡病防治专题讲座，邀请浙江农林大学教授桂再有开展雷竹灾后恢复管理和专用肥施用专题讲座。与市农委农广校开展花卉苗木培育、山核桃生态经营管理、竹林丰产培育等培训20余场共计1800人次。全年通过网站、报纸、电视、广播等发布林业科技推广稿件22篇、技术信息8次，编印发放林业技术图册600份、各类技术资料4000份。

林业科技研究。与安徽农业大学、安徽省林业科学研究院、浙江农林大学等科研机构开展项目技术合作，组织实施的香榧无性繁殖嫁接技术通过省级专家鉴定。实施山核桃有害生物防治技术推广、山核桃绿色防控和溃疡病防治研究项目。组织制定的国家级行业标准《山核桃有害生物防治指南》通过专家评审。推进宁国市雷竹标准化示范区建设项目。引进牡丹新品种1000余株，嫁接牡丹近2万株。完成林业有害生物普查制作各类实物标本180余个(套)，编印《宁国山核桃病虫害图册》《山核桃生产技术手册》。

【国家林业行业标准《山核桃有害生物防治技术指南》通过审定】 2016年11月4日，由宁国市林业局主持，安徽农业大学、安徽詹氏食品股份有限责任公司等单位共同参加编制的国家林业行业标准《山核桃有害生物防治技术指南》通过全国林业有害生物防治标准化技术委员会专家审定。

山核桃(Carya cathayensis Sarg.)，胡桃目胡桃科山核桃属植物，别称小核桃，主产于浙、皖交界的天目山区。宁国市是中国山核桃之乡。2013年，市林业局立项编研该标准。该标准是国内林业有害生物防治领域首个针对一个树种编制的行业标准，首次提出了山核桃有害生物全周年防治思路及措施。

【宁国市雷竹标准化示范区建设项目完成中期绩效测评】 2016年，市林业局邀请浙江农林大学竹类研究所根据测土配方数据研制竹笋专用控释肥，在示范区农户推广实施，共发放袋装可降解控释肥6万袋。为示范户农户举办控释肥试验示范培训班；开展对酸化竹林土壤撒施生石灰、对积水竹林进行块状深翻等土壤改良试验示范工作；完成退化竹林深翻、引进优良竹种更新造林60亩；修建作业道约1000米；完成1000亩标准化培育基地竹林钩稍、清沟排水、密度调控、竹腔注射病虫害等管理工作。同年6月，示范区建设项目完成中期绩效测评。

该项目是2015年9月由安徽省林业厅批复确定的中央财政林业科技推广示范项目，项目建设内容为：新建雷竹标准化示范区1100亩，位于仙霞镇盘樟村，其中，现有林培育1000亩，优良无性系种植100亩。2015年，市林业局成立领导组，建立实施组和技术组，10月召开项目启动会议。是年完成100亩退化竹林改造更新竹林的选地登记及农户动员工作，举办项目启动培训班，培训农户60人；并完成1000亩标准化培育基地秋冬季覆盖、密度调控、杀虫灯安装等管理工作。

·森林生态保护·

【概况】 2016年，市政府印发《关于进一步加强宁国市森林资源保护管理工作的通告》，市林业局出台《关于切实加强天然林保护管理工作的通知》，加强森林资源尤其是天然林的保护管理。开展禁止毁林开垦专项整治，从严把关茶叶等灌木造林的水土保持。严把公益林抚育采伐设计审批关，控制公益林抚育采伐强度。全年全市核发公益林森林生态效益管护补助资金1104.08万元，并通过涉农资金"一卡通"直接发放到农户。开展西津河湿地公园建设。加强野生动植物保护工作，出台《宁国市人民政府关于加强狩猎管理的通告》。第三次古树名木资源普查工作进入审定阶段。

【发现华东黄杉天然林】 2016年8月，经省林科院园林花卉所所长胡一民现场鉴定，在甲路镇庄村村发现华东黄杉天然林居群。该居群面积40亩左右，总株数大概在100株以上，是安徽省分布最大的一处华东黄杉天然林居群。

华东黄杉是中国特有的第三纪孑遗植物，也是国家二级保护的珍稀濒危树种。它木材硬度适中，纹理直，不矫不裂且耐久用，是珍贵的材用树种。由于树形优美，树姿挺拔耸直，也是颜值超高的观赏树种。

【野生动植物资源保护】 2016年全面规范陆生野生动物狩猎秩序，出台《宁国市人民政府关于加强狩猎管理的通告》，划定禁猎区、狩猎区和禁猎期、狩猎期，开展相关的法律法规宣传，收缴各种非法枪支以及其他禁猎工具，加强对狩猎人员管理，严厉查处在非狩猎期、禁猎区和使用禁猎方法狩猎。是年，全市发放狩猎证 89 个，行政许可猎捕野猪 178 头，占省林业厅许可猎捕限额量的 59.3%，未许可猎捕华南兔。

开展野生动物保护宣传活动。利用“送法下乡、进林区、进校园”“野生动物保护宣传月”“爱鸟周”等形式开展野生动物保护和禽流感预防等宣传工作。结合《安徽省湿地保护条例》的实施和安徽省湿地日，开展“保护湿地、关爱候鸟”宣传活动，编印 2000 份湿地保护宣传彩页，介绍湿地保护知识和政策。

组织开展“打击破坏野生动物资源违法犯罪专项行动”“严厉打击乱捕滥猎鸟类等野生动物非法活动”“保护候鸟清网行动”，严厉打击各类破坏野生动物资源违法行为。

加强陆生野生动物疫源疫病监测防控管理。开展疫源疫病监测，重点对板桥省级自然保护区飞禽监测点和港口湾水库库区 H7N9 疫情进行监控预防，强化对野外飞禽禽流感的监控和驯养繁殖场所的防控，每日实行零报告制度，将每日疫情和防控情况分别向宣城市林业局和宁国市卫计委上报。

野生动物驯养繁殖及经营利用企业的审批工作。全年审批发放野生动物驯养繁殖证 3 家，均为省二级以下陆生野生动物驯养繁殖单位。至年末，全市实有省及省以上审批的陆生野生动物驯养繁殖及经营利用企业 2 家，县级审批的省二级以下陆生野生动物驯养繁殖企业 11 家。主要驯养繁殖的陆生野生动物有：梅花鹿、红腹锦鸡、蓝孔雀、野猪、棘胸蛙及蛇类等，产值 3746 万元，带动社会就业 100 余人。

野生动植物行政案件查处。市森林公安局全年查处野生动植物行政案件 193 起（其中，违法猎捕非国家重点保护野生动物案件 21 起、非法收购野生动物案件 3 起）；查处野生动植物刑事案件 31 起，其中，滥伐林木案件 20 起，非法狩猎案件 7 起，苗木盗窃案件 1 起，盗伐林木案件 2 起，非法杀害珍贵野生动物案件 1 起。抓获犯罪嫌疑人 14 人，追缴国家重点保护植物 2 株，全年放生查获的野生动物 380 只（头），查获救护移送至休宁县皖南野生动物救护中心国家重点保护动物 6 只（分别是穿山甲 1 只，白鹇 2 只，猫头鹰 3 只）。

·林业管理·

【概况】 林木采伐管理。2016 年，全市审核发放林木采伐证 6038 份，采伐面积 4919.19 公顷，核准采伐证林木采伐量采伐蓄积 43540.71 立方米，其中，审批公益林抚育采伐 22 批次，涉及公益林小班 313 个，面积 31727 亩，采伐蓄积 10967 立方米；集体林采伐蓄积 41825.71 立方米，胡乐林场采伐蓄积 1715 立方米，分别占省下达总采伐限额、集体林和国有林采伐限额的比例为 27.71%、27.32%和 42.62%。全年核发木材运输证 3450 份，木材运输量 14809 立方米。核发木竹经营加工许可证 110 家，种子生产经营许可证 6 家。暂停征收育林基金，涉林民生项目覆盖面不断拓展。全年修建林区作业道 142 千米。

林地资源管理。2016 年，市林业局上报省林业厅审核项目 3 个，已审核通过 2 个，面积 14.7333 公顷，预缴森林植被恢复费 231.3333 万元，另有 1 个申报材料在审核中；市林业局审批使用林地项目 7 个，其中：直接为林业生产服务项目 4 个，村组道路 1 个、面积 1.5686 公顷，临时使用林地 2 个、面积 0.2391 公顷，缴纳森林植被恢复费 1.3716 万元，另有 3 个林区道路项目在办理中。全面完成对国家林业局林地检查中发现问题的整改工作。按时间节点完成林地变更调查的基础工作。开展林木流转服务和林木资产调查评估。启动年度林地变更调查和森林资源“一张图”更新工作。

林权管理工作。2016 年推进库区山场分户发证工作。组织开展库区原 22 个村民组的确权登记工作，召开村民组村民会议 22 次，开展外业勘界登记 13 个，区划宗地 1450 个，登记山场面积 17002 亩，公示勘界登记结果 7 个村民组，5 个村民组的外业勘界登记资料在整理完善中，发放林权证 1 个村民组。全年受理审核林权初始登记、流转变更、林权证遗失补证、权利人名字登记错误更正、破损补办等各类登记 305 件，其中，全年办理林权抵押登记 32 起，林权流转登记发证 83 本，林权流转变更登记面积 13776.82 亩；开展森林资源资产评估中心林权资源评估 19 起。全年接待涉及林权管理、林木采伐、公益林管理、征占林地补偿等有关方面来访咨询 245 起、436 人次，受理林权纠纷案件 6 起，结案 4 起。办理各级交（转）办的林权信访案件 3 起，代理市政府办理林权登记发证行政诉讼案件 6 起，办理申请撤销林权证案件 1 起，指导乡镇（街道）调处林权纠纷 16 起。

林业执法。2016 年，市林业公安局组织实施“打击破坏野生动物资源专项行动”“严厉打击非法占用林地”“缉枪治爆”等专项行动，全市森林公安机关接处警 245 起，出动车辆 1682 车次，出动警力 3940 人次，受理各类林业行政案件 167 起，查处 153 起，处罚 246

人次，其中拘留7人；森林刑事立案28起，查破25起，抓获作案成员33人，提前批准逮捕3人。同年组织林业执法人员资格培训和专业检疫员培训；调整完善林业权责清单，行政权力清单由原来的76项整合调整为64项；开通林业微博，全年发布职务公开信息1121条，及时办理社会一体化平台事项14件；对案件办理实行办案民警、兼职法制员、办案单位负责人、法制科、局领导五级审核把关制，提高执法质量。是年，胡乐森林派出所被国家林业局森林公安局命名为“全国森林公安机关执法示范单位”。

【微电影《守望》上网放映】 2016年，由市森林公安局民警集体参与、策划、导演、拍摄，真实记录和反映宁国市森林公安民警工作、生活的微电影《守望》，历经10个月的四季拍摄上网放映。

《守望》系统地记录宁国森林公安从组建到发展的35年发展历程与荣誉成绩，真实反映不同时期基层森林公安民警的工作和生活，记录森林公安民警默默守护青山绿水的情感和执着。

【森林防火】 2016年继续实行森林防火目标管理责任制，将森林防火工作纳入乡镇（街道）目标管理考核，严格实行一票否决。同时加大森林防火宣传，加强火源监管，建设跨区域生物防火林带，加强森林防火基础设施建设，建设宣城市森林防火综合治理三期工程项目。至年末，全市有专业森林消防队伍2支、半专业消防队伍8支、扑火应急队19支，营造生物防火林带27千米。强化队伍建设，全市每个有林行政村都成立10人以上的扑火小分队，500亩以上的造林大户和营林基地都成立以护林员为主的扑火队伍。

全年全市没有发生重特大森林火灾，实现了森林火灾受害率控制在0.4‰以内及没有发生人员伤亡事故的工作目标。

（李　丽）

水　利

·综　　述·

【概况】 2016年，宁国市有水库103座，共计库容9.75亿立方米，其中，大（二）型水库1座（即港口湾水库，总库容9.41亿立方米）、小（一）型水库6座、小（二）型水库96座；万方以上大塘400余口，规模以上机电井195眼。总供水量17410万立方米，总农业灌溉量8241万立方米。有农村饮水工程145处，日供水11.5万吨。有水电站46家（含港口湾水库水电站），装机79台共计装机容量96670千瓦（其中港口湾水库水电站装机2台，容量6万千瓦）；全年发电总量22699.68万千瓦时，其中港口湾水库水电站发电量为16000万千瓦时，分别比上年增长9.6%和23%。

2016年3月，《宁国市十三五水利规划》编制完成。12月，《宁国市灾后防洪薄弱环节建设性治理规划表》编制完成，规划治理工程146处，估算总投资44.96亿元，并全部纳入《宣城市灾后水利建设总体规划（2016—2030）》。《宁国市节水规划》《宁国市水资源综合规划》等专项规划编制工作启动。是年启动全市首个生态湿地项目——位于甲路镇彭坞岗的塔上水库项目的设计工作。

【水生态文明城市试点建设推进】 2016年继续推进安徽省首批水生态文明城市试点建设，推进引水进城，启动城西湖建设前期工作，成立城西湖项目法人，多次召开城西湖项目理念、规划设计对接会。协助宣城市水务局加快港口湾灌区工程建设的前期工作，是年工程可研报告通过水利部水利水电规划设计总院审查，并报国家发改委审批。

2016年1月，中津河坞村河堤工程开工建设，总投资2420万元，河堤长度5.8千米。截至年底，已修筑河堤长度2.2千米。3月24日，西津河1#橡胶坝开工建设，坝长104米，高3米，工程总投资784.7万元。截至年底，已完成70%工程量。

5月27日，西津河2#橡胶坝（坝长170米，高3米，投资761万元，2014年11月14日开工）建设完成。12月，西津河城北防洪堤（2014年4月20日开工，批复初步设计概算总投资2270万元，治理河道5.3千米，新建河堤2.15千米）和双河西堤工程（2014年12月2日开工，批复初步设计概算总投资2270万元，治理河道5.4千米，新建河道2.2千米）完工。

【小型水利工程管护试点工作推进】 2016年，市水务局扩大管护试点乡镇，新增河沥溪、竹峰街道等管护试点，全面完成“两证一书”（即“水利工程产权证”“水利工程使用权证”和《水利工程管护协议书》）发放工作。结合宁国实际，在市政府2015年出台《关于加快小型水利工程管理体制改革的实施意见》的基础上，制定具体的考核细则，整合落实管护经费419万元，并争取89万元的省公益性管护资金。引导并要求乡镇与专业管护公司签订合同，通过购买市场服务的方式，管护好水库、农饮单村点和集镇水厂等水利设施。出台《2016年宁国市乡镇（街道）水利改革和发展考核细则》，将管护工作与乡镇水利冬修和目标管理考核挂钩。通过日常考核，对管护工作落实较好的乡镇及时兑现管护经费。承办2016年宣城市小型水利工程管理体制改革暨灾后重建工作现场会。年末，港口、河沥溪、霞西、仙霞、汪溪、宁墩等乡镇（街道）已与管护公司签订合同，管护工作进展顺利。

·农村水利·

【概况】 2016年，万家水库项目初步规划方案完成，云梯千秋生态清洁小流域治理工程竣工并通过验收。全年完成市级重点农田水利工程建设200余处，总投资近1117.5万元（其中300万元用于工程管护）。完成2015年度小农水项目县工程建设任务，开展2016年度小农水项目县工程建设。全面完成“八小”水利工程(以小水库、小泵站、小水闸、中小灌区、塘坝、河沟、机井、末级渠系等工程为重点的小型水利工程)改造提升任务。

2016年度农村安全饮水工程建设工程实施完成，解决8800人的农村不安全饮水问题，涉及云梯、青龙、霞西、天湖等乡镇(街道)，总投资293万元，其中财政投入90万元。

【万家水库项目初步规划方案完成】 2016年，万家水库被水利部列入国家新建中型水库规划。12月被列入《安徽省十三五水利发展规划》，明确提出推进万家水库工程建设。是年，万家水库项目初步规划方案编制完成。

万家水库工程位于宁国市境内，规划坝址位于水阳江水系东津河上游万家河支流，距离宁国市城区37千米，是一座以防洪为主，兼顾供水、发电、灌溉的综合性水利枢纽工程，规划总库容8000万立方米。工程估算总投资16亿元，其中建设征地移民补偿投资12亿元。

【小农水重点县项目建设】 2016年，全市完成2015年度小农水项目县工程建设任务，完成投资1886.17万元，涉及方塘乡、中溪镇、青龙乡、仙霞镇，项目完成清淤、整治山塘12处；维修、加固溢流坝2处；新建小型灌溉站1处，配套田间渠系，灌溉面积120亩；新增苗木、果树管道灌溉面积600亩，配套提水泵站2处；整修、护砌灌溉渠道18.32千米，配套节制闸3座、机耕桥16座；清淤、护砌排水沟0.9千米；开展基层水利服务机构建设2处。

启动2016年度小农水项目县工程建设，计划投资1623.30万元，涉及甲路镇甲路村、枫山村以及霞西镇霞西村，项目完成清淤、整治山塘5座；维修、加固溢流坝18处；重建、维修小型灌溉站5处；新增山核桃管道灌溉面积400亩、果树苗木管道灌溉面积300亩，配套输水主管道12.14千米；整修、护砌灌溉渠道6.50千米；清淤、护砌排水沟2.90千米；配套机耕桥12座、过路涵9座、放水涵12座、生产道路2.7千米；设工程标识牌2处；开展基层水利服务机构建设2处。

【“八小”水利工程建设】 2016年，全市完成“八小”水利工程改造提升任务。完成除险加固小型水库8座、大塘扩挖280口、小泵站更新改造200千瓦、农田末级渠系建设2万亩、农村河沟清淤38条，完成总投资832.5万元。

【云梯千秋生态清洁小流域治理工程通过竣工验收】 2016年12月28日，云梯千秋生态清洁小流域治理工程竣工通过验收。

该项目位于云梯畲族乡千秋畲族村，治理面积1.03平方千米，生态修复面积1.0平方千米，总投入200万元，项目于2014年年底开工，2015年年底完工。其中：封育治理面积1.03平方千米，溪沟整治0.65公顷，修建排水沟1549.4米、沉沙池(凼)19个、过路涵174米，河堤护岸627米，浆砌石挡墙631.6米，浆砌规则卵石挡墙864.5米，铺建生产道路泥结石路面1300米，水库岸线护坡110米，污水处理管网布置2925米。土方开挖14875.94立方米，土方回填及夯实5526.82立方米，栽植绿化苗木1447株，封育补植苗木1.40万株。

·防汛抗旱·

【概况】 2016年，市防汛抗旱指挥部开展3次汛前大检查，1次专项督查。联合市人武部开展防汛应急培训及防汛抢险实战演练。组织各乡镇(街道)主要及分管负责人开展防汛专业知识培训学习。通过山洪灾害防御非工程措施建设，新增自动雨量站11处、自动水位站11处、人工预警站28处。运用已建成的视频会议系统和小(一)型水库远程监视系统，确保安全度汛。储备各类防汛物资器材，修订全市防汛抗旱、城区防汛应急、防御台风和山洪灾害等预案。制定小型水库汛期控制运行计划，明确行政、技术和管理责任人，并通过媒体予以公示。

2016年入梅后，全市有效应对“莫兰蒂”“海马”“尼泊尔”台风和汪溪、天湖街道等地“6·12”“6·20”暴雨洪涝灾害，确保人民群众生命财产安全。7月5日下午，港口湾水库水位达136.54米（建库以来最高水位），为科学应对港口湾水库渐进式泄洪可能带来的影响，市防汛抗旱指挥部迅速组织各级责任人上岗到位、靠前指挥、加强巡查、抢险救灾，及时转移地质灾害风险点群众。汛后，面对干旱少雨天气和进一步加剧的旱情，组织全市抗旱工作，成功进行多次人工降雨，有效降低东部乡镇及甲路、胡乐等地林农损失。9月底又组织应对"鲇鱼"台风的过境影响。

【水库除险加固】 2016年，全市开工8座小型水库除险加固工程建设，涉及中溪、河沥溪、方塘、梅林等乡镇（街道），总投入960万元。截至2016年年末已完成主体工程建设。计划于2017年汛前完工。

·水利管理·

【概况】 截至2016年年末，市水务局内设有办公室、市防汛抗旱指挥部办公室、水利规划办、水政科4个机构，另辖市水利工程建设管理所、市水利工程质量监督站、市水政监察大队及6个流域中心站，主要承担全市水资源统一管理、水利设施的管理维护、水土保持、水利发展规划、水政监察、水行政执法等职责，有工作人员61人。

2016年，市水务局利用"3·22"世界水日、水法宣传周、世界地球日及"12·4"宪法日等时机，采取送法下乡、举行公益讲座、设宣传展台等多种方式，进行水行政法律法规普法教育。3月22日，通过广播在全市宣传水行政法律法规，开展进社区、进学校、进厂矿、进基层等宣传活动，悬挂横幅20余条，出动"水法"宣传车20余次，发放宣传资料500余份，张贴宣传画30余幅，为群众解答取水许可、排水、供水、水质保障等疑难问题500余人次。

【水资源管理】 2016年，市水务局稳步推进水行政审批制度改革，完成全市工业取水、农业取水许可证的审批工作，发放取水许可证104本。同时，完成水利行政许可信息公开、行政处罚信息公开、权力清单和责任清单公开及公共服务清单公开与上报工作。对全市符合条件的砂场、砂石加工点进行年度许可；对2016年度全市所有乡镇（街道）上报的农村河沟清淤工程进行了GPS定位。全年办理涉河建筑建设审批项目3项（宁虹改造工程东津河大桥涉河建设工程方案、安徽材料工程学校涉河工程建设方案、市委党校工程涉河工程建设方案）。加强三项（水资源费、水土保持补偿费、河道采砂管理费）水法律规费的征收工作，全年征收相关水法律规费255万元。按月征收水资源费，费率提高一倍（从2015年9月执行），全年征收水资源费约108万元。开展全市水资源专项整治行动。制定《万元GDP用水量降低指标考核工作实施方案》，将建设项目水资源论证、取水许可及水资源计量征收、入河排污口设置论证及报批率列为考核内容。对全市24家节水型机关实施检查复核，海螺集团宁国水泥厂先后被评为安徽省与宣城市节水型企业。完成全市规模工业企业自备水源在线监控安装工作，共安装监测计量设施21处。是年，市水务局被宣城市加快水利改革发展领导组评为宣城市水资源综合管理、依法行政考核一等奖。

【采砂管理】 2016年根据《安徽省河道采砂管理办法》和《宣城市河道采砂规划》，重新确定全市砂场布点规划，共确定砂场15处（其中东津河5处、西津河3处、水阳江7处），港口湾水库库区疏浚点2处。开展省水利综合执法示范县相关工作，完善高标准河道采砂视频监控和水资源管理在线监控系统。

开展采砂专项整治。是年市政府和采砂办多次组织联合执法，有效打击无证非法采砂现象。与市安监部门多次对全市河道采砂及清淤砂石加工进行地毯式安全生产大检查和联合执法，杜绝安全生产事故发生和无序开采、无序排放等行为。全年查处河道违法采砂案件1件，罚款1万元。

【河道环境保护工作】 2016年，市水务局定期深入乡镇（街道）河道沿线，对各地水环境建设与保护工作进行专项督查。开展排污专项整治，会同市环保部门加强沿河企业的监督检查，杜绝生产废水、生活废弃物直排河道。要求采砂企业新上环保设施。开展河道环境清洁行动。会同沿线乡镇（街道），结合"三线四边"整治要求，发动干部职工、农村环卫保洁员、志愿服务团队等力量，对河道堤岸垃圾进行全面拉网式清理。

（梁　健）

·港口湾水库·

【概况】 宣城市港口湾水库管理处（简称管理处）与宣城市港口湾水库建设开发有限责任公司两块牌子，一套人马，是隶属于宣城市水务局的副县级自收自支的事业单位，核定编制20人。内设办公室、财务科、经营科、水工科和水政科（保卫科）5个科室，至2016年年底，共有在编人员16名。管理处的主要职责是按

《水库大坝安全管理条例》的要求，做好主、副坝的运行、养护和维护等安全管理工作，做好水工观测，做好水文（特别是洪水）预报，贯彻执行防汛抗旱调度指令，服从防汛抗旱指挥部的统一指挥，严格按照上级有关部门批准的调度运行方案进行水库调度和工程防汛工作。充分利用水土资源，开展综合经营，发挥综合效益。根据有关法律法规做好水政监察工作。2016年，该处获第八届宣城市县级文明单位荣誉称号。

【防汛抗旱】 管理处于汛前编报《2016年水库控制运用计划》，省政府批复港口湾水库汛限水位按133米调度运行。3月份开始对水库各个管理及监测系统进行维修保养，对溢洪道闸门进行调试，对2台备用柴油发电机进行试动；开展汛前检查，落实防汛物资、器材，防汛抢险队伍和防汛值班制度。5月1日水库进入主汛期，密切关注雨情汛情，加强防汛值班，严明防汛纪律，确保通信畅通，做好调度准备；同时，对大坝内、外观、水雨情进行实时监测。根据市防指命令，实施水库调度。7月份以后，宣城市连续出现50多天高温干旱天气，管理处按照上级要求调度电站发电放水，保障城市供水安全，受到市民好评。大旱期间，水库下游青龙乡龙阁村有2个村民组出现吃水困难，管理处及时开通坝区水塔，向当地村民提供应急供水水源，保障了村民饮用水需求，受到当地老百姓好评。

港口湾水库全年累计降雨2344.5毫米，年入库水量149422万立方米。年最高水位为136.55米（上年为133.27米），相应库容为58790万立方米，时间为7月5日19时；最低水位为127.40米（上年为123.96米），相应库容为32220万立方米，时间为5月19日17时；汛期最高水位136.55米，超汛限水位3.55米；全年最大入库洪峰流量为1503立方米/秒（上年为1372立方米/秒），发生时间为5月28日15时；最大出库流量为499立方米/秒，发生时间为7月8日09时。

【水力发电】 2016年，港口湾水电站发电总量16261.98万千瓦时，总产值为5831万元；发电单机时长5795小时，累计耗水量130439万立方米。

【工程管理】 2016年，按照管养分离的要求，管理处委托南京水利科学研究院、合肥海拓公司和淮委沃特公司对大坝内、外部变形观测自动化系统和水文自动测报系统进行检修保养；芜湖水文局宣城巡测队对坝区水文站缆道进行维护。对泄洪洞工作门启闭系统进行维护；对2台备用柴油发电机进行试动。

【工程建设】 2016年，管理处完成溢洪道启闭机液压系统大修，通过汛期试运行，满足设计要求和水库运行管理要求，通过初步验收；完成港口湾水库大坝防雷二期工程，经宁国市防雷中心测试，满足设计要求，增强水库坝区防雷效应，通过初步验收；完成水库水文自动测报系统改造升级，经过汛期试运行，两套系统基本正常，通过初步验收；完成副坝专用变压器及线路改造工程，通过电力部门的验收并投入运行。完成《港口湾水库防汛抢险应急预案》和《港口湾水库大坝安全管理应急预案》招标工作，与南京水利科学研究院签订2个预案的编制合同。启动水库视频监控系统、管理房维修前期工作。

【领导督查】 2016年4月15日下午，宣城市委副书记、市长韩军在宣城市、宁国市相关负责人的陪同下到港口湾水库检查防汛抗旱准备工作。韩军在水库大坝上，就水库运行情况进行了解，要求密切关注天气变化，合理调蓄库容，确保做到防汛抗旱“两不误”。

6月28日下午，宣城市委副书记、市长韩军在宁国市相关负责人的陪同下，到港口湾水库等水利工程考察防汛工作。在详细了解水库工程运行调度情况及入汛以来雨情汛情情况后，韩军要求进一步提高思想警惕，强化责任意识，排查度汛隐患，落实预案措施，将各项工作做细做实，确保人民群众汛期生命财产安全。

12月，水利部安全生产监督管理考核组对宣城市2016年度水利安全生产监督管理工作开展考核。考核组一行6人，现场察看港口湾水库水利工程安全运行管理情况。在听取港口湾水库管理处的工作汇报后，水利部考核组充分肯定该市水利安全生产管理工作，考核组指出，宣城市对此次考核工作高度重视，水库现场管理规范有序，安全生产各项工作落实较好；并要求进一步落实安全生产监督管理工作职责，积极推进安全生产标准化工作，切实做好水利工程安全运行管理工作。

【水费征收】 2016年，港口湾电站发电用水130439万立方米，根据协议上交水费310万元（实收）；宁国城区水厂在水库取水1800万立方米（上年取水1589万立方米），因多种原因，水费收取尚未落实到位。

【安全保障】 港口湾水库为宣城市重点防恐单位。2016年，成立港口湾水库防恐领导组和防恐应急小分队，制订防恐应急预案，充实安保人员，购买内保服装，配备安保器材，加强日常巡查，做好巡查记录，加强门卫管理，对出入水库的人员和车辆实行登记制度。

（喻薪力）

·水文测报·

【概况】 截至2016年年底，宁国市境内共有水文站3个，分别是西津河上游的胡乐司水文站、港口湾水库下游的西津河港口湾水库水文站和东津河上的宁国水文站；专职水位站有2个，分别是东津河上的沙埠水位站和河沥溪水位站；有正式职工10人。此外，境内有委托雨量站16处。

胡乐司水文站观测项目有4项：降雨、水位、流量、含沙量；下辖8个雨量站：宁国市境内的杨村坞、大联坞、陶家与绩溪县境内的合阳、合庄、黄土坎和旌德县境内的俞村、刘村委托雨量站。

港口湾水文站观测项目有5项：降雨、水位、流量、蒸发、墒情；下辖有东岸、方塘、庄村、山门、甲路5个委托雨量站。

宁国水文站观测项目有4项：降雨、水位、流量、蒸发；下辖河沥溪水位站、沙埠水位站和云梯、狮桥、桥头、万家、张村坞、宁墩、朱家桥、虹龙甸8个委托雨量站。

境内各站主要承担宁国市东津河、西津河、中津河的水文数据采集、监测工作，覆盖流域面积2447平方千米，为地方防汛抗旱，水利水电工程建设，水资源管理、保护、开发与利用，涉水工程防洪评价，水土保持与流域治理等提供技术支撑和决策依据。

【汛期水文测报服务】 2016年属于平水年份，境内年最大洪水出现在6月12日（梅雨），从5月31日至7月11日，境内发生明显的连续复式峰洪水过程，东津河宁国水文站站实测最高水位46.25米（黄海），最大流量1350立方米/秒；西津河港口湾水库7月8日2台机组发电，并同时开启溢洪道泄洪，实测最大下泄流量481立方米/秒左右。

2016年宁国市境内各水文(水位)站水情观测数据统计表

表36

站名	水位(米)			流量(立方米/秒)			全年输沙量(万吨)
	全年均值	最高水位/出现时间	最低水位/出现时间	全年均值	最大流量/出现时间	最小流量/出现时间	
宁国水文站	42.35	46.25/6月12日	41.91/8月31日	61.8	1350/6月12日	0.924/9月1日	—
胡乐水文站	137.10	140.94/3月18日	136.71/1月25日	13.3	764/5月28日	0.160/12月17日	4.89
港口湾水文站	131.71	136.55/7月5日	127.39/5月19日	47.0	481/7月8日	0.0/3月22日	—
沙埠水位站	57.35	60.15/6月12日	55.97/12月9日	—	—	—	—

说明：表内水位沙埠和宁国站为黄海基面，其余均为吴淞基面。

2016年宁国市境内各水文(水位)站各月降雨量统计表

表37　　单位：毫米

月份	1	2	3	4	5	6	7	8	9	10	11	12
宁国水文站	112.6	21.9	60.0	340.0	261.5	390.0	278.0	55.5	224.5	185.0	79.5	45.5
沙埠水位站	134.2	26.3	74.0	372.0	286.0	414.0	153.0	67.0	283.0	171.0	83.0	56.0
胡乐水文站	128.5	34.9	91.3	369.0	319.5	379.5	201.5	64.0	232.5	147.5	74.8	62.5
港口湾水文站	128.4	29.1	75.9	352.0	241.0	368.0	200.5	98.5	283.0	180.5	82.0	54.5

气　象

【概况】 宁国市气象局始建于1956年7月,国家基本站。在编人员11人,外聘3人,退休10人。主要科室有:气象台、科技服务中心、办公室、财务室。2016年,市气象局完成了地面气象观测、业务系统、网络维护、探测环境保护和区域站、土壤水分站维护维修等各项工作。实现气象观测双套站运行,及时组织应急演练,确保气象观测数据的完整性、连续性,为做好气象服务打下坚实基础。汛期前,组织全局干部职工对不符合探测环境保护要求的乡镇气象站进行整体搬迁,确保乡镇测量的气象数据不受探测环境影响。2016年,荣获市双拥合格单位、市文明创建先进单位、市五四红旗团支部、市先进党支部、市巾帼文明岗等多个称号。该局杨木勇获第九届安徽省气象行业职业技能竞赛观测数据综合处理单项第一名、个人全能第二名,获第十一届全国气象行业职业技能竞赛个人全能第十四名。

【气象服务】 2016年,市气象局开展决策气象服务、公众气象服务和专业气象服务3类气象服务工作。决策气象服务。2016年,市气象局及时向宁国市委、市政府及市防指发送专题天气预报和服务材料。通过广播电视、短信平台、传真、电子显示屏以及《重要天气专报》《一周天气预报》等多种形式发布常规气象信息、气象灾害预警等。全年向市政府报告《重要天气专报》20期、专题气象服务材料近50份,修订完善《宁国市气象灾害应急预案》。全年发布寒潮、暴雪、道路结冰、雷电、高温、雷雨大风、台风、暴雨、大风、大雾、冰雹等灾害性天气预警信号137次。

公众气象服务。2016年,市气象局为宁国市"两会"、地质灾害调查、大型招聘会、第三届全民健身运动会、PPP项目开工等重大活动、重大工程提供气象保障服务。通过手机短信、电话、电视、96121、电子显示屏等多种方式及时发布森林火险、节日、中高考等专题气象信息。通过手机短信发送天气预报预警信息近90万条。与市水务局合作,通过水务局已建成的"大喇叭"发布预报预警信息990次。

专业气象服务。2016年,分别在甲路镇、南极乡建设人影标准化基地。更新全市气象信息员和农业大户、重点农业合作社等用户的手机数据库,遇有重要天气过程及时发送气象灾害预警短信。是年,气象局安排技术人员对已建成1个CMACast卫星接收站、1个GPS/MET水汽观测站、1个自动土壤水分观测站和53套遍布全市各乡镇的自动气象站开展日常巡查、维修维护300余次,确保气象基础设施特别是53套乡镇自动气象站的正常运行。

【人工影响天气工作】 2016年8月,宁国市再次出现旱情,气象局成功开展人工增雨作业39点次,发射火箭弹90枚,有效缓解旱情。

【防雷安全管理工作】 2016年,市气象局针对宁国市雷击灾害突出的情况,把"防雷安全常识""雷击灾害案例"等作为主要内容进行宣传。在"3·23"世界气象日、"5·12"防灾减灾日和安全生产月等宣传活动中,宣传防雷减灾、气象法律法规知识等气象知识。是年,规范涉企防雷行政审批中介服务收费;取消雷击风险评估防雷行政许可前置中介服务;将防雷图纸审核转为受理后技术服务;防雷中心所有业务全程留痕,做到可查可控、规范操作;开展事中、事后监管工作,加强对防雷工程专业设计和施工资质单位的行政指导和监督检查;取消防雷产品使用备案和省外防雷工程专业资质备案核准两项省级气象主管机构实施的审批项目。

【气象科普宣传】 2016年,市气象局与市教体局、科协联合举办全市气象科技论文评选活动,邀请专家为参赛学生普及气象知识。利用"3·23"世界气象日、"5·12"防灾减灾日"科普宣传周"开展气象防灾减灾知识进农村、进社区、进校园、进企业等活动。全年开展户外气象科普宣传14次,发放气象科普材料6000余份,开展气象专题讲座6场,接待市民、中小学生参观近1500人次。

(汪羊桃)

商贸

Commerce & Trade

- 商务
- 供销合作
- 粮食
- 食盐专营
- 烟草专卖

龙阁村八面佛公园

商　务

·综　述·

【概况】 2016年实现社会消费品零售总额91.99亿元，增长12.7%；在宣城总量第二，增幅第二，综合位次第三，与2015年持平；全年新增限上商贸企业18家（含3家个体户）。

【对外贸易】 参见P146《开发开放·对外贸易》

【商贸及服务业产业发展规划】 2016年，市商务局开展商贸及服务业产业发展专项规划编制并完成前期工作。

【大润发超市投入运营】 宁国润福商业有限公司（大润发超市）于2016年1月投入运营，位于市宁阳东路与和平路交叉口，占地面积20860平方米，经营面积9100平方米。

【诚信大厦投入使用】 2016年初，诚信大厦建成投入使用，占地面积3335平方米、建筑面积24069平方米、经营面积2563平方米。全年入驻企业、商户13家。

【国际农贸商城建设】 新农商公司承建的全国大型农产品骨干网络设施建设项目——国际农贸商城于2016年8月正式开工建设，至年末完成投资约6200万元（审计报告数据），市场内8栋楼（建筑面积15866平方米）主体工程已建成封顶；沿街4栋楼（面积36604.92平方米）基础开挖。

【华联商厦主体基本完工】 2016年年底，华联宁国商厦建设项目主体工程已全部完成，累计完成投资4500万元。

【农产品现代流通体系建设】 加强城乡市场体系建设，坚持统一规划，合理布局，2016年国际农贸商城一期项目开工建设，提升改造乡镇农贸市场（仙霞镇）1个。

【典当业】 2016年年底，全市有在册典当企业4家。

·电子商务·

【概况】 2016年，利用公益募捐活动、手机APP端、微信、村淘工作总结会、培训学习和外出考察学习活动等方式广泛宣传电商；与农委联合邀请国内知名电商公司、专业培训机构开展新型农村经营主体电商技能培训，组织150余人到临安市白牛村、芜湖三只松鼠股份有限公司实地考察，利用农淘宁国服务中心场地，全年举办12次技能培训。9月到开化县、江山市考察电商产业园建设工作。出台电子商务产业扶持政策，为符合条件的企业申报规上企业，组织2家企业申报2106—2017年度安徽省电子商务示范企

图16　2016年5月13日，宁国市2016年度电子商务行业职业技能大赛美工设计比赛现场

业；对农村淘宝宣传工作做得较好的11个乡镇(街道)给予工作奖励；启用众益电子信息产业园3号楼标准化厂房，根据落户项目类型，合理布局项目用房，采取政府和项目运营公司共同投资的模式，启动电子商务产业孵化园一期建设，武汉往来云商、中国网库、“邮乐农品网”等第三方平台和电商企业先后入驻园区。至年末，宁国网库工业品销售平台建成，邮政承建的物流配送中心开建。全市电子商务交易额突破3亿元，其中本地特色产品实现网络销售1.5亿元；新增电商企业17家，年网络销售达百万元以上的企业20家。

【跨境电子商务平台】 2016年12月，“网来云商”环球信息技术（武汉）有限公司与宁国市签订战略协议，拟在宁国建立“网来云商”跨境电商(皖东南)大区服务中心，标志着该市跨境电子商务平台项目正式启动。

【农村淘宝运营中心建设运营】 农村淘宝运营中心2016年承担15场业务培训，其中部分场地承担村淘物流仓储分拣配送功能。

【农村淘宝建设】 至2016年年底，全市正常运营农村淘宝站点达34(含天湖街道)个，全年农村淘宝实现网购12.67万单，实现交易额1630万元。

【电子商务行业职业技能大赛】 5月13日，由市商务局和安徽材料工程学校共同承办的第二届电子商务行业职业技能大赛在安徽材料工程学校开幕，共设置营销策划和美工设计两个项目，来自市内外的50余名选手进行了激烈的角逐，最终产生了美工设计、营销策划一等奖各一名、二等奖各二名、三等奖各三名。

·服　务　业·

【概况】 2016年，全市实现服务业增加值84.6亿元，按可比价格增长11.1%，在宣城市总量第二，增幅第五，服务业增加值比重综合位次第五；全年新增规模以上服务业企业15家。

【皖嫂家政发展网络信息服务平台建设】 2016年，宁国市皖嫂家政服务中心新建社区服务点33个。

【“放心早餐”门店建设】 安徽安迪速食有限公司新建3家“放心早餐”网点。

·商务管理·

【概况】 2016年，商务局共受理办件113件，其中涉1亿美元以下的三资企业相关审批5件，外商投资企业年检24件，对外贸易经营者备案登记83件；完成进驻中心项目标准化的修订及宣城市统一电子政务平台的录入，清理完善本单位权力清单的统一规范及事中事后监管细则，制定商务行政处罚自由裁量权基准等工作。

通过“12312”投诉举报电话平台，接到群众来电200余次(其中，投诉举报20余次，咨询180余次)，均按照商务投诉处理流转机制予以答复。

出动执法人员800余次，分别对本市各加油站点及商场超市等重点场所进行安全检查，制作现场检查笔录200余份，下达整改通知书10余份。

【商品市场管理】 贯彻执行市场规范和流通秩序的有关法规政策，监测分析市场运营和商品供应状况，组织实施重要消费品市场调控和重要生产资料流通管理。做好3座新建、迁址重建加油站材料的初审、转报工作。对全市54家成品油零售企业（加油站点）进行经营资格年检；结合本市“十二五加油站规划”和加油站发展实际，科学编制宁国市“十三五”成品油零售体系布局规划文本，并通过规划初期评审。酒类流通市场监管工作，依据商务部2016年第四号令，于当年11月3日废止。

【市场运营监测】 2016年，市商务局及时监测分析市场运行、商品供求状况，调查分析商品价格信息，进行预测预警和信息引导，全年在商务预报平台上发布信息180余条，督促指导10余家样本企业做好月报工作。

【市场应急供应】 2016年，在“禽流感”疫情防控期间，实时监测消费品市场供应情况，协调本市各大商场、超市、中心农贸市场做好市场供应应急准备工作。

【推动加油站油气回收改造】 2016年，全市所有加油站油气回收改造工作全部完成。

【汽车报废更新补贴】 2016年共淘汰黄标车516辆，并按政策规定进行奖补。

(黄慧敏　胡永强)

供销合作

【概况】 2016年，市供销社继续以“服务三农”为主题，搭建服务平台，以“新网工程”和农民合作经济组织建设为抓手，“狠抓”龙头企业，联合、创新农民合作经济组织，寻求经营、组织和服务上的新突破。2016年全系统实现销售总额890101万元，比上年增长3.58%；利润总额53580万元，比上年增长13.23%。荣获“2016年度全省供销社系统综合考核先进县级供销社”荣誉称号。

【“新网工程”建设】 2016年在全市建立农资经营连锁网点35个，累计有网点195个。建立庄稼医院8个。整合取缔了27个不规范再生资源网点，累计有网点96个，建立2个废纸、1个废塑料分拣加工中心和1个“废钢铁加工配送中心”。兴建、改造农产品交易市场和配送中心7个。

【服务涉农企业】 2016年新增领办和创办农民专业合作社2个，累计101个。宁国市和盛昌中药材专业合作社被评为“2016年度全省供销社系统农民合作社示范社”。

【发展电子商务】 继淘宝网宁国馆、1号店宁国馆、“一城一村”电商平台健康运行之后，2016年由宁国市供销社创办的安徽省一城一村电子商务有限公司与深圳市迪贝乐儿母婴用品有限公司签订战略合作协议，开展跨境电商业务，成功对接供销e家。

【有机蔬菜标准园改扩建项目建设完成】 2016年完成“年产800吨有机蔬菜标准园改扩建项目”建设，该项目总投资290万元。

【综合改革】 认真贯彻中共中央、国务院《关于深化供销合作社综合改革的决定》、安徽省委《关于深化供销合作社综合改革的实施意见》《宣城市深化供销合作社综合改革实施方案》精神，将以提升为农服务能力为根本，以强化基层组织建设和创新联合社治理机制为重点，实施县级供销社综合改革，已拟定市供销社综合改革实施意见并报送审核。

（陆培峰）

粮　食

【概况】 1.落实国家粮油收购政策，鼓励和引导多元市场主体入市收购，未出现“卖粮难”；超额完成宣城市下达的年度粮食收购任务，完成粮食入库2.06万吨，其中稻谷1.36万吨、小麦0.7万吨。2.做好粮食保供稳价工作，落实关键节假日、重要时段和特殊群体、敏感区域的粮油供应；主动与产区加强联系促进粮食流通合作与发展，组织企业参加粮食洽谈会。3.建立储备粮正常轮换机制；健全管理制度，落实责任，做到保管期内数量真实、质量良好、储存安全。4.健全粮食应急预案，落实责任、经费、开展培训演练；落实粮食应急网点及堡垒型配送中心、粮食应急加工企业建设；政府将应急网点建设纳入政策扶持。5.履行粮食流通统计职能，开展统计业务培训；及时准确报送全社会粮食进度数据、统计报表；按时报送统计分析；粮食市场预警预测制度健全，及时准确测报粮食价格。6.按照《安徽省粮食收购资格管理规定》，加强粮食收购资格许可管理，按期报送辖区内的粮食收购资格许可情况。

【仓储管理】 1.行业安全生产管理。健全行业安全生产领导组织、制度，落实责任制；年度有计划、日常有检查；健全粮油仓储企业安全领导组织、制度、应急预案，有经费保障，严格执行储粮药剂和储粮熏蒸等作业管理规定；在省粮食局、市粮食局巡查、督查中，未发现重大安全隐患；辖区内企业未发生安全生产责任事故。2.仓储物流设施建设。粮食储备库扩建项目完成总体设计规划、勘察设计，可行性研究报告、施工图设计、抗震性评价、环境影响评价、项目审批、工程招投标等，正在施工建设；严格执行粮食仓储基本建设程序和项目管理办法，按时报送进度报表。3.粮库信息化建设。2016年完成粮食信息化建设目标任务90%以上；严格执行粮库信息化建设程序和项目管理办法，按时报送进度。4.“星级粮库”创建。创建工作有组织、有方案，创建活动有措施、有特色，企业在硬件设施改善、软件管理提升、库区环境优化等方面取得良好效果，按时完成申报、评定任务，通过对宁国市省级粮食储备库申报“一星级粮库”的材料审核和现场鉴定，评定其为“一星级粮库”，同时向宣城市粮食局申报“二星级粮库”。5.储粮安全管理。执行储粮安全管理规定，管好省级储备粮，验收及时、质量合格；库存粮食储存安全，未发生质量事故；库存粮食监督抽检、出入库检测质量良好，未出现不宜存情况。6.粮食质量安全监管。履行食品安全委员会成员单位职责，做好行业食品、粮油质量安全宣传、监管；开展粮食质量安全监测，按时、按量完成省局下达的扦样、会检任务；完成检测能力项目年度建设任务，项目、资金使用规范；推进粮食质量监测体系建设，提高粮食质量安全综合检测能力。

【产业发展】 大力发展粮食产业化，培育新农村的支柱产业。1.强化引导服务，做大产业规模，延长粮油产业链。2.落实分解宣城市粮食局下达的2016年粮油产业化工业产值17.6亿元目标任务，落实稻谷、油菜籽订单面积；扎实推进"放心粮油""主食厨房"两项工程，全面完成"放心粮油""主食厨房"各项任务。其中"放心粮油"新增5个经销店（宁国市苏果超市有限公司），"主食厨房"新增3个直营店（安徽安迪速食食品有限公司）。3.加强政策支持与行政服务工作，2016年宁国市政府制定《关于推进"放心粮油"和主食产业化发展的实施方案》，市政府每年安排5万元资金，并逐年增加，用于"放心粮油"和"主食厨房"质量管理，扶持放心粮油和主食产业化发展。4.培育放心粮油示范企业，组织开展"放心粮油"进社区、进农村、进学校、进军营、进超市、进餐饮企业，注重"放心粮油"生产、"放心粮油"示范店与应急网点、电子商务平台、质量和责任追溯体系建设；培育粮油食品加工企业，引导主食产业化企业建设加工配送中心，发展冷链物流，建设标识统一的供应网点，建立主食产品质量安全追溯体系；及时报送两项工程建设进展及调研情况信息。5.加强政策、咨询、信息、人才、融资、技术合作培训和展会等公共服务，组织开展粮食科技周等宣传活动；及时、准确报送粮油加工业及两项工程统计报表；开展粮食产业化有关工作调研。

【园区管理】 按照"政府推动、市场运作、企业主体"的基本原则，推进辖区现有粮食产业园区集粮油储备、军粮供应、应急保障、现代物流、精深加工和特色加工等多种功能一体转变，科学布局并着力构建"智慧皖粮"区域发展体系，精心打造"皖粮"品牌，集聚和壮大粮食产业园区经济规模，促进园区扩容转型升级。经牵线，安徽省粮油储运公司在五星米厂建立的粮食仓储、物流中心运转良好，该中心承担着按照保护价收购农民粮食并纳入临时储备的任务，企业取得了较好的经济效益，初步形成粮油仓储、大米加工、饲料加工等一系列产业化行业。

【监督检查】 加强粮食库存监管，优化库存检查方式。加强政策性粮食购销政策执行情况检查，依法履行监管职能。加强粮食经营企业信用体系建设，注重评价结果运用。加强监管方法创新，提升粮食执法合力。加强法治粮食建设，依法查办涉粮案件，维护好粮食流通市场秩序。1. 做好粮食库存检查。落实检查经费、按时按质按量完成普查；数量真实、质量良好、储存安全、账账一致和账实相符。2.做好涉粮案件查办。坚持文明公正依法实施行政处罚。3.开展政策性粮食收购检查工作。实行随机抽查等专项检查方法，督促企业执行收购政策，确保粮食市场秩序稳定，未发现"打白条""卖粮难"和"转圈粮"等问题。4.加强政策性粮食出库管理工作。建立联席会议工作制度，督促企业严守出库政策，确保粮食顺利出库。5.开展粮食经营者守法诚信评价工作，对4家涉粮企业进行等级认定。6.开展"监管创新年"活动。创建监督检查示范单位，开展"四个专项整治"（粮食购销管理、仓储管理、国有资产管理和财务管理专项整治）取得实效；在移动执法、随机监管、分类监管、网格监管、智慧监管等方面取得创新成果。

【改革与效益】 2016年，抓好收购资金的监督与管理，地方储备粮利息及费用补贴按时足额拨付到位。加强国有企业的成本控制和费用管理。到年底，在代储的国家储备粮出库亏损的情况下，国有粮食购销企业统算盈利，资产负债率下降，企业运转步入正常轨道。在宁国市省级粮食储备库信息化建设中，市本级配套资金全部到位。土地权属确权已完成，确权率100%。

【人才发展】 参加技能大赛。成立领导小组，制定工作方案，明确责任人和工作职责。组织6人参加粮油保管员、粮油质量检验员培训鉴定，其中1人代表宁国市参加安徽省的技能培训鉴定。

（程　思）

食盐专营

【概况】 宁国市盐务管理局成立于1992年11月，负责全市盐业行政管理，与宁国市盐业公司（1981年5月成立）为一套机构、两块牌子。2003年上划属省盐业总公司（局），实行垂直管理。2010年8月进行公司制改革，更名为宣城市宁国盐业有限公司。

公司占地面积0.48公顷，拥有碘盐仓库3000平方米，库容达1500吨。另在宁国市经济技术开发区南山园区竞得土地1.01公顷，拟用于公司整体搬迁。现有在册职工17人，退休职工13人。

2007年7月1日起，在宁国市实行食盐统一配送制，在13个乡镇设立7条配送线路，食盐配送覆盖全市各乡（镇）村。公司建立了规范的企业管理、服务制度，设立了客户意见簿、举报投诉电话，有公开的服务承诺。

2016年销售各类盐3600吨（其中小包装销售1625吨），实现销售收入 2142 万元，实现利润 94 万元，基本完成全年各项任务。

【食盐销售】 2016 年，调整食盐盐品结构，稳步推进多品种盐销售；加强对食品加工用盐大包装供应的管理，采取登记、实地察看等方式从严控制供应量，防止套购套销现象的发生，提高小包装食盐销售比重，加强食盐市场的监管，保障全市人民的食用盐安全。

【非盐商品经营】 为拓展盐业企业发展空间，2016 年开展非盐商品经营。通过市场需求分析，准确把握商品市场走势，根据不同时期的市场变化，适时调整销售策略，利用食盐销售网络终端，实现盐品与非盐商品销售同步配送，全年实现非盐商品销售收入 1392 万元，为企业创造新的经济增长点。

【“徽盐云商”招商】 根据安徽省盐业总公司“徽盐云商”工作要求，组织精干队伍在城关和各乡镇开展“徽盐云商”电子商务平台的宣传、招商及注册登记工作，共招商 10 家、电子平台注册 136 户，取得阶段性成效。

【盐政管理】 运用盐业政策法规，加大执法力度，创新执法方式，提高执法效能。2016 年，共查处涉盐违法案件 3 起，没收盐产品 100 余千克，净化了食盐市场。行政执法过程中坚持边检查边宣传，在“3·15”和“5·15”期间，协同食安委、市场监管局、卫计委、广播电视台等部门举办大型宣传活动；在中高考及元旦、春节，国庆“黄金周”期间加强食盐市场的检查。开展 3 次食盐市场专项整治，对全市的排档、卤制摊点、学校、食堂等场所彻底清查。健全举报措施，创新执法形式，全年出动执法 652 人次，出动执法车辆 163 台次，行程 10300 余千米，散发宣传资料 2500 份，检查客户 3345 户，利用媒体宣传报道 2 次。由于执法到位、查堵严密，较好地保证了全市食盐市场的安全稳定。

（张继芳）

烟草专卖

【概况】 2016 年，宁国市烟草专卖局先后开展“护航·2016”“国庆献礼”、护航 2016“清剿”等专项整治行动，共查处各类立案处罚涉烟违法案件 48 起（其中假冒卷烟案件 9 起），破获省标网络案件 1 起，移交公安侦办案件 8 起（其中十万元以上非法经营案件 1 起），查扣各类违法卷烟 2437 条（其中假冒卷烟 370.2 条），捣毁利用假烟调包的窝点 2 处，刑拘 9 人，判刑 3 人，上缴罚没款 18 万余元。

宁国市卷烟营销部在市场调研的基础上，在总量控制、稍紧平衡的政策下组织货源，在春节、端午、中秋等传统节假日精准投放运销卷烟，满足市场和消费者需求，全年完成卷烟销量 13623.948 箱，销售总额 46571.85 万元，条均价达到 136.7 元 / 条，人均销售条数 9.4 条。

【卷烟营销】 2016 年，开展“两级机关下基层”“黄山乡镇行”“百人站柜唱响黄山”“黄山卷烟个性化定制”等系列活动，运用“互联网 +”思维，借助“徽映 E 访”、飞信、微信、QQ 等载体，关注卷烟市场经营秩序平稳与规范，提高零售户经营卷烟的盈利水平。根据区域残疾客户实际情况，建立客户档案，制定差异化帮扶措施，实施一对一经营指导，提高残疾客户经营卷烟的能力。

【专卖管理】 2016 年，市烟草局深入开展卷烟集中整治行动，与政法、市场监管、邮政等部门密切配合、相互协作，保持卷烟打假的高压态势，确保卷烟市场秩序和消费者权益。

加强许可审批规范化，对新办证递交的材料以及实地勘察和丈量进行严格审查，全年无一起投诉和行政不作为的情况发生。全年受理各类行政许可 247 份，其中新增 80 户，停歇业 85 户，不予行政许可 16 户，恢复营业 11 户，注销 55 户。2016 年年底，有正常营业经营户 2224 户。

宣传烟草专卖政策法规，引导广大消费者提高维权意识，促进零售客户自律守法经营；在“3·15”“6·29”等活动中配合法规部门设立法律咨询台，进行烟草专卖法律法规和真假卷烟鉴别知识的宣传，公布举报电话，营造全社会共同打击卷烟违法经营行为的良好氛围。

（喻　洁）

旅游·青龙湾原生态旅游度假区

Tourism & Qinglongwan Original Ecological Tourist & Holiday Resort

· 旅游业

· 青龙湾原生态旅游度假区

绿色青龙湾

旅 游 业

【概况】 2016年，宁国市文旅委围绕“旅游发展提速年”工作要求，结合“创建全国县级文明城市”“文明旅游”的工作任务，分工协作，强化行业管理服务水平，开展旅游宣传推介工作，提升全市旅游品牌知名度。《宁国市旅游发展总体规划（2015—2030）》（修编）和《宁国市乡村旅游专项规划（2014—2025）》两个规划依托“核心牵引、轴线串联、园区推动、体系支撑”的发展思路，构建“一核一区三轴三环十二园区”▲的网络状空间布局，融入皖南国际文化旅游示范区，谋划新业态项目，全市旅游产业实现破题起步。

是年，全市共接待国内外游客692万人次，收入43.4亿元，同比分别增长14.6%和21.2%。

▲“一核一区三轴三环十二园区”：一核即以宁国市区及汪溪街道和竹峰街道等周边地区所形成的城区旅游服务核心，形成以文化体验、都市休闲、游客集散为主要功能的区域旅游中心。一区指打造青龙湾生态旅游度假区、恩龙山庄和中国树木博览园范围内的，以休闲度假、康体养生、生态体验为主要产品的全市旅游发展重心。三轴指东津河、西津河、中津河三大旅游轴线。其中，西津河轴线定位为宁国市的生态观光、休闲度假旅游带；东津河轴线定位为宁国市生态休闲、文化体验旅游带；中津河轴线定位为宁国市文化休闲旅游带、徽文化旅游带、皖南旅游市场承接转移带。三环指城郊休闲旅游环、休闲度假旅游环、生态体验旅游环。十二园区包括四个旅游度假区——青龙湾国际生态旅游度假区、恩龙世界木屋国际旅游度假区、云梯畲族文化旅游度假区、宁东“山乡风情”旅游度假区；四个主题休闲旅游集聚区——青龙“宁国人家”乡村旅游集聚区、胡乐主题文化旅游集聚区、甲路“宁国行辕”休闲服务集聚区、河沥溪“老街印象”休闲旅游区；两个主题运动公园——霞西山水情主题户外运动公园、宁国“东津河谷”探险运动公园；两个主题文化体验区——红楼梦原型文化体验园、港口隐士主题文化体验区。

【宁国市旅游发展总体规划（修编）与宁国市乡村旅游专项规划编制】 2010年，宁国市委托北京同和时代旅游规划设计院编制《宁国市旅游发展总体规划（2010—2020）》。随着宏观旅游发展环境的变化、区域经济发展格局的变化和宁国市旅游发展条件的变化，2014年，又委托北京同和时代旅游规划设计院和安徽大学旅游规划与研究中心对《宁国市旅游发展总体规划（2010—2020）》进行修编。编制《宁国市旅游发展总体规划（2015—2030）》（修编），于2015年评审通过，报市政府批准。该规划作为该市旅游业发展的重要指导性文件，是该市境内的各旅游项目开发规划的依据之一。

2014年，宁国市委托安徽师范大学旅游发展与规划研究中心编制《宁国市乡村旅游专项规划（2014—2025）》，于2015年通过专家委员会评审。规划将乡村旅游发展与新型城镇化建设有机结合，在规范开发乡村旅游的同时，保留乡村传统风貌，完善乡村公共服务体系建设和人才培育机制，为乡村旅游建设提供智力支持。

【全域旅游资源普查成果初稿完成】 2016年，该市委托安徽师范大学旅游发展与规划研究中心开展全市全域旅游资源普查。普查范围包括全市19个乡镇（街道），确定了396个旅游资源单体，覆盖全部8个主类，31个亚类的25个，155个基本类型的91个。基本类型数量分布为：地文景观类13类，水域风光类8类，生物景观类7类，天象与气候景观类3类，遗址遗迹类7类，建筑与设施类34类，旅游商品类3类，人文活动类16类。在确定的396个资源单体中，其中五级资源7个，四级资源53个，三级资源161个，二级资源有161个，一级资源有14个，优良级资源单体数量占总数的55.8%。截至2016年年底，普查成果初稿已完成。

表38

2016年宁国市主要节假日境内旅游情况一览表

节假日名称	接待游客	旅游收入	特 点
春节黄金周七天	18.1万人次，同比增长18.3%	9011万元，同比增长21%	市民探亲游带旺春节旅游市场；市民外出旅游市场甚好；以“短途游、自驾游”为主；假日市场安全有序
清明小长假三天	14.2万人次，同比增长21.9%	5396万元，同比增长23.3%	短线旅游备受青睐；长三角市场游客增加；自驾车游迅猛增长；乡村旅游火爆
“五一”小长假三天	17.9万人次，同比增长26.3%	5384.1万元，同比增长21.5%	自助旅游成主要出游方式；中短线游主导旅游市场；乡村旅游市场火爆；市场秩序平稳有序

续表 38

节假日名称	接待游客	旅游收入	特　点
端午小长假三天	18.4 万人次，同比增长 13.5%	7360 万元，同比增长 21%	本土旅游市场看好；学生毕业游人气较旺；皖南"川藏线"市场火爆；文明安全出行渐入人心
中秋假期三天	15.3 万人次，同比增长 20.8%	6520 万元，同比增长 21.7%	乡村休闲游增多；综合效益凸现；市场秩序良好
"十一"黄金周七天	35.2 万人次，同比增长 28.6%	1.61 亿元，同比增长 25%	皖南"川藏线"异常火爆；传统景区热度不减，乡村旅游如火如荼；强化节前宣传营销，综合效益显现；服务保障有力，安全措施到位

【农家乐集群建设】 2016 年，该市在原有畲乡人家、九天仙居、最美画廊、古道驿站农家乐集群的基础上，增加了第 5 个农家乐集群——"飞瀑人家"。农家乐集群床位数由上年的 1600 余张增至 3500 余张，总餐位数近 1.5 万个；农家乐经营户年均增收 10 余万元，最高增收近 50 万元。在云梯乡和万家乡首次推行诚信菜单上墙制度。

【旅游行业创建】 2016 年，该市成功创建"安徽省旅游强县"。青龙湾度假区获 4A 景区，山门洞获 3A 景区，恩龙世界木屋村获批省级旅游度假区，中溪镇、宁墩镇、万家乡、方塘乡荣获安徽省优秀旅游乡镇，云梯畲族乡千秋村荣获省级乡村旅游示范村，方塘乡板桥村、万家乡云山村荣获宣城市级旅游示范村。吴越山庄、罗陵湾自驾营地成功创建安徽省五星级农家乐，泰和农庄、宛如故里休闲农庄、窑田农庄成功创建安徽省四星级农家乐。全年创建工作的申报数占宣城市的 50%。

【旅游行业培训】 2016 年 8 月中旬，配合宣城市乡村旅游农家乐服务技能讲师团对全市农家乐经营户进行培训；11 月中旬，配合市人社局组织乡村旅游创业培训，以提高创业者的盈利能力，带动更多人就业，解决就业问题；11 月下旬，与宁国市餐饮烹饪协会联合，分别在青龙乡和万家乡继续开展"名厨进农庄——寻味进农庄"活动，110 多家农家乐业主参加了培训。

【旅游行业技能大赛】 2016 年 4 月下旬，市文旅委组织全市旅游饭店、农家乐参加 2016 年度餐饮行业职业技能大赛，恩龙世界木屋村、国际大酒店、都市阳光酒店等单位分别获奖；6 月，举办"多彩宣城 2016 年最美导游技能大赛"宁国赛区初赛，选拔推荐代表本地区水平的优秀选手参加决赛，3 名选手进入决赛并获得"宣城市最美导游"称号。

【旅游行业管理】 2016 年，继续抓好星级饭店评定和复核工作。全市共有星级饭店 7 家，其中，四星级 2 家、三星级 5 家。2 家四星级饭店通过年度复核，4 家三星级饭店通过评定性复核。3A 级以上景区共有 10 家，其中，4A 景区 2 家、3A 景区 8 家。10 月上旬，省旅游景区质量等级评定委员会对宁国市夏霖九天银瀑景区提出了相关问题的整改通报。为全面做好景区整改提升，确保景区整改工作顺利达标，该市成立宁国市夏霖九天银瀑 4A 景区问题整改工作领导小组，会同国土局、规划局、交通局、城管局、水务局、美好办等相关部门召开了景区整改工作会议 3 次，制定了夏霖景区整改工作方案。从环境卫生、旅游安全、秩序管理、设施维护、服务品质、经营环境等方面进行近三个月的整改。全市 8 家 3A 景区（含停业 2 家）、1 家 4A 景区，经过整改提升，全部通过景区复核。

【文化旅游项目建设】 2016 年，全市列入"旅游发展提速年"新建续建重点文化旅游项目 16 个。其中市文旅委作为牵头责任单位联系项目 11 个（其中续建 7 个，新建 4 个），年度计划投资 4.19 亿元。截至年末，已完成投资 4.48 亿元，完成年度计划的 107%。

【乡村旅游公司组建】 2016 年，组建了宁国市乡村旅游发展有限公司——三津乡村旅游发展有限公司。公司性质：由市政府授权国有资产管理部门出资成立的国有独资公司；注册资本：拟注册资本 3000 万元人民币，其中货币资本 1000 万元，实物资本 2000 万元，今后根据工作需要增资扩股；组织架构：公司在市旅投委指导下开展工作，按法人治理结构设立董事会、监事会、经理层，下设"一室三部"，即办公室（人力资源部）、计划财务部、投资开发部和经营管理部；领导班子：班子成员选定根据《关于进一步规范党政领导干部在企业兼职（任职）问题

图 17　2016 年 4 月 23 日，宁国市荣获“2016 长三角自驾游发展十强城市”称号

的意见》（中组发〔2013〕18 号）文件精神，建议市旅游公司班子成员在全市相关事业单位普通员工中委派，优先考虑懂旅游经济、善企业管理，有较强的领导力、执行力者担任，由组织、人社部门按相关程序选调。

【皖南“川藏线”自驾游线路获评“2016 年长三角自驾游十大精品线路”】　2016 年 11 月 24—25 日，由江苏、浙江、安徽等省旅游局担任支持单位，新华网、长三角自驾游专家委员会、常州市金坛区旅游局等单位联合举办的第六届长三角自驾游产业论坛，在江苏金坛的东方盐湖城召开。主题为“创新融合，全域自驾”。本次论坛最大的亮点就是理论与实践相结合，依托国家旅游局实施全域旅游的大背景，在长三角地区首次推出“全域自驾游”试点工作。贾云峰、何建民、李萌等知名专家以及参会近百家旅游局、媒体共同探讨“全域自驾游”课题。本次论坛还发布了 2016 十大长三角自驾游线路和 2016 十大长三角亲子游项目、酒店。由宁国市文旅委推荐的“皖南川藏线——最美宁国段”，以独特的秀、美、峻、艳、险等特色获 2016 十大长三角自驾游线路（短线）。

【宁国荣获 2016 长三角自驾游发展十强城市称号】　2016 年 4 月 23 日，由长三角自驾游专家委员会、新华——长三角自驾游指数工作委员会和横店共创共有共富共享工作委员会主办，由浙江横店圆明新园有限公司、德安杰环球顾问集团、上海路骋旅游发展有限公司承办的 2016 长三角自驾游十强城市发布会在浙江横店的圆明新园举行。会上发布首批发展十强城市和热门十强城市，共有 16 个城市（区）入选，其中 4

荣誉证书

宁国市人民政府：

作为上海市旅游局、江苏省旅游局、浙江省旅游局、安徽省旅游局指导，新华社上海分社、长三角自驾游专家委员会主办的新华-长三角自驾游指数研发工作的配套项目——2016长三角自驾游十强推荐活动经报名、审核、网络投票和提交专家组等环节，现决定推荐宁国为：

2016长三角自驾游发展十强城市

特颁此证。

二〇一六年四月

驾专委发字[2016]第003号

图 18　2016 年 4 月，宁国市获“2016 长三角自驾游发展十强城市”证书

个城市(区)荣膺双十强。发布会同期举办高铁和全域自驾游高级研讨会。本次十强推荐活动首批推出两个单项十强,即长三角自驾游发展十强和热门十强。其中,入选2016长三角自驾游发展十强的城市(区)分别是:大丰、太仓、宁国、兴化、安吉、灵璧、青浦、奉贤、海门、象山;入选2016长三角自驾游热门十强的城市(区)分别是:安吉、大丰、奉贤、高邮、海盐、洪泽、绩溪、临安、石台、兴化。此次活动全方位、多角度展示了宁国市旅游资源,提高了该市旅游知名度。众多媒体对此展开了多形式的跟踪报道,宣传面覆盖全国。全国一百多家新媒体竞相报道了此次盛会,宣传频率高,报道内容充分,各网转载2016中国长三角自驾游发展十强内容的报道达到20多万条的信息量。特别是中国旅游网、新华网、人民网、光明网、新浪网等国内主流媒体的参与,增强了活动报道的权威性和可读性,极大提高了市旅游的社会效应和知名度。

(孙成松　赵四平)

青龙湾原生态旅游度假区

【概况】 青龙湾原生态旅游度假区依托港口湾水库而设,距宁国市区17千米,属山地湖泊型景区。辖4个乡镇、1个街道,总面积880平方千米,核心区面积100平方千米,总人口6.5万人。度假区内设有地方海事处、渔政站、公安分局、规划分局、环保分局、城管分局、国土分局7个派驻机构,内设党政办公室、综合管理科、开发建设科、市场营销科、安全生产监督管理办公室。2016年年末,在编在岗人员17人。度假区内拥有省级自然保护区板桥原始森林、野生红豆杉群落、始建于唐朝的惠云禅寺、奥陶纪地质遗址等一批优质自然人文景观。是国家森林公园、国家水利风景区、安徽省风景名胜区,也是国家水产种质资源保护区、安徽首个中华蜂保护区。核心区港口湾水库于2001年下闸蓄水,总库容9.4亿立方米,水域面积32.8平方千米,有38个岛屿。2016年11月3日,经过专家现场评定,青龙湾景区成功通过国家AAAA级旅游景区省级验收。

【基础配套设施建设】 2016年,青龙湾原生态旅游度假区游客中心投入运营,污水处理、停车场、排水、配电等相关附属设施基本完成;旅游码头整体工程量完成70%;入口区道路1、2、3号路水稳层浇筑基本完成,护坡、挡土墙及桥面施工正在抓紧推进;游客中心广场景观工程施工及215省道二里冲至牌坊段15千米的道旗完成安装;启动甲路云门农用自备船码头建设。

【景区运营】 2016年"十一黄金周",青龙湾原生态旅游度假区游客

图19　2016年10月1日,青龙湾原生态旅游度假区游客接待中心试运营

接待中心首次试运行。"黄金周"期间，度假区共接待游客12.2万人次，其中进入湖区游客8200人次，较上年同期分别增长28%、17%。据统计，实现旅游总收入4200万元。同年8月，完成景区工作人员和巡防执法人员公开招聘工作，票务、导游、营销等各类管理人员到岗办公；举办第二届"青龙湾龙舟表演赛""胡乐户外旅游节"，参与举办环青龙湾步行活动、安徽省青年模特大赛宣城赛区比赛。加强"青龙湾"微信公众号的运营，通过跟市内外各旅行社、景区的衔接，丰富青龙湾景区宣传营销平台。

【水上环境综合整治】 2016年，宁国市政府出台《关于印发加强青龙湾水域船只管理办法（试行）的通知》《关于印发青龙湾水域浮动设施管理办法（试行）的通知》《关于加强加强青龙湾水域垂钓管理办法（试行）的通知》等文件，开展水上环境综合整治，打击违法违规行为。成立青龙湾巡防大队（15名巡防队员），实行环境综合管理执法行动常态化，建立由渔政、海事、城管等执法单位牵头，巡防大队配合的每日巡查制度。全年开展三项专项综合执法行动，出动人员2400人次，累计清理和拖离浮房、竹排、泡沫排464张，19处水上经营垂钓点全部停业并拖离；制止和劝离违规离岸垂钓190余人；甄别管理各类船舶222只，扣存29艘；暂扣各类渔具70余套，纠正违规垂钓行为120余起；对库区各类违法行为及时处置，库区各类违法行为得到有效遏制，完成水源地一级保护区域陆域防护。实行垂钓证管理制度，设置4块公共离岸垂钓区，完成3处水面垂钓经营权拍卖工作。研究划定垂钓区和禁钓区，组织3处经营性垂钓区竞拍。完成《宣城市青龙湾区域生态保护办法》起草工作。

【景区项目招商】 2016年，青龙湾原生态旅游度假区4个项目纳入宁国市级重点建设项目。"富华旅游度假岛"项目规划方案通过市规委会评审，正在进行修改完善；"青龙湾水文化主题公园"签订框架投资协议，总投资10亿元；启动清徽水镇一期项目，拟在五里亭起步区建设露营地、民宿、水上游乐等项目，打造四季花海等景观。

图20 青龙湾巡防大队清理和拖离水上竹排

【库区安全生产】 2016年，青龙湾原生态旅游度假区开展库区巡航，实现安全宣传全覆盖，辖区水上交通安全平稳有序，无任何安全责任事故发生。组织落实第15个"安全生产月"活动。开展库区巡航86次，出动检查人员560人次。牵头协调市国土、城管等部门开展联合执法，劝阻违法、违规行为36起，查处违法建设2起，拆除6个不符合旅游景区规定的农家乐户外标牌。

【"青龙湾"杯第四届30千米健行徒步赛】 2016年3月8日，宁国市"青龙湾"杯第四届健行徒步赛正式开赛。徒步赛由宁国市青龙湾旅游发展有限公司冠名，宁国市户外徒步运动协会主办，市教体局、青龙乡人民政府协办。参赛选手沿世纪广场、青龙乡、青龙湾水库、储家滩风景园线路向终点进发。比赛全程长30千米，设男、女两个组别，分别录取一等奖1名、二等奖2名、三等奖3名、鼓励奖10名，凡是走完全程的均颁发证书、纪念品。

【青龙湾第二届龙舟表演赛】 2016年6月8日上午，青龙湾第二届龙舟表演赛在宁国市青龙乡储家滩举行。参加表演赛的2支龙舟上，水手身着传统服装，举行了男子龙舟400米直道竞速表演。表演赛由市委宣传部、青龙湾管委会主办，市文联、市教体局、市文旅委、青龙乡人民政府承办，旨在逐步将青龙湾划龙舟培育成独具特色的文化活动和旅游产品，促进全域旅游产业繁荣发展。

（潘　茜　朱亦婷）

金融

Finance

- 金融监管
- 银行业
- 保险业
- 证券业

霞映西津河

金融监管

·银行业监管·

【概况】 2016年，全市撤销银行网点1个。截至年末，全市有银行11家，网点68个。

银行业机构监管。2016年，宁国银监办对宁国民生村镇银行、徽商银行宁国支行和徽商银行宁国南山支行开展全面现场检查。完成并上报对市农商行、宁国民生村镇银行2015年度案防等四项工作的监管评价报告；对宁国民生村镇银行同业开户情况进行风险排查。完成对市农商行、宁国民生村镇银行2015年度的监管评级工作；完成对市农商行和宁国民生村镇银行2015年度和2016年上半年的审慎监管会谈；完成对吴江农商行宁国支行的监管意见。配合市金融办对全市P2P经营活动开展风险排查，对市内3家互联网金融公司开展现场调查。全年按月按季上报非现场风险分析评估报告，共报送非现场风险分析评估报告16份。

银行业机构市场准入管理。2016年，一是对市农商行8名高管准入开展监管谈话，并进行任职资格初审；二是对民生村镇银行拟任行长、市建行拟任行长高管准入开展监管谈话，并进行任职资格初审上报；三是对市农商行山门支行回迁进行现场考察，并初审上报。

银行业机构高管人员年度考核。检查考评所辖各银行业金融机构15名高管人员2015年度的履职情况，考核结果均为合格；配合宣城监管分局对市农商行高管2015年度的履职情况进行现场考核。

银行业机构安全保卫工作。2016年元旦、春节期间，联合公安部门对部分金融机构网点春节前的安保和评估情况进行检查。协助宣城市公安局和宣城银监分局对市内3家银行的安保和评估情况，对市农商行、邮储银行网点的安全保卫工作进行现场检查。通过监管例会、座谈会、现场检查等方式，督促、指导银行业金融机构重视安保工作。

金融消费者合法权益保护工作。2016年，市银监办督促各银行业金融机构开展“金融知识宣传月”活动，督促其开展金融知识和防电信诈骗宣传。督促各银行业金融机构加强网点服务，加大自助机具的配备，加强自助设备、网上银行、电话银行等新业务的宣传力度。督促各行在景区加大自助设备投放力度，开通助农取款服务点和金农便民宝商户，乡镇覆盖率达100%。规范服务收费行为，完善消费者投诉机制，落实信访投诉主体责任，执行首诉负责制，确保办理时限和核查质量。

信贷督促引导工作。2016年，市银监办督促引导银行业金融机构优先支持符合国家产业政策和结构调整升级的行业，将增量和存量贷款优先支持宁国市重点行业和项目，开展差异化融资服务。督促银行业金融机构加大支农支小力度。开展普惠金融工作，做好农村青年创业、助学贷款等民生信贷产品的投放，督促指导推动开展农村信用体系创建工作。督促涉农银行以乡村旅游产业发展特点和企业需求为导向，加大信贷产品创新，完善客户融资担保体系，提高旅游产业投资企业的融资能力。

【小微企业金融服务】 2016年，市银监办组织开展银行业第五届小微企业金融服务宣传月活动。年末，全市小微企业授信户数2926户，较上年末增加464户；小微企业贷款余额430034万元，较上年末增加7034万元，增幅1.66%。

（江顺生）

·政府金融(企业上市)工作·

【概况】 2016年，市政府印发新修订的《宁国市政府性资金存放商业银行管理改革实施方案》和《宁国市金融支持地方经济发展考核奖励暂行办法》，加快有效信贷投放，优化信贷结构，创新工作思路、防范金融风险，持续加大对宁国实体经济发展关键领域和薄弱环节的金融支持力度。截至年末，全市拥有11家银行(不含市人行)，2家证券机构营业部，县级保险支公司11家。拥有小额贷款公司6家、融资性担保机构7家（其中国有政策性担保公司1家）。另外，设有上海股权托管交易中心孵化基地1个，帮助企业对接、登陆资本市场。年末本外币贷款余额191.32亿元，较年初增长13.26%；存款余额225.14亿元，存贷比为84.98%，本外币新增贷款余额22.39亿元，完成宣城市下达预期目标任务的124.39%。截至年末，全市6家小额贷款公司贷款余额3.18亿元，比上年末减少0.85万元。

2016年8月17日，安徽朝农高科化工股份有限公司挂牌“新三板”。年末全市拥有总部在宁国的国内上市公司6家，上市企业股票年末市值共计597亿元；有在“新三板”挂牌企业6家，在“新四板”挂牌企业7家，上市后备企业70余家。截至年末，全市累计在资本市场募集资金135.6亿元，其中，政府融资13亿元、企业融资122.6亿元。

截至年末，市金融(上市)办内设有综合科、金融科、资本市场科，承担全市融资性担保公司、小额贷款公司监管、银企对接协调和企业上市融资服务等职能，有工作人员7人。

【《宁国市金融机构支持地方经济发展考核奖励暂行办法(修订)》出台】 2016年，市政府对2013年印发的《宁国市金融信贷投入考核奖励暂行办法(修订)》进行修订，主要对标题、考核奖励方式、银行业金融机构考核体系进行了修订，并对金融部门增加了职责要求。5月9日，市政府印发《宁国市金融机构支持地方经济发展考核奖励暂行办法（修订）》，主要对全市金融机构贯彻执行货币政策情况、金融服务质量、“政银担”和“税融通”业务开展情况、金融产品创新、银行金融机构新增机构网点情况等进行考核。

【银企对接工作】 2016年，市政府组织召开行长联席会1次。编制《2016年政银企对接会融资及企业信息汇编》，组织召开2016年宁国市政银企对接会。9月，又先后在中溪镇举办特色产业区银企对接会，在港口园区管委会召开港口、青龙银企对接会。

同年3月30日，组织20余家企业到宣城市参加银企对接活动。5月27日，组织10余家企业参加在马鞍山市举行的以“深化政银担企合作 服务调转促战略”为主题的2016年安徽省南部片区政银担企对接会。是年，全市新型“政银担”业务余额6.41亿元，完成宣城市下达预期目标任务的116.55%，融资担保放大倍数4.2倍。

【“税融通”业务推进】 2016年，市金融办（上市办）根据市政府2015年11月18日出台的《宁国市“税融通”业务实施细则》，梳理编制宁国市纳税A、B级企业目录，依托《宁国市政府性资金存放商业银行管理改革实施方案》和《宁国市金融支持地方经济发展考核奖励暂行办法》，加大对“税融通”业务的倾斜支持力度，加强担保公司和银行之间的协调沟通工作。4月28日，组织30余家企业到宣城市参加“税融通”业务推进会。同年，全市“税融通”业务投放贷款额2.77亿元，完成宣城市下达预期目标任务的106.54%。

【民间资本监管】 2016年，市金融（上市）办加强现场监管工作。2—3月，会同市场监管、财政等部门，完成宁国市6家小额贷款公司、7家融资性担保机构年度现场检查，形成专题报告上报至宣城市金融办。加强日常监督。继续实行全市小贷担保机构月报（季报）统计、业务台账、核查备案报告制度，每月抽取1～2户小贷担保机构，开展现场走访与风险排查，记录走访日志。

【企业上市挂牌工作】 2016年，市金融(上市)办开展企业上市挂牌工作培训会2次，各乡镇(街道)、市直相关部门具体负责人及全市70余家上市挂牌后备企业法定代表人参加会议。“新三板”挂牌公司晨光精工已启动IPO(首次公开募股)工作。安徽朝农高科化工股份有限公司于8月挂牌“新三板”。安徽欧凯密封件有限公司、安徽锦洋氟化学有限公司已分别与中泰证券、浙商证券签订“新三板”辅导协议。

【企业直接融资】 2016年，全市累计从资本市场直接融资32.83亿元，超额完成直接融资29亿元的年度目标任务。其中，安徽中鼎密封件股份有限公司定向增发融资19.6亿元，股权激励融资2.24亿元；安徽江南化工股份有限公司定向增发融资9.6亿元；安徽安泽电工股份有限公司获得国家开发银行夹层投资1.05亿元，安徽宁国晨光精工股份有限公司、安徽天行健农业股份有限公司分别融资2400万元和1000万元。同年，宁国市国有资产投资运营有限公司11亿元二期城投债获国家发改委审批通过。

【防范和处置非法集资工作】 2016年，全市每季度召开一次打击和处置非法集资领导小组会议，研究部署打击和处置非法集资工作措施。采取月报送工作机制，乡镇(街道)、打击和处置非法集资领导小组成员单位每月向市打击和处置非法集资领导组办公室报送该市非法集资风险预警、排查摸底、宣传教育等工作进展情况。

加强防范打击非法集资宣传。1月份开展防范和打击非法集资突击宣传活动。5月，在全市范围开展防范打击非法集资宣传月活动。及时更新印制宣传海报和宣传册，全年印发宣传册6000余份；加强部门协作，全年到乡镇(街道)、社区开展现场宣传活动30余场。

加强非法集资风险专项排查。3月份成立P2P网络借贷风险联合检查排查小组，数次对P2P网络借贷业务的分支机构进行风险排查。5月初至7月末，开展涉嫌非法集资广告资讯信息排查清理活动。7月至12月末开展互联网金融风险专项整治活动，重点清理整顿P2P网络借贷、第三方支付、股权众筹等非法集资高发领域，对排查中的浙江金岩控股集团有限公司宁国分公司和南京易乾宁金融信息咨询有限公司宁国分公司有关情况发函至相关单位。

图 21　宁国市 2016 年金融窗口行业职业技能大赛单指单张点钞项目比赛现场

【2016 年金融窗口行业职业技能大赛】 2016 年 5 月 13 日下午，宁国市 2016 年度职业技能大赛金融窗口行业职业技能大赛举行，由市就业工作领导小组主办，市金融办承办，市人行、市文行办协办。比赛设单指单张点钞、计算机数据录入两个竞赛项目。在点钞竞赛中，采取“整把整点、单指单张”的方法，进行拆把、点数、扎把和签章四道点钞工序，以点钞的速度与准确率决出胜负。在计算机数据录入项目中要求每位参赛选手在规定时间内录入选定的数字，以录入速度和正确率综合计分。全市 10 家金融机构 50 余名选手参加比赛，徽商银行宁国支行、邮储银行宁国支行选手分别获得点钞、数据录入项目第一名。

（王沁智）

银　行　业

·综　　述·

【概况】 截至 2016 年年末，全市有银行 11 家（不含市人行），共有工作人员有 876 人，较年初增加 3 人。全市银行业资产总额 272 亿元，比年初增加 11 亿元；负债总额 265 亿元，比年初增加 12 亿元；累计实现税后利润 3.47 亿元，比上年减少 0.71 亿元。2016 年年末，全市金融机构不良贷款余额 6.86 亿元，不良率为 3.61%。

【存贷款业务】 2016 年 12 月末，全市金融机构各项存款本外币合计 2251417 万元，比上月下降 104510 万元，环比降幅为 4.44%，比年初增加 520901 万元，增幅 30.10%。其中：全市金融机构人民币各项存款余额为 2203294 万元，较上月下降109596 万元，环比降幅 4.74%，较年初增加 490036 万元，增幅 28.6%。金融机构人民币各项存款中，住户存款余额为 1278551 万元，比上月增加 14519 万元，比年初增加 197220 万元；非金融企业存款余额为 712790 万元，比上月下降 91111 万元，比年初增加 256178 万元；广义政府存款为 210979 万元，比上月下降 33332 万元，比年初增加 36027 万元。

截至 2016 年 12 月末，全市各项贷款余额（包含本地小额贷款公司）本外币合计1944996万元，比上月末增加47107万元，环比增幅为2.48%，比年初增加226557万元，增幅为13.18%。其中，全市金融机构12月末人民币各项贷款余额为1901083万元，较上月末增加46985万元，环比增幅2.53%，较年初增加235247万元，增幅为14.12%。全市银行业金融机构各项贷款本外币合计1913172万元，较上月末增加47075万元，环比增幅2.52%，较年初增加223947万元，增幅为13.26%。本地小额贷款公司12月末贷款余额为31824万元，比上月增加32万元，增幅0.10%；比年初下降8490万元，降幅21.08%。

从贷款期限结构看，短期贷款余额69.58亿元，占全部贷款的36.60%，其中，短期贷款中的个人贷款及透支余额为21.14亿元，单位普通贷款及透支余额为48.45亿元；中长期贷款余额116亿元，占全部贷款的61.02%，其中，中长期贷款中的个人贷款余额为72.03亿元，单位普通贷款余额为43.98亿元。

【农村信用体系建设试验区试点工作推进】 2016年推进农村信用信息数据库建设，全年入库农户信息12253条，截至年末已入库农户信息4万余条。市人行制定详细的农村信用体系创建规划，细化2016年农村信用体系创建细则。以“信用创建村—信用村—信用示范村”三级创建标准为载体，联动政、银、农三方，使各类农村经济主体及时、方便、高效地获得信贷支持。加强信用体系建设宣传。年初，市农商行与专业拍摄公司合作拍摄制作宣传信用体系建设的微纪录片——《信用》，作为送电影下乡片头宣传片广泛放映。市人行协同徽行宁国支行、安徽宁国农商银行到全市乡镇（街道）召开属地乡镇（街道）领导及行政村村两委负责人参加的信用体系座谈会，宣传农村信用体系创建相关政策，帮助基层网点协调与地方政府的关系。是年，全市新评定信用社区1个、信用村5个、信用示范户112户。截至年末，全市共计评选信用示范户880户、信用村25个、信用社区1个、信用乡镇6个。累计为全市3.8万农户建立信用档案，覆盖率达30%，累计发放贷款47亿元。

【中小（微）企业信用体系建设】 2016年，市人行制定详细中小企业信用体系创建规划。成立以分管副市长为组长，17个相关部门为成员的宁国市中小企业信用体系建设工作领导组。市政府印发《宁国市中小（微）企业信用体系建设实施方案》，明确各成员单位的主要职责。开展银企对接活动，召开2016年全市金融工作暨政银企对接会议，全市11家银行业金融机构、市直相关单位负责人及部分企业代表参加会议。共有79家企业与金融机构达成贷款合作意向，意向投放金额达26.3亿元，22家企业与金融机构现场签约，签约金额达18.5亿元。是年12月召开授牌大会，对宁国市永泰实业有限公司等8家企业授予“信用企业”称号。

（市人行　李欣婷）

·中国人民银行宁国市支行·

【概况】 2016年2月，市人行调整内设机构，内设机构由原七股室调整为金融管理部、外汇管理部、金融服务一部、金融服务二部、纪检监察室和办公室等“四部两室”，主要承担执行和传导货币政策、维护县域金融稳定和提供金融服务三大职能。截至年末，该行在职工作人员27人。

2016年，举办政银企对接会、信贷下乡、金融产品展示会等活动3场，达成新增贷款协议金额26.3亿元。

加强金融稳定工作。2016年，市人行组织开展全市行长联席会议2次、金融形势恳谈会1次，加强全市金融风险监测分析，建立健全金融信息披露制度，定期发布金融风险信息，督促法人机构构建风险防控与发展速度相匹配的管理体系。全年发布金融风险信息12期12条，及时发现并处置企业逃废债等潜在风险隐患2起。维护金融消费权益，提示法人金融机构与非融资性担保机构合作时要构筑风险防火墙，防范风险的交叉传导。

【推进金融综合改革】 2016年，市人行运用再贷款再贴现货币政策工具，支持地方法人金融机构对地方中小企业的贷款。是年向市农商行续贷发放半年期支农再贷款8000万元，并为市农商行办理再贴现149笔共计10010.36万元。并成功为市农商行办理2笔电子商业汇票再贴现业务，票面金额合计140万元，成为安徽省第一家获批接入电子商业汇票系统并办理电票再贴现业务的县级支行。年末，市农商行“三农”和小微企业贷款余额分别达329070万元和252718万元，占比82.75%和63.57%，较上年末分别增长0.026%和13.29%。执行差别准备金动态调整政策，保持货币信贷总量较好适应地方经济发展需求。加强信贷政策与财政政策、产业政策的协调配合，运用各种政策工具和考核激励机制，引导金融机构信贷合理、适度、平稳投放，引导

图 22　2016 年 9 月 8 日，中溪、宁墩、梅林特色产业区银企对接会在中溪镇召开

地方法人机构信贷资金投放当地，支持实体经济发展。

【金融创新工作】 2016 年，市人行实施差别化的信贷政策，加大对现代服务业、先进制造业等重点领域和关键环节的信贷支持，鼓励和督促金融机构加大对该市城镇化建设和棚户区改造的金融支持。市农发行支持该市棚户区改造及城市建设累计发放贷款 9 亿元。加快普惠金融体制机制建设，创新中小企业金融产品，根据市中小企业生产经营特点开发"量身定做"的信贷产品。陆续开办"税融通""易贷通"等贷款产品，拓宽融资渠道，化解中小企业融资难题。推广中征应收账款融资服务平台，推动利用应收账款融资业务化解中小企业融资难题。

【"僵尸"企业金融风险预警处置工作】 2016 年，市人行通过市政府"政企通"平台明确"僵尸"企业中不良贷款情况。对不良贷款形成原因进行深入调查，综合分析，做到底数清、情况明。并通过企业经营风险预警监测系统录入所有不良贷款情况。将宁国市福友汽车零部件有限公司等 7 家企业列为首批处置企业。通过对"僵尸"企业的风险预警处置，进一步完善失信惩戒机制。实行法院失信人名单及金融机构逃废债黑名单联动制裁，对金融债务案件执行情况做到公开透明。

【"金融 IC 卡"项目推进】 2016 年，市人行大力推进市移动金融建设，联合 11 家银行业金融机构加快金融 IC 卡非接受理商圈建设进程，保证商圈内 POS 机实现 100%支持非接闪付交易。全年举办金融 IC 卡暨移动金融推广应用宣传活动 10 余次。截至年末，全市有银行卡 POS 终端 2470 台，实现受理金融 IC 卡 POS 终端的有 2350 台（其中可实现金融 IC 卡闪付交易的 POS 终端共投放 2223 台）。

【"农汇通"工程建设完成】 2016 年，全市 ATM 机和 POS 机布放工作向乡镇推进，乡镇新增 ATM 机 9 台，共达 51 台，平均每个乡镇至少布放 1 台；乡镇新增 POS 机 34 台，共达 443 台。全年全市新增 ATM 机具 15 台，年末达 172 台；新增网上银行客户 1.7 万户、手机银行客户 36139 户，年末分别达 20.15 万户、17 万户。

【"惠农金融服务室"建设】 2016 年，市人行相关部门组织辖内涉农金融机构（农商行、邮储、农行、徽行）推进农村"惠农金融服务室"提升工程，将金融服务室从原有的"小额取现、消费、转账、查询功能"单一功能增加到"跨行卡受理和转账、征信服务、金融知识宣传、零币（残损币)兑换、人民币反假、金融消费者权益保护”等全能服务，配备POS机、验钞机，部分金融机构配备保险柜。至年末，全市有“惠农金融服务室”105个，实现“惠农金融服务室”行政村全覆盖。

【国库管理】 2016年，市人行建立分级审批制度，加强对库款支拨、退付的管理。国家金库宁国市支库进行集中支付改革，严格按照《宁国市财政国库资金银行支付管理办法》，与市工行、农行、建行和农商行签订资金清算协议，明确各方责任，防范各种风险。日常工作中，注重集中支付业务的监管，集中支付系统运行良好，全年未出现重大业务差错。是年，市工行、农行、建行、邮储银行、徽商银行共发行国债1568.66万元，全年兑付国债223.60万元。

【反假货币工作】 2016年共收缴假币2551张，面额206175元。其中：金融机构收缴假币1924张，面额148955元；公安部门收缴假币627张，面额57220元。同年为公安机关破获案件出具《货币真伪鉴定书》3份。

【外汇管理与服务】 2016年，全市企业申报进口630笔，金额为7037.08万美元，同比增长122.57%；申报出口10779笔，金额为35021.21万美元，同比下降21.85%。加强“防流出，扩流入”工作，加强对企业非现场监管及促进贸易投资便利化工作。开展直接投资外汇管理政策的简化和改进后的宣传工作，指导辖内外汇指定银行开展直接投资的登记工作。开展货物贸易项下的事后核查工作，全年对8家企业发出检查通知书，要求企业尽量做到资金流与货物流的匹配。加强对无收支业务名录企业的清理工作，全年清理11家两年内开户无业务发生的企业。

（李欣婷）

·中国农业发展银行宁国市支行·

【概况】 2016年，宁国市农发行开展“提升站位，提高形象”大讨论和存款“百日竞赛”活动，以项目贷款营销为突破口，集中力量清收不良贷款，各项业务实现跨越式发展。截至12月31日，该行各项贷款余额217485万元，较年初增加150520万元，增幅224.77%。其中，商业性短期流动资金贷款2000万元，商业性固定资产贷款1950万元，政策指导性固定资产贷款207340万元，政策指令性流动资金贷款6195万元。现金清收不良贷款8770万元，不良贷款本息全部清零。各项存款余额117085万元，较年初增加105128万元，增幅879.21%；日均低成本存款46737.9万元，日人均2749.29万元。中间业务收入87.85万元。各项业务收入6553.35万元，较上年增加2022.35万元；各项业务支出4001.48万元，较上年增加606.48万元；实现营业利润2551.87万元，较上年增加1415.87万元，人均利润150.11万元，资产利润率1.9%，成本收入比13.45%。

截至年末，该行内设办公室、信贷业务部和会计结算部，下设营业网点1个，在岗员工17人。

【粮食库存托收监管】 截至2016年年末，该行对宁国市省级粮食储备库的粮食储备贷款余额为3360万元，其中，县级储备贷款余额1680万元、省级储备贷款余额1680万元。该库县级储备库库存中晚籼稻6000吨，省级储备库库存中晚籼稻6000吨，库存代储小麦4580吨。

同年，该行与中储粮、安徽省粮油储运公司及宁国市粮食局签订四方监管协议，对安徽省粮油储运公司异地存放在宁国市的最低价收购粮食库存进行有效监管。该行派员到现场进行实时监管，把控收购进度，建立相应台账，确保收购工作顺利进行及收购粮的库存安全。该公司全年收购存放在宁国市的粮食共有13200吨(其中，粳稻9000吨，中晚籼稻4200吨)，共投入收购资金4000万元；年末库存粮食共计50199吨，库存值1.46亿元。

【基础设施建设项目贷款投放】 2016年，该行与政府平台公司对接，宣传介绍新业务和新的信贷政策，对接西津河堤防工程、疏浚工程、桥梁工程、环境治理工程、生态步道工程、生态保护工程以及征地拆迁工程，国家级宁国经济技术开发区河沥园区路网（二期）项目兴宁路、五号路、振宁路南延段、东城路南延段、兴业路、振宁路北延段、三里亭路、平兴路等道路建设及征地拆迁工程，港口园区纬六路、山北路、杜迁路、东一路、山南路、汪莺路、经四路延伸段、朱家湾路、纬五路道路建设工程，城西片区2.5万农业转移人口拆迁安置、国泰路、新安路、光明路、城西路延伸、凤形路改造、城西景观湖水环境治理工程和城西教育园区二期工程项目，河沥、西津、汪溪、南山片区棚户区改造等宁国市重点项目，签约项目建设贷款45.6亿元，累计发放项目贷款17.2亿元。是历年贷款投放最多的一年，已投放项目贷款分别是：①1月15日发放西津河综合治理项目一般水利建设中长期贷款5亿元。②1月8日、1月15日及1

月28日累计发放宁国经济技术开发区路网建设项目、农村路网及贫困地区公路建设中长期贷款2.5亿元。③8月31日发放宁国港口工业园区路网项目其他城乡基础设施建设中长期贷款0.7亿元。④11月30日、12月16日累计发放宁国市城西片区整体城镇化项目贷款3亿元。⑤11月30日、12月16日累计发放宁国市河沥片区城中村棚户区改造项目贷款4亿元。⑥12月23日发放宁国市汪溪、南山片区棚户区改造项目贷款2亿元。

【不良贷款全额清收】 2016年初，该行不良贷款余额为8770万元。该行集中主要力量，发扬“钉子”精神，想方设法化解风险、清收不良。截至6月29日以现金方式陆续清收8770万元不良贷款本息。至此，该行实现不良贷款本金、利息和涉诉费用“三结零”。

（何　勋）

·中国工商银行股份有限公司宁国支行·

【概况】 2016年因海螺宁国水泥厂个人业务与对公结算业务逐年下滑，宁国市工行于11月撤并水泥厂支行网点。截至年末，该行下辖有营业部、宁阳路支行、城南支行、大华支行4个网点，有自助银行7处（其中离行式自助银行2处），内设综合管理部、综合业务部、零售业务部，员工77人。

在工行营业厅设立全市首家“智能银行”，设有智能自助设备4台，将银行业务从柜面服务转向自助服务，减少客户排队等候时间；完善客户投诉管理办法，规范客户投诉受理程序。支行营业部获工商银行总行“五星级网点”称号，被市文明行业活动指导委员会评为2016年“五好窗口”单位。成立私人财富管理中心，加强对核心客户的专业化维护和管理，年末该行拥有私人银行签约客户113户，管理私人银行资产近9亿元。开展重点项目营销，相继成功营销凤形耐磨高管股票解禁项目与中鼎股份高管和核心技术人员股权激励项目；办理中鼎定向增发项目，归集募集资金5.8亿元；办理中鼎股份海外并购1亿欧元内保外贷项目。同时实施中小企业贷款发展战略。成立不良贷款清收中心，加强考核和清收力度，实现公司客户不良贷款余额、不良贷款率双降。截至年末，全行纳入不良贷款客户管理9户，法人客户不良贷款余额9421.82万元；违约贷款客户管理3户，贷款余额3375.31万元。

年末，本外币各项存款余额32.03亿元，较年初增加3.02亿元。其中，储蓄存款17.13亿元，较年初增加1.09亿元；对公存款14.53亿元，较年初增加2.02亿元。本外币各项贷款余额21.81亿元（其中，短期贷款余额86634.62万元，较上年减少13717.03万元；中长期贷款余额131488.15万元，较上年减少19972.68万元），较年初减少3.37亿元。贷款减少原因主要是采用不良资产证券化处置及项目贷款正常还款所致。全行不良贷款率4.63%。全年本外币理财产品销售371097万元，较上年减少2415.74万元。新增个人网上银行用户4341户，总数达39792户；新增手机银行用户6355户，总数达43996户。实现中间业务收入1768.81万元。实现营业收入9580万元。

【中小企业贷款发展战略实施】 2016年，宁国支行将发展中小企业金融业务作为全行的战略重点。实施产品创新，通过中型企业快速贷、小企业网络循环贷款，简化审批程序和降低企业综合融资费用，全年为25户中小企业办理87962万元网络循环贷款；通过“票据池”融资、“税融通”业务解决企业抵押难问题，全年为2家企业办理2583万元“票据池”融资业务，为3家企业办理860万元“税融通”业务。针对中小企业在“去产能、调结构”的形势下转型和经营中遇到的资金困难等问题，争取上级行政策，对信贷客户实现“一企一策”，通过展期、再融资、重定期限等手段，帮助困难企业渡过难关。全年为10户企业办理合计金额10526万元的展期和重定期限业务，为4户企业办理合计金额2015万元的再融资业务。

【驻工行保安员张立东被评为全国先进保安员】 2016年10月18日，第四届全国先进保安服务公司和先进保安员表彰大会在北京人民大会堂召开，宁国保安服务公司驻市工行保安员张立东因防范电信诈骗工作业绩突出被公安部、全国总工会、共青团中央评为全国先进保安员，并参加会议接受表彰。

张立东，男，汉族，宁国市人，驻市工行保安班班长。1972年8月18日出生。1994年参加工作，2007年3月进入宁国市保安公司。自2014年5月市公安局组织开展打击电信诈骗专项行动以来，至2016年年底共劝阻电信诈骗案件73起，为群众直接挽回经济损失10万余元，是全市劝阻电信诈骗最多的保安员。他于2011—2015年连续五年被市工行、市保安服务公司、市公安局评为“优秀保安员”，2014年、2015年先后被宣城市公安局评为“宣城市优秀保安员”“宣城市十佳优秀保安员”。2016年被宣城银监分局与宣城市公安局授予“防范治理电信网络金融诈骗先进个人”称号。他潜心学习、善于总结，对防范电信诈骗“一看二问三劝阻”工作法中的“劝阻”环节进行创新，升级为“一看二问三‘拔’（卡）”。2016年，宣城市打击治理电信网络新型违法犯罪工作联席会议办公室发文要求在全市金融系统中推广学习他的工作法。

（倪　毅）

·中国农业银行股份有限公司宁国市支行·

【概况】 2016年，市农行加强市场营销，加快不良资产处置，创新服务手段，加强风险管理，各项业务得到稳健发展。截至年末，该行内设客户部、运营财会部、风险管理部、委托资产处置经营分部、综合管理部，辖有城关分理处、汽车站分理处、津城分理处、开发区分理处、综合营业大厅5个营业网点，在岗员工102人。全行设有在行式自助设备27台，其中，存取款一体机9台、自助取款机5台、其他自助设备13台；有离行式自助服务点1个（即河沥溪离行式自助服务点），有在用设备4台。

年末，全行总资产404448万元，比上年增加59149万元。本外币各项存款余额23.39亿元(全口径)，较年初增加4.0亿元；其中，储蓄存款余额13.32亿元，较年初增加1.61亿元，对公存款9.94亿元，较年初增加2.26亿元。

2016年，市农行各类固定资产项目贷款推进工作获得重大进展，年末各项贷款余额24.99亿元，存贷比为93.59%，贷款较年初增加3.11亿元。其中，对公类贷款余额12.54亿元，较年初增加0.89亿元，个人类贷款余额12.46亿元，较年初增加2.23亿元；短期贷款余额6.14亿元，较年初下降1.93亿元，中长期贷款余额18.86亿元，较年初增加5.04亿元。该行贷款增量位居宁国市“四行一社”（即工商银行、农业银行、建设银行、中国银行和安徽宁国农商银行）第二位。

全年全行新增个人网上银行用户6081户，总数达51175户；新增手机银行用户7089户，总数达40012户。新增信用卡用户3132户，总数达18642户。

全年实现中间业务收入1276.60万元。其中，电子银行收入176.34万元，个人金融业务收入292.45万元，机构业务收入89.53万元，银行卡各项业务收入419.11万元，公司业务收入260.58万元（包括投资银行收入106.44万元、对公理财收入81.59万元、对公结算及现金管理收入64.0万元）。全年人民币理财产品销售424518万元，比上年增加77925万元。拨备前利润6138万元，全行人均创利60.18万元。

2016年，该行在宣城分行县域支行综合绩效考核中获第一名，在宣城分行一级支行领导班子党建工作专项考核中获第一名。该行营业部获省分行“‘三化三达标’先进单位”及“青年文明号”称号，该行营业部党支部被总行评为“先进基层党组织”，该行团支部被省分行评为“五四红旗团委”。

【大项目信贷投放工作获得重大进展】 2016年，市农行向宁国市棚户区改造主力企业、宁国市安居投资建设管理公司投放2.2亿元棚户区改造项目贷款并全部到位，该贷款系宣城农行首笔县域棚户区改造项目贷款，贷款项目主体系河沥新城保障房一期Ⅰ、Ⅱ、Ⅲ标段，建设安置河沥旧城棚户区改造拆迁居民回迁房并提升当地人居环境和住房水平。同年，该行介入宁国市中医院迁建扩容PPP项目的2.06亿元PPP项目贷款和介入青龙湾综合旅游开发项目贷款先后获批待投放。

【安徽新鸿泰合成革有限公司不良贷款成功处置】 2016年，市农行按上级行要求对安徽新鸿泰合成革有限公司欠该行的贷款债务进行盘活重组。经过多方面的努力，得到宁国市政府和上级行的大力支持和配合，顺利完成安徽新鸿泰合成革有限公司4900万元债务▲由宁国天一合成革有限公司承接的工作，并完善相关转移和承接手续的办理工作，现金收回其关联企业宁国市日晶进出口有限公司拖欠该行的799.87万元贷款本金及147.3万元利息。

▲安徽新鸿泰合成革有限公司4900万元债务：该公司于2014年3月14日至2014年8月5日陆续在市农行申请流动资金贷款5笔总计4900万元，5笔贷款分别于2015年3月13日、2015年3月24日、2015年4月3日、2015年7月14日、2015年8月4日陆续到期。因受宏观经济大环境影响及自身经营不善等原因，该公司贷款自2015年3月14日后陆续进入不良。宁国天一合成革有限公司是在原安徽新鸿泰合成革有限公司基础上重组建立的。

（陆　源）

·中国建设银行股份有限公司宁国支行·

【概况】 2016年，市建行全面实施大零售战略，深化网点转型发展建设，实现了“合规支行、平安支行”的管理目标。同年，该行被建行安徽省分行授予信用卡业务推进奖和文化建设奖，锦苑分理处、支行营业部分别被建行安徽省分行授予内控领先奖、女职工文明示范单位，有5人被建行安徽省分行表彰。年末，该行下辖有网点型支行1个、分理处1个、附行式自助银行3个、离行式自助银行4个，共有自助设备18台，全年投放STM智慧柜员机18台。内设有综合管理部、客户部、营业部，客户部下设小企业贷款经营中心和个人贷款经营中心，全行有员工56人。

年末，支行本外币全口径存款余额23.78亿元，一般性存款余额23.69亿元，较上年末增加1.6亿元。其中，对公存款10.58亿元，较上年末增加3600万元；个人存款13.11亿万元，较上年末增加1.27亿万元，日均新增1.5亿元。

全年销售人民币理财产品14.2亿元，比上年增加6.9亿元。新增个人网上银行用户6877户，总数58632户；新增手机银行用户8122户，总数58454户；新增信用卡用户3283张，总数28755张；新装POS机具70台。

全年累计发放信贷资金122901.21万元，其中，公司类信贷投放101672.24万元，个人住房贷款20323.60万元，个人消费贷款905.37万元。年末，各项贷款余额30.61亿元，其中，对公贷款余额15.32亿元，个人贷款余额15.29亿元。全行实现中间业务收入952万元，实现税前利润8835万元。

【信用卡业务三项重点指标居建行宣城市各支行首位】 2016年，市建行建立网点、团队、部门三位一体的营销模式，重点围绕窗口柜面、网上银行、手机银行、微信和客服五大场景，针对代发工资、住房贷款、购车、装修、优质持卡客户和个体工商户六大客户群体实施综合营销，先后开展“龙卡龙支付、支付新时尚”“龙卡星期六、周周有折扣”“年节百货欢乐购”等营销活动，以客户为中心，推进信用卡发卡、分期和商户业务发展。截至12月31日，宁国支行信用卡发卡、分期和收单商户三项重点指标完成情况均居建行宣城市各支行首位。其中，信用卡年净增发卡3283张、分期交易额9615万元、新增全量商户70户，同比分别增长53%、126%和40%。

（赵柏生）

·中国银行股份有限公司宁国支行·

【概况】 至2016年年末，该行辖有营业部、津河西路支行、南山支行3个营业网点及河沥开发区离行式自助银行，有附行式自助银行3处，共有离行式自助银行设施2台、附行式自助银行设施10台；内设综合管理部、业务发展部，在岗员工55人，其中大专以上学历员工占比100%。

年末，该行本外币各项存款余额18.84亿元（其中，人民币各项存款余额16.82亿元，较上年新增4.88亿元），较上年新增6.11亿元，增幅48%。其中，个人存款余额8.95亿元（其中，人民币存款余额8.69亿元，较上年新增1.75亿元），较上年新增1.86亿元；企业存款余额9.89亿元（其中，人民币存款余额8.13亿元，较上年新增3.13亿元），较上年新增4.25亿元。2016年，该行本外币存款新增市场占有率（工农中建四行口径，下同）为49%，较上年增加22个百分点，排名四行第一。

年末个人网银累计交易客户数5298户，较上年减少1264户；手机银行累计交易客户数3747户，较上年增加1462户；新增信用卡有效用户1274户，年末有效户总数9658户。

2016年，该行实现国际结算量14679万美元，宁国市场（全口径，指全市所有的金融机构）占有率为43%，较上年同期增加27个百分点，宁国市场占有率排名第一，入选安徽省中行“国际结算十强县支行”。

同年，该行推进消费贷款金融业务，于9月开办个人“直客式”分期、“爱家”分期、“中银E贷”3项消费贷款金融业务。年末，该行本外币各项贷款余额15.24亿元，较上年增加0.42亿元。其中，公司贷款余额3.55亿元，较上年减少0.72亿元；个人贷款余额10.96亿元，较上年增加1.33亿元；银行卡（专向）分期余额0.15亿元，较上年减少0.23亿元；信用卡透支余额0.58亿元，较上年末增加0.04亿元。其中，短期贷款余额2.34亿元，中长期贷款余额12.9亿元。全年实现净收入0.68亿元，在宣城分行辖内占比22%，排名第一；实现中间业务收入0.26亿元，中间业务收入（四行口径）占比33%，四行排名第一。

（吴　真）

·中国邮政储蓄银行股份有限公司宁国市支行·

【概况】 2016年，宁国邮储银行为满足偏远乡村居民的金融需求，新设霞西、中溪2处农村综合金融服务点；新建离行式自助银行3处。截至年末，该行有农村综合金融服务点11处，内设有综合管理部、综合业务部、公司业务部3个部门，下辖有17个营业网点，其中，自营网点3

个、代理网点14个。全行设有在行式自助银行11处，有在用设备16台，其中，存取款一体机10台、自助取款机6台；离行式自助服务点3处，有在用设备5台，其中，存取款一体机3台、自助取款机2台。全行在职员工60人。

2016年启动特色支行建设工作，加快产品组合创新，新开办汽车消费贷款、烟草流水贷、家庭农场贷款等新兴产品，累计发放个体工商户、涉农种养殖经纪购销户贷款2224笔53404.3万元（其中涉农贷款469笔4900.5万元）。全年发放小企业贷款60笔14764万元，年末贷款余额13801.25万元。全行年末各项贷款余额13.57亿元，较年初净增2.41亿元。其中，发放短期贷款1.65亿元，较上年下降0.14亿元；中长期贷款3.69亿元，同比增加2.36亿元。

2016年，全行人民币理财产品销售36218万元，年末个人理财余额18065万元。全年新增个人网上银行用户4236户，总数19277户；新增手机银行用户4210户，总数15598户。年末，全行各类存款余额16.65亿元，较年初净增4.11亿元。

加强风险管控工作，各项指标均完成计划。先后开展“百日清收”“激战冬日”“担保专项清收”等清收工作，成立专项行动小组，每周召开清收例会，分析和安排清收工作。关注短期逾期工作，实行“一二三”的工作法则（即一天电话催收，二天上门催收，三天下发律师函），资产质量不断提高。全年实现利润2106.87万元。

加强规范化服务建设，提升服务水平。同年，全行有4人获宁国市“2016年文明窗口服务标兵”称号。

（王群杰）

·安徽宁国农村商业银行股份有限公司·

【概况】 2016年，安徽宁国农商银行围绕创建“内控好、服务好、效益好”（简称“三好银行”）的现代农商银行目标，坚持“服务三农、服务社区、服务中小企业”的市场定位，保持了各项业务经营和内部管理工作的持续稳健发展。是年被人行宣城市中心支行授予农村信用体系建设“先进单位”，被安徽省农村信用社联合社授予全省农商银行系统“三好银行”称号，法人代表、董事长刘平被市委、市政府授予“宁国发展功勋”称号。

2016年，建筑面积2.2万余平方米的安徽宁国农商银行综合办公大楼基本建成，山门支行新综合楼投入使用，云梯支行新综合楼启动前期选址和征地工作。新设3处（宁阳西路润城小区、宁墩路、城西路）离行式自助服务网点，新设自助设备9台。截至年末，全行有离行式自助银行9处（城区6处、乡镇3处），在用设备14台（其中，存取款一体机10台、自助取款机4台）；有在行式自助银行27处（城区6处、乡镇21处），在用设备42台（其中，存取款一体机18台、自助取款机24台）。总部内设营业部、办公室、电子银行部、监察保卫部、合规风险部、审计部、财会统计部、市场部、运行管理部9个部门，下辖20家支行、6个分理处，形成覆盖全市各乡镇（街道）及部分行政村的便民金融服务网络。全行有在岗员工314人，其中具有大专及以上学历人员占比83.64%，初级以上技术职称人员占比40.45%。

推进农村金融服务基础设施建设。全行累计开通助农取款服务点62个，设立惠农金融服务室62家，开通金农便民宝商户69个，乡镇覆盖率100%。结存POS特约商户814户，较上年新增119户。全市所有乡镇、三分之二以上的行政村群众足不出村，便可享受存取款、查询、消费、转账等基本金融服务。

发展电子银行业务，全年发展手机银行客户9583户，总数达3.17万户；全行金农卡发行总量15.95万张（其中，IC卡4.79万张、磁条卡11.16万张），金农卡账户总余额9.09亿元；签约企业网银330户，总数达1914户；签约个人网银494户，总数达1.2万户；签约短信通业务19373户，总数达7.48万户。是年，该行电子银行交易替代率63.43%，业务替代率47.27%，电子银行综合替代率为46.93%。

年末，全行各项存款余额63.92亿元，比年初增加13.02亿元，增幅25.58%，存款规模和增量位居宁国市11家金融机构首位。其中，储蓄存款余额48.46亿元，对公存款余额15.14亿元，同比分别比年初增加8.05亿元、4.65亿元。各项贷款余额39.77亿元（其中，短期贷款余额30.35亿元，较年初下降0.77亿元；中长期贷款余额6.06亿元，较年初增加4.15亿元），比年初增加4.59亿元，增幅13.05%，贷款规模和增量分别位居宁国市十家金融机构第一位和第二位。其中，涉农贷款余额32.91亿元，比年初上升87.3万元；小微企业贷款余额25.27亿元，比年初增加2.96亿元，完成小微企业贷款“三个不低于”（小微企业贷款增速不低于各项贷款平均增速，小微企业贷款户数不低于上年同期户数，小微企业申贷获得率不低于上年同期水平）监管目标任务。不良贷款余额9748万元，较年初上升1018万元，不良率2.45%，较年初下降0.03个百分点。年末，拨备覆盖率

194.35%，高于基本标准44.35个百分点；贷款拨备率4.76%，高于基本标准2.26个百分点；资本充足率12.77%，其中核心一级资本充足率11.65%，各项监管指标持续符合监管规定。实现利润9043万元，较上年减少1815.99万元。上缴所得税4497万元，实现净利润6225万元，较上年减少1797万元。

【小微企业信贷实现“三个不低于”目标】 2016年开展金融产品创新，在继续拓宽“商标专用权质押贷款”“专利权质押贷款”“存货质押贷款”“股权质押贷款”“小企业互助基金贷款”“二手工业地产按揭贷款”等系列小微企业贷款创新品种覆盖面的同时，结合小微企业主、个体工商户生产经营特点和实际需求，又推出“微商循环贷”(以经营规模相对较小的旅游业个体经营户或小微业主为主要对象的，贷款上限100万元，最长期限5年，采取一次核定、全额发放、分期还款方式，减轻客户还款压力)和“易贷”系列产品；针对小微企业流动资金短缺的现象，全年重点加大对“续贷通”“循环贷”“年审制贷款”等“三类贷款”产品的推广力度。至年底，“三类贷款”小微客户在贷户数915户，贷款余额14.04亿元；“税融通”业务授信户数27户，授信金额1.15亿元，在贷户数26户，贷款余额1亿元；“政银担”在贷户数102户，贷款余额4.39亿元。开展小微企业信用体系建设，向宁国市中小企业信用体系建设工作领导组推荐宁国市永泰实业有限公司等8户企业参与“信用企业”评选并成功获批。

降低信贷集中度风险和高风险领域信贷规模。逐步降低关联客户、集团客户的贷款和行内担保规模，严格控制大额信贷增长，主推500万元以内小微企业客户。到年末，全行500万元以上贷款客户下降16户，500万元以上客户贷款额度下降1.09亿元；单户授信总额500万元以内小微企业贷款余额88582万元，比上年初增加11258万元，增速14.56%。调整信贷行业结构。信贷投放向优势产业、行业以及优质客户的上下游客户倾斜，逐步压缩高风险行业信贷规模。年底，小微企业贷款余额25.27亿元，比年初增加2.96亿元，同比增速13.29%，高于各项贷款平均增速0.24个百分点。小微企业贷款户数2272户，同比增加444户。申贷获得率95.37%，同比增加0.25个百分点。完成小微企业贷款“三个不低于”目标。

【小额农户贷款工作】 2016年制订该行2016—2020年农村信用体系创建规划，细化2016年农村信用体系创建实施细则，出台创建管理办法，在全市推动信用户、信用村、信用社区和信用乡镇建设。广泛宣传发动，总行主要领导深入全市19个乡镇(街道)，邀请属地乡镇(街道)领导及行政村村两委负责人召开信用体系座谈会，宣传农村信用体系创建政策；建立信用体系创建工作督导机制，按旬通报各机构、信贷员业务进度完成情况。到年末，共评定信用示范户726户，授信总额1.47亿元；信用乡镇2个，信用村(社区)15个，全市农户平均建档面达21%，信用村(社区)农户建档面、授信面、贷款面分别达40%、30%和15%以上。同时，启动全市农户贷款授信工作，信贷营销覆盖全辖所有行政村、社区，加快“易贷卡”贷款授信进度。至年底，全行“易贷卡”授信总户数10550户，比年初增加7835户，“易贷卡”授信总额9.28亿元，比年初增加6.95亿元，期末在贷余额6.41亿元，比年初增加4.95亿元。继续支持农业产业化企业、家庭农场、专业大户、农民专业合作社新型4类农业经营主体，按类型实行名单制管理，对符合条件的进行评级授信。年末，全行新型4类经营主体在贷户数399户，贷款余额3.17亿元，当年新增1208万元。争取支农再贷款、再贴现政策，全年累计申请支农再贷款1.6亿元，累计申请再贴现额度2亿元。

【农家乐贷款】 2016年7月，该行针对乡村旅游大乡万家乡的部分农家乐经营户因资金短缺发展受到限制的情况，联合市文旅委在该乡开展农家乐贷款集中授信活动，对46户农家乐经营户共授信267万元，满足经营户农房装修、餐饮设施购置的资金需求。贷款全部采取“易贷卡”方式发放，实行“一次授信、随用随贷、循环使用、自助办理”，极大地方便了农家乐经营户。是年共发放农家乐经营户贷款124笔、金额2065万元，年末贷款余额682万元。

【个人消费类贷款】 2016年整合个贷品种，推出“车易贷”“房易贷”“薪易贷”“商易贷”等“易贷”系列产品，对车辆按揭、房屋按揭、公职人员消费类和个体户经营性贷款进行精准营销。与团市委、市文明办、市委组织部、市移民局等部门对接，开展返乡农民工创业、农村青年创业、大学生创业、道德信贷、移民贴息贷款、助学贷款等民生信贷产品的投放。全年对98户农村青年进行集中授信，授信金额1513万元，年末在贷户数73户、贷款余额1042万元；30名移民创业户享受贴息优惠政策，贴息总额6.58万元；为官东等22户道德模范和“身边好人”进行授信，授信总额305万元；累计为近800名学子发放生源地助学贷款960余万元。拓展汽车、住房销售中介商等第三方合作伙伴，扩大潜在消费群体。截至年底，全行房、车消费贷款笔数864笔、贷款余额2.08亿元，分别比年初增长613笔、1.38亿元。开展对上市公司中高层消费类贷款授信的精准营销，共对接上市公司2家，授信总额1.6亿元。

（胡成炜）

·徽商银行宣城宁国支行·

【概况】 2016年，支行新增员工4名，其中，引进大堂经理助理2名。截至年末，徽商银行宣城宁国支行内设营业部，下设支行3个，有自助银行5处（其中离行式1处），共有自助银行设备7台，有员工41人。有惠农金融服务室4家。是年，支行被徽商银行总行评为旺季营销先进支行，获宁国市政府颁发的“支持地方经济发展三等奖”。

2016年，支行为宁国市国投公司投放城镇化一号基金15亿元，为宁国市开发区建投公司办理5亿元应收账款质押业务。成功营销中鼎密封件股份有限公司定向增发资金2.5亿元、亚夏汽车股份有限公司2亿元。同时，成立零售业务团队，实现零售业务各项指标的持续稳定增长。年末，各项贷款余额113293万元，较年初增加20323万元。其中，公司贷款余额26400万元，较年初增加14216万元；小企业贷款余额23768万元，较年初增加4548万元；零售贷款余额63434万元，较年初增加1840万元。

年末，宁国支行各项存款余额143194万元，较年初增加55078万元，其中，储蓄存款余额55874万元，较年初增加19629万元。日均公司存款（不含小企业客户存款）82246.39万元，较年初增加42699.26万元。

全行理财签约客户562个，较年初增加122个。全年新增个人网银客户3800户、手机银行开户1568户，新增直销银行签约客户438户。

全年成功化解清收数笔问题贷款近7000万元，年末贷款不良率0.31%，资产质量持续优良，在同业中处于较好水平。

（汪文汉）

·江苏吴江农村商业银行股份有限公司宁国支行·

【概况】 至2016年年末，宁国支行内设有营业部、信贷部、微贷业务部，下辖网点1处，有在行式自助银行设备2台，有员工17人。

2016年新增个人网银用户603户，累计1419户，新增企业网银用户39户，累计213户；新增手机银行用户800余户。年末，支行各项存款余额为54331万元(含银行承兑汇票保证金)，比上年末增加13478万元。各项贷款余额为46520万元(含银行承兑汇票敞口)，比上年末增加4395万元。按贷款期限分，短期贷款余额36982万元，中长期贷款余额9538万元；按贷款对象分，涉农贷款余额43247万元，小微企业贷款余额20400万元。

全年实现营业收入2319万元，交纳各项税费220万元，实现账面利润654万元。

【“锦鲤鱼”理财产品销售】 2016年，宁国支行实行“优服务”揽储考核制度，每月在繁华路段与人流量较大、靠近居民点处设置宣传摊位，向过往群众分发该行“超级定存”和“加利定存”的宣传单页，宣传存款和“锦鲤鱼”理财产品。全年销售“锦鲤鱼”理财产品91639.4万元，超额完成销售任务。

（戴　洁）

·宁国民生村镇银行·

【概况】 2016年，宁国民生村镇银行围绕“立足县域，面向三农”的服务宗旨，坚持“小额、分散、流动”的信贷经营原则，坚持以“好、快、廉”为自身特色。在继续开展“商贷通”“税融通”“富民贷”等系列金融产品的基础上，新推出“土地流转贷”“农机贷”“农家乐贷”“农资贷”等小微业务特色金融产品。全年发放小微贷款3.14亿元，发放涉农贷款3.81亿元。小微企业贷款占比71.16%，涉农贷款占比97.43%。自2012年成立以来，全行累计投放贷款20.43亿元，其中，涉农贷款累计投放18.7亿元，小微贷款16.8亿元。

截至年末，该行有员工40人，内设有营业部、业务发展一部、业务发展二部、业务发展三部、风险管理部、综合管理部、财务会计部，市场拓展人员占比40%。下辖网点1处，有在行式自助银行设备3台。全行各项资产规模达6.22亿元，比上年增加0.60亿元；各项存款余额5.50亿元，各项贷款余额4.09亿元，同比分别较上年增长11.1%、3.3%。全年实现营业收入3092.42万元，缴纳各类税费528万元，实现净利润729万元，较上年增加112万元。

（吴江宁）

·徽商银行宁国南山支行·

【概况】 徽商银行宁国南山支行隶属徽商银行宣城分行，至2016年年末，该行内设营业部、综合管理部和业务部，辖有金融网点1个，有在行式自助银行1处、设备2台，全行有职工23人。

2016年年末，支行各项存款余额24972万元，较上年末增加10775万元。其中，储蓄存款余额13429万元，较上年末增加4296万元；对公存款10643万元，较上年末增加6479万元。

全年新增贷款11042万元，全部为支持实体经济的经营性贷款。年末，各项贷款余额23669万元。其中，个人贷款551笔、金额16734万元，较上年末新增6468万元；对公贷款41笔、金额6395万元，较上年末新增4574万元。全年开立国内保函76万元，累计签发银行承兑汇票12971万元，年末银行承兑汇票余额6817万元。

年末，支行人民币理财产品保有量3655万元，全行有个人网上银行用户1419户、手机银行用户1140户、信用卡用户732户。全年实现经营利润1275万元。

是年，支行先后获徽商银行总行“旺季营销活动”先进普惠金融网点称号，获徽商银行总行微贷部“关怀入微”微贷专项营销竞赛活动十佳先进支行称号。

【小微金融服务】 2016年，该行全年发放贷款37917万元。其中，发放个人贷款853笔，金额26173万元，占69.03%；对公贷款73笔，金额11744万元。截至年末，全行有贷款户558户，其中，个人521户，对公37户。

年末，全行中小微企业贷款余额6635万元，较上年末新增5055万元，全年发放贷款笔数69笔、金额10644万元；涉农贷款余额11683万元，较上年末增加3946万元；个体工商户贷款余额8651万元，较上年末增加1896万元。

【农业特色经济实体融资产品营销】 2016年，该行根据自身发展特色，多次主动对接宁国市各级政府，开展对接会10余次。通过与市农委等单位的对接，先后开展仙霞镇、方塘乡、万家乡的农家乐及春季茶叶、早笋融资需求专项对接活动，在万家乡、中溪镇、云梯畲族乡举行农村个体经营融资需求专场对接会，在万家乡、南极乡举行山核桃专场对接会。全年为51户农村个体经营户共发放贷款3600余万元，截至年末，该行有宁国茶叶、笋子、山核桃等特色经济实体信用贷款户30户，贷款余额1300余万元。

（张　伟）

保　险　业

·国元农业保险股份有限公司宁国支公司·

【概况】 2016年，宁国支公司主要经营农业保险业务和财产损失保险、责任保险、法定责任保险、信用保险和保证保险、短期健康保险、意外伤害保险以及上述保险业务的再保险等财产保险业务。至2016年年底，公司在编员工16人，内设农险部、财险部、综合部。下设乡镇（街道）“三农保险服务站”19个，行政村“三农保险服务点”103个，拥有乡、村两级协保员122人，专职协保员17人，保险代理11人。

全年实现各项保费收入1370.27万元，比上年下降2.53%。其中，实现商业保险保费收入366.56万元（车险321.56万元、非车险45万元）。全年处理各类理赔案件831起，支付保险赔款738.72万元，比上年增长218.94%。其中，商业险报案254起，办结242起，共计赔付金额162.66万元（车险接报案229起，办结224起，赔付金额158.51万元；非车险接报案25起，办结18起，赔付金额4.15万元）。

【政策性农业保险承保】 2016年，该公司实现种植业保险保费收入334.55万元，总承保面积16.67万亩。其中，午季作物承保面积6.34万亩（油菜承保46070.61亩，油菜补充保险承保602.04亩；小麦承保7602.81亩，小麦补充保险承保4971.91亩；早稻承保4194.5亩），保费102.87万元。秋季作物承保面积10.33万亩（承保水稻67117.87亩，水稻补充保险承保9737.13亩；玉米承保30037.61亩，大豆承保1190亩，棉花承保331.9亩），保费231.67万元。6个省定种植业品种参保率100%。

实现森林保险总保费收入550.74万元，承保面积271.13万亩，参保率100%。

实现养殖业保险总保费收入39.89万元，承保能繁母猪6649头（其中，承保大户15户共6037头，散户175户共612头），参保率100%，应保尽保。

实现特色保险总保费收入92.03万元。其中，大棚蔬菜承保251.9亩，保费3.29万元；茶叶承保7897.20亩，保费19.74万元；育肥猪承保2.3万头，保费69万元。

【政策性农业保险理赔】 2016年，该公司办理农业保险赔付案件589起，赔付576.06万元，受益农户9666户次。

理赔种植业案件228起，理赔金额354.95万元，总计理赔7314

户次。其中，午季作物理赔121起，共计理赔117.87万元，理赔4178户次；秋季作物理赔案107起，共计理赔237.08万元，理赔3136户次。

养殖业理赔能繁母猪276起，赔付276头，赔付金额27.6万元，理赔农户276户次。其中，大户15起，赔付164头，共赔付16.4万元。

理赔森林保险52起，总计理赔1425户次，理赔金额115.21万元。其中，公益林5起，理赔金额9.85万元；商品林47起，理赔金额105.36万元。

理赔特色保险案件33起，赔付金额63.31万元，理赔651户次。其中，理赔大棚蔬菜10起，赔付金额14.08万元；茶叶理赔15起，赔付金额26.42万元；生猪育肥猪理赔8起，赔付金额22.81万元。

【"助农宝"贷款承保业务开办】 2016年，该公司与中国农业银行宁国支公司签订合作协议，开办"助农宝"贷款承保业务▲。5月9日办理首单"助农宝"贷款承保业务，为港口镇种植大户田德林办理个人贷款保证保险，市农行为其发放贷款10万元。是年共为4家种植大户办理"助农宝"个人贷款保证保险承保业务，实现保费1.56万元。

▲"助农宝"贷款承保业务：包括家庭农场贷款保证保险、企业贷款保证保险、个人贷款保证保险3个险种，主要为家庭农场、种养大户、农业合作社、涉农企业等新型农业经营主体发展提供贷款支持。

（胡亚群）

·中国人民财产保险股份有限公司宁国支公司·

【概况】 截至2016年年末，宁国支公司主要经营企业财产保险、家庭财产保险、机动车辆保险、货物运输保险、保证保险、责任保险、人身意外伤害保险等保险业务。公司内设有综合部、车险部、车商部、非车险部、业务拓展部、出单分中心、理赔分中心，共有员工35人，有保险业务代理人48人。

2016年，该公司为配合宁国市创建县级全国县级文明城市工作，投入120余万元，对1994年竣工使用的公司营业大厅办公楼内外及大院进行全面升级改造。加强职场管理和服务标准化管理工作，贯彻执行《营业人员服务规范和管理规定》，制定一系列文明服务、廉政服务的规范措施，实行文明礼仪服务、挂牌服务、持证展业，开展送赔款上门等活动。全年开展"首季开门红""红五月""双过半""三季度"等阶段性业务竞赛活动。为营销汽车销售旺季的新车保源，先后与汽车经销商联合举办"五一"宁国人保首届汽车展和"PICC中国人保财险杯"中国·宁国首届车博会。加强合规经营管理，开展"两加强、两遏制"（即加强内部管控、加强外部监管、遏制违规经营、遏制违法犯罪）专项自查工作，对业务经营和财务收支的合规性及有无违法犯罪等情况进行全面自查、检查。全年公司各项工作通过中国人保宣城分公司等单位的检查，未出现违规经营行为。

全年实现保费收入6228万元，较上年增长5.90%；其中，车险保费收入5785万元（其中，电网销保费收入412万元），商业非车险保费收入443万元；已决各险种赔款3193件，赔款金额3385万元；上缴各项税收415万元，代收代缴车船税324万元。

【"PICC中国人保财险杯"中国·宁国首届车博会】 于2016年10月6—7日在宁国华贝城市广场举行，车博会由市人保公司与汽车经销商合作举办。共有31家宁国汽车市场、汽车后端市场、二手车市场的经销商参展，展示车辆108辆，包括奥迪、凯迪拉克、大众、别克、福特、日产、斯柯达、马自达、雪佛兰、现代、雪铁龙、哈弗、奇瑞、吉利、海马、长安、江淮、北汽等品牌。活动现场举行了"订车有礼"等活动。期间累计订车225辆，比同年"五一"宁国人保首届汽车展订车数增加了51辆。

该车博会于9月下旬开始宣传，共发放宣传单1万份，在乡镇悬挂宣传条幅20条，并设置互动有礼环节在"线上宁国"同城资源平台与"乐活宁国""雷锋哥"等人气微信公众号宣传。

（汪令华）

·中国人寿保险股份有限公司宁国支公司·

【概况】 2016年，该公司主要经营人寿保险、健康保险、意外伤害保险等各类人身保险业务。截至年末拥有员工23人、保险业务代理人497人，下辖宁墩、甲路、仙霞、中溪、山门营销服务部5处农村服务网点。

同年继续推行农村小额保险及老龄保险2项民生保险，共为辖内3025名村民办理农村小额保险，累计提供保险保障7000万元；共为10012名村民办理老龄保险，累计提供保险保障2.58亿元。"山核桃采摘险"承保面进一步扩大，共为3816名山核桃种植户及采摘人员办理"山核桃采摘险"，累计提供保险保障9.22亿元。

推广国寿"E宝账"服务，客户足不出户即可自行办理保单查询、红利查询、理赔报案等业务，全年新增开通"E宝账"客户4058户，截至年底共开通"E宝账"客户6081户。公司定期向全辖客户发送业务办理提醒短信及问候短信，先后开展"3·15"广场客户维权咨询、"6·16"国寿客户节及国寿大讲堂活动。

公司全年总保费收入11942万元（其中新契约保费即首年保费4821.19万元）。按渠道分，个人代理业务2168.68万元、银行代理业务2137.3万元、团险销售515.21万元。按险种分，非分红寿险保险费收入5167万元、健康险1040.5万元、意外险416万元、分红险5318.5万元。

全年办结理赔案件2729件，给付赔款497.54万元。其中，健康险赔款支出241.35万元、寿险赔款支出145.02万元、意外险赔款支出111.17万元。满期给付1189件，给付金额2916.78万元。上缴税金141.34万余元。

（葛　晶）

·中国人寿财产保险股份有限公司宁国市支公司·

【概况】 2016年，宁国支公司改保险代理人为保险代理门店。截至年末，公司主要经营企业财产损失保险、家庭财产损失保险、意外伤害保险、责任险、建筑工程保险、安装工程保险、货物运输保险、船舶保险，机动车辆保险、车贷保证保险、林木火灾保险以及经保监局批准的其他业务，内设有经理室、理赔办公室、业务员办公室、综合内勤室、单证室，共有在岗员工26人，有保险代理门店27家。

全年该公司实现保费收入3362万元，比上年增加254万元。其中，车险3146万元（电话销售106.93万元），非车险216万元。

全年受理理赔案件2807件，比上年增加416件；结案1967件，同比增加215件。全年支付赔款1548.53万元，比上年增加178.58万元，满期赔付率为53.69%。其中，车险受理案件2751件，结案案件1917件，赔付金额1493.12万元；非车险受理案件56件，结案50件，赔付金额55.41万元。

（许梦莹）

·中国平安财产保险股份有限公司宁国支公司·

【概况】 2016年，宁国支公司主要经营机动车辆保险、企业财产损失保险、家庭财产损失保险、短期健康保险、意外伤害保险、建筑工程保险、安装工程保险、货物运输保险、船舶保险、能源保险、法定责任保险、一般责任保险、保证保险、信用保险等险种。截至年末，有在编员工26人。

全年实现税后保费收入6627万元。其中，车险6179万元（电话车险2511万元，比上年增加261万元），企业财产损失保险84万元，货物运输保险13万元，责任保险174万元，意外伤害保险149万元，健康险16万元。

全年理赔结案2813件，比上年减少517件；共支付保险赔款2942万元，比上年增加334万元；已报告赔付率为43.70%，比上年增加1.70个百分点。其中，车险理赔结案2495件，赔付金额2346万元，分别比上年增加759件和402万元；非车险理赔结案318件，赔付金额194万元，分别比上年增加242件和68万元。

（刘　兴）

·中国平安人寿保险股份有限公司宁国营销服务部·

【概况】 至2016年年末，宁国营销服务部共拥有正式编制人员2人，有持证保险代理人121人，主要经营个人寿险、医疗保险、综合开拓、团体意外险、团体养老险、银行保险等险种业务。

2016年，该营销部坚持合规经营的策略，积极开展各项综合金融保险业务。全年完成新契约保单1400余件，新契约承保规模为700余万元，实收保费收入2300余万元。坚持"主动、简单、及时、方便、可靠"的"P-STAR五心"（平安人寿的五星级服务标准）服务理念。全年办理理赔案件93件，给付理赔金额35.4万元。

（苏良斌）

·中国太平洋财产保险股份有限公司宁国支公司·

【概况】 截至2016年年底，宁国支公司有员工19人，主要经营企业、家庭财产保险，机动车辆保险、短期健康保险、意外伤害保险、建筑安装工程保险、货物运输保险及各种责任险等险种。

2016年实现保费4323.62万元，比上年增长29.2%，在宁国市行业市场占比19.04%，同比提升3.04个百分点。其中，车险保费3894.69万元（含电话销售227.08万元）；非车险保费428.93万元，非车险保费在当地市场份额占比位列宁国市第一，在太平洋财产保险公司安徽省系统内四级机构排名第一。

全年各类理赔案件结案1835件，总计支付赔款1946.06万元，简单赔付率44.98%。全年查处各类虚假骗赔案件近十起。

（施龙华）

·中国太平洋人寿保险股份有限公司宁国支公司·

【概况】 截至2016年年底，宁国支公司内设有个人传统营销、服务营销、法人渠道条线和营业部，有正式编制人员9人，有持保险代理资格证人员525人。主要经营健康保险、人寿保险、意外保险、理财保险、旅游保险、企业年金保险、企业员工保险、学生平安保险、老年人意外保险、乘客保险、燃气保险、计划生育保险、特别家庭扶助保险等险种。

2016年，宁国支公司与市区优质店铺跨界合作，成立"社区保险便利店"，提供售前咨询、售后保全等服务。至年底，共设立小区店铺"社区保险便利店"12家。

公司全年实现保费收入6270万元。其中，服务营销保费240万元、法人渠道保费220万元、个人传统营销渠道保费5810万元。个人传统营销渠道中，新契约3994件，保费收入2150万元，比上年增长13%。全年办结理赔案558件，赔付金额298万元。其中，重大疾病保险赔付180万元、医疗保险赔付52万元、身故赔付42万元、残疾赔付15万元、其他保险赔付9万元。

（王建新）

·泰康人寿保险有限责任公司安徽宣城宁国支公司·

【概况】 2016年12月20日，泰康人寿保险股份有限公司宁国支公司更名为泰康人寿保险有限责任公司安徽宣城宁国支公司。该公司经营个人意外伤害保险、个人定期死亡保险、个人两全寿险、个人终身寿险、个人年金保险、个人短期健康保险、个人长期健康保险、团体意外伤害保险、团体定期寿险、团体终身寿险、团体短期健康保险等保险业务。截至年底，宁国支公司下辖港口、汪溪2个乡镇服务网点，拥有正式编制员工5人、保险业务代理人634人。

2016年，该公司继续开展"康乃馨病房探视""重大疾病就医绿色通道""幸福有约衔接养老社区""泰康医生"APP服务等特色服务项目。8月1—31日举办第十六届客户服务节，开展"老客户重疾险保单免费升级活动"，共为6500余名老客户提供重疾险保单免费升级服务。全年开展"康乃馨病房探视"服务客户9人，"重大疾病就医绿色通道"服务客户3人，"幸福有约衔接养老社区"服务客户40人，"泰康医生"APP服务客户400余人。

全年实现总保费收入7660万元，其中，续期保费4777万元、银保保费683万元、营销新契约保费2200万元；理赔客户200人，理赔给付金额67万元。是年，该公司被评为"全国百强支公司""全省优秀支公司""二千万平台服务部"，在总公司300强支公司中排名第98位。

（邱家菊）

·天安财产保险股份有限公司宣城中心支公司宁国营销服务部·

【概况】 截至2016年年底，宁国营销服务部开办有各种财产保险、车险、责任保险、水险、意外伤害保险、健康保险、金融服务保险等业务，有编制员工7人、代理保险人员10人。2016年实现总保费收入1021.3万元（其中，车险901.16万元、非车险120.14万元，同比分别较上年增长16.47%和0.73%），较上年增长14.37%。全年接报理赔案件829件，结案536件，共支付保险赔款536.07万元，比上年增长49.04%。

（董玲玲）

·中国大地财产保险股份有限公司宁国支公司·

【概况】 宁国支公司成立于2006年4月，主要经营企业财产保险类、机动车辆保险类、工程险类、责任险类、信用保险类、保证保险类、家庭财产保险类、货物运输保险类、船舶险类、农业保险类以及短期健康保险和意外伤害保险类等保险产品。截至2016年年末，公司有员工8人。

2016年，宁国支公司共完成保费797.66万元，比上年下降18.12%。其中，车险758.50万元，比上年下降20%；非车险12.42万元，比上年增长327.13%；人身险26.75万元，比上年增长3%。总保费中车险电话销售446.35万元，比上年增长13.32%，占总保费的59%。全年理赔立案658件，结案658件，结案率为100%，比上年增加1.17个百分点。全年已决赔款393.15万元，满期赔付率42.17%，比上年减少11.52个百分点。

（陈婷婷）

·安邦财产保险股份有限公司宣城中心支公司宁国营销服务部·

【概况】 2016年，宣城中心支公司宁国营销服务部主要经营机动车辆保险、人身意外伤害保险、企业财产保险、家庭财产保险、货物运输保险、责任保险等保险业务，有在编员工5人，保险代理人8人。

全年完成保费收入2109852.82元（其中电话销售保费185963.36元，较上年减少63.12%），较上年减少47.09%。其中，车险业务保费收入1866325元，较上年减少50.92%；商业非车险保费收入243527.82元。全年受理各类理赔案件186件，办结169件，总计赔款1279296.49元，较上年减少24.70%。

（胡　川）

·华夏人寿保险股份有限公司宁国支公司·

【概况】 截至2016年年底，宁国支公司主要经营个人意外伤害保险、个人定期死亡保险、个人两全寿险、个人终身寿险、个人年金保险、个人短期健康保险、个人长期健康保险、团体意外伤害保险、团体定期寿险、团体终身保险、团体年金保险、团体短期健康保险、团体长期健康保险等保险业务。该公司内设有个险营销部、团险营销部、银行营销部、续收部，有在编人员12人，有保险代理人302人。

2016年，该公司实现总保费收入7019.77万元，其中，银行代理业务1077件共5747.87万元，团险销售59件共829.93万元，个人代理业务698件共441.97万元。全年理赔95件，理赔金额23.46万元；全年银保给付5件共15万元。

（郎　萍）

证　券　业

·华安证券股份有限公司宁国津河东路证券营业部·

【概况】 截至2016年年末，宁国津河东路证券营业部内设客户经理室、账户管理部、信息技术部、财务会计室、期货业务室5个部室，有工作人员15人。是年，公司在A股主板市场上市。

2016年，该营业部开展投资者教育与宣传活动8次（其中开展股民教育活动2次），包括股市入市风险揭示性指导教育、创业板风险专项教育、反洗钱法以及防范反洗钱相关措施专项教育等活动。同年举行投资策略报告会2次。

全年新增开户数493户，累计总开户10209户。全年成交金额143亿元，客户托管市值为14.3亿元。融资融券业务持续增长，截至12月底，共开立208户，全年融资融券交易量35.36亿元；期货IB业务新增开户11户，共计开立30户。

（彭雅丽）

·国元证券股份有限公司宁国宁城中路证券营业部·

【概况】 截至2016年年末，宁国宁城中路证券营业部内设有营销部、客服部、柜台、电脑部、综合部，拥有员工13人。

2016年，该营业部加强资讯服务，建立营业部微信公众号、服务群。开展标准化服务，对3星级以上客户进行分包，服务频率、频次均达到公司要求目标。开展投资者教育工作，全年举行大型投资策略报告会2次、股民学校教育10次、投资者保护专项户外宣传活动5次。

是年，在抓紧开展传统业务的同时，将营销工作重点放在融资融券、报价回购、产品销售、约定购回、资管项目承揽，投行项目承揽，“新三板”、四板挂牌企业的开发等创新工作上，实现营业部利润增长多元化。全年传统业务完成交易量125.20亿元。

（汪　浩）

综合管理与监督

Integrated Economic Management

- 发展改革
- 物价管理
- 统计
- 审计
- 市场监督管理
- 安全生产监督管理

发展改革

【概述】 2016年，市发改委组织开展“基地建设推进年”活动，对上沟通协调，推进本市省级核心基础零部件战略性新兴产业集聚发展基地建设；做好对上争取、重点项目调度和招商引资等工作，持续扩大有效投资；加强项目预审，提高项目质量；加强节能评估和审查，从源头上加强对“三高”项目能耗企业的约束和监管，做好全市能减排工作；加强全市特色小镇创建和培育工作，争取进入国家、省、宣城市级特色小镇名单。

【经济运行调度】 深入研究宏观经济形势，开展经济运行分析，提出积极有效的应对措施，不定期刊发送阅材料和项目工作动态；做好固定资产投资及重点项目分析调度；密切关注全市经济发展动态，开展系列调研活动，为市委、市政府决策提供科学依据。

【“十三五”规划编制】 自启动“十三五”规划编制和重点项目谋划工作以来，经过多轮修改完善，认真履行政府常务会讨论、政协协商、人大审议、市委常委会决定等评议程序，最终形成“十三五”规划纲要，经审议通过，于2016年正式印发。

【2017年国民经济和社会发展计划编制】 拟定《关于宁国市2016年国民经济和社会发展计划执行情况与2017年国民经济和社会发展计划草案的报告（送审稿）》，并通过政府常务会讨论、政协协商、人大审议、市委常委会决定等程序，最终形成正式文件报请十六届人大一次会议审议通过。该《报告》拟定了宁国市2017年经济社会发展的预期目标。

表39　2017年国民经济和社会发展计划主要目标一览表

指标名称	单　位	预期目标
地区生产总值	%	8.5以上
规模以上工业增加值	%	9以上
服务业增加值	%	10左右
财政收入	%	6左右
全社会固定资产投资	%	11.5以上
战略性新兴产业产值	%	11左右
社会消费品零售总额	%	12以上
文化产业增加值	%	10左右
旅游总收入	%	22左右
进出口总额	%	保持正增长
实际利用外资	亿美元	2.5以上
城镇居民人均可支配收入	%	高于经济发展水平
农村居民人均可支配收入	%	高于经济发展水平
城镇登记失业率	%	4以内
万元地区生产总值能耗下降	%	完成省定目标任务
化学需氧量排放量下降	%	完成省定目标任务
氨氮排放量下降	%	完成省定目标任务
二氧化硫排放量下降	%	完成省定目标任务
氮氧化物排放量下降	%	完成省定目标任务

【社会信用体系建设持续推进】 2016年，召开第三次社会信用体系联席会议和社会信用体系建设座谈会，出台《2016年宁国市社会信用体系建设工作实施方案》《关于印发宁国市行政许可和行政处罚等信用信息公示工作方案的通知》等指导性文件；做好网站运营维护工作，更新各类政策资讯，定期发布诚信红黑榜和失信被执行人名单，归集发布各类信用信息400余条；及时开展“双公示”信息报送工作，通过宣城市公共信用信息平台汇集上报近三年存量“双公示”信息1.1万余条，涉及部门30余个，实现信用信息数据交换共享。

【固定资产投资】 2016年，全市固定资产投资累计完成335.3亿元，同比增长18.4%，总量位居宣城各县市区第一位。其中工业投资完成164.6亿元，同比增长12.2%。

【战略性新兴产业发展】 2016年，全市有战略性新兴产业企业68户，占宣城市战略性新兴企业总数（249家）的27.3%，居宣城市第一位；全市战略性新兴产业实现产值201.9亿元，同比增长9.9%，占规模以上工业总产值比重为33.7%。

【重点项目建设】 2016年，市项目办制定《关于进一步加强项目工作的意见》《2016年宁国市重点项目调度办法和2016年宁国市项目工作考核办法》，完善项目工作考核的制度。按照重点项目实行动态调剂制度的要求，本年度重点项目最终调整为123个（其中，续建项目38个，新开工项目75个，前期工作项目10个），总投资为75.99亿元。围绕“新建抓开工、续建抓竣工、竣工抓投产、储备抓转化”的总体要求，原则上，联系领导每个月调度一次，协调组每个季度调度一次，市委、市政府主要负责人每半年调度一次。项目调度坚持问题导向，突出现场办公，注重发挥资源集聚、力量集中的优势，着力解决项目前期工作、征地拆迁、建设推进等各个环节出现的困难和问题，确保重点项目有序推进。

【PPP合作】 2016年，按照“1+1+X”的运作模式，吃透上级文件精神、把握方式方法，落实合作伙伴，服务到位，力推宁国市中医院、安徽材料工程学校等10个PPP项目开工建设。宁国市城北新城综合开发、宁国市安材、党校新校及配套路网建设、宁国市S104“二改一”河沥溪段建设、宁国经济技术开发区电镀污水处理设施及电镀标准化厂房建设、宁国市港口生态工业园区综合配套建设等项目，财政承受能力评价报告和物有所值报告及实施方案已通过政府批准，已通过省财政厅PPP项目综合信息平台审核，正在组织社会资本方的招标工作；宁国市凤形新区综合开发项目和宁国市城市公园绿地建设项目正在开展规划及施工图设计等前期工作，咨询公司也正在编制实施方案及“两报告一方案”。

【项目争取】 2016年，制定《宁国市向上争取项目资金考核奖励办法》，按照“经济工作项目化、项目工作责任化”的要求，把项目前期工作纳入“项目提质年”考核，不断完善储备项目基础工作，最大限度获取上级项目资金支持，紧盯国家专项建设基金后续批次的资本金项目，把握时机，主动衔接；加大全市特色小镇创建和培育工作，争取进入国家、省、宣城市级特色小镇名单，落实本市即将出台的特色小镇创建标准和考核办法，开展市本级特色小镇申报评选工作。

（黄　杰）

物价管理

【涉企收费清单动态调整】 2016年，对本市涉企收费进行全面清理，内容包括行政管理过程中所有涉企行政事业性收费，政府性基金、政府性保证金（抵押金）和行政审批前置服务项目收费（包括行政审批前置服务涉及的实行市场调节价的第三方中介服务收费），编制《宁国市涉企收费清单》向有关部门和企业发放，并通过市政府网、市物价局网进行公示。经清理，收费项目由2014年底各单位上报数135项降至78项，取消、未列入涉企收费清单项目57项。据不完全统计，每年可为企业减轻负担约6000万元。

【价格改革与调整】 2016年，市物价局坚持“市场决定、放管结合、改革创新、稳慎推进”的原则，深入推进价格机制改革，启动输配电价改革，实施交通运输价格改革，完善资源和环境价格机制。

由于宁国市天然气主管网未开通，天然气需经压缩后用撬车运输到该市，增加了经营成本（工商业天然气价格一度高达4.70元/立方米，后降至4.60元/立方米）。2016年，市局按照国家发改委关于实现存量气与增量气并轨的要求，在天然气运行成本测算的基础上，将工商业天然气价格下调至3.95元/立方米，同时推进大用户直供气试点，使直供气价格最低降至3.60元/立方米，为企业降低用气成本。

为促进宁国市旅游事业发展，规范景区门票价格行为，依据《安徽省游览参观点门票价格管理办法》规定，2016年核定华东大裂谷风景区、山门洞风景区正式门票价格。通过成本监审、组织价格听证，核定吴越古道景区、青龙湾景区临时门票价格，制定石柱山景区内观光车服务收费标准。

【价格收费管理】 2016年，对上年度行政事业性和经营性服务收费进行统计，全市行政事业性收费单位32个，收费项目82大项，收费资金总额7877.34万元；经营性服务收费单位78家，收费项目45项（其中涉企20项），年收费金额28688.80万元。根据省物价局规定，认真做好经营性服务价格登记证的审核和发放，全年共新办、变更"服务价格登记证"15份。

【规范教育收费行为】 为促进公办学前教育事业健康发展，规范幼儿园收费行为，依据《幼儿园收费管理暂行办法》和《安徽省幼儿园收费管理暂行办法实施细则》规定，对全市公办幼儿园保育费进行调整。

【成本监审】 遵循"谁定价、谁监审"的原则，对政府定价的商品和服务价格严格实行成本监审，做到程序合法、主体合法。2016年，市物价局开展南山保障房天然气工程入户建安、青龙湾、吴越古道和石柱山旅游景区门票及观光车定价成本4项成本监审工作，共审核财务成本2372.13万元，核减不合理成本1447.19万元，为本局调定价提供科学、真实、合理的数据。

【价格监测】 2016年，全面加强价格监测分析预警工作，继续开展"价比三家"活动，对城市居民生活必需品，肉、禽、蛋、蔬菜等农副产品，化肥等农业生产资料几十个品种进行价格监测，撰写价格监测分析报告，实行周报和旬报制度，为政府及上级部门决策，提供科学、准确的数据参考。

【价格监督检查】 2016年在教育、旅游、银行收费、涉企收费、医疗服务收费等关系群众切身利益的价格收费领域，开展专项价格监督检查，共查处价格违法案件1件，给予经济制裁0.3万元，罚款0.3万元。

【价格认证】 2016年，受理各种价格认定业务132例，总认定价值772.18万元。其中：公安机关委托的涉案财物价格认定119件，认定值476.99万元；出具价格认定报告8份，认定标的额246.98万元；车损价格评估5件，评估金额48.21万元。

（徐荣星）

统　计

【概况】 2016年，全市统计工作坚持"一个中心"（提高统计数据质量），突出"两项重点"（第三次全国农业普查、统计分析研究和预测预判），强化"三个基础"（乡级统计基础、部门统计基础、企业统计基础），抓好"七项工作"（常规统计调查、各类考核工作、统计能力建设、统计法治建设、统计文化建设、干部队伍建设、市委市政府中心工作），着力为全市经济社会又好又快发展提供坚强的统计保障。

【统计报表和专项调查】 2016年，圆满完成农业、工业、商贸、服务业、投资、建筑、能源、房地产、科技、文化、劳动工资、名录库等多个专业月度、季度、半年度和年度统计报表任务，有序开展月度劳动力调查、限额以下商贸调查、规模以下服务业调查、小微企业和个体户跟踪调查、规模以下工业企业样本调查、工业品生产者价格调查、景气调查、创新调查、市场占有率调查、企业用工调查、企业接受政府检查情况调查、非公有制企业（单位）人才资源状况抽样调查、安徽省四众平台企业专项调查、畜禽监测调查、城乡一体化住户调查、统计基层基础建设情况调查、民生工程满意度调查、妇女儿童发展监测等一系列专项调查和常规化调查。

【统计法治工作】 2016年，是"七五"普法的开局之年。市统计局积极运用会议培训、门户网站、宣传横幅、手机短信等多种平台，在全市大力营造学习统计法规、支持统计工作的舆论氛围。扎实开展"机关集中学法月"活动，积极开展"江淮普法行·宁国行"街头集中宣传活动，重点宣传《中华人民共和国统计法》和《全国农业普查条例》内容，促进社会公众对统计法规的了解和认知，也为农业普查工作的顺利进行创造良好氛围。继续结合"两核查一提升"、整治弄虚作假专项行动的开展，加大对统计违法违规行为的查处力度，做到有案必查、违法必究。全年共执法检查统计调查单位133家，发现存在统计违法违规行为的单位17家，均当场给予责令改正与警告的行政处罚。

【统计基础工作】 2016年，推进全市19个乡镇（街道）和宁国经济技术开发区以及港口生态工业园区的统计工作"六有""六化"建设和企业统计工作"五有""六化"建设。市政府专门印发《关于加强宁国市部门统计工作的意见》，要求充分认识部门统计工作的重要性，不断强化部门统计工作的规范性，加快实现部门统计工作的系统性。在市发改委、商务局、经信委、住建委等有经常性统计业务的部门试行建立首席统计员制度。

【农业普查工作】 2016年4月，市政府印发《关于做好第三次全国农业普查的通知》，组建宁国市第三次全国农业普查领导小组及其办公室。创新宣传载体，超前谋划、精心印制2万副农普主题宣传扑克，该项图文并茂、寓教于乐的宣传形式受到社会各界的广泛欢迎，并成功入选第三次全国农业普查宣传作品征集活动优秀作品，获国务院第三次全国农业普查领导小组办公室表彰。7月19—25日，在青龙乡龙阁村承办宣城市农业普查综合试点工作。8月23—25日，在西津街道罗溪村主办宁国市农业普查综合试点工作。11月14—25日，分4期举办第三次全国农业普查实施方案培训班，对全市438名乡镇(街道)农普骨干和村居委会普查指导员进行业务培训。各乡镇(街道)也分别于11月28—30日组织对所属村居委会和村民小组的1420名普查员进行业务培训。12月1—12日，完成清查摸底并上报。是年年末，正式登记已全面展开。

【统计服务】 2016年，把脉全市经济社会运行态势，组织撰写统计分析29篇、统计信息124篇、政务信息78篇，及时编印《宁国统计月报》《宁国市国民经济和社会发展统计公报》《宁国统计年鉴》《宁国市经济普查资料》等统计产品，为市委、市政府提供决策参考，为社会各界提供优质服务。

（张义成）

审　计

【概况】 2016年，完成审计项目209个，查出主要问题金额23827万元，其中管理不规范金额23433万元；审计处理处罚金额8757万元，其中应上缴财政127万元，应减少财政拨款或补贴5600万元，归还原资金渠道394万元，应缴纳其他资金2506万元，应调账处理18万元；审计发现非金额计量问题17个；审计促进整改落实有关问题资金6757万元，其中已调账处理金额18万元、审计后挽回(避免)损失5600万元。出具审计报告和专项审计调查报告223篇，被批示、采用156篇。提出审计建议401条，提交审计信息42篇，被批示、采用18篇。

【政策措施贯彻落实跟踪审计】 根据上级审计机关的统一部署，每季度开展政策措施贯彻落实跟踪审计，在认真学习审计实施方案的基础上，根据不同时期的审计内容，突出审计重点，建立审计台账。加强了审计整改的督察，与财政局等部门建立审计整改联动机制，形成督促整改合力，2015年度发现的12个问题已全部整改到位。

【财政审计】 紧紧围绕全市经济社会发展大局和市委、市政府中心工作，着力推进审计监督全覆盖，重点对政府预算管理体系、财政支出结构优化、存量资金盘活、政府债务管控、政府采购政策执行等方面进行审计，完善相关制度机制；注重对普遍性、倾向性和苗头性问题的研究，从管理、制度、体制、机制等方面找原因，提建议，充分发挥财政审计建设性作用；围绕政府关注和群众关心的民生问题，选择经济技术开发区、港口工业园区及市水务局、教体局、政务服务中心、美好办4个部门的预算执行及财务收支情况进行了审计。市政府专门召开预算执行审计整改工作会议，要求各被审单位就审计发现的问题进行整改，建章立制，避免屡审屡犯。

【经济责任审计】 实施审计中，突出监管重点，注重审计重大发展事项如招商引资、资源出让、招投标、资产购置及处置、“三公经费”支出、惠民政策落实等，检查领导干部的决策权、执行权、监督权的运用情况及自身廉洁自律情况。调整经济责任审计领导组，召开联席会议，出台《关于推进领导干部履行经济责任审计监督全覆盖的工作方案》；全面完成15个经济责任审计项目；配合宣城市审计局在本市开展的市长经济责任审计项目。

【政府投资审计】 一是全力做好工程造价审计，提高工程造价审计能力，以适应投资审计发展的需要。二是加强跟踪审计，对河沥新城保障房、南山保障房、开发区11号路、港口园区纬六路等13个项目实施跟踪审计，涉及审计金额8.78亿元。三是严格根据规定加强对协审单位、工程变更和跟踪审计的管理。全年共完成造价审计155个，涉审资金10.19亿元，核减0.56亿元，核减率5.5%。

【专项审计】 加强对事关群众切身利益的专项资金的审计监督，促进党和政府各项惠民富民政策落到实处。根据上级审计机关的统一部署，开展了2014—2015年宁国市耕地占用税、城镇土地使用税、土地增值税征管情况进行了专项审计调查和2016年度保障性住房跟踪审计。

（黄明军）

市场监督管理

【商事制度改革】 实行注册资本认缴制，取消最低注册资本限制，放宽经营场所登记条件，减少前置审批事项，释放改革红利。2016年，新增各类企业937家，同比增长40.90%；新增个体工商户3059家，同比增长

32.88%。至此，全市有各类企业6089户、个体工商户20848家，市场主体户数位居宣城市前列。

【企业年报】 2016年，举办8期企业信息公示工作培训会，培训企业4237户，通过移动短信平台发送38266条年报提醒短信，上门发送《致个体工商户和农民专业合作社经营者一封信》10391封，让每一户市场主体了解企业年度检验制度改为企业年度报告制度这一改革措施，熟悉企业年报操作流程，按时准确地进行网上年度报告。企业年报工作取得预期成效，2016年度内资企业年报率为87%，外资企业年报率为97.2%，个体工商户年报率为98.8%，农民专业合作社年报率为89.3%，全面完成省工商局下达的85%的年报率。

【农民专业合作社管理】 为促进农民专业合作社示范点快速发展，2016年选取2户农民专业合作社，按照“四个规范 一个提高”的标准予以重点帮扶；与农委合作共同开展农民专业合作社年报推进工作。

【个私经济管理】 开展“个转企”培育引导，各市场监管所依据经济户口和监管档案，在辖区内筛选具有一定规模的个体工商户，进行重点培育，在申请人预先核准名称、注销登记和申请设立时，做好前期指导服务；开辟个体工商户转型升级为企业登记绿色通道，遵循便民高效原则，在符合企业名称登记管理规定的前提下，允许升级企业在名称中使用原个体工商户的字号，方便企业开展业务的连续性。2016年全市共有102户个体工商户成功升级为企业，为全市私营经济发展增添新生力量。

通过股权质押、动产抵押等方式，帮扶中小企业解决融资难问题，2016年办理股权出质登记12件，担保债权8.42亿元，共办理动产抵押登记61件，抵押金额达2.28亿元。在经济下行的总体形势下，市市场监管局积极与银行和上级业务主管部门协调，在政策允许的条件下，最大限度地为企业办理抵押循环贷款、抵押权的变更和转让提供便利条件。

【商标管理】 以争创全国质量强市示范城市为契机，根据全市调转促工作的总体部署，大力推进品质承载工程，通过全市品牌指导站的前期摸底、培育，市市场监管局组织15家企业申报2015—2016年度安徽省名牌产品；14家企业申报安徽省著名商标；引导35家企业参加安徽省名牌产品复审；帮助1家企业申报中国驰名商标、2家企业正在培育中；全力支持司尔特公司成功申报省政府质量奖；完成第五届宁国市市长质量奖申报工作；指导本市相关农业企业开展黄花云尖地理标志证明商标申报工作；先后举办卓越绩效管理、质量工具改进、精益管理与QC改进工具、标准化管理等培训班5期，对全市规模以上企业进行2期首席质量官培训，企业质量管理水平有了明显提升。

【广告管理】 2016年8—9月，组织执法人员到省工商局、宣城市工商质监局学习新修订的法律法规，培训对象为市各主要媒体的广告负责人、广告审查员和市场监管所分管广告业务人员，培训重点从广告法修订的背景、全国广告市场秩序情况、造成广告市场出现虚假违法广告的原因、广告法修订的主要内容等方面对新《中华人民共和国广告法》进行深入讲解和宣传。此次培训提高了本局监管所广告监管人员能力。

【合同管理】 2016年集中整治的主要内容是规范供水、供电、供气等公用事业类合同和旅游类合同中的格式条款。针对经营者利用合同中的不公平格式条款，免除自身责任、加重消费者责任、排除消费者权利的违法违规行为，开展集中规范整治。并将《商品房买卖合同》作为工作重点，对其中经营者利用格式条款实施的违法违规行为进行规范治理。对集中规范整治中发现的问题，本着行政指导在先的原则，要求问题企业先行整改；逾期不改或整改达不到要求的，严格按照法律法规等规定，依法处理，并将处罚结果向社会公示。全年修改格式条款合同74份，备案格式条款合同74份，检查相关企业8家，按计划完成格式条款合同的集中整治工作。

【市场监督管理】 对全市经营的白酒、糕点、糖果、坚果、炒货等食品进行抽样检查，共抽样45组，其中，白酒24组、黄酒3组、炒货6组、蜜饯4组、其他类8组；制定全年商品质量检测计划，对管材电线电缆、木工板、U-PVC工程排水管、建筑胶水等3类36组进行检测；加强药品医疗器械监督抽检，完成基本药物和高风险药物专项抽验40批次，日常监督抽验70批次，医疗器械抽验4批次，药包材3批次，医用卫生材料及敷料类产品专项抽验3批次。

开展公用事业类合同和旅游类合同规范整治、无证无照专项整治、“红盾护农”、农资市场检查、互联网金融专项督查、非法集资风险排查、混凝土行业整治等各类专项行动18项，有力维护市场经济秩序。

完成司尔特、亚夏、亚新科等多家企业国家级“守合同重信用”企业的申报工作。对2015年公示的28家省级、39家市级、38家县级“守合同重信用”企业进行跟踪回访，引导宁国市光彩大市场申报省级“诚信市场”；重点推进企业信息公示工作，注重运行信息化手段，建立企业年度报告公示、经营异常名录和食品安全黑名单制度，使违法企业“一处违法，处处受限”。

【消费者权益保护】 完善体制机制建设，将市消协升格为市消保委，完成消保委换届工作，2016年，消协组织被中国消费者协会授予“2014—2015年度全国消协组织先进集体”荣誉称号，也是安徽省唯一获得此项荣誉的县级消协组织。开展“新消费　我做主”3·15主题活动，举行“3·15”大型宣传咨询活动，解答消费者提出热点、难点问题，活动期间，全市共设立宣传咨询服务点12个，制作宣传展板20余个，发放宣传资料6000余份，现场受理消费者投诉25件，接受群众咨询300余人次。认真贯彻落实《消费者权益保护法》，是年，共受理消费者投诉419件，妥善解决415件，其中重大案件3件，涉案金额58万元。

【市场公平交易执法】 推进打击传销和创建无传销城市工作。与各乡镇政府、街道办事处签订“打传”目标责任书，将“打传”工作纳入对各单位综治目标管理考核，建立健全市、乡、村三级“打传”监管网络，并按照打早、打小、露头就打的原则，联合市综治办、公安、文明办等部门多次开展联合整治行动，尤其配合公安部门成功破获两起传销案件，挽回群众损失200余万元。开展创建无传销城市和无传销社区工作，实现无传销社区（村）全覆盖，全市共有18个社区、98个行政村被命名为“无传销社区（村）”。2016年7月，宁国市再次被命名为宣城市级“无传销城市”。

以产品集中地、商品集散地、城乡接合部为重点整治地区，以侵犯驰名商标、著名商标、涉外商标和地理标志商标专用权等为重点环节，分阶段有重点地开展“双打”（打击侵犯知识产权，打击假冒伪劣商品工作）专项整治，开展“两节”市场打假、“红盾护农”“质监利剑”、日用品、建材市场、食用植物油等打假专项整治，查处各类“双打”案件69起（包括各所），罚没合计50余万元，其中，查扣侵权茅台酒4瓶、海之蓝66瓶、天之蓝6瓶、梦之蓝8瓶、剑南春4瓶，查扣侵权假冒橡胶制品2822件，查扣过期变质食品药品100余公斤。

图23　2016年3月5日，在世纪广场开展“新消费　我做主”主题活动

重点开展公用企业整治、扫黄打非、两节打假、“质监利剑”“红盾网剑”等专项整治，尤其是开展对全市供水、供电、供气等公用企业不正当竞争行动的调查，取得显著成果，下一步将根据调查结果依法进行处理。

【药品医疗器械流通监督管理】 强化企业落实第一责任人意识，贯彻执行GMP、GSP，医疗器械生产（经营）质量管理规范，协助上级局对药品医疗器械药包材生产企业、特药生产经营单位的年度监管。开展问题疫苗排查，集中整治药品经营企业违法违规、处方药销售、中药饮片销售、含麻黄碱复方制剂和终止妊娠药品销售、出租出借证照、非法回收药品；集中整治医疗器械流通领域经营行为、注射用透明质酸钠、医用卫生材料及敷料类、冷链监管、不合格化妆品排查，美容美发行业专项整治等各类专项整治行动13项。出动执法人员610人次，车辆82台次，检查药械生产经营企业320家次，下达责令整改通知书22份。2016年对药品、医疗器械生产经营企业监管覆盖率达100%。

【药品医疗器械生产监督管理】 全市共有药品生产企业1家，药用辅料生产企业3家，医疗器械生产企业2家。

针对这6家企业，每年开展不少于两次的日常监管，健全企业诚信档案（一企一档），全面记录企业基本信息、日常监管信息、质量反馈信息、诚信信用等级评定信息等。依据日常监管、跟踪检查、案件查处等情况，结合企业年度自查报告，严格进行信用评定。以评定结果为主要依据，对药品医疗器械生产企业实行分类管理，向社会公开企业质量信用等级。

鼓励相关企业扩大经营规模，帮助佳乐卫生用品有限公司搬迁到医药产业园，帮助恒达活性炭有限公司新增一条生产线。

【药械不良反应(事件)监测】 采取培训班、QQ 群、上门指导等方式，加强对涉药单位开展 ADR 工作的指导和督促，提升涉药单位人员的责任意识和业务素质，提高药械监测报告的数量和质量；加大新的严重的病例收集力度；加强对社区卫生服务中心、乡镇卫生院等涉药涉械单位不良反应监测与报告工作进行量化考核和日常沟通，要求乡镇卫生院上报数不少于 30 例 / 万人，促进药械不良反应监测工作制度化、规范化。至是年年末，共计收集上报药品不良反应 1133 例，医疗器械不良事件 102 例，其中新的不良反应 66 例，严重的 6 例。

【食品安全监管】 落实食品安全属地管理责任，调整食品药品安全委员会，制定工作规则和相关制度。协调市编办，从本局划转 18 名事业编制到各乡镇(街道)，并结合卫生、计生机构改革，为各乡镇(街道)食安办配备专职工作人员。在对乡镇食品安全工作按季考核的同时，2016 年将市直单位食品药品安全工作纳入目标管理绩效考核。各乡镇(街道)均安排专项经费和“四员”工作经费，用于开展宣传培训和农村自办宴席申报备案以奖代补。

联合市农委开展禁限用农药专项整治、“瘦肉精”专项整治、生猪屠宰“扫雷”、兽用疫苗、水产品禁用药物与有毒有害物质专项整治等行动。开展食品安全监督抽检 400 批次，其中食用农产品 240 批次，及时公布检测结果，回应社会关切。开展农村食品安全“扫雷”行动，加强重大节假日、中高考等重点时段，农村地区、城乡接合部、旅游景区等重点区域，学校食堂、集体用餐配送单位等重点单位餐饮食品安全监管，全年立案查处食品药品类违法案件 48 件，没收不合格食品 35 公斤，罚没 52 万元。

对全市食品生产、大中型流通企业及餐饮单位负责人、质量管理员培训 5 期，700 余人次。开展食品药品安全风险分级管理，年底前完成大中型餐饮单位、大型超市、农贸市场、食品批发企业及食品生产企业的食品安全风险等级登记。坚持日常监管与量化分级管理相结合，利用量化等级评定和“明厨亮灶”工程，针对发现的突出问题和薄弱环节，严格落实整改措施。全市已完成餐饮服务单位量化分级单位 323 家，首批选定 15 家大中型餐饮单位，与教体局联合选定 10 家学校食堂推进“明厨亮灶”工程。

【化妆品安全监管】 开展化妆品流通环节专项整治，针对祛痘、祛斑、烫发、染发、婴儿和儿童用化妆品等产品，重点检查“四无”产品(即无“化妆品生产企业卫生许可证”自制的化妆品、无生产日期和保质期的化妆品、无批准文号的国产特殊用途化妆品、无进口化妆品备案文号的进口化妆品)，对经营企业违法行为严厉查处。

【食品药品安全知识普及活动和法律培训】 在各行政村、社区建设食品药品安全科普宣传站，以实施食品药品安全科普行动计划为抓手，举办“食品安全宣传周”“安全用药月”“食品药品安全知识大讲堂”等活动，加大食品药品安全知识普及力度，提高公众自我保护能力。完善投诉举报奖励机制，2016 年兑现举报奖励 3 起，金额 0.35 万元。

【创建全国质量强市示范城市】 宁国市委、市政府于 2015 年 4 月召开动员大会，对推进质量强市工作进行全面的动员和部署，并主动向省、市质监部门汇报，向上级编制管理部门争取，对强化质量工作职能进行一系列部署。

一是组建质量发展局。2016 年 1 月，全国第一个县级质量发展局在宁国市成立，该局与市场监督管理局合署办公，在局领导职数中增设总工程师，内设科室中设立质量与商标广告科、标准计量科、特种设备科；在直属机构中设立市场监督检验所，在稽查大队建制中增设一个质量技术监督执法中队；抽调精兵强将成立质量强市创建办公室，牵头全市质量强市争创工作，有效落实创建办人员和经费，实现创建办机构由虚到实。改革后，直接从事质量管理的工作人员比改革前增加 74 人(原质监局 36 人)，达 110 人，占全局总人数的 52%。

二是完善基层质量监管网络。在全市 8 个市场监管派出机构中设立品牌建设指导服务站，并在各乡镇、村建立“质量专管员”“质量监督员”“质量协管员”“质量信息员”(简称“四员”)队伍，充分发挥“一站四员”在品牌指导、协同监管、信息报送、质量宣传等方面的作用，构建起“横向到边、纵向到底”的监管和服务网络。

三是强化技术支撑体系建设。投入 600 万元并参照国家级检测中心标准，迁址扩建省级耐磨材料检测中心，扩展服务功能和项目。帮扶和引导企业拓展技术中心服务功能，使企业技术中心脱离企业，成为具有独立法人资格的第三方，对外开展业务，发挥企业技术人才优势，提高设备利用率。成功争取到全省区域性食品检验检测中心建设项目，建成后将极大提升本市食品检测能力和水平。

【计量管理】 开展重点领域安全用计量器具专项监督检查，共检查企业7家、安全用计量器具304台件。实施“计量惠民生　诚信促和谐”双十工程工作。完成全市电子秤专项执法检查，共检查631台件，合格616台件，合格率98%。对污水处理企业所用的流量计进行监督抽查，对企事业单位计量标准进行监督检查。开展重点用能单位能源资源计量审查，开展定量包装商品监督检查工作。完成市政府关于贯彻落实国务院计量发展规划(2013—2020年)的实施意见的起草。

【标准化工作】 引导企业按国际标准采标、制标、用标，促进企业实现自主知识产权和核心技术的标准化。与中国标准化研究院等机构建立战略合作关系，以提升产业发展、城市管理和社会管理的标准化水平，推动安徽省耐磨球专标委、复合肥专标委成功落户宁国。全市企业参与制订(修订)国家标准15项、行业标准54项，制定和发布地方标准12项；确认采用国际标准产品105项；新增省级服务业标准化示范项目3项，国家级农业标准化示范项目累计达4项，农业标准化普及率达35.5%。

【特种设备安全监察】 开展了“五一”、冬季、“两节两会”等重点时段特种设备的检查，重点对公众聚集场所的锅炉、旅游景点的游乐设施、电梯、工业企业的起重机械、重点监控设备及事故多发设备开展检查，联合市安监委、住建委、消防队等部门对全市5家气瓶充装单位、3家天然气经营单位以及11家危化品生产企业开展了专项督察，共检查压力容器56台，压力管道37千米。2016年检查特种设备使用单位126家，设备462台，排查隐患19处，下达安全监察指令书25份。

通过召开培训会议、发放宣传资料和画册、制作安全警示展板、在市区主要街道悬挂横幅等形式，深入宣传特种设备有关知识。2016年，发放各种宣传材料2000余份，接受群众咨询120余人次，定期向特种设备管理和作业人员发送安全提示、平安祝福手机短信，让特种设备安全知识家喻户晓。

组织各派出机构人员参加宣城市特检院举办的锅炉司炉工、压力容器、场内机动车辆业务培训，并联合宣城市特种设备检验中心，上门为企业培训。2016年培训企业特种设备作业人员150余人次。

联系省、市特检院对本市游乐设施、电梯、锅炉、压力容器、起重机械、场内机动车辆等设备470余台进行定检，最大限度地消除安全事故隐患。

【创建全国县级文明城市和国家卫生城市】 根据全市创建工作实施方案要求，市市场监管局重点突出对大华农贸市场和小餐饮的整治，抽调6个小组对大华市场及周边商铺占道经营、私搭滥建、无证经营、车辆乱停乱放等行为进行集中整治，成立20个小组对市区小餐饮进行拉网式排查；拟定《宁国市农贸市场划行归市管理暂行办法》，组建由市场监管局、城管局和公安局等相关单位人员参与的大华市场联合整治办公室，健全工作机制，落实工作经费，基本建立了整治长效工作机制。

（帅昌明）

2016年新增安徽省著名商标一览表

表40

序　号	企业名称	商标名称	商标图案
1	安徽宁国晨光精工股份有限公司	图形	
2	安徽双津实业有限公司	图形（SHJ）	
3	安徽省宁国市东波紧固件有限公司	东波及图	
4	安徽省华晟塑胶股份有限公司	图形	

续表 40

序　号	企业名称	商标名称	商标图案
5	安徽津桥包装印刷有限公司	津桥及图	津桥
6	宁国市海天力工业发展有限公司	海天力拼音及图	HaiTianLi
7	宁国市沙埠粮油加工厂	百年福庆全	百年福庆全
8	宁国市茂盛食品有限公司	茂盛缘及图	茂盛缘
9	宁国市民生纸业有限公司	菀琳	菀琳
10	宁国世京旅游发展有限公司	世京及图	世京
11	安徽瑞然生物药肥科技有限公司	瑞然生物及图	
12	宁国市朝阳耐磨材料有限公司	金珠	金珠
13	安徽华普节能材料股份有限公司	华普建材	HUMPU 华普建材
14	宁国市港口湾食品有限公司	青龍潭	青龍潭

2016 年新增安徽省名牌产品一览表

表 41

序　号	企业名称	商　标	产品名称（企业所在地）
1	安徽詹氏食品股份有限公司	Zhanshi 詹氏	山核桃仁（开发区）
2	安徽通润汽车零部件有限公司	TORIN（通润）	油压千斤顶（宁墩镇）
3	宁国市瑞普密封件有限公司	R&P	O 型橡胶密封圈（开发区）
4	安徽明珍堂养生品有限公司	明珍堂	茶枕（河沥溪街道）
5	宁国慧宏耐磨材料有限公司	慧宏	铸造磨球（开发区）
6	安徽红桥金属制造有限公司		油封弹簧（中溪镇）
7	宁国市港口湾食品有限公司	青龍潭	火烘鱼（青龙乡）
8	安徽华普环境修复材料科技有限公司	华普建材	景观挡土护坡混凝土砌块（港口镇）
9	安徽皖斛堂生物科技有限公司	皖斛	铁皮石斛（南山街道）

安全生产监督管理

【概述】 2016年，市安监局坚持科学发展、安全发展理念，筑牢“红线意识”“底线思维”“大局意识”，实现了全市危险化学品、烟花爆竹、非煤矿山等重点行业领域连续五年未发生生产安全死亡事故、全年事故起数和死亡人数“双下降”的良好局面。

2016年，全市发生各类生产安全事故55起，死亡18人，其中道路交通事故52起，死亡15人(生产经营性道路交通事故8起，死亡7人)；铁路交通事故3起，死亡3人。事故起数较2015年下降23.6%，死亡人数同比下降10%，全市未发生较大以上生产安全事故。

2016年，宁国市荣获宣城市2015年度安全生产目标管理考核第一名；南山街道白云社区、宁国市开源电力有限责任公司荣获省级安全社区和安全文化示范企业称号。

【基层安全生产监管工作能力建设】 在全市19个乡镇(街道)设立安全生产监督管理站，在港口园区、青龙湾管委会设立安全生产监督管理办公室，核定基层安全生产监管机构事业编制28名（不含开发区2014年落实的3名），从市农委所属4个农业综合服务中心富余人员中予以调剂和从符合安置条件的大学生村官、“三支一扶”人员、退役士官中予以配备，专职从事安全监管工作。

为让28名安全生产监管“新人”迅速进入角色，2016年，市安监局联合市委党校对全市90余名安全监管干部进行了两期集中轮训，邀请领导和专家对中共十八届六中全会精神、安全生产法律法规、安全生产监管能力建设、法治思维等方面进行重点解读，规范安全监管干部的执法行为。组织监管人员赴凤阳、嘉善等地学习职业卫生和安全生产监管先进经验。

2016年，为全市52名安全监管人员配备执法终端，并对宁国市安全生产隐患排查治理信息平台进行升级，研发出手机版APP，安装在执法人员执法终端上，让安全生产执法更加便捷、高效，也确保乡镇(街道)随时上传安全隐患，为相关部门的及时处置提供便利。

图24　2016年12月14日，宁国市安全监管干部培训班(第二期)开班

【安全生产“党政同责、一岗双责”制】 根据习总书记关于安全生产“党政同责、一岗双责、齐抓共管”的指示精神及“五级五覆盖”“五落实五到位”的工作要求，2016年，宁国市落实责任情况：

1.安全监管纵向到底。市安委会主任、第一副主任、常务副主任，分别由市长、市委副书记、分管副市长担任，其他分管副市长对各自分管行业领域的安全生产工作实行包保负责。乡镇(街道)及开发区、港口工业园区党(工)委定期研究部署安全生产工作，行政“一把手”对安全生产负主要领导责任。全市124个村(社区）均落实了“五级五覆盖”要求，明确专(兼)职安全信息员1名。

2.安全监管横向到边。根据“三个必须”和谁主管谁负责的原则，制定《宁国市人民政府安全生产职责规定》，对全市负有安全生产监管职责的部门进行职责梳理和明确。市安委会成员单位联合开展旅游、燃气、建筑施工、特种设备、道路交通等行业领域安全生产联合执法检查70余次；联合开展“安康杯”、安全生产月、安全生产培训、应急救援演练等活动20余次；针对部分企业存在生产安全重大隐患或重大事项，安委会成员单位主动向市安委会报告30余次，寻求安委会的指导、协调。通过市安委办的不断沟通、协调，在全市织起了一条“平行互动”的横向监管网络。

3.安全监管落实到位。市委、市政府充分运用安全生产目标管理考核结果，对各乡镇(街道)和市直部门安全生产工作开展情况联合通报，奖优罚劣；把安全生产工作成效纳入乡镇(街道)及市安委会成员单位领导班子和领导干部政绩考核、干部选拔任用的重要依据，全市各条战线的评先争优、干部选拔任用基本实现了事前征求安监部门意见和建议。2016年，组织部等相关部门征求安监意见23批次，560余人。针对性地安排安全生产薄弱的部门和单位接受省、宣城市督查检查，利用企业上市、增发、融资、申报补助等契机，要求企业落实安全生产主体责任。

【安全生产宣传培训教育】 2016年，市安监局开通“宁国安监”微信公众号，在公众号中开辟安全法律、安全常识、安全文化等多个板块，让安全生产知识呈现出放射性的覆盖，安全生产知识的宣传、学习变成随时随地。为扩大“宁国安监”影响力，市安监局向全国征集宁国安全生产形象代言人“宁小宁”和“宁小安”。同时，还开展安全知识有奖竞答、安全好文征集评选等一系列线上活动，进一步吸引大量安全“粉丝们”的关注。

2016年，开展送安全知识进企业活动10余次，培训一线从业人员1300余人；组织职业卫生培训3期，428人参训；开展电工、焊工、高处作业等特种作业人员培训4期，400余人参训；组织全市烟花爆竹批发、经营单位负责人安全生产培训班1期，200余人参训；组织危险化学品经营企业负责人和管理人员进行安全教育培训，100余人参训；组织宾馆、酒店、医院、KTV、网吧等人员密集场所安全培训班1期，317人参训。

“安全生产月”期间，组织开展宁国市全国第十五个“安全生产月”启动仪式、“安全生产咨询日”活动、发送“平安信息”、网上知识答题、安全好文征集等系列活动。累计发放各类宣传资料1000余份，接受群众咨询100余人次，发送安全信息5000余人次。同时，在《今日宁国》开辟专栏，每周定期向社会推送安全生产知识。

【安全生产执法检查】 2016年，检查非煤矿山企业41家（次），查出各类安全隐患153条，整改安全隐患153条；检查危险化学品生产、经营单位96家次，查出各类安全隐患375条，整改安全隐患375条；检查烟花爆竹和民用酒精批发、经营单位329家（次）；检查职业病危害的企业67家（次），复查48家（次），查出各类隐患453条。

开展重点时段安全生产大检查4次，检查道路交通、危险化学品、非煤矿山、烟花爆竹等重点行业企业982家（次）；开展危险化学品生产企业集中整治2起，排查生产企业22家（次）；会同相关部门对在建工程项目、粉尘涉爆、液氨制冷、危险化学品生产、燃气、职业卫生等行业领域开展督查189家（次），各类安全隐患532条，均按要求督促企业抓好整改。

【危化品安全管理】 2016年，联合市场监管局、气象局、交通局、消防大队等市直部门开展综合执法监督检查15家次，排查出问题隐患165条。开展危化品企业隐患排查治理专项整治、危险化学品安全专项整治和储存场所安全专项整治工作。专项整治工作期间，共检查生产企业27家次，发现企业存在的各类问题隐患113条。颁发危险化学品经营许可证43家、烟花爆竹零售许可证165家。积极落实危险化学品企业“三同时”、危化品企业职业卫生、警示教育安全生产培训、应急救援预案演练等措施，全面推进危化品安全生产监管工作履行到位。

【非煤矿山安全监管】 2016年，市安监局以加强非煤矿山企业规模化、机械化、标准化、信息化、科学化建设为着力点，不断夯实非煤矿山安全生产基础，严格执行“三同时”审批、安全生产许可制度，全面落实政府购买服务工作，聘请专家参与执法检查及专家“会诊”工作，并开展了“打非治违”、采空区治理等专项整治工作，促进非煤矿山安全生产形势持续稳定。

【职业卫生监管】 2016年，检查职业病防护设施“三同时”的企业11家，开展职业病危害因素检测企业60家，现状评价6家。有162家用人单位10672人开展职业健康检查，较上年增加4550人，上升74.3%。

【安全生产诚信建设】 市安监局印发《宁国市企业安全生产诚信管理暂行办法》，在重点行业（领域）企业建立安全生产“黑名单”制度，对安全生产“失信”企业，不仅从严从重处罚，而且将有关情况通报至银行、证券、国土等部门，以对安全生产“失信”企业共同制约。2016年，全市没有企业和个人纳入安全生产“黑名单”管理。

（文江涛）

财政·税务

Finance & Taxation

·财政
·税务

财　政

【概况】 2016年，财政收入首次突破40亿元大关，达41.4亿元，比上年增长6.0%。超过年初市人代会提出的41亿元的目标。市财政局被市委、市政府授予2016年度项目工作先进单位、向上争取项目资金工作先进单位、国家卫生城市创建先进单位、国家生态园林城市创建先进单位、旅游发展提速年活动先进单位、2011—2015年全市法治宣传教育先进集体等荣誉称号。

表42

2016年宁国市财政收入情况表

单位：万元

指　标	2016年	2015年	同比增减
财政收入总计	414018	390650	23368
一、公共预算收入	273239	245381	27858
（一）税收收入	175183	179913	-4730
其中：国内增值税	44165	34499	9666
营业税	17548	46688	-29140
企业所得税	21025	19725	1300
个人所得税	4665	3671	994
资源税	1373	2654	-1281
城市维护建设税	10735	10603	132
房产税	4455	4148	307
印花税	1421	2433	-1012
城镇土地使用税	26797	18782	8015
土地增值税	9173	14599	-5426
车船税	1374	1228	146
耕地占用税	1540	1135	405
契税	11730	19705	-7975
（二）非税收入	98056	65468	32588
专项收入	11573	11904	-331
行政事业性收费收入	9421	9605	-184
罚没收入	5377	4675	702
国有资源（资产）有偿使用收入	70201	39284	30917
其他收入	1484	0	1484
（三）其他政府性基金收入	42147	42818	-671
（四）社保基金收入	89760	84010	5750
二、上划中央收入	140779	145269	-4490

2016年宁国市财政支出情况表

表 43 单位：万元

指　标	2016 年	2015 年	同比增减
一、一般预算支出	380460	373051	7409
一般公共服务	19881	44822	-24941
国防支出	321	226	95
公共安全	14179	13092	1087
教育支出	69036	65704	3332
科学技术	13505	12546	959
文化体育与传媒	3068	2989	79
社会保障和就业	36747	36648	99
医疗卫生	51394	47993	3401
环境保护	9773	8055	1718
城乡社区事务	54824	48786	6038
农林水事务	48454	39024	9430
交通运输	21253	18663	2590
资源勘探电力信息等事务	5411	6968	-1557
商业服务业等事务	2851	2461	390
金融监管等事务支出	174	75	99
国土资源气象事务	6134	4981	1153
住房保障支出	18602	17546	1056
粮油物资储备事务	633	698	-65
国债还本付息支出	3540	449	3091
其他支出	615	1237	-622
债务发行费用支出	65	88	-23
二、其他政府性基金支出	46888	49527	-2639
三、社保基金支出	61298	50726	10572

【推进财税体制改革】 2016年，继续实行全口径预算管理，实施中期财政规划，启动三年滚动预算编制；印发《宁国市本级项目支出预算编制管理办法》，规范项目管理。为逐步推行公开办预算，印发《宁国市本级预算评审论证实施管理办法》，尝试预算项目公开评审（即按照全市10%的比例，选择7个不同类型的部门，邀请市人大、政协、审计等部门人员进行公开评审），以实施全面规范、公开透明的预算制度，实现预算公开从结果向过程拓展，把评审结果作为科学合理安排2017年项目资金的重要依据，促进项目预算安排的精准化。

2016年，清理存量资金5300万元，全部列入政府预算统筹使用，切实提高财政资金使用效益。除涉密部门外,64家预算单位全部公开预决算及“三公”经费,支出功能分类细化到项级科目,支出经济分类细化到款级科目,公开范围更广、内容更细、形式更规范。

继续推进政府购买服务工作和国有资产管理工作,完善国库集中支付制度。对开发区、港口园区及乡镇财政管理体制进行修订,出台《宁国市经济技术开发区、港口生态园区财政管理体制实施意见》《宁国市第七轮乡镇财政管理体制实施意见》。

【财政收入】 2016年,完成财政收入414018万元,占年初预算41亿元的101%,较上年增加23368万元,增长6%。分级次看:全年实现上划中央收入141011万元,占年初预算的95.6%,下降9.6%;公共财政预算收入273007万元,占年初预算的105.7%,增长18%。

【财政支出】 2016年,完成财政支出380460万元,较上年增加7409万元,增长1.9%。其中,市本级(含开发区)支出252382万元,占年初预算的105.7%;乡镇级(含港口园区)支出58043万元,占年初预算的120.4%;省专项和省结算补助支出69795万元。

【非税收入征管】 2016年,非税收入完成147373万元,较上年增加28634万元,增长24.12%,完成全年收入预算的119.16%。其中,纳入公共财政预算管理的非税收入完成98056万元,较上年增加32588万元,增长49.78%,占全年地方财政收入比重为35.89%。

【营改增扩大试点工作】 自2013年10月1日营改增试点工作在全省推行以来,宁国市试点工作有序推进,落实任务,宣传辅导培训到位,至2016年5月1日,圆满完成推开营改增试点工作。税制平稳转换,政策目标的预期效应逐步显现,打通了增值税抵扣链条,消除了重复征税,直接减轻纳税人负担,改革的成效在全市逐步放大。

【开展“税融通”业务】 为鼓励企业诚信纳税,有效扩大企业融资渠道,担保公司贯彻落实《关于印发实施税融通业务的若干意见的通知》精神,从2016年开始在全市推行“税融通”业务。在保企业信用等级为B级以上的企业享受到“税融通”政策,担保费率由1.5%降低到1%,降低了企业融资成本。2016年度,有21家企业享受该项政策,受惠金额达5885万元。

【综合治税平台建设】 2016年,全市综合治税平台运行平稳,较好地实现综合治税信息充分共享、工作有机衔接,税收应收尽收。为完善综合治税奖惩激励机制,对原综合治税考核办法进行了修订,使之更公平、公开、公正地评价和反映每一个成员单位的工作实绩。

【农业财政管理】 2016年,进一步规范农业财政专项资金支付方式和完善相关操作流程,实施农业“三项补贴”改革,共发放“三项补贴”资金1545万元。

【国库支付】 2016年度,明确国库集中支付制度各方主要职责,优化国库支付业务流程,准确及时地为预算单位拨付资金,确保预算单位的资金使用。国库支付中心全年累计办理集中支付业务60694笔,支付资金31.17万元,其中直接支付57310笔,支付资金30.52万元;授权支付3384笔,支付资金0.65万元。

【财政支农】 充分发挥财政支农职能作用,稳步增加支农投入,支持水利现代化建设,推动农业产业转型升级,落实好各项惠民补贴政策,突出支持现代农业建设重点,推进美丽乡村建设。组织实施农业综合开发项目7个,其中土地治理项目1个,产业化项目6个。

【预算管理】 严格执行《中华人民共和国预算法》和《安徽省预算审查监督条例》,强化预算执行,严格控制预算追加。加强指标和用款计划管理,办理集中支付清算业务。及时办理预算单位用款计划的审核、批复下达以及市直单位日常工资的审核及统一发放工作,及时拨付各类财政性实拨和清算集中支付资金,确保了各项财政性资金的安全及时运转;加强会计基础管理,认真做好总预算会计和专户会计核算工作,坚持会计核算“日清月结”,定期对账、结账、编制会计报表制度和存款余额经常检查核对制度,确保了账实、账账、账表相符;及时核对省市财政下达宁国市的指标数据,并向省财政厅反馈,为上级财政资金调拨提供依据;认真做好财政总决算报表的编报、财政供养人员信息库上报工作;贯彻落实中央“八项规定”,厉行勤俭节约,在保工资、保运转的基础上,严控一般支出,2016年,全市“六项”(培训费、会议费、因公出国(境)费、公务接待费、公务用处运行维护费、公务用车购置费)经费较上年同期下降11%。

【财政收入管理】 2016年,市财政局按照年初预算安排和目标责任制的要求,组织收入,落实收入目标管理责任制和综合治税考核责任制,奖优罚劣，形成"千斤重担大家挑"的氛围。完善财税联席会议制度，实行月通报、季调度、年考评的财税工作分析考评机制。加强收入预算分析，准确把握经济运行过程中出现的新情况、新问题，确保预算收入任务的圆满完成。

【行政事业单位国有资产清查】 为规范行政事业单位国有资产管理，掌握资产管理形态和分类情况，核实资产存量规模，2016年，开展国有资产清查工作，重点清查单位房地产、债权债务、其他资产3个方面的资产。通过资产清查，摸清了本市行政事业单位家底，建立完整的行政事业单位国有资产基础数据库，对资产变化情况做到及时更新，按时上报，实现了资产动态管理。

【财政监督与管理】 全年对金额达1.2亿元的2015年度新增债券项目及2015年度水库移民资金项目进行绩效评价，对乡镇财政资金和惠农补贴资金绩效评价开展自查。对3个行政事业单位组织开展会计信息质量检查，对全市预决算公开进行监督检查，对权责清单规范、监管细则和裁量权基准进行信息公开。

【政府采购】 制定《宁国市限额以下小型工程项目交易操作规程》，完成政府购买服务项目96个，采购金额2.44亿元，比预算节约5168万元，节约率21.18%。

【会计管理】 2016年，继续加强会计人员培训，累计培训会计三期1000余人次，会计专、本科毕业生共163人次。新颁发会计从业资格证126份，办理会计从业资格证调进、调出97人，信息变更等其他事项262人次；开展第二届财税知识网络答题竞赛；市财政会计学会完成换届选举工作。

【"小金库"专项整治工作】 开展"小金库"专项治理自查自纠工作，组织各单位填报"小金库"专项治理自查自纠情况统计表和"小金库"清理检查情况承诺书，联合纪检、审计对9个部门开展"小金库"专项整治重点检查。

【推进行政事业单位内部控制建设】 按照省财政厅、监察厅、审计厅《关于全面推进行政事业单位内部控制建设的实施意见》及《宁国市行政事业单位内部控制规范工作实施方案》要求，在全市行政事业单位中全面推进内部控制规范工作，提出明确目标：已经建立并实施内部控制的行政事业单位，应健全制度，提高执行力；内部控制尚未建立或内部控制制度不健全的行政事业单位，须于2016年10月31日前完成本单位内部控制的建立和实施工作。

【第七轮乡镇财政管理体制实施】 认真推进两个园区及第七轮乡镇财政管理体制改革工作，建议政府出台《宁国市经济技术开发区、港口生态园区财政管理体制实施意见》《宁国市第七轮乡镇财政管理体制实施意见》，加强基层财政管理。

【债务管理】 完善债务管理绩效考核制度，将政府债务全部纳入预算管理，做好政府存量债务置换工作，有效化解政府债务风险。2016年，争取置换债券10.04亿元，有效缓解政府偿债压力。

【国有资产监督管理】 2016年，落实国有资产管理各项规章制度，创新国有资产监管模式，按照"产权集中、配置合理、资产分类、处置规范、收益统管"的资产管理运行机制，在全市开展国有资产清查和事业单位产权登记工作，完善国有资产监管制度建设，出台《宁国市国有资产监督管理暂行办法》。

【国投管理】 2016年，宁国市国有资产投资运营有限公司通过中国农业发展银行宁国支行等银行项目贷款、基金等融资渠道，对外融资360300万元，确保全市重点工程资金保障；支出415092.22万元用于道路、安置区、青龙湾提升等项目。2016年10月，根据市政府安排，国投公司委托代理销售公司对凤形拆迁安置区、潘村农民公寓存量安置房进行销售。至是年年底，上述安置房共销售233套，销售收入9565.35万元。国有房产出租全年举行公开拍租6次，拍租门面房22间，共拍得租金311.9479万元。

【地方债发行】 2016年，经过前期筹备，宁国市第二期城投债11亿元，已获国家发改委批复，预计2017年正式发行。

【政府性引导基金试点工作】 与省高新投签订基金投资战略合作，成立宁国市首家规模为1亿元的宁国中安创业投资基金合伙企业及宁国市中安辰星投资管理有限公司，成功实施两家企业股权投资1100万元。

【担保公司改制】 为改善担保公司治理结构，促进企业规范运作、良性发展，2016年，市政府对担保公司改制，实行市场化操作。通过发布公告、选拔考试，新的担保公司工作人员已经成功招聘就位，下一步将完善相关制度、健全体制，争取早日在新的模式下持续运营。

【担保工作】 2016年，担保公司完成贷款担保236笔，担保金额147363万元。注册资金增加到3.273亿元。担保费率由原来的1.5%降至1.2%，"税融通"模式费率为1%。

【中小（微）企业信用体系建设】 为改善中小（微）企业金融服务，引导金融资源向中小企业倾斜，根据《中国人民银行关于全面推进中小企业和农村信用体系建设的意见》精神，结合宁国实际，已出台信用体系建设实施方案。通过公开招标方式，北京久其软件股份有限公司中标，至2016年年底正在软件开发阶段。

【新型"政银担"业务】 担保公司主动与各商业银行接洽，宣传担保机构的作用，赢得金融机构的支持和配合。担保公司已与宁国市工商银行、农业银行、中国银行、建设银行、徽商银行、民生银行、农商行签订"政银担"合作框架协议，新增担保全面纳入"政银担"业务，在保业务有条件的正逐步转入"政银担"业务，2016年度累计完成215户，金额85004万元。

（王欣宇）

税　　务

·国家税务·

【概况】 宁国市国税局内设办公室、政策法规科、征收管理科、收入核算科、纳税服务科等11个职能科室，下设1个信息中心、4个分局、1个稽查局。2016年，以组织收入工作为中心，以优化纳税服务为重点，在组织收入、营改增、国地税合作、纳税服务等各项工作中取得显著成效。该局办税服务厅被评为"全省国税系统纳税服务示范单位"。

【税收收入】 2016年，市国税局入库税收收入16.4亿元，增长10.95%，总量居宣城市各县（市）区第一。折算财政口径完成16.01亿元，增长11.28%，共办理出口退免税24747万元，与上年同比降20%。其中，免抵调增值税为14597万元，与上年同比降35.7%；出口退税10150万元，与上年同比增22.7%。办理政策性退税6654万元，增加1254万元。

【营业税改征增值税】 为推进营改增扩大试点工作，发放各类宣传材料1万余份，培训纳税人2000余户次。制定包保责任制，组建核心团队，全面完成从地税接收的营改增试点5805户纳税人的信息对比、确认工作。实施了"开好票""报好税""分析好""改进好"四场战役。从数据来看，2016年，四大行业新增营改增纳税人入库增值税1.44亿元，99%以上的试点纳税人税负都有不同程度的下降。

【税收法治】 实行审批事项办税服务厅集中受理、内部流转、限时办结、窗口出件，建立行政审批台账，公开行政审批项目目录，实行行政审批事项清单管理。对取消、下放的行政审批项目，各分局及相关科室通过建立台账、风险评估、跟踪检查等方式加强后续管理。

【税收政策落实】 落实支持小微企业、高新技术企业、福利企业等方面的税收优惠政策，做到一户不漏、执行到位。2016年，共减免小微企业所得税797.90万元，减免高新企业所得税10061.3万元，固定资产加速折旧190.78万元，福利企业安置残疾人工资加计扣除1534.57万元。

【纳税服务】 开展2015—2016年度纳税人信用等级评定工作。联合市地税局下发纳税信用等级评价办法，评定A级纳税人96户、B级纳税人978户。建成宣城市首家国地税联合办税大厅，共设18个办税窗口，办税业务采取"一人一机双系统"模式，国地税业务同屏切换，纳税人进一个厅、取一个号、到一个窗口，可办毕所有事项。建立网上办税服务中心和24小时自助办税厅，打破办税的时间空间限制，构建线上线下办税服务架构。推广"税融通"业务，全年累计办理"税融通"贷款27731万元。

【税收征管】 作为全省六个"总局国地税合作示范区"之一，市国税局与地税局制定《创建县级合作示范区方案》，联合办税服务厅管理制度等21项制度和征管业务衔接指引等30项合作指引，形成以合作方案为统领，以管理制度为抓手，以业务指引为标准的制度机制体系。建成纳税人权益维护中心，开通"4112366"维权热线，处理纳税人咨询、维权事宜，该中心成立以来，累计受理纳税人咨询、维权业务1056件，其中当场办结968件，转办88件，督办、回访88件，办结率100%。

【税务稽查】 认真开展打击"黄金票"等发票制假专项行动，共检查发票139份，涉及金额1668.99万元，涉及税款283.73万元；检查中发现问题户13户，涉及金额744.29万元。稽查部门查补入库税款180.18万元。

【基层建设】 市局大楼修缮项目全面竣工，农村分局硬件不断完善，软件全面提升，标准化分局已现雏形。启动分局"国地税合作示范点"项目建设。港口分局在服务、管理、执法、人员、场所等方面实施深度融合，在户籍管理、催报催缴、欠税管理、企业所得税核定征收等工作上取得一定成效。

（张志国）

·地方税务·

【概况】 2016年，宁国市地税局紧贴省、市地税局工作部署以及地方党委、政府的工作要求，按照“目标引领、问题导向、管理创新”的工作思路，紧瞄税收现代化总目标，紧扣“学习能力建设基础年”“守纪讲规强化年”和“征管改革实践年”活动，精准定位、奋力作为，在系统党建、税制改革、国地合作、党风廉政、队伍建设等重点工作方面有序推进。全年累计组织各项税费收入25.22亿元（其中地方税收入15.50亿元），同比减收1.08亿元，下降4.1%。是年，该局获省级“廉政文化建设标兵”荣誉，连续第四年被评为宣城市地税系统绩效考核优秀单位。

【税务改革】 2016年，全面落实营改增试点工作部署，全市四大涉改行业5841户税户顺利转换，营改增“开好票”“报好税”“分析好”等阶段战役圆满收官。加快税收征管改革步伐，稳妥推进《深化国税、地税征管体制改革方案》任务的落地。按照“服务牵手共建、信息牵手共享、管理牵手共进、形象牵手共树”的思路，全力建设国地税合作县级示范区，成功开创国地税合作新局面。在宣城市率先建成国地税联合办税服务厅，率先建立基层分局联合管理示范点，率先共建纳税人权益维护中心；在全省率先推行“一人一机双系统”征收模式。新华社、人民网、《中国税务报》、《安徽日报》、《决策》、安徽广播电台等主流媒体先后报道了国地合作宁国模式，并得到了省、市、县各级领导的高度肯定。

【税收特点】 2016年，累计实现地方税收入15.50亿元，总量位居宣城市第一、全省县级第五。月度税收增减幅度起伏较大，其中5月同比增幅77.8%，为最大增长月份；6月份同比负增长65.1%，为最大下降月份。入库税种数量升多降少，入库14个税种中除营业税、资源税、印花税、土地增值税、契税5个税种下降外，其他9个税种全部呈现上升。入库的19个大类行业中6升13降，其中占比最重的制造业、房地产业、租赁和商务服务业分别下降31.0%、32.7%和36.4%。

【纳税服务】 2016年，巩固和完善纳税服务体系建设，深化办税服务改革，认真落实国家税务总局《纳税服务规范》，扎实推进“便民办税春风行动”，在高标准打造联合办税服务厅实体办税的同时，强化网络服务，完善电子税务局建设，与国税共建纳税人权益维护中心，平移并拓展“4112366”维权热线功能，开发纳税人权益维护管理系统，实现涉税投诉举报等“一起维权”和涉税事项办理“一线咨询”。设置纳税人网上办税体验区，为纳税人提供体验式教学服务。

【税收征管】 2016年，以重点问题为导向，以风险管理为手段，以数据质量提升为标准，扎实开展“业务规范年”活动。制定《注销管理操作指南》《延期缴纳管理操作指南》，修订完善《欠税管理操作指南》，指导基层规范实施，进一步夯实征管基础，规范税收征管。全年共有1235人办理年所得12万元自行申报纳税工作，申报应纳税额5876万元，补缴个税23万元，有652人自行办理了两处以上工资薪金所得自行申报纳税事项，补缴个税112万元；完成1059家企业汇算清缴，汇缴面100%，企业数同比增加66家，增长6.5%，汇算补缴税款4851万元；加强土地增值税清算工作，全年共清算5个项目，清算补缴税款500万元。

【基金费征收】 2016年，累计征收各项基金费9.72亿元，同比增收0.79亿元，增幅8.7%。其中社会保险费8.70亿元，同比增收0.31亿元，增长3.7%，其他基金费收入1.02亿元。

【依法治税】 2016年，认真落实“法治、善治、共治”工作理念，全面推进法治地税建设。按月开展执法文书规范性审核和执法考核系统考核，加强文书规范管理。编制催报催缴、行政强制执行等《操作指引》，指导基层执行，促进规范执法。制定“七五”税收普法实施计划，结合“机关学法月”“税收宣传月”“12·4”法制宣传日等活动，加强税收法制的学习宣传，增强影响力，扩大覆盖面。强化税务稽查治理，全年共检查25户，查补入库收入2524万元（其中自查入库税款2350万元）。同时，大力开展政务公开示范点建设，强化纳税人权益保护。

【税务信息化建设】 2016年，以深化“金税三期”税收征管软件应用为核心，促进核心征管与日常管理的进一步融合。技术攻克“金三”管理系统国、地税网络运行不稳定问题，成功经验在全省推广。强化系统运维管理，累计上报问题170条，其中15条问题建议被省地税局采纳并进行了软件修改。同时，依托市房管局、国土资源局等部门信息，清查入库税收710万元，积极推进市政府综合治税平台建设，修订完善制度，强化涉税信息综合利用。

【税收优惠政策落实】 2016年，共计办理各类税收减免近万户次，减免税款逾1.4亿元；审批42家企业税款缓缴共计2031万元；办理契税优惠6743户次，减免税6266万元；累计为1200余家（次）企业减轻社保费负担2400万元，为20405户次纳税人减免政府性基金250万元。

（张开全等）

表44

2016年宁国市地方税收情况表

单位：万元

项 目	2016年	2015年	同比增减	同比%
地税收入合计	252245	263021	−10776	−4.10
一、税收收入合计	155042	173729	−18687	−10.76
1.营业税	19298	46688	−27390	−58.67
2.企业所得税	46306	32280	14026	43.45
3.个人所得税	18662	14683	3979	27.10
4.资源税	1373	2654	−1281	−48.27
5.城建税	10735	10603	132	1.24
6.房产税	4455	4148	307	7.40
7.印花税	1406	2433	−1027	−42.21
8.土地使用税	26791	18775	8016	42.70
9.土地增值税	9173	14599	−5426	−37.17
10.车船税	1374	1228	146	11.89
11.烟叶税	69	43	26	60.47
12.耕地占用税	2566	1135	1431	126.08
13.契税	11730	19711	−7981	−40.49
14.增值税	1104	0	1104	—
二、非税收入合计	97203	89292	7911	8.86
1.基本养老保险费	60329	61432	−1103	−1.80
2.失业保险费	2531	2608	−77	−2.95
3.基本医疗保险费	20834	16725	4109	24.57
4.工伤保险费	2257	2172	85	3.91
5.生育保险费	1013	933	80	8.57
6.教育费附加	4850	4749	101	2.13
7.文化事业建设费	1	5	−4	−80.00
8.水利建设基金	2069	2160	−91	−4.21
9.地方教育附加	3231	3173	58	1.83
10.残疾人就业保障金	85	80	5	6.25
11.税务部门罚没收入	3	4	−1	−25.00

基础设施建设

Infrastructure Construction

· 交通运输
· 供电
· 通信

寧國年鑒

宁绩高速

交通运输

·公路建设与管理·

【概况】 宁国市交通运输局内设办公室、规划建设、综合运输、财务审计4个科室，下辖公路运输管理所、公路管理所、交通稽查站、交通质监站4个直属事业单位，共有工作人员115人。承担全市综合运输体系的规划协调、交通基础设施建设、道路运输市场监管责任，负责客货运市场、危险货物运输、出租汽车、汽车驾培、汽车维修等行业管理工作。2016年，市交通运输局坚持以项目建设为重点，强力推进高速公路、省道干线公路、农村公路、客运站场等重点项目建设和治理超限超载。2016年，广宁高速路基建设完成征地任务，签订拆迁合同91户，占总任务的83%，已拆迁房屋91户，正进行拆迁攻坚工作。申嘉湖高速西延安徽段启动项目前期工作，完成预工可报告编制。宁绩高速鸿门互通建成投入使用；省道干线公路建设和农村公路建设如火如荼；新客站主站房主体工程、附属工程全面完工并投入使用。

【扬绩高速鸿门互通建成】 2016年12月30日，扬绩高速鸿门互通胡乐收费站建成通车。该项目是由省、市、县出资兴建的项目，这是“十三五”开局之年宁国市境内建成的第二个高速项目，它的开通确保了从旌德县城出发，半个小时就可上高速，打通了旌德东向发展的快速通道，有利于宁国市承接产业转移和皖南国际文化旅游示范区建设。互通项目范围内主线长度约1千米，匝道长度约2.2千米，利用原有分离立交下穿主线，设胡乐收费站1处，收费道口为“三进四出”(含ETC通道)；S323改线长度约1.5千米。项目总投资1.1亿，建设工期为18个月。项目位于胡乐镇境内，主线占地13.45公顷，拆迁房屋12户。

【广宁高速项目开工】 广德至宁国段是扬州至绩溪高速的重要组成部分，也是安徽省规划的“四纵八横”高速公路网“纵一”的联络线。扬绩高速公路广宁段起于广德县誓节镇西，顺接在建的扬州至绩溪高速公路溧阳至广德安徽段，与沪渝高速公路(G50)宣城至广德段交叉；终于宁国市河沥溪，与宁宣杭高速公路宣城至宁国段(S05)交叉。广宁高速公路设计为全封闭、全立交、双向4车道高速公路，行车时速100千米，路基宽度26.0米，路面宽22.5米，全线均采用沥青混凝土路面。全线设置1处互通立交、1个服务区和1个养护工区。广宁高速路线全长37.372千米，其中宁国路线长10.184千米全部位于河沥溪街道办事处境内，项目概算投资25.82亿元(其中宁国境内约10.3亿元)，计划建设工期为2016—2018年。宁国市境内需征收土地65.2992公顷，拆迁房屋110户。该项目于2016年7月开工，至当年底，路基挖方完成310万立方米，占总量574万立方米的54%；路基填方完成215万立方米，占总量501万立方米的43%；涵洞结构物完成126道，占总量168道的75%；桥梁桩基完成836根，占总量953根的87%；墩台身完成383个，占总量864个的44%；墩台帽及系梁完成158个，占总量604个的26%；梁板预制完成348片，占总量2203片的15%；小构件预制完成6850立方米，占总量26610方的25%。广宁高速项目2016年度实际完成产值4.23亿元，占年度预算产值4.11亿元的103%。

（汪　静）

图25　建设中的宁广高速

【省道建设】 2016年7月23日，G329(X054石千路)K0+000–K15+900段(长15.9千米)大中修工程开工，11月23日完工。2016年8月4日，G330(X060岛鸿路)K6+279–K14+007段(长7.7千米)路面大中修工程开工，11月28日完工。2016年8月5日，S215宜徽路K129+000–K134+000段（长5千米）路面大中修工程开工，11月28日完工。2016年10月10日，全长12.9千米G329(X054石千路)和G330(X060岛鸿路)公路安全生命防护工程开工,12月10日完工。2016年10月13日,宁国市东山渡等七座桥梁(田村桥、东山渡大桥、凤凰桥、浪溪塔一桥、浪溪塔二桥、东津河大桥、蜀洪岭桥)中修工程开工,2016年12月12日完工。2016年10月10日,G329(S104合宣路)公路灾害防治工程(项目实施里程:K212+407-K265+205段)开工,12月30日完工。

【农村公路建设】 2016年,实施县级公路畅通工程项目3个,完工里程42千米,完工率117%。实施乡级公路畅通工程开工项目13个,完工115千米,完工率103%。村道加宽48千米,完成投资3亿元。实施了宁虹路、东马路、凤板路病害修复工程;完成长高路、东马路、凤板路水毁工程。完成港宁路西津大桥、东马路江村甲桥、长高路葛村桥除险加固工程,完成投资600万元。结合畅通工程项目,一并实施了生命安全防护工程,完成投资150万元。完成南极乡洪家庄桥危桥改造工程1座,完成投资50万元。

【省道公路养护管理】 2016年,宁国公路分局狠抓路域环境提升,对境内公路病害较明显的G329(X054线)K0+000-K15+900、G233(S215线)K129+000-K134+000、G330(X060线)K6+279-K14+007段路面病害进行集中处治。通过开展养护突击月、强化绩效考核、巩固"路养联动机制"等办法,提高养护管理效率。通过强化应急保障,突发事件处置能力明显提升。经过一年的努力,该市省道干线公路路容路貌和路况得到明显提升,省公路养护检查综合得分首次突破90分,达到91.8分。

【省道路政管理】 2016年,按照管理前置、重心下移的工作思路,组建了中溪和甲路2个路政中队,责任到队到人,加强日常巡查管理,巡查覆盖率达100%。针对公路沿线施工运输导致抛洒滴漏的突出问题,牵头与沿线地方政府、交警中队及有关部门开展专项整治,同时加大治超力度,多次联合治超、跨区域治超,营造治超治抛的高压态势。在重点建设项目和民生建设工程的涉路管理上,主动向上级部门汇报,加强与涉路单位沟通对接,尽可能优化涉路审批,简化办事流程。

全年共拆除非交通标志20余块、横幅110条,纠正修复受损标牌40块,清理乱堆乱放4000平方米,制止污染路面行为30起,督促清理污染路面5000多平方米,查处路损案件7起,超限运输车辆49辆,卸载货物700余吨,查处严重抛洒运输车辆12辆。G329(原S104)殷白至平兴"二改一"平兴段完成建设任务,已通车运营;G329(原S104)殷白至平兴"二改一"河沥溪段正在进行征地拆迁,12月12日完成招投标工作;G329(原S104)殷白至平兴"二改一"孙埠至殷白段、平兴至梅林段完成立项批复,工可报告已编制完成并上报待批,正在编制相关支撑性报告;S457宁泾公路宁国段完成项目建议书,工可报告已上报待批;S104港宁路"二改一"项目完成立项批复,工可报告已编制完成并上报,正在编制相关支撑性报告。S215宜徽路甲路段、X060岛鸿路、X054石千路大中修完成项目建设。

(潘淑萍)

【县乡公路养护与管理】 一是重点修复县道路面病害。通过开展春季养护突击月、夏季防汛排险,水毁抢险修复、养护劳动竞赛,对县道实施了突击养护和规范化养护,实施了预防性养护。同时,指导乡镇农路办开展乡村公路的日常养护,加大路面保洁、水沟清理与隐患处治力度。二是加强水毁抢险及灾后修复。安排养护工区逐路、逐桥进行隐患排查,确保排洪泄洪设施通畅,并重点监控山洪、泥石流、滑坡等易发路段。对县道路东马路、凤板路、宁万路、长高路等发生塌方、阻断、水毁路段,及时发布通阻信息,立即组织工程机械和养护突击人员加班加点进行应急处置,确保排险及时,道路安全畅通。灾后重建按照"先主后次、先通后畅"的抢险原则,开展道路抢通和路面修复工作,对一时难以修复的路段,采取了必要的绕行措施,确保了损毁路段能在最短时间内恢复通行。三是强化路政管理。相继开展联合治超1号、2号行动,抛洒车辆治理和拆违清障等活动。在市治超办的统一组织下,联合其他部门执法人员,采取白天与夜间不定时现场执法,严格监控超限超载严重路段、时段,治理遏制超限运输违法行为,取得较好成效。据统计,共开展县乡道路政巡查512次,查处超限运输车辆41台,卸货1100吨,清理非标7块,清除路障1941立方米,发布路政预警信息48条。四是安全管理持续巩固。以安全生产月和隐患排查治理为重点,以宣传、教育、学习为抓手,层层签订安全生产责任状,责任到人;通过召开安全例会、制作宣传栏以及开展安全生产月、防汛演练活动,突出抓好农村公路安全度汛工作。据统计,共开展安全检查35次,治理隐患45处(起)。对84名到龄老公路农民代表工按政策兑现补助,107名通过上报审核,另有116名正在进行资料审核。

(陈　松)

·公路运输·

【概况】 至2016年年末，全市各类营运车辆共6739辆，其中营运货运车辆5960辆，营运客车763辆（出租车、班车、公交车合计为731辆），旅游客车16辆。营运客车中，有出租车308辆，班车249辆，公交车174辆（含港口、山门方向城乡公交44台）。全市共有维修企业267家（其中一类0家、二类47家、三类220家），驾校4所。

【宁国市新长途汽车站投入使用】 2016年1月8日正式投入运营，同时关闭原宁国长途汽车站、宁国客运东站。各项验收进行了初验。该站于上年12月完成主站房及附属站场、汽车修理厂、车辆安检台的建设。

【2016年全市道路春运】 据市运管部门统计，在2016年春运期间（1月24日至3月3日），全市道路运输日共投放长途客运班车2077辆（其中加班车、包车131辆），安全运送旅客9.013万人，农村客运班车6576辆，运送旅客53.1万人，城市农村公交6390辆，运送旅客214.94万人，未发生一起重大道路交通责任事故和恶性服务质量投诉事件。市运管部门组织执法人员深入道路客运企业、客运站场安全检查客运企业20余家（次）、客运站10余次，隐患单位13家（次），排查一般隐患45项，下达限期整改通知书13份，发出天气、路况等预警信息6次，安全生产信息报送4条，通讯报道3篇；查处站外揽客等违法违规行为3起。运管人员坚守岗位，打击非法营运，并会同市公安交警、价格监督部门加大对短途农村班线安全和市场秩序的监管，严厉打击超载和乱涨价行为，有效维护了道路运输市场秩序。

【城市公交运营】 2016年1月宁国汽车站新址启用后，公交一路、四路首末站延伸至汽车站公交枢纽中心，并对公交六路、七路、八路运营路线进行了优化调整；2016年8月，公交九路、十一路首末站由八里站延伸至公交枢纽中心。维护更新公交站牌69个。是年年末，全市公交站点达188个。有公交车132辆，共开通公交线路16条，公交线路里程达210千米。全年办理爱心卡1915张、学生乘车卡1892张，截至年末，累计办理爱心卡14221张、学生乘车卡10596张。全年国泰公交公司运营总里程970万千米，运送乘客1760万人次。实现营业收入1525.83万元。

图26　2016年1月8日，宁国新长途汽车站投入使用

【港口、山门方向城乡公交运营】 截至年末，共开通8条公交线路，拥有公交车辆44辆，其中一矿至宁国4辆、山门至宁国15辆、港口至宁国20辆、镇区内倒短运营车辆5辆（更新1辆）。全年运营总里程175.5万千米，运送乘客170万人次。实现营业收入321万元。

（杨　飞）

·交通运政·

【客运、出租、公交管理】 2016年1月8日，宁国市新汽车站正式启用，原长途车站及客运东路整体搬迁至新建成的长途汽车站。

妥善处理“1·21”出租车非法聚焦事件，着重加强出租车制度化、常态化经营行为管理。2016年，共查处和受理出租车投诉306起，处罚59起，处罚宣城出租车异地营运案件2起。

调整优化公交线路6条，满足长途汽车站搬迁后人民群众的出行需求；更新长途客车3台；长途车公车公营2台，至2016年年底，已公车公营改造4台；新增旅游客运车辆2辆。

【货运管理】 开展联合治超1号、2号行为及农村公路联合治超行动，2016年，共查处各类违章车辆35台次，罚款50万余元，卸载货物1100余吨，处罚了2家货源单位，罚款2万元。共出动执法人员2145人次，巡查里程9853千米，纠正货源单位违规行为2起，重点货源单位监管率100%，查处货源单位2家次，约谈企业7家次，责令企业停业整顿4家次，从业资格证计证16人次，吊销车辆营运证2本。

【维修、驾培和检测管理】 2016年3—4月，对市区及基层乡镇进行3次专项维修市场整顿行动，共查处各类违规店铺10余家，取缔无证经营5家，处罚超范围经营业户5户。7—8月，对全市49家二类修理厂及市区三类维修店铺开展经营秩序（环境）综合整治，对6家环境卫生不尽人意的企业下发整顿通知书，停业整顿1家。为迎接市国家卫生城市创建工作，8月，联合市容城管部门对市城区干道两侧汽车维修、洗车装潢店占道经营情况进行“拉网式”清理整顿，占道经营、污水溢流现象得到了有效遏制。9月初，根据上级对G20杭州峰会期间空气环境质量的要求，对市区主街道两侧喷烤漆维修店铺进行严密排查，加强作业过程中空气质量的管控，对东风路1家环保措施不到位、不达标的三类涂漆店强行予以关停，及时消除环境风险隐患点。

深化驾培机构资格条件管理，完善办学条件标准化建设；深化驾培行业服务模式改革，规范驾校经营行为，保障行业稳定发展。以驾校年度考核为抓手，严格驾校日常教学活动监管。

（汪　涛）

·水　　运·

【概况】 截至2016年年底，全市共有航线3条56.7千米（其中东风桥至周塘10.7千米，东风桥至方塘20千米，东风桥至花林畈26千米），有码头2座（东风桥码头和周塘码头），均在青龙湾库区，其中周塘码头分为客运码头和货运码头。该库区航标共有坐标2个、浮标4个、指路牌3块。全市有渡口1个、渡船1艘、渡工1人。

有水路客运企业1家（青龙湖水上客运有限公司），该公司拥有客运船舶27艘330客位。其中，快艇17艘113客位，钢质客船3艘136客位，铁船7艘81客位。2016年，完成水路客运量4.98万人，旅客周转量54.69万人千米。

宁国市地方海事处内设有综合管理科、安全监督科，主要负责内河水上交通安全监督管理和水路运输行政管理等职能工作，共有正式编制人员3人。该处前身是宁国航运管理站，成立于1953年9月，隶属于宣城地区航运管理局。2013年1月21日，更名为宁国市地方海事（港航管理）处。

【水上交通安全管理】 2016年，在交通主管部门、汪溪街道办事处联合推动下，落实渡运码头更新改造，保障渡运安全。配合市政府开展青龙湾水域专项综合整治，协调、建议、督促解决码头隐患问题，明确管理主体、资质、建设等问题。结合市局年度资质审核，强化对客运企业的监管，对船舶、船员持证情况、企业安全管理制度及落实情况、船员教育培训情况、应急保障制度情况等进行监督检查，督促企业开展消防、应急演练。加强重点时段、重大节假日水上安全监管，切实保障辖区水上交通安全。

（周　军）

·铁路建设·

【概况】 2010年7月1日，宁国市编委根据宣城市编委批复发文（宁编〔2010〕13号）同意设立宁国市铁路工作办公室，为宁国市人民政府管理的正科级财政全额拨款事业单位，挂靠市发改委。根据2015年“三定”方案，核定该办财政全额供给事业编5名，设领导职数主任1名、副主任2名。现有主任1名、副主任1名、工作人员2名、聘用人员1名，内设办公室（建设协调科）、工程科2个科室。

【铁路待建项目推进】 2016年3月，全国部分地区铁路建设工作会议在合肥召开，省政府将皖赣铁路扩能改造项目宣城至绩溪段作为排位第二的新建铁路进行上报。

5月，铁路总公司下发的《关于新建（规划）项目引入在建铁路工程需提前同步实施的有关问题》中明确提出：“规划的镇（江）宣（城）铁路引入宣城站，引入宣城站工程、与皖赣并行段工程、跨皖赣扩能门式墩需与在建皖赣扩能工程同步实施”，“拟建皖赣扩能宣城至绩溪段五里铺一号隧道洞门距离在建杭黄五里铺隧道进口间距23.41米、高差15.24米、角度22°，纳入在建杭黄铁路Ⅰ类变更设计同步实施”。

7月13日，国家发改委、交通运输部、铁路总公司联合发文《关于印发〈中长期铁路网规划〉的通知》，明确指出：“在‘八纵八横’主通道的基础上，规划建设高速铁路区域连接线，进一步完善路网、扩大覆盖”。在中部地区（郑州—阜阳、郑州—濮阳—聊城—济南、黄冈—安庆—黄山、巴东—宜昌、宣城—绩溪、南昌—景德镇—黄山、石门—张家界—吉首—怀化）等铁路布局上，将皖赣铁路扩能改造项目宣城—宁国—绩溪段纳入国家级铁路建设规划层面。

8月29日，铁路总公司、安徽省人民政府《关于推进安徽省铁路建设的会谈备忘录》签署出台。其中，“四、关于宣城—绩溪铁路。总公司支持宣城—绩溪铁路建设，双方共同推进前期工作，该项目作为区域性连接线，地方负责征地拆迁及费用，双方认可后计入地方股份；其余资本金路地按 6∶4 比例出资，争取尽早具备开工条件。”

11 月上旬，安徽省政府向铁路总公司上报 2017 年铁路建设开工计划时，将皖赣铁路扩能改造项目宣城—宁国—绩溪段与昌（南昌）景（景德镇）黄（黄山）铁路一并上报，把皖赣铁路宣城至绩溪段作为昌景黄高铁北上的延伸段。

在 12 月 12 日安徽省政府与铁路总公司举行的安徽省铁路项目建设座谈会上，昌景黄高铁作为横跨江西、安徽两省的通道已经列入 2017 年度开工计划。安徽省政府提出，皖赣铁路宣城至绩溪段扩能改造项目要与昌景黄高铁一并进行可研、一并勘察设计，同步建设。铁路总公司表示，皖赣铁路宣城至绩溪段扩能改造项目已经列入国家高铁网“十三五”规划，适时开工建设。

皖赣铁路扩能改造项目（又称新双线项目）安徽省境内部分的可研报告，已于 2010 年 3 月 9 日得到原铁道部与安徽省人民政府联合批复，可研报告批复的速度目标值为 200 千米 / 小时。

（袁守旭）

·铁路运输·

【概况】 至 2016 年年底，境内有皖赣线铁路过境正线长 69.15 千米，沿线自北向南有港口镇、宁国、竹峰、霞西、府祝、甲路、胡乐 7 个车站。其中，港口镇站是办理货运业务的三等中间站；宁国站是上海铁路局标准中间站，是办理客、货运业务的三等中间站，下辖竹峰、霞西、府祝、甲路、胡乐 5 个车站。2013 年，港口镇站货运、宁国站货运均划归芜湖货运中心，成立港口镇货运站、宁国货运站。是年年末，港口镇站有职工 36 人，港口镇货运站有职工 10 人；宁国火车站有职工 124 人，宁国货运站有职工 14 人。

2016 年，宁国火车站完成客运收入 1148.67 万元，发送旅客 22.53 万人。宁国货运站、港口镇货运站共完成货运收入 4743.98 万元，比上年减少 48.27 万元；发送货物 13596 车、75.56 万吨，同比分别增加 1016 车、5.42 万吨；到达货物 28534 车、110.48 万吨，同比分别减少 1055 车、14.28 万吨。

（李　进　徐礼汉）

【宁国火车站客运运输】 2016 年 1 月 10 日，上海铁路局调整运行图，途经停靠宁国火车站的南京—黄山 7101/7102 次列车停运，该站日办理客运业务的停靠列车由 3.5 对减至 2.5 对。5 月 15 日，上海铁路局再次调整运行图，增加昆明—南京的 K156 次停靠列车的客运办理业务，停靠客运列车增至 3 对，分别为上海—黄山的 K8419/8420 次、淮北—黄山的 K8409/8410 次、合肥—黄山的 K8381 次、昆明—南京的 K156 次。

是年，宁国火车站根据上海铁路局芜湖车务段《开展服务质量年活动》和《厕所卫生达标年活动》的要求，投入约 55 万元，推进候车室配套设施建设，先后完成候车室内新建厕所工程的建设和候车厅 4 台立式空调的安装。

2016 年，该站客流以合肥、南京、上海方向为主，节日期间客流集中，节前主要以旅客到达为主，节后以旅客发送为主。2016 年春运期间（1 月 24 日至 3 月 3 日），组织职工和志愿者开展春运营销活动，接待旅客问询，发放春运列车时刻表、春运宣传材料，编印《春运信息》10 期。2 月 3 日开通 2 台自助取票机，方便互联网购票旅客取票。春运共发送旅客 21992 人，同比较上年增加 2815 人；实现客运收入 137.69 万元，同比增加 42.11 万元。全年实现客运 1148.67 万元，同比下降11.8%；年旅客发送 22.53 万人，年旅客到达 20.87 万人，同比分别较上年下降 16.68%、16.92%。

（李　进）

【宁国货运站货物运输】 2016 年，宁国货运站有货物线 3 条，货位 33 个（其中雨棚货位 7 个），站内卸装业务由宁国市交通装运有限公司承包，有驻站装卸人员 60 人，有 3 吨叉车 2 台、5 吨装载机 1 台、卸煤车 1 台，12 吨、25 吨汽车吊各 1 台。全年完成货运收入 2253.28 万元，同比增加 19.14%。年货物装车发送 1469 节车，发送货物 8.56 万吨，同比增加 15.21%；年到达货物卸车 6625 节车（其中站内卸车 6347 节车，石油专用线卸车柴油 278 节车 1.50 万吨），到达货物 42.18 万吨，同比下降 5.13%。其中，安徽省司尔特肥业股份有限公司的货物到达 6127 节车 37.68 万吨，货物发送 950 节车 5.72 万吨，货物到、发总重量分别占全站到、发量的 89.33%和 66.82%；凤形耐磨等市内耐磨铸造企业耐磨铸件产品位居全站发送量第二位，全年发送 2.57 万吨，占总发送量的 30.02%。

（芜湖货运中心宁国货运站）

【港口镇货运站货物运输】 2016 年，港口镇货运站有货物线 1 条，货位 10 个。全年完成货运收入 2490.7 万元，同比下降 14.14%；全年发送货物 12127 节车，发送货物 67 万吨，同比增加 6.84%，发送货物主要为宁国水泥厂生产的水泥及水泥熟料；年到达货物 21909 节车，到达货物68.3 万吨（其中站内到达货物 407 节车，2.50 万吨），同比下降 14.94%，站外专线到达为宁国水泥厂用煤、石膏渣等货物，其次到达的为宁国司尔特化肥厂的化肥原料等货物。

（芜湖货运中心港口镇货运站）

·航空运输·

【南京禄口国际机场宁国城市候机厅暨城市货站运营】 2016年，宁国城市候机厅（位于宁国市体育场）每天运营往返南京机场旅客班车10个班次，全年共接送出入境旅客33208人次；城市货站保障货物1287吨。南京禄口国际机场宁国城市货站于2013年7月试运行，2014年11月27日举行宁国城市候机厅暨城市货站揭牌仪式。至2016年年末，该候机厅暨城市货站有工作人员16人。

（汪　涛）

【安徽青龙湾通用航空有限公司运营情况】 安徽青龙湾通用航空有限公司成立于2011年7月，主要从事宁国青龙湾机场建设和通航运营。经过空军、民航、政府三方审批▲，历时6年，于2015年建成安徽省首家、华东地区最为规范的民营通用机场青龙湾机场。机场主要用于应急救援、医疗救护、飞行培训、空中旅游、航空护林、航空摄影等通用航空飞行。

青龙湾通用机场一期建设规模包括400×30米FATO、两条垂直联络道及停机坪；综合楼（含塔台）；机库、航油车库、机务/场务用房及特种车库；中心变电站及水泵房/消防水池，配套建设相应的空管、气象、通讯导航设备设施；航站区道路、绿化、围界、大门及陆空隔离设施。一期用地13.33公顷（已办土地证11.35公顷），控制用地36.67公顷左右，该项目于2010年列入省“861”计划，2015年5月28日竣工验收，同年12月18日取得“民用机场使用许可证”。

为提升机场等级，发挥机场功能，在一期机场取证的基础上，正规划扩建跑道长度至800米，以满足固定翼飞机起降和训练要求。

2016年“五一”期间，上海啸翔通用航空服务有限公司正式入驻青龙湾机场并开展体验飞行。国庆期间，青龙湾机场与江苏一航空公司成功举办首届宁国低空观光游览项目。青龙湾机场作为飞行培训基地，2016年11月迎来第一批上海籍飞行学员。《全国森林防火规划（2016—2025年）》（2016年8月发布）明确在宁国依托青龙湾机场新建安徽省航空护林站。

（梅丽玲）

▲空军、民航、政府三方审批：2011年6月3日，安徽省政府商请空军司令部、南空司令部批准建设宁国市直升机临时起降点，8月8日华东民航局下达《关于安徽宁国直升机临时起降点场址的审查意见》，12月27日中国人民解放军空军司令部函复安徽省政府，同意设立安徽省宣城市宁国临时起降点。

供　　电

【概况】 2016年，宁国市全社会用电量21.25亿千瓦时，同比增长0.17%；完成供电量19.41亿千瓦时，同比增长2.8%；实现购网电量18.47亿千瓦时，同比增长2.91%；供电可靠率99.928%，电压合格率99.913%。2016年年底，公司资产总额为50831.65万元，各类用电客户达201660户。

2016年，完成各类投资1.37亿元，建设改造各类电网项目168个，完成2015年新增农网改造升级工程项目建设任务，积极推进2016年农网改造升级工程及小城镇（中心村）电网改造升级工程项目建设，农村地区电网状况明显改善，供电能力显著提高。

【电网建设】 2016年，完成110千伏柳桥变电站土建工程施工；建改35千伏变电站2座、主变2台，容量26300千伏安；建改35千伏线路32.4千米、10千伏线路160.48千米，配变83台，容量15480千伏安。

截至2016年12月31日，宁国市境内有500千伏河沥开关站1座、220千伏变电站3座，总容量1140兆伏安；110千伏变电站7座，总容量510兆伏安；35千伏变电站43座（其中公用变电站21座、用户变电站22座），总容量521.65兆伏安。35千伏线路35条，总长331.47千米。全境共有小水电站43座，总装机容量36.37兆瓦；余热发电厂2座，装机容量41.16兆瓦；10千伏光伏发电站4座，总装机容量6.32兆瓦；0.4千伏光伏发电站8座，总装机容量4.91兆瓦。

【农网改造升级工程】 完成2015年新增农网改造升级工程，投资计划8360万元，项目99个。完成2016年农网改造升级工程，两批次投资计划1500万元，项目27个。

【小城镇（中心村）电网改造升级工程】 2016年7月，安徽省电力公司《国网安徽省电力公司关于下达小城镇（中心村）电网改造升级和机井通电工程第一批投资计划项目的通知》《国网安徽省电力公司关于下达小城镇（中心村）电网改造升级第二批投资计划项目的通知》共下达小城镇（中心村）电网改造升级工程项目48个，资金5850万元，计划2017年6月底前全部完成。

【供电服务】 公司建立154名台区客户服务经理队伍，使低压运维责任人、设备主人、客户服务经理的“三合一”工作机制得到充分体现。常态开展四星、五星台区客户经理评选工作，积极推进营业厅标准化建设，统一配置便民设施，规范上墙公示牌，实现营业厅无线网络全覆盖，深化互联网电子渠道推广及新技术应用，掌上电力APP、电E宝、支付宝等应用全面上线，便民缴费渠道不断拓展，全面推广业扩报装电子化渠道。2016年，掌上电力客户端绑定客户21500户，供电服务一体化平台短信订阅率达到69.3%。

【农电管理】 积极开展星级供电所创建活动，重点对窗口服务、作业现场、台区运行等情况开展常态摸排，不断加强供电所“基层、基础、基本功”。深入推进供电所同业对标管理，修订乡镇供电所同业对标指标体系，落实各项指标管理部门和责任人，定期统计和发布指标，并将指标对标结果纳入供电所月度绩效考核。港口供电所成功创建安徽省电力公司四星级供电所，成为宣城市唯一四星级供电所，其余11个供电所全部达到三星级标准。

对各供电所组织机构和岗位设置进行调整，明确供电所的组织机构和岗位职责。制定《关于推进坐班制及派工制的工作通知》，并将统计结果与坐班人员绩效工资、评先评优、岗位调整挂钩，夯实供电所管理基础，降低员工“干私活”行为发生。定期开展各类专业培训，重点开展供电所一线窗口人员和客户经理培训。通过培训，供电所员工业务水平大幅度提升，其中汪溪供电所员工张露获得省公司“十佳客户经理”荣誉称号。

【用电管理】 2016年，业扩提速增效采取日稽查、日预警、日办结的方式，加强业扩服务时限管控。继续推行低压居民客户“T+1”及低压非居民客户“光明1+3”业扩服务模式，采取优化客户业扩工程设计图审流程及客户停电（启动）流程等措施，加强专业部门间的协同联动，服务重点项目用电。贯彻、更新业扩服务理念，充分发挥大客户经理作用，提前了解、掌握市重点项目及大客户的用电需求，为其排忧解难。2016年，共完成业扩报装10357户，新增用电容量11.27万千伏安，实现业扩时限达标率100%，其中高压用户74户，净增用电容量4.04万千伏安。

【安全生产】 2016年，坚持“安全第一，预防为主，综合治理”的方针，以“巩固深化年”活动为主线，以“互联网+”为依托，不断创新安全监督工作方法，实现2016年初制定的安全目标。截至12月31日，公司实现了9227天安全生产长周期。

构建“月计划、周安排、日管控”工作机制，强化各级管理人员到岗到位的执行。至2016年年底，各级管理人员到位监督1557次，发布通报21期。

借助“互联网+”技术，创建安全监督微信群，构建“互联网+安全监督”管理新模式，提高监督的针对性和有效性。

扎实开展“三查三强化”（查责任落实、基础管理、风险隐患和强化制度执行、反措落实、责任追究）安全专项行动，制定覆盖8个专业领域的隐患排查周期计划表，深化缺陷隐患排查治理，加强缺陷隐患的跟踪监视和统计分析，确保全覆盖、勤排查、快治理，全面强化安全事故风险的预警和管控，加强安全监督考核力度。

建立健全安全工器具设备主人体系，明确安全工器具的设备主人，建立设备主人一览表，同时建立健全安全工器具台账，落实安全工器具的各项日常管理工作。开展“三牌”（台区名称牌、警示牌和线路杆号牌）整治专项活动。在线路途径沿线，杆塔均悬挂“禁止攀登，高压危险”的警示牌，在跨塘的线路悬挂“鱼塘警示牌”，防止因垂钓引发的电力设施短路破坏事件，共安装各类“三牌”2万余块。对沿公路的杆塔和拉线安装反光防撞标志5100余处，大大提高了电力设施的防外破能力。

结合安全生产月，开展“一把手”讲安全课、“安康杯”安全知识快题竞赛活动和“安全在我身边”随手拍摄影比赛活动，积极营造安全氛围。制定各类应急预案，为高质高效应对人身、设备、电网事故提供行动指南。统筹考虑日常和应急工作需要，公司组建9支应急抢修队，多方位、立体式增强应对各类突发事件管理水平。加强恶劣天气的应急预警，规范应急值班和信息报送工作。

（许　兰）

表45

2016年宁国市用电情况表

用电分类	用电量（万千瓦时）	用电构成（%）	用电量比上年增长（%）
居民生活	26164.9879	14.17	19.70
非居民照明	5294.0015	2.87	17.33

续表 45

用电分类	用电量(万千瓦时)	用电构成(%)	用电量比上年增长(%)
农业生产	1534.1322	0.83	20.43
大工业	95176.9588	51.54	-12.58
非普工业	11449.0711	6.20	4.41
商业	8576.1036	4.64	16.68
大用户直接交易	36460.9165	19.75	48.19
合计	184656.1716	100	2.91

通　信

·宁国市邮政分公司·

【概况】 截至2016年年底，宁国市邮政分公司固定资产原值达3550.72万元；拥有邮政网点20处、信报箱3550个、信报箱群1处；有邮路29条，总长2550千米(其中农村邮路20条，农村单程投递线路总长1550千米)；全市邮政从业人员170人。

【经营情况】 2016年，实现业务收入3243.18万元，比上年增长30.74%，其中包裹快递业务197.77万元，增长76.25%；函件业务92.08万元，增长10.33%；储蓄业务2288.72万元，增长26.05%；集邮业务151.18万元，增长21.6%；报刊业务164.39万元，下降1.53%；代理信息业务完成185.22万元；其他业务收入163.82万元。

（宁国市邮政分公司）

·中国电信股份有限公司宁国分公司·

【概况】 至2016年，宁国分公司下设综合部、销售部、政企部、网络部及11个营业部，有员工234人，拥有固定资产1.3亿元。主要经营固话、宽带、移动、ITV及基于电信网络的监控、信息化应用等业务。

【业务拓展】 积极承接集团战略转型，发挥4G及光宽优势，拓展天翼高清、翼支付、物联网、云和大数据、“互联网+”五大优势应用；坚决落实“提速降费”，建设“宽带宁国”，促进信息消费，服务“大众创业、万众创新”，支撑宁国经济社会转型升级；深入推进聚焦客户的信息化创新战略，坚持融合发展、差异化经营策略，坚持规模发展，坚持服务领先，坚持创新和价值提升，弘扬亮剑精神，实现跨越发展。

2016年，完成业务收入近1.2亿元，收入增长和市场份额稳步提升，综合排名全省前列，业绩评价分级“AAA”。与宁国开发区管委会联合建立全省县公司首家宁国云计算中心，物联网、云主机、云存储等业务快速发展。全面建成天网四期、五期，农村综治，警务通，明厨亮灶，智慧乡镇、智慧城管等一批行业信息化项目。

【通信建设】 网络实现全新转型，网络能力行业领先。新增光网端口1.43万个，累计达11.3万个端口。新增4G站点27个，累计280个，实现高速、风景区、乡镇以上深度覆盖，城区覆盖优于他网。全市传统交换设备实现退网：40个华为CC08设备端局和273个模块局全部退网，1.5万户固话、38个2M电路业务迁移。实施承载网、数据网、IPTV组网优化升级。为实现宽带业务全光网向网络全光网推进，2016年投资2500万元，在全省率先实现“全光网市”，实现新建小区百分百光纤接入，老小区改造率达98%；城区宽带100M接入能力达98%，乡镇宽带100M接入能力达98%，光纤入户覆盖6万户，城域网出口带宽达120G；普通农村光网覆盖从年初75%提升至99.5%，农村有源节点退网率从年初的3%到年末的9.42%，“无线城市”实现4G+3G网络独家无缝覆盖全市所有乡镇，覆盖率城市和农村分别达99.5%和95%。天翼手机客户在乡村可流畅地收看手机影视、手机办公等互联网高速接入，天翼4G为国际主流制式：LTE-FDD。

【客户服务】 全面推行品牌客户“预约服务”，打造宽带“金牌服务”；设置宽带专家座席、24小时提供在线咨询和指导；开展宽带延时服务，城区延时到晚9点，提供宽带“先装后付”预约服务，“10000”在线无法解决的，服务人员上门服务。加快渠道建设，方便用户办理业务。自有及合作营业厅累计超过120余家；通过电子渠道，实现“足不出户办业务”。加大服务硬件投入，投资近50万元，对城乡16家营业厅及电信卖场进行有效改造，服务环境得到前所未有的改善。

【企业管理】 开展全员竞岗、双向选择；营业部全面实现五级划小承包、独立核算。对农村代办队伍，实施达标管理，末位淘汰。对自有厅推行社会化运营，对农村的四级厅自有网点实现承包经营；对销售人员全面实施基本绩效切块与发展计件挂钩考核，对渠道主任实行业务收入提成激励。开展一线人员实行积分制激励、星级评优，动态评价，有序晋升，增加薪酬标准，设立月度、年度奖励机制；在四级厅主导运营上，对部门负责人实行季度目标考核激励。

（蔡　俊）

·中国移动通信集团安徽有限公司宁国市分公司·

【概况】 中国移动通信集团安徽有限公司宁国市分公司是宁国市规模最大的通信运营企业，下辖6个区域营销部，现有员工98人。2016年，公司拥有客户26.03万户，其中4G用户13.2万户、互联网用户3.1万户，全年通信收入1.56亿元。3月28日，移动“4G+”高清语音正式商用，开启了宁国“4G+”高清语音时代。2016年，宁国移动完善了4G网络在城乡、农村及交通要道的深度覆盖。

【网络建设】 以客户为中心，全面打造4G精品网络，稳步提升覆盖水平和质量感知。对网络覆盖投诉热点、通话质量覆盖热点、重点商业区、热点生活区等，定期开展网络排查工作，主动寻找网络短板，进一步提升网络质量。至2016年年末，公司基站达852座（其中4G基站417座）。有线宽带和无线宽带发展齐头并进，宽带覆盖能力和支撑能力双提升。是年，公司新增互联网宽带覆盖用户1.03万户，累计覆盖用户达10.7万户，新增LTE无线宽带覆盖用户0.36万户。

【市场经营】 以4G发展为契机，不断壮大客户规模；落实“宽带中国”“提速降费”战略，实现宽带免费提速，切实调低资费水平，开展“流量不清零”活动，提高全业务运营能力，进一步降低信息消费门槛，以优惠的价格、优质的服务促进全市信息消费发展。完善信息化产品体系，全力推进包括移动政务办公、政务通、社管通、警务通等重点行业信息化应用项目落地，提升城市和社会管理的信息化、智能化水平。

【客户服务】 推行“全过程提醒、业务办理快捷、缴费查询方便、客户投诉48小时内快速响应”等多项服务举措，让广大客户享受到快速、便捷的服务水平；优化资费套餐结构，坚持资费标准公示，实现资费水平稳步下降，倡导计费准确、透明的消费环境；开展“10分满意”调查活动，打造金牌服务形象，建立营业厅“手势风暴、金牌引导、等候时间监督”等机制，创新服务方式；执行国家部委的政策，开展电话用户真实身份信息登记工作，已实现全部电话用户实名登记。

（徐勇军　汪叶琳）

·中国联合网络通信有限公司宁国市分公司·

【概况】 至2016年年末，宁国分公司下设综合管理中心、市场营销中心、集团营销中心、固网拓展中心，辖3个自有营业厅和3个乡镇营服中心及1个城区营服中心。主要经营GSM、WCDMA、FDD-LTE制式移动网络业务，宽带、固网业务，国内、国际通信设施服务业务，卫星国际专线业务、数据通信业务、网络接入业务和各类电信增值业务，与通信信息业务相关的系统集成业务等。

【网络建设】 2016年，新开4G基站69个，实现了在乡镇4G覆盖；新开通光纤小区21个；新建道路管网30余千米；改造城区老旧小区的铜缆，实现光纤覆盖，大部分乡镇实现光纤宽带的覆盖。至年底，实现4G信号市区、乡镇、重点旅游景点、高速公路全覆盖。

【市场经营】 响应政府的“互联网+”理念，推出了多种产品，如电子政务、智慧金融、环保监测、农业物联网、I-FA人脸考勤、汽车信息化、车辆定位管理、医疗、教育、旅游等行业应用的产品，以满足社会各行业的需求。

【客户服务】 拓展窗口服务功能，全力提高电子化服务水平。丰富惠民产品种类，满足客户多种通信需求。强化客户权益服务保障，全面提升客户服务感知。严格推进电话用户实名登记，全面优化“10010”短信提醒，治理不良手机应用软件，打击通讯信息诈骗和网络淫秽色情，综合治理垃圾短信。

（汪　娟）

城乡建设与管理

Urban and Rural Construction and Management

宁国年鉴

· 城乡规划
· 城市建设
· 园林绿化
· 村镇建设
· 建筑管理
· 房地产管理
· 燃气供应
· 住房公积金管理
· 城市管理
· 美丽乡村建设

滨河绿道

城乡规划

【概况】 宁国市城乡规划局原为城乡建设委员会二级机构，副科级建制。2010年，升格为市政府直属事业局，正科级建制，下设规划编审中心、办公室、用地规划管理科、工程规划管理科、村镇规划科、行政审批科及开发区、港口、中溪、青龙湾4个规划分局和宁国市城市规划设计事务所。现有编制34人，在编25人（其中4个注册规划师）。主要工作职能是规划编制、管理和监察等，其中规划监察职能以委托方式，由市行政执法局集中履行。

【规划编制】 2016年，完成《核心区域城市设计》《宁国市城市滨河绿地景观规划》《城市地下空间综合利用规划》《城市亮化工程规划》《生态激励建设规划》《近期建设规划》《城市消防专项规划》《城市公共服务设施综合规划》等专项规划的编制。

对西津河、东津河、中津河以及水阳江的两岸系统地进行资源梳理，在此基础上，组织城市滨水绿地景观规划的编制，结合区域用地布局，明确功能分区、区域定位，目标是打造“展示宁国文化特色，满足市民休闲健体活动，提供生物栖息环境，构建人与自然和谐共生环境”的滨水活力文化绿廊。该规划方案已通过专家评审，正在深化完善中。

利用上年11月已验收的地下管网普查成果，建立宁国市地下管线数据系统。数据涉及800千米，覆盖建成区的主要范围，为全市城市建设提供数据保障。

除万家乡因水库建设因素暂缓编制外，其余乡镇已全部完成总规编制工作；南极乡、云梯乡、宁墩镇、梅林镇、霞西镇及港口镇6个乡镇完成《政府驻地建成区整治规划》编制；为配合乡村建设规划及村庄整治工作，2016年，又完成永宁、云梯、狮桥3个村《中心村建设规划》的编制，至此完成规划编制的中心村达23个。

2016年8月，《宁国市街区层面控制性详细规划（2012—2030年）》完成专家评审。在精准对接新一轮城市总体规划的基础上，不断完善控制性详细规划。

【城市总体风貌及道路风貌提升改造规划编制】 2016年启动了“一河、两路、三节点”特色风貌塑造▲工程，并组织了《迎宾路特色风貌整治工程》《津河西路特色风貌整治工程》等系统规划的编制。

▲特色风貌塑造：2014年，省住建厅遴选宁国市为全省唯一城市风貌特色塑造试点县。2015年11月，全省现场交流会推广该市在风貌特色评估、规划、塑造方面的经验。

【规划审批】 落实首问负责制、一次性告知制度、办事时限制度、窗口集中办理制度及办事公开制度等制度，实行“一站式”服务，简化规划办事程序。2016年，办理建设项目选址意见书34份，面积约为998.2万平方米；建设用地规划许可证22份，面积约为283万平方米；建设工程规划许可证163份，面积约为92.3万平方米。

【规划评审】 2016年，完成安徽材料工程学校、碧桂园、香榭里、华贝城市广场、中鼎悦园等13个项目规划方案的初审、调整、公示、专家评审及报批。

【规划管理与服务】 2016年，规划报批后公告23次，公示重要规划设计及市民密切相关的规划方案25个。为突出规划的公正性、严肃性、权威性，市规划局出台《宁国市城市规划管理技术规定》《宁国市控制性详细规划通则》等规范性文件。

编制了胡乐镇保护规划（该镇于2010年7月被列为省级历史文化名镇），支持该镇对上争取建筑遗产保护专项资金，协助其申报国家级历史文化名镇。

为确保规划的权威性、科学性和指导性，2016年，成立城市规划委员会，重大问题由规划委员会审议决策，重点项目实行专家评审制度，以建立公众参与、专家评审、政府审议的规划决策机制。

围绕城市建设和民生工程的要求，统筹谋划市政路网、电力电信、停车场、农贸市场、教育园区等公共服务配套设施，合理安排重点项目选址布局，做好规划设计服务工作。协助开发区、港口园区完成多个专业园区的设计，配合做好开发区审核公告目录修订等相关工作。为促进乡村旅游发展，支持有条件的乡镇开展专项规划和控制性详细规划的编制工作。

（王　钦）

城市建设

【概况】 2015年，宁国市大力实施山水融城工程，围绕“山水画廊，生态宁国”的生态园林城市格局，高起点规划、高质量建设、高标准管理，开展“项目建设推进年”“城市建设突破年”和“城市提升年”等活动，推进城市建设和管理。城市园林绿化和基础设施建设快速发展，节能减排和住房保障工作扎实推进，城市功能日臻完善，城市面貌日益靓丽，城市品位不断提高，人居环境明显改善，市民幸福指数倍增，先后被评为“中国十大最美城镇”，被确定为全国县级文明城市提名城市，成功跻身国家园林城市。

【城市创建攻坚年活动】 2016年，召开高规格的基地建设推进年、城市创建攻坚年、旅游发展提速年“三个年”动员大会，会上印发《宁国市“六项行动”实施方案》《宁国市“城市创建攻坚年”实施方案》，将“六项行动”“四城联创”与全市经济工作同部署、同落实。该市通过城市攻坚年活动，采取得当办法、有力措施积极提升城市的规划建设管理水平，城市功能日臻完善，城市面貌日益靓丽，城市品位不断提升。

（李玉胜）

【征收征迁】 2016年，市政府成立城市建设指挥部，设立“四大片区”（西津、南山、河沥、汪溪片区）指挥分部，房屋征收征迁任务共计60个项目，征收征迁房屋1713户，面积306888平方米。至年底，完成房屋征收征迁1159户，面积246193.89平方米，其中国有土地上房屋征收项目10个，涉及被征收户数294户。举办“国有土地征收征迁新闻发布会”，加大对国有土地征收征迁政策解读和宣传，并按照《国有土地上房屋征收与补偿条例》（国务院令第590号）规定，依法作出国有土地上房屋征收决定10起，发布方案征求意见稿10份，共签订征收补偿安置协议6户，完成征收面积约3028.41平方米。

（市征收局）

【道路建设】 2016年，完成金桥路、人民路、市府巷、东风路、青龙路“白改黑”工程，启动滨河路、迎宾路、北园路、津河西路改造工程。

【城市基础设施建设】 2016年，完成市世纪广场对面社会主义核心价值观主题生态停车场建设，建成城西路停车场、观澜路道排及停车场、长乐路建设，启动光明路（荷香路至凤形路）、新安路、新岭路、旗山路、城西路建设、凤形路建设。

【人行道改造维修】 2016年，完成青龙路、人民路、东风路人行道改造（均纳入“白改黑”实施），启动北园路、滨河路、迎宾路、津河西路人行道改造（均纳入“白改黑”实施）。完成宁阳西路（老年公寓）人行道、青龙西路与凤行路交叉口、东岸路与胡乐路交叉口等处人行道维修2300平方米。

【老旧小区改造】 2016年，完成大慈庵广场、老交警队宿舍、滨河小区、城北农贸市场（粮贸巷）、城西路北后巷等30个老旧小区改造建设

图27 滨河长廊一角

（含2015年的11个），已启动西苑小区、建委老宿舍、电力新村二期、城西小区、津园村、小家园、东津小学宿舍建设等余下建设项目。

【路灯维修】 2016年，对城区主次干道路灯、公园广场及楼宇亮化进行日常维护和清扫，更换路灯接线井盖87块，维修背街小巷路灯145盏，更换配电箱16台；更换金桥路、北园路等8条主道路老化和短路电缆共计2416米。完成维护单位路灯亮灯率考核，推进路灯合同能源模式工程。

【交通设施维护】 2016年，完成汽车站、安材等处标线施划500平方米，新增交通警示灯、警示牌各2套。在宁阳学校安装过街自助信号灯，大润发商场前安装中央隔离栏50米。

【内河治理】 2016年，小南河二期工程（盛唐—丰盛苑）段基本完成北岸污水主管的安装，南岸污水主管安装、山门路桥盖梁浇筑，计划元旦前通车；星河、龙潭河综合整治工程：已完成星河段200米护栏基础浇筑，准备对河道两侧管道进行清淤。

【PPP项目】 城北新城综合开发项目包已完成项目立项、选址、用地预审、可行性研究报告、环评等，通过社会资本方资格预审招标；凤形新区综合开发（仙霞北路、向阳西路、和平路）项目包已完成项目立项、选址、用地预审、可行性研究报告、环评等，PPP项目中介机构已完成实施方案编制并进行初轮汇报，正在深化实施方案；安材、党校新校及配套路网（高山口路、落花荡路）项目包已完成项目立项、项目选址、用地预审、可行性研究报告、环评及实施方案编制等。

（市政局）

【城市供水】 完成2015年度水量水价审计工作，配合青龙湾管委会等部门做好饮用水源地保护等工作。完成小南河一标段、二标段，英雄岭，嵩合路，北园路供水主管网的改造；完成亚新科花园、新业小区、迎宾花园等14个小区老旧小区管网改造，加大饮用水水源地的宣传，禁止在饮用水水源一级保护区内新建、改建、扩建与供水设施和保护水源无关的建设项目。随着乡镇集中式饮用水水源地保护区的划分工作的开展，增加对乡镇集中式饮用水水源地的水质监测工作。每年市卫生疾控中心和宣城水务公司对管网末梢水定期进行抽测，年均合格率100%。2016年，完成凤凰城步行桥段敷设供水主管网27千米，同时三水厂二期建成投产后，全市的供水规模已达10万立方米/日。

（城乡建设科）

【污水处理】 2016年，市污水处理厂处理污水约1254万吨，处理率达94.99%，氨氮、化学需氧量处理率明显提升，完成年度减排任务。

【抗击雪灾及防汛工作】 2016年1月，全员上岗150余人次，4辆铲车和运输车辆铺撒融雪盐25吨，重点保障城区8座桥梁和南门山岗等5段坡道的道路畅通。汛前完成人民路、北园路等城区主排水管网清疏。清理胡乐路张村农田排沟800米，完成西津小学南侧排水沟治理62米，西立交桥巷排水明沟改造150米。清理疏通北园路、宁国大道公交站台、人社局前道路、河沥溪路（幸福巷东侧）积水16处，铺设排水管道400米，更换各类窨井盖30块。

【案件办理】 2016年，处理数字城管、社区网格化、政民互动、市长热线累计维修案件1059件，更换井盖类200余块。

（市政局）

【城建档案管理】 加大对城建档案的业务指导和收集力度，不定期对建设工程档案进行检查，并对凤凰城二期、富华国际、红蜻蜓四季花城、河沥新城等大型项目、民生工程进行重点指导。全年共备案工程129个，及时接收和整理工程档案773卷，2016年年底，库房保存档案18349余卷。加强城建档案信息化基础建设，深化数字化建设，逐步实现传统管理模式向现代化管理模式的转变，对档案进行案卷级录入，全年累计扫描工程档案3500余卷，规划管理档案2800余户，来人查询检索基本实现数字化。全年共接待查阅人数176次，查阅档案325余卷，复印4000余张。

（城市建设档案馆）

【依法行政】 成立建设监察大队，严格规范建设执法行为，提高执法办案水平。2016年，办理建设领域案件9起，处罚违规企业7家次，处罚相关责任人2人次，共罚款73.7万元，着力打造公平竞争、优胜劣汰、适者生存的秩序和环境。

（建设监察大队）

园林绿化

【概况】 市区市管绿地面积达116万平方米（其中公园管护面积达56万平方米），城市道路行道树

7800余株，绿地率、绿化覆盖率、人均公共绿地面积分别达到34.5%、40.7%和13.6平方米。2016年，贯彻海绵型绿地理念，全面启动城市园林绿化重点工程建设，挖掘历史文化元素并植入城市公园，提升公园的档次。

2016年，有1家园林企业资质升级为二级，新增园林企业2家。

【创建国家生态园林城市】 为打造宜居宜业宜游的现代山水生态园林城市，宁国市按照生态园林城市创建标准，在成功创建国家园林城市、国家环保模范城市、国家卫生城市、国家节水型城市的基础上，建设总量适宜、布局合理、功能完善、景观优美、特色突出的山水生态园林城市，提高城市生态环境质量，力争到2018年底各项基础指标和分级考核指标均达到或超过生态园林城市的标准，到2019年实现生态园林城市创建目标。

【公园建设】 2016年，建成燕津公园、西津公园等多个城市公园，新增公园绿地面积39.39公顷，改造提升园林绿地面积29.7公顷。建设了一批标准高、规模大、生态效益明显的公园绿地。

【牡丹园建设】 牡丹园位于西津河西侧、凤凰桥西南角，总面积5734平方米，与已建成的西津公园相邻。利用中国传统的造园手法，以牡丹为主题，结合地形、水景、假山、植物以及建筑等造景要素，衬托出牡丹艳压群芳之姿。全园形成以牡丹亭、廊为中心的庭院序列空间，大面积的水体将园中所有造景要素串联起来，形成步行景移的游览体验。园中通过设置牡丹亭、文化长廊，向市民科普牡丹知识、宣传牡丹文化。

【"牡丹园记"征文比赛】 为突出牡丹园主题，增添全园艺术氛围，市园林局特向社会各界征集牡丹亭石碑碑记。最终一等奖由辛锡林获得，入围奖由徐民主、郑树森、唐龙3名参赛者获得，并颁发了证书和奖品。

【绿道建设】 遵循生态性、特色化、人性化、共享性、安全性、便捷性、可操作性、经济性的设计原则实施绿道建设。2016年，完成城市绿道建设17.4千米（小南河沿河绿道2.4千米，老城山水体验环8.5千米以及西津公园、滨河公园园区健康步道3千米，西津河沿河绿道3.5千米）。

【街头绿地建设】 2016年，建成星河园、诚信大厦广场、牡丹园、凤凰城步行桥桥头游园4处街头绿地（游园）。

（市园林局）

图28　牡丹园

村镇建设

【概况】 由于近几年开展集镇建成区整治、美好乡村建设、村庄环境卫生整治等活动，宁国市城镇基础设施和人居环境得到极大改善。2016年，霞西镇白茂村、港口镇山门村被评为中国第四批传统村落；港口镇被评为安徽省特色小镇；港口镇山门村被评为国家级美丽宜居村；港口镇、万家乡云山村申报安徽省特色景观旅游名镇(村)；霞西镇石柱村、胡乐镇霞乡村申报“安徽省绿色村庄”。同时，配合市目标办对2016年度村镇规划建设管理考核工作，指导乡镇编报改善农村人居环境建设贷款项目，完成乡镇老街遗存情况调查统计工作。

【农村危房改造】 2016年，省下达宁国市农村危房改造任务800户，已全部完成改造任务，竣工1011户，完工率为126.37%，发放补助资金773.6万元。完成全市“十三五”期间农村危房改造对象集中公示工作。完成了危房改造审计等问题整改工作。

（城乡建设科）

建筑管理

【概况】 2016年，全市建筑业企业施工总产值31.18亿元，施工总面积124.96万平方米，合同额18.8亿元。全市建筑业企业期末从业人员11732人。

【建筑企业】 2016年，全市共有各类建筑业企业74家，其中施工总承包30家，专业承包28家，劳务企业16家；外地来宁国施工企业33家。

【建筑技术人员队伍】 2016年，全市建筑业企业各类专业技术人员4550人，拥有高级职称172人，中级职称1285人，初级职称3216人；一级注册建造师50人，二级注册建造师375人，二级临时建造师228人；持有安徽省建筑业职业技能岗位证书1500余人。

【建筑节能与新型墙材】 2016年，全市共有新墙材生产企业5家，其中，砂加气砌块企业1家（年产能24万平方米），页岩烧结砖企业4家(年产能2.4亿块)。全年开展在建工程建筑节能专项检查2次，样板墙验收10次。

（建管处）

【建设工程质量监督】 2016年，为140项工程项目办理质量报监备案手续，建筑面积约117.2万平方米；为159项单体工程办理竣工验收备案手续，工程竣工备案面积约89.55万平方米。全面落实工程质量终身责任制，开展工程质量治理两年行动全面督查。开展质量巡查23次，共检查在建工程120项，下发质量通报91份；对市规划区内在建保障性住房工程、钢筋质量、建筑节能进行质量专项大检查；组织开展了3次预拌混凝土生产企业质量检查，加强砼原材料质量控制。全市所有建筑钢筋送样全部采用IMT系统。推动建筑企业诚信体系建设，全面应用监管通系统对检查的工程质量、市场行为进行质量评分，应用覆盖率达100%。

组织建筑行业职业技能大赛，以带动全市房屋建筑工程整体质量水平的提高。创建“全国质量强市示范城市”，完善考核所需各项软硬件资料。宁国市碧桂园5#、6#、14#楼获得2016年度建设工程施工质量标准化省级示范工程。宁国市人民医院综合楼工程、宁国市仙霞路西津河大桥工程获得2015—2016年度安徽省建设工程“黄山杯”奖。

【建设工程安全生产管理】 2016年，开展30余次建筑施工安全检查（含消防检查），共检查292个单体工程，排查并整改安全隐患531项；开展扬尘防治专项检查8次；开展建筑工地食堂食品卫生检查4次；全年督促施工企业组织11次超过一定规模的深基坑、高支模、高边坡、外电防护专项施工方案的专家论证，消除重大安全隐患14项；创建4项宣城市建筑施工安全质量标准化示范小区，6项宣城市建筑施工安全质量标准化示范工地；组织召开施工监理企业参加建筑安全生产例会7次；强化安全生产宣传教育和培训工作，组织2次“送法进工地”活动，组织1次特种作业人员培训，发表安全报道63篇；办理建筑起重机械使用登记备案70台次；对21个在建工地实施人脸识别IFA广域网考勤；2016年全年未发生建筑施工安全生产死亡事故。

（建设监督管理站）

房地产管理

【房地产交易】 办理各项房产登记业务26128件，其中初始登记273件，转移登记7055件，抵押登记7451件，商品房备案3864件，预告登记2077件，司法查封登记1139件，注销登记4190件，其他登记99件。批准预售40余万平方米，发放预售许可证73份；新建商品房销售备案总面积45.6万平方米。

自2016年6月30日起，不动产登记中心挂牌成立并正式开展不动产登记工作，市房管局不再承担房屋产权登记发证业务，保留房屋交易监管职责（二手房交易、新建商品房转移、抵押业务），做好与不动产职责的有序衔接和职能平稳过渡。

【房地产市场调控】 2016年6月，市政府出台《宁国市房地产市场平稳健康发展的实施意见》，规定在2016年7月1日至12月31日期间，对个人购买商品住房的，由市财政按其所交契税100%的比例给予财政补贴；对个人购买非住宅类商品房的，由市财政按其所交契税80%的比例给予财政补贴；对个人购买新建商品住房的，由市财政给予30元/平方米的购房补贴；对乡镇户籍人员、非社区居民家庭户和非本地户籍人员购买新建商品住房的，除上述财政补贴外，由市财政再给予50元/平方米的购房补贴。该政策实施半年来，全市新建商品房共签约3381套，销售面积46.24万平方米，去库存效果明显。经报请市政府同意，已将该政策执行时间延长至2017年12月31日。

【住房保障】 完成棚改开工任务528套，公租房货币补贴发放1521户，发放450万元，公租房配租900户，全面完成年度目标任务。完成市聘干部一次性住房补贴审核工作并上报市政府进行补贴发放。宁国市住房保障工作在宣城市连续9年考核第一。

【物业管理】 修订后的《安徽省物业管理条例》（简称《条例》）于2016年10月1日起施行。市房管局将《条例》宣传手册发放到各物业企业、办事处、居委会、业主委员会及市直相关部门，并在市工商银行门口组织了一次集中宣传发放活动。组织职工和物业企业参加省住建厅、宣城房管局分别召开的《条例》宣贯会议。

联合市编办到宣城市房管局及宣州区物业办进行了调研，并形成调研报告上报市政府。拟建立市物业管理办公室、街道物业管理工作站、社区物业服务站三级管理体制。

截至2016年年末，全市有物业管理企业33家，其中，二级1家（即好管家物业公司）、三级32家。

【维修资金监管使用】 启动三项“阳光工程”：一是“施工单位阳光选择工程”，动用维修资金，由业主委员会依法自主选择施工单位，作为行业主管部门，不参与，不推荐；二是“维修资金阳光审计工程”，动用维修资金工程必须依法审计后方可支付；三是“维修资金阳光公示工程”，动用维修资金工程必须向全体业主公示，增加业主的知情权和监督权。为解决维修资金现阶段孳息存在的问题，确保广大业主的切身利益，拟定了《关于宁国市住宅专项维修资金规范管理的请示》报市政府同意。

【直管公房管理】 全面清查登记固有资产，建立健全完整的产权产籍档案，完善直管公房基础台账数据，建立公房信息管理平台，为国有资产管理履职尽责。

【房屋安全鉴定和白蚁防治】 完成房屋安全鉴定268起，鉴定面积3万平方米。签订白蚁预防合同56份，备案面积90万余平方米；签订白蚁灭治合同21份，备案面积5000余平方米；现场施工400余次。建设完善标准化药物库房和档案室，强化药物和器具管理，提高技术含量和行业形象。

（房管局）

燃气供应

【概况】 2016年，全市共有燃气企业8家、瓶装燃气经营门点185家，供气种类有液化石油气和天然气，拥有气站6座，容积约950立方米；其中液化石油气年供气约5900吨、天然气供气量约1760万立方米；城区敷设中压燃气管道约151千米，低压管道220千米。宣城到宁国天然气长输高压管道宁国境内长约22千米的天然气末站已基本完成，年底具备通气条件。

【燃气管理】 2016年，开展安全使用燃气宣传，与燃气企业签订《燃气安全生产文明经营目标管理责任书》，牵头组织了燃气公司联合消防大队的燃气安全知识培训及燃气应急抢险大演练；定期对燃气企业开展安全检查及专项执法大检查，全年下达限期整改45份并督促整改完成，立案查处违反燃气管理的案件1起，移交其他执法部门2起。

（燃气办）

住房公积金管理

【概况】 2016年，全市归集住房公积金3.3亿元，贷款发放量达到2.38亿元，支取住房公积金2.58亿元。实现增值收益837万元。

【住房公积金基础工作】 贯彻国务院《住房公积金管理条例》和《指导意见》，遵循以人为本原则，帮扶弱势群体。

公开办事程序，公开服务承诺，公布投诉电话，增加住房公积金管理工作透明度。针对职工在网络提出的住房公积金政策的热点和要点问题，第一时间给予答复，妥善处理在住房公积金具体工作中出现的矛盾和问题，公开接受广大职工群众的工作监督。

加强工作人员思想政治教育和业务技能培训，把改善职工居住条件、构建宁国和谐人居、服务宁国经济社会科学发展的理念落实到工作实践中。抓好住房公积金缴存、支取、贷款审核审批等重点岗位和关键环节的反腐倡廉制度建设。

【住房公积金具体工作】 认真开展《住房公积金管理条例》的宣传，推进公积金制度向民营、私营、自由职业者等领域延伸。

依照《关于规范和阶段性适当降低住房公积金缴存比例的通知》，对全市住房公积金缴存单位的缴存情况进行审核，要求其缴存比例均不得超过12%，缴存基数不得超过宣城市单位职工月平均工资的3倍，对企业单位严格执行文件规定，不得超过限定比例和基数，减轻实体经济企业负担。

防范打击违规套取工作，严格审核机制。为防范住房公积金支取工作中出现违规套取现象，针对支取的不同情况作出相应分析，采取各种可行性措施，严格审核机制，规范住房公积金管理秩序。

切实履行住房公积金“取之于民，用之于民”方针。继续做好住房公积金支取服务。2016年，继续开展“住房公积金付首付”工作。

开展办理异地贷款业务。大力支持宁国市政府开展“售房月”活动。2016年7月起，宁国“售房月”活动导致住房公积金贷款人数骤增，当年的住房公积金贷款计划和资金提前用完，管理部为保证贷款职工利益，尽快发放职工住房公积金贷款，一方面积极应对职工疑惑，第一时间解答网上及政务平台等媒介上的疑问，另一方面多渠道协调资金，从宣城中心调剂贷款资金1500万元，每月及时催促财政核拨缴存的住房公积金。截至2016年12月底，宁国住房公积金管理部共放贷2.38亿元，发放贷款976户，其中贷款户一半以上为企业职工。

（韩　珺）

城市管理

【查违、拆违】 加强日常巡查，预防春节、国庆长假期间出现偷建、抢建违法建房的苗头。2016年，拆除现行违建237起，面积13484.81平方米。按照以拆违促拆迁的思路，完善法律程序，对存量违建集中拆除，共拆除存量违建68起，面积2802.56平方米，行政处罚6起，罚款80.8万元。超额完成全年拆违任务。

【提升市容市貌】 2016年，对城区13条路段实行网格化管理，采集1300余户商户信息，建立“城管+商户”微信管理模式。对城区7处废旧报刊亭、29处废旧IC电话亭予以拆除。规范早餐车管理，开展城区商贸秩序、流动摊点和校园周边整治，劝导出店经营行为4125起，摆摊设点2316起。持续开展“三车”（渣土车、砂石散装运料车、混凝土搅拌车）、户外广告、大气污染、“牛皮癣”、交通秩序、早（夜）市等各类专项整治。全年，查处“三车”案件99起，罚款8.68万元；拆除户外广告520平方米；督促城区油烟排放不达标餐饮店进行整改，查处出店经营、漏天烧烤行为45起，制止焚烧秸秆、乱堆垃圾行为36起。查处随意发放、张贴、喷涂小广告案件10起，罚款4400元。纠正违法违章行为9200车（次），抓拍违章停车2558台（次）。设置临时茶叶交易便民市场，方便茶农进行茶叶交易。安排自产自销西瓜便民销售点117个。合理设置便民菜市场，进一步规范马路市场秩序。加强高、中考期间噪音监管力度，为广大考生营造安静的学习迎考环境。2016年6月，对仙霞、甲路、胡乐三个乡镇派驻执法队员；10月，对河沥中队、开发区中队增加13名队员，以加强乡镇镇容镇貌秩序的管理。

【提升环卫市场化运营作业水平】 结合实际，相继制定有关考核细则和办法，全面落实环卫管理。加强内河保洁，清理无主渣土、杂物1300余车次。实行“处罚+奖励”的激励式管理，对各公司处罚累计38.3万元，各项奖励金额达26.7万元。在城区全面推行生活垃圾定时（分类）收集，确保垃圾转运过程全程密闭。将直管17座公厕实行全市场化管理。拆除和改造851座旱厕，拆迁范围内标识58座。更换、新设垃圾桶1060只，增设果壳箱522只；拆除城区垃圾池、房78座；对4座垃圾中转站内外全面除新；对工业巷口临时垃圾中转点全面改造；对城区23只拉臂罐除新改造。对73辆垃圾收集车辆抛洒滴漏问题进行处理。

按规定对清洁工发放加值班费和高温补贴；高温季节实行错时作业；实行货币补贴代替“爱心早餐”配送；新增43处环卫工人“爱心驿站”，成立首家“爱心发屋”。开展“最美环卫工人”“优秀环卫工人”评选活动，共表彰29名最美环卫工人、10个优秀作业班组、2个环卫管理先进单位，并及时宣传引导。开展关爱活动。扎实开展环卫工人节各项活动。向企事业单位募捐，为特困环卫工人解决实际困难，共募得善款18.5万元。

2016年，中心共处置生活垃圾10.06万吨，利用垃圾填埋气体发电195万千瓦时。渗沥液处理4.77万吨，生活垃圾无害化处理率达100%。稳妥处理与周边村组之间的关系，先后召开调度会6次，接待来访群众200人次，满足群众合理诉求。借鉴武汉金口卫生填埋场、广德卫生填埋场封场工程的成功经验，配合设计单位完善施工图设计方案，完成图纸审查，工程量清单的编制工作，做好垃圾库区封场工程的前期准备工作。

（张　瀚）

美丽乡村建设

【概况】 市美好办负责全市美丽乡村建设和农村环境卫生综合整治工作，设3个内设机构：综合科、项目科、农村环卫科。有行政编制7个，至2016年年底，在编7人。2016年，重点围绕“点上出彩、线上提升、面上改观”，全面开展美丽乡村“各级各类中心村建设”“村旁屋边环境整治”“美丽乡村旅游精品线路建设”和“农村环境卫生常态化管理”四大工程，突出抓好2016年3个省级中心村、6个乡镇政府驻地建成区整治、6个宣城市级、9个县级和9个乡级中心村建设，管护提升18个已建省级中心村，并串点成线，推进东、西两条美丽乡村旅游精品线路建设，着力整治100个左右自然村，扎实抓好农村环境卫生全覆盖常态化管理工作。

【中心村选点】 2016年，市美好办按照“五个优先”和“两个结合”▲原则，围绕“旅游提速年”活动，确定南极乡永宁村、云梯乡云梯村、中溪镇狮桥村3个中心村为2016年建设省级中心村。港口镇灰山村、仙霞镇龙亭村、甲路镇庄村村、宁墩镇南阳村、方塘乡双村村、南山街道高村村6个中心村为2016年建设宣城市级中心村。中溪镇石口村、仙霞镇石岭村、甲路镇石门村、方塘乡上坦村、西津街道大村村、汪溪街道汪溪村、竹峰街道瓦窑铺村、南山街道鸡山村、河沥溪街道长虹村为2016年建设的9个县级中心村。港口镇凉亭村、梅林镇田村村、仙霞镇杨山村、胡乐镇竹川村、宁墩镇双川村、方塘乡葛村、西津街道罗溪村、南山街道双龙村、天湖街道钱村村为2016年建设的9个乡级中心村。

▲“五个优先”和“两个结合”：交通要道沿线村优先、农业产业基础较好村优先、旅游资源丰富村优先、人口集聚量大村优先、集镇所在地的村优先，结合城镇化建设、结合乡村旅游发展。

图29　省级中心村南极乡永宁村

【中心村建设标准】 2016年，市美好办严格按省定内容和标准，规范省级中心村建设，根据《安徽省美丽乡村建设验收办法》，扎实抓好村庄各类工程建设。从垃圾处理、饮水安全巩固提升、卫生改厕、房前屋后环境整治、道路畅通、污水处理、河沟渠塘疏浚清淤、公共服务设施建设、村庄绿化、村庄亮化10个方面进行整治建设。市级中心村参照省级中心村标准进行建设。县级中心村重点对村庄进行“三清四改五化一推”▲等基础设施建设和村庄环境整治。乡级中心村由乡镇自行组织建设，重点进行村庄、庭院、环境、卫生整治。

▲“三清四改五化一推”：清垃圾、清河道、清沟渠；改水、改厕、改路、改圈；硬化、绿化、亮化、净化、美化；推广沼气。

【中心村考核验收】 安徽省规定省级中心村建设周期一年半，将于2017年第三季度到各县市区开展验收。2016年11月9日开始，市美好办会同市财政局等相关成员单位，利用6个工作日对20余个市、县、乡三级中心村进行现场验收，分别按30万元、20万元、10万元标准进行奖补。验收根据宁国市《关于印发2016年美丽乡村省级和市级中心村考核办法的通知》文件要求，以现场查看方式为主，听取和实地查看建设内容和投入情况，重点查看和了解2016年建设内容和取得的实效，进行综合评定。相关部门评分占60%，乡镇（街道）分管负责人评分占40%。根据得分高低，领导组研定补助标准，核拨以奖代补专项资金，并将考核成绩直接纳入乡镇（街道）美丽乡村目标管理考核成绩。

【乡镇政府驻地建成区整治】 根据省美丽乡村建设任务安排，通过两年时间建设，实现乡镇政府驻地建成区整治全覆盖，省美丽乡村办将于2017年第三季度到各县市区开展验收。宁国市确定中溪镇、港口镇、霞西镇、梅林镇、南极乡、云梯畲族乡6个乡镇为2016年省级乡镇驻地建成区整治乡镇，重点开展“治脏、治乱和加强基础设施建设和公共服务配套”等整治任务，鼓励有条件的乡镇在“两治理一加强”的基础上，开展生活污水处理、沿街建筑立面改造、环境景观综合整治，保持乡镇特色风貌。用一年左右的时间完成整治建设任务，打造环境优美、功能完善、管理有序、文明和谐的美丽集镇。

【农村环境卫生综合整治暨村旁屋边治理】 2016年，出台《2016年农村环境卫生及村旁屋边治理工作考核办法》，采取“4+3+1”考核模式▲实行季度奖惩和年终奖惩，强化督促检查，实现村旁屋边干净整洁，农村环境持续好转不反弹。在宣城市2016年度4个季度第三方测评中，宁国市农村清洁工程分数均名列前茅，年度总成绩宣城第一，实现“四连冠”。

▲“4+3+1”考核模式：全年开展4次暗访、3次明察、1次年终总查。

【农村清洁工程市场化体制初步建立】 2016年，宁国市东片7个乡镇（梅林、中溪、万家、宁墩、南极、仙霞、云梯）继续实行垃圾终端清运市场化，即美好办牵头招标，将东部7个乡镇的垃圾终端清运工作由一家环卫公司承包，变过去的7个乡镇、7个人、7台车为1家公司、1个人、1台车负责7个乡镇的垃圾终端清运工作，节约人力、物力、财力，运行效果良好。

【试点市场化模式开展垃圾源头分类工作】 2016年，市美好办继续在港口镇山门村和汪溪街道汪溪村试点市场化模式开展垃圾分类工作。由村委会通过议标方式确定公司和价格，试行环卫公司上门定时、定点收集农户垃圾，对定点按时投放垃圾的农户按月或季度发放毛巾、肥皂、洗衣粉等生活必需品，或在光荣榜上公示，最大化的减少因垃圾桶、垃圾房等产生的二次环境污染。

（朱　梅）

图30　2016年，中溪镇集镇建成区整治成果

国土资源管理·环境保护

Land Resources Management & Environmental Conservation

· 国土资源管理

· 环境保护

国土资源管理

【概况】 宁国市国土资源局内设办公室、土地利用规划科、耕保征管科、权籍测绘科、地质矿产科、法规监察科、纪检监察室7个科室，辖土地收购储备中心、城乡土地交易中心、国土执法监察大队、土地开发整理中心、地质灾害监测中心、信息中心、不动产登记中心7个二级机构；基层设有4个分局（开发区、港口、中溪、青龙湾）、3个国土资源中心所（西津、宁墩、仙霞）和5个国土所（胡乐、甲路、方塘、梅林、霞西），以及13个地质灾害监测站。正式在编人员112人。

全局履行保护资源保障发展职能，完善耕地保护措施，保障重点项目建设和民生工程用地需求。坚持节约集约利用土地资源，加大“批而未供、低效、闲置”三类土地的清理处置；加大对违法用地及破坏矿产资源行为的查处；大力推进土地整理、土地开发复垦、城乡建设用地增减挂钩和高标准基本农田等项目建设，落实建设占用耕地占补平衡，为本市经济社会发展提供科学可持续资源保障。

【创建“国土资源节约集约模范县（市）”】 根据国土资源部创建办的统一部署，安排专人从事创建材料的收集、整理、汇总，及时填报各项考核软件资料。通过努力，宁国市被顺利评为第三届国土资源节约集约模范县（市），2016年6月27日在北京国谊宾馆受到国土资源部的表彰。

【土地利用管理委员会会议】 2016年4月14日，召开土地利用管理委员会2016年第一次会议，由市委副书记、市长、市国土资源利用管理委员会主任委员何田主持召开，市委常委、常务副市长、市国土资源利用管理委员会副主任委员，市国土资源利用管理委员会相关成员单位参加，会议对全市土地利用等相关方面进行讨论并做出决定，发挥市国土资源利用管理委员会在服务和保障地方经济社会发展的作用。

【宁国市土地利用总体规划（2006—2020年）调整完善工作】 2016年10月，启动全市及19个乡镇（街道）的土地利用总体规划（2006—2020年）调整完善工作，截至年底，二轮上图顺利完成。

【用地指标管理】 2016年，下达宁国市新增建设用地指标151.81公顷（含安徽省广德至宁国公路宁国市段63.09公顷），其中农转用指标142.334公顷，未利用地指标9.47公顷；城乡建设用地增减挂钩指标26.67公顷。

【用地审批报批】 2016年，批准建设用地213.46公顷（含安徽省广德至宁国公路宁国市段69.63公顷），其中农用地255.508公顷，未利用地2.84公顷。

【土地收购储备运营】 2016年，城区土地收储计划为251.07公顷，实际征收土地面积294.99公顷。其中，南山片区完成69.20公顷，西津片区完成61.85公顷，汪溪片区完成60.21公顷，河沥片区完成103.73公顷。是年出让土地65.36公顷，出让金总收入28368.8万元。其中，经营性用地出让面积约19.18公顷，出让收入20459.1万元；工业用地出让面积约43.55公顷，出让收入6744.4万元；公共设施用地出让面积约2.63公顷，出让收入1165.3万元。

【土地招标拍卖挂牌】 2016年，全市共发布国有建设用地使用权出让公告26起，已成交45宗，面积约65.4公顷，出让金额28368.81151万元。其中经营性用地16宗，面积约19.2公顷，出让金额20459.11731万元；工业用地27宗，面积约43.53公顷，出让金额6744.37454万元，公共设施用地2宗，面积约2.67公顷，出让金1155.31966万元。

【土地推介活动】 2016年6月，参加2015浙商投资（中国）城市展示会，将宁国市16宗经营性土地项目进行包装、宣传，多方位进行推介。

【国土资源法规政策宣传】 采取集中学习、培训等方式，学习土地法律法规、法制理论及实务知识。利用“4·22”世界地球日、“6·25”全国土地日、“8·29”测绘法宣传日及“12·4”国家宪法日的契机，开展法律宣传和咨询活动。举办“情系国土”书法竞赛、“《信访条例》在我身边”征文活动及宣城市第七届中华诗文诵读活动，在《今日宁国》开辟专栏专题，在街头设立咨询台，印发资料，制作版面，张贴横幅，悬挂标语，编印《宁国国土资源》《国土资源执法监察简报》，广泛宣传国土资源法律法规，有效地拓展了法制社会教育面，营造了国土资源法制宣传的浓厚氛围。

【地政地籍管理】 做好年度土地变更调查与遥感监测工作；组织两次测绘质量成果抽查，加强测绘市场监管，规范不动产测绘市场；加强土地确权和权属争议调处工作。

图 31　2016 年 6 月 28 日，宁国市不动产统一登记工作新闻发布会在市政府会议中心大会议室举行

【不动产登记改革】 2016 年 6 月 30 日，市不动产登记中心揭牌，正式启动全市不动产统一登记工作，首批对外供给 11 大类不动产登记业务，顺利完成不动产登记发证系统和权籍管理系统试运行。2016 年度共颁发 5356 本不动产权证、5846 件不动产权证明。

【土地开发复垦】 完成 35.34 公顷补充耕地项目。

【土地整理】 加快推进仙霞镇、宁墩镇、南极乡土地整理项目。

【高标准基本农田建设】 2016 年，完成“十二五”期间上级下达的高标准基本农田建设。

【土地清理处置】 扎实做好“批而未供、低效、闲置”三类土地清理处置工作。对批而未供、闲置土地进摸清底数，建立台账。清理后的“批而未供”土地供地率达到 88.03%，达到处置目标。

【划定永久性基本农田】 2016 年，完成永久基本农田划定初步成果数据，此项工作正在进行中。

【矿产开发】 2016 年，在册矿山企业总数 19 家，当年实现工业总产值 17.28 亿元，矿产品销售收入 18.71 亿元，征收采矿权价款 128 万元，征收矿产资源补偿费 230 万元。全市现有探矿权 37 宗。

【矿产资源管理】 建立矿产资源勘查、采矿权出让及市场管理、采矿权审批登记、矿产资源补偿费征收等监督管理机构，建立日常监督管理责任制，负责对全市各类地质勘查开采实施情况的动态监管。建立矿政管理体制，依法行政，以法律法规、规划、政策为手段监督管理矿业权市场，依法打击、取缔无证勘查开采、越界越层勘查开采的违法行为，探矿权、采矿权持证率达到 100%。

【矿山地质环境管理与综合治理】 推进绿色矿山建设，进行矿山地质环境恢复治理方案和土地复垦方案编制与审查制度改革；严格执行矿山地质环境恢复治理保证金收存制度，截至 2016 年，共收存保证金 575.54 万元；采取有效措施，综合治理矿山地质环境问题，投资 626 万元实施了汪溪小白石岭采石场、宁国市公路分局竹峰采石场、竹峰村采石场、中溪镇杭宁新型墙体材料石煤矿矿山等废弃矿山及宁国市正安建材有限责任公司、中裕建材有限责任公司和中溪石渔石煤矿生产矿山的地质环境综合治理。

【地质灾害防治】 根据 1：50000 地质灾害详查和 2015 年汛后核查、2016 年汛前调查情况，确定全市地质灾害隐患点 153 处，其中滑坡 65 个，崩塌 72 个，不稳定斜坡 11 个，泥石流 2 个，地面塌陷 3 个，分布在除天湖街道、汪溪街道之外的 17 个乡镇（街道）。开展地质灾害预报预警和巡查监测工作，特别是加强主汛期及台风季、冰雪冻融等恶劣天气易引发地质灾害的防范，及时转移危险区人员，全年未发生因地质灾害造成的人员伤亡事故。

【地质灾害搬迁和治理工程】 2016 年，市政府投入 171 万元实施了甲路镇庄村村石桥场杨培元等 15 处地质灾害搬迁避让项目，保障了 22 户 77 人生命财产安全；投入 570 万元实施了胡乐镇鸿门村鸿门街道胡秋媚屋后滑坡等 5 处地质灾害工程治理项目，解除了 15 户 46 人的地灾威胁，保障相关道路车辆行人安全；设置 200 万元突发性小型地灾灾害治理“以奖代补”资金，引导乡镇及时处置 21 处较小的地灾险情。应急处置方塘乡潘茶村五组祠堂殿居民点（潘分路）滑坡、河沥溪街道畈村村刘村组刘明金屋后滑坡、青龙乡龙阁村惠杨路滑坡、南极乡杨狮村凉风洞崩塌地灾险情，并安排 900 万元资金立即启动该 4 处地质灾害工程治理项目，并将畈村村刘明金屋后滑坡申报为省级地质灾害治理项目。继续实施西津办事处海山崩塌地质灾害点、中溪镇石口村刘村滑坡、南极乡杨狮村茶厂组崩塌搬迁避让集中安置项目。

【国土资源执法监察】 开展定期与不定期巡查400余次，发现和制止国土资源违法行为81起；严厉打击各类国土资源违法违规行为，立案查处国土资源违法案件1起（违法占地），结案1起，责令退还土地1738.8平方米，实际执行到位罚款19949元；共取缔非法开采点8处，拆除捣毁加工砂石点10处，约谈非法当事人17人次；巩固全国百家“12336为民服务示范窗口”成果，全年电话接听、来人来访及上级交办受理群众有效举报线索61起，办结率达100%。

【国土资源综合档案管理】 继续做好综合档案管理工作，及时将档案资料整理、组卷、编目、归档、入库上架。2016年，共整理文书档案942件，专业档案3668卷；提供档案查询492卷、45件、385人次，为不动产登记中心办理不动产权证书提供调阅档案材料1296卷。

【测绘管理】 印发《关于加强土地测绘管理工作有关事项的通知》，组织测绘质量成果抽查，加强测绘市场监管和地图市场管理的日常监管，规范不动产测绘市场。

（樊烈虎　张泳捷等）

环境保护

·环境质量·

【空气环境】 2016年，宁国市城区环境空气有效监测天数356天，达到“优”或“良”的天数为297天，环境空气质量优良率为83.4%。空气质量状况为优、良好、轻度污染、中度污染的天数分别为44天、253天、52天和7天，所占比例分别为12.3%、71.1%、14.6%和2.0%。

2016年度，宁国市酸雨频率为6.1%，降水pH年平均值为6.1。

【地表水环境】 2016年度，宁国市地表水监测断面东津河坞村、西津河大桥、港口湾水库大坝内、水阳江汪溪及入境断面滑渡、柏山、出境断面钟鼓潭等水质，均符合《地表水环境质量标准》（GB 3838—2002）Ⅲ类标准要求，地表水水质达标率为100%。地表水、集中式饮用水、城区声环境均满足相关标准要求，水质良好。

【饮用水源地水环境】 2016年度，宁国市二水厂河沥溪泵房、三水厂双龙泵房和港口湾水库副坝3个集中式饮用水水源水质均达到《地表水环境质量标准》（GB 3838—2002）规定的水质标准，饮用水源水质达标率为100%。

【声环境】 2016年度，城市区域噪声平均等效声级53.3dB（A），总体水平等级为较好；城市道路交通噪声平均等效声级62.5dB（A），强度等级为好，功能区噪声达标率100%。

·环境监测·

【概况】 市环境保护监测站建于1984年，是宁国市唯一法定的环境监测机构，属于财政全额拨款单位。人员编制为12人。现有人员10人，正式编制6人，聘用人员4人，其中高级工程师1名，工程师4名。对辐射环境质量、土壤环境质量监测、农村环境质量和环境应急等的监测，尚无监测能力。

【监测能力提升】 2006年6月，首次通过省级计量认证，2009年、2012年、2016年三次通过实验室资质认定复审。已开展地表水、地下水、环境空气、生物、噪声等各类环境要素的监测工作，认证监测项目达77项。

【环保能力建设】 空气自动站宁阳学校子站新增能见度分析仪和城市摄影系统等监测设备。

·污染减排·

【概况】 根据宣城市政府下达的2016年减排目标，宁国市共拟定12个水工业结构减排项目、11家气工业结构减排、2台工业锅炉改造、2个农业源减排、11处农村生活污水处理工程减排计划及年底新增的24台城区生活燃煤小锅炉拆除项目、农村生活垃圾处理工程等主要污染物总量减排计划。经省环保厅核查核算，预计能够核定削减量为化学需氧量393.15吨，氨氮43.35吨，二氧化硫204.49吨，氮氧化物41.22吨。

【污染控制】 制定宁国市2016年度主要污染物总量减排及大气污染防治计划，组织相关责任部门签订目标责任书，将各项目标任务分解落实，督促企业落实大气污染治理任务，确保达标排放。划定高污染燃料禁燃区，完成禁燃区内24家锅炉淘汰改造工作；顺利完成G20峰会及国家公祭日期间环境空气质量保障工作；完成2016年度环境统计工作，核算宁国市污染物排放总量；开展持久性有机污染物调查；完成工业燃煤锅炉淘汰2台，淘汰改造3台生活燃煤锅炉；完成恒达活性炭有限公司等企业工业烟粉尘治理项目7项；完成重点行业挥发性有机物排放情况调查，完成6家企业工业挥发性有机物专项治理工作；完善项目审批总量审核工作制度，切实加强污染物源头控制。

【排污许可管理】 完成市内3家省控企业初始排污权核定报告的编制。

【清洁生产推进】 完成江南化工、司尔特肥业股份有限公司清洁生产审核技术改造验收工作。

【机动车排气污染管理与黄标车淘汰工作】 2016年，灭失注销机动车3753辆（其中大型汽车251辆、小型汽车230辆、摩托车2963辆、低速车309辆）；办理报废手续注销黄标车1171辆（大型汽车602辆、小型汽车559辆，教练汽车10辆），核发环保标志17073枚，兑现提前淘汰黄标车奖补资金550余万元，顺利完成“黄标车”淘汰任务。

【开展秸秆禁烧治理工作】 通过《今日宁国》报刊登《致广大农民朋友一封信》、出动宣传车、张贴公告等形式，走村入户地宣传焚烧秸秆的危害、秸秆利用知识和法律法规，引导农民通过秸秆沤肥、秸秆还田等措施，消化农村秸秆，努力实现“不燃一把火，不冒一股烟”的目标。成立四个禁烧工作督查组，划定负责区域，在农作物收割期间，多次对秸秆禁烧工作重点区域进行了巡查。针对检查中发现的问题，及时纠正，确保焚烧秸秆现象不再发生。建立以乡镇（街道）为单位、村（居）委会为基础的网格化管理责任体系，形成部门联动、齐抓共管的禁烧机制。将秸秆禁烧工作纳入各乡镇（街道）目标管理考核内容。对禁烧不力的，除约谈相关负责人外，年度考核实行“一票否决”；造成人员伤亡和财产损失等严重后果的，依法依纪追究当事人法律责任。

【全面实施城区禁燃区燃煤锅炉整治工作】 2016年5月，市政府依法划定高污染燃料禁燃区（面积7.7平方千米）。7月起，对禁燃区内使用高污染燃料锅炉等相关设施单位开展前期调查工作，并召开锅炉整治工作推进会，发放《致城区锅炉业主的一封信》。12月，禁燃区内24台锅炉已全部按照要求完成改造工作。

·环境监察·

【概况】 2016年，按照“重心下移、力量下沉”的总体要求，加强环境执法队伍建设，开展日常“双随机”检查和各类环保专项行动，严厉打击各类环境违法行为。2016年，出动执法人员1620人次，检查企业760家次，清理违法违规建设项目466个，下达责令整改决定书84份，立案查处案件32件，累计收缴罚款122万元，移送公安涉嫌行政拘留案件4件，约谈企业2家，查封扣押企业2家，限产停产整治企业25家，调查处理环境信访件273件，征收排污费302万元，辖区内全年未发生环境安全事故。

【全面实施环境监管网格化管理】 为推动环境监管全覆盖，市环保局全力推进辖区环境监管网格化管理。确定以市政府为二级网格，以乡镇（街道）（18个）、开发区管委会、港口园区管委会、青龙湾管委会为单位将全市划分为四块“18+3”个三级网格，以村级为单位划分99个四级网格，在市生态文明与环境保护委员会领导下开展工作。

【排污收费】 为规范排污费征收行为，努力做到“应收尽收、足额征收”，市环保局根据排污费征收工作相关规定和上级环保部门的专项稽查要求，对排污费征收工作的每个环节进行了梳理，对《宁国市环保局排污费征收工作实施意见》进行修订并严格落实，确保排污费征收任务按时按质完成。2016年，共征收排污费302万元。

【辐射管理】 宁国市现有辐射技术应用单位23家，4家单位使用Ⅱ类射线装置，另有17家乡镇和社区医院使用Ⅲ类射线装置，4家单位使用Ⅴ类或Ⅳ类放射源，在用放射源共16枚。所有辐射技术应用单位均持有辐射安全许可证。

【专项行动】 2016年，市环保局陆续开展各类环保专项行动，主要包括：重点行业专项整治行动、违规违法建设项目清理行动、G20杭州峰会保障行动、环境执法大练兵活动、“蓝天行动”、“绿剑行动”、重污染天气专项检查、秸秆禁烧巡查、打击危险废物违法犯罪专项行动、环境安全大检查、环保督察等。对全市范围内涉重、涉危、化工、造纸、规模化畜禽养殖等重点行业企业进行了全面检查，对发现的环境违法行为，严格按照新《中华人民共和国环境保护法》及其配套办法、新《中华人民共和国环境影响评价法》等从严从重处罚。

【“蓝天行动”工业废气污染防治专项执法】 2016年，市环保局开展了涉气工业企业大气污染防治专项执法检查，重点检查大气污染防治设施不正常运行、超标排放、超总量排放、无组织排放等情况；原料、废渣、燃煤等堆场扬尘防治情况。共检查企业400多家次，发现环境违法行为42起，均依法下达责改决定书，立案查处案件19件，移送公安涉嫌行政拘留案件1件。开展重点行业挥发性有机物排放情况调查工作，完成6家企业挥发性有机物专项整治工作。为确保环境空气自动站正常运行，建立了24小时值班制度，实时监控数据变化情况。

【应急演练】 为提高相关企业环境安全意识，增强突发环境污染事故应急处置能力，要求各相关企业规范编制环境应急救援预案，开展有针对性的突发环境事件应急演练。2016年，辖区内相关化工、涉重金属等企业分别开展了模拟突发环境事件应急演练。

【环境污染投诉】 严格落实领导开门接访、包案和回访制度，制定《宁国市环保领域通过法定途径依法分类处理信访投诉请求清单（试行）》。2016年，市环保局受理各类环境信访投诉273件，所有信访件均按程序办理，按时办结率100%。

【环保能力建设】 对照《全国环境监察标准化建设标准》及《环境监察标准化建设达标验收管理办法》中的新标准、新计分细则，开展监察能力建设，已达到二级标准。按照“重心下移、力量下沉”的要求，成立5个环保分局，人员和设备暂时不能满足工作需要。

【环境保护督察工作】 2016年，安徽省第六环境保护督察组在宁国市开展环保督察时，发现宁国市存在两类共9个环境问题（区域环境问题3个、企业环境问题6个）。宁国市对相关问题制定了整改方案，明确部门职责和整改时限。

·生态建设·

【编制环境保护规划】 围绕创建“国家生态文明建设示范市”这一目标，推进3个规划的编制工作，其中《宁国市生态环境保护“十三五”规划》业经市政府颁布实施；《宁国市国家生态文明示范区试点建设规划》于11月24日通过安徽省环保厅组织的专家评审；完成《宁国市生态红线划定规划（草案）》的编写。

【生态创建】 2016年，继续开展安徽省生态村、国家生态村创建申报，梅林镇花园村、青龙乡青龙村被命名为第十批省级生态村。至此，全市共建成18个国家级生态乡镇、3个国家级生态村、32个省级生态村、91个宣城市级生态村。

【环境宣传教育】 2016年，继续与市文广委和市信息中心合作，开展环境保护宣传工作，确保电视有图像、报纸有声音；利用微博等新兴媒体开展宣传工作，增强全市人民的环保意识。为扩大群众环境知情权，市局在局网站、政府政务公开网站及时发布工作信息，定期发布环境空气质量、饮用水水源地水质公报。印制《环境保护“1+6+2+3”政策汇编》、新《中华人民共和国大气污染防治法》、《生态环境保护责任追究及部门工作职责》，组织全局干部职工学习。在“6·5”世界环境日宣传周，围绕“改善环境质量，推动绿色发展”这一主题，开展系列活动。

【农村环境保护】 及时跟踪掌握农村环境综合整治基础设施建设情况，督促甲路镇、胡乐镇、霞西镇等乡镇加快农村环境综合整治项目实施工作。加强农村生活污水处理工程的运行检查，对存在的问题及时反馈所在乡镇，确保污水处理工程正常运行。

完成方塘乡、胡乐镇等环保专项资金项目的验收。协助梅林镇完成环保专项资金项目申报材料编制，并获省级环保专项资金60万元。

按照宣城市环保局的通知，完成宁国市方塘乡上坦村、仙霞镇龙亭村、竹峰街道瓦窑铺村、中溪镇狮桥村、南极乡永宁村、西津街道大村村、甲路镇庄村村、霞西镇霞西村8个村2016年度整治任务。项目总投资额210.72万元，其中中央资金96万元、地方投入114.72万元。

【生态文明建设】 按照《安徽省生态文明体制改革方案》及市委全面深化改革工作的相关要求，完善全市生态文明与环境保护委员会工作机制，印发《宁国市生态文明与环境保护委员会成员单位工作职责》《宁国市生态文明与环境保护委员会议事规则》及《宁国市环境保护督查方案》，在开展全市环境保护督查的基础上，通过省第六环境保护督察组对宁国市的环境保护督察工作，进一步落实环境责任，全面推进城乡环境保护一体化。完成宁国市生态文明与环境保护委员会办公室首届中国生态文明奖的申报，并于2016年5月正式获得环保部“中国生态文明奖先进集体”表彰。

（陈　露）

人力资源与社会保障

Human Resources & Social Security

- 综述
- 人力资源管理
- 人事人才
- 劳动关系
- 社会保障

山门洞骑行

综　　述

【概况】 宁国市人社局是主管全市人力资源和社会保障工作的市政府组成部门，承担着全市促进就业创业、社会保障、人事管理、人才开发以及和谐劳动关系调整等重要职责;内设办公室、基金监督与财务审计科、纪检监察室、就业促进与职业能力建设科、社会保险管理科、工伤管理科、公务员管理科、专业技术人员管理科、工资福利科、考核培训科、劳动关系管理科和劳动监察科12个行政科室;下设社会保障局、就业管理局、劳动监察大队、劳动人事争议仲裁院和劳动人事信息中心5个事业单位;机关行政编制25名，事业编制87名。2016年,宁国市委、市政府授予征收拆迁工作先进单位、群众(信访)工作先进单位、项目工作配合责任先进单位、向上争取项目资金贡献单位、承办提案先进单位等荣誉称号;宁国市被省政府认定为2016年度全省就业创业工作激励六个县市区之一。

人力资源管理

【就业再就业】 2016年,宁国市城镇新增就业实名制登记11337人,完成目标任务的155.3%;失业人员再就业率78%,就业困难人员再就业帮扶率69%;城镇登记失业率3.0%。发放84家企业普惠制岗位补贴490万元;发放高校毕业生就业见习补贴116.46万元。

【企业用工招聘会】 举办“宁国市2016年春季人力资源招聘会”,347家企业提供8220个就业岗位。全年组织两场高校毕业生专场招聘会，参会企业134家，提供就业岗位共2100多个。

【人力资源市场】 2016年,完善全省城乡劳动力资源基本信息数据库;每周五定期举办人力资源市场招聘活动。对2000余名符合灵活就业人员社保补贴条件的人员进行就业援助对象认定;发放1255名就业困难人员、灵活就业人员以及国有、集体企业下岗失业“4050”人员社保补贴272.4万元。

【农村劳动力转移】 2016年,积极帮扶农村就业困难家庭实现就业，转移农村劳动力3950人。

【职业技能培训】 2016年,扩建技工学校,筹建公共职业实训基地。开展就业技能培训2345人，培养新技师37人、高级工490人，企业岗位技能提升培训740人。

【职业技能鉴定】 2016年,组织开展职业技能鉴定50余期,完成职业技能鉴定4020人，涵盖家政服务员、育婴员、计算机维修工、电工、焊工、绿化工、花卉园艺师、车工、计算机操作员等20余个工种。

【创业服务】 2016年，开展创业培训10期，发放创业小额担保贷款6073万元(其中“个贷”3043万元)。组织宁国市睿普磁电科技有限公司“磁性电子元器件”项目参加第一届“赢在江淮”全省创业大赛,获二等奖(第三名)。

【基层公益性岗位招聘】 2016年,全市开发公益性岗位306个，发放公益性岗位社保补贴249.56万元,岗位补贴232.15万元。补录高校毕业生基层特岗31个，实际到岗27人;发放基层特定岗位人员岗位补贴220.25万元、社保补贴67.96万元。

【举办五大行业职业技能大赛】 2016年4—6月,举办宁国市五大行业暨第三届职业技能大赛，大赛由市就业工作领导小组牵头主办，市委组织部、人社局、总工会、工商联、金融办、商务局、教体局、经信委8家单位承办,涵盖餐饮、金融窗口、电子商务、教育、工业五大主导产业(行业),设电焊工、数控车工、机械加工、中式烹调师等12个竞赛工种，共有500余名选手参加比赛。此次大赛每个工种设一等奖1名、二等奖2名、三等奖3名,分别奖励3000元、2000元、1000元，并授予“宁国市技术能手”称号。

【宣城市大师工作室】 2016年,全市累计建成亚新科噪声与振动技术(安徽)有限公司的电工技能大师工作室、安徽省司尔特肥业股份有限公司的机械钳工技能大师工作室、宁国市逸云山庄餐饮投资管理有限公司的宁国美食烹饪技能大师工作室3个宣城市级技能大师工作室。

人事人才

【公务员管理】 2016年，宁国市共招录党政机关公务员45名，办理246名公务员、事业单位工作人员转任和交流调动手续。协助市政府办等单位开展选调(聘)工作。选派18名基层公务员参加全省依法行政、公共服务能力提升等专题培训班。

【事业单位人员管理】 2016年,全市共招聘事业单位工作人员106人，其中事业单位公开招聘46人、新任中小学教师47人、人才引进13

人。对全市5774名事业单位工作人员开展年度考核工作，考核优秀等次861人。招募支教、支医服务人员和基层社保平台人员共10人，安置期满合格“三支一扶”人员2名。

【专业技术人员管理】 2016年，全市评审企事业单位工程、教育、农业类初级职称392人；聘用高级职称人员11人、中级60人、初级50人；办理经济、卫生系统资格证书176人；为90人做好职称晋升人员计算机、外语免试工作。

【工资福利】 2016年，全市继续开展县以下机关公务员职务与职级并行制度实施工作，落实1871名乡镇机关事业单位工作人员乡镇工作补贴工作，完成7832位机关事业单位工作人员调整基本工资标准和4009位机关事业单位离退休人员增加离退休费工作；做好机关公务员规范津补贴和事业单位实施绩效工资工作。

【人才开发】 2016年，发布《2016—2018年度宁国市企业紧缺人才需求目录》，破格评审39名民营企业综合工程(农业)中级职称专业技术人员。兑现宁国市企业引进的各类人才补贴109.5万元（其中高层次人才的生活补贴40万元，安家补贴4万元，紧缺专业毕业生生活补贴65.5万元）。先后组织8家企业赴南京、合肥等多家高校开展“校园行”活动。宁国市英才苑入驻高层次人才28人，累计入驻78人次。宁国市海伟电子有限公司董事长宋仁祥、上海保隆宁国分公司总经理王贤勇2名企业家被评为全省第五批战略性新兴产业领军人才。宁国市渔业渔政管理局柴继芳、宁国中学丁焰更2人获安徽省政府特殊津贴。

劳动关系

【劳动关系】 2016年，市人社局开展劳动力市场工资指导价位和国有企业负责人薪酬调查工作，推行集体合同和工资集体协商制度。全市企业备案集体合同237份，行业性集体合同2份，区域性集体合同33份，企业集体合同覆盖面达85%以上。劳动用工备案系统的人数55339人，企业劳动合同签订率达90%以上。

【劳动仲裁】 2016年，市人社局规范化、标准化的仲裁庭投入使用。劳动仲裁案件立案168件，结案168件，期限内结案率92%以上。其中调解91件，裁决66件，撤诉11件，劳动人事争议调解中心案外调解7件。

【城镇基本养老保险】 2016年，全市办理审批退休人数为1848人，其中正常退休1507人，特殊工种退休40人，因病退休(含退职)43人，重核工龄28人，被征地农民退休230人。

【工伤认定】 2016年，全市受理工伤认定申请1128件，完成工伤认定1110件，报送劳动能力鉴定345人。出庭应诉工伤行政案件1件。

【劳动监察】 2016年，市人社局开展“农民工工资支付”“清理整顿人力资源市场秩序整顿专项检查”“企业劳动保障年审”“用人单位遵守劳动用工和社会保险法律法规情况”等专项执法检查工作。全年累计收取农民工工资支付保障金1325.78万元；共受理举报投诉案件189起，涉及人数9478人，其中立案10件，结案10件，移送公安机关9件，共为劳动者追讨工资9325万余元。

【农民工工作】 2016年，在宁国市就业和社会保障服务中心挂牌建立具备管理服务、权益维护、文化教育、党团活动功能的农民工综合服务中心，为农民工提供就业信息、职业培训、社保经办、法律援助、公共服务、党团活动、宣传教育、文化娱乐8项服务。

【宁国市用人单位红黑榜制度】 2016年，市人社局会同市住建委对拖欠农民工工资、严重侵害劳动者合法权益的5家建筑公司和相关责任人予以处罚。

社会保障

【机关事业单位工作人员基本养老保险】 2016年，根据安徽省统一部署，召开动员部署及信息采集业务培训会议，全面启动宁国市机关事业单位工作人员养老保险工作。除部分特殊群体信息采集工作有待上级文件统一明确外，基本完成全市机关事业单位工作人员信息采集工作。

【城镇职工基本养老保险】 2016年，全市城镇职工基本养老保险参保80599人，完成目标任务的106.3%。其中企业职工参保58010人；征收基金61774万元，支出39607万元，基金滚存结余179059万元；享受待遇21279人。20138名退休人员人均增资133元。

【城镇职工基本医疗保险】 2016年，全市城镇职工基本医疗保险参保59600人，完成目标任务的106.4%；征收基金21945万元，支出16381万元，基金滚存结余23701万元。其中个人账户4832万元；享受待遇

15974 人次。

【失业保险】 2016 年，全市失业保险参保 35413 人，完成目标任务的 108.9%；征收基金 2527 万元，支出 2182 万元，基金滚存结余 7773 万元；享受待遇 2144 人。

【工伤保险】 2016 年，全市工伤保险参保 51235 人，完成目标任务的 101.5%；征收基金 2279 万元，支出 1665 万元，基金滚存结余 2502 万元；享受待遇 2063 人次。

【生育保险】 2016 年，全市生育保险参保 46620 人，完成目标任务的 108.4%；征收基金 1020 万元，支出 1292 万元，基金滚存结余 553 万元；享受待遇 1686 人。

【城乡居民基本养老保险】 2016 年，全市城乡居民基本养老保险参保缴费 124120 人，完成目标任务的 110.9%；征收基金 9616 万元，支出 6562 万元，基金滚存结余 15238 万元；享受待遇 60312 人，发放养老金 6420 万元。代发 3482 名“老字号”人员补贴 678 万元，7824 名高龄人员补贴 297 万元；兑现 59 名村干部参加城乡居民基本养老保险补贴 347 万元。是年，在全省率先完成老农保和城乡居民基本养老保险制度的衔接。

【城乡居民基本医疗保险】 2016 年，全市城乡居民基本医疗保险参保 355541 人；征收基金 19514 万元，支出 17908 万元，基金滚存结余 5523 万元；享受待遇 1104456 人次。实施了城乡居民基本医疗保险基金支付方式改革工作，实行按人头总额预算包干的支付方式。

【基本医疗保险补偿跨省定点结算】 2016 年，市人社局积极推进基本医疗保险跨省就医即时结报工作，先后与南京军区总医院、浙江省肿瘤医院、同济大学附属医院签订医疗服务协议。自是年 5 月起，宁国市参保人员在上述医院住院即可享受即时结报。

【被征地农民基本养老保险实施办法】 2016 年，修订并出台《宁国市被征地农民基本养老保险实施办法》《宁国市被征地农民基本养老保险实施细则》。发放 4158 名到龄被征地农民基本养老保险金 893 万元，兑现 1682 名被征地农民参加城镇职工基本养老保险补贴 879 万元。

【社保基金监管】 2016 年，印发《宁国市社保业务操作手册（试行）》，完善内控制度；开展 2 次社保基金内控检查，对存在的沿用老表格、未完善签字手续等进行整改落实。

【定点医药机构检查监督】 2016 年，市人社局对 292 家“两个定点”单位（其中定点医疗机构 201 家、定点零售药店 91 家）实行协议管理，建立与市卫计委的联动工作机制，按照协议内容进行以“医共体”为重点的监管工作；建立基本医疗保险专家库队伍，充分发挥第三方评价作用，提升对协议医药机构的稽核工作质量和工作效率，全年组织 2 次第三方评价，并联合市卫计委对存在问题进行通报。

【社会保障一卡通全面启动】 2016 年，全市累计发放社保卡 27.1 万张。逐步实现社会保障卡的信息查询、资格认证、替代医保卡等功能，全面推行通过社保卡发放新退休人员待遇、医疗就医报销、社会保险缴费的功能。

（谢志祥）

法治·军事

Legal and Military Affairs

- 政府法制工作
- 仲裁
- 公安
- 检察
- 法院
- 司法行政
- 军事

政府法制工作

【概况】 宁国市人民政府法制办公室（行政复议办公室）（简称法制办）挂靠市政府办公室，主要承担全市依法行政和政府法制建设相关工作，负责行政执法监督具体工作，负责市政府的行政复议工作，内设综合科、行政复议应诉科、法制监督科3个科室。

2016年4月中旬，市政府主持召开全市廉政工作暨全市依法行政工作会议，印发《宁国市人民政府依法行政约谈工作规定》，市法制办在大会上作了发言。全年，市委常委会专门听取依法行政工作汇报1次，市政府常务会议专门听取依法行政工作汇报2次。是年，市政府依法行政工作在宣城市依法行政目标管理考核中得分第一。

【"两法"衔接】 2016年，市政府进一步完善行政执法和刑事司法衔接（简称"'两法'衔接"）工作机制，建立行政执法机关、政府法制机构与检察机关信息共享、业务研讨、案情通报、案件移送制度，实现行政执法和刑事司法无缝对接。当年，市检察院、市法制办对各单位开展"两法"衔接工作进行专项督查，取得了良好实效。

【行政机关负责人出庭应诉】 2016年，继续将行政机关负责人出庭应诉工作纳入依法行政目标管理考核，年末，对照考核标准严格把握。严格落实行政机关负责人出庭应诉制度，加大对行政机关履行行政复议决定、行政诉讼生效裁判、仲裁裁决的监督考核问责力度。

【法律顾问制度全面建立】 2016年，市委、市政府继续落实法律顾问制度，聘请法律顾问团队。市政府有关部门，乡镇人民政府、街道办事处，全面建立健全法律顾问制度。印发《宁国市人民政府关于进一步做好重大决策事项合法性审查工作的通知》，要求充分发挥法律顾问制度的作用。法律顾问积极参与对重大涉法事务的审查，及时提出切实可行的法律意见和建议，为科学决策提供了重要参考。

【行政复议应诉】 2016年，市法制办进一步畅通行政复议案件受理渠道，坚持有错必纠，不断提高案件办理质量，提高行政复议公信力。全年共受理行政复议案件25件，不予受理2件；经过审理，维持6件，确认违法或要求限期履行 7件，复议改变1件，调解后撤回复议申请7件，驳回复议申请2件。坚持案件集体讨论和专家评议制度，除案情简单、事实清楚、争议不大的行政复议案件外，一律由承办人员提请市政府法制部门集体研究决定。是年，市政府作为被告的应诉案件共11件，经法院审理，原告撤回起诉1件，调解结案1件，驳回起诉或诉讼请求7件，确认违法2件。

【行政执法监督】 2016年，市法制办结合依法行政年度考核工作，先后对32个行政执法部门200余卷行政处罚、行政许可、行政强制案卷进行抽查，检查结果纳入年度考核成绩。定期组织开展行政执法案卷评查活动。依法开展个案监督，坚决查处行政不作为、乱作为行为。组织市政府法律顾问对市林业局行政案卷进行专项评查，评查结果在现场反馈的基础上以书面形式进行通报。

【依法行政宣传培训】 2016年，坚持加强对行政机关工作人员特别是领导干部的法治教育和培训，落实市委理论中心组学法、市政府常务会议学法等各项学习制度，全年，政府常务会议集中学法3次。积极开展"机关集中学法月"、"12·4"宪法宣传日等活动。加大法制宣传和信息报送力度，每个执法单位每月至少报送1条法制信息。全年向省、市政府法制网站报送各类法制信息200余条，被安徽政府法制网等媒体采用80余条。

【依法行政示范单位创建】 2016年，市法制办对9家宁国市依法行政示范单位进行动态考评管理；对1家宣城市依法行政单位进行帮助指导，确保在宣城市的考评位次；推荐示范单位争创省级依法行政示范单位。

【规范行政决策机制】 2016年，市政府进一步完善公众参与、专家论证、社会风险评估、合法性审查及集体讨论等决策机制。重大工程项目建设、重大政策制定以及其他对社会稳定有较大影响的重大行政事项，决策前都必须经过相关程序审查（论证、评估、讨论），如宁中高中部迁扩建项目等。坚持市政府常务会议、市长办公会议议题上会前的合法性审查，未经审查或审查不合格的不予提交讨论，全年共审查议题180余件。

【规范性文件管理】 市法制办坚持立规为民，按照突出重点、兼顾一般、先急后缓的原则，根据市委、市人大常委会的总体工作部署，紧紧围绕市政府工作重点，结合各部门工作实际需要，着重加强关注民生、创新社会管理模式、服务政府重大项目等方面的制度建设。2016年，共收到6个单位报送的立项申请13件，最终立项11件，不予立项2件，事后经领导同意纳入规范性文件管理 1 件。严格执行“三统一”(即“统一登记、统一编号、统一发布”)制度和有效期制度，凡未列入规范性文件制定计划的，原则上不予制定，经过严格把关，全年制定政府规范性文件 12 件。坚持按要求做好规范性文件备案工作，切实做到有件必备、有备必审、有错必究。加强对所属部门规范性文件的合法性审查和乡镇政府、街道办事处规范性文件的备案审查。

仲　　裁

【概况】 宣城仲裁委员会宁国分会为宣城仲裁委员会分支机构，由宣城仲裁委员会秘书处和宁国市法制办共同负责管理，具体负责宁国市行政区域内的民商事仲裁事务。主要职能是依法受理国内、涉外平等主体的公民、法人或其他组织之间发生的合同纠纷(包括买卖合同、租赁合同、借款合同、保险合同、技术合同、商品房买卖合同、建筑工程施工合同等)及其他财产权益纠纷(包括合伙、联营、知识产权等)。

宣城仲裁委员会宁国分会按当事人签订的仲裁条款或仲裁协议，依法受理各类案件，不受地域和级别管辖限制。双方当事人选择本仲裁委员会仲裁后，人民法院依法不得再受理。仲裁委员会由当事人自主选择仲裁员，以不公开审理、保守当事人的商业和技术秘密为原则，所作出的裁决为终局裁决，裁决自做出之日起即产生法律效力，双方当事人必须履行，任何一方当事人不履行裁决的，另一方当事人即可依法向人民法院申请强制执行。

宣城仲裁委员会宁国分会将依照《中华人民共和国劳动争议调解仲裁法》和该仲裁委员会的仲裁规则，公正、快捷地解决各类合同纠纷和其他财产权益纠纷，保护当事人合法权益。

【仲裁员管理】 宣城仲裁委员会宁国分会不单独建立仲裁员名册，由宣城仲裁委员会统一建立仲裁员名册并管理。2016 年，在册仲裁员共 148 名。

【民商事仲裁】 2016 年，宣城仲裁委员会宁国分会正式受理民商事仲裁案件 4 件，裁决 3 件，调解 1 件，标的额 260 万元。

（周　洋）

公　　安

【概况】 宁国市公安局主要承担全市危害国家安全、刑事犯罪及涉毒等案件的侦破和治安案件的查处工作，依法管理全市社会治安、户籍、居民身份证、枪支弹药、危险物品、特种行业以及公民出入境、往来港澳台地区和入境宁国市外国人、外籍华人的工作，组织实施消防工作，负责安全保卫、交通安全、“两所”(看守所、拘留所)监管等工作。

2016 年，市公安局深入实施“1563”工程，即以深化改革为动力，着力打造忠诚公安、为民公安、法治公安、创新公安、效能公安“五个公安”，大力实施基础信息化、警务实战化、执法规范化、队伍正规化及数字防控、护航发展六大工程，全面实现“单项业务全国一流，整体工作全省一流，公安队伍形象一流”三大目标，为维护社会稳定、服务经济发展、建设平安宁国做出积极的贡献，实现了公安工作的科学发展。是年，市公安局被评为全省公安工作先进县市(区)公安局(分局)，市公安局国内安全保卫大队被东部战区空军政治部、安徽省公安厅授予“2016 年度空军招收飞行员政治考核工作先进单位”称号。

【惩罚违法犯罪】 2016 年，市公安局共立刑事案件 1214 起，同比下降 8.1%，破获刑事案件 564 起，同比上升 7.8%；抓获各类犯罪嫌疑人 783 人(网上逃犯 97 人)，其中抓获潜逃 13 年命案逃犯毕某某，刑事拘留 246 人。发生命案 1 起，破案 1 起；发生强奸案件 8 起，破案 7 起，撤案 1 起；发生抢劫案件 15 起，破案 14 起，撤案 1 起；重伤害 2 起，破案 2 起。

受理各类经济案件 46 起，立案 34 起，破案 30 起；抓获犯罪嫌疑人 30 人，刑事拘留 20 人，取保候审 10 人，批准逮捕 18 人，移送起诉 15 人；挽回经济损失 2000 余万元。

破获毒品案件 11 起，抓获毒品犯罪嫌疑人 11 人，查获吸毒人员 82 人，强制戒毒 13 人；春季铲毒 5168 株。

受理治安案件 3640 起，同比下降 8.86%，查处 2420 起，同比下降 12.67%；查处各类违法人员 3367 人次。

检查涉爆单位 29 家次、涉危单位 22 家次，收缴各类枪支 120 支、管制刀具 8 把。

【治安防控体系建设】 2016 年，市公安局全面完成“平安城市”四期工程建设，全面启动“平安城市”五期 400 处监控点、“平安乡镇”729 处监控点及派出所勤务指挥大厅建设，全市可防性案件同比下降 12.48%。

【公安行政管理服务】 2016 年，市公安局共受理、办结各类行政审批服务事项 9786 件，其中办理临时居民身份证6072件、特种行业许可证59件、居住证3624件、边境地区通行证31件，提供预约、延时、错时服务764人次。

【交通安全管理】 2016年，宁国市辖区共发生各类交通事故3910起，同比下降13.63%；死亡事故13起13人，同比下降35%；伤1522人，同比下降11.46%。

【交通秩序整治行动】 2016年，市公安局开展联合交通整治行动89次，查处各类交通违法行为38450起，其中查处违法停车25524起、电动车违法行为1566起，开展宣传147场次，发放宣传资料42500余份。

2016年全市交通事故发生情况分类统计表

表46 单位：次、人、元

项　目	一般事故			一次死亡三人以上事故	轻微事故、路外事故及交通意外合计
	总　数	同比（%）	其中：生产经营性事故		
事故次数（起）	52	0.00	8	0	65
死亡人数（人）	13	−35.00	7	0	2
受伤人数（人）	36	−7.60	2	0	7
经济损失（元）	73490	−2.90	6900	0	134002

【公安出入境管理】 2016年，市公安局共受理公民出国（境）申请18472人次，其中办理护照6328人次，办理港澳地区通行证10650人次，大陆居民往来台湾地区通行证1494人次。

【警务保障】 2016年，市公安局开展“轮训轮值、战训合一”警务练兵活动14期，加强警务实战技能、科技信息化应用、情报搜集研判、侦查破案等实战技能培训。编制警种实战装备配备名录，为一线民警配齐实用的警用装备。印发《关于进一步加强接处警工作的意见（试行）》，理顺指挥调度与业务警种之间的关系，提高警务决策指挥的权威性、实效性。

【户籍管理】 自安徽省推行户籍改革制度以来，市公安局严格落实省户改意见，截至2016年12月31日，全市办理人才落户178人、投靠落户272人、购买商品房落户112人、其他落户452人。

2016年，全市共清理应销未销户口172个，纠正户口登记项目差错3915处，漏登补录57人，死亡注销2649人，出生登记3503人，迁入登记953人，注销疑似重户48人，审核、签发第二代居民身份证29057份。

【保障经济建设环境】 2016年，市公安局共调处城市建设、高速建设、园区项目建设等重点领域影响工程建设的矛盾纠纷413起，其中S215线改建项目阻工、供电公司大楼项目阻工等重大矛盾45起。查处案件16起，刑事拘留2人，行政处罚56人。进行安全防范监督和指导96次，帮助企业解决实际问题87件。

【消防管理】 2016年，全市共发生火灾119起，检查单位1532家，发现火灾隐患1818处，整改落实977家，查封违法单位18家，责令“三停”（停产停业、停止施工、停止使用）10家。

【开展社区居民家庭消防安全宣传专项行动】 2016年，在市广播电视台播出家庭消防公益广告、安全提示200余条（次），发送手机消防安全提示短信2万条（次），进社区播放消防公益电影50场次，发放《家庭消防安全知识读本》3000份。

【监所管理】 2016年，市看守所共收押各类犯罪嫌疑人746人，拘留所共收押违法人员1156人，监管秩序安全良好。

【执法监督】 组织落实《宁国市公安局深化执法主体素质提升工程实施方案》，制定《宁国市公安局刑事案件“两统一”工作规范》，建立“两统一”机制；制定完善110接处警、受案立案撤案、人身安全检查、信息采集、现场勘验检查等执法重点步骤的程序规定和标准规范；落实案件五级审核把关制度和“单轨制”运行机制。采取由法制民警在协同办案系统中按比例随机抽取案卷方式进行执法考评，将优质案件汇编成“白皮书”、劣质案件汇编成“黄皮书”并上网公开，让民警观摩学习。开展执法办案场所“重使用、严管理、促规范”专项活动，对执法办案场所使用情况、管理情况、同步录音录像系统建设使用情况进行专项督察整改，并选定西津派出所作为试点，建立执法管理中心，实现对执法办案全过程可溯式管理。

2016年，市公安局共审核立案1018起，不予立案11起，撤销案件34起；审核采取强制措施505人，提请批准逮捕95卷120人，批捕85人，批捕率70.8%，移送起诉241卷294人。全年发布警务督察通报13期，开展专题警示教育17场次；查处民警违法违纪案件2起3人，党纪处分2人，诫勉谈话1人，移送检察机关审查1起1人，开除2名违纪辅警。

【公安基础设施建设】 2016年，市公安局在上年被评为安徽省公安机关首批“县级示范战训基地”的基础上，继续加大投入，加强战训基地基础建设和设备建设，陆续建成标准化学员宿舍，标准化公安射击馆、训练馆，斥资10余万元率先引进警务实战模拟训练系统，改善训练条件。同年，完成青龙、汪溪、河沥溪、梅林、中溪、宁墩等派出所及巡防大队基础设施的维修改造工程。

【公安队伍建设】 2016年，市公安局深入开展“两学一做”学习教育、“4+1”岗位争先活动。开展“优秀人民卫士”评选表彰及“新警之星”“辅警之星”“忠诚奖”评选。扎实开展建党95周年系列活动，组织开展“红心向党、建功警营”演讲比赛、主题征文活动、警体操比赛、第二届警体运动会。民警王长林被评为“安徽好人”、“宣城市优秀共产党员”、安徽省“杰出人民警察”，并荣立个人二等功；西津派出所被评为安徽省公安机关“十佳所队”。

（徐　良）

检　察

【概况】 宁国市人民检察院是国家的法律监督机关，对市人民代表大会及其常务委员会负责并报告工作，接受市委和上级人民检察院的领导，保证国家法律的统一和正确实施。2016年2月，市检察院在宣城市人民检察院的领导下，主动适应司法体制改革的大背景，以“横向大部制、纵向扁平化、全面整合资源”为思路，在宣城市率先进行机构和人员内部整合，将原15个内设机构整合为6个，分别是：刑事检察部、反贪污贿赂局、诉讼监督部、业务管理部、政治部、综合保障部；保留开发区检察室派驻机构。通过精简机构、整合资源，进一步优化检察职权的内部配置，积极适应以审判为中心的诉讼制度改革。10月底，经过现场知识测试、逐级考核推荐、省检察院遴选委遴选，共产生23名首批员额内检察官。12月底，选出5名首批检察官助理。

市检察院围绕经济社会发展大局，突出检察工作重点，规范司法行为，转变办案方式，全面履行法律监督职能，各项工作取得新进展。同

图32　2016年10月19日，宁国市检察院召开首批员额内检察官遴选考核测评大会

时，开通今日头条客户端，以门户网站、“两微一端”等新媒体为主要载体进行宣传，提升检察工作的透明度，增强检察机关的影响力。

是年，市检察院侦查监督科被省妇联、省检察院等多家单位联合授予“全省妇女维权岗”荣誉称号；市检察院还被省检察院作为“全国文明接待室”向最高人民检察院推荐。

【预防职务犯罪】 2016年，市检察院坚持“惩防并举、注重预防”方针和“惩前毖后、治病救人”原则，广泛宣传《安徽省预防职务犯罪工作条例》，积极推进预防职务犯罪工作。全年涉职务犯罪立案人数同比上升150%，占宣城市检察机关立案人数的21%；开展预防调查5件，案例分析6件，警示教育23次，发出预防建议9次，行贿犯罪档案查询637次。

开展基层党员干部预防职务犯罪警示教育，延伸预防职务犯罪触角。结合“宁国市预防职务犯罪警示教育基地”正式揭牌运行（7月），积极解剖典型反腐案例，以案释法，大力开展职务犯罪预防工作，全年共有2000余名党员干部实地接受警示教育。

【查办职务犯罪】 2016年，市检察院共立案侦查贪污贿赂案件6件11人，立案侦查渎职侵权案件3件3人。

【刑事检察】 2016年，市检察院共受理提请逮捕刑事案件114件146人，批准逮捕79件101人，不予批准逮捕36件46人（含上一年度结存案件1件1人）；受理移送审查起诉案件342件420人，提起公诉340件412人，决定不起诉3件4人。办案中坚持把危害市场经济秩序犯罪、严重暴力犯罪、毒品犯罪和多发性侵财犯罪作为打击重点，切实增强人民群众的安全感。全年受理故意杀人、故意伤害、强奸、放火等严重暴力犯罪以及诈骗、“两抢一盗”（抢劫、抢夺、盗窃）等多发性侵财犯罪案件93件106人，依法提起公诉111件116人，对可能判处无期徒刑以上刑罚的移送宣城市人民检察院审查起诉1件1人。同时，围绕促进市场经济健康发展，加大对集资诈骗、非法吸收公众存款、合同诈骗等涉众型经济犯罪的打击力度，全年共受理该类案件11件16人，依法提起公诉9件11人。

【民事、行政检察】 2016年，市检察院建立健全外部协调联系工作机制，先后组织召开与市环保局、市食药监局就行政执法和公益诉讼工作联席会，与市司法局关于支持起诉工作协作会。同时，针对工作中发现的欠缴国有土地出让金数额巨大的问题，按照行政公益诉讼诉前程序，通过检察建议方式督促相关单位对拖欠国有土地出让金的相关企业向宁国市人民法院提起民事诉讼，通过法律途径追缴拖欠资金，避免国有资产流失。

【控告申诉检察】 2016年，市检察院共接受（接待）群众来信来访控告、申诉合计85件156人次（含重复信访），其中来访59件128人次，来信26件28人次。全年共接收涉法涉诉信访32件、举报类信访31件、其他控告申诉类信访22件。同时，控申科举报初核案件5件，不立案线索审查1件，民事监督案件6件，司法救助案件2件，办理刑事申诉案件1件，落实检察长接待12次，较好地处理了日常接访与办理案件之间的关系。

【刑事执行检察】 2016年，市检察院在日常监管过程中，坚持做到每日深入监区、监室、卫生所、监控中心、伙房等重点场所，保障在押人员的合法权益，确保法律的正确实施。同时，认真做好监外执行罪犯的社区矫正法律监督工作，联合司法局分片对社区矫正人员进行集中警示教育，帮助矫正人员顺利重新回归社会。

【诉讼监督】 2016年，市检察院监督侦查机关撤回案件7件14人，依法追加漏罪3件4人，书面纠正违法7份，发出检察建议4份，监督立案6件8人，建议行政执法机关移送2件2人。在侦查活动监督中，加大对于“破坏环境资源和危害食品药品安全犯罪”两个专项立案监督的力度，在两个专项监督领域共监督立案1起。全年共受理11起民行申诉案件，发出再审检察建议1件，督促履职建议2件，做出终结审查决定2件，提请宣城市人民检察院抗诉3起。针对刑事审判活动，提起刑事抗诉案件1件，已经中级人民法院审理并改判。

【规范司法行为】 2016年，市检察院积极落实省院“规范司法行为深化年”活动要求，制定“规范司法行为深化年”活动计划，组织开展规范司法行为整治“回头看”工作，重点加大自侦案件规范化办理的整治力度，实行自侦案件纪检监察适时介入制度，每季度组织开展案件评查工作。建立邀请人大代表、政协委员观摩职务犯罪庭审、庭后评议制度，促进司法规范化水平提升。

（吴昌峰）

法　院

【概况】 宁国市人民法院是国家审判机关，依法审理、执行属该院管辖的各类案件，依法独立行使审判权，对市人民代表大会及其常务委员会负责并报告工作。设监察室、政治处、审判管理办公室、刑事审判庭、行政审判庭、执行局（执行庭）等20个内设机构和1个派出法庭——开发区法庭。

2016年，市法院紧紧围绕“努力让人民群众在每一个司法案件中感受到公平正义”目标，坚持司法为民、公正司法，狠抓执法办案，推进司法改革，从严管理队伍，各项工作取得新进展，为全市经济社会发展和各项中心工作推进提供坚强有力的司法保障。全年受理各类案件10248件，涉案标的33.81亿元；审限内结案率100%，一审服判息诉率92.69%，发回改判率0.18%；一线法官人均办案256件。

是年，市法院审判质效多项指标在全省基层法院中名列前茅；司法公开工作成效明显，“官方网站、微博、微信”三位一体的自媒体公开机制取得显著成效，先后15次入选全国“阳光法院新媒体榜”，并一度在全国3500多家法院中位居第16位。先后获得“全省法院2014—2015年度规范化诉讼服务中心”“全省多元化纠纷解决机制改革示范法院”“全省法院案件质量评查工作先进集体”“全省法院审判管理‘规范化、信息化、科学化’（2013—2015年）活动先进集体”“全省法院信息工作先进单位”“第三批全省法院文化特色项目——青少年心理工作室”等称号，民事审判第一庭记“2015年度全省中基层法院专项工作集体三等功”一次。

【体制改革】 2016年，市法院从五个方面推进体制改革，取得良好成效。一是推进案件繁简分流、简案快

2016年宁国市人民法院一审收结案情况表

表47　　单位：件

项　目	刑　事	民商事	行　政	执　行
旧　存	21	829	7	515
新　收	415	5137	19	3305
审　结	401	5120	21	3210
结案率	91.97%	85.82%	80.77%	84.03%

图33　2016年9月27日，宁国市法院召开全面推开司法改革试点实施工作动员大会

办，加大小额诉讼适用力度；全年简易程序适用率74.92%，适用小额诉讼程序审理案件863件。二是推进以审判为中心的诉讼制度改革，深化量刑规范化改革，落实非法证据排除规则、被告人着“常服”出庭受审等规定，深化涉诉信访工作机制改革，探索完善律师参与化解和代理涉诉信访案件工作。三是推进审判权力运行机制改革，推动审委会委员当庭听审或直接参加合议庭开庭审理案件。四是科学制定员额制法官遴选实施办法并推行，年末，有员额法官40人，平均年龄42.73岁，真正让业务水平高、司法经验丰富、独立办案能力强的人员入选为员额制法官。五是推进司法公开四大平台建设，深化“开放动态透明便民”阳光司法新机制。

【开发区法庭组建】 宁国县域经济较为发达，企业众多，但随着经济结构的转型升级，市法院受理的破产清算案件也不断增多。自2012年以来，市法院共受理破产清算案14件，居宣城市各基层法院之首。结合市情及群众诉求，市法院设立经济开发区法庭，专门审理企业破产清算案件，在依法审理辖区破产清算案件的同时，以企业巡回审理案件为主要办案方式，加强诉调对接，拓展诉讼服务渠道，引导当事人正确表达诉求、合理认识自己的诉求期待，为快速定纷止争营造良好的法治氛围。

【刑事审判】 2016年，市法院审理各类刑事案件436件，对501人判处刑罚。结合全市社会治安形势和人民群众关切，突出打击重点犯罪，全力维护社会和谐稳定。审理黄某某等非法吸收公众存款案件7件，有力维护正常经济秩序。审理非法猎捕、杀害珍贵野生动物、滥伐盗伐林木等破坏环境资源案件24件，促进生态环境保护。审理攻击计算机系统、电信诈骗等网络犯罪案件2件，净化了网络环境。准确把握《最高人民法院、最高人民检察院关于办理贪污贿赂刑事案件适用法律若干问题的解释》，审慎判处原宣城市广电局局长徐某某受贿案等职务犯罪案件8件。妥善审理一批上级法院指定的、有较大影响的案件。设立宣城市首个少年法庭，联合相关部门设立“未成年人帮教实践基地”，创新全程心理干预机制；是年，少年审判入选全省法院“巾帼志愿服务十大创新案例”，“青少年心理工作室”被评为全省法院文化建设特色项目。

【民商事审判】 2016年，市法院审理各类民商事纠纷案件5966件，涉案标的17.23亿元。准确把握市委关于经济形势的新判断，加强和完善司法应对，服务供给侧结构性改革。突出服务转型升级，妥善审理重点企业涉诉案件，审理涉企纠纷1400件，赴外地为企业挽回损失1.36亿元。审理房屋买卖、建设工程合同纠纷146件，金融借款合同纠纷498件，民间借贷纠纷1248件，引导公平诚信，防范金融风险。审理婚姻家庭类纠纷496件、山林权等权属类纠纷72件，推进构建和谐家风和文明乡风。与相关部门探索建立电动车交通事故责任纠纷案件办理联动机制，审理道路交通事故人身损害赔偿纠纷451件。9起涉台案件得到妥善处置，增强了台胞在宁国投资创业的信心；审理涉外婚姻案件3件。及时化解天主教爱国会财产损害赔偿案，维护宗教团体的合法权益。依法审理卡式保险合同纠纷、对赌投资协议等新类型案件36件。注重运用调解手段化解民商事纠纷，调解和经调解后以撤诉方式结案的计2525件。

【行政审判】 2016年，市法院审理行政案件26件。依法审理房屋拆迁、规划行政许可、治安行政处罚等行政案件，坚持实质性化解纠纷，增强裁判的可执行性。继续推进行政首长出庭应诉、行政审判与行政执法联席会议制度和司法审查年度报告制度，加强与行政机关的良性互动。认真总结新修订的《中华人民共和国行政诉讼法》实施情况，研究解决审判实践中遇到的新情况、新问题。妥善审结首例工伤保险待遇行政给付案件，受理复议机关作为共同被告的行政案件3件。

【审判管理】 2016年，市法院推进落实合议制和审判责任制，发挥审委会指导监督职能，推动审委会委员当庭听审或直接参加合议庭开庭审理案件，全年开展“庭审亲历”活动16次。继续推进院庭长办案，班子成员平均办案23件，庭长、副庭长办案200件以上。认真落实“让审理者裁判、让裁判者负责”，扎实开展审判管理“三化年”（规范化、信息化、科学化）活动，运用信息化手段强化审判流程节点管控和审判态势运行分析，实现对审判执行各个环节的全程留痕、动态监管，让司法责任制贯穿于执法办案始终。加强对权力运行的监督和制约，健全执行权分段集约机制，出台送达和委托评估、拍卖、鉴定等管理办法，规范涉企财产保全和涉案财物处理，开展执行款集中清理活动。深入推进司法公开四大平台建设，全面推进法律文书说理和公开，上网裁判文书6971份，应上网的文书全部上网。推进人民陪审员制度改革，陪审率和陪审效果不断提升。

【执行】 2016年，市法院共受理执行案件3820件。围绕“两到三年基本解决执行难”目标，健全快速反应机制，执行指挥中心全天候、节假日不休息，快速有效打击“躲猫猫”“打时间差”的被执行人。建立涉民生案件常态化、随时性、优先性工作机制，开展春节、端午节及山核桃季涉民生案件集中执行活动；在秋季集中执行活动中，共出动车辆24台次，干警92人次，执结案件4件，达成和解协议8件，到位执行款16.89万元。创新执行查控机制，运用执行查控“点对点”和“总对总”系统，全国范围内及时获取被执行人银行账户存款状况等有效信息6万余次，实时查封冻结4256万元。深化执行公开机制，将3026名失信被执行人信息在最高院网站公布，并在官方微博、微信及“信用宁国”等本地媒体以“照片+信息”的形式公布失信被执行人计232人次，214名失信被执行人主动履行完毕。强化执行联动机制，通报失信被执行人信息，供相关单位依法予以信用惩戒，汇聚社会力量共克执行难。

【司法为民、立案信访、便民诉讼服务】 2016年，市法院秉持“执法如水”理念，在便民利民惠民上下功夫、求实效。完善和提升诉讼服务中心功能，加强诉讼服务一体化网络建设，升级当事人案件查询系统，启用APP手机服务平台，开通“在线法院”平台，受理网上立案、预约立案、邮寄立案148起，为当事人提供“亲民化、零距离、一站式、全方位”的诉讼服务。开展“诉讼服务提升”活动，坚持轮流导诉制度，打造“温馨导诉台”。推行夜间送达、错时送达，探索电子送达，破解“送达难”。推进“繁简分流”，简易程序适用率达74.92%，适用小额诉讼程序快速解决矛盾纠纷863件。首开诉前调查令，方便当事人起诉，邀请鉴定机构到行动不便的当事人“家门口”鉴定4次。开展“巡回审判集中月”活动，到乡村、社区开展巡回审判28场。发挥审判监督职能，认真审理申诉、再审案件。不断深化涉诉信访工作机制改革，探索完善律师参与化解和代理涉诉信访案件工作。依法办理涉诉信访，保障当事人申诉权。

坚持民生为重，畅通“绿色通道”，依法及时解决关系群众切身利益的问题。妥善审理、执结劳动争议和拖欠农民工工资案件723件；审理拒不支付劳动报酬案2件、拒不执行生效裁判案4件。在审理黄某某等非法吸收公众存款案中，为205名被害人追回损失306.65万元；尽全力办好张某及鑫辉公司为申请人的执行案件，最大限度减轻被害人损失。完善司法救助机制，加大司法救助力度，2015年以来，为24名困难当事人发放司法救助金27.8万元。

【“三室三中心二庭”诉讼调解机制建立】 2016年，市法院积极探索构建“三室三中心二庭”的多元化解矛盾纠纷新机制。设立“非公有制企业纠纷调解工作室”“旅游纠纷调解工作室”和“婚姻家庭纠纷调解工作室”，由市工商联、文旅委和妇联，各自派员入驻，进行诉前调解。设立“非公有制企业纠纷调解中心”“旅游纠纷调解中心”和“婚姻家庭纠纷调解中心”，指导、支持、帮助三部门建设调解组织和开展调解工作，并对调解后申请司法确认的及时予以办理。设立旅游巡回法庭和开发区法庭。“两庭”在依法审理辖区内旅游纠纷案件和一审民商事纠纷案件的同时，以深入旅游风景区和企业巡回审理案件为主要办案方式，加强诉调对接，拓展诉讼服务渠道，引导群众正确表达诉求、合理认识自己的诉求期待。

【司法公开】 2016年，市法院推进司法公开四大平台建设，深化“开放动态透明便民”的阳光司法新机制。全面推进法律文书说理和公开，上网裁判文书6971份，应上网的文书全部上网。建立庭审视频直播常态机制，视频直播庭审114场。按照“谁执法谁普法”要求，举办“司法公开日”活动4场、“刑事审判进校园”“防范民间借贷风险乡镇巡回宣讲”等以案释法专题活动28场。开展“国家宪法日”专题宣传“新闻发布会进基层”活动。同年12月9日，市法院法治专题片首次在中央电视台《法治天下》栏目播出。

【外部监督】 2016年，市法院向市人大常委会专题报告深化司法公开工作，落实市人大常委会在听取法院工作汇报时提出的各项要求，办理人大代表建议1件。接受政协民主监督，办结政协委员提案1件。完善代表委员监督联络机制，深化“双千、三百”（“双千”：千名人大代表、政协委员旁听庭审，千场庭审网络直播；“三百”：百场新闻发布会，百场“法院开放日”，“百名代表委员看法院”）等系列联络活动，走访市及以上四级代表委员近百人次，邀请代表、委员“看法院”、旁听庭审、参加案件评查300余人次。依法接受检察机关诉讼监督，广泛接受舆论监督和社会各界监督，不断加强和改进法院工作。

【基层基础建设】 2016年，市法院加快信息化建设和应用步伐，建成科技法庭7个，建成信息集控中心，全面改造升级审判管理系统，适时组织开展信息化应用培训，不断促进审判体系和审判能力现代化。

（谈德军　黄晓雪）

司法行政

【概况】 宁国市司法局（简称市司法局）主要承担全市司法行政、法治宣传教育等规划、计划的编制与组织实施工作，指导全市普法和依法治理相关工作，负责全市律师机构和社会法律服务机构的设立、年检、注销初审工作及指导监督其相关业务活动，指导监督公证业务活动、基层司法所建设和法律援助、人民调解、社区矫正、帮教安置等工作。内设办公室（政工科）、宣传科（法宣办）、基层工作科、社区矫正大队、公证律师管理科、法律援助科（法律援助中心）6个机构。

2016年10月29日，市司法局搬迁至宁城北路2号，建成了标准的社区矫正中心和市司法行政综合服务中心。新址办公和服务场所毗邻市委、市政府及市政务服务中心，交通更加便捷，便民设施更加齐全。

2016年，宁国市依法治市领导小组办公室被宣传部、司法部、全国普法办表彰为“2011—2015全国法治宣传教育先进普法办公室”，市司法局被安徽省人社厅、司法厅表彰为“全省司法行政系统先进集体”，市司法局系统内共有5人被表彰为宣城市及以上层级“先进个人”。

【依法行政】 2016年，市司法局健全科学民主决策机制，实行决策调研制度并充分发挥法律顾问的作用。是年，开展了规范性文件清理工作；重新制定了权责清单、服务事项、服务指南、事中事后监管细则、流程图和廉政风险点；推进政府信息公开工作，促进了行政权力“阳光运行”；深入推进行政执法体制改革，进一步规范了行政执法行为；加强执法队伍建设，落实了依法行政保障措施。全年无行政诉讼、行政复议案件。

【普法宣传】 2016年，市司法局深入贯彻习近平总书记系列重要讲话精神和对法治宣传教育工作重要指示，以弘扬法治精神、培育法治信仰、推动法治实践为主要任务，把抓好“关键少数”等重点对象学法用法摆在更加突出位置，把落实普法责任制、加强法治文化建设作为更加紧要任务，把完善法治宣传教育工作机制、健全工作规范当作更加有力抓手，做好“七五”普法谋篇布局，提升了全市法治宣传教育工作能力和水平。全年组织开展各类法治讲座1000余场、大型法治宣传咨询活动228场次，受教育群众5万余人次；开展群众性法治文化活动百余次，开展旁听庭审活动46次，刊播以案释法案例400余条，利用普法微博发布法治信息2107条，手机客户端发送法治资讯1.5万余条。

【“七五普法”全面启动】 2016年10中旬，市人大常委会主任会议初步通过“六五”普法工作报告和“七五”普法工作安排，并将审议意见转市政府研究处理；10月20日，宁国市人大常委会举行第三十九次会议，市司法局局长王汤梅受市人民政府委托，向人大常委会报告宁国市“六五”普法工作情况和“七五”普法工作安排意见，会议全票通过了《关于开展第七个五年法治宣传教育的决议（草案）》。2016年12月28日，宁国市召开“六五”普法总结暨“七五”普法启动大会，市委书记王普，市人大常委会主任叶蕴，市长何田，市政协主席、市委政法委书记饶培康，市委副书记谢彬及四大班子分管领导出席会议。市委、市政府转发了《市委宣传部、市司法局关于在全市公民中开展法治宣传教育的第七个五年规划（2016—2020年）》的通知，并对“六五”普法期间成绩突出的62个集体、60名个人进行了表彰。会后，全市各单位各部门通过召开启动大会、专题学习会等形式，全面传达了会议精神。

【“机关集中学法月”法律知识测试】 2016年初，制定出台了《宁国市2016年度“机关集中学法月”活动实施方案》，明确了活动目标任务、主要内容、工作措施和相关要求。1月19日，召开“机关集中学法月”部署会议。2月1日，召开“机关集中学法月”法律知识测试考务工作会议，印发‘开年第一考’《考务指南》，对2016年“机关集中学法月”法律知识测试考场设置、考场布置、监考任务，试卷领取、回收、封存，监考、巡考人员工作守则等内容进行了明确。2月17日下午，宁国市“机关集中学法月”法律知识测试在全市86个考场统一举行，3278名机关工作人员参加了测试。3月31日，237人参加了第二场测试，两次考试成绩汇总后上报宣城市司法局和宁国市委组织部。

【普法动漫形象“竹娃”发布】 2016年9月，市普法动漫形象“竹娃”正式面世，宁国普法30年来首次有了自己的形象代言，宁国市也成为安徽省第一个拥有自己普法形象代言的县级市。‘竹娃”形象是结合宁国

图 34　宁国市普法动漫形象“竹娃”

本土特色量身打造的，它以宁国特产——元竹为原型，图案主体部分由翠竹、天平、握手和“法袍”构成，分别寓意宁折不弯、公平正义、友好和睦和法驻心中。整体形象造型独特、清新可爱，既充分展示了宁国人民积极进取、锐意创新的精神面貌，又完美彰显法治精神和法治内涵。

【人民调解】 建立了覆盖市、乡、村、组四级调解网络，截至2016年年底，全市共有调解组织164个（市级调解委员会1个，乡级人民调解委员会19个，村、社区人民调解委员会120个，交通事故调解委员会2个，医疗纠纷调解委员会1个，劳动纠纷调解委员会1个，物业纠纷调解委员会1个，警民联调组织16个，其他调解组织3个）。2016年，经市长办公会议研究，新聘用19名乡镇（街道）专职人民调解员充实到乡镇（街道）人民调解委员会中去，加强了调解力量；定期举办人民调解员培训会，为全市调解员提供了学习交流平台；依托人民调解组织平台，发展完善了人民调解预警工作机制，积极开展矛盾纠纷排查、预警、化解专项活动，全年共撰写报送人民调解预警专报12期；发展完善了医疗纠纷、交通事故、劳动争议、物业管理纠纷人民调解工作。全年共排查化解各类纠纷6694起，其中疑难复杂案件231件，防止民转刑2件，防止群体性上访22件；调处成功6666起，调处成功率99.6%，其中，行业性、专业性调解组织调处交通事故647件，医疗纠纷30件，物业纠纷8件，劳动争议8件，警民联调2167件。

【安置帮教】 2016年，根据上级统一安排，市安置帮教工作领导小组办公室从社区矫正大队调整到基层科，工作人员进行了相应调整，形成以安置帮教工作领导小组办公室为衔接、以乡镇（街道）司法所为依托的刑释人员安置帮教工作网络。加强服刑人员基本信息核查，依托全国刑满释放人员信息管理系统，及时全面掌握服刑人员基本情况。完善刑满释放人员信息，对安置帮教对象实行动态化管理，贯彻落实《安徽省远程帮教会见系统应用管理办法（试行）》，积极推进帮教会见系统应用，全年成功实现远程探视26人次，有效延伸了帮教触角。持续推进黄丝带帮教行动“十百千万”项目工程，加强黄丝带帮教基地建设，深入开展黄丝带帮教活动，打造“黄丝带帮教行动”品牌。为推进未成年人帮扶工作，市司法局联合市人民法院、检察院、教体局、妇联、团市委等单位在宁国中学建立“未成年人帮教实践基地”，帮助未成年人犯尽快回归社会，预防未成年人犯罪再次发生。全年，全市新增帮教对象161人，安置人员158人，安置率达98%；落实帮教人员161人，帮教率达100%，帮教期满解除帮教130人。在册帮教对象共525人，无脱漏管现象发生。

【司法所建设】 2016年，按照省级示范所和宣城市级模范所标准，市司法局积极开展省级示范所和宣城市级模范所动态管理工作，并按照宣城市司法所新工作要求，完成7个所新的标牌、标识建设工作。是年，全市共有全国先进司法所1个（仙霞所），省级示范所4个（汪溪、中溪、西津、南山），宣城市级模范所5个（中溪、云梯、竹峰、霞西、甲路）。市司法局与基层政府协商，调整充实基层工作人员，确保基层司法行政队伍的稳定。完善公共法律服务体系规范化建设，整合法律服务资源，推动相关法律服务项目进驻服务中心、服务站、工作室，扩大服务面。是年末，全市有市级司法行政综合服务中心1个、司法行政服务站19个、司法行政工作室120个。

【社区矫正】 2016年，市司法局切实加强社区矫正人员监督管理，规范社区矫正调查评估机制，把好入口关。强化特殊时期矫正对象的监管工作。开展集中点验警示教育活动并严格落实奖惩措施，对不服管理、违反监督管理规定的社区服刑人员，及时进行调查并依法严厉惩处。多次联合市检察院分别对全市社区矫正安全监管隐患进行排查，限期整改。切实加强教育矫正，提高社区服刑人员法制观念和道德修养，举办“敬亭新生讲坛”“重塑新生、回报社会”系列主题教育活动和“黄丝带”帮教活动。通过政府购买服务，充实基层社区矫正工作力量。结合市司法局办公服务场所搬迁，建成了功能齐全、符合标准的社区矫正中心，顺利通过省司法厅验收并获得先进等次。是年末，全市在册社区矫正人员196人。

【律师工作】 2016年，市司法局研究制定了律师事务所和律师考核办法，建立律师参与社会维稳等重大事项报告制度，规范律师管理。完善了律师、律师事务所诚信体系建设，提高律师行业的诚信度和公信力。组织律师、法律工作者参加各类学术交流，并取得优异成绩。积极发挥律师服务经济社会发展作用，巩固完善政府全面法律顾问制度，实现了市委、市政府、各乡镇（街道）、经济开发区及市直各机关法律顾问工作全覆盖。健全政府在规范性文件制定、重大决策合法性审查中征求律师意见，以及政府、国有企事业单位重大投资项目由律师出具法律意见书等制度。发挥律师维稳作用，鼓励引导其积极参与各级党委、政府重大决策、重大项目、重大事项的社会稳定风险评估，并对合法性评估提出法律意见，促进依法行政和科学民主决策。结合全面加强政府顾问制度建设开展律师“双联双进”工作。引导律师积极服务经济发展，充分发挥其为全市构筑“五大优势”、实施“十大工程”的法律保障作用。开展律师以案释法活动，在各律师事务所设立涉法涉诉信访接待室，完善了律师参入涉法涉诉信访案件的化解和代理机制。

是年，全市共有律师61人，其中执业律师56人、法律援助律师3人、公职律师2人。全年共办理案件1308件（民事案件1171件、刑事案件137件），担任法律顾问175家。

【法律援助】 2016年，法律援助被纳入省定33项民生工程，市司法局会同市财政局联合制定了《宁国市城乡困难群体法律援助民生工程实施方案》《2016城乡困难群体法律援助民生工程工作要点》，市委、市政府出台了《关于进一步加强法律援助工作的意见》，对加强法律援助工作在组织和保障、建设和管理、扩大法律援助覆盖面等方面做出了全面部署。

市司法局进一步整合法律援助中心服务职能，优化资源配置，提高办案补贴。依托司法行政公共法律服务体系，完善市级法律援助中心窗口—乡镇法律援助工作站—村法律援助联系点三级服务网络，结合市人武部、法院、看守所等12个市直单位设立的法律援助工作站，形成了纵向到底、横向到边，近距离、全方位的“半小时法援服务圈”。降低法律援助受理门槛，为农民工、老年人、未成年人和残疾人等受援对象建立维权“绿色通道”，做到“应援尽援、能援尽援”。开展“情暖农民工、法援在行动”等专项农民工讨薪活动，全年共开展街头广场法律援助咨询宣传活动20余场次，发放宣传册3000余份。不断提高法律援助办案质量，制定完善市法律援助质量管理体系，采用回访受援人、旁听庭审、办案跟踪、网上监督等办法，规范提升法律援助案件接待、受理、审查、指派、承办等各环节服务质量和水平。建立健全法援中心参与重大矛盾纠纷、群体性纠纷和陈年积访案件化解机制，维护社会稳定和人民合法权益。是年，全市共受理“12348”法律援助专线电话咨询670次，接待群众来访1021人次，办理法律援助案件910件（刑事166件），超额完成了上级司法行政机关下达的民生工程任务。

【公证工作】 2016年，市公证处以“公证便民惠民服务年”主题实践活动为载体，陆续推出压缩申请受理时限等多项便民惠民举措，最大限度满足人民群众公证服务需求。针对因重大自然灾害、重大事故等申办公证事项的，本着“特事特办、急事急办”原则，一律实行绿色快速通道；对残疾人、老年人、孕产妇等特殊人群，以及进城务工农民等弱势群体申办公证事项的，实行优先受理、优先审批，实施司法救助；继续开展为70周岁以上老人免费办理遗嘱公证。全年共办理各类公证业务1242件，其中国内公证943件、涉外公证299件。

（夏　夏）

军　事

·宁国市人武部·

【概况】 2016年，宁国市人武部聚焦打仗抓实备战，整风整改树立新风，单位全面建设稳步推进，民兵整组获得全省人武部系统综合第一名好成绩，大学生自主选择入伍去向经验做法——“精准标尺量出优质兵员”在9月8日《中国国防报》头版头条刊发，被安徽省军区评为安全管理先进单位，2名干部受到安徽省军区表彰，3名干部受到宣城军分区表彰。一是以改革强军和“两学一做”为主线，增强思想政治工作实效。二是以应急应战准备为牵引，不断提高后备力量建设质量。三是以改进作风为抓手，持续抓好党委班子和基层党组织建设。四是以经常性基础性工作为基本，不断提高单位全面建设水平。

【民兵组织整顿工作】 2016年，市民兵整组工作围绕应急应战需要，加强统筹规划，突出重点建设，完善相关保障，加快推进民兵建设转型发展，破解“纸上编兵”、编训脱节等难题，构建规模适度、结构科学、布局合理、可靠管用的新型民兵组织体系，不断提升全市后备力量建设质量效益。一是扎实搞好整组准备。按照“底数清、方案实、业务熟”的要求，紧密结合实际，科学筹划安排，严密组织实施，切实把整组准备工作抓实抓到位。二是编实建强重点队伍。本着“平战有需求、地方有资源、合力能办到”的原则，基于任务、突出重点、改进方法，切实把重点队伍编实建强。三是筑牢基层武装阵地。坚持“问题牵引、任务倒逼、稳步推进”的原则，结合整组工作，统筹推进人武部“一线指挥部”、基层武装部“一线主阵地”和村（社区）民兵营“一线战斗队”建设，促进武装工作末端落实。四是抓好政治工作落实。深入贯彻《民兵政治工作规定》，紧密联系实际，改进工作方式，创新方法手段，着力提高整组中政治工作水平。

【民兵水上抢险分队实兵演练暨开展比武竞赛活动】 针对皖南丘陵山区易发山洪，辖区内水库较多、水系发达，每年汛期抗洪抢险任务重的实际，5 月 19 日，市人武部与市防汛抗旱指挥部在市青龙湾 2 号洞附近水域联合组织了民兵水上抢险分队演练暨抢筑子埂比武竞赛活动。演练前，市人武部专门组织民兵水上抢险应急分队进行了集中授课，通过理论讲解、经验介绍、示范观摩、观看录像等方法手段，大大提高了水上抢险分队民兵抢险救灾理论水平，掌握了一般水上险情的处理方法，并组织了水上抢险基本技能训练。在演练汇报中，市人武部严密组织实施，完成冲锋舟水中救生、抢运物资、编队巡查，组织 8 个乡镇（街道）民兵应急排进行了抢筑子埂比武竞赛。通过演练和比武竞赛，全市民兵队伍进行非战争军事任务行动能力不断增强。

【首长机关室内战术作业训练演练】 10 月 19 日至 20 日，市人武部参加了宣城军分区组织的防卫作战首长机关室内战术作业。作业中，紧密结合市、县战时辖区内重要目标防卫任务，采取上导下演、依案实演的方式，深入研究国防动员指挥体制、平战转换、快速动员等问题。通过室内战术作业，全体参演人员熟悉了解战时国防动员指挥的基本程序方法和内容，重要目标防卫行动步骤，为提高市国防动员指挥能力、科学构建国防动员指挥机构打下坚实基础。

【征兵工作】 针对现阶段当兵冷、征兵难的现状，市人武部早启动、早部署，完成新兵征集任务，全年无一例退兵。主要做法：一是及早开展调查研究。针对不同青年群体和区域人口特点，分门别类，先后到辖区一所职业学校、三所普高和全市 19 个乡镇（街道）开展调研，了解掌握第一手情况，做好分析研究，做好应对工作。二是扎实开展宣传报道。抓住青少年喜好网络的特点，突出现代媒体作用。每天在宁国民兵微信公众号发表征兵工作专栏，发送征兵短信 4 万余条，张贴标语 200 多张，悬挂横幅 200 多条，营造良好的社会氛围。三是规范征集程序。组织体检医生培训明确标准尺度和规范检查方法，按要求进行体检站设置，合理安排体检人数；严格政治考核程序和条件，提高政治考核标准，在 2015 年实行打分排序择优录取的基础上，2016 年又实行大学生自主选择入伍去向，“精准标尺量出优质兵员”经验做法在《中国国防报》9 月 8 日头版头条刊发。四是严肃征兵纪律。对体检、政治考核、定兵结果及时张榜公示，开设举报电话和举报箱，主动接受社会和群众监督，确保征兵工作阳光操作。

【情报信息工作】 2016 年，市情报信息坚持抓队伍、求实效，抓创新、求发展，有力推动了情报信息工作顺利开展。一是狠抓队伍建设。以基层组织调整为契机，对情报信息员队伍进行调整补充，不断完善情报队伍体系。二是狠抓工作创新。与政府应急办、公安、民政、安监、水务、国土、气象等部门建立良好的信息共享机制，及时了解掌握辖区民情、社情和灾情，不断拓宽有效信息来源渠道。三是狠抓作用发挥。加强了敏感时段、重大事件情报信息收集报送。对有价值信息及时上报和处置，进行通报表扬，给予物质奖励，对工作不积极，有情不报人员给予通报批评，及时更换，确保民兵情报作用发挥明显。

【开展“学、正、树”活动】 根据上级统一部署，市人武部于 2 月 14 日至 4 月 18 日，开展了“学、正、树”活动，活动中坚持以习主席依法治军从严治军系列重要论述为指导，以条令条例和中共十八大以来新规禁令为依据，通过学法规、正秩序、树形象，强化干部职工规矩意识，培塑军人良好形象，规范机关“四个秩序”，提振精神、奋发进取，为确保人武部转隶就正规、起步就严格、运行就规范、开局就良好打下坚实基础。

【退役士兵就业专场招聘会】 2 月 15 日，市人武部在市政府广场举办退役士兵就业专场招聘会。全市有 240 余名退伍军人参加招聘，120 余家企业提供了 800 余个就业岗位，其中达成就业意向的有 123 人次。主要做法：一是认真充分准备。为办好此次招聘会，市人武部会同人社、民政、开发区管委会等单位在年前对该市企业用工情况进行全面调查摸底，遴选出1400余个符合退伍军人的就业岗位。二是加强组织领导。为保证退伍军人及时有效了解招聘会情况，市人武部提前一个月在《今日宁国》报纸和宁国论坛上发布公告，并在宁国电视台滚动播放招聘会信息。同时，市人武部将近4年来退役士兵的姓名、单位和联系方式及时下发各基层单位，2次召开专武部长例会进行部署，保证了所有人员按时参加。三是全面合力保障。招聘会当天，市人武部邀请市委副书记、联系武装工作的常务副市长、组织部部长，人社、民政等单位的主要负责人参加招聘会开幕仪式。招聘期间，市人武部共发放《招录退役士兵的相关法规政策》传单200余份，接受政策咨询100余人次，为退役士兵就业提供政策支持。

【民兵支援友邻单位抗洪抢险】 6月20日，市人武部出动冲锋舟1艘，带领民兵前往广德县杨滩独树村西湾村民组，转移被洪水围困的群众，通过一昼夜的连续奋战，转移被困群众65人。7月5日，市人武部组织带领100名民兵，前往宣城市宣州区沈村镇支援抗洪抢险，经过一天一夜的连续奋战，转移群众160余人，抢筑子埂6.3千米，运送土方350余方，完成了宣城市委、市政府赋予的任务。

【首长机关训练】 按照训用结合、以训促用的要求，提高首长机关理论素养和基础技能。重点突出“四会”教学和组织指挥能力的训练，练组训能力，练指挥素养，提高训练层次。遵循“统分结合、学训并举”的原则，采取个人自学、同步参加辅导、基础技能强化训练、组织考核验收的方法步骤，突出新知识、新理论、新技能学习训练、轻武器操作训练，强化了“任务牵引、信息主导”理念。全年共组织了4期首长机关训练，主要学习习近平主席关于国防和军队建设重要论述、“四知一明白”集训活动理论、联合作战力量研究、国防动员等业务知识和技能训练。

【民兵应急连和部分新型支援保障队伍集中拉动点验】 为编强编实应急力量和新型支援保障力量，提升民兵队伍建设的质量效益，4月11日，安徽省军区组织对宁国市应急连、气象水文、军邮保障3支队伍145人进行了集中拉动点验，退伍军人比例、经训率和专业对口率均达

图35　2016年7月5日，宁国市人武部带领100名民兵支援宣州区沈村镇抗洪抢险，图为该部带领民兵组织转移群众

到100%，取得了安徽省军区人武部系统综合考评第一名。

【开展改革强军和"两学一做"学习教育】 按照部署要求，市人武部在全体党员中开展"两学一做"学习教育，坚持组织好党章党规学习、党课辅导，坚持每阶段组织研讨交流，党员人人述学评学，切实让理论学习常态化、经常化。开展改革强军主题教育活动，坚持现役与民兵并重，拓展范畴，活跃形式，打牢干部职工和民兵绝对忠诚、绝对纯洁、绝对可靠的思想根基。通过参加各级组织的理论教育和集训，聆听首长和专家的授课辅导，认真读书学习和开展讨论交流，干部职工思想上受到了触动，一些模糊认识得到了澄清，改革信心不断坚定。

【国防教育和征兵宣传】 2016年，宁国市抓实国防教育，围绕"爱党爱国爱军"这一主题推进"国防教育进校园、进企业、进社区"活动，邀请罗援少将到宁国围绕"国防形势与周边安全环境热点问题"开展国防教育课，市人武部政委先后到津河中学、市委党校开展"国防教育进校园"活动，在宁阳学校、宁国中学初中部组织纪念红军长征胜利八十周年展板展，强化了政府机关、学校师生以及社会各界的国防观念。抓好征兵宣传报道工作，会同市委宣传部联合下发《关于做好2016年征兵宣传工作通知》，与电视台、报社加强联系，报社开辟了2个整版，电视台除在黄金时段滚动播放征兵宣传标语，并做了一期专题报道，协调市城管局在市区主要街道利用5块电子屏播放征兵宣传公益广告片。协调市交通运输局在出租车、公交车上滚动播放征兵宣传标语口号，在全市营造"一人参军、全家光荣"的氛围。

【干部队伍建设】 2016年，市人武部把干部队伍建设摆在重要位置，把"两学一做"学习教育贯穿于干部教育管理全过程，严格遵守《新体制新形势下加强省军区干部教育管理监督意见》和《新体制新形势下省军区干部管理规定》，组织干部"承诺、履诺、评诺"，以干部队伍的良好形象引领单位风气建设。针对人少事多、改革在即的情况，对照"双一"目标要求，踏实干事创业，该部5名干部中，2名受到省军区表彰，3名受到军分区表彰。

【现代后勤三大任务建设】 一是完善了市人武部推进现代后勤实施方案和工作计划，先后投入7万余元，对三楼视频会议室视频系统进行了升级，对营区监控系统进行了维护，购置征兵体检系统电脑17台、地方财务预算系统电脑1台。二是抓好后勤综合保障队伍建设、基础硬件建设以及后勤保障信息化建设，落实财经管理常态运行，积极推进营区管理层次。三是协调推进新营房建设。对照省军区出台的《关于加强人武部、预备团营房设施建设实施意见》，通过召开市委常委会、领导小组会议，专门研究建设事宜，计划2017年全面实施。

【全面停止房地产租赁移交工作】 根据省军区《关于从严规范人武部、预备役团非军产房地产管理的通知》《关于规范人武部房地产移交管理手续的通知》有关要求，积极与当地政府协调，抓好工作落实，及时做好人武部房地产租赁项目的移交托管工作，完善各类手续，确保本部房地产租赁项目的安全、顺利、圆满移交。

【深化财经制度运行管理】 根据省军区后勤部《关于针对审计工作组反馈的问题"举一反三"抓好自查整改工作的通知》有关要求，结合后勤行业风气清理整治时机，成立清查领导小组，制定清查实施方案，对2013年以来市人武部经费开支情况进行了自查自纠，通过自查整改，使后勤人员财务管理能力得到有效提升，财务管理工作更加规范有序。

（戴　文　童俊峰　王来飞）

·武警宁国市中队·

【概况】 2016年，武警宁国市中队围绕党支部确定的"坚定发展信心、持续改进作风、全面打牢基础、争创先进中队"工作思路，大力推进中队全面建设，官兵政治信仰坚定，中心任务圆满完成，创先争优氛围浓厚，内部关系健康和谐，各项工作进展顺利。是年，武警宁国市中队被武警安徽省总队评为"基层建设先进中队""执勤正规化优秀单位"。

【思想政治建设】 2016年，武警宁国市中队围绕改革强军抓教育，促养成，坚持把思想政治建设摆在首位。一是上好大课教育，强化官兵拥护改革。为解决教育"说不清道不明"的问题，突出做到"三盯"：首先"盯思想"，在问卷调查和谈心调研的基础上，结合支队每月教育准备会和中队每月按纲建队形势分析会，分析研究；其次"盯骨干"，课堂45分钟常常难以把道理讲透，需要学习骨干课后"推一把"，中队在每个班至少选1名理论功底强的小教员，"多点带面"带动中队爱学习的正能量；再次"盯课题"，每个专题的剖题辅导，中队教官都认真准备，并让每个战士都有机会说一说，变"教官说大家听"为"大家说大家听"。为使教育取得良好成效，中队精心组织强军系列文化活动，先后借鉴编印了《改革强军》小卡片、《革命英雄故事集》等，让改革强军内容在“灯箱电视”上看得见、小广播“日说一理”中听得到、训练场上摸得着，促使官兵在浓厚氛围中潜移默化。二是抓好随机教育，解决官兵思想问题。中队按照“课题跟着官兵走、教育围着任务转、内容贴近实际选”的路子，扎实抓好以月课为主要内容的经常性教育。针对个别战士不爱惜营区环境、随手意识不强的问题，中队见缝插针式地开展“做有品位的好战士、建有内涵的好中队”群众性讨论活动。结合时事特点，中队认真组织官兵了解“十三五”规划，学习习近平“七一”讲话精神和军队改革举措等，围绕热点问题谈感受、写体会，增强了官兵爱岗敬业的责任意识。三是开展好文化生活，丰富官兵精神世界。中队积极营造深厚的爱学习、求上进氛围，坚持组织战士日练一手好字（练字帖）、月读一本好书和看一部优秀影片等，同时将烧烤晚会、卡拉OK晚会等娱乐活动合理穿插在周末和节假日，融洽内部关系，强化战士们对中队的认同感和归属感。

【执勤处突】 2016年，武警宁国市中队围绕执勤处突搞研究，强素质，在各类敏感期执勤战备和临时押解中，圆满完成任务。一是严格制度，规范执勤。中队从抓干部正规值班、监控管勤入手，带头落实制度，围绕“到、问、查、考、教、做”六字进行不定时查勤，建立定期“一汇总、一分析”经常性工作机制，干部、应急组在监门高峰时段层层加强防范措施，适时组织联合方案演练。二是贴近实战，按纲施训。中队将训练教案、执勤方案细化到各哨位，认真领会总队、支队战训法集训演示精神，先后开展了“情况处置、方案演练”等重难点科目训练，在军事训练中严格落实训练工作“八落实”要求，明确标准，按照大纲要求，坚持干部带头，随队训练指导，采取过科目、过个人的办法，提升军事训练质量。

【抗洪救灾】 2016年6月，武警宁国市中队官兵在宣城市支队的统一指挥下，参加了宣城市宣州区抗洪抢险任务。中队官兵成功排除堤坝渗水险情，帮助受灾群众回收农作物和搬运物资，转移受灾群众。中队在此次抗洪抢险中，先后出动数十人次，配合宣城市支队总共转移疏散群众3000余人，保卫人民群众的生命财产安全，得到上级肯定和赞扬。

【军地共建与拥政爱民】 武警宁国市中队官兵立足岗位，努力实践全心全意为人民服务的根本宗旨，在完成繁重本职工作的同时，积极投身第二故乡建设，为驻地做贡献。中队官兵坚持与驻地群众“同呼吸、共命运”，不断加强警政警民团结，积极参与“双拥”活动，充分展示军民鱼水情。2016年10月，完成中共宁国市委党校干部在职国防教育训练任务；11月，完成宁国市第三届全民健身运动会开幕式护旗任务。

（张　杰）

·武警宁国市消防大队·

（宁国市公安消防大队、
宁国市综合应急救援大队）

【概况】 2016年，市消防大队贯彻习近平总书记“努力建设一支听党指挥、能打胜仗、作风优良的人民军队”总要求，紧紧围绕消防工作和部队建设这条主线，按纲建队，从严治警，部队建设、装备建设、消防监督执法和社会化消防工作均取得重大突破，圆满完成各项消防保卫任务。全年，共接警出动416起，出动车辆471辆次，出动警力3297人次，扑救火灾275起，参与抢险救援130起，抢救被困人员103人，抢救和保护财产价值40余万元，无重大火灾事故发生，全市火灾形势稳定有序。

是年，市消防大队分别获得全国消防部队优秀基层党组织、安徽省青年文明号等多项荣誉，收获全国、省市及大小赛事诸多奖项，涌现出“全国特别关注消防员”、全省“优秀带兵人”等一批先进典型；在梅林镇深井救援中表现优异的徐江顺、顾超超等被评为“宣城好人”。

【消防设施建设】 2016年，市消防大队按照消防专业规划重点建设消防站、消防水源、消防设施和装备。统筹安排，消防站建设及采购、维护、保养消防装备等工作有条不紊地进行，切实打牢火灾防控根基。一是加强消防站建设，按照“十分钟灭火救援圈”要求，主动提请政府，积极协调推进河沥溪园区消防站、汪溪园区消防站建设，并面向社会招聘政府专职消防队员。二是加强装备设施建设，针对消防安全新任务，借鉴国内外先进经验，科学评估现有消防装备，不断加强消防装备设施建设，全面做好后勤保障工作，为全市消防安全保驾护航。

【消防队伍建设】 思想政治工作是部队工作的生命线，是铸魂强警、固本强基的“灵魂工程”。市消防大队党委以中共十八大及十八届三中、四中、五中、六中全会精神和习近平总书记系列重要讲话为指引，认真开展“两学一做”专题教育，加强党委中心组理论学习，重点强化经常性思想教育和廉政建设。

此外,市消防大队从以下三个方面加强消防队伍建设。一是强化内部管理,严格落实值班备勤、外出请销假、内务卫生等日常制度,定期对官兵的着装、发型、指甲等进行全面检查,培养官兵遵纪守法、令行禁止的作风。二是强化预案演练,时刻保持备战状态,坚持每天开展常规体能训练、器材技能训练,攀登挂钩提、两节拉梯、百米负重、5000米跑等都是官兵训练的基础项目。三是强化队伍改革,着力培养一支斗志昂扬、奋发有为的消防队伍。

【消防监督】 2016年,市消防大队牢牢把握防火灭火的掌控权,主动出击,通过多种形式加强消防监督。一是铁腕执法,坚决对各类消防违法行为和火灾隐患实行"零容忍",力求还社会一片安宁。全年,共检查单位2040家,发现火灾隐患2185条,整改火灾隐患2185条,下发整改通知书1158份,临时查封14家,关停5家,罚款36.6万元,拘留5人。二是规范执法,坚持实行责任机制,与100余家重点消防单位签订消防安全责任状,将责任落实到单位、落实到人,并坚决落实考评机制。三是强化研判,设立专项治理办公室,对建设工程审批、重大隐患整改等技术性较强的重点工作,实行集体会商。四是创新监管机制,大力推进消防安全"网格化"管理,按照"一网三级、一级多格、一格多点"的模式,做专镇街"大网格",做强村社"中网格",做实片区"小网格"。

【消防宣传】 2016年,市消防大队以消防宣传进企业、进社区、进学校、进农村、进家庭为主线,充分利用社会资源和新媒体,扎实推进全民消防宣传教育。一是多方联合,定期组织社会群众、中小学生、单位员工走进消防、学习消防,亲身体验学习初起火灾扑救、火场逃生、火灾报警等自防自救措施。二是专题宣传,建立消防安全主题教育基地,常年向社会开放,提供消防咨询服务。三是弘扬文化,着力加强警营文化软硬件设施建设,在大楼楼顶、室内、营区内的醒目位置设置"听党指挥、能打胜仗、作风优良"标语,以文化氛围引导官兵行动。

【拥政爱民】 2016年,市消防大队坚持将干事创业、真抓实干、"全心全意为人民服务"作为工作宗旨,推进拥政爱民工作。一是提升服务质量,在保平安、护安全的同时,努力优化服务环境,制定出台了一系列方便群众办事的措施,将紧急、特殊和重点工程纳入"绿色通道"提供高效服务;所有行政审批事项统一实行限时审批,推行"一站式"办公。二是扶贫帮困,组织官兵开展节约"四个一"活动,借助"社会妈妈""慈心一日捐"等活动,倡导官兵踊跃捐款,积极支持驻地教育事业,资助孤贫儿童顺利完成学业,全年市消防大队累计捐款捐物价值2万余元。

【营救被洪水围困群众】 2016年6月20日,宁国市消防大队奉命赶赴广德县钱村,成功营救被洪水围困的4名群众。▲

▲2016年6月20日,宣城市出现历史罕见的持续暴雨,广德县等地河道水位暴涨,多条道路被水冲毁阻断,乡村洪水暴发,房屋被淹,严重威胁人民群众生命财产安全。

宁国市消防大队全体官兵24小时坚守抗洪抢险第一线,在接到宣城市消防支队指挥中心增援命令后,迅速调派2车15人赶赴增援。20日12时许,宁国市消防大队官兵到达广德县钱村,有3名大人和1名四岁小孩因强降雨水位上涨被困房屋中,灾情现场不时听到小孩的哭喊声,以及群众呼喊救命的声音。

全体指战员顾不上丝毫休息,冒着大雨,立即组织施救。只见80余米宽的水面上有几处已经被洪水淹到二层的"孤岛",且房屋在湍急的洪水中已被冲刷多时,随时都有可能倒塌,情况万分紧急。由于风大、雨大、水流速度快,再加上被河水淹没的树木较多,在第一次准备派遣2人从围墙一边迂回进入失败后,消防官兵另寻援救方案。在细致勘察和多方案比对后,选取合适的位置,使用抛投器向被困群众抛射救生绳,固定好绳索后,现场指挥员决定选派1名水性好的战士,携带救生衣、绳索等救援装备,沿主绳游到对岸施救被困群众。战斗一班班长徐江顺主动请缨。在系上安全带、安全钩,检查确定安全防范措施到位后,徐江顺背负着安全绳、救生衣、救生圈等,顺着已经抛投好的绳索,艰难地向受困群众靠近。当时的雨越下越大,水势也越来越急,上游的漂浮物越来越多。现场指挥员在救援过程中时刻关注河面的动态,通过扩音器提醒战士注意安全,并时刻安慰被困人员。经过官兵近2个小时的艰辛营救,15时50分,4名被困群众安全上岸,整个救援行动圆满结束。

·人民防空·

【概况】 截至2016年年末,市人防办内设有综合科、指挥通信科,下设指挥信息保障中心,承担组织开展人民防空指挥、通信警报工作、人民防空工程建设与管理、人民防空"平战结合"、人民防空宣传教育等职能。

加强人防防护体系建设。2016年，市人防办启动人防的疏散基地、训练基地、疏散地域和市级指挥所规范化“四项”工程建设，宁国市在宣城市各县市人防系统中率先完成人防疏散基地和疏散地域的建设工作。

加强人防队伍建设。配合市人武部组建了人防专业队伍并组织实施训练，同时组建了一支机关人防应急专业队伍，制定年度体能和通信保障训练计划，每周开展二至三次的体能科目训练。

加强人防工程建设管理。全年办理人防工程报建手续行政审批9件。针对市人防办的人员编制现状，经协商对接，委托市住建委质监站相关技术人员参与人防工程质量全过程的质量监督管理，按照新的战技标准，严把人防工程竣工验收标准。春节期间、春季和汛期，市人防办组织开展人防工程专项安全生产检查，对存在的安全隐患认真梳理，及时发现及时整改。是年，市人防工程建设质量与管理工作得到在宁国考察的宣城市人大常委会领导的充分肯定。

防空警报设施维护管理。2016年，市人防办每月与宣城市人防办开展通信对接工作，确保通信设备的完好率，保证人防通信应急手段经常化；开展警报器的日常维护保养工作，定期对警报点开展检查，及时检修故障设备，保证警报器的正常使用和设备完好率；利用配套的4G单兵系统，保障宣城市人防办防汛和“9·18”试鸣工作的通信保障任务，得到宣城市领导的好评。

组织防空警报试鸣与应急疏散演练。2016年9月18日试鸣日期间，全市各中小学校安排组织了防空防灾应急疏散演练。城区学校的疏散演练与“9·18”警报试鸣同步，分预先警报、空袭警报、警报解除3个阶段进行。

人防宣传教育。2016年，市人防办以人防“五进”(即人防宣传教育进机关、进学校、进社区、进企业、进网络)活动为抓手，开展“小手牵大手，人防进校到门口”民防知识宣传活动；“5·12”防震减灾日与市科技、科协、气象等部门在中心城区悬挂横幅、摆放宣传展板、发放宣传资料、设立咨询台等方式进行现场宣传普及防空防灾常识；联合津北小学开展“5·12”防震减灾演练，并为各学校、社区相关宣传教育活动共计发放人防知识手册等人防宣传资料3000余本，开展人防知识普及4000余人次；与市教体局联合举办“心系人防　爱我中华”主题演讲比赛。

是年，宁国市被安徽省国防动员委员会评为‘全省人防工作先进县市”与“全省人防基层建设成绩突出单位”。

【“心系人防　爱我中华”主题演讲比赛】 2016年9月30日，为增强师生人防意识和国防观念，深入开展国防、人防教育，市人防办与市教体局联合举办“心系人防　爱我中华”主题演讲比赛。全市有9名中学生选手参赛，共产生一等奖1名、二等奖2名、三等奖3名和优秀奖若干名.比赛还选出3名选手参加宣城市人防办、宣城市教体局联合举办的“心系人防　爱我中华”中学生演讲比赛，其中获三等奖1名、优秀奖2名。

（方　玲）

科学技术

Science & Technology

- 综述
- 科技管理
- 科技合作
- 高新技术产业化
- 科技成果
- 知识产权工作
- 防震减灾

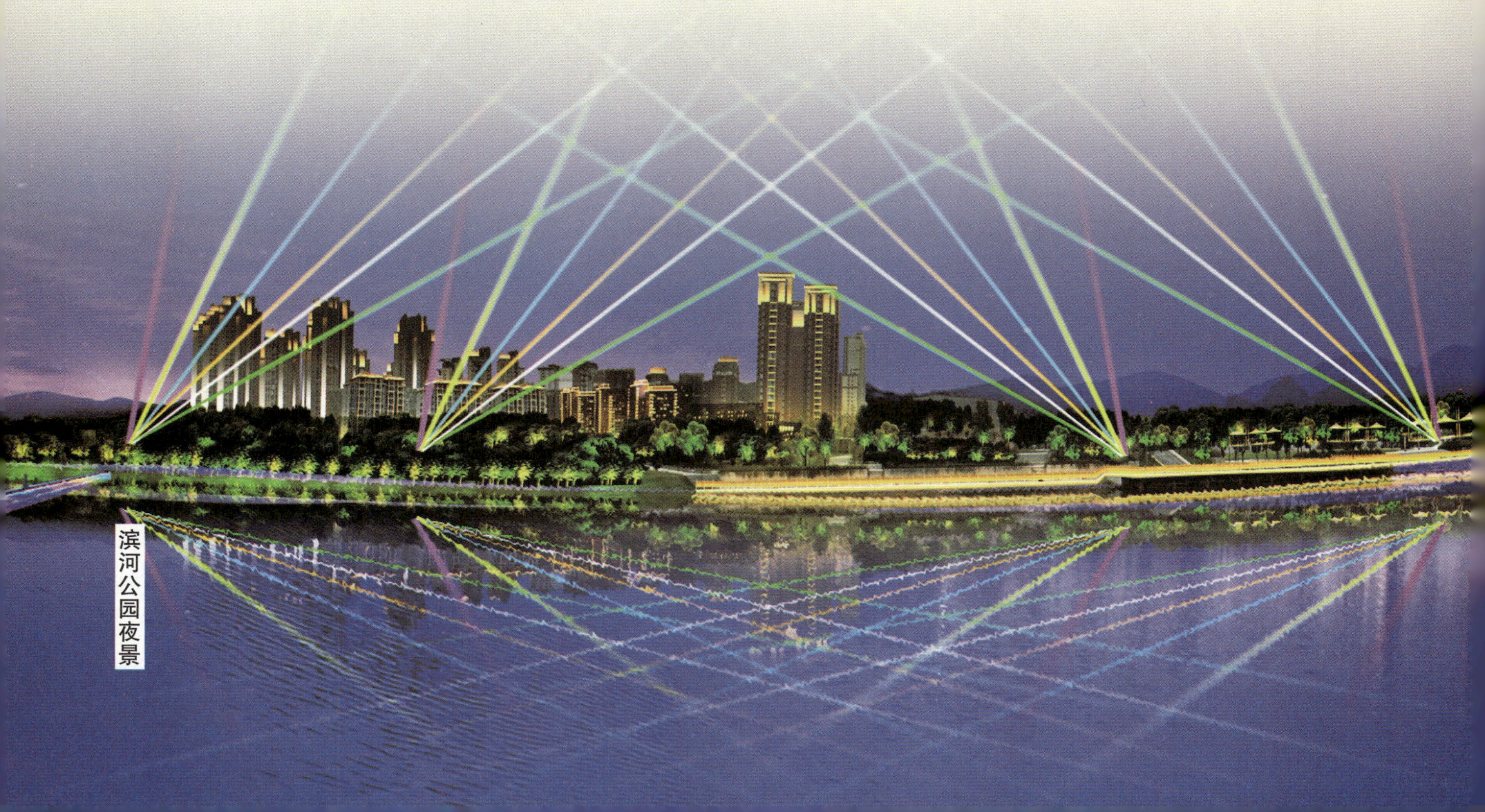

滨河公园夜景

综　　述

【概况】 2016年，宁国市财政科技投入总量16105万元，占全市财政支出的比重3.75%，较2015年提高0.39个百分点。截至2016年年末，全市拥有高新技术企业77家，国家级创新型企业1家，省级创新型（试点）企业16家，省级工程技术研究中心8家，省级重点实验室1家，院士工作站2家，博士后工作站5家；国家知识产权示范企业1家，国家知识产权优势企业1家，省知识产权优势企业2家，省知识产权管理规范试点（贯标）企业6家；新增市级以上众创空间3家，新增注册落户创新团队7个。是年，宁国市获国家知识产权示范城市称号，市科技局获安徽省县级防震减灾工作综合考核一等奖；市知识产权局汪贵才获全国知识产权系统人才工作先进个人。

至2016年年底，宁国市科技局有行政编制8个、事业编制8个，内设机构有宁国市科学技术局地震办、农村与社会发展科（科技合作科）、高新技术管理科、办公室。下属单位有宁国市知识产权局、宁国市科技创业服务中心（市科技成果转化中心）。主要职能为贯彻执行国家、省科技发展的战略、方针、政策，研究提出全市科技发展的战略和实施意见；研究提出科技体制、科技人才、科技创新、科技进步、科技中介服务、科技奖励、科技成果转化、高新技术产业化等方面政策、法规的建议。组织申报国家级重点高新技术企业、省级高新技术企业产品、成果和高新技术产业化项目、归口管理全市科技成果、科技奖励、科技保密、技术市场和技术合同的认定工作。组织拟定全市企业科技研发机构、重点实验室、科技孵化器、区域科技创新服务中心等各类科技创新载体和重大科技创新平台的规划。负责全市防震减灾工作，开展防震减灾宣传。

2016年宁国市新增研发机构一览表

表48

序　号	级　别	机构名称	建设(依托)单位
1	省级	省级企业技术中心	安徽省宁国市天成电气有限公司
2	省级	省级工程技术研究中心	安徽聚隆传动科技股份有限公司
3	省级	院士工作站	安徽中鼎密封件股份有限公司
4	省级	博士后工作站	安徽省凤形耐磨材料股份有限公司

【创新团队引进】 加州大学洛杉矶分校邢毅博士团队落户宁国创业：团队领军人邢毅，加州大学洛杉矶分校博士，主要研究RNA测序及分析。团队于2016年5月注册落户安徽云泰生物科技有限公司，注册资金1000万元。团队核心成员有美国科学院院士1人，博士后1人，博士6人，硕士5人。是年，获得省重点科技团队扶持资金1000万元，宁国市科技团队扶持资金1000万元。团队“基于转录组测序及大数据计算的精确医疗”项目，通过基因组学等生物医学前沿技术，对大样本人群与特定疾病类型进行生物标记物的分析与鉴定、验证与应用，从而精确寻找到疾病的原因和治疗的靶点，并对一种疾病不同状态和过程进行精确分类，最终实现对于疾病和特定患者进行个性化精准治疗的目的。

普氏生态环境工程郭天鹏博士团队落户宁国创业：团队领军人郭天鹏博士，美国路易斯安那州立大学土木工程博士，世界五百强CH2M HILL(西图公司)担任高级工程师。团队于2016年5月注册落户安徽清普环保装备有限公司，注册资金2000万元。是年，获得宁国市扶持资金600万元。7月底，顺利制作2台研发设备——MMflo磁微滤移动式净化站和MMflo两级加载磁分离净化站。是年，该公司共计申报发明专利8项、实用新型专利2项。新设备生化法去除污水因子的研发正在紧张开展中，该技术倚靠的专利技术已全部完成。公司生产销售有宁波压赛河水质净化项目、四川成都桂溪生态公园雨水净化项目、山东龙口市黄水河污水处理提标改造工程项目、福建畜牧养殖废水处理项目、绍兴金牡印染有限公司污水回用项目。合作项目有南山湖水水质提升项目、铜陵黑砂河水质提升合作、湖北钟祥市王家荡大堰淤泥和水体治理工程。

华成金研公司程国华团队落户宁国创业：团队领军人程国华，硕士学历，高级工程师。团队成员5人，其中博士后1人，硕士3人，本科1人。研发团队核心成员均为金属材料领域内的知名专家，所研发产品主要应用于航空航天、船舶舰艇、武器装备等国防军工的尖端核心行业。团队注册落户于宁国市华成金研科技有限公司，注册资金1600万元。2016 年，获省重点科技团队扶持资金 300 万元，获宁国市科技团队扶持资金 300 万元。公司主要从事高温特种合金材料及其制品。全年销售 582.18 万元。有注册商标 6 个，发明专利 1 项，实用新型 10 项，另有 3 项发明专利已进入实审阶段。

浙江开山压缩机股份有限公司高级工程师梅忠团队落户宁国创业：团队领军人梅忠，华中理工大学高级工程师，浙江开山压缩机股份有限公司首席设计师。团队于 2016 年 3 月注册落户，注册资金 600 万元，核心成员有博士 3 人，高级工程师 3 人。公司产品定位 500W-132W。是年，公司申报专利 10 余项，其中授权的实用新型专利 2 项，独占许可的实用新型专利 2 项，进入实审的发明专利 2 项。同年，与南京金翼压缩机有限公司达成协议，合作开发新项目，项目名称为“滑片式空压机”。该项目技术成熟，产业带动性明显，可解决就业近百人，已在宁国市开发区管委会进行备案。项目投资总额为 5000 万元，其中市外投资 150 万元。项目建设包括新征土地 6.67 公顷，新建厂房两栋、综合楼 1 栋、实验中心 1 栋，共 2 万平方米，采购生产线 2 条，建设满足年产 10 万台(套)滑片式空压机整机及关键部件的生产能力。

上海大学金贤教授团队落户宁国创业：团队领军人金贤，教授、高工，享受国务院特殊津贴专家。曾获国内发明金奖 6 项、银奖 3 项，世界发明金奖 2 项、世界发明银奖 3 项、铜奖 2 项；参与制定 1 项建筑电气国家标准，撰写过 300 多本工程项目策划报告。团队于 2016 年 6 月注册落户宁国御风新能源科技有限公司，注册资金 3000 万元。团队研发项目“超级小型风膜发电机”，是一种风力发电与光电膜发电复合创新结构，超级是指风力 2 级以下即可发电，且总重量为 50 千克以下，发电量达 4 千瓦（中国小康家庭用量标准），已授权 1 项发明专利。

中科院都有为院士团队落户宁国创业：团队领军人都有为，磁学与磁性材料学家，中国科学院院士，南京大学物理系教授、博士生导师。团队于 2016 年 7 月注册落户安徽瑞安宁公司，注册资金 500 万元，核心成员有中科院院士 1 人，博士 1 人，硕士 1 人。团队研发项目“面向新能源与节能电力电子器件的金属软磁粉芯的研制与量产”，采用自主研发的高能破碎法、雾化法以及液固去润湿发生产不同成分的软磁合金粉末，及铁硅、铁硅铝、非晶、复合等软磁粉芯产品。用于新能源、汽车、电能质量管理、变频家电、轨道交通灯领域。提供小型化、高频化、节能花等发展方向提供技术。

美国宾夕法尼亚大学左成杰博士团队落户宁国创业：团队领军人左成杰，美国宾夕法尼亚大学博士。团队于 2016 年 11 月注册落户安徽云塔电子科技有限公司，注册资金 500 万元。是年，获得宁国市扶持资金 1000 万元。核心成员有博士 2 人，硕士 1 人。该项目采用半导体业界典型的 Fabless 模式，专门从事集成电路 IC 的设计，晶圆制造、芯片封装和成品测试通过委外方式实现，公司取得芯片成品后，再销售给方案商或整机厂商。项目相关的工艺和晶圆制造部分已经被代工厂验证通过，且到量产阶段。

【2 家企业获评国家级众创空间】 2016 年，宁国市新增市级以上众创空间 3 家，其中梦想故事汇通过省级备案，司尔特星创天地和皖斛堂星创天地为科技部首批备案公布的国家级星创天地。

（李春苗）

科技管理

【科技政策制定】 2016 年，宁国市科技局修订出台《宁国市 2016 年科技创新奖励扶持政策》，于是年 1 月 1 日起执行；制定出台《宁国市鼓励高层次科技人才团队创新创业实施办法(试行)》《宁国市众创空间备案管理实施细则（试行）》2 个规范性文件，加强对科技人才团队的招引工作，进一步促进该市开展大众创业、万众创新工作。

【科技计划项目】 2016 年，全市获 2016 年度国家、省科技计划项目立项 56 项，其中 48 家企业获研发设备仪器补助。安徽中鼎密封件股份有限公司获省重点实验室补助资金，安徽林苑农副食品有限公司国家农转项目获省 4.8 万元资金补助，安徽省宁国市海伟电子有限公司获省重大专项补，宁国市华成金研科技有限公司程国华团队和邢毅博士团队获省高层次科技人才团队引进补助，安徽省司尔特肥业股份有限公司和安徽省凤形耐磨材料股份有限公司获省科技攻关支持，宁国市龙晟柔性储能材料科技有限公司获国家科技部重点专项支持。

【农业科技项目管理】 2016 年，安徽皖斛堂生物科技有限公司“皖斛堂—生物智造星创”、安徽省司尔特肥业股份有限公司“司尔特星创天地”获科技部首批星创天地备案；安徽皖斛堂生物科技有限公司成功申报省科技厅“科技特派员工作站”项目，宁国市亿邦生物科技有限公司实施的省级农业科技成果转化项目“豹皮樟人工快繁技术及应用”通过验收。

（华文亚）

2016年宁国市列入省级科技项目一览表

表49

序号	项目类别	承担单位	项目名称
1	购置研发设备补助	保隆（安徽）汽车配件有限公司	—
2	购置研发设备补助	安徽省宁国天成电工有限公司	—
3	购置研发设备补助	安徽中鼎橡塑制品有限公司	—
4	购置研发设备补助	大大科技（宁国）有限公司	—
5	购置研发设备补助	安徽省宁国市东波紧固件有限公司	—
6	购置研发设备补助	宁国东方碾磨材料股份有限公司	—
7	购置研发设备补助	安徽中鼎金亚汽车管件制造有限公司	—
8	购置研发设备补助	宁国市狮桥机械制造有限公司	—
9	购置研发设备补助	安徽宁国中鼎模具制造有限公司	—
10	购置研发设备补助	安徽中鼎密封件股份有限公司	—
11	购置研发设备补助	安徽欧凯密封件有限公司	—
12	购置研发设备补助	安徽莱恩电泵有限公司	—
13	购置研发设备补助	安徽省宁国新鼎汽车零部件有限公司	—
14	购置研发设备补助	安徽中鼎胶管制品有限公司	—
15	购置研发设备补助	宁国慧宏耐磨材料有限公司	—
16	购置研发设备补助	安徽韧达高分子材料有限公司	—
17	购置研发设备补助	安徽鼎封橡胶减震技术有限公司	—
18	购置研发设备补助	安徽省宁国市宁康密封件有限公司	—
19	购置研发设备补助	安徽科正新材料有限公司	—
20	购置研发设备补助	安徽宁国晨光精工股份有限公司	—
21	购置研发设备补助	安徽中鼎减震橡胶技术有限公司	—
22	购置研发设备补助	安徽省宁国市天成科技发展有限公司	—
23	购置研发设备补助	亚新科噪声与振动技术（安徽）有限公司	—
24	购置研发设备补助	安徽江南化工股份有限公司	—
25	购置研发设备补助	宁国市众力模具技术有限公司	—
26	购置研发设备补助	安徽国泰泵科技有限公司	—
27	购置研发设备补助	宁国九鼎橡塑制品有限公司	—
28	购置研发设备补助	宁国金鑫电机有限公司	—
29	购置研发设备补助	宁国市开源电力耐磨材料有限公司	—
30	购置研发设备补助	安徽库伯密封技术有限公司	—
31	购置研发设备补助	安徽源光电器有限公司	—
32	购置研发设备补助	安徽省华晟塑胶股份有限公司	—
33	购置研发设备补助	宁国双宁机械有限公司	—

续表 49

序 号	项目类别	承担单位	项目名称
34	购置研发设备补助	安徽省凤形耐磨材料股份有限公司	—
35	购置研发设备补助	宁国市中意耐磨材料有限公司	—
36	购置研发设备补助	安徽阿莫斯泵业有限公司	—
37	购置研发设备补助	宁国市正道橡塑零部件有限公司	—
38	购置研发设备补助	宁国市龙晟柔性储能材料科技有限公司	—
39	购置研发设备补助	安徽省宁国市海伟电子有限公司	—
40	购置研发设备补助	宁国市裕华电器有限公司	—
41	购置研发设备补助	安徽高德韦尔精密部件有限公司	—
42	购置研发设备补助	中建材宁国新马耐磨材料有限公司	—
43	购置研发设备补助	宁国市华成金研科技有限公司	—
44	购置研发设备补助	宁国思达塑胶制品有限公司	—
45	购置研发设备补助	安徽宁国市新高新钢球衬板有限公司	—
46	购置研发设备补助	宁国市大荣电器有限公司	—
47	购置研发设备补助	宁国市欧泰橡塑制品有限公司	—
48	购置研发设备补助	安徽飞达新材料科技股份有限公司	—
49	重点实验室补助	安徽中鼎密封件股份有限公司	—
50	国家科技计划项目补助	安徽林苑农副食品有限公司	—
51	省科技重大专项项目	安徽省宁国市海伟电子有限公司	新能源汽车电容器用高性能金属化聚丙烯薄膜产品研究及产业化
52	省科技攻关项目	安徽省司尔特肥业股份有限公司	利用作物秸秆制作高效全元生物有机肥技术工艺研究与应用
53	省科技攻关项目	安徽省凤形耐磨材料股份有限公司	魔球离心铸造成型模具、智能浇注系统及其生产线成套设备
54	省科技人才团队补助	加州大学邢毅博士团队	—
55	省科技人才团队补助	华成金研公司程国华团队	—

2016 年宁国市列入国家级科技计划项目一览表

表 50

项目类别	项目名称	承担单位
国家重点研发计划“纳米科技”重点专项	新型纤维状储能器件的重大科学技术问题	宁国市龙晟柔性储能材料科技有限公司

科技合作

【概况】 2016 年，市科技局组织企业开展与合肥工业大学、安徽农业大学、中科院合肥物质科学研究院、安徽工程大学、华中科技大学、安徽大学、西安电子科技大学、青岛科技大学等开展产学研合作活动。继保隆(安徽)汽车配件有限公司成立宁国首家院士工作站之后，安徽中鼎密封件股份有限公司成立宁国第 2 家院士工作站。

引进加州大学洛杉矶分校邢毅博士团队、普氏生态环境工程郭天鹏博士团队、华成金研公司程国华团队、浙江开山压缩机股份有限公司高级工程师梅忠团队、上海大学金贤教授团队、中科院都有为院士团队、美国宾夕法尼亚大学左成杰博士团队7个高层次科技人才团队注册落户宁国创新创业。

【产学研合作】 2016年，安徽皖斛堂生物科技有限公司与安徽农业大学生命科学院开展“铁皮石斛良种选育及配套种植技术研究”项目合作；安徽宏宇铝业有限公司与安徽农业大学开展“铝合金型材改性工艺优化”项目合作；安徽省宁国市海伟电子有限公司与中科院合肥物质科学研究院开展“新能源汽车电容器用高性能金属化聚丙烯薄膜产品研究及产业化”项目合作；宁国市开源电力耐磨材料有限公司与安徽工程大学开展“新型金属基复合材料及熔覆技术的研发”项目合作；宁国市裕华电器有限公司与华中科技大学开展“Dc-Link电容器关键技术研究”项目合作；安徽新宁装备股份有限公司与合肥工业大学开展“高转速径向式汽轮机制造工艺及设备研发”项目合作；宁国市正道橡塑零部件有限公司与合肥工业大学开展“汽车线束系统橡塑件国产化”项目合作；保隆（安徽）汽车配件有限公司与浙江大学机械工程学院开展“轻量化汽车零部件”项目合作；宁国市永泰实业有限公司与合肥工业大学开展“先进制造与自动化”项目合作；安徽省宁国天亿滚塑有限公司与北京低碳研究所开展“液压油箱XPE材料开发”项目合作；安徽飞达电气科技有限公司与安徽工程大学开展“设备改造”项目合作；安徽省华晟塑胶股份有限公司与合肥工业大学开展“高分子改性材料的研发与应用”项目合作；宁国双宁机械有限公司与合肥工业大学开展“可移动式智能立体停车场研发”项目合作；安徽通润汽车零部件有限公司与北京机械工业自动化研究所开展“千斤顶油压缸自动装配生产线”项目合作；宁国市茂盛食品有限公司与合肥工业大学开展“山野菜（山露、竹笋）综合开发”项目合作；安徽库伯密封技术有限公司与安徽大学开展“橡胶O型圈自润滑、识别用聚四氟乙烯涂料的制备与应用”项目合作。

（李　甜）

高新技术产业化

【概况】 2016年，宁国市新增高新技术企业15家。截至2016年年末，全市共有高新技术企77家，实现工业总产值151亿元，主营业务收入153.5亿元，上缴税费10.32亿元，享受高新技术企业所得税减免1.62亿元，科技活动经费7.36亿元，申请专利989件，其中发明专利585件；授权463件，其中发明专利142件。全市高新技术产业产值373亿元，比上年增长39%。

【高新技术企业】 2016年，全市组织企业开展2批高新技术企业申报认定工作，共通过高新技术企业认定22家，其中新认定企业15家，重新认定企业7家。

2016年年末宁国市高新技术企业一览表

表51

企业名称	认定年份	企业名称	认定年份
安徽省宁国市华达耐磨材料有限公司	2014	安徽省宁国天成电工有限公司	2014
大大科技（宁国）有限公司	2014	安徽安泽电工股份有限公司	2014
中建材宁国新马耐磨材料有限公司	2014	安徽省宁国新宁装备制造科技发展有限公司	2014
安徽宏宇铝业有限公司	2014	宁国市全鑫电机有限公司	2015
宁国市欧凯密封件有限公司	2014	宁国东方碾磨材料股份有限公司	2015
安徽伽宝真空科技有限公司	2014	宁国市海天力工业发展有限公司	2015
宁国市华丰耐磨材料有限公司	2014	宁国中奕橡塑有限公司	2015
安徽阿莫斯泵业有限公司	2014	安徽省宁国市宁沪钢球有限公司	2015
安徽红桥金属制造有限公司	2014	安徽省宁国市海伟电子有限公司	2015
安徽华铝铝业有限公司	2014	宁国市龙驰电器有限公司	2015
安徽高德韦尔精密部件有限公司	2014	施密特汽车管件（安徽）有限公司	2015

续表 51

企业名称	认定年份	企业名称	认定年份
安徽省宁国市天成电机有限公司	2014	宁国市正道橡塑零部件有限公司	2015
宁国市天瑞橡塑零部件有限公司	2014	安徽鼎封橡胶减震技术有限公司	2015
安徽中鼎密封件股份有限公司	2014	宁国市正兴耐磨材料有限公司	2015
安徽司尔特肥业股份有限公司	2014	安徽库伯密封技术有限公司	2015
安徽凤形耐磨材料股份有限公司	2014	安徽宁国市新高新钢球衬板有限公司	2015
安徽聚隆传动科技股份有限公司	2014	安徽生力农化有限公司	2015
安徽江南化工股份有限公司	2014	安徽省宁国市天成科技发展有限公司	2015
安徽源光电器有限公司	2014	安徽飞达新材料科技股份有限公司	2015
安徽莱恩电泵有限公司	2014	安徽省宁国顺昌机械有限公司	2015
安徽中鼎橡塑制品有限公司	2014	宁国市大荣电器有限公司	2015
安徽瑞泰新材料科技有限公司	2014	安徽京鸿密封件技术有限公司	2016
安徽省双津实业有限公司	2014	安徽富乐泰水泵系统有限公司	2016
安徽宁火新材料有限公司	2014	安徽省宁国市天成电气有限公司	2016
中鼎金亚汽车管件制造有限公司	2014	宁国市双益电子有限公司	2016
宁国中鼎模具制造有限公司	2014	安徽中鼎胶管制品有限公司	2016
亚新科噪声与振动技术有限公司	2014	安徽皖斛堂生物科技有限公司	2016
中鼎减震橡胶技术有限公司	2014	安徽瀚宇电气有限公司	2016
保隆(安徽)汽车配件有限公司	2014	宁国飞鹰汽车零部件股份有限公司	2016
安徽省宁国市晨光汽车零部件有限公司	2014	宁国市东渡铸业有限公司	2016
宁国市顺达密封件制造有限公司	2014	安徽省宁国市东波紧固件有限公司	2016
安徽省宁国天亿滚塑有限公司	2014	安徽华普环境修复材料科技有限公司	2016
宁国市志诚机械制造有限公司	2014	安徽明珍堂养生品有限公司	2016
宁国九鼎橡塑制品有限公司	2014	安徽飞达电气科技有限公司	2016
宁国市宏达电炉有限公司	2016	安徽省宁国市亚晨碾磨铸件有限责任公司	2016
宁国市裕华电器有限公司	2016	安徽通润汽车零部件有限公司	2016
安徽省华晟塑胶股份有限公司	2016	宁国市瑞普密封件有限公司	2016
宁国市永泰实业有限公司	2016	安徽安泽电工有限公司	2016
宁国市开源电力耐磨材料公司	2016		

说明:表中安徽中鼎密封件股份有限公司是国家级创新型企业,安徽司尔特肥业股份有限公司、安徽聚隆传动科技股份有限公司、安徽莱恩电泵有限公司、安徽省凤形耐磨材料股份有限公司、安徽中鼎橡塑制品有限公司是省级创新型企业,保隆(安徽)汽车配件有限公司、宁国市东方碾磨材料有限公司、宁国市开源电力耐磨材料有限公司、安徽中鼎减震橡胶技术有限公司、安徽省宁国市宁沪钢球有限公司、安徽中鼎金亚汽车管件制造有限公司、安徽源光电器有限公司、中建材宁国新马耐磨材料有限公司、宁国市正道橡塑零部件有限公司、安徽欧凯密封件有限公司是省级创新型试点企业

科技成果

【概况】 2016年，宁国市推荐申报2016年度安徽省科学技术奖5项，1项获奖，安徽省宁国市双津实业有限公司的“汽车漆面自粘保护膜”项目获科技进步类三等奖。全市推荐申报宁国市科学技术奖18项，有12项获奖，其中，一等奖2项、二等奖4项、三等奖6项。

表52

2016年宁国市获得科技进步奖项目一览表

级　别	奖　次	获奖项目名称	完成单位
安徽省	三等奖	汽车漆面自粘保护膜	安徽省宁国市双津实业有限公司
宁国市	一等奖	不锈铁异形变截面热端连接管制造工艺技术与应用	保隆（安徽）汽车配件有限公司
宁国市	一等奖	生物质炭基复合肥料关键技术研究及应用	安徽省司尔特肥业股份有限公司
宁国市	二等奖	粘贴型无异响汽车横向稳定杆衬套设计制造关键技术及应用	安徽中鼎密封件股份有限公司
宁国市	二等奖	氧化铝粉专用低铜高韧抗磨铸球	宁国市开源电力耐磨材料有限公司
宁国市	二等奖	一种高性能长寿命钢丝挡圈制造制造工艺的研制及应用	安徽省宁国市东波紧固件有限公司
宁国市	二等奖	YHA型470μF/1200V DC直流滤波电容器数字化生产	宁国市裕华电器有限公司
宁国市	三等奖	Ⅲ型岩石粉状乳化炸药	安徽江南化工股份有限公司
宁国市	三等奖	大直径磨球垂直分型生产工艺及关键技术	安徽省凤形耐磨材料股份有限公司
宁国市	三等奖	低锰高铬磨球及等温盐浴淬火热处理工艺	宁国东方碾磨材料股份有限公司
宁国市	三等奖	水平无箱造型自动化生产线	安徽新宁装备股份有限公司
宁国市	三等奖	三唑磷原药新工艺	安徽生力农化有限公司
宁国市	三等奖	SOP-CON-MOS-2蚊虫防治技术研究与应用	宁国市瑞来安有害生物防治有限责任公司

（李　甜）

知识产权工作

【概况】 2016年年初，宁国市委、市政府把做好国家知识产权示范城市工作列入2016年全市经济社会发展重点工作，将知识产权工作作为科技创新部分重要考核指标纳入全市基本实现现代化指标体系和目标考核指标体系。全年，该市本级财政直接投入的知识产权资金为644.12万元。市政府投资800万元，建成2300平方米的宁国市知识产权综合服务中心。全年专利申请1802件，企业专利申请占比达94%，授权854件，全年未发生一件非正常专利申请；其中，发明专利申请976件，发明专利授权294件。截至2016年年末，全市万人有效发明专利拥有量达16.64件。

是年，市科技局通过“知识产权宣传周”“科技活动周”“专利周”和文化、科技、卫生“三下乡”等活动，组织专利执法人员上街下乡入园区，利用新闻媒体、展板海报、发放宣传册、现场开设维权援助咨询点等形式，开展专利知识和专利维权宣传。举办由中鼎减震橡胶技术有限公司、市科技局、市工商联主办的第八届“中鼎减震杯”专利知识大奖赛，针对全市范围内所有公民。市科技局负责大奖赛试题。市工商联负责部署发动，在4月26日《今日宁国》上发布专利知识大奖赛试题；参与答题群众于5月9日前将试题答题卡邮寄至市科技局；市科技局负责对答题卡进行评定。5月中旬组织抽奖仪式，由市科技局、市工商联、中鼎减震橡胶技术有限公司相关负责人抽取一等奖10名，奖金500元；二等奖20名，奖金300元；三等奖30名，话费100元；纪念奖100名，话费50元。活动全程由市公证处公证，并邀请市电视台宣传报道。开展商业流通领域专利执法检查活动，共检查800件商品，对其中10件标注有专利标识的商品作了登记。是年，市科技局帮助4家省第二批知识产权“贯标”试点企业建立健全企业知识产权管理规范，其中宁国经济技术开发区入围第一批国家知识产权试点园区。中鼎密封件公司入选国家知识产权示范企业，聚隆公司入围国家知识产权优势企业，中鼎金亚、源光电器入围省知识产权优势企业，海天力公司的“汽车制动气室橡胶隔膜的生产工艺”获第18家中国专利奖优秀奖。年末，全市拥有国家知识产权示范企业1家，国家知识产权优势企业1家，省知识产权优势企业4家。

【通过国家知识产权示范市评审】2013年11月，经国家和省知识产权局批准，宁国市被列为国家知识产权示范城市培育市。2015年11月，宁国市通过国家知识产权局专利管理司认定，具备成为国家知识产权示范城市的资格，并入围国家知识产权示范城市公示名单。2016年5月，国家知识产权局以文件形式确定安徽省宁国市为国家知识产权示范城市。6月，国家知识产权局到宁国为国家知识产权示范城市授牌。

2016年宁国市新授权的发明专利一览表

表53

序　号	发明名称	申请单位(人)
1	一种硅橡胶增强软管的生产方法	安徽都邦电器有限公司
2	一种紫薇栽培方法	安徽恩龙园林股份有限公司
3	一种黄山栾树栽培方法	
4	一种大叶女贞栽培方法	
5	一种园林专用化肥	
6	一种香樟栽培方法	
7	一种肥水灌溉系统	
8	一种新型组合式独立单元冷却电容器装置	安徽瀚宇电气有限公司
9	一种铸造件表面发黑处理新工艺	安徽红桥金属制造有限公司
10	一种摆臂支架及其生产方法	
11	一种便于脱模的冲压机	
12	一种镀锌封闭剂及其制备方法	
13	一种冲压机的接料装置	
14	一种减震衬套内套的冲压模具及其加工方法	
15	一种冲压机	
16	一种压缩弹簧加工工艺	
17	一种便于脱模的冲压装置	
18	一种弹簧及其生产方法	
19	一种混合塑木地板材料的制备方法	安徽惠云塑木股份有限公司
20	一种桑拿用木塑地板	
21	一种使用液态硝酸铵生产粉状乳化炸药的制备方法	安徽江南化工股份有限公司
22	一种小直径装药机刮板输送加料设备	
23	一种粉状乳化炸药机器人码垛待码机传动装置	
24	一种粉状乳化炸药的包装装置	
25	一种改性剂－焙烧联合改性废渣氟石膏的方法	安徽锦洋氟化学有限公司
26	一种改性玉米秸秆纤维改性氟石膏的方法	

续表 53

序　号	发明名称	申请单位(人)
27	一种氟化氢生产的固体废渣的综合利用方法	安徽锦洋氟化学有限公司
28	一种高强度改性氟石膏	
29	一种可再分散乳胶粉改性氟石膏的方法	
30	一种氟石膏的改性方法	
31	一种高性能改性氟石膏	
32	一种复合改性剂改性氟石膏的方法	
33	一种具有阻燃、耐油特性的密封件	安徽京鸿密封件技术有限公司
34	一种轴承密封件	
35	一种生产橡胶垫圈的装置	
36	一种橡胶密封圈剪切机	
37	一种自动橡胶件修边装置	
38	双动力洗衣机驱动总成	安徽聚隆传动科技股份有限公司
39	一种单向输入双向输出洗衣机减速离合器	
40	一种双驱动洗衣机减速离合器	
41	一种波轮洗衣机减速离合器	
42	一种电容器用填充料及其制备方法	安徽麦特电子股份有限公司
43	一种高阻燃 MPP 电力保护管	安徽宁国市高新管业有限公司
44	一种高强度电力保护管	
45	一种环保耐热阻燃电缆保护套材料	
46	一种高性能改性 UPR 玻璃钢复合材料	
47	一种高性能玻璃钢复合材料	
48	一种耐候性电力管材	
49	一种耐高温电力保护管	
50	一种高性能电缆保护管用玻璃钢复合材料	
51	一种矿区电缆用玻璃纤维增强塑料	
52	一种抗冲击强度高耐曲挠的电缆护套材料	
53	一种开合模机	安徽宁国市新高新钢球衬板有限公司
54	一种汽车导向销防尘罩模具	安徽宁国中鼎模具制造有限公司
55	一种橡胶管模具	
56	一种耐火浇注料及其使用方法	安徽瑞泰新材料科技有限公司
57	一种耐磨可塑料及其生成方法	
58	一种球墨铸球及其制作方法	安徽省宁国诚信耐磨材料有限公司
59	一种轴用挡圈及其加工方法	安徽省宁国市东波紧固件有限公司

续表 53

序　号	发明名称	申请单位(人)
60	一种挡圈弹性试验机	安徽省宁国市东波紧固件有限公司
61	一种挡圈及其加工方法	
62	一种多规格挡圈加工工艺	
63	一种等温淬火炉拍打装置	
64	一种磨床送料装置	
65	一种新型轴承专用拉马	
66	一种具有酸回收功能的酸洗槽	
67	一种钢丝挡圈专用整形装置	
68	一种自动钢带翻包机	
69	一种 S 型钩件成型工装	
70	一种孔用挡圈自动抖散装置	
71	一种手摇式包装带卷架	
72	一种钢丝挡圈整形机构	
73	一种废料压包机	
74	一种金属带用自动切卷机	
75	一种挡圈加工用双面磨具组件	
76	一种吹气卸料型冲模机	
77	一种全自动剪板机	
78	一种电容器用金属化薄膜	安徽省宁国市海伟电子有限公司
79	一种流量控制型钢球成型模具自动进料系统及其控制方法	安徽省宁国市宁沪钢球有限公司
80	耐磨钢球段筛分装置	
81	一种高铬铸球段的淬火工艺	
82	一种隔音密闭加工仓	
83	一种温控烘接设备	安徽省宁国市天成电机有限公司
84	一种发热器支撑结构	安徽省宁国市天成电气有限公司
85	一种管材切割系统	
86	一种镀锡软圆铜线	安徽省宁国天成电工有限公司
87	一种线缆剥皮设备	
88	一种快速响应电磁开关阀	安徽省宁国新鼎汽车零部件有限公司
89	一种快速传动怠速控制阀	
90	一种高速开关电磁阀	
91	一种具有加压机构的怠速控制阀	
92	一种微控型怠速控制阀	

续表 53

序 号	发明名称	申请单位（人）
93	一种高效电磁开关阀	安徽省宁国新鼎汽车零部件有限公司
94	一种高寿命直动式电磁开关阀	
95	一种直动式电磁开关阀	
96	一种球磨机用耐磨钢球	安徽省三方耐磨股份有限公司
97	一种大型破碎机锤头	安徽省三方新材料科技有限公司
98	一种多元合金铸球淬火剂	
99	一种用于锤式破碎机的锤头	
100	一种含稀土元素的耐热钢	
101	一种颚式破碎机用耐磨衬板	
102	一种球磨机衬板	
103	一种千斤顶顶帽	安徽通润汽车零部件有限公司
104	一种圆环自动焊接设备	
105	一种千斤顶活塞及其制备方法	
106	一种带防护罩便于卸料的圆环自动焊接装置	
107	一种便于卸料的圆环形轨迹自动焊接装置	
108	一种液压式千斤顶起重臂	
109	一种带防护罩的圆环自动焊接装置	
110	一种千斤顶机架及其制备方法	
111	一种石斛解酒护肝茶及其制备方法	安徽皖斛堂生物科技有限公司
112	茉莉花香铁皮石斛颗粒冲剂及其制备方法	
113	海虾柠檬醋味铁皮石斛颗粒冲剂及其制备方法	
114	一种高压柜安全装置	安徽鑫辰电气设备有限公司
115	一种故障短信报警装置	
116	一种恒温变电柜	
117	一种实验室用多腔室变电柜	
118	一种恒温恒湿变电柜	
119	一种温度自调节变电柜	
120	一种拼接式变电柜	
121	一种新型拼接式变电柜	
122	一种具有备用电源的变电柜	
123	一种智能低压配电管理系统	
124	一种防潮型变电柜	
125	一种发动机塑料悬置及其加工工艺	安徽中鼎减震橡胶技术有限公司

续表 53

序　号	发明名称	申请单位(人)
126	一种胶管内金属件位置的探测装置及探测方法	安徽中鼎金亚汽车管件制造有限公司
127	一种胶管划定位线工装	
128	一种管件定位装置	
129	一种钢管成型模具	
130	一种管件气密性检测工装	
131	一种汽车动力转向油管接头限位销的角度检测装置	
132	一种软管节流阀装配工装	
133	一种燃油管及其制备方法	安徽中鼎密封件股份有限公司
134	橡胶软管的红外加热加工工艺	
135	一种裁切机及胶管裁切方法	
136	一种大分子增容剂及其制备方法和用途	
137	一种橡胶并用大分子增容剂及其制备方法和用途	
138	一种叶轮用高碳高硼耐磨钢	宁国东方碾磨材料股份有限公司
139	一种耐磨钢球模具清扫装置	
140	一种耐磨钢球清洗线	
141	一种耐磨钢球	
142	一种耐腐蚀高硬度磨段	
143	一种低微锰铸造磨球	
144	一种铸件生产系统	
145	一种钢球装料装置	
146	一种研磨用耐磨钢球	
147	一种高硬度涂层磨段	
148	一种钢球定量装球机	
149	一种低污染耐磨钢球	
150	一种耐腐蚀涂层磨段	
151	一种高寿命耐磨钢球	
152	一种高效耐磨钢球	
153	一种微胶囊改性热塑性酚醛树脂复合材料刹车片	宁国飞鹰汽车零部件股份有限公司
154	一种改性酚醛树脂矿物复合纤维材料车用刹车片	
155	一种橡胶步司及其生产方法	宁国九鼎橡塑制品有限公司
156	一种汽车空调离合器驱动盘用的弹簧铆钉	
157	一种后备母猪专用饲料	宁国市百惠牧业有限公司
158	一种绿色育肥猪饲料	

续表 53

序　号	发明名称	申请单位(人)
159	一种通用猪饲料	宁国市百惠牧业有限公司
160	一种育肥猪专用饲料	
161	一种制作金属弯管的弯曲方法	宁国市大泉机械有限公司
162	一种高铬铸铁铸件	
163	一种收缩滚轮式浇铸模具	
164	一种环保型铸造型砂	
165	一种空调室外支架	
166	一种金属型离心铸造双金属锤头工艺	宁国市东渡铸业有限公司
167	一种金属型离心铸造复合高低碳锰钢锤头的工艺	
168	一种高锰钢衬板的金属型覆砂铸造工艺	
169	一种金属型离心铸造复合锤头装置	
170	一种铸态使用的高锰钢衬板的铸造工艺	
171	一种模压机	宁国市福沃德机械制造有限公司
172	用于成型汽车制动气室橡胶隔膜上胶层的装置	宁国市海天力工业发展有限公司
173	汽车制动气室橡胶隔膜制备方法及装置	宁国市海天力工业发展有限公司
174	气室橡胶隔膜二次硫化模具、模组及加工方法	
175	自动化底注中频保温炉浇注装置	宁国市宏达电炉有限公司
176	一种陶瓷强化耐磨钢球	宁国市华丰耐磨材料有限公司
177	一种耐磨钢球	
178	奥铁体球墨铸铁磨球热处理工艺方法	
179	一种球段分离机的水洗装置	宁国市杰宇铸造有限公司
180	一种鳜结鱼土池仿生态人工繁殖方法	宁国市金东坊农业开发有限公司
181	一种鳜结鱼与河蟹的生态混养方法	
182	一种鳜结鱼、草鱼、鲢鱼、青虾混合养殖方法	
183	一种鳜结鱼与清虾的池塘混养方法	
184	一种鳜结鱼与光倒刺鲃的池塘微流水养殖方法	
185	一种球磨机用的高铬合金耐磨铸球	宁国市开源电力耐磨材料有限公司
186	一种球磨机用高锰钢衬板	
187	一种锤式破碎机用复合型锤头	
188	一种高铬抗磨铸铁节能熔炼的方法	
189	一种颚式破碎机用高铬合金耐磨衬板	
190	一种可拉伸的线状锂离子电池及其制备方法	宁国市龙晟柔性储能材料科技有限公司
191	溶剂诱导可逆定向变形共轭高分子和碳纳米管复合薄膜制备方法	

续表 53

序　号	发明名称	申请单位(人)
192	一种石墨烯/铂纳米粒子复合纤维电极材料及其制备方法	宁国市龙晟柔性储能材料科技有限公司
193	全固态纤维状同轴聚合物太阳电池和超级电容器集成器件及其制备方法	
194	以离子液体共融体为电解质的染料敏化太阳能电池及其制备方法	
195	一种柔性线状锂离子电池及其制备方法	
196	一种太阳能电池与超级电容器的集成器件及其制备方法	
197	一种钢球筛选装置	宁国市南方耐磨材料有限公司
198	一种胶囊状耐磨体	
199	一种球磨机用高铬钢球	
200	一种高硬度涂层耐磨球	
201	一种球磨机用钢球	
202	一种耐腐蚀高硬度耐磨球	
203	一种涂层耐磨球	
204	一种耐腐蚀涂层耐磨球	
205	一种 TiAlN 涂层耐磨球	
206	一种球磨机用耐磨钢球	
207	一种多面耐磨体	
208	一种贝氏体球铁磨球	
209	一种球磨机用耐冲击钢球	
210	一种高弹性的改性橡胶	宁国市宁盛橡塑制品有限公司
211	一种高弹性发泡橡胶	
212	一种高韧性发泡塑料	
213	一种减震发泡橡胶材料	
214	一种智能热风熔融塑料回收造粒设备	
215	一种蛋白质改性橡胶	
216	一种塑料粉料自动送料设备	
217	一种球磨机用高耐热耐磨球	宁国市宁武耐磨材料有限公司
218	一种高铬合金耐磨球	
219	一种抗冲击高硬耐磨球	
220	一种中铬多元合金耐磨球	
221	一种高铬球磨机用衬板	
222	一种高硬度耐磨球及其制备方法	
223	一种球磨机用高耐磨抗氧化耐磨球	

续表 53

序号	发明名称	申请单位(人)
224	一种混料机耐磨衬板	宁国市宁武耐磨材料有限公司
225	一种抗冲击耐磨衬板	
226	一种高耐磨性能的球磨机用衬板	
227	一种钢球质量检测装置	
228	一种耐热耐腐蚀高硬耐磨球	
229	一种钢球检测装置	
230	一种凹版印刷涂胶机	宁国市普亚自动化设备有限公司
231	一种蛋白质塑料材料	宁国市日格美橡塑制品有限公司
232	一种阻燃耐老化橡胶材料	
233	一种高强耐寒耐油橡胶材料	
234	一种高强耐磨耐撕裂橡胶材料	
235	一种耐磨耐热耐老化橡胶材料	
236	一种耐磨轮胎橡胶材料	
237	一种辅助刹车摩擦盘	
238	一种低成本高强度耐老化橡胶材料	
239	一种塑料套套接装置	
240	一种环保高弹性橡胶材料	
241	一种耐油耐腐蚀橡胶材料	
242	一种聚氨酯密封橡胶	
243	一种脱模装置	
244	一种有机菜籽饼花肥及其生产工艺	宁国市沙埠粮油加工厂
245	一种油菜籽筛分设备及油菜籽筛分方法	
246	一种纸板组件自动穿接设备	宁国市双益电子有限公司
247	一种防爆块	
248	一种双金属合金锤覆膜砂制造方法	宁国市四方钢球模具设备有限公司
249	一种耐腐蚀高硬度高韧性球磨机用研磨体	宁国市鑫煌矿冶配件制造有限公司
250	一种高性能球磨机用研磨体	
251	一种耐腐蚀耐磨高硬度球磨机用研磨体	
252	一种球磨机用高耐磨高硬度衬板	
253	一种球磨机用高性能研磨体的制备工艺	
254	一种球磨机用高强耐磨研磨体的制备工艺	
255	一种高耐磨衬板的制备工艺	
256	一种球磨机用多元高耐磨高韧性高铬衬板	

续表 53

序　号	发明名称	申请单位(人)
257	一种球磨机用高硬度高韧性低破碎率高铬衬板	宁国市鑫煌矿冶配件制造有限公司
258	一种可加工性、耐臭氧的橡胶材料及其制备方法	宁国市正道橡塑零部件有限公司
259	一种新型的高强度耐磨铝硅合金	宁国市正兴耐磨材料有限公司
260	一种球磨机衬板	
261	一种风扇磨煤机冲击板	
262	一种复合型耐磨衬板	
263	一种超高铬合金耐磨球及其制备方法	
264	一种使用寿命长的高铬合金耐磨球及其制备方法	
265	一种新型锻磨球	
266	一种中铬耐磨衬板	
267	一种球磨机用耐磨球及其制作方法	
268	一种耐磨球的分拣装置	
269	一种射芯机	宁国市志诚机械制造有限公司
270	一种管棒材切断机	宁国双宁机械有限公司
271	一种空调电机减震圈橡胶组件材料及制备该组件的方法	宁国中奕橡塑有限公司
272	一种橡胶件成型设备	
273	一种制备橡胶联轴器的材料及方法	
274	一种手工脱模装置	
275	一种底盘摆臂液压衬套装置及底盘摆臂系统	亚新科噪声与振动技术(安徽)有限公司
276	一种变流道半主动液压悬置	
277	一种汽车用耐高负载转向器衬套橡胶材料及其制备方法	
278	一种丁腈橡胶 NBR 齿轮盖密封材料及其制备方法	
279	一种柴油发动机隔振系统	
280	一种自顶出模具	
281	一种高硬度低压缩永久变形 EPDM 橡胶皮碗材料及其制备方法	
282	一种自带脱模铰链模具	
283	一种拉索防尘罩模具	
284	一种轿车后桥衬套	
285	一种耐磨材料工件淬火剂	中建材宁国新马耐磨材料有限公司
286	一种复合型锤头	
287	大型磨机高铬铸铁沟槽衬板及其制备方法	
288	大型破碎机锤头及其制备方法	
289	一种低合金球磨机耐磨衬板及其制备方法	

续表 53

序　号	发明名称	申请单位(人)
290	一种高铬合金铸球	中建材宁国新马耐磨材料有限公司
291	双金属复合破碎机锤头的生产工艺	
292	一种中锰钢破碎机锤头及其制备方法	
293	一种立磨衬板及其制备方法	
294	一种破碎机锤头及其制备方法	
295	一种高铬合金铸球及其制备方法	

【开展橡塑密封件产业专利导航分析试点工作】 2016年，市科技局组织有关人员在橡塑密封件、电子元器件和高端装备制造等重点产业展开调研，制订《宁国市重点产业专利导航试点工作方案》，在省知识产权局的支持指导下，确定国家知识产权局专利局专利审查协作北京中心直属机构——北京国知专利预警咨询有限公司，为开展专利导航产业的承担单位。10月，省知识产权局与北京国知专利预警咨询有限公司专家组一行到宁国开展宁国市橡塑密封件产业专利导航工作。进一步了解宁国市的橡塑密封件产业在全球及中国产业链中所处的地位，分析产业发展中的竞争优势和劣势，寻找适合宁国橡塑密封件产业发展的方法和路径，提出宁国橡塑密封件产业今后技术创新和产业发展的方向。

（严　伟）

防震减灾

【概况】 2016年，宁国市有地震宏观观测点8个，19个乡镇（街道）重新确定了防震减灾助理员。市科技局地震办对宁国市数字测震台进行管理、维护，每天24小时不间断监测，数据实时上传省地震局。全年全市境内未发生地震，无地震宏观异常报告。在广泛征集防震减灾领导组各成员单位意见、建议的基础上，经市政府办及相关会议审核，于12月16日印发《宁国市防震减灾"十三五"规划》。6月1日起，新实施的《中国地震动参数区划图》将宁国市全境纳入6度设防，全年共对10项建设工程进行抗震设防要求核定。是年，市地震办开展省、宣城市防震减灾科普教育基地、科普示范学校、地震安全示范社区申报工作。金桥社区被中国地震局命名为"国家地震安全示范社区"，创业社区被命名为"安徽省地震安全示范社区"，凤凰社区被命名为"宣城市地震安全示范社区"；胡乐初中、开发区小学、中溪小学、仙霞初中被命名为"安徽省防震减灾科普示范学校"，胡乐初中、开发区小学、东津小学被命名为"宣城市防震减灾科普示范学校"；宁国市气象台被命名为"宣城市防震减灾科普教育基地"。全市防震减灾工作在全省市县防震减灾工作综合考核中，荣获"县级防震减灾工作综合考核一等奖"。

【防震减灾知识宣传】 2016年，市地震办开展防震减灾知识宣传教育"六进"活动。5月15日和7月29日，在河沥溪街道和天湖街道开展防震减灾科普知识专题讲座。联合市住建委，以"防震减灾、送法进工地"为主题，到富华2期建筑工地开展防震减灾宣传日活动。5月12日下午，联合市人防办，在宁国市津北小学指导该校师生开展应急逃生演练，并以"我们手拉手，防灾一起走"的主题为同学们宣讲地震相关科普知识。在"全国防灾减灾日"期间，联合市科协、民政局、人防办等相关单位，先后到北园社区、凤凰社区，通过街头宣传、展板展示、现场讲解以及宣传手册发放等多种方式，向市民普及防震减灾知识，各社区也自发组织开展丰富多彩的防震减灾知识宣传活。5月10日，联合市科协、市气象局，到霞西镇虹龙村开展送防震减灾科普宣传活动，为村民做"农村防震减灾"专题讲座，向村民普及农村民居建设的避震措施和地震灾难发生时正确的应对办法，提高村民们防震减灾意识和能力。通过在机关、企业、学校、社区、农村开展防震减灾科普知识讲座，发放读本、宣传册，将防震减灾知识带进千家万户。市防震减灾科普馆全年免费向社会开放。

（华文亚）

教育·体育

Education & Sports

·教育

·体育

寧國年鑒

宁国奥林匹克体育场

教　育

·综　述·

【概况】 宁国市教体局主要负责全市教育体育事业发展、规划、管理等工作，下设党建纪检监察室、办公室、计财科、普通教育科、人事监察科、项目办、教仪站、电教馆、学生资助管理中心、招生办、法制安全科、教研室、职成教办、体育科等科室，现有工作人员97人。全市有电大工作站、教师进修学校、青少年活动中心各1所。拥有国家级示范学校1所，省级示范学校4所，宣城市示范学校20所。全市共有教职工4362人，其中专任教师3616人。

2016年宁国市各类学校和在校学生情况一览表

表54

<table>
<tr><td rowspan="14">各级各类学校</td><td rowspan="2" colspan="2">学校类别</td><td rowspan="2">单位数</td><td rowspan="2">校　数</td><td rowspan="2">班　数</td><td rowspan="2">毕业生数</td><td rowspan="2">招生数</td><td rowspan="2">在校生数</td><td rowspan="2">毕业班学生数</td><td colspan="2">教职工数</td></tr>
<tr><td>合　计</td><td>其中：专任教师</td></tr>
<tr><td colspan="2">合计</td><td>148</td><td>128</td><td>1289</td><td>12885</td><td>13020</td><td>47044</td><td>12326</td><td>4362</td><td>3616</td></tr>
<tr><td colspan="2">高中</td><td colspan="2">1</td><td rowspan="2">104</td><td rowspan="2">1693</td><td rowspan="2">1546</td><td rowspan="2">4693</td><td rowspan="2">1555</td><td rowspan="2">501</td><td rowspan="2">446</td></tr>
<tr><td rowspan="2">完中</td><td>高中部</td><td colspan="2" rowspan="2">2</td></tr>
<tr><td>初中部</td><td rowspan="3">215</td><td rowspan="3">3012</td><td rowspan="3">3104</td><td rowspan="3">8837</td><td rowspan="3">2938</td><td rowspan="3">1088</td><td rowspan="3">986</td></tr>
<tr><td colspan="2">初中</td><td colspan="2">11</td></tr>
<tr><td colspan="2">一贯制学校</td><td colspan="2">7</td></tr>
<tr><td colspan="2">小学</td><td colspan="2">22</td><td rowspan="3">451</td><td rowspan="3">3082</td><td rowspan="3">2939</td><td rowspan="3">18332</td><td rowspan="3">3012</td><td rowspan="3">1398</td><td rowspan="3">1325</td></tr>
<tr><td colspan="2">一贯制小学部</td><td colspan="2">7</td></tr>
<tr><td colspan="2">教学点</td><td colspan="2">20</td></tr>
<tr><td colspan="2">特殊教育</td><td colspan="2">1</td><td>4</td><td>0</td><td>4</td><td>13</td><td>0</td><td>6</td><td>5</td></tr>
<tr><td colspan="2">幼儿园</td><td colspan="2">79</td><td>406</td><td>3147</td><td>3886</td><td>10783</td><td>3566</td><td>1177</td><td>681</td></tr>
<tr><td colspan="2">中职学校（培训）机构</td><td colspan="2">5</td><td>109</td><td>1951</td><td>1541</td><td>4386</td><td>1255</td><td>192</td><td>173</td></tr>
</table>

说明：全市各级各类学校数分别是：高中1所、完中2所、初中11所、一贯制学校7所、小学22所（含中心小学18所，完小4所）、教学点20个、幼儿园79所、中等技术学校1所、其他中职（培训）机构4所（教学点、一贯制小学部均不计校数）

【教育领域综合改革】 深化义务教育招生制度改革。2016年，市教体局进一步完善城区义务教育划片就近入学政策并严格执行，切实做到同城“零择校”“零借读”，巩固2014年以来的划片招生成果。2016年秋季，城区起始年级小学开设49个班，招生新生2132名，初中开设50个班，招生学生2379名，基本达到标准班额要求。

扎实推进课堂教学模式改革。在全市稳步推进以“先学后教”“以学定教”为课改理念的课堂教学模式改革，翻转课堂、小班化教学已成课堂教学常态，各校校本化教学模式和改革思路初步形成。

加快推进教师备课方式转变。全面开展“网络集体备课”，把信息技术与学科整合的研究、基础教育课程改革紧密结合，全市2000余名教师实现常态化使用网络备课平台。

加快推进国家学前教育改革发展实验区建设。2016年2月，宁国市被确定为国家学前教育改革发展实验区，承接“完善公益普惠学前教育财政投入保障机制”和“健全学前教育教研制度”2个项目的实验任务。至是年年底，2个项目进展顺利。

【城乡义务教育均衡发展】 2016年，市教体局以生均教学及辅助用房面积、生均体育运动场馆面积、生均教学仪器设备值、每百名学生拥有计算机台数、生均图书册数、师生比、生均高于规定学历教师数、生均中级及以上专业技术职务教师数8项指标，分别计算市小学、初中差异系数，评估该市小学、初中校际间均衡状况。经核算，市2016—2017学年度校际间小学综合差异系数为0.520，初中为0.488，均符合国家规定标准。

【教育经费投入】 2016年，全市公共财政教育支出69036万元，占公共财政预算支出18.15%，较上年增长0.44%；全市小学、初中、高中、中职学校生均公共财政预算教育事业费较上年分别增长18.97%、10.77%、20.15%、6.34%，增幅明显。中等职业学校生均公用经费为10047.22元，远超省定标准5000元；公共财政安排中等职业学校经费7590.7万元，比上年增加1104.9万元。

【改善办学条件】 2016年，全市改扩建幼儿园6所，新建幼儿园4幢；完成城西教育园区初中部4幢校舍改造；完成城西教育园区小学部和宁中迁扩建项目建设前期准备工作。

【"全面改薄"项目建设】 2016年，宁国市"全面改薄"规划土建类项目53个已全部开工，完工53个，完工面积39168平方米，完成投资额1236万元；设备购置类项目涉及22所学校，项目已全部完成，完成投资额441.81万元。根据《关于全面改善贫困地区义务教育薄弱学校基本办学条件项目截至2016年12月底进展情况的通报》，"全面改薄"校舍建设类和设备购置类项目完成率分别为108.4%、63%，均达到全省平均水平。

【教育信息化建设】 2016年，全市校均互联网出口带宽小学55.6兆，初中61.1兆，高中166.7兆；全市师机比0.83∶1，城区及中心学校达0.80∶1，其他学校1.05∶1；全市中小学校（含教学点）每百名学生拥有计算机12.88台。积极探索"互联网＋教研"模式，全面开展"网络集体备课"，42所学校2000余名教师常态化利用网络平台备课；"一师一优课"活动晒课2121节，晒课率达75%，获部优38节，居宣城市首位；2人获全国教师信息化大赛微课制作比赛一等奖；4人获省首届微课制作评比一等奖。

【社会力量办学】 2016年，社会各界踊跃支持教育发展，"中美爱心教育发展促进会"、"宁墩镇教育发展促进会"、"光彩城"教育奖励基金、新鸿泰教师奖励基金等总计捐资200余万元用于开展教育助学活动，形成全社会重视教育、关心教育、支持教育的强大合力。

【未成年人思想道德建设】 2016年，市教体局以全国县级文明城市创建为契机，加强未成年人思想道德建设。健全学校、家庭、社会"三教结合"教育网络；形成定期考核和督查制度；开展重要时间节点"我的中国梦"主题教育实践活动；开展"最美少年"和"美德少年"等身边榜样学习活动；开展清明节、迎"六一"美德少年、"七一"童心向党、国庆节4项网上寄语活动；开展"我们的节日"主题活动；加强中华传统美德教育，开展经典诵读活动；积极开展"三进""三爱""三节"活动；深入开展"文明礼仪伴我行"主题活动；弘扬雷锋精神和志愿服务文化，加强志愿者队伍建设；深化"小手牵大手、文明路上一起走"主题活动；加强学校体育课和德育课的落实；加强师德师风建设；加强乡村学校少年宫建设；大力开展未成年人心理健康教育；开展关爱特殊群体儿童活动；协助做好社会文化环境净化工作。

【德育与主题教育活动】 2016年，市教体局组织开展以"传承中华文化，共筑精神家园"为主题的中小学生爱国主义读书教育活动小学讲故事、中学演讲比赛，中小学生"汉语知识竞答"比赛，小学生艺术节暨合唱比赛，宁国市"新华杯"小学生中华传统文化经典诵读比赛等。

图36　2016年3月19日，宁国中学举行成人礼活动

巩固、推进中小学书法教育工作，组织开展全市中小学生书法比赛、县级书法教育特色示范学校评估等。积极推进诗词进校园活动，开发区小学、宁国中学获中华诗教先进单位。

【学校素质教育】 2016年，市教体局广泛开展科普示范周活动；开展“弘扬生态文明、共建绿色家园”主题教育活动、“节能领跑 绿色发展”绘画作品征集评选表彰活动；深入开展国防教育和民族团结进步教育；开展首批知识产权教育试点、示范学校现场评估认定工作等。广泛开展大课间活动和阳光体育活动，全面实施《国家学生体质健康标准》，数据上报成功率达100%，学生体质健康合格率小学达96%，初中达95.8%。

【青少年校外素质教育】 2016年，市教体局依托青少年活动中心，组织开展“圆梦蒲公英”暑期主题实践系列活动、“圆梦蒲公英——乡村学生逛城市”活动及“暑期公益研学夏令营活动”，得到安徽省教育厅的表彰。成功举办宁国市第三届青少年硬笔书法比赛、宁国市第一届青少年钢琴大赛，全年共组织开展各类主题活动30多次。2016年度，新增武术、科技体验2个培训项目，培训项目达到23个；新增班级7个，每期培训人次接近1000人。

【关爱未成年人心理健康】 宁国市校外心理辅导站设于宁国中学高中部勤政楼三楼，面积210余平方米，设个体咨询室2个，音乐放松室、团体活动室、减压室、沙盘游戏室、图书阅览室、资料室等。是年，接受80余次不同心理问题的来访者。根据学生身心发展的特点和社会需要，针对性开展各类心理辅导活动、讲座10余次。与市教体局人事科、教师进修学校联合，分别在8月和10月开展宁国市中小学“留守儿童之家”管理者心理健康教育培训和各义务教育学校骨干班主任心理健康教育专项培训，培训内容涵盖心理基础理论、心理辅导方式方法和团体辅导实践锻炼。

【安全教育管理】 2016年，市教体局以“平安校园”“卫生学校”等级创建和“学校安全标准化”建设为抓手，严格执行安全工作“一票否决制”。扎实开展防溺水工作、交通安全工作、疾病防控工作及食品安全工作。举办学校安保人员集中培训，安排150万元用于上下学接送学生车辆补贴。开展危化品、防溺水等安全专项督查。按照《中小学幼儿园安全防范工作规范（试行）》要求，加强校园及周边安全防范基础建设，所有校园按要求配备专职安保人员，安装视频监控系统，视频监控系统与公安联网达标，60%的校园安装一键式报警装置，校园及周边设置警务室符合要求。是年，教体局获宁国市“社会治安综合治理先进单位”称号。

【依法治校工作】 市教体局开展2016年度“机关集中学法月”活动，积极组织全体机关工作人员参加法律知识考试，在全市学校开展“机关集中学法月”征文活动。进一步落实“法律进学校”活动，切实做到教材、师资、课时、经费、考试“五落实”；及时调整充实法制副校长工作队伍，强化队伍管理；继续开展“依法治校示范校”创建工作，8所学校获宣城市“依法治校示范校”称号，市教体局获“宣城市2011—2015法治宣传教育先进集体”称号。

【校园文化建设】 2016年，全市各校以社团活动、校本课程建设为抓手，推进学校错位发展，逐步实现“优势课程—特色课程—学校特色—特色学校”的转变。津南小学的科技实践活动在全国产生影响，开发区小学剪纸艺术、葫芦丝吹奏、体育舞蹈，实验小学的“花瓣飘香”文学社等“一校一（多）品”办学格局基本形成。同时，各校大力推进校园文化建设，组织实施校园文化创新项目，充分挖掘校规、校训的育人内涵，充分发挥教风、学风的育人作用，逐步构建独具特色的校园文化体系。

【教育科研】 2016年，全市在优质课、技能大赛方面，获国家级奖励5人次、省级25人次、宣城市级39人次。论文评选获省级奖励33人次、宣城市级109人次。在国家、省、市级正规刊物发表论文78篇，4项省级课题结题，13项宣城市级课题结题，14项课题成为宣城市规划办立项课题。

【教育民生工程】 2016年，全市发放义务教育阶段贫困寄宿生生活补贴209.5万元，受助学生3824人次；普通高中国家助学金193.9万元，受助学生1939人次；普高免学费45150元，受助学生65人；中职国家助学金78.1万元，受助学生781人次；中职免学费555.75万元，受助学生4275人次。为364名大学生办理助学贷款278.95万元。

【关爱留守儿童】 2016年，全市共建有60所留守儿童之家，其中义务教育阶段42所，学前教育阶段18所。本学年全市义务教育阶段学校共有留守儿童1041名，学前教育阶段有留守儿童149名。全市各留守儿童活动之家大多配有电视、亲情电话、电脑、DVD、足额图书、报刊、文体器材等设施。定期开展阅读、棋类、体艺活动，结对帮扶常态化开展。

【中美爱心教育发展促进会活动】 2016年，“中美爱心”全年累计募集助学捐款154万余元，学年度安排资助贫困大中小学生1200余人，资助范围扩展到甘肃、山西等省。中美爱心促进会“南京情”负责人周铁军入选2016年中国好人榜。

【规范办学行为】 2016年，全市各校开学收费透明规范，均严格执行教育收费公示制度，公布举报电话，接受学生家长与社会的监督，民办学校和幼儿园严格按照物价部门核定收费标准收费，没有发现违规收费的行为。规范教育教学行为，各校认真落实课程计划，开齐开足课程，节假日没有补课现象；严格遵守规定的作息时间；严格执行均衡编班、任课教师均衡搭配，促进教育公平。规范教学用书，各校按规定使用教学用书，教辅资料坚持学生自愿的原则购买，未出现代办或组织学生统一购买教辅书籍等现象。幼儿园科学保教有效推进，无使用教材现象。

【教学质量监控与管理】 2016年，市教体局严格按照上级教育主管部门工作要求，坚持规范办学行为不动摇，杜绝加班加点，严控教辅资料和作业量，大力整治在职教师有偿家教现象；遵循教育规律和学生成长规律，倡导和推进生态教育，着力打造高效课堂，不断提升师资水平，通过改变教学方式和手段，培养学生综合素质和创新能力，促进教育教学水平的提高。在宣城市普通高中教学工作研讨会上，宁国市获高中教学质量优秀县（市）称号，宁国中学多年被授予高中教学质量优秀学校，津河中学获高中教学提升奖。

【教育督导】 2016年，全市党政教育督导考核连续4年被省委组织部、省政府教育督导委员会、省教育厅评为优秀等次。全年开展8次专项督导检查。现有宁国市政府教育督学13人，宣城市政府教育督学6人，安徽省政府教育督学1人。积极开展县级示范学校（幼儿园）评估验收工作。全市有国家级示范学校1所，省级示范学校4所，宣城市示范学校21所，宁国市示范学校16所。

【教师队伍建设】 2016年，全市补充教师（含外地调入）86人，安置“三支一扶”支教人员2名，学科教师配套基本均衡，中小学教职工配备率100.7%，有效化解中小学超编现象。依托西南大学，举办中小学校长高级研修班，组织全市中小学校长参加为期5天的培训；举办2次中小学心理健康教师“心理咨询师职业资格”集中培训，参训人数52人；举办新教师岗前培训，参训人数85人；建立名师工作室培养名优教师。新组建“李萍中学语文名师工作室”。是年，全市名师工作室共有7个，学员80余人。启动教师“无校籍”管理改革工作；全年提拔交流校长（副校长）15名，教师交流率达10%。

【师德师风建设】 2016年，市教体局全面开展治理有偿补课专项行动，切实解决群众反映强烈的有偿补课问题，促进了全市中小学校良好教风、学风和校风形成。审核报送先进教育工作者、模范教师、模范班主任共300名，接受市委、市政府表彰，22名师德标兵和师德先进个人接受宣城市教体局表彰，44名从教30年乡村教师接受教育部、人社部表彰。

【语言文字工作】 2016年，宁国市政府印发《关于印发宁国市迎接国家三类城市语言文字工作评估实施方案的通知》，启动三类城市语言文字达标工作。宁国中学、津河中学、宁阳学校、宁国市幼儿园4所学校通过了宣城市语言文字规范化示范校评估。宁阳学校、城关幼儿园正在争创省级语言文字规范化示范校，其余11所城关中小学正在积极争创宁国市语言文字规范化示范校。

·学前教育·

【概况】 2016年，宁国市有幼儿园79所，在园幼儿10783人。其中，公办幼儿园25所（含10所公办村级幼儿园），在园幼儿2522人；民办幼儿园54所（含幼儿看护点），在园幼儿7631人。省一类幼儿园1所，宣城市一类幼儿园6所。在全市13个乡镇建有中心幼儿园，其中11个为公办中心幼儿园，2个为民办中心幼儿园。是年，新建百信丽郡幼儿园，改扩建霞西中心幼儿园、梅林阳山幼儿园、港口园区幼儿园。民办幼儿园易德幼儿园、凤凰城幼儿园开园招生。是年2月，宁国市被教育部确定学前教育国家改革发展实验区，全国共有36个地区入选，该市是安徽省唯一入选地区。

【学前教育国家改革发展实验区建设】 2016年，出台《宁国市学前教育国家改革发展实验区三年行动方案》《宁国市学前教育专项资金管理办法》《宁国市幼儿园教师培训规划》《宁国市学前教育教研制度》《宁国市学前教育研究成果鼓励办法》等制度。2016年，全面开展实验区试点工作，提高公办幼儿园生均公用经费拨付标准，在原有50%的基础上增加15%；开展普惠性民办幼儿园生均公用经费补贴，按每生50元标准拨付到每个普惠性民办幼儿园，全年共拨付经费150余万元；对结对帮扶工作奖励12万元，幼儿园等级提升奖补4万元。

【开展学前教育教科研】 2016年，市教体局以市教研室为中心建立市级、片级、园级三级教研网络；开展全员培训，培训幼儿园保育员220人次、教师180人次，组织50名幼儿园园长到杭州师范大学参加为期一周的园长培训，组织15名幼儿骨干教师参加国培、省培。组织幼儿园开展科学保教成果展演活动和幼儿讲故事活动，在宣城市获得一等奖3名、二等奖4名、三等奖4名，提升幼儿园规范科学保教工作。

【C类幼儿看护点关停】 根据2015年12月组织开展幼儿看护点认定情况，2016年1月，对15所被认定为C类幼儿看护点下发整改通知书。6—7月，组织人员对15所C类幼儿看护点做好关停协调工作，11所看护点停止办学。2016年年底，其余4所C类看护点被取缔。

【公民办幼儿园争创工作】 2016年，宁国市成峰幼儿园、仙霞玉霞幼儿园、梅林中心幼儿园、万家中心幼儿园、南极中心幼儿园5所幼儿园通过宁国市示范幼儿园教体局评估。

·义务教育·

【概况】 2016年，宁国市义务教育段学校初中11所，九年一贯制7所，与上年一致；小学22所，教学点20个。在校学生数27169人，较上年减少97人，其中，小学在校生18332人，初中8837人。小学毕业班学生数为3012人，较上年减少70人；初中毕业班学生数2938人，较上年减少74人。

【义务教育招生】 2016年，全市全面实行义务教育学校阳光招生，巩固2014年以来义务教育阶段招生改革成果，严格落实宁国市委、市政府关于城区义务教育免试就近划片招生的政策，杜绝“条子生”“关系生”，城区义务教育学校实现“零择校”。结合电子学籍管理，实施义务教育招生限班级、限人数的“双限”政策，缓解了大班额。认真落实《宁国市完善农民工子女教育体制机制实施方案》，保障外来务工、经商人员随迁子女及农村留守儿童平等受教育权利，随迁子女在城区学校就读人数1520人，其中在公办学校就读人数1270人。

【义务教育教学质量管理】 2016年，全市加强新课程背景下的中考研究，指导学校科学有序地复习备考。召开初中教学质量提升会，举行2次初三年级的调研考试，加强对各校初三年级的调研指导，对初三年级的复习备考工作进行诊断和调整，组织各初中参加省级中考研讨会。做好2016年初中地理、生物学科结业考试和初中学生综合素质评价工作。对教学质量进行监测管理，做好中小学教学质量的期末检测工作。

是年11月28日，召开全市教学工作会议，肯定成绩查找问题，提出提高教学质量新的思路和有效对策。表彰2015—2016学年全市义务教育阶段教学质量优秀学校12所（初中6所：宁国中学初中部、宁阳学校初中部、天湖学校、西津初中、汪溪初中、梅林；小学6所：西津小学、实验小学、港口小学、霞西小学、胡乐小学、甲路小学）、义务教育质量提升学校6所（霞西初中、三津学校初中部、方塘学校、宁阳学校小学部、鼎湖小学、仙霞小学）、初中毕业学业考试成绩优秀学校11所（宁中初中部、宁阳学校、津河中学初中部、三津中学初中部、黄冈学校初中部、梅林学校、胡乐初中、汪溪初中、天湖学校、西津初中、霞西初中）以及6个宁国市优秀“师徒结对帮扶小组”、6个片级教研中心。

【初中毕业学业考试】 2016年，初中毕业学业考试（简称“中考”）全市共3009人报名，比上年减少89人，普通高中录取1508人，五年制高职录取147人。中考时间：2016年6月14—16日。考试科目及分值：省统一命题考试科目为思想品德、语文、数学、英语、历史、物理、化学。语文、数学、英语各150分（其中英语听力测试30分），思想品德与历史合卷150分，物理化学合卷150分；思想品德与历史实行开卷考试，允许携带教科书等相关材料。语文考试允许使用《新华字典》。规定各科考试均不允许使用计算器。三天考试管理“零失误”，考风考纪“零记录”。

·高中教育·

【概况】 2016年，宁国市有普通高中3所，分别是宁国中学、津河中学（完中）及三津中学（私立）。普通高中在校学生4693人，较2015年减少156人。2016年，全市毕业班学生数1555人，较上年减少138人。

图 37　2016 年 6 月 6 日，宁国市市长何田（左三）检查高考考点及考前准备工作

【普通高校招生考试】 2016 年，全市高考报名共 2154 人，比上年减少 205 人。其中普通文史类 636 人，理工类 975 人，艺术（文）381 人，艺术（理）58 人，体育（文）75 人，体育（理）21 人，科大少年班 8 人。录取普通文理本科 1192 人，专科 436 人，艺体类本科 251 人，专科 63 人。

·民族教育·

【概况】 云梯畲族中心小学是安徽省唯一一所畲族小学，也是宁国市唯一一所民族小学，学校由 1 个中心校、3 个教学点组成，在校师生近 200 人。学校先后获教育部授予的全国教育系统先进集体、宣城市民族特色示范小学、宣城市卫生学校、全省少数民族传统体育示范基地、宣城市少数民族传统体育项目训练基地、宣城市依法治校示范校、宣城市平安校园等称号。

【民族特色教育】 云梯畲族中心小学注重彰显民族特色、传承民族文化，校园环境布局突出畲文化主题，开发较完善的畲文化系列课程，畲族山歌是安徽省非遗传承项目。为让此非遗项目在学校有效传承，学校编写了畲歌教材——《唱畲歌》，作为社团课程，在全校所有班级开设。

·特殊教育·

【概况】 宁国市特殊教育学校占地 20 公顷，校舍建筑面积 250 平方米，图书 5000 册；学校现有教职工 6 人。2016 年正式开学，学校现有 4 个班级，一、二、三年级各招收 4 名学生，六年级招收 1 名学生。接受一、二年级智障学生 13 人。至 2016 年年底，宁国市适龄残疾少年 125 人，已经入学 117 人，入学率达到 93.6%。

·职业技术教育·

【概况】 2016 年，宁国市中等职业学校 1 所（安徽材料工程学校），其他中职（培训）机构 4 所，分别为宁国市技工学校、宁国市三津中学、宁国市成人教育中心、宁国市教师进修学校。中职学生 4386 人，较上年减少 347 人。

【招生录取与学生就业】 2016 年，全市中职招生 1458 人，普通高中招生 1546 人，职普比为 48.3 : 51.7。高职分类考试，全市共有 739 人参考，应用型本科录取 191 人，专科录取 400 人。

【师资队伍建设情况】 2016 年，全市牵头名师工作室建设 2 个，获省级特级教师 1 人、省政府津贴专家 1 人、省市级专业带头人 6 人、骨干教师 9 人，进入省职教评估专家库 5 人，市级职教专家库 19 人。“双师型”教师比例达到 98%。

【教育教学质量情况】 2016 年，安徽省职业院校技能大赛，宁国市 45 人参加 24 个赛项。建筑 CAD（个人项目）、瓷砖镶贴（个人项目）、客房中式铺床（个人项目）、艺术插花（个人项目）等 4 项获一等奖，其中建筑 CAD 获国赛三等奖；另 7 个项目获二等奖，12 个项目获三等奖。“十二五”期间，获得安徽省职业教育教学成果二等奖两项，立项课题结题成果省级 3 个、市级 4 个，省市“三优”评比中，获省级成果 38 个，精品课程省市级 16 项，教师主编或参编教材出版 6 项。

·成人教育·

【概况】 2016 年，宁国市开展各类短期职业技术培训，主动适应企业的用工需求，广泛开展农村实用技术培训，农村劳动力转移（阳光工程）培训，企业职工岗前培训、转岗培训，下岗职工在就业培训，退伍军人创业培训等。

【自学考试成人高考】 2016 年，全市成人高考报名确认 745 人，其中专升本 378 人。是年，有 458 人取得本科学历，794 人取得专科学历。全年开展各类实用技术培训 22200 人。

·民办教育·

【概况】 2016 年，宁国市民办教育规模与 2015 年基本持衡。民办幼儿园 54 所（含幼儿看护点），在园幼儿 7631 人。义务教育的民办学校为九年一贯制学校黄冈学校和三津中学初中部，是年秋，两校的义务教育在校生 269 人，约占全市义务教育学生数的 1%。高中教育为三津中学高中部，在校生 595 人。

【基础设施建设】 2016 年秋，黄冈九年一贯制学校在校生 141 人，5 个班级，专任教师 28 人；三津中学在校生 723 名，21 个教学班，专任教师 89 人。是年，三津中学校大门建成，300 米塑胶运动场完工。

【民办教育发展】 2016 年，凤形成峰幼儿园、仙霞玉霞幼儿园被认定为宁国市示范幼儿园。是年，三津中学 430 人参加高考，本科达线 266 人，达线率 61.9%，其中普通高考应届生本科达线 122 人，达线率61.3%；对口高考本科达线 106 人，本科达线率 62.7%，顺利实现“双百”本科目标。77 人参加中考，达普高线 43 人，达线率 56%，比 2015 届中考提升近 8 个百分点，该校有 12 人中考成绩排名全市前 900 名，创历史新高。

【民办学校年检】 2016 年 4—5 月，市教体局对全市 36 所民办幼儿园和 19 所非学历教育培训机构进行年检。对规范办园幼儿园予以表彰奖励，对办学条件较差、园务管理不规范、师资队伍不达标、保教工作欠缺的基本合格幼儿园下达整改通知书，要求限期整改。宣城市教体局在对宁国市民办学校年检工作抽查时，对全市民办学校年检工作予以肯定。

·安徽材料工程学校·

【概况】 安徽材料工程学校现有教职工 251 人，双师型教师比例达 60%，拥有全国职教名师 1 人、特级教师 2 人，中专在校生 2157 人，是全国首批中职国家改革发展示范学校。该校先后被评为全国职业技术学校职业指导工作先进单位、全国农村成人教育先进办学单位、全国优秀劳务品牌单位、安徽省教育系统先进单位、安徽省文明单位。被教育部授予“2016 年国防教育特色学校”称号。获 2011—2015 年全市法制宣传教育先进集体、宣城市“2016 年度依法治校示范校”、宣城市毒品预防教育示范学校和宣城市红十字系统先进集体、宁国市“2011—2015 年宁国市法治宣传教育先进集体”。校团委荣获 2015—2016 年度安徽省五四红旗团委。隶属于安徽材料工程学校的宁国市就业培训（指导）中心成教培训项目被宣城市教体局评为成教培训项目终身学习品牌。

【校区建设】 2016 年，安徽材料工程学校申报省中职质量提升工程项目。将项目建设任务细化到人，制定项目建设进度表，定期召开项目推进会，质量提升和管理水平提升两项目正按照预定计划实施。质量提升工程共 11 个项目，2016 年开始实施，2017 年 9 月中期评估，2018 年年底验收。2016 年年底，已完成数控设备、沙盘软件、实训微机室、信息平台搭建、建筑软件政府采购。是年，投入 150 余万元资金，对实训楼、办公楼、教学 B 楼等电缆设施和控制设备进行更新，对教学 A 楼屋檐、钳工车间屋面进行修缮。

【新校区建设】 安徽材料工程学校迁扩建项目规划方案设计于 2012 年 6 月 25 日开标，中标单位为中国美术学院风景建设设计研究院，规划方案于 2016 年 2 月通过规委会评审，2016 年 4 月 18 日通过专家评审。施工图设计于 2013 年 7 月 16 日开标，中标单位为北京通程泛华建筑工程顾问有限公司。工程勘察于 2013 年 7 月 17 日开标，中标单位为冶金二业部华东勘察基础工程总公司。附属工程设计于 2016 年 9 月 6 日开标，中标单位为安徽金田建筑设计咨询有限公司。项目自 2016 年年初正式启动 PPP 建设模式以来，各项前期工作快速有序推进，于 8 月底前完成项目建议书、可行性研究报告及规划可研、用地预审、环评、能评、安评等支撑性审批工作，建设指标已落实。

该项目由浙江工程咨询有限公司承担 PPP 建设模式的咨询服务业务，2016 年 7 月底，浙江工程咨询有限公司完成了项目的 PPP 实施方案、物有所值报告、财政承受能力分析报告的编制工作。实施方案通过市委常委会议和市政府常务会议的审核，市政府于 8 月 2 日批准了实施方案；市财政局于同日在组织专家评审的基础上，批准物有所值报告和财政承受能力分析报告。“两报告一方案”于 8 月上旬通过省财政厅审核，正式纳入财政部 PPP 项目综合信息平台，同时也列入国家发改委的 PPP 项目库。

该项目的社会资本方采购采用公开招标，2016 年 9 月 13 日，通过宁国市公共资源交易网、宣城市公共资源交易网，安徽省政府采购网、中国政府采购网正式挂网资格预审，10 月 11 日通过资格预审的合格资本方为6家，11月4日开标，经专家组评审，得分前三名分别为江苏华昊、安徽华力、中核华兴。11月22日，举行采购结果确认性谈判，率先与江苏华昊达成一致，并进行中标结果公示。12月1日，该项目的招标结果正式生效，12月9日签约，12月30日举行开工仪式。

【教育教学】 2016年，安徽材料工程学校与安徽渔之蓝公司合作，进行学校新网站的制作、优化，完成学校新网站的建设，并正式启用。初步建成教务管理平台、行政办公平台。与宣城职业技术学院开展中高职衔接课程体系建设的调研工作。修订印发了《教师手册》。继续推行推门听课制度(随堂听课、评课)。加强信息化教学工作，鼓励教师参与信息化大赛，全年共有1人获国家级一等奖，1人获国家级二等奖，2人获国家级三等奖。2016年，省技能大赛获4个一等奖、7个二等奖、12个三等奖，在国家级技能大赛中获1个三等奖。

2016年招生1278人，其中全日制学生728人，非全日制学生550人。当年毕业生830人，升入高校351人（其中对口本科达线87人）；就业安置479人，就业率100%，专业对口率75%。全年各类社会培训总人数1106人，成人高等教育函授录取新生452人，网络教育招收新生90人。

【职业技能培训】 2016年7月，经宣城市安监局及省安监局审批，在学校设立特种作业考点，是年开展特种作业考试12次。重庆大学网络教育宣城校外学习中心被重庆大学网络教育学院评为2016年度优秀校外学习中心。函授在籍学员及网络教育学员1700多人。

【校园文化建设】 2016年，启动青年教师对接班级团支部“三二一”工程（对接青年教师联系班级支部3名团干，每学期指导开展2次团日活动，为对接的支部做1场青春成长主题报告），作为学校全员德育制的延伸和补充。校团委孙健国被推荐当选为宣城市青年志愿者协会第二届会员大会个人理事。校学生会被考察确定为安徽省学生联合会第九次代表大会正式代表团体，程李同学被推荐为安徽省学生联合会第九次代表大会正式代表。1月14日，为宁国消防大队的官兵送去“同抒军地情，共谱双拥曲”主题文艺演出。举行纪念中国工农红军长征胜利系列纪念活动，涉及书画比赛、演讲比赛、歌咏大赛等方面。由段登梅老师编导的大型团体操节目《三津潮涌》，作为全市第三届全民健身运动会开幕式节目，于2016年11月11日在市体育馆表演并获得成功，也是该校首次组织节目参加全市运动会开幕式。12月8日，开展第三十二届纪念“一二·九”歌咏大赛。

【师资队伍建设】 2016年，开展了校级第三届骨干教师评选活动。建立市级“课程研究名师工作室”校际学习交流活动常态机制。加强青年教师队伍建设，对新聘教师进行岗前培训，继续推进“以老带新”的“青蓝工程”，共有29对师徒结对成功。

【后勤管理】 2016年，推行校企共建学校食堂餐饮管理模式。引入安徽安迪速食食品有限公司入驻该校，承接学生、教师餐饮工作。

（傅本发）

体　　育

·综　　述·

【概况】 2016年，宁国市共建成10个全民健身广场、11个全民健身苑、103个农民体育健身工程、5个省级社区体育俱乐部，人均拥有公共体育设施面积1.25平方米。全民健身服务指导体系逐步完善，国民体质监测中心全年免费检测1000余人。全年举办全市性全民健身活动30多项，成功举办第三届全民健身运动会、“健康安徽”环江淮万人骑行大赛、第二十八届全国职工射击大赛暨第五届全国业余飞碟大赛等有较大影响力的省内外体育赛事。12月8日，《宁国市市级体育产业专项扶持资金管理暂行办法》出台。

【体育设施建设】 2016年，全市统计有232个单位的568个体育场地，其中65处室内体育设施，503处室外体育设施，场地面积530160.69平方米，建筑面积48713.74平方米，用地面积783888.65平方米，总投资38078万元。全市人口37.6万人(常住)，人均体育场地面积为1.41平方米。全市体育场地主要分布在广场15个、校园183个、工矿45个、企事业单位楼院61个、宾馆商场1个、街道居住小区88个、乡镇村174个。

【体育设施向社会免费开放】 2016年，根据《关于全市中小学校及行政机关事业单位公共体育设施向社会开放工作的意见》，全市全天开放体育设施455处，开放率达80.1%。全市中小学校体育设施对外开放率达100%。

【体育队伍建设】 2016年6月，市教体局选派3名体育教师参加在黟县举办的全省一级社会体育指导员（健身操舞）培训班。7月，开展全市工间操培训，参加人员近100人。

【学校体育】 2016年4月21日—22日，2016年宁国市初中毕业升学体育考试在宁阳学校顺利举行，全市共有2975名考生参加考试。体育考试成绩总分上调为55分。考试采用智能化测试仪器检测。5月19日，全市“农商行杯”中小学生篮球赛在西津初中举行，来自全市27所学校的44支代表队参加角逐，宁阳学校、西津小学、津北小学、津南小学代表队、中溪小学、实验小学分获小学女子组前6名；宁阳学校、宁中初中部、西津初中、宁墩初中分获初中女子组前4名；实验小学、宁阳学校、津北小学、西津小学、甲路小学、港口小学、津南小学、黄冈实验学校获小学男子组前8名；西津初中、宁阳学校、津河中学、宁中初中部、梅林学校、汪溪初中、宁墩初中、港口初中获初中男子组前8名。6月3—5日，宁国市第十四届“体彩杯”小学生乒乓球比赛在开源乒乓球俱乐部举行，共有15所学校18支代表队近百名运动员参赛，女子组团体组实验小学获一等奖，梅林学校、东津小学获二等奖，中溪小学、津北小学、西津小学获三等奖；男子组团体实验小学获一等奖，西津小学、梅林学校、东津小学获二等奖，中溪小学、津北小学、鼎湖小学、甲路小学获三等奖。6月10—11日，组队参加在宣城市举办的首届青少年速度轮滑锦标赛。8月，该市仙霞初中毽球队参加安徽省毽球锦标赛荣获团体第四名。

【体育产业】 2016年，市教体局完成申报宣城市体育产业专项扶持资金工作，上报“碧桂园杯中国最美城镇2016健康宁国乐行西津河畔品牌赛事项目”、皖南“川藏线”百里毅行挑战赛品牌赛事项目、宁国市青龙源体育健康休闲产业园项目。4月24日，“碧桂园杯” 中国最美城镇2016健康宁国乐行西津河畔活动成功举行。7月28—31日，2016年全省初级游泳救生员国家职业资格（宁国站）培训班在宁国举办，全省近50名游泳救生爱好者参加培训、考核。青龙源水上休闲运动中心申报安徽省体育产业基地，恩龙公司、吴越古道申报安徽省体育旅游产业基地。完成本市体育产业专项调查工作，上报体育产业名录库数据42家。

图38 2016年5月，宁国市幼儿园体操队在第26届“拓影影视杯”全国幼儿基本体操表演大会中进行比赛

【体育彩票】 2016年，全市体彩共销售4652万元，其中电彩4477万元，即开型175万元，超额完成全年4500万基本任务。全市共有体彩销售网点36家，全部为专营店，其中旗舰店4家，低于三万网点17家（竞彩3家），高于五万的15家（其中竞彩13家）。

·群众体育·

【概况】 2016年，宁国市组织开展“全民健身促健康、同心共筑中国梦”主题系列健身活动，庆祝8月8日全国第八个“全民健身日”。在市体育场举办科学健身知识宣传和国民体质监测公益活动，有200人参加监测。举办宁国市2016年全国第五套健身秧歌三级社会体育指导员培训班，全市近百名体育骨干参加培训。在市体育场举办宁国市第三届“恒一杯”五人制足球赛。共有16支代表队192名运动员参加比赛，实验小学获小学组冠军，港口小学、西津小学分获二、三名；宁国中学初中部获初中组第一名，鼎湖小学、宁阳学校分获二、三名。

【全民健身活动】 2016年3月7日，宁国市在南山公园举行第二届庆“三八”职工工间操比赛，来自市直机关单位、乡镇及企业的19支代表队伍参加比赛活动。3月8日，该市“青龙湾”杯第四届30千米健行徒步赛正式开赛，300余名选手参赛。5月6—8日，宁国市第十届“地税杯” 五一职工乒乓球比赛举行，男、女17支代表队参赛。5月7日，宁国市第八届“宁国农商行杯”足球联赛在该市奥林匹克运动场拉开帷幕，15支代表队近400名运动员参加比赛，球赛角逐105场，历时7个月。5月13日，宁国市首届“诚信园林杯”职工羽毛球比赛在北园路羽毛球馆举办，16 支市直机关单位 200 多名运动员参赛。6 月 8 日在青龙乡龙阁村储家滩举办“发展体育运动，增强人民体质，同心共筑中国梦”全民健身活动的宣传。6 月 19 日，宁国市 37 名长跑爱好者参加在宣城市宛陵湖半岛广场举行的“宛陵湖新城杯”第二届马拉松比赛暨安徽省第四届全民健身运动会宣城市迷你马拉松选拔赛。

【重要群众体育赛事】 2016 年元旦，宁国市举行第二十六届“工行杯”元旦长跑比赛。来自全市各单位干部职工、学校学生和长跑健身爱好者 800 余人参加。津南小学段俊吉、西津小学张静怡分获小学组男、女第一名，西津小学获小学组男、女团体第一名。宁阳学校袁文康、仙霞学校陈佳分获初中组男、女第一名，宁阳学校、西津初中分获初中男、女团体第一名。津河中学付学海、李玉玲分获高中组男、女第一名，津河中学获高中组男、女团体第一名。成人组中，邹维、陈娜分获青年组男、女第一名；张喜胜、王银银分获中年乙组男、女第一名；胡明星、李向琴分获中年甲组男、女第一名；朱葆宁、杨德秀分获老年组男、女第一名。

1 月 1 日，由宁国市教体局、宁国市华贝城市广场共同举办的宁国市第十一届“贺岁杯”足球赛开幕式在宁国市奥林匹克运动场内举行。本届比赛共有 18 支代表队、近 450 名运动员参赛，球赛角逐 54 场，历时 3 个月。

11 月 11—14 日，宁国市第三届全民运动会在宁国奥林匹克体育场举行。本届运动会以“全民健身、美好宁国”为主题，分为青少组和成人组，共设 7 个大项，有 137 支代表队，4800 多名运动员参赛。此次运动会新增游泳、车轮滚滚等比赛项目。宁中高中、港口镇、西津街道、公安局、中鼎集团荣获团体总分一等奖。团市委、市公安局、市交通局等 5 个代表队荣获优秀组织奖，市财政局、市国税局等 5 个代表队荣获体育道德风尚奖。

【社会体育指导员培训与管理】 2016 年，全市已注册社会体育指导员 956 名，达每千人口拥有社会体育指导员 2 名。其中篮足球社会体育指导员 200 人，田径社会体育指导员 82 人，太极拳社会体育指导员 40 人，广场舞指导员 91 人，健身腰鼓指导员 50 人，橄榄球指导员 23 人，无线电测向指导员 42 人，毽球指导员 11 人，羽毛球指导员 155 人，手拍鼓指导员 66 人，工间操、五套秧歌指导员 196 人，所有指导员都进行登记注册并及时上报、建立档案、分年度进行全员培训。

【体育社团管理】 2016 年，全市共有体育社团 29 个，新增体育社团组织 1 个（游泳协会），会员人数增加 60 余人。

2016 年宁国市新增体育社团情况一览表

表 55

序　号	社团名称	社团负责人	社团负责人所在单位
1	宁国市游泳运动协会	颜　安	安徽富乐泰水泵系统有限公司

·竞技体育·

【体育人才培养与基地建设】 2016 年，完成宣城市青少年 2016 年度手球、橄榄球、游泳项目 68 名运动员注册工作。完成 2016 年宣城市普通高中特招优秀运动员招生计划统计上报工作，宁国市 25 人符合招生计划要求，其中宁中初中部女子橄榄球运动员 5 人、宁阳男子橄榄球运动员 14 名，宁中初中部跆拳道 3 人、手球 1 人，万家学校举重 2 人。该市 2 名女子橄榄球运动员入选省优秀训练队，有 6 名运动员报考省体育学院。完成 26 名运动员 2016 年宣城市普通高中特招优秀运动员申报工作，其中宁中初中部女子橄榄球 6 人、跆拳道 3 人，宁阳学校男子橄榄球 14 人、举重 3 人。市西津青少年体育俱乐部被国家体育总局资助命名“国家示范性青少年体育俱乐部（2016—2018）”，周期 3 年，每年资助 10 万元。宁国中学高中部（鸿飞青少年俱乐部）申报安徽省青少年体育俱乐部成功。完成西津小学申报安徽省手球传统项目学校上报工作。该市输送运动员张志聪在 2016 年安徽省青少年乒乓球锦标赛中获男子单打第六名。

【重要赛事】 2016 安徽公路（山地）自行车赛。3 月 20 日，“米赛尔”杯宁国市第二届玉兰花海山地自行车赛暨“健康安徽”2016 环江淮万人骑行大赛首站比赛在宁国市恩龙树博园举行。本次赛事由安徽省体育局、安徽省旅游局、宣城市人民政府主办，宁国市人民政府承办，是“健康安徽”2016 环江淮万人骑行大赛的首站，共吸引来自江苏、浙江、广东等全国 23 个省市及香港特别行政区的近 400 名选手报名参赛，全省 18

2016年宁国籍运动员重大比赛获奖情况表

表56

赛事时间	赛事名称	获奖单位	比赛成绩
2016-05	全国幼儿基本体操表演大会	宁国市幼儿园	金奖
2016-05	安徽省体育传统项目特色学校手球锦标赛	西津小学	第六名
2016-06	安徽省青少年游泳锦标赛	宁国市	4×100米混合泳第四名
			4×50米混合泳第八名
			4×100米自由泳第四名
2016-06	宣城市阳光体育大会	宁国市	3人制篮球赛冠军
2016-07	安徽省青少年手球锦标赛	西津小学	男子丙组第二名
2016-07	安徽省县级青少年田径锦标赛	宁阳学校	2个第三名1个第四名
2016-08	宣城市首届青少年五人制足球赛	森三木足球队	第二名
2016-09	安徽省青少年乒乓球锦标赛	张志聪	男子单打第六名
2016-10	安徽省青少年橄榄球锦标赛	宁中初中	女子甲组第二名
			女子乙组第三名
		宁阳学校	男子甲组第八名
			男子乙组第二名

个兄弟县市近80余人前来观摩，6000余名观众现场助威。此次“体育+旅游”的山地自行车赛，赛道大半穿行在中国亚热带树木博览园内，单圈约长10千米，其中水泥、柏油路面约2千米，其余80%均为山地赛道。此次比赛沿途不仅能观赏到众多亚热带珍稀绿色树种，还能直接穿行在一大片玉兰花海之中，感受车在山中走、人在花海游的奇妙旅程。人民网、央视网、新浪网、安徽卫视、《安徽日报》、《市场星报》共10多家媒体现场报道。比赛分为4个组别，分别为男子精英组、女子精英组、男子大众组以及体验组，起点为港口镇山门村文化广场，终点为中国树木博览园。经过数个小时的激烈比拼，男子精英组冠军由来自美利达挑战者车队的朱俊获得，女子精英组由来自广东深圳的何冲摘得桂冠，道卡斯（中国）队的陈湘源以49分55秒获得男子大众组冠军，男女体验组冠军分别由艾维中国车队的侯栋乙及CAMP坎普车队的唐景燕获得。

4月29日至5月2日，安徽省体育传统项目特色学校手球锦标赛在合肥举行，宁国市西津小学荣获第六名（16支队参赛）。该市8名运动员参加安徽省青少年游泳锦标赛，荣获4×100米混合泳比赛第四名、4×50米混合泳比赛第八名、4×100米自由泳比赛第四名。7月1—5日，西津小学男子手球队代表宣城市参加在安徽淮南举行的2016安徽省青少年手球锦标赛，荣获男子丙组第二名。7月13—18日，宁阳学校运动员参加在安徽临泉举行的2016安徽省县级青少年田径锦标赛，荣获2个第三名、1个第四名，该校获体育道德风尚奖单位，再创该市橄榄球比赛最佳成绩。10月27—30日，安徽省青少年橄榄球锦标赛在安庆市体育中心举行。宁阳学校男子橄榄球队、宁国中学女子橄榄球队代表宣城市出战。宁中女子橄榄球队分别荣获女子甲组第二名、女子乙组第三名好成绩；宁阳学校男子橄榄球队分别荣获男子甲组第八名、男子乙组第二名和体育道德风尚奖。

第二十八届全国职工射击大赛于11月26日至12月4日在宁国市梅林狩猎俱乐部举行。本次赛事由中国射击协会全国职工射击竞赛活动联谊会、宁国市人民政府主办，安徽省射击协会、宁国市梅林狩猎俱乐部有限公司承办。11月26日为全国职工弹弓大奖赛，12月2日至4日为全国职工弓弩、飞碟、气步枪、气手枪比赛，共有来自全国20多个省市的代表队，约300余名运动员参加。

文化

Culture

畲族对歌

图 39 2016 年 2 月 23 日，龙狮拜年民俗表演活动在世纪广场举行

综述

【概况】 2016 年，宁国市文旅委全面完成“全省首批公共文化服务体系示范区”创建任务，成功创建中华诗词之乡。开展“送戏进万村”103 场；举办各类文化活动 120 余场；放映电影 1236 场，受益群众达 25.12 万人。代表宣城市迎接全省文化民生工程考核，获得好评。成功举办 2016 年元宵节系列文化活动、“宁阳读书会”系列活动、畲乡“三月三”歌会、2016 庆“五一”文艺晚会“劳动者之歌”、“千年宁国·多彩诗乡”诗词吟诵文艺晚会等大型文化活动。参加全省“六一”少儿文艺调演，获三等奖；参加宣城市“三月三敬亭山诗词吟诵会”，获一等奖；新创作品皖南花鼓戏《传承》参加宣城市小品小戏调演，获三等奖；参加全省第十届艺术节，获器乐组三等奖。成功申报宣城市市级文物保护单位 9 处；新增宁国市市级文保单位 9 处。开展全国第一次可移动文物普查工作，共录入各类文物 4031 件(套)。

【文化体制改革】 2016 年，确定仙霞镇、凤凰社区、城中社区为宁国市综合文化服务中心示范点。在该市新长途汽车站、津河路公交站台、世纪广场、南山公园、青龙湾景区 5 个点，以电子化、便民化的形式建设公共场所小微图书馆项目，提升全市公共文化服务水平和文明形象。对皖南花鼓戏的演出团体、人才情况、戏曲曲目等进行深入的挖掘、整理和上报。2016 年 8 月 13—14 日，举办“大美宁国”戏曲演唱交流会及艺术交流研讨会，省、市戏曲表演艺术家和戏迷就皖南花鼓戏的保护、传承和发展进行广泛的探讨交流。此次活动的开展为全市生态旅游植入传统文化元素，对传承、研究皖南花鼓戏，扩大其发源地的影响力起到积极作用。完成农民文化乐园中溪镇狮桥村、云梯畲族乡云梯村、南极乡永宁村试点村建设任务及港口镇港口村农民文化乐园、中溪镇中溪村提升工程建设任务。

【文化惠民工程】 2016 年，市文旅委完成农村文化建设专项补助、公共文化场馆开放 2 项民生工程建设任务。全市各级公共文化场馆均实行免费对外开放。根据省文化厅、财政厅 2016 年《农村文化建设专项补助实施办法》，对全市 103 个行政村进行 1.2 万元的文化建设专项补助，除政府购买的项目内容以外，剩余资金全部拨付到位；以政府购买服务方式，确定由南陵县黄莺黄梅戏艺术演出剧团和宁国市华金皖南花

图 40　2016 年 10 月 29 日，《千年宁国·多彩诗乡》诗词吟诵文艺晚会在宁国市会议中心举行

鼓戏剧团承担，全市 103 场“送戏进万村”演出任务于 9 月底全面完成。

【文化活动】 2016 年，以书刊为载体，开展“宁阳读书会”系列活动，利用寒暑假和节日开展“共享工程电影放映”活动、春节民间风俗展览、青少年经典诵读大赛、“宁国市地方名胜”公益讲座、老年电脑培训等形式多样的志愿培训活动，丰富群众的文化生活。策划完成“元宵节”龙狮进城拜年、畲乡“三月三”歌会、庆“五一”文艺晚会“劳动者之歌”、“讲述好人好事，传递身边感动”说故事比赛等文艺活动。实施“进千村乐万家”文化惠民活动，结合“百馆（站）千村文化结对”活动，在全市开展进社区、进乡村演出 200 场次，丰富活跃城乡居民的精神文化生活。各村（社区）立足自身文化资源优势，开展内容丰富、形式新颖的特色文化活动，如“最美庭院　最美家庭”广场舞活动、“我的书屋·我的梦”读书活动、七夕节活动、中华诗词吟诵等。

公共文化服务

【阅读推广活动】 2016 年，宁国市图书馆举办 2015 年度“优秀小读者”表彰活动，授予徐芊芊等 10 名少儿读者“优秀小读者”荣誉称号；举办象棋入门知识公益讲座 1 场，弘扬中国传统象棋文化；为期 1 周的“文化共享工程电影放映”活动共服务读者 1000 余人；寒假期间，组织文化志愿者开展英语沙龙活动，帮助培养低年级同学学习英语的兴趣；春节期间，开展“欢欢喜喜过大年”春节民间风俗展览。1 月 25—29 日成功举办“诵读中华经典　弘扬传统文化”——2016 年全市青少年经典诵读大赛，共有 124 名少儿报名参赛。儿童组和少年组各评出一等奖 1 名、二等奖 4 名、三等奖 8 名，并为获奖选手颁发荣誉证书及奖品；开展“我们的节日”清明节主题活动，进行网上文明祭祀。

在第 21 个“世界读书日”之际，开展“宁阳读书会”——“世界读书日”系列活动。“4·23”特殊还书日共为 110 位读者免去过期图书滞纳金 2613 元；开设图书跳蚤市场，设立 20 多个摊位，共吸引 400 多人参加活动；开展“宁国地方名胜”公益讲座 1 次，听众 80 余人；开展“你选书，我买单”活动，组织 20 名读者集中到新华书店采购图书，最终共选出各类图书 200 余册，所购书籍将作为图书馆馆藏，并陆续上架以供广大读者借阅；开展 2 期老年电脑培训活动，共服务读者 40 余人次。

“六一”当天,派出文化志愿者3名到青龙乡青龙小学开展留守儿童送书活动,为他们送去图书400余册,同时赠送文具盒、笔记本和帽子等学习用品;接待霞西镇朱村小学15名师生的图书馆参观体验活动,并向他们赠送图书及学习用品。

暑假期间,组织开展文化志愿者系列公益活动,招募志愿者参与阅读推广活动,有针对性地安排绘本故事会、成语故事会、英语故事会、图画故事会和安全知识小课堂等多门学科主题活动15次;暑期电影放映活动共服务读者1200余名,满足不同群体的观影需求。

是年,图书馆共开展读书会、讲座、培训、展览及电影放映等各类阅读活动共计46场(次),免费开放服务水平不断提升。

【青少年网络文化中心建设】 2016年,青少年网络文化中心运行情况良好,服务人数不断增加,达到1.6万人,比上年增长10%。除免费向青少年开放外,还为他们提供学习所需的各种数字资源,依托中心平台,开展青少年电脑小报设计制作和未成年人绿色健康上网体验等活动,发挥文化阵地作用,实现青少年网络文化中心的社会效益。

【电子阅览室建设】 图书馆电子阅览室自2009年起免费向读者开放,是文化信息资源共享工程宁国支中心。支中心相继制定《电子阅览室管理规则》和《读者上网卡管理办法》等规章制度,对未成年人、老年人以及外来务工人员进行分类别服务。设立少儿上网区、谢绝游戏区,实行《未成年人上网家长许可制》,与未成年人家长实现互动管理,征询管理意见,实现个性化管理。设立亲情视频通话区,外来务工人员仅凭身份证即可享受与家人网上通话聊天。现宽带接入标准为100兆,服务用机共计88台,实行“早8点至晚9点”免费开放制,并加强存储设备、服务器等机房设施建设,存储容量已达28TB。利用科技手段加强对基层电子阅览室的管理,安装华博管理系统软件,做到专机专用。对19个乡镇(街道)发放文化共享工程播放专用设备。利用送书下乡的契机,派出技术员到各乡镇(街道)电子阅览室进行业务辅导和技术维护。依托电子阅览室,积极做好小微图书馆等新技术应用和电子服务延伸工作。

【文化站】 16个乡镇(街道)(西津、南山、河沥溪3个街道未建立)综合文化站均正常免费对外开放。工作日期间,乡镇(街道)文化站内多功能厅、展览厅、辅导培训教室等公共空间设施场地免费开放;书报刊借阅、时政法制科普教育等服务项目免费提供。2016年,乡镇(街道)依托文化站服务平台,结合地方文化特色,开展400余场形式多样的文化活动,如三八妇女节工间操比赛、“最美家庭、最美庭院”广场舞比赛、留守儿童关爱活动、云梯乡畲乡“三月三”歌会、中溪镇“和谐中溪、美丽狮桥”元旦晚会等。

【农家书屋管理与运行】 2016年,完成全市31个农家书屋数字化建设点建设,在整合、提高、补充现有农家书屋资源的基础上,结合数字技术,将农家书屋建设成为具有多媒体数字化信息、具有网络环境下多种电子技术工具和服务手段,能为读者提供高效、便捷的数字化信息服务。在这种模式下,农家书屋不仅仅是一个独立的资源系统,而且是一个以用户为中心的集信息资源、信息服务和信息利用活动于一体的动态场所。现全市确定并完成31个农家书屋建设点建设。为103个农家书屋采购配送出版物共计10300册。

表57

2016年宁国市在宣城市级及其以上文艺比赛获奖群众文艺作品情况一览表

节目名称	作词/作曲	编　导	表演者	参加活动	名　次
朗诵《宁国好男儿——官东》	作词:帅昌明	杨微、胡文革、芮津、鲁静、潘雪、曹循	汪正亮　杨洁	宣城市“三月三”敬亭山诗词吟诵会	一等奖
器乐表演《皖乡恋歌》《绿洲》			杨梦茹	安徽省文化厅主办的民乐展演	不评奖

续表 57

节目名称	作词 / 作曲	编　导	表演者	参加活动	名　次
广场舞《大家你家我家》			河沥溪街道“爱之舞”广场舞队	宣城市人民政府主办，宣城市委宣传部、市文广新局、市妇联、市文明市建设办承办的“文明宣城舞起来，宛陵湖畔炫风采”广场舞大赛	三等奖
广场舞《山门河畔穿新鞋》			港口镇凤凰舞蹈队	宣城市人民政府主办，宣城市委宣传部、市文广新局、市妇联、市文明市建设办承办的“文明宣城舞起来，宛陵湖畔炫风采”广场舞大赛	优秀奖
皖南花鼓戏小戏《传承》	编剧：黄景林、胡文革 作曲：周道新	黑　梓	南陵县黄莺黄梅戏艺术演出剧团	宣城市皖南花鼓戏暨小品小戏调演活动	三等奖
少儿舞蹈《幸福畲娃核桃情》		陶国兵	舞新天舞蹈工作室	“梦想启航”——2016 年安徽省“六一”少儿文艺调演	三等奖

文化遗产保护

【概况】 2016 年，宁国市文物所落实“保护为主、抢救第一、合理利用、加强管理”的文物保护方针，落实文物保护单位“四有”(有保护范围和建设控制地带、有标识说明、有记录档案、有专门机构或人员负责管理)工作，对文物保护单位实行管护结合的工作方法，完善馆藏文物的安保工作，加强文物保护宣传力度，推动全市文物保护工作顺利开展。

【第一次可移动文物普查工作】 宁国市第一次全国可移动文物普查工作自 2013 年 7 月开始，到 2016 年 12 月结束，分工作准备、普查实施和验收汇总三个阶段进行，普查标准时点为 2013 年 12 月 31 日。2013 年 7 月至 2013 年 8 月为普查第一阶段，主要任务是根据上级普查文件精神，成立普查机构，编制县域普查实施方案，编制并落实普查经费预算，组建普查队伍并组织培训，制定普查宣传方案等前期工作；2013 年 9 月至 2015 年 12 月为普查第二阶段，主要任务是以乡镇和市直部门为基础，开展国有单位收藏保管文物情况摸底排查、疑似文物收藏单位申报信息核查认定、文物信息数据登录、网上审核和现场复核等；2016 年 1 月至 12 月为普查第三阶段，主要任务是公布全市可移动文物名录和可移动文物收藏单位名录，编制可移动文物普查档案和普查工作报告，发布普查成果等。

市普查办组织各普查员通过初步调查、筛选排查、重点复查等方式，在全市 258 家国有单位中，确定 6 家国有单位收藏有可移动文物，经过近 4 年的紧张工作，完成 6 家普查单位的文物认定、信息采集、数据审核与登录报送工作，共登录藏品 4031 件（套），其中三级以上文物 145 件(套)，涉及砖瓦、陶瓷、石器、金银器、铜器等多个文物类别。此次可移动文物普查工作，普查文物种类丰富、数量较大、价值突出，是宁国市历史文化的实物见证。通过此次可移动文物普查工作，已基本掌握该市可移动文物的数量、分布、特征、保存现状等基本情况，为准确判断文物保护形势、科学制定文物保护政策和规划提供依据。

【文物保护单位申报】 2016 年 4 月，宣城市开展第二批市级文物保护单位申报工作，宁国市遴选 9 处文化遗存向上申报，并都被列为第二批市级文物保护单位。

2016 年 8 月，市文旅委组织宁国市第四批县级文物保护单位申报工作，10 个乡镇(街道)参加，收到 22 处文物点的申报材料。

表 58

宣城市第二批市级文物保护单位一览表(宁国市境内)

序号	名称	年代	保护对象	地点
1	汤氏宗祠	清代	古建筑	宁国市霞西镇
2	东山渡桥	明代	古建筑	宁国市梅林镇
3	东津桥	明代	古建筑	宁国市河沥溪街道
4	万年台	清代	古建筑	宁国市方塘乡
5	花园石窟	清代	石窟寺和石刻	宁国市梅林镇
6	望仙庵摩崖石刻群	清代	石窟寺和石刻	宁国市云梯乡
7	“故隐士汪君墓志铭”碑刻	元代	石窟寺和石刻	宁国市甲路镇
8	芝兰坞古窑址	唐、宋代	古遗址	宁国市方塘乡
9	吴越古道	五代	古遗址	宁国万家乡

【非物质文化遗产保护】 2016年，市文旅委按照“保护为主、抢救第一、合理利用、传承发展”的工作方针，组织专业人员到基层走访调查，筛选整理“宣州窑制作技艺”等17项非物质文化遗产项目。申报畲族文化传习展示馆保护、宁国龙窑制陶技艺传习基地保护2个资助项目。是年，组织皖南花鼓戏进竹峰小学、畲族民歌进云梯小学进行“非遗”宣传教育，以畲族“三月三”歌会为平台，展示云梯畲族民歌、畲族婚嫁非物质文化遗产。

文化旅游新闻出版市场管理

【概况】 2016年，宁国市文旅委执法部门严格执法，全年受理文化市场举报15起，办结15起；受理旅游投诉6起，办结6起。全年办结案件13起，罚款5.5万元，吊销许可证1起，收缴游戏机及主板19台，没收非法出版物1101本、非法光碟305盘，其中“飞狐网吧接纳未成年人案”被评为全省十大重点案件，安全生产工作被宁国市委、市政府评为先进单位。参加“3·15”“5·19”“12·4”等主题宣传活动，向市民发放文化旅游法律法规、政策宣传资料1万余份。

【网吧管理】 2016年，市文旅委继续保持对网吧接纳未成年人的高压态势，建立《文化旅游市场联动执法机制》，在非工作时间，“110”指挥中心接到接纳未成年人到网吧的举报，不再转交市文旅委执法部门，直接交由辖区派出所出警，迅速全天候地对网吧接纳未成年人的违法行为予以查处。发挥“五老”义务监督员的监督作用，与教育部门建立《网吧管理联络员制度》，实现教育与打击相结合。开展“绿色网吧”“转型升级优秀示范店”创建活动，宁国市遇见网咖厅、金凯网吧获得宣城市“绿色网吧”称号，腾讯网咖获得宣城市“转型升级优秀示范店”称号。

【娱乐市场管理】 2016年，游戏（艺）场所在市公安部门的严厉打击下仍处于关闭状态，市文旅委执法部门对无证经营的，发现1起，取缔1起。全年收缴游戏机及主板19台。在歌舞娱乐市场，以规范经营、创建全国县级文明城市、创建卫生城市为重点，加大检查督促力度，每月组织检查2次，督促歌舞娱乐市场规范经营、改善服务，加大检查处罚力度，全市歌舞娱乐市场规范、文明、有序。

【校园文化市场周边整治】 2016年，以严厉打击淫秽、暴力等有害出版物、无证经营为重点，市文旅委执法部门加强对校园周边的巡查，持续开展校园周边环境治理行动。牵头组织市公安局、市场监管局、卫计委等部门对全市中小学校周边环境开展2次集中整治行动，成效明显。

【“扫黄打非”专项行动】 根据上级“扫黄打非”领导小组统一要求，制定2016年“扫黄打非”行动方案，协调市公安局、综治委、市场监管局等部门相继开展以打击政治性非法出版物为重点的“清源”专项行动，以清除互联网淫秽色情信息和淫秽色情出版物为重点的“净网”专项行动，以整治校园周边环境、保护未成年人健康成长为重点的“护苗”专项行动，以打击假媒体、假记者站、假记者为主的“秋风”专项行动。行动共收缴非法出版物1101本、赌博游戏机362台、集成设备20套、其他伪劣商品250件。

同年4月，在世纪广场举行宁国市2016年“扫黄打非”查扣物品销毁活动仪式。活动共销毁违法音像制品837盘（张）、盗版书报刊708本、赌博游戏机362台、集成设备20套、其他伪劣商品250件。市公安局办理“扫黄打非”案件6起，查处首起利用伪基站破坏公用电信设备案。

【新闻出版市场管理】 2016年，市文旅委执法部门开展出版物市场专项整治行动。没收非法出版物1101本、非法光碟305盘，其中涉及宗教的光盘已移送宗教部门鉴定，办理案件1起。根据印刷市场多、散、参差不齐的特点，对印刷企业进行摸底登记，全面掌握印刷企业的现状和基本情况。针对内部资料印刷混乱的情况，开展内部资料管理专项整治行动。4月，对全市印刷包装企业进行专门培训2次，创新设立电子版的“印刷登记表”，让印刷企业在严格落实“五项”制度（承印验证制度、承印登记制度、印刷品保管制度、印刷品交付制度、印刷活动残次品销毁制度）的同时，方便快捷的备案。

【旅游质量监督】 2016年，市文旅委针对旅行社不与散客订立旅游合同、旅游档案整理不规范等现象，依法制定旅游团体和旅游车辆档案，建立旅游市场随机抽查相关规定并加强检查督促，组织全市26家旅行社参加由宣城市文广新局、宁国市文旅委主办的宣城市旅游团队服务管理系统培训班，规范旅游合同。以争创文明窗口为契机，从文明用语、导游带团要佩戴胸卡、服务规范、不索取小费、不误导游客消费、建立服务承诺制度并公示等行为入手，加强督查，倡导文明旅游，提高旅行社的行业形象。开展景区环境整治专项行动，组织全市6家景区进行自查，并与绩溪县开展互查。针对夏霖风景区被省旅游局限期整改的情况，制定整改方案，成立领导小组，整合市公安局、交通局、物价局、安监局、市场监管局力量，开展专项整治。景区对照整改要求，在环境整治、经营规范、形象提升等方面落实整改措施。全年受理旅游投诉6起，办理擅自经营旅行社业务案件1起，没收非法所得3000元，罚款1.3万元。

【安全生产工作】 2016年，市文旅委执法部门开展形式多样的安全检查。根据行业特点，相继开展景区地质灾害专项排查、人员密集场所专项消防安全大检查、印刷行业安全生产大检查、夏季安全生产大检查、冬季安全生产大检查；开展文化旅游“守护平安——火灾防控”专项行动，全年共查处安全隐患100余起，对查处的安全隐患督查其全面整改，其中责令停业整改3家。报宁国市安全生产委员会办公室列为重大安全隐患1起，报消防大队处罚5起。分网吧、旅游、印刷、歌舞娱乐4个行业召开安全生产培训会议，邀请安监、消防等部门与会讲课。相继举办景区及水上娱乐企业安全生产及消防安全培训会、漂流企业救生员培训班、旅游客运车辆安全营运管理相关法律法规培训会议，组织11家国家A级旅游景区参加宣城市景区安全培训班。与市安监局、市场监督管理局、卫计委、教体局等部门联合召开全市人员密集场所安全生产培训会议。将安全生产宣传与日常检查、案例通报和“安全生产宣传月”活动结合，根据季节性特点，在各电影院、娱乐场所、水上漂流适时开展防溺水宣传和警示活动。全年文化旅游行业未发生安全生产事故。

（孙成松　赵四平）

广播影视管理

【农村公益性电影放映工程】 2016年，宁国市文旅委继续实施省民生工程农村电影公益放映工程，对全市放映员就业务理论及现场故障处理等技术方面进行培训。要求放映员严格按照《安徽省农村电影放映管理暂行办法》做好场次的技术与安全准备工作，放映机、银幕架设等严格按规范摆放。每场影片正常放映完毕，从放映现场拍摄至少3张图像清晰的照片上传至安徽省农村电影公益放映监控平台，确保放映场次的有效性。在片源的采购上，根据广大农民朋友的需求，选购一些群众喜闻乐见、具有时代特色、农村气息浓烈的影片及新片。全市5个电影放映队在103个行政村共放映电影1236场，受益观众198410人次，提前完成全年的农村电影放映任务。

【农村有线广播电视网建设】 2016年，宁国市通过招商引资方式，引进安徽广视通网络科技有限公司，借助社会力量进行资本融合，以推进全市农村有线广播电视网络的整体改造和提升。根据国家广电总局“同一行政区域只能设立一个区域性有线广播电视传输覆盖网”的规定，并网整合后的农村有线广播电视网络将统一接入国家广电总局和安徽省政府批准的安广网络公司信号源，实现“一城一网”。

图书发行

【概况】 截至2016年年末，宁国市新华书店共有经理室、运营管理部、教育服务部、政企服务部和中心门店5个部门，在职员工26人。因宁国大道教材仓库拆迁，同年5月，教材仓库搬迁至河沥工业园众益工业广场内。全年共完成销售净收入2890万元，其中中小学课本485万元，教辅1413万元，大中专教材49.50万元，一般图书268万元，其他多元产品共计672万元，实现利润357万元。

【政治书籍发行】 2016年，市新华书店共发行党的各类政治书籍7800余册，销售收入40余万元。其中“两学一做”系列书籍4500余册，码洋30万元；《习近平系列讲话读本》1600册，码洋2.5万元。是年，《宣城家训》由新华书店独家发行，宁国共计发行1685册，码洋9.8万元。

【文化阅读活动】 2016年，市新华书店开展各类文化阅读活动40余场。其中名家签售2场(秦文君、许诺晨)，实现销售收入5万元。亲子阅读及手工DIY活动10场次，节日主题营销活动6场次，实现销售收入10万余元。开展流动售书20余场，实现销售收入12万元。

【图书发行服务】 2016年，市新华书店实行会员制销售服务模式，记录客户购买标准信息，根据标准特点，从提升客户价值的角度为其提供延伸服务、增值服务，建立稳定的客户渠道。针对大客户，推行综合化服务，制定走访计划，联系走访市直各单位、重点会员客户、大型企业、行业协会等，调查了解各单位标准图书需求状况、培训计划及其他需求，为其提供综合化标准服务。是年，建立企业和社区书屋共10个。

【研学旅行教育活动】 2016年，市新华书店共举办研学教育活动16期，参与学校21所，共有2400名中小学生参加，实现研学销售115万元。

（张　静）

广播电视

【概况】 2016年，宁国市广播电视台深入推进媒体融合发展，着力提升媒体的影响力和传播力，全面完成各项工作任务，安全播出无事故。是年，完成电视播控系统高清数字化升级改造，电视节目实现高清播出，电视信号进入电信网络IPTV，新增受众6万户。继续推进媒体融合转型，智慧宁国手机台实现全省首次手机客户端视频直播。获宣城市文明单位、宁国市征收征迁工作先进单位、宁国市综治先进单位等荣誉称号。

2016年年末，全台拥有干部职工72人，其中专业技术人员23人，拥有固定资产859万元。内设党政办公室、总编室、新闻生活频道、城市生活频道、城市广播频率、新媒体中心、《宁阳》杂志、广告中心、技术中心，派出机构有胡乐中心记者站。拥有新闻综合频道、城市生活频道、城市广播频率、宁国传媒网、智慧宁国手机台、宁国广电全媒体官方微博、宁国广电全媒体官方微信、宁阳杂志八大传播平台，是公众获取宁国信息的主要渠道和宁国对外展示形象的重要窗口。

【电视新闻报道策划】 2016年，市广播电视台在继续做好《聚焦三个年》《园区一线报道》《大交通大发展》《争创全国文明城市》《争创国家卫生城市》等重点栏目宣传报道的同时，新推出《“两学一做”专题》《进军五十强，率先现代化》《来自征迁一线的报道》等一批深度报道栏目。先后策划推出“比肩苏浙看发展”大型新闻行动首季浙江行和第二季江苏行活动，实现建台以来跨区域系列采访行动零的突破，受到四大班子主要领导的高度肯定。全年累计编发电视新闻2000余条、电视专题170余期，编发广播新闻近3400条、广播专题500余期。《民声365》全年采编播出260期共400余条，受理群众咨询、投诉近200余件(次)，编印上报《回音壁》21期。

【城市广播直播改版】 2016年，市广播电视台调整优化《946一路好心情》《946早安宁国》两档生活服务类栏目的版块设置，全年分别制作播出260余期。与市交管部门合作建立路况微信群，提高路况节目播报信息量，强化广播服务功能。建立946通讯员QQ群，畅通通讯员来稿渠道，提高民生新闻的分量和影响。开办5档直录播自办节目，日节目时长200多分钟。

【推进新媒体建设】 2016年，市广播电视台与山东手机台携手打造的融媒体平台——智慧宁国手机台完成设备升级，创新实现全省县市台首次客户端网上视频直播，智慧宁国融媒体平台建设被列入宣城市宣传文化创新项目。通过参与轻快百台春晚、新春人才招聘会现场展示及举办全市首届"十佳医生、十佳护士和名中医"评选活动，推广手机台等新媒体品牌，宁国广电全媒体官方微博粉丝4.7万余人，微信关注5万人，智慧宁国手机台访问量突破300万人次。

【《宁阳》杂志编辑出版】 2016年，《宁阳》杂志围绕全市中心工作和社会民生热点问题展开策划与组稿，不断提高办刊质量。3月23日，举办《宁阳》创刊三周年座谈会。全年编撰印发杂志6期，读者反响强烈。全年采写图文专稿70余篇，印发杂志6期共计9000册，向全市各党政机关、事业单位、省市驻宁单位、各乡镇（街道）、重点工商业企业和宁国籍在外知名人士赠阅。

【广播电视外宣创优再创佳绩】 2016年，市广播电视台瞄准"外宣宣城市夺第一"的目标，立足市台、主攻省台、突破央视。全年在中央电视台上稿7条，在《安徽新闻联播》上稿20条，在宣城电视台累计上稿193条；在宣城广播电台上稿200余条。围绕全市特色、亮点和优势展开题材策划，电视外宣保持《宣城新闻联播》县市发稿领先位次。

（夏必辉）

新闻传媒

【概况】 2016年，市新闻传媒中心主办《今日宁国》报、宁国新闻网、宁国论坛、掌上宁国手机客户端、《宁国新闻网》微博和今日宁国微信公众号共6个媒体平台，内设政务新闻部、深度报道部、生活副刊部、网络部、广告发行部、办公室共五部一室，工作人员36人。

是年，市新闻传媒中心继续对新闻采写、版式设计、专题策划进行创新，加强舆论引导，推进媒体融合，实行报网互动。《今日宁国》发行覆盖全市13个乡镇、6个街道以及党政机关、企事业单位和4000余户个体工商户。全年，编发稿件7500余篇，出版250期，每期向全市免费赠阅1.2万份。全年宁国新闻网《政民互动·在线访谈》栏目与市直相关部门合作开展在线访谈活动10期。宁国论坛拥有注册会员约20万人，日发帖量近2000贴。同年，联合市文明办、教体局开展"宁国市第二届美德少年"评选活动，通过报纸、网络投票，共评出周晓、彭博文等20名美德少年。与市委宣传部、公安局、交通局、文明办共同策划举办"红蜻蜓·四季花城——爱心送考"公益活动，共组织50辆出租车、30多辆私家车和130台公交车加入爱心送考队伍。

【报纸网络新闻宣传】 2016年，市新闻传媒中心围绕市委、市政府中心工作和阶段性重点工作进行系列报道。开展"基地建设推进年""城市创建攻坚年"和"旅游发展提速年"活动宣传工作，在《今日宁国》报、宁国新闻网开设专栏，重点报道活动的重大意义、主要内容、动态进展及取得的成效。全年共推出三项活动专版32个，刊发相关稿件（图片）800余篇。

在《今日宁国》报、宁国新闻网开辟"开展两学一做，为党旗争辉"专栏，宣传开展"两学一做"学习教育的重要意义、主要内容、深刻内涵、具体措施，推广"两学一做"专题学习教育特色做法，宣传各级各部门开展"两学一做"专题学习教育特色活动、主要举措以及取得的突出成效和典型经验。全年编发"两学一做"各类宣传稿件300多条，组织刊发"两学一做"宣传专版20余个。

《今日宁国》报开辟"争创全国文明城市、国家园林城市""小手牵大手，文明路上一起走"等专题专栏，对争创工作展开深入的宣传报道，同时在宁国新闻网、宁国论坛和"掌上宁国"开设创建相关专题。全年报纸和新闻网共刊发关于"双城创建"的文稿500余篇，组织宣传专版20个、文明公益广告专版150余个（条）。"走基层、转作风、改文风"、33项民生工程、庆祝建党95周年活动、抗洪救灾、美丽乡村建设及旅游经济、生态环境、道路基础设施建设、平安宁国建设等各项工作的宣传卓有成效。

【《政民互动·在线访谈》栏目】 2016年，市物价局、财政局、交通运输局、房管局、农委、文旅委、国土局、规划局、发改委、经信委共10个单位通过《政民互动·在线访谈》栏目，分别就广大网民关心关注的"践行三严三实，履行价格职能""服务经济发展，倾力保障民生""优化线网结构、提升服务质量，不断满足群众出行需求""依法行政、公开便民""依法行政，服务三农""发展文化旅游，全程做好服务""节约集约用地，构建和谐社会""坚持科学规划，规范城乡建设""坚持项目立委、促进经济发展""加快转型升级，推进工业强市"等主题进行交流互动。

（张　斌）

安广网络

【概况】 安徽广电信息网络股份有限公司宁国分公司主营数字电视、

有线宽带、互动电视、高清电视、智能电视、3D 频道、专业频道，拥有固定资产 6200 万元。至 2016 年年底，宁国分公司有员工 39 人，其中工程技术人员 12 人，内设工程技术部、市场营销部、客户服务部，下设 2 个营业厅。全年走进小区开展室内线路故障维修、机顶盒及遥控器清洗、文化惠民下乡等便民服务活动 110 次，为在网三年老用户免费置换高清机顶盒 3508 个。

【网络建设】 2016 年，安广宁国分公司共投入建设资金 769.80 万元，完成城区管网建设 9.80 千米，敷设城区光缆 67 千米，开通光节点 43 个，新开通 8 个小区信号。至年底，宁国分公司历年累计完成城区敷设主支干线光缆 397 千米，总投资 3929.80 万元，覆盖住户 4.51 万户；完成农村有线电视网络架设主支干线光缆 406 千米，总投资 2910 万元，连接全市 13 个乡镇和 5 个街道，覆盖住户 3.46 万户。全市拥有有线电视用户 5.32 万户，宽带用户 1.04 万户，其中 2016 年合计新增 2103 户。有传输基本频道 84 套、付费频道 78 套、高清频道 38 套、数字广播 16 套。

（周恬恬）

档案工作

【概况】 2016 年，市档案局（馆）全面落实《关于宁国市加强和改进新形势下档案工作实施意见》。10 月 9 日，市档案局印发《档案工作目标管理考核细则》，将档案目标管理考核与档案年检相结合，促进档案检查考核工作常态化。是年，市档案局较好地履行档案依法行政和法制宣传教育重要职能，被评为 2011—2015 年全市法治宣传教育先进集体。

截至 2016 年年底，馆藏档案 243219 卷、114970 件，排架长度达 4725 米，其中属国家重点档案（晚清和民国档案）1259 卷；录音、录像、磁带 76 盘，照片档案 2713 张，馆藏资料 27319 册、报纸 3720 册，排架长度 155 米。

【《宁国市加强和改进新形势下档案工作实施意见》出台】 2016 年 1 月 11 日，市委办、市政府办印发《宁国市加强和改进新形势下档案工作实施意见》。全文分 5 部分 17 条，包括加强和完善档案工作体制机制、建立健全覆盖全市的档案资源体系、建立健全方便人民群众的档案利用体系、建立健全确保档案安全保密的档案安全体系、营造促进档案事业发展的良好环境 5 个方面，突出档案资源体系、利用体系和安全体系建设，建立和完善档案发展新格局。

【档案接收整理与征集】 2016 年，市档案局接收市委宣传部、市信访局、农机局与南极乡等单位的实物、声像档案，共计国家级、省级荣誉奖牌 34 块、照片 13 张、光盘 6 盒。完成团市委、市移民局等单位文书档案移交进馆任务，共计接收文书档案 646 卷、1170 件。

【馆藏党内规范性文件清理工作完成】 2016 年，市档案局根据《关于印发党内规范性文件清理工作实施方案的通知》要求，抽调 4 名人员对馆藏档案进行集中清理，共清理出宁发文号的规范性文件 143 份、宁办发文号的规范性文件 148 份，并将清查结果报送至市委办审核备案。

【档案业务指导】 2016 年 7 月 14 日，市档案局举办全市档案业务培训班，全市乡镇（街道）、市直单位 100 余名档案管理人员系统学习综合档案室规范化管理、电子文件在线接收归档、《中华人民共和国档案法》《档案管理违法违纪行为处分规定》以及归档文件与声像档案整理方法等档案业务。同年 5 月 19 日，联合市财政局举办会计档案培训班，对全市行政、事业单位、规模以上企业共计 200 余名会计档案管理人员进行新修订的《会计档案管理办法》专题培训。

是年，指导全市各乡镇（街道）、市直单位完成 2015 年度归档文件整理工作；开展库区林权发证档案的指导监督工作；开展不动产登记局所涉档案归属管理及移交指导服务工作；加强全市农村土地承包经营权确权登记颁证档案工作的指导与监督，登记颁证工作通过省级验收。

【档案规范化建设】 2016 年，市档案局指导市社保局、宁医司法鉴定所、江南爆破公司等机关企事业单位开展档案规范化建设。是年，宁医司法鉴定所被评为“省一级先进单位”，市社保局通过省级达标验收。

【档案信息化建设】 2016 年，市档案局完成档案整理及数字化加工供应商库招标采购工作。12 月，完成馆藏市政府办文书档案全文数字化工作。

【档案文化宣传教育】 2016 年，市档案局围绕“6·9”国际档案日纪念活动，开展“档案与民生”主题系列宣传活动，广泛宣传档案馆服务民生的作用。开展“小记者走进档案馆”开放日活动，实验小学 100 余名小记者先后参观档案调阅大厅、政务公开信息查阅中心、中心机房、档案库房和“千年宁国”展厅，观看档案管理、作用等知识的动漫视频与专题片。

开展档案爱国主义教育。先后接待党校中青班学员、霞西镇朱村小学留守儿童和实验小学、宁阳学校、津北小学学生等，全年接待2000余人次。

【档案利用服务】 2016年，市档案局继续开展企业职工、退伍军人、库区移民身份证明及婚姻、土地、林权等方面查档服务，全年接待调阅档案资料3980人次7066卷次，复印档案资料10604页，为市民在落实政策、明确权属、解决纠纷、工作查考等方面提供原始依据。积极配合港口湾库区山场确权发证办公室、市救灾办、河沥溪街道等单位，提供相关档案信息服务。

（章文芳）

党史工作

【概况】 2016年，市委党史研究室开展党史资料征集工作，征集到“小三线”建设、乡镇企业发展、解放前宁国第一个中共党组织负责人傅金林的珍贵手迹以及解放后在宁国工作的部分县委负责人的照片等实物资料；搜集抢救宁国大量抗日战争及解放战争时期党的秘密活动和军事斗争珍贵史料，填补中共宁国党史军事研究的空白。协助市新四军历史研究会（简称市新研会）编辑出版《千秋铁军》。

完成《安徽改革开放实录》（第二辑）“宁国市培育企业上市的实践及经验”专题文章的初稿撰写任务。结合美丽乡村建设，对板桥、盘樟等红色旅游资源较为丰富的村庄革命斗争史进行梳理，为相关村庄发展旅游提供第一手资料。

图41 2016年10月14日，市关工委、新研会、教体局、党史研究室在津河中学联合举行“铁军精神进校园”活动

【党史宣传教育】 2016年，市委党史研究室结合红军长征胜利80周年和建党95周年开展“领导干部党史教育日”活动，到20余家单位开展党史知识宣传教育，受众1000余人；接待合肥工业大学学生到宁国革命老区板桥开展红色调查访问活动，宣传宁国革命斗争史；向有关单位赠送《中国共产党宁国历史（第二卷）》等书籍、资料。春节期间，联合市美好办、工商联及市书画爱好者，到方塘乡革命老区开展“我们的节日”系列主题活动。

（章文芳）

新四军历史研究会工作

【概况】 2016年，市新研会组织采访新四军老战士活动，征集编写25篇史料文章，发布活动简讯30篇，编辑出版《千秋铁军》会刊2期。组成宣讲团，开展“铁军精神进校园”宣讲活动，举办讲座30余场，4000余人次接受革命传统教育。实地考察板桥、万家、冯家塔等多处重要革命活动点，在南极、板桥等地开展“昔日根据地、今日新农村”建设活动，改善老区村容村貌。联合市美好办、工商联、市委党史研究室，到方塘乡向革命老区赠送党史书籍、《千秋铁军》期刊和书画作品。春节前，到革命老区南极慰问，书写春联300副。因人事变动，12月26日，市委办发文调整市新研会组成人员。

【“铁军精神进校园”活动】 2016年10月14日，由市关工委、新研会、教体局、党史研究室联合开展的“铁军精神进校园”活动在津河中学举行。活动举办纪念抗日战争胜利71周年书画展览，以及相关系列讲座。在宁国中学、津河中学举办“铁军精神进校园”书画展，展出作品100余幅。

（黄永武）

地方志工作

【概况】 2016年，市方志办总结“十二五”地方志工作，拟定《宁国市地方志事业发展规划(2016—2020年)》,编纂出版《宁国年鉴(2016)》。向出席"两会"的市人大代表、市政协委员及列席人员赠送《宁国年鉴》;开展志鉴下乡和进学校、进社区、进军营活动,先后向红色老区板桥村、城东社区、宁阳学校和驻宁武警消防部队等单位赠送志鉴地情书。

是年,《宁国市志(1978—2003年)》获全省特等奖,该办总结撰写的宁国市地方志工作经验入选《全国地方志工作经验交流材料汇编》,并作为全省地方志工作先进单位参加第一次全国地方志工作经验交流会。

【《宁国年鉴(2016)》编纂出版】 2016年,市方志办坚持"质量第一、不断创新"的理念,突出"五个抓手"(抓规范、抓培训、抓考核、抓质量、抓特色),提升年鉴编纂质量。年初编制基本规范条目以规范各供稿单位撰稿选题;将各供稿单位撰稿情况纳入年底全市目标管理考核;及时开展年鉴编纂业务培训指导;坚持图文并重,向各供稿单位、报社、文联及摄影家协会广泛收集图片资料;强化年鉴编审工作,精心编纂编排,开展志办内审和集中返回部门审核工作,历经5次校对,于11月出版。

该书85万字,设38个栏目,下设206个分目1359个条目,有彩页32面。全面记载2015年度宁国市政治、经济、文化、社会等方面的基本面貌和年度发展情况。全书地方特色与年度特点突出。彩页设计方面,突破以往彩页选材编排只反映新闻照片的局限,在封面、封底与彩页中以"最美宁国"为主题,编排一组反映城乡建设、交通建设和旅游发展新风貌新胜境的照片,尤其以跨页整版编排的6幅风光照片,既展现地方特色和宁国之美,又呼应2015年宁国获得"美丽中国·十大最美城镇"重要荣誉这一年度重大新闻事件。年度特点方面,在彩页中设《城市创建》《第四届宁国山核桃文化节》专版,在专记设《第四届宁国山核桃文化节活动纪实》,反映2015年全市创建全国文明城市、园林城市、卫生城市的中心工作及举办山核桃文化节的重大节庆活动。体现2015年"十二五"收官之年的年度特征,在专记中设《宁国"十二五"发展成就》一文。《宁国年鉴(2016)》出版后,先后荣获全省第三届年鉴质量评比综合特等奖、全国地方志优秀成果(年鉴类)县区级综合一等奖(全国共3500部年鉴参评,《宁国年鉴(2016)》位列全国县区级年鉴第四,是该市方志办成立以来,宁国志鉴书籍在全国荣获的最高荣誉)。并因此被市委、市政府作为"目标管理贡献奖"单位通报表彰。

【方志馆藏资源建设与服务工作】 2016年共收集新编族谱、本地个人著述等地情资料十余种,收集本地报刊数种,与省内外同行交流志鉴地情书近百种。先后为城市规划、旅游资源调查、旅游项目设计等工作提供地情资料服务。

【乡镇志、专业志编修与地情文化普及】 2016年继续指导乡镇志、专业志编修工作,《宁国市水利志》基本定稿,《云梯畲族乡志》初稿完成。与市政协文史委等单位合作编辑出版《梨园今昔——皖南花鼓戏在宁国》《津河浮古——宁国儒释道三名家》2本地情书;与市新闻传媒中心合作在《今日宁国》报开设《宁国史话》专栏,全年刊载地情文章数十篇。

(章文芳)

图42 地情书《梨园今昔——皖南花鼓戏在宁国》《津河浮古——宁国儒释道三名家》

卫生·计生

Medical Services & Family Planning

寧國年鑒

· 卫生

· 计划生育

卫　生

·综　　述·

【概况】 截至2016年年底，宁国市有各级各类医疗卫生机构270个（比上年减少4个），其中二级综合医院1所，二级中医医院1所，社区卫生服务机构21个，乡镇卫生院13所，民营医院11所（其中专科医院7所），村卫生室152个；全市拥有床位1877张、卫生技术人员2558人，平均每万人拥有床位48张、卫生技术人员66人（比上年增加1人）。卫生技术人员中，有执业（助理）医师1010人、注册护士1024人，分别占39.48%，40.03%。

【医药卫生体制改革】 2016年，市卫计委组织开展2015年度县级公立医院绩效考核；市医改领导小组印发《宁国市2016年深化医药卫生体制综合改革试点重点工作任务》并组织实施；牵头起草宁国市“十三五”卫生和计划生育事业发展规划（送审稿）、宁国市医疗卫生服务体系规划（2016—2020年）（送审稿）以及宁国市医疗机构设置规划（2016—2020年）（送审稿）；定期开展医改监测。县级公立医院严格落实药品耗材采购使用、服务价格有关政策，人事薪酬制度改革不断完善，药占比、耗占比同比分别下降4.9%、32.39%，医疗服务信息做到常态化公开，按病种付费及临床路径管理工作有效开展；村卫生室经费补助政策持续落实，完成在岗村医养老保险资金测算，“群众满意的村卫生室”及“群众满意的乡镇卫生院”创建成效显著，港口中心卫生院被国家卫计委授予“2015—2016年度群众满意的乡镇卫生院”称号。

【推进医疗卫生与养老服务相结合】 2016年，市政府办印发《宁国市推进医疗卫生与养老服务相结合实施方案》，进一步完善65周岁以上老年人及计生特殊家庭等群体就医绿色通道制度，3个医疗机构在养老机构增设执业地点。

【加快推进家庭医生签约服务工作】 作为安徽省卫计委确定的家庭医生签约服务试点市，宁国市于2016年5月启动家庭医生签约服务试点工作，至年底，该市总体签约率为18.86%，其中有偿签约率6.05%（其中老年人、高血压患者、糖尿病患者有偿签约率分别为43.04%、31.27%、15.67%），总体签约率及有偿签约率均超省规定的目标任务。

图43　2016年11月4日，宁国市家庭医生签约服务工作推进会在健康大楼八楼多功能厅召开

【村医生活补助发放】 至2016年年底，全市共有337名到龄退出村医享受生活补助，退出村医生活补助发放工作平稳推进。

【公共卫生服务均等化】 2016年，全市居民规范化电子健康档案累计建档率达86.62%。同年，为适龄儿童免费接种第一类疫苗76515针次，22针次单苗接种率均达到90%以上，建卡率达到95%以上；孕产妇系统管理率、3岁以下儿童系统管理率和7岁以下儿童保健覆盖率分别为91.84%、95.88%、95.42%；65岁以上老年人、高血压患者、2型糖尿病患者规范管理率分别为60.48%、85.12%、83.78%；重性精神疾病患者检出率为3.87‰，发现的重性精神疾病患者规范管理率为95.94%；报告法定传染病15种3566例，疫情报告及时率100%，全年突发公共卫生事件1起；卫生监督协管巡查3259次，信息报告4087次；发放各类健康教育宣传材料110万份，更新宣传栏1121块，完成咨询讲座1091次，受益人群70295人次；65岁以上老年人和0～36个月儿童中医药健康管理覆盖率分别为85.7%和63.9%。

【民营医院建设】 2016年，市卫计委在支持和引导社会资本办医过程中，采取公开医疗机构的审批程序、工作流程和审批时限等方式，方便社会办医疗机构审批。坚持由社会办医疗机构自主决定其经营模式；对社会办医疗机构提供的基本公共卫生服务采取政府购买的方式予以补助；对符合条件的民营医院，按照统一标准落实城乡居民基本医疗保险定点资格；依法加强监督，坚决查处医疗机构的违法违规行为，督促其规范执业；对公立医疗机构与社会办医疗机构之间的人才流动，不阻拦、不设槛。民营医疗机构的医护人员的职称评定与公立医院享受同等待遇；通过多种渠道，加强对社会办医疗机构从业人员的培训，逐步提高其技能水平。至年底，全市共有民营医院11所，拥有卫生技术人员394人、床位518张。

【医疗卫生服务体系建设】 2016年，市中医院迁建扩容项目按照PPP模式稳步推进。骨科医院建设项目主体工程已完成，正在进行外墙大理石干挂、外墙真石漆处理、门窗制作安装等工作，全年共计完成投资6500万元。以“四个创建”（“群众满意的村卫生室”创建、“群众满意的乡镇卫生院”创建、中心卫生院创建二级综合医院、基层医疗卫生机构“管理、建设、服务标准化”创建）和“五评比、五促进”为抓手，提升乡村医疗机构服务能力。加强市直卫生计生机构对口支援基层卫生机构工作。全年组织各类卫生技术人员参加省、宣城市举办的各类培训班1000余人次。

【卫生信息化建设】 2016年，市卫计委区域卫生信息平台，通过对基层医疗卫生机构基本公共卫生服务、基本医疗服务等信息进行查询、统计和分析，实现动态管理。在区域卫生信息平台上，加载家庭医生签约服务信息系统模块。家庭医生签约服务信息系统运行正常，并能及时、完整、准确上传数据至省级监管平台。市人民医院利用信息化手段推进预约诊疗服务。

【卫生队伍建设】 2016年，市卫计委派出13名医务人员到省卫计委指定的培训基地进行为期3年的住院医师规范化培训；安排1名乡镇卫生院执业（助理）医师的全科医师参加转岗培训；组织宁国市人民医院、宁国市中医院申报6项宣城市级继续医学教育项目，并通过宣城市继续医学教育项目专家评审组评审；开展卫生技术人员继续医学教育学分验印工作。组织开展全市基层卫生岗位练兵和技能竞赛，派员参加宣城市基层卫生岗位技能竞赛；组织开展宁国市护理技能大比武活动；组织全市医疗机构参加宣城市第四届急诊急救大赛。完成农村中医药一技之长人员纳入乡村医生管理工作，6名中医药一技之长人员纳入管理。“全国名老中医中医药专家传承工作室建设项目”稳步推进。

【规范医疗行为】 2016年，市卫计委提出12条具体的处理措施，落实医疗质量责任追究制度。此举得到安徽省卫计委的肯定，并作出专门批示，号召全省积极推广。加大医疗质量安全管理明察暗访工作力度，注重充分发挥全市医疗质量控制评价中心作用，及时发现、解决存在的医疗安全风险隐患。举办全市临床规范用药培训班，麻精药品、抗菌药物处方权、调剂权培训班。会同市市场监管局联合开展医疗机构“规范药房”建设工作。利用药品网采监管平台，加强对药品网采的监测工作，对发现的异常现象，及时督促医疗机构进行整改。根据省、宣城市确定的重点药品监控目录，及时组织全市各公立医疗机构开展自查自纠，加强督查。在全市范围内开展治理医药购销领域商业贿赂专项活动。组织开展依法规范执业、病历书写、临床规范用药、药械安全性监测培训班。完成医疗机构的麻醉药品、第一类精

图 44　2016 年 4 月 12 日，全国爱卫办组织专家和相关部门对宁国市 2015—2017 周期创建国家卫生城市（区）工作进行综合评审

神药品《印鉴卡》的更换工作。继续严格落实省卫计委《关于加强医疗机构静脉输液管理的通知》。继续在全市范围内开展“三好一满意”“优质护理服务示范工程”“微笑服务、温馨医院”及“服务百姓健康行动”大型义诊周等活动。

【医疗卫生行风建设】 2016 年，市卫计委开展“三好一满意”等活动，优化就医环境和服务流程；加强对医务人员的教育和管理，开展《医疗机构从业人员行为规范》职业道德教育，组织开展全市卫生计生系统医务人员严格遵守“九不准”（不准将医疗卫生人员个人收入与药品和医学检查收入挂钩、不准开单提成、不准违规收费、不准违规接受社会捐赠资助、不准参与推销活动和违规发布医疗广告、不准为商业目的统方、不准违规私自采购使用医药产品、不准收受回扣、不准收受患者“红包”），守住行为规范底线培训。围绕“净化行业风气，减轻患者负担”和“医疗机构依法执业工作”，以专项治理医药购销领域商业贿赂和民营医疗机构依法执业作为突破口，加强行业监管和对医疗机构的监督和管理，严格规范执业行为；加强作风建设，在重点时段、重大节日等，不定期开展贯彻执行中央“八项规定”、省市“三十条”规定监督检查；健全完善治理商业贿赂长效机制，继续开展各种形式的反腐倡廉学习教育和警示教育活动；积极推进药品、医用高值耗材网上集中招标采购，累计参加省网上集中采购药品 15635.85 万元，县级医用高值耗材 1027.33 万元。

【国家卫生城市创建】 2016 年，宁国市委、市政府多次召开创建国家卫生城市推进会、调度会，出台《宁国市创建国家卫生城市工作问责办法（试行）》《宁国市 2016 年创建国家卫生城市目标管理考核细则》等文件，强力推进国家卫生城市创建工作。形成市委督查室、市政府督办室、目标办、创卫办及相关部门组成的“4+X”的创卫督查机制，建立日督查日调度日通报制度。进一步加强创卫知识和健康卫生知识宣传，营造浓厚的创卫氛围。6 月，经省爱卫办复核，正式向全国爱卫办推荐该市申报创建国家卫生城市。9 月，成功通过创建国家卫生城市暗访程序。

·医疗机构建设·

【宁国市人民医院建设】 2016年，宁国市人民医院医改工作扎实推进，运行健康平稳。该院全年门诊服务55.8万人次，出院3.3万人次，住院病人手术8310台次，药占比34.7%，平均住院日8.7天。全年医院每职工平均业务收入、门急诊人次、住院床日及百元固定资产医疗收入均有增长，完成计划生育、妇女儿童保健、急诊急救、突发公共卫生事件应急处理、全市大型活动医疗保健、传染病防治、司法鉴定等项工作。有180个病种纳入临床路径管理。在推行临床路径管理基础上开展按病种付费方式改革，有134个病种实行按病种付费。牵头成立市医院医疗共同体，与21家成员单位签署医共体协议，制定医共体章程，从技术支持、人才培养、医院管理等方面对基层医疗机构进行全方位帮扶。强化同上级医院联系，加入浙江省肿瘤医院、安徽省立医院、南京市儿童医院、芜湖市第二人民医院医联体。将100名优秀人才纳入编制与岗位管理。有多人次担任省级专科学会委员，10余人已通过省高级职称评审，1人通过正高职称评审。正式建立疼痛科、康复医学科，完成急诊科搬迁并开设病房，血液透析中心扩建，健康管理(体检)中心荣获全国健康管理示范基地。引进64排128层CT，800mA DSA(数字减影血管造影X线机)并投入使用。全年共接诊2880名孕妇分娩，剖宫产率降至42%。慢病防控工作不断推进并取得成效，荣获省健康促进医院示范医院称号。进一步健全、完善医疗核心制度，严格进行量化评分，病历书写、病案管理及医疗核心制度的落实情况持续改善。常态化开展优质护理服务专项检查，落实病房责任制整体护理，规范护理行为，改进服务质量。开展延续性护理服务，对出院患者进行电话回访或上门家访，将护理服务延伸至社区、家庭。加强医院感染管理规章制度的落实，健全院感组织网络，提高监控医生、护士的责任意识。多措并举，有效控制医疗费用不合理增长。进一步加强医院文化建设，努力打造人文医院，确定“厚德尚医”为医院院训。

图45 2016年1月6日，宁国市人民医院医共体成立暨签约仪式举行

【宁国市中医院建设】 2016年，宁国市中医院制定个性化对口帮扶方案，完成临床路径信息化管理的基础准备工作，筛选出56个病种，作为首批开展临床路径的病种。第二批中医师承教育工作顺利开展。医院新址迁扩建项目于2016年7月20日破土动工，项目用地总面积6.63公顷，其中一期用地3.4公顷，二期用地2.93公顷，规划床位700张，工程主体建设正在稳步进行。实行首问、首诊负责制，为行动不便的门诊、住院患者提供护送、陪检服务，为急危重症患者开通绿色通道，实行先救治、后缴费；医院在门诊大厅设立志愿者便民服务台，为就诊患者免费提供热水、轮椅、老花镜、针线、雨伞、血压测量、健康咨询等便民服务，增加无障碍厕所、无障碍通道等无障碍设施建设。设立医患关系办公室，对病人的投诉进行登记处理。实施职工全面禁烟，抽选50名禁烟劝导员，开展院内巡视。市中医院杏林志愿者服务队全年多次开展联点共建活动，在“糖尿病日”、重阳节等节日开展义诊活动，志愿者服务活动20余次。是年末，医院共有职工265人，其中高级职称8人，中级职称90人，研究生12人。有1名中国基层名中医、2名省名中医、8名宁国市名老中医。全年实现业务收入6000余万元。

【市中医院迁扩建PPP项目建设】 宁国市中医院迁扩建项目位于国家级宁国市经济开发区宁城南路东侧，选址占地面积约6.63公顷。项目分2期建设，其中1期建设门诊楼、住院楼、医技楼、急诊楼，建筑面积46650平方米，采取PPP建设模式，项目承建方为安徽水安建设集团。该项目是宁国市首个PPP项目，也是安徽省首个正式医疗类PPP项目。

【农村急救体系建设】 2016年，急救点救护车辆购置及设备等经费50万元已拨付至宁国市首批建设的农村急救点——甲路中心卫生院。该院正在开展急救点设施改造、设备和人员配备等工作。

【农村医疗机构建设和社区医疗机构建设】 2015年，市卫计委开展“群众满意的村卫生室”创建活动，港口镇山门村卫生室被评为2016年度“群众满意的村卫生室”创建活动省级先进单位。

·公共卫生·

【生活饮用水卫生监管】 2016年，市卫计委组织开展生活饮用水卫生知识及法律法规宣传。对14家集中式供水单位及4个农饮工程饮水点开展执法检查，并联合疾病预防控制中心对出厂水进行监督检测，对3家水质检测不合格的集中式供水单位立案查处，共计罚款7500元。对2家农村饮水工程无水质净化设施、水质检测不合格存在的安全隐患向当地乡镇一级政府去函，建议政府要明确供水单位责任主体，增设水质净化设施，确保供水安全。

2016年宁国市集中式供水单位水质检测情况表

表59

供水类型	检测份数	合格份数	合格率%
市政水厂	4	4	100
农村集中式供水单位	14	11	78.6

【食品安全监督】 2016年，制定《宁国市2016年食品安全风险监测实施工作方案》，完成2016年食源性疾病监测工作任务，全年累计上报监测病例587例，未接到食源性异常病例/异常健康事件报告，做好食品中污染物及有害因素监测工作，按工作方案要求做好监测所涉基础信息收集和各类食品的定期抽采样、送样工作。全年采送样8次，未发现存在食品安全风险异常结果。食品安全风险监测区域覆盖率达到要求。

【公共场所监管】 2016年，市卫计委对全市30个中型以上公共场所经营单位卫生信誉度等级评定结果进行通报，对10个卫生信誉度A级单位进行授牌；对29处大中型以上公共场所内空气质量以及公共用品用具等消毒保洁效果进行抽检，共抽检样品份数111份，合格105份，合格率94.59%。7月起，对城区所有公共场所进行拉网式专项监督检查，共检查各类公共场所1000余处，发放各类公共场所用品用具消毒方法、病媒生物预防及公共场所卫生管理条例实施细则等资料5000余份。

2016年宁国市公共场所用品用具及空气质量检测情况表

表60

公共场所行业	抽检份数	合格份数	合格率(%)
宾馆旅店	51	49	96.08
美容美发	41	39	95.12
公共浴室	16	14	87.5
商场	3	3	100

【社区卫生】 2016年，制定并实施《宁国市社区卫生服务提升工程暨创建“群众满意社区卫生服务中心”实施方案》。市卫计委全年共计拨付99.334万元资金，用于购买社区卫生服务站，向居民免费提供的基本公共卫生服务。

【农村卫生】 2016年，市卫计委继续推进乡村卫生服务一体化管理工作，乡镇卫生院（街道社区卫生服务中心）不定期对辖区内一体化管理村卫生室（站）开展督查、指导，并按时完成上下半年的绩效考核，考核结果与一体化管理村卫生室（站）补助资金直接挂钩。

【学校卫生】 2016年，市卫计委分

别于5月和9月对全市中小学开展以学校传染病防控、生活饮用水卫生、教学与生活环境卫生为重点的学校卫生安全专项检查，共检查中小学43所、幼儿园82所，针对检查中发现的问题，均下达卫生监督意见书，并要求立即整改。对3所提供直饮水的学校进行专项监督检查，主要检查卫生管理制度、涉水产品索证材料和水质检测记录等。

【放射卫生监督】 2016年，市卫计委对全市25家医疗机构的放射诊疗防护工作情况进行监督检查，重点检查“放射诊疗许可证”和“放射工作人员证”持证情况、放射诊疗建设项目职业病危害评价情况、设备状态检测情况、工作人员及患者防护用品配备情况和放射工作人员职业健康监护等情况。对各类放射工作场所X射线辐射剂量进行监测，并对108名放射工作人员进行法律法规暨防护知识培训。

【卫生监督执法】 2016年，全市共立案查处各类卫生违法案件32件，其中医疗机构处罚案件16件、公共场所处罚案件11件、集中式供水单位处罚案件3件、放射卫生处罚2件，处罚金额6.1万元。

【爱国卫生运动】 2016年，宁国市贯彻落实《安徽省人民政府关于进一步加强新时期爱国卫生的实施意见》精神。宁国市委、市政府将爱国卫生和国家卫生城市创建工作纳入《宁国市爱国卫生“十三五”（2016—2020年）工作规划》和2016年《政府工作报告》中。市编办下发《关于同意市爱国卫生运动委员会办公室有关机构编制事项调整的批复》，同意市爱卫办由原3名编制调整为8名编制，同时内设综合管理科、督查指导科及健康教育科3个科室。围绕“灭蚊防病，健康你我”为主题，开展第28个爱国卫生月活动；围绕“除害防病　健康你我”活动主题，开展第7个爱国卫生法制宣传周活动。开展“健康食堂”“健康餐厅/酒店”“健康一条街”“健康单位”创建活动。继续组织做好农村改水改厕，圆满完成2016年城乡生活饮用水卫生监测任务；将农村无害化卫生厕所建设纳入美丽乡村建设规划，同步推进，2016年度3个省级美丽乡村建设中心村农户卫生厕所普及率达标，圆满完成2016年城乡环境卫生整洁行动目标任务。是年6月，全市城区病媒生物防治工作通过省爱卫会组织的病媒生物防治考核。继续做好卫生镇（村）和卫生先进单位的创建。2016年，创建安徽省卫生村4个、卫生社区1个、卫生先进单位14家，宣城市卫生镇1个。

【卫生应急】 2016年，市卫计系统各单位共培训各级各类卫生工作人员800余人次；组织开展食物中毒、传染病防控等各类演练共计10余次。全市突发公共卫生事件1起，无法定传染病暴发疫情。

【妇幼健康】 2016年，市卫计委优化整合妇幼保健和计划生育服务资源，完成市、乡两级妇幼保健机构和计生技术服务机构的优化整合工作，成立市妇幼保健计划生育服务中心和乡镇妇幼保健计划生育服务站。完成妇幼健康培训工作，提高全市妇幼保健人员素质及妇幼健康网络信息化管理水平，继续完善全市乡镇医疗机构妇幼保健规范化门诊建设。至年底，孕产妇系统管理率91.84%，住院分娩率为99.99%，剖宫产率为41.66%，第一产次剖宫产率35.65%，同比下降16个百分点。开展新生儿访视3438人次；儿童建卡3410人次，0～36月儿童保健25174人次，完成托幼机构幼儿园647名教师和保育员体检工作，幼儿体检11672人。5岁以下儿童死亡率为3.48‰，婴儿死亡率为2.32‰，7岁以下儿童保健覆盖率为95.42%，3岁以下儿童系统管理率为95.88%，5岁以下儿童生长迟缓发生率0.49%，5岁以下低体重率0.5%，5岁以下贫血患病率为0.3%，纯母乳喂养率89.08%，机构内新生儿遗传代谢性疾病筛查率100%，新生儿听力筛查率96.8%，孕产妇HIV抗体检测率为99.97%，孕产妇梅毒和乙肝检测率为100%。完成妇幼卫生年报质控和“三网”监测，全年5岁以下儿童死亡评审6例，无孕产妇死亡。累计发放叶酸12044瓶，共计2589人次，全年无新生儿神经管缺陷病例发生。推进农村妇女“两癌”免费筛查工作，开展10900例宫颈癌检查和2000例乳腺癌检查。出具有效出生医学证明3302份，作废9份，作废率0.27%，低于1%的控制标准。妇女常见病定期筛查率42.11%。

【提高妇女儿童健康水平】 免费婚前医学检查：2016年，全市结婚登记人数6462人，婚前医学检查人数5988人，婚检率92.66%；婚前卫生指导5988人，指导率100%；婚前卫生咨询543人；检出疾病人数543人，检出率9.07%，其中指定传染病58人，占检出的10.68%；未检出严重遗传病；生殖系统疾病400人，内科系统疾病93人，对影响婚育疾病出具医学意见543人次。

农村孕产妇住院分娩补助：2016年，全市农村孕产妇住院分娩补助2110人（省定任务1850人），任务完成率为114.05%，共计补助资金 61.35 万元。

扩大国家免疫规划接种：2016 年，为全市适龄儿童（包括流动儿童）22 针次扩大国家免疫规划疫苗免费接种 75859 剂次，接种率为 116.18%，建卡率为 104.41%（省定任务接种率达 90%以上，建卡率达 95%以上）。

【省级妇幼健康优质服务示范县】 2016 年，宁国市被省卫计委授予“省级妇幼健康优质服务示范县（区）”称号。全市各妇幼健康服务机构建设、硬件设备、软件管理、队伍素质均取得突破，全年无一例院感发生，形成“以妇计中心为龙头，乡镇卫生院（社区卫生服务中心）为枢纽，村为网底’的妇幼健康服务体系。

【省级儿童早期发展示范基地】 2016 年，宁国市人民医院被省卫生计生委列为首批省级儿童早期发展示范基地，是全省首家获此称号的县级综合医院。该院按照安徽省、宣城市卫生计生委的要求，对照创建儿童早期发展示范基地的标准，成立组织，健全制度，拓展服务项目，加强人才培养与引进，强化临床与保健的有机结合，定期督查，使创建工作不断完善，做到持续改进，并通过现场验收。

【健康教育】 2016 年，市卫计系统各单位利用报刊、广播、电视、网络等大众传媒，广泛开展卫生防病知识的宣传活动。结合“3·24”世界防治结核病日、“4·5”全民义务查螺日、“4·25”全国预防接种宣传日、“4·26”疟疾防治日、“5·15”防治碘缺乏病日、“10·8”世界防治高血压日、“11·14”世界糖尿病日、“12·1”世界艾滋病日等宣传日，组织健康教育宣传活动。全年共发放各类健康教育宣传材料 108111 份，更新宣传栏 1121 块，完成咨询讲座 1091 次，受众 70295 人次；开展健康巡讲 7 次，先后到建筑工地、西津学校、宁国中学、津河中学、创业社区等处开展健康知识巡讲。与市电视台合办《健康在线》栏目，全年播出 12 期。

【医疗安全监督】 2016 年，市卫生监督所对全市 245 个医疗机构依法执业、传染病防治、医疗废弃物处置等情况进行监督检查，对不符合要求的 14 个单位进行立案查处；对全市 25 个从事放射诊疗的医疗机构进行专项监督检查，对 96 名放射工作的人员进行个人剂量监测；对全市 62 个民营医疗机构进行依法执业评价及量化分级管理工作，评定 A 级 7 个、B 级 49 个、C 级 6 个；对“宁国市绿十字单采血浆站有限公司”进行 4 次监督检查，对存在的问题均下达《卫生监督意见书》。

·疾病预防控制·

【概况】 2016 年，宁国市开展艾滋病、结核病、血吸虫病、手足口病、麻疹、人感染高致病性禽流感、埃博拉出血热等传染病防控工作。顺利完成血吸虫病、地方病、性病、艾滋病、麻风病预防控制工作目标。处理一起人感染 H5N6 禽流感疫情，及时有效控制疫情。是年，全市无甲类和按甲类管理的乙类传染病报告。是年底，该市 18 家常规预防接种门诊均达到《安徽省规范化预防接种门诊评审标准（2015 版）》要求，其中 3 家建成数字化预防接种门诊并正式投入使用。疫苗报告接种率均在 90%以上，全面完成晚血救治、艾滋病救治任务。组织开展国家基本公共卫生服务项目，加强项目组织管理，及时开展督促检查，按要求拨付项目资金，将考核情况与年终项目资金结算挂钩，发挥绩效考核的“指挥棒”作用。

【重大疾病预防控制】 2016 年，全市按要求报告法定传染病 18 种、2701 例，发病率 697.77/10 万，较上年下降 27.37%。组织开展艾滋病宣传系列活动 5 次。省级艾滋病综合防治示范区工作稳步推进，筛查实验室正常运转。发现活动性肺结核 200 例，DOTS（督导短程化疗）覆盖率 100%，新发涂阳病人治愈率 88.40%，涂阴病人治疗率 93.28%。报告手足口病 458 例，发病率较 2014 年下降 62.73%。全年共报告麻疹疑似病例 56 例，实验室确诊 20 例。

【计划免疫】 2016 年，全市儿童预防接种信息管理系统实现常态化管理。全年完成扩大国家免疫规划疫苗接种 75859 剂次，22 针次国家扩大免疫规划疫苗单苗接种率均保持在 90%以上。将入托入学接种证查验纳入报名程序，提高入托入学接种证查验的工作效率。

【重大传染病医疗救治】 2016 年，全市救治贫困结核病病人 70 人、现症晚期血吸虫病人 120 人，并按规定分别给予补助救治经费 6.3 万元、60 万元。

【血吸虫病防治】 2016 年，市地病站在全市开展钉螺调查 1253.8697 万平方米，查出有螺面积 209664 平方米，捕捉钉螺 6757 只，全部压碎镜检，未发现感染性钉螺。春秋季反复灭螺面积 20 万平方米，并投入资金 25 万元对霞西镇、宁墩镇、南山

街道有螺沟渠实施水泥硬化环改灭螺。开展病原学监测3120人。

【地方病、寄生虫病防治】 2016年,全市共计开展碘盐监测300份、孕妇尿碘监测100份、学生尿碘监测200份,检测结果均符合国家标准。开展学生甲状腺触诊检查200名,检查结果:Ⅰ度肿大7人,甲肿率3.5%。完成疟疾、麻风病等项目工作任务。

【慢性病防治】 2016年,全市继续开展死因监测、肿瘤登记、心脑血管事件报告工作,定期对全市各级医疗单位监测报告情况进行督导。撰写《宁国市2015年度死因监测报告》《宁国市2015年度肿瘤登记报告》和《宁国市2015年度心脑血管事件分析报告》,为进一步规范全市疾病监测和有效防控慢性病提供决策依据。在全市19个乡镇(街道)继续推行开展慢病自我管理小组活动,每季度开展1次活动软件资料督查,并在项目经费中列支表彰工作开展出色的管理小组。共举办3期慢病防控、伤害监测业务培训班,受训人员达262人次。制作慢病防控相关宣传展板5294块,分发至乡村级医疗单位。市政府投资20余万元打造宁阳健康公园、西津健康公园,千米长廊、健康步道、健康宣传栏、健身器材等一应俱全。开展慢病系列防治宣传日活动,全市累计发放宣传单3万份,制作宣传展板56块,悬挂横幅38条,义诊咨询2700人次。活动日期间,在《今日宁国》开辟高血压、糖尿病防治专栏进行宣传。全年对全市19个乡镇卫生院(社卫中心)开展4次基本公共卫生服务慢病管理项目督导工作。全年高血压患者管理人数43931人,规范管理37393人,规范管理率为85.12%;糖尿病患者管理人数8809人,规范管理7380人,规范管理率为83.78%。老年人管理人数48841人,规范管理29539人,规范管理率60.48%(以上数据均为基本公共卫生服务管理平台统计)。开展伤害监测工作,全年统计上报伤害监测卡2982张。全年该市创建健康学校16所、健康单位4家、健康餐厅4家、健康食堂6家、健康一条街1个。投入2.5万元购置健康支持性工具发放至街道、居委会。

【职业病防治】 2016年,市疾控中心共为27家企业285名职工进行上岗前、在岗期间、离岗时的职业健康检查工作,发现职业禁忌证需要调离或不宜从事该岗位人数9人,无疑似职业病人,并及时为企业出具职业健康监护评价报告。

【控烟工作】 2016年,全市结合全国县级文明城市、国家卫生城市创建,进一步强化室内公共场所、工作场所和公共交通工具禁烟,开展无烟单位、无烟学校、无烟医疗机构创建活动。

【病媒生物防制工作】 2016年,市卫计委开展城区病媒生物孳生地摸地调查,为下一步分类制定治理方案掌握第一手资料。结合城乡卫生整洁行动和“清洁家园灭蚊防病”工作要求,加大对城乡垃圾中转站标准化建设,不断提升改造公厕,动员广大群众广泛开展重点场所重点行业“四害”孳生地清理活动等群众性爱国卫生活动。通过常态化、突击性环境卫生整治,清理积存垃圾,提升小区环境,城区内河清淤疏浚净化水质等,清除“四害”孳生地。完善城区老旧小区、背街小巷、农贸市场周边等重点场所毒饵站的补充、更新。全年共组织开展春秋两季以灭鼠、灭蟑及冬季灭蚊为重点的集中除“四害”活动2次,检查结果在全市通报。6月,市城区病媒生物防制工作通过省爱卫会组织的病媒生物防制考核,城区鼠、蟑螂密度综合控制水平属B级水平,蚊、蝇密度综合控制水平属C级水平。

·医　　政·

【血液管理】 2016年,共有3207人次参加无偿献血,献血量达1003140毫升,用血量4861U。市卫计委开展2016年临床用血专项督查和输血病历专项评价工作,并下发督查通报。

【医疗机构管理】 2016年,市卫计委围绕依法规范执业、病历书写、临床规范用药等内容,强化对各医疗机构规范执业的检查力度,全年开展规范执业的检查20余次,对发现的问题现场下达整改意见书,并督促整改。全年新批准设置医疗机构5家,注销医疗机构4家,完成145家医疗机构的重新审核换证及变更工作,表彰2015年度宁国市优秀乡村医生19名、先进村卫生室19个。

【医疗纠纷防范与处置】 2016年,市卫计委继续推进平安医院创建活动,并命名34个单位为平安医院(卫生院、社区卫生服务中心)。继续推进医疗责任保险工作;全年共参与调处医疗纠纷16起。

【惩罚非法行医活动】 2016年,市卫计委组织开展打击非法行医工作,加强与公安、市场监管部门联动,在全面摸排基础上,对3个非法行医“钉子户”进行取缔,移送公安机关追究刑事责任1起。

计划生育

【概况】 2016年，宁国市改进全市计划生育工作考评方式，突出抓好日常管理、过程管理、动态管理、效果管理。市人口计生领导组领导分片包保带队进行重点督察、跟踪问效。全市实施“网底”工程，对“村为主、民自治”组织网络、人员配置、工作职责进一步完善，通过严格考核、累计积分、分片调度、严格奖惩等方式，引导基层夯实基础；大力推进乡、村两级信息化建设，实现市、乡、村三级人口计生信息“互联共享”；落实市人口计生领导组正副组长联点包片工作机制，对全市19个乡镇（街道）实行分类指导，对指标滞后的实行“集体会诊、重点分析、逐个突破”。加强对市区网格化管理，对企事业单位、居民小区、街道小巷等场所，逐户逐人进行“拉网式”清查，实现纵向到底、横向到边城区立体式网络体系；实施乡镇（街道）全员人口管理月考核季调度制度。进一步提升群众政策知晓率和满意度。

【人口与计划生育行政执法工作】 2016年，全市共办理生殖保健服务证3435件、生育证125件、独生子女父母光荣证347件、流动人口婚育证明70件，网上办证达100%。全市政策外多孩社会抚养费立案3件，下达征收社会抚养费决定书2件；累计征收社会抚养费36.15万元。2016年，全市共出生人口3778人，死亡人口2731人，政策符合率为98.65%，政策外多孩出生比例0.08%。人口出生率为9.75‰，死亡率7.05‰，总性别比为110.36。年末总人口387397人，自然增长1047人，自然增长率为2.70‰，政策内二多孩早孕发现率73.33%，计划生育主要效果指标运行正常。

【人口计生宣传教育】 2016年8月30日，市卫计委在市健康大楼8楼多功能厅召开全面“两孩”政策新闻发布会，就宁国市全面“两孩”政策实施等有关情况向社会各界做介绍发布，并答记者问。制作人口计生宣传折页、宣传册、宣传扇及纸杯等进行发放，突出做好5项清理突击月、“5·29”纪念日、群众满意度宣传月等各项活动开展送百场电影下乡进村宣传，全年发送计生知识短信65万余条，开展“小手牵大手”宣传5.2万余人次，发放宣传资料30万余份。全方位、多渠道宣传人口生育政策、科技服务政策和计生利益导向政策等，多形式开展青春期、新婚期、围产期、育儿期、更年期“五期”保健知识宣传。据市人口计生领导组办公室年度考核统计，截至2016年年底，全市群众计划生育政策知晓率达99%，满意度达98%。

【实施“两孩”政策】 2016年1月1日起，全面“两孩”政策在全国统一

图46 2016年8月30日，宁国市举行全面“两孩”政策实施新闻发布会

落地实施。新政策出台后，从宁国市1年来出生统计数据来看，全市出生总数并未快速增长，主要原因为生育一孩育龄人群在减少，符合新政策生育二孩数略有增加，全面放开“两孩”政策后短期内并未完全释放，出生人口数量未明显增多。

【农村人口计生管理】 2016年初，市卫计委根据省、宣城市农村计划生育目标责任制考评要求制定全市农村目标责任制考评方案和具体考评细则。牵头对各乡镇（街道）实施1年2次的农村目标责任制考核。对各乡镇（街道）计生业务经办员进行计生业务知识的培训，准确运用好计生各级平台。根据省、市年终考核的需要，对各乡镇（街道）平时业务重点阶段性工作进行督查，及时反馈督查存在的问题并认真做好整改工作，圆满完成省、市年终农村计划生育目标责任制考核工作。

【计划生育村民自治工作】 2016年，全市大力开展“村为主”示范村创建工作。进一步落实“市指导、乡负责、村为主、民自治”工作机制，完善市、乡、村分级负责的目标管理体系和“市联乡、乡包村、村保户”的包保责任体系。全年成功创建12个“村为主”示范村。

【城市人口与流动人口计划生育管理与服务】 2016年，市卫计委加强对基层流动人口经办员的业务培训，指导督促乡、村两级开展经常性清理工作，强化流动人口计生服务管理工作。采取调研指导、典型示范、交流培训等方式，组织召开城区社区计生干部队伍建设工作会议，完善城区街道网格化管理模式。对乡镇（街道）流动人口信息系统及两级平台使用情况实施月考核季度通报制度。推进流动人口卫生计生基本公共服务均等化试点工作，元旦、春节期间，全市开展流动人口卫生计生关怀关爱专项行动。市卫计委、人社局、教体局、住建委、法院等部门大力协作，建立外来流动人口免费服务机制和外来流动人口优惠机制。各街道、社区对流入已婚育龄妇女进行服务和生殖健康检查15060人次，免费为流入人口建立健康档案10988人次，为439对流入夫妻提供孕前优生健康检查。

【流动人口区域协作】 2016年，市卫计委与流出人口集中、交通便利又毗邻的浙江省安吉县、临安市等地区联合开展流动人口计划生育服务管理区域协作专项行动。1月，组织宁国市驻安吉县流动人口计划生育协会会长等相关人员参加安吉县卫计局主办的“情系两地　共建和谐”流动人口计生关爱协作活动。10月，与协作单位浙江省临安市协作，在临安市高虹镇共同为宁国市流出人口开展“防癌健康教育知识”讲座及健康体检。12月，在安吉县昌硕街道组织开展“人口流动，健康同行”为主题的协作活动。全市各乡镇（街道）与流出（入）育龄人口较多的省外乡镇（街道）加强平台协查交流联系，全年联手办理“流动人口婚育证明”71本、查验“流动人口婚育证明”1125人次。

【新一轮计划生育优质服务先进市创建】 2016年6月24日，召开全市争创计划生育优质服务先进市工作动员会。7月，下发《关于开展新一轮国家计划生育优质服务先进市创建的实施方案的通知》，并向宣城市卫计委提出书面创建申请。7月27日，再次召开全市争创计划生育优质服务先进市工作推进会议，进一步细化分解各单位、各部门的争创工作职责，做到职责分明、任务到人，大力开展市乡村计划生育优质服务“三级联创”活动，为争创成功取得有力保障。8月，制定并下发《计划生育各项优质服务工作规范》到每一名计生工作人员，通过建立市、乡、村三级计划生育优质服务规范，指导全市优质服务创建工作开展，为争创工作提供有力支撑。活动以市级为龙头、乡级为骨干、村级为基础，通过创建，形成全市计划生育优质服务创建工作长效机制，全面提升计划生育优质服务水平，让计划生育优质服务惠及更多的服务对象和群体。2016年，成功创建全省计划生育优质服务先进市。

【计划生育综合治理】 2016年，全市健全部门联席会议制度和述职制度，大力推进市人口计生、卫生、公安、民政、市场监管、住建、人社等综合治理部门信息“实时通”机制建设。将36个市人口计生领导组成员单位纳入年度人口和计划生育综合治理目标管理责任制考评，调整考评方式，把36个单位分为9个重点计划生育综合治理单位和27个一般计划生育综合治理单位进行考核。各街道与辖区内单位签订《人口与计划生育目标管理责任书》。市人口和计划生育领导组每年对市直单位履行计划生育工作职责情况进行考评。定期召开市公安、民政、住建等部门信息通报例会，通报有关出生入户、迁入、迁出、死亡注销、工地流入人口登记等信息，通过部门协作实现信息共享。与公安部门共同制定《关于进一步加强人口信息定期交流的通知》，进一步规范公安与计生人口信息的交流。建立数据质量定期评估制度。每月对信息系统的数据质量进行比对、评估、通报，对相关数据进行纠错补缺。对全市人口信息数据进行经常性抽查和利用县级数据分析系统进行动态跟踪核对，对漏报、错报及录入有差错数据信息进行及时补充更正。8月11—29日，市卫计委联合市市场监督管理局，对全市21个医疗机构、1个妇幼保健计划生育服务机构和1家药品批发企业、11家零售药店开展打击非医学需要的胎儿性别鉴定和选择性别的人工终止妊娠（简称“两非”）专项检查行动，未发现存在“两非”违法行为；对检查中发现的B超登记不规范、手术登记信息不齐全、证明材料管理不完善等问题，检查组给予现场反馈，要求被查单位立即开展整改，确保打击“两非”各项工作落到实处。

【计划生育优质服务体系建设】 2016年，全市开展“六上门”（政策宣传、信息核查、证件办理技术服务、技能培训、征求意见上门）活动，做实计生优质服务工作。继续推进科技大练兵活动。

【计生利益机制导向工作】 2016年，全市计划生育奖励扶助对象7344人，兑现奖励扶助金738.74万元；奖扶扩面对象2222人，兑现资金111.1万元。全市共有发放独生子女保健费的领证独生子女家庭15043户，兑现独生子女保健费340.09万元；有原放弃二孩生育指标家庭3381户，按每年10%的标准（其中满49周岁全额兑现）兑现奖金34.56万元；提高城乡居民社会养老保险优待计生家庭政策补贴标准，对城乡独生子女领证户和农村独（双）女绝育户父母参保，在政府补贴30元的标准上，另外增加30元、35元、40元、50元、60元补贴，共为46370人兑现补贴金145.12万元。在全市开展兑现退休职工及城镇无用工单位居民领取独生子女证计生一次性补助工作。全市按人均2000元标准，确认兑现455名退休职工及城镇无用工单位居民一次性补助金共计90.7万元；按照1万元/人的标准，为8名终身无子女或独生子女死亡不再生育的城镇居民打卡发放8万元。兑现计生特殊困难家庭老年护理补贴235人，兑现补贴59.4万元。

【计生特殊家庭帮扶工作】 2016年，经个人申报、村级评议、乡级初审、县级确认等程序，确认全市特扶对象452人，其中，独生子女死亡对象250人、子女残疾对象185人。按城乡统一标准，兑现特扶金165.9万元。根据困难和失能程度，确认享受老年护理补贴对象235人，根据年龄结构，按照200～400元/月的标准发放老年护理补贴59.4万元，实现了全市特殊困难家庭中60周岁以上老人全部享受老年护理补贴。对60周岁以下特扶对象中符合养老保险缴纳对象，全部由政府统一代缴养老保险资金100元/年·人。对所有计生特殊家庭、独（双）女困难家庭成员，由相关部门代缴城乡居民合作医疗保险的，标准为150元/年·人，为全市987个计生特殊家庭代缴城乡居民合作医疗保险金14.81万元，惠及1000余人。为计生特殊家庭开通生活、养老、就医“绿色通道”。是年，对全市所有计生特殊家庭人员全部进行健康体检，建立健康档案，购买综合商业保险，发放“健康包”，落实家庭医生签约等帮扶措施。

【计生民生工程】 2016年，全市继续实施计划生育特别扶助制度、计划生育长效节育措施奖励制度、农村独（双）女困难家庭帮扶制度、国家免费孕前优生健康检查项目4项计划生育民生工程。计划生育家庭特别扶助对象452人，兑现特扶金165.9万元，其中独生子女伤残扶助金标准为3240元，独生子女死亡扶助金标准为4080元，手术并发症标准为100～300元每月不等；农村独（双）女困难家庭帮扶对象为221户，帮扶金8.84万元。

（方立平　邵行发　张年旺　汪越胜　吴念鲁　邵　宁　江　俊　李　岚　汪文芳　李海霞　朱越友　汪家亮　赵　琦）

社会生活

Social Life

- 人民生活
- 民生工程
- 民政工作
- 移民工作
- 民族宗教工作
- 关心下一代工作

广场扇子舞表演

人民生活

【概况】 2016年年末，全市户籍人口38.6万人(取自公安年报)；人口自然增长率2.7‰，较上年提高1.2个千分点(取自计生年报)。

全市城乡居民可支配收入27016元，增长7.2%。从城镇看，常住居民人均可支配收入34069元，增长8.2%；人均消费性支出22413元，增长28.2%，人均住房建筑面积68.7平方米。从农村看，常住居民人均可支配收入15016元，增长9.2%；人均生活消费支出16083元，增长9.2%，人均住房建筑面积64.6平方米。

民生工程

【概况】 2016年，全市组织实施省定33项民生工程，累计投入资金8.45亿元。具体实施情况如下：

1.农村道路畅通工程[责任主体和牵头部门：各乡镇(街道)，市交通运输局]：县级公路完工里程42千米，完成率131%。乡级公路完工里程116千米，完成率120%。乡村道路完工里程230千米，完成率116%。

2.农村危房改造[责任主体：各乡镇(街道)，牵头部门：市住建委]：改造1013户农村危房，完成率127%。

3.农村安全饮水：无任务。

4.农村居民最低生活保障[责任主体：各乡镇(街道)，牵头部门：市民政局]：发放农村低保资金2973万元，保障对象10690人，动态管理，应保尽保。

5.农村五保供养及运行维护[责任主体：各乡镇(街道)，牵头部门：市民政局]：保障农村五保供养对象1796名，发放五保供养资金1255万元，动态管理，应保尽保。

6.贫困残疾人救助与康复[责任主体和牵头部门：市残联，各乡镇(街道)协助]：一级生活救助1252人，二级生活救助1704人，三级生活救助502人，四级生活救助365人，贫困精神残疾人药费补助人数450人，残疾儿童抢救性康复人数37人，发放补助资金316万元，完成率100%。

7.重度残疾人护理补贴[责任主体和牵头部门：市民政局，各乡镇(街道)协助]：补贴2403人，发放补贴资金155万元，动态管理，应保尽保。

8.计划生育家庭特别扶助[责任主体：各乡镇(街道)，牵头部门：市卫计委]：保障人数435人，扶助资金162万元。

9.孤儿基本生活保障(责任主体和牵头部门：市民政局)：保障孤儿基本生活175人，发放保障资金242万元，动态管理，应保尽保。

10.生活无着人员社会救助(责任主体和牵头部门：市民政局)：救助流浪乞讨人员502人，使用救助资金99万元。

11.城乡困难群体法律援助(责任主体和牵头部门：市司法局)：办理法律援助案件909件，完成率108.5%。

12.美丽乡村建设工程(责任主体和牵头部门：市美好办)：建成3个省级中心村及6个乡镇政府驻地建成区整治，完善农村环境卫生综合整治等。

13.小型水利工程改造提升[责任主体和牵头部门：各乡镇(街道)，市水务局]：开工建设8座小型水库并除险加固。更新改造泵站完工200个，完成率100%，扩挖塘坝完工280个，完成率100%，整治河沟开工38条，完成率100%，改造灌区末级渠系开工2亩，完成率100%。

14.山区库区农村住房保险试点[责任主体和牵头部门：市民政局，各乡镇(街道)协助]：参保农户85445户，缴纳保费136万元，赔付资金45万元。

15.政策性农业保险[责任主体：各乡镇(街道)，牵头部门：市财政局]：承保农作物288万亩，完成率102%。承保牲畜6649头，完成率110%，赔付资金264万元。

16.提升农村基层党建与服务经费保障(责任主体和牵头部门：市委组织部)：补助资金2026万元，完成率334%。

17. 就业技能及新型农民培训(责任主体和牵头部门：市人社局、农委)：培训就业技能人数2345人，完成率130%，合格人数2148人。培训新型农民300人，完成率100%，合格率100%。

18.就业扶持工程(责任主体和牵头部门：市人社局)：开发公益性岗位306个，完成率102%。就业见习岗位162个，完成率147%。

19.20. 城乡居民合作医疗保险[责任主体：各乡镇(街道)，牵头部门：市人社局]：参合人数355541人，参合率115%，补偿资金17233万元。

21.城乡居民大病保险(责任主体和牵头部门：市人社局)：补偿人数870人次，补偿资金955万元。

22.城乡居民基本养老保险(责任主体和牵头部门：市人社局)：参保缴费18.49万人，待遇领取人数6.08万人，发放养老金6429万元。

23.基本公共卫生服务(责任主体和牵头部门：市卫计委)：建立居民健康、健康教育、预防接种等档案，其中城乡居民健康档案管理电子建档完成率达到115.5%，65岁以上老年人健康规范管理完成率达104.7%。

24.城乡医疗救助(责任主体和牵头部门：市民政局)：资助参合参保15356人次，直接救助5065人次，支出资金 1059 万元。

25.妇女儿童健康水平提升工程（责任主体和牵头部门：市卫计委）：免费婚检 5988 人，完成率 103%。农村孕产妇分娩补助 2110 例，完成率 114%。免疫规划接种75859 剂次。

26.社会养老服务体系建设（责任主体和牵头部门：市民政局）：新增床位 250 张投入使用，完成率 125%。

27.义务教育经费保障机制（责任主体和牵头部门：市教体局）：补助公用经费和免除学杂费 27259 人，补助资金 2076 万元。免费提供教科书 27259 人，补助资金 297 万元。补助寄宿生生活费 1980 人，补助资金 210 万元。校舍改造面积 16228 平方米，完成率 100%，补助资金 870 万元。

28.高校、中职和普通高中家庭经济困难学生资助（责任主体和牵头部门：市教体局）：发放中职学校国家助学金 779 人次，发放金额 80 万元。中职学校免学费补助 4275 人次，发放金额 556 万元。普通高中国家助学金 1939 人次，发放金额 194 万元。

29.公共文化场馆开放［责任主体和牵头部门：市文旅委，各乡镇（街道）协助］：免费开放 21 个图书馆、文化馆及乡镇综合文化站。

30.农村文化建设专项补助［责任主体和牵头部门：市文旅委，各乡镇（街道）协助］：农村文化活动 103 场，完成率 100%。放映电影 1236 次，完成率 100%。开展体育活动 618 场，完成率 100%。农家书屋更新出版物 10300 册，完成率 100%。

31.农产品食品安全工程（责任主体和牵头部门：市农委，市场监督管理局）：建成蔬菜农残快检系统 9 套、畜牧快检系统 4 套、水产品快检系统 6 套、无公害农产品企业 4 家、绿色食品企业 5 家、有机农产品企业 3 家，完成率 100%。建成乡镇食品检验室 3 个，建成农贸市场快检室 3 个，完成率 100%。

32.棚户区改造（责任主体和牵头部门：市住建委）：城市棚户区新开工 528 户，完成率 100%。基本建成 981 户，完成率 100%。

33.城市老旧小区整治（责任主体和牵头部门：市住建委）：改造整治 36 个老旧小区，完成率 112%。

民政工作

·综　　述·

【概况】 宁国市民政局行政编制 19 人，实有 17 人；事业编制 44 人，实有 33 人。局属事业单位有社会福利院、市殡仪馆等 9 家，2016 年新增加扶贫开发办公室。局内设机构有办公室、优抚安置科、基层政权和社区建设科、社会福利科、社会事务科、老龄办、社会救助科。是年，市民政局荣获全市“依法行政先进单位”“人大议案、政协提案办理先进单位”“人口和计划生育工作先进单位”“民族团结进步先进单位”“群众（信访）工作先进单位”“社会治安综合治理工作先进单位”“项目工作牵头责任先进单位”“征收征迁先进单位”等称号，市福利院被民政部确定为“民政标准化示范单位”，被省民政厅评为“民政系统行风建设示范单位”。

·双拥工作·

【概况】 2016 年，宁国市各单位积极开展双拥活动，主要有：将城区中心道路人民路确定为“双拥一条街”；在高速出入口、开发区设立双拥广告大型宣传牌，在各乡镇（街道）设立固定双拥宣传牌；在工商银行、宁阳公园等人员密集场所大型室外广告屏上定时播放双拥宣传标语等；消防大队到社区、学校和企业开展消防知识讲座 39 场，指导社区和地方单位开展消防演练；市人武部组织民兵 100 人参加宣城市“6·20”洪灾防汛抢险；政协书画院组织送书画进军营活动；共建单位开展送慰问、送书籍、送法律、送培训、送电影、送科技、送演出进军营系列活动。全年全市有军民共建单位 95 家，创建双拥合格单位 61 家、模范单位 39 家。

图 47　2016 年 6 月 22 日，省双拥办督查组到宁国督查调研双拥创建工作

·优抚安置·

【优抚工作】 2016年，宁国市享受定补定恤和生活补贴总人数为2500人，共计发放1080万元，其中：享受重点优抚对象定补定恤968人，发放定补定恤855万元；享受退役士兵老年生活补贴1476人，发放生活补贴204万元；享受老年烈士子女生活补贴56人，发放生活补贴21万元。对全市农村、城镇义务兵实行同等优待，发放302户，共计462万元。

【安置工作】 2016年，全市接收2015年退役士兵、转业士官共146人，其中选择自主就业130人，非自主就业16人，发放自主就业经济补助金和自谋职业补助金、待安置期间生活补助费共529万元。是年，在亚夏机动车驾驶员培训学校和安南职业培训学校为退役士兵、转业士官举行驾驶和计算机综合应用专业培训，培训2015年退役士兵、转业士官104人。

（朱　燕）

·社会救助·

【城乡居民最低生活保障】 2016年，市民政局规范低保审核审批程序，加大清理核查力度，按月及时动态管理，落实分类施保政策。城乡低保统筹工作完成阶段性目标。是年9月起，城市低保保障标准提高到月人均475元，农村低保保障标准提高到月人均430元，农村低保保障标准占城市的90%。农村低保年末人数10690人，保障覆盖面3.5%；城市低保年末人数2526人，保障覆盖面3.3%。全年累计享受城市低保32417人次，发放低保金1133.89万元，月人均补差达351.3元；全年累计享受农村低保129978人次，发放低保金2972.45万元，月人均补差达228.7元。

【城乡医疗救助】 2016年4月，修订出台《宁国市城乡医疗救助实施办法》，保留原有15个救助病种，将低保对象住院个人自付医疗费救助比例全部提高到70%。同年10月，再次修订出台《宁国市城乡医疗救助及重特大疾病医疗救助实施办法》，新增重特大疾病医疗救助，规定纳入城乡居民基本医疗保险大病保险的不分病种都可纳入重特大疾病医疗救助，对个人自付医疗费用2万元以上部分按20%比例进行救助，个人年度救助封顶线1万元。全额资助农村五保对象、城乡低保对象和重点优抚对象参加城乡居民基本医疗保险，部分资助低收入家庭重病患者和低收入家庭老年人参加城乡居民基本医疗保险。全年累计实施医疗救助20421人次，发放救助金额1059.82万元，其中资助参加城乡居民基本医疗保险15356人次，使用医疗救助金226.5万元。

【临时生活救助】 2016年10月，修订出台《宁国市城乡居民临时救助实施办法》，对遭遇突发事件、意外伤害、重点疾病等原因造成基本生活困难的家庭和个人给予一次性临时救助，将在本地居住、就业一年以上，且符合临时救助认定条件的非本地居民等人户分离家庭或个人纳入救助范围。积极探索救急难工作机制，建立主动发现、主动救助机制。全年共实施城乡居民临时救助1455户次，发放救助金138.28万元。

【申请救助家庭经济状况核对】 2016年10月，救助申请家庭经济状况核对中心平台建设完成并投入使用，与市人社、市场监管、公安、民政等部门完成数据对接，实现家庭经济状况实时比对。该平台由宣城市统一进行信息核对平台建设，各县（市、区）申请加入使用。是年，该市已通过核对平台核对新申请低保家庭经济状况1061户次、2450人次，对最低生活保障等社会救助对象进行准确、高效、公正的认定。

【扶贫开发】 2016年6月，市扶贫开发工作领导组成立，设市扶贫开发办公室，全面开展贫困人口扶贫开发工作。各乡镇（街道）也相应成立扶贫开发领导组和扶贫工作站，建立完善市、乡、村三级扶贫工作网络和工作机制。9月14日，召开农村贫困人口调查摸底工作动员会，坚持规模控制、群众评议、程序合规“三项原则”，按照“两公示一公告”▲的贫困对象识别程序，全面开展全市农村贫困人口调查摸底工作。通过调查摸底和复核，2016年年底，全市农村贫困人口162户、363人。

（邱振奎）

▲“两公示一公告”：村委会审查公示、乡镇（街道）审核公示、市人民政府审定公告。

【救灾工作】 2016年6月中旬到7月中旬，宁国市先后遭受3次强降雨灾害性天气过程。强降雨造成全市遭受较大损失，6条县道共发生路基冲毁、护坡垮塌、路面损毁、桥梁基础冲空、山体塌方等灾害51处，因水毁造成桥梁基础冲空2座，塌方21168立方米；乡村道路桥梁损毁3座，涵洞损毁26座，路基损毁63处4300立方米，护坡损毁53处3080立方米。水利设施损失严重，损坏堤防175处14.8千米，损坏护岸63处，冲毁塘坝35座，损坏灌溉设施47处。农作物受灾面积1667公顷，其中成灾面积1595.4公顷，绝收面积317.5公顷，受灾人口34674人，紧急转移安置人口896人，其中集中安置27人，分散安置869人；倒塌农房22户

36间，严重损坏农房23户53间，一般损坏农房19户48间，直接经济损失3858.3万元，其中农业经济损失1927.71万元，基础设施损失1710.59万元，家庭财产损失220万元。

是年，还出现涝旱急转灾情特征。7月19日出梅以后，全市持续高温晴热少雨，旱情普遍发生，除在田作物水稻、玉米部分受灾外，全市主要经济作物近万亩中药材和15万亩山核桃因灾遭受严重损失。受旱情影响，全市受灾人口42155人，因旱饮水困难人口7680人，农作物受灾面积12061公顷，成灾面积11796公顷，绝收面积274公顷，直接经济损失15402万元。

2016年，共下拨救灾款317.53万元，救灾棉被1000床、棉衣1200件，累计救助人口2.26万人。11月20日前完成15户因灾倒房户恢复重建任务。

继续开展全国综合减灾示范社区的创建工作。12月7日，西津街道凤凰社区被国家减灾委、民政部命名为"全国综合减灾示范社区"。

继续开展山区库区农房保险试点工作，市民政局与人保财险宁国支公司统一签订农房保险协议书，全市参保农户85445户，省、县两级财政承担保费136.71万元。是年，承保机构为321户受灾农户发放理赔款45.42万元。

（方经纶）

·基层自治组织建设·

【城乡社区建设工作】 2016年，根据《安徽省城乡社区标准化建设指导意见（试行）》要求，市民政局指导南山街道创业社区、西津街道凤凰社区开展全省精品社区创建工作，在完成社区服务用房和服务设施建设的前提下，打造"凤凰社区四点半课堂""宁国花园养老服务中心"特色服务品牌，开展各类社区服务活动，努力提升居民的幸福指数。

同时，按照市委办《关于印发宁国市进一步加强农村社区建设工作实施方案的通知》的要求，在实现全市农村社区建设全覆盖的前提下，围绕服务美丽乡村建设，重点加强农村社区服务设施建设，完善农村社区服务功能，提升为民服务的能力和水平，建设面积达1500平方米的霞西镇上门村幸福苑养老服务中心。推进乡镇社区服务中心建设，强化农村社区网格化管理，基本实现乡镇社区服务中心全覆盖、农村社区网格化管理和信息化建设全覆盖。

【农村基层民主政治建设】 2016年，按照市委组织部、市农委、市民政局《关于进一步做好村务公开民主管理的意见》要求，明确村务公开的内容、时间、程序和公开形式；组织乡镇（街道）分管领导和民政所负责人开展业务培训，提高经办人员的业务素质和工作能力；会同市直相关部门对乡镇（街道）和村的村务和财务公开情况进行督查，针对存在的问题，提出整改措施，进一步明确村务公开的各项要求。同时，指导乡镇（街道）创新村务公开形式，利用微信公众号、党建云平台、电脑网页等网络平台，通过定期推送信息和建立村务公开页面，推行村务财务网上公开，方便群众及时、有效、长久地进行查询和监督。

根据安徽省委办公厅、省政府办公厅印发的《关于加强城乡社区协商的实施意见》和省民政厅《关于进一步加强城乡社区协商工作的通知》精神，制定印发《宁国市加强城乡社区协商的实施方案》。指导各乡镇（街道）和村（社区）成立社区工作协商委员会并全部挂牌，建立城乡社区协商制度，将涉及社区公共利益的重大决策事项、关乎群众切身利益的热点敏感问题纳入协商的范畴，有序开展社区协商，切实保障人民群众的民主权利。

【社会工作人才队伍建设】 2016年3月4日，市民政局开展以"发展社会工作，助力扶贫济困"为主题的"国际社工日"主题宣传活动，进一步弘扬社会工作精神，传播社会工作知识，展示社会工作者的风采。3月底，印发《关于认真做好2016年度全国社会工作者职业水平考试报名工作的通知》，相关市直单位、乡镇（街道）、社区及公益服务组织共76人报名参加考试。与安徽师范大学历史与社会学院合作，举办了全市社会工作者职业水平考试培训班，对76名报名参加考试的人员进行为期4天的培训。在6月举行的全国社会工作者职业水平考试中，全市共有31人通过考试，其中初级19人、中级12人，初级和中级通过率达41%和43%，远远高于全国平均通过率。全市初级和中级社会工作专业人才分别达到46人和22人。9月，成立全市首家社会工作服务机构——宁国市山城社会工作服务中心，为全市社会工作专业人才发挥作用提供平台。

（汪建明）

·社会福利与慈善事业·

【养老标准化试点工作成绩斐然】 2016年，由宁国市社会福利院主导起草的《养老机构自理人员服务规范》等6项安徽省地方标准发布。《儿童福利指导中心服务规范》等8项标准作为地方标准立项。是年末，国家级社会管理和公共服务综合标准化试点项目通过国标委终期评估。

（徐彩云）

【五保供养】 2016年，全市分散供养标准为月人均400元，集中供养标准为月人均707元，全市农村五保总人数为1796人，其中集中供养1014人，全市集中供养率达57%，全年共发放五保供养经费1255.3385万元。累计发放工作人员工资及运营经费215.712万元。

【孤残儿童阳光村公寓建设】 孤残儿童阳光村公寓建设项目总投资810万元，其中中央投资资金200万元，地方配套资金400万元，中央福彩40万元，自筹170万元。项目建设地为社会福利院院内，设计为四层独栋单体建筑，建设面积2515.34平方米。项目2015年12月20日开工建设，2016年10月中旬土建完成。截至是年末，项目室内装潢工程已接近尾声，项目附属消防道路、消防泵房、绿化恢复及雨污水管道等配套设施已基本完成，计划2017年4月前完成并投入使用。

（雷　鸣）

【慈善事业】 2016年，宁国市慈善协会积极开展大病医疗救助、爱心助学、济困、安老等活动，依托“萌婷爱心基金”和“农合行爱心基金”，先后实施慈善医疗救助213人次，救助资金63.5万元；通过爱心助学“栋梁工程”活动，共资助贫困学生12人次6.8万元；救助困难群众25人次19万元；募资帮扶农村敬老院建设资金5万元。是年，市内偏远乡镇遭受暴雨袭击，慈善协会共筹集抗洪救灾款44.6万元，并协同宣城市慈善协会支持倒房重建款19.4万元。2016年，共使用慈善资金158.3万元。

（谢　昭）

【福利彩票发行】 2016年度，全市福利彩票发行销售1.04亿元，在安徽省县（市）级福利彩票发行销售工作中连续四年突破亿元大关，获“安徽省2016年度县（市）级福彩销售特等奖”殊荣。全市有福彩销售专营投注站52家，其中五星级投注站6家、三星级2家，单机年均销量100余万元；有视频彩票“中福在线”销售厅1个，投注终端30台，年销量6000万元。全市即开票销售实行投注站“一站一枪”自助订票、自主销售的销售模式，单机年均销量4万元。

（张忠明）

·社会组织管理·

【概况】 2016年，宁国市推进社会组织登记改革，继续实施社会组织网上年检，推进诚信体系建设，实行网上成立、变更、注销，对社会组织在符合《社会团体登记管理条例》《民办非企业单位登记管理暂行条例》规定的基础条件上，进一步降低登记门槛，实行直接登记、更改社会组织章程范本等。开展社会组织年检工作。是年，民办非企业共154家，其中年检合格111家，基本合格22家，未参加年检确定为年检不合格的5家，另有16家未到年检时间；社会团体共96家，其中年检合格47家，基本合格30家，未参加年检确定为年检不合格的8家，另有11家未到年检时间。加强社会组织监督检查，对新登记成立的社会组织逐一进行实地检查，重点检查社团按照章程开展活动、财务规章制度、党建及换届等情况，及时指出存在的问题，督促整改。开展党政机关干部在社会组织中兼职的清理工作，对宁国市珠算协会、宁国市财政会计学会中的兼职人员进行清理。2016年度成立民办非企业15家、社会团体9家，注销社会组织51家。截至是年末，全市有民办非企业161家、社会团体100家。

（彭　辉）

2016年宁国市社会团体登记情况一览表

表61

社团名称	登记证号（信用代码）	登记时间	类　别	会员（人）
宁国市登山协会	51341881358016402A	2016-01-05	联合性	50
宁国市戏剧家协会	51341881MJB133101C	2016-01-04	专业性	50
宁国市营养与健康学会	51341881358016277M	2016-01-05	专业性	60
宁国市兰花协会	51341881MJB133080U	2016-04-11	专业性	50
宁国市真诚公益协会	51341881MJB1331284	2016-07-28	联合性	78
宁国市游泳协会	51341881MJB133144R	2016-10-18	联合性	60
宁国市汽车维修协会	51341881MJB133152L	2016-10-25	行业性	51
宁国市抗肿瘤健康协会	51341881MJB133179C	2016-11-20	行业性	52
宁国市春晖公益联合会	51341881MJB133160F	2016-11-22	联合性	55

2016 年宁国市民办非企业单位登记情况一览表

表 62

民办非企业单位名称	登记证号(信用代码)	登记时间
宁国市坞村塔托养所	5234188135801591X1	2016-01-06
南山街道创业社区卫生服务站	52341881358023696A	2016-01-20
宁国市建设职业技能培训站	52341881MJB137145N	2016-04-11
宁国市逸云职业技能培训中心	52341881MJB137137U	2016-04-13
宁国市中天教育培训中心	52341881MJB13717X4	2016-04-13
宁国市南极乡龙川村卫生室	52341881MJB137161C	2016-04-26
西津街道双溪村卫生室	52341881MJB137153H	2016-05-02
宁国市山城社会工作服务中心	52341881MJB137305X	2016-08-29
宁国市凤凰幼儿园	52341881MJB1371884	2016-05-16
宁国市鸿飞青少年体育俱乐部	52341881MJB137284D	2016-07-14
宁国市奥林教育培训中心	52341881MJB1372928	2016-08-15
宁国市桂花树托养服务中心	52341881MJB137321K	2016-10-26
宁国市畅益职业技能培训中心	52341881MJB13733XB	2016-11-04
宁国市上门幸福苑	52341881MJB137348B	2016-11-18
宁国市中华传统文化中心	52341881MJB1373566	2016-12-16

·社会事务管理·

【区划地名管理】 2016 年，会同临安市、安吉县民政局联合制定《宁国市临安市行政区域界线第三轮联合检查实施方案》和《宁国市安吉县行政区域界线第三轮联合检查实施方案》，开展浙皖线宁国临安段、宁国安吉段边界线的联合检查工作，维护边界地区的和谐稳定。强化地名管理及标牌设置工作，开展城区住户缺漏门牌的设置工作。会同市公安局在城区开展“一标二实”大会战，对城区住户的标准地址、实有人口、实有房屋进行全面清理，为凤形第二安置区、新安第二安置区、怡康小区、名仕园小区等 1120 户居民编制标准的门牌号码，制作安装门牌。规范新建开发项目的名称命名工作。经市政府批准，将宁国市华联置业有限公司建设的商住楼命名为“华联大厦”，将宁国碧桂园房地产开发有限公司建设的住宅小区命名为“宁国碧桂园”。加强城区地名标牌设置。对全市老旧小区和背街小巷标牌设置情况进行调查摸底，并拟定城区背街小巷和小区地名标志设置工作方案，共为 55 个老旧小区和 103 条背街小巷设置 199 块地名标牌，美化亮化城市形象，方便群众生产生活。

【第二次全国地名普查工作】 2016 年，市民政局会同安徽省第四测绘院开展市级地名普查办工作人员、市直单位地名普查联络员、乡镇(街道）普查工作人员及村级普查员的培训工作，共举办各类培训班 11 场次，培训人员 300 余人。编写宁国市地名普查目录，完成全市 11 大类 64 个子类 7288 条地名信息采集工作，填写各类地名的地名普查登记表。成立宁国市地名普查专家咨询委员会，开展村(社区)、乡镇(街道）及市地名普查专家三个层面的审核工作，初步建立全市地名数据库，进一步提高全市地名管理和服务水平。

（汪建明）

【流浪救助】 2016 年，市救助管理站完善流浪乞讨人员救助管理工作体系，救助管理方式不断创新。先后开展“寒冬送温暖”“夏季送清凉”及“流浪孩子回校园”等专项救助行动。全年支出救助资金 99.34 万元，其中医疗救助 39.07 万元，生活及安置救助资金 17.77 万元。全年救助生活无着人员 502 人次，其中站内救助 486 人次，站外救助 16 人次；自主返乡 98 人次，接送返乡 21 人次；临时安置 380 人次，长期安置人员 3 人次；救助智障及精神病人 306 人次，危重病人 3 人次。

（喻长松）

【婚姻登记】 2016 年，全市办理结婚登记 3231 对（其中复婚登记 343 对），离婚登记 1577 对，补领婚姻登记证 1593 对。

（于秘红）

·老龄事业·

【概况】 2016 年，宁国市 60 周岁以上老年人有 83069 名，老年人口比率达 22%。80 周岁以上高龄老人共 9967 人，其中百岁老人 2 人，全年（2015 年 10 月至 2016 年 9 月）发放高龄津贴 379 万元，发放标准为 80～89 周岁 30 元/月，90～99 周岁 50 元/月，100 周岁以上 500 元/月。全年办理老年优待证 1022 件。夏霖乡村生态旅游有限公司荣获第二届全省“敬老文明号”称号，市中医院、雨霄爱心养老服务中心、荣国休闲养老中心荣获第二届宣城市“敬老文明号”称号。市福利院伍爱华、吴翠月两人获省“敬老爱老助老模范人物”称号，汪周根获省第七届“福星”称号。继续开展“银龄安康行动”（由省老龄办与中国人寿安徽省分公司于 2014 年 8 月在全省联合实施的老年人意外伤害综合保险），全市参保 5778 人次，老龄保险覆盖率达 7%。

（陈景康）

【养老机构建设】 2016 年，全市养老机构新增床位 250 张，其中坞村塔托养所 100 张床位、桂花树托养所 50 张床位、荣国养老中心二期扩建 70 张床位、上门幸福苑 30 张。河沥溪养老服务中心和河沥溪社区卫生服务中心医养结合项目已经运营。全年累计发放社会养老机构运营补贴 202.785 万元，居家养老服务工作补贴 921 人次，共计 31.246 万元。公办养老服务机构综合责任保险已全覆盖。

全市 18 个乡镇敬老院集中供养农村特困人员（五保户）1014 人，供养率达 57%。港口、河沥、宁墩、方塘、中溪敬老院进行转型，开展社会化代养老人 68 人，收费标准为每月 500～1200 元。是年末，全市有社会办养老机构 10 家，床位 702 张，供养对象为有代养需求的群体，代养老人 431 人。收费标准为自理老人每月 1200～1600 元，介护（不能自理）为每月 2000～2600 元左右。

（雷　鸣）

移民工作

【概况】 2016 年，宁国市移民局内设办公室、移民管理科、项目信息科，共有工作人员 14 人，负责宣传贯彻落实移民政策法规工作，编制实施各项移民管理工作规划、政策文件，对困难移民进行救助，对移民人口进行动态管理，对移民直补资金进行管理、监督，组织和实施国家移民后期扶持项目，对移民后期扶持项目进行管理，开展移民劳动技能培训等工作。

移民直补资金发放与管理。根据安徽省水库移民管理局要求，按程序及时更新移民人口，核实移民直补人口数据，对全市移民更新人口进行核准、登记、公示、汇总，上报省移民局核定，实施动态管理。是年，省水库移民管理局核准宁国市自然减员移民人口 319 人，核定移民直补人口 17960 人。市财政采取惠民直达“一卡通”方式，按季及时足额将移民直补资金（按 50 元/人/月的标准）发放到移民手中，全年发放移民直补资金 1077.6 万元。

大中型水库移民后期扶持项目建设。2016 年，继续按照移民后扶项目“村民自建”机制，全年实施移民后期扶持项目 43 个，完成投资计划 1478 万元。其中，安全饮水项目 3 个，农田水利项目 7 个，村组道路项目 17 个，排污工程、村庄整治等其他项目 16 个。27 个移民村 226 个村民组 23317 人受益，其中移民 12836 人。2016 年 11 月，市移民局、财政局联合印发《关于进一步规范移民后扶项目审计的通知》，进一步规范移民后扶项目审计工作，确保移民后扶资金高效安全使用。

市级移民扶持项目资金管理。2016 年，市财政安排资金 130 万元扶持移民生产发展。其中，30 万元用于 5 处移民零星安置地小型基础设施建设；17 万元用于维护库区、安置区移民稳定和处置移民突发事件；35 万元用于困难移民“两节”慰问和特困移民临时救助；30 万元用于库区剩余山场和库区周边乡镇零星山场管护；安排实施国家后期扶持项目工作保障经费 18 万元。

完善移民创业发展机制。2016 年，启动移民生产技能（创业）培训工作，全年举办 2 期移民创业（电子商务）培训班，共有 48 名移民参加培训取得证书。继续开展移民创业贷款贴息工作，全年拉动移民创业致富贷款 1000 万元，兑付贴息补助资金 37 万元。

完善困难移民帮扶机制。全年救助因病、因灾等造成突发性临时性生活困难的特困移民 35 户，救助金额 44500 元；“两节”期间，拨付困难移民慰问金 30 万元，慰问移民 600 人次。是年，建立了特困移民档案。

开展移民信访工作。全年接待移民来信来访 533 人次，办理办结市信访部门及上级转办交办信访件 3 件，及时规范办理移民来信来访，回应移民关切，消除矛盾隐患，办结率及群众满意率均达 100%。是年，失地移民要求参加被征地农民基本养老保险诉求有效化解。全年未出现移民到省进京、越级上访和群体性事件发生。

开展库区林权确权发证工作。2016 年，港口湾库区山场以村民组为单位确权发证外业勘界工作全面完成，分户外业勘界、发证工作有序推进。

是年，坚持移民工作与全市卫生创建工作相结合，制定办公区卫生创建责任制制度，在库区开展清脏治乱、消除四害、病媒防治等活动。12 月 30 日，市移民局被评为“安徽省卫生先进单位”。

【港口湾水库建设失地移民基本养老保险参保工作】 2016 年 9 月，为化解失地移民要求参加被征地农民基本养老保险诉求，市政府出台《宁国市被征地农民基本养老保险实施办法》，市政府办出台《宁国市被征地农民基本养老保险实施细则》，港口湾水库建设被征地农民纳入“宁国市被征地农民基本养老保险”保障范围。同年 9 月，开展失地移民参保工作，启动登记申报审核工作，开展业务培训。通过走访调查、调取档案核实，符合条件的按属地管理审核登记上报。截至年末，全市共办理登记审核通过的失地移民 1229 户 2731 人，基本完成被征地移民的身份审定工作。

（陈　蕾　吴　华　王爱琳　陈和平）

民族宗教工作

【概况】 2016 年，围绕“共同团结奋斗，共同繁荣发展”的民族工作主题和“安全、和谐、稳定”的宗教工作主线扎实工作，在民族宗教政策法规宣传、推进民族特色有形化建设、民族地区发展项目化、民族团结进步宣传教育、创建民族团结进步先进单位、加强对城市少数民族群众的服务管理、加强宗教活动场所管理、加强宗教教职人员人才建设、加强民族宗教管理队伍建设等方面，圆满完成全年任务。年底，面向民族乡（村）、宗教团体、困难少数民族群众及宗教教职人员开展慰问活动，发放 3.3 万元慰问金。

【民族工作】 2016 年，支持云梯畲族乡的建设与发展，对上申报 21 个涉及民族聚居地区社会事业项目，争取省市项目专项资金扶持、补助，民族聚居乡村基础设施进一步改善。

重视畲族文化的传承和保护，支持云梯畲族小学出版发行《唱畲歌》《说畲语》等畲族教材，通过实施系列民族特色的项目（如畲族文化交流中心、畲族文化展览馆等）、维护畲族风格建筑、绘制文化墙、张贴畲族图腾标志、继续开展畲族“三月三”歌会、举办畲族民俗展等，推进民族特色有形化。

在 9 月民族团结进步宣传月活动中，发放宣传材料，在宣传栏宣传民族政策，在街屏播放民族团结宣传片。在民族团结进步创建活动中，市直 54 个单位为民族聚居乡村给予人财物方面的支持，帮扶资金达 140 万元，获市委、市政府“民族团结进步先进单位”表彰，云梯畲族乡被省民委命名为第一批全省民族团结进步创建活动示范单位。10 月，全省民族乡工作座谈会在宁国召开，其间，云梯畲族乡千秋村被国家民委进行“中国少数民族特色村寨”授牌。

加强城市流动少数民族服务管理，市民宗局会同市场监管、城管部门及用工企业开展城市流动少数民族人口摸底，做好涉及少数民族经商人员的合理摆摊设点工作和企业务工人员的劳务纠纷。

【宗教工作】 依法管理宗教事务。宁元寺开展舍利子供奉仪式、藏经楼上梁法会、大慈庵大雄宝殿开光庆典暨水陆法会和三圣阁首届佛文化节暨财神殿佛像开光典礼等佛事活动。

2016 年，对整治基督教私设聚会点、佛教乱设功德箱、佛教乱建寺庙和露天塑像的工作进行“回头看”。在“宗教政策法规学习月”活动中，向宗教活动场所负责人和基层民族宗教工作人员发放学习资料，在宣传栏宣传宗教政策，组织佛教界人士参加安徽省第二届佛教界书画展。开展宗教活动场所“文明和谐提升年”活动，促进场所安全管理规范化，中村基督教堂被省宗教局命名为第五届省级和谐寺观教堂。开展宗教慈善“助灾”“助医”活动。

（蓝苏娣）

关心下一代工作

【概况】 截至 2016 年年底，全市 13 个乡镇、6 个街道、74 个市直部门单位、103 个村、15 个社区、126 家企业和 41 所学校及教育机构共 378 个单位建立关心下一代组织，开展“五好”关工委创建活动单位 84 个，达标 64 个；开展“六好”关工小组创建活动单位 103 个，达标 98 个。全市从事关工工作的人员共计 12852 人。

建立思想道德教育报告团 38

图 48　2016 年 5 月 23 日，市关工委在河沥初中举行红军长征胜利八十周年专题讲座

个，作各种报告 198 场，受教育青少年 5.4 万人次；建立法制教育报告团 60 个，作法制教育报告 268 场，受教育青少年 4.8 万人次；建立科技教育报告团 62 个，举办各种培训班 380 场，参加学习学员 4.6 万人次；建立帮教小组 205 个，参加帮教活动会员 205 人，帮教失足青少年 205 人；创办家长学校 58 所，参加学习家长 2.5 万人次；聘任网吧义务监督员 42 人，监督网吧 29 个。建立各种教育基地 10 个，受教育人数 2.6 万人次。关爱留守儿童 1500 人，帮困助学 500 人，筹措帮困资金 56 万元。

【组织发展】 2016 年，调整市级关工委领导班子，各乡镇（街道）、市直各部门的关工委组成人员也进行充实和更新。全市 74 个市直单位、19 个乡镇（街道）均成立以党政领导班子成员为主任的关工委组织。充实完善“四个报告团”组成人员（爱国主义教育报告团、法制教育报告团、健康教育报告团、科技培训报告团）。

【青少年思想道德教育】 2016 年，印发纪念中国共产党成立 95 周年演讲稿——《放飞中国梦，永远跟党走》到各单位，供各爱国主义报告团参考使用。调整充实了“五老”宣讲团，组织老干部、老教师等“五老”志愿者在“七一”“十一”前后深入宁国中学、河沥初中、竹峰学校、西津小学等 19 所学校开展巡回宣讲，受教育学生近 8000 人。举办“铁军精神进校园”书画展和报告会，由宁国中学、津河中学、政协书画院提供 120 幅作品进行展出。通过组织形式多样、青少年喜闻乐见的宣传教育活动，对青少年普遍开展一次爱国主义教育活动，引导青少年树立和践行社会主义核心价值观。

【重要活动】 一是开展“大学习大调研大讨论”活动。根据《关于在全市开展“大学习大调研大讨论”活动的通知》要求，以“坚持服务青少年正确方向，促进关工委工作更好发展”为主题，在全市关工系统开展“大学习大调研大讨论”活动。9 月底，召开总结交流会，展示活动成果。同时，深入乡镇（街道）、村、学校、“五老”人员、留守儿童家庭开展调研，了解农村关工委和“五老”人员的工作情况、留守儿童的学习、生活情况及情感需求，撰写调查报告，推进关工工作与时俱进，创新发展。

二是开展青少年普法教育活动。按照宁国市第三届“关爱明天·普法先行”青少年普法教育活动要求，筹措资金为全市中小学征订《全国青少年普法教育读本》710 本，发送到各学校，做到小学低年级以上每班一本书。为测试学生学习法律知识成绩，印发考卷 2 万份，对每位参学的学生进行法律知识考试。11 月，宣城市第三届“关爱明天·普法先行”青少年普法教育推进会在宁国召开。在宁国期间，与会人员集体参观宁阳学校、宁中高中部，详细了解宁国市青少年普法教育工作。结合“双创建”工作，会同市公、检、法、司等部门，以“守护底线，共创两园”为主题，组织中小学开展“零犯罪学校”创建活动，推进平安校园、和谐校园建设，推动青少年普法教育工作迈向新台阶。

（张立清　储薇薇）

乡镇·街道

Townships & Streets

年鉴

- 港口镇
- 中溪镇
- 云梯畲族乡
- 仙霞镇
- 万家乡
- 南极乡
- 宁墩镇
- 梅林镇
- 胡乐镇
- 甲路镇
- 霞西镇
- 方塘乡
- 青龙乡
- 河沥溪街道
- 西津街道
- 南山街道
- 汪溪街道
- 竹峰街道
- 天湖街道

港口镇

【概况】 港口镇位于宁国市北陲，南距市区18千米，北距宣城市31千米，东临水阳江，交通便捷，皖赣铁路横贯镇区，芜屯公路纵贯南北。辖7个村和2个社区，面积97.1平方千米。该镇是全国重点镇、安徽省首批“扩权强镇”试点镇、安徽省经济发达镇、行政管理体制改革试点镇、安徽省首届文明乡镇、全国文明村镇创建先进单位，省级生态工业园区坐落于此。

2016年，该镇实现生产总值101.2亿元、财政收入4.87亿元、固定资产投资61.3亿元。工业主体地位突出，规模以上企业总数达29家，其中亿元企业17家，石墨烯新材料、先进制造业、智慧产业、新型建材、核心基础零部件产业初具规模，被评为“安徽新型工业化产业示范基地”“安徽绿色生态城区”和“国家级智慧城市试点园区”，在全省开发区中综合排名第26位，在筹建开发区中排名第9位。旅游经济升温，举办两届全省山地自行车大赛、宁国市首届民俗旅游文化系列活动，山门洞景区被评为国家AAA级旅游景区，组织申报“全省特色景观旅游名镇”。

【基地建设】 按照“政府引导、创新驱动、重点突破、特色发展”的原则，2016年，11家企业纳入安徽省战略性新型产业（宁国核心基础零部件）集聚发展基地，基地企业全年实现工业总产值45.08亿元，实现工业增加值11.27亿元，实现“提高经济总量、壮大龙头企业、优化产业结构、提升产业层次”的要求，有效带动该镇的经济社会发展，加快战略性新型产业的集聚化、集群化发展。

【城市创建】 加大公益广告宣传力度，设立公益广告73个，总面积约1011平方米，营造创建全国县级文明城市氛围。加大防违控违力度，以宁港路、农贸市场等主要区域为重点，规范道路交通秩序、商户经营秩序，加大乱贴乱挂、乱堆乱放管理。加强未成年人思想道德建设，以践行社会主义核心价值观、“中国梦”教育为统领，开展学雷锋做美德少年、小手牵大手文明路上一起走、中华经典诵读等活动，在镇综合文化活动中心开设未成年人专属场地。组建港口志愿服务队，定期开展志愿服务活动，开展好人线索和好人申报工作。先后获得“安徽省文明村镇”“宁国市文明示范乡镇”等荣誉称号。

图49 港口镇西村村举行群众教育引导法制宣传文艺演出

【园区建设】 累计投入资金10余亿元，建成“七纵八横”路网体系、职工生活服务中心、220千伏变电站、自来水厂、污水处理厂和天然气CNG门站等。总投资8.09亿元园区综合配套建设PPP项目完成招标，园区承载能力增强。

【科技创新】 全年获授权的发明专利17个，其中实用新型专利10个。华普环境修复材料被认定为高新技术企业；左成杰、金贤2个科技创新团队落户港口园区。

【美丽乡村建设】 累计投入资金2400万元，探索山门“村企共建”、港口“城乡共融”、灰山“村民主体”、西村“整体推进”的美丽乡村建设模式。港口镇被列入全省首批特色小镇目录，山门村被列入第四批中国传统村落和美丽宜居村庄名录，树木博览小镇列入宣城市首批特色小镇培育名单。

【民生工程】 城乡居民人均可支配收入高于全市增幅。率先开展城乡公交改革试点。引进徽商银行设立普惠制金融营业点。设立“360”专项基金。推进新型农村合作医疗、城乡居民养老保险和大病救助制度，社会保障体系不断健全。建成镇级生态公墓，建立新型殡葬管理模式。探索敬老院社会化养老试点，被评为“宣城市民生工程示范乡镇”。完成卫生计生整合，荣获“安徽省卫生镇”“国家群众满意乡镇卫生院”称号。强化教育经费保障，提升教育质量和办学条件。出版发行《千年港口》《古韵今风话港口》，挖掘花鼓戏、柴烧龙窑、港口老街等文化内涵，丰富提升群众精神文化生活。率先在全市成立乡镇政务服务中心和乡镇总工会，妇联、共青团、残联、关工委等群团组织，均取得新成绩，武装、人防、应急管理、档案等工作得到加强。

【社会事业】 健全和完善以城乡低保为重点的社会救助体系，全年累计享受农村低保 593 户 832 人次、城市低保 229 户 301 人次。着力整治滥建乱葬，转变丧葬观念，改善城乡环境。开展新型农村和城镇居民社会养老保险工作，全镇共完成缴费人数 10131 人，续保率达到 94%。举办皖南花鼓戏文艺晚会、“永远跟党走，建设新港口”纪念中国共产党建党 95 周年文艺会演。宁国市首个“全民阅读工作站”——“银杏书苑”在港口镇山门村正式对公众免费开放。开展争创省级食品药品安全示范镇工作，在各村、社区建立村级食品药品安全科普宣传站。

【集镇发展】 实施宁港路、七山路、三港路提升工程，完成 27.8 千米村村通延伸拓宽工程。建成城镇污水管网、自来水主干管、山北路、柳溪公园等。开展老街整治改造、山门河和北河改造治理、农村安全饮水、水库除险加固等。港口商业广场、中港商业城全面推进，“7080” 风情街改造已完成招标，城镇功能日趋完善。

【农业经济】 组建农民专业合作社 26 家，发展家庭农场 40 家，农家乐 16 家，蔬菜种植、苗木花卉、林业开发等特色产业长足发展，被评为全省平安农机明星镇。

（章敏霞）

中　溪　镇

【概况】 中溪镇地处宁国市东南，皖浙接合部，辖 6 个行政村、2 个居委会，镇域面积 204 平方千米，总人口 3.2 万人。北距宁国市区 30 千米，南距杭州市 140 千米。东北邻浙江省安吉县杭垓镇，东南连本市仙霞镇，西南接本市宁墩镇，西北与本市梅林镇交界。东津河自东南向西北流经本镇，注入水阳江。S104 线横穿全境，连接浙江省安吉县，河千线直通浙江省杭州市，宁千高速在中溪集镇设有出入口，区位优势明显，水陆交通便利，素有宁国融入苏浙沪的“桥头堡”之称。

中溪镇先后被授予全国重点镇、国家级生态镇、安徽省首批扩权强镇试点镇、安徽省产业集群专业示范镇、安徽省环境优美乡镇、安徽省优秀旅游乡镇、安徽省文明乡镇和安徽省美丽宜居小镇等称号。2016 年，完成社会固定资产投资 13.3 亿元，实现规模以上工业增加值 7.9 亿元，财政收入 1.06 亿元。

【工业经济】 坚持以供给侧改革为动力，以项目建设统领经济工作，切实增强镇域经济综合实力。以市委、市政府筹建东津特色产业园区为契机，完成全镇特色产业园区控制性详细规划。开展闲置低效土地专项清理行动，盘活闲置厂房 6.6 万平方米，为中溪乃至全市培育新经济增长点创造空间。推行经济工作项目化，加快推进项目建设。全年新落户市级重点项目 2 个，夏霖景区二期工程建设稳步推进，启迪健身器材项目建成投产，全面完成中宁路征迁并顺利通车。亚新科公司经过一系列科技创新，实现产值 10 亿元，红桥公司年产 1500 万件美国接线盒技改项目投入运营并产生效益。加大招商引资力度，成功签约上海静音轴承钢珠、狮桥竹溪岭生态旅游、中信金辉铸造等项目，优质高效地完成全年 3 亿元招商引资任务。

【基地建设】 坚持以基地建设为抓手，做大做强山核桃、中药材、毛元竹等特色优势农林产业，全年实现农业总产值 7.5 亿元。突出发展优势产业，茶叶种植面积 0.9 万亩，生产名优茶 230 余吨，产值 8000 余万元。建设中药材产业特色村 2 个、专业合作社 4 家，富民中药材合作社被评为“国家级专业合作社”，年生产销售中药材 600 余吨，产值 400 万元。积极发展经营主体，新增家庭农场 22 家，获评宣城市示范家庭农场 3 家。博农牧业实现产值过亿元，被评为省级农业龙头企业，成功创建部级标准化养殖示范场。

【美丽乡村建设】 深入推进省级美丽乡村建设，继续巩固中溪村省级中心村建设，累计投入 300 余万元，完成集镇南片污水网管建设、3 条背街小巷改造及广场路“白改黑”工程，集镇承载功能全面增强。特色化建设夏林村、狮桥村中心村，持续改善村庄面貌。以夏霖景区为龙头，整合中溪旅游资源，推进全域旅游与观光农业、户外活动、休闲养老等产业深度融合，持续提升小镇功能形象。夏霖景区获“中华诗教先进单位”称号。以“双城”创建为载体，扎实开展“四治理一提升”行动。镇财政支出 350 万元支持村庄整治和农村基础设施建设。以“三线四边”环境整治为抓手，探索垃圾处理市场化管理模式，推进农村垃圾分类减量化处理，不断改善人居环境。

【民生工程与社会事业】 实施 33 项民生工程。完成 7.44 千米“村村通”延伸工程道路硬化、3.2 千米狮阴路老村道加宽及中宁路扩宽改造工程。改造农村危房 75 户，全面完成投资近 900 万元的“小农水”与投资 830 万元的“农发”项目建设任务。城乡低保、新型农村合作医疗等实现全覆盖，全年发放五保、低保等各类社会抚恤救助金 355.5 万元。基层卫生、计生实现资源整合，工作效率不断提高。继续深化平安中溪建设，及时妥善化解各类矛盾纠纷176起，上级转办信访件、市长热线及政民互动平台交办件办结率达100%。“党政同责、一岗双责”安全生产责任制得到有效落实，突发事件处置能力不断增强，社会大局持续保持和谐稳定。

（刘　凡）

云梯畲族乡

【概况】　云梯畲族乡位于宁国市东南边陲，是宁国市东南门户，与浙江省临安市、安吉县毗邻。1992年11月，经省政府批准成立云梯畲族乡，是全省唯一畲族乡，全乡面积51.1平方千米，水田2310亩，山场约6.7万亩，辖千秋畲族村、云梯村、白鹿村、毛坦村4个村，5975人，由畲族、回族、苗族、布依族、汉族5个民族组成，其中畲族1800余人。境内地沃物阜，盛产山核桃、笋干、毛竹等；历史文化悠久，有千秋关、铜岭关、壕堑关、烽火台、炮台等历史古迹。

近年来，该乡坚持“生态立乡、旅游兴乡、民生安乡、特色富民”四大发展战略不动摇，弘扬各民族“共同团结进步、共同繁荣发展”主旋律，充分发挥资源优势和民族政策优势，主动适应经济新常态，全乡呈现出民族团结进步、经济快速发展、社会安定和谐、人民生活水平不断提高的可喜局面。2016年，全乡完成地区生产总值1.1亿元，同比增长8%；规模以上工业增加值3150万元，同比增长66%；完成固定资产投资1.83亿元，同比增长28%；农民人均纯收入15432元，同比增长8%。2016年，该乡被省旅游局评为“省级优秀旅游乡镇”，被省民委命名为‘第一批全省民族团结进步创建活动示范单位”。

【农业经济】　云梯畲族乡主导产业为农业，农林经济在经济发展中占重要地位。特色林业经济方面，该乡大力实施竹林丰产增效示范工程和山核桃标准化基地建设，基本形成以竹、笋、山核桃为龙头的块状经济格局，农民农特产品收入逐年增加，2016年，山核桃、笋干等农副特产实现农民人均收入1万元以上。积极培育新型经营主体，现有家庭农场35家。严格落实各项惠农政策，政策性收入和覆盖面逐年提高。

【文化旅游发展】　2016年，云梯畲族乡将畲族文化和农家乐经营相融合，大力发展休闲农业和乡村旅游。该乡通过招商引资，引入的毛坦村“篁山谷”项目建成试运营；由深圳客商参与投资的畲乡月季观赏园项目，已完成项目设计，一期300亩的月季花卉基地引种正在进行，该项目已纳入全市重点旅游项目；“尚村·白鹿山哈公园”高端民宿项目进展顺利，多样化旅游项目的引入为该乡旅游发展提供新的增长点。为改善旅游条件，该乡在天龙古道入口延伸1千米步道，对天龙古道停车场场地进行平整，安装汤公山登山步道安全防护设施和游览指示牌。通过成立农家乐协会，开展服务培训等形式，提升农家乐服务水平，形成了连片“畲乡人家”特色农家乐。2016年年底，全乡农家乐37家，总床位800余张，其中三星级7家，五星级2家。2016年，全乡累计接待游客12万余人次，实现旅游收入5000余万元。

【美丽乡村建设】　2016年，云梯畲族乡投资近400万元，在云梯村开展集镇建成区综合整治和省级美丽乡村中心村建设。通过拆除乱搭乱建、建设云梯村“吴潜文化广场”、老街改造、政府与老街连接路改造、特色路灯改造、污水管网延伸和文化墙绘制等工程，对集镇老、旧面貌进行改造。加强现有公共绿化带、路灯、标识标牌和道路的管养，实现集镇建成区绿化覆盖率30%以上，绿化率25%以上。通过省级中心村建设，改善云梯村人居环境，提升云梯畲族乡集镇品味。继续加大对环卫人员、环卫基础设施、环境卫生集中整治的资金投入，完善环境卫生长效保洁机制，发挥“村为主”作用，实行联组责任制，通过乡村干部进村入户开展环境治理、垃圾分类宣传、环

图50　云梯畲族乡吴潜文化广场

境卫生检查，提高群众的卫生意识，全乡创建“十星清洁户”达70%以上。村级集体经济发展方面，该乡积极培育村级集体经济增长点，云梯村被列为“村级集体经济示范点”。通过发展乡村旅游、整合村级公共资源等方式，全乡4个村村级集体经济收入均已完成5万元的目标任务。

【民生工程和社会事业】 全力推进教育、文化、卫生、信访、民政、就业和社会保障等工作，实现乡域经济和社会事业全面协调发展。完善社会保障网，新农合参保率98%以上，城乡居民养老保险参保率92.5%以上，低保户实行动态调整机制，确保应保尽保。全面落实计生奖扶政策，兑现计生奖扶资金28万余元。全年累计共发放惠民直达工程资金20项，发放资金304.3万元。完成4个村村级公益事业“一事一议”财政奖补工作，争取奖补项目4个，奖补28.8万元。完成43户危房改造任务。完成卫生、计生体制改革，500平方米的云梯卫生院建成运营。重视诚信建设，被宁国农村商业银行授予“信用乡镇”称号，千秋畲族村和云梯村被授予“信用村”称号。健全农村平安建设长效机制，加强普法宣传、矛盾纠纷排查和矫正对象管理等工作。严格落实安全生产责任，全年无重特大事故发生。

【全国少数民族特色村寨保护与发展项目实施】 云梯畲族乡自2011年启动全国少数民族特色村寨建设项目，持续争取国家民委项目资金500万元，通过引进推广福建宁德畲族风格建筑式样对原有建筑进行“穿靴戴帽”式的改造，在村庄主干道安装具有畲族特色的仿古路灯、在民居外墙绘制具有畲族元素的腰带、畲族凤凰图腾以及3000余平方米的畲族文化墙等形式对千秋畲族村进行整体改建，畲族文化氛围更加浓郁。结合畲族风情文化广场和安徽畲族文化交流中心建设，形成“产村一体、村企共建、整村推进”的发展模式，得到省民委的充分肯定。

畲族文化传承方面，畲族中心小学新编《说畲语》《唱畲歌》教本，《畲乡志》编撰工作有序推进，畲族红曲酒正在申报省级非物质文化遗产。畲族民俗弘扬方面，该乡每年在千秋畲族村举办畲乡“三月三”活动，2016年，安徽卫视等四大卫视同步直播，扩大畲乡的美誉度。10月，千秋畲族村入列首批中国少数民族特色村寨名录。另外，对上申报全国少数民族特色小镇项目，并列入省发改委项目库。

【畲族文化交流中心项目建设】 2016年，在千秋畲族村投资约320万元，建设2000平方米的安徽畲族文化交流中心，中心主体工程已建成，其中畲族文化演艺厅768平方米(拥有200平方米大舞台及500多个座位)，畲族特色体验馆432平方米。项目功能涵盖演艺中心、畲族陈列馆、民族旅游商品展销中心和农家乐创业服务中心，本着量力而行原则，逐步启动建筑内部装修。同时加强与安徽省演艺集团对接，争取其对畲族文化演艺厅的硬件设施及演艺力量的扶持。

（梁　倩）

仙霞镇

【概况】 仙霞镇位于宁国市东南，东津河上游，南邻浙江省临安市横路乡，东接浙江省安吉县章村镇，距城区38千米。该镇属天目山脉北部山区，面积127.94平方千米，地貌有杨山、仙霞两大盆地，辖龙亭、石岭、仙霞、孔夫、杨山、盘樟、龙门7个村186个村民组6618户20825人。境内山多田少，耕地886公顷(其中水田766公顷)，林地1.08万公顷，森林覆盖率79%。物产丰富，盛产竹笋、山核桃、毛竹、青梅、白术、宁前胡、杨山猪。坐落于龙亭村的仙人塔，始建于唐朝，是全国文物保护单位。拥有“安徽竹乡”“安徽省旱笋产业专业示范镇”等称号。工业主要为竹笋、山核桃等农特产品加工。

2016年，该镇围绕打造“生态农业强镇、商贸物流重镇、文化旅游名镇”这一目标，抓好项目建设、生态农业、旅游发展、文明创建和民计民

图51　2016年10月28日，宁国市仙霞镇与休宁县蓝田镇缔结友好乡镇

生等工作，完成年初确定的各项目标任务。全年完成财政收入1104.69万元，实现社会固定资产投资3.63亿元，城乡居民人均可支配收入28099元。先后获得宣城市2015年度文明乡镇，宁国市2015年项目提质年、旅游提速年、人口和计划生育工作等先进单位，2011—2015年宁国市法治宣传教育先进集体等称号。

【农业现代化】 加快培育新型多元经营主体，新增29个家庭农场，超额完成全年森林增长任务和17千米防火道套种油茶工作。大力开展品牌创建，新增品牌3个。农村土地承包经营权发证工作全面完成，开展森林保险工作，打造杨山村3300亩高标准基本农田。

【旅游发展】 2016年，建成5.6千米农村畅通工程，完成宁国第一特支旧址道路通行及仙人塔所在村村庄入口路面平整和拓宽。参与省级农家乐、市级旅游商品生产示范企业评定。汇编仙霞镇旅游招商手册，策划筹备盘樟中共宁国第一特支红色旅游项目。申报最佳旅游摄影点，开展“玩转宁国——走进龙门螺蛳湾”宣传活动，打造本土旅游品牌。

【资源和环境保护】 以双城创建为契机，强化集镇建管和环境卫生整治，集镇整体形象明显改善。充实城管队伍，整合部门力量，开展集镇整治，拆除违章建筑50余处。完成农贸市场、公共厕所、客运车站建设，做好X054线集镇路段排水工程。推进“三线四边”环境整治，建设社会主义核心价值观示范村和相关主题广场，新增和完善公益广告12处，开展各类主题志愿服务活动14次。

【美丽乡村建设】 2016年，完成X054线、仙孔路道路改造提升工程，完成冷三路、万杨路路基平整拓宽和征地拆迁工作。建成宁绍线800千伏特高压主体工程。投入120万元，建成龙亭村、石岭村、杨山村市、县、乡各级中心村。启动“滥建乱葬”专项整治工作，制定出台《仙霞镇骨灰安葬控制规划指导意见》，科学布点村级公益性生态公墓规划。完成5.6千米农村畅通工程建设，安装路灯215盏，拓宽农村机耕道路3.7千米，建设户户通2165米，修复道路水毁工程400米，修缮河堤300米、河坝2座。

【民生工程】 完成7个村“一事一议”建设项目。及时足额发放各类惠农补贴751万元，新增危房改造58户。落实农村居民最低生活保障、五保供养、城乡医疗救助等制度，新增低保户52户。投入31万元建成敬老院消防工程。社会保障一卡通全面启动，城乡居民养老保险续保率达90%。

【社会事业】 以创建国家优质服务单位为抓手，完善人口计生利益导向机制。召开第四届妇女代表大会，积极参与“中国书法城”创建，成功创建“省级诗教先进单位”，争创“六好”工会，获“全市关心下一代工作先进集体”称号。加强应急保障能力和“平安仙霞”建设。完成司法所标准化提升，化解43起信访案件。完成5处地质灾害点和11处烟花爆竹布点治理，烟花爆竹经营“五个一”标准被市安监局作为先进经验进行推广。加强食品安全、防汛、防火等工作，安全生产形势平稳。完成征兵工作，加强民兵预备役工作。

【仙人塔保护工作】 协助市文旅委完成仙人塔本体及其附属工程“女儿墙”修缮工作，待省文物局验收。

（林文娟）

万家乡

【概况】 万家乡位于宁国市东南部，与浙江省杭州市毗邻。辖4个村128个村民组1.5万人，面积138.9平方千米，山场17.8万亩，占总面积的85%，森林覆盖率87%。物产和旅游资源丰富，与清凉峰国家级自然保护区接壤，和浙西大峡谷一山之隔，拥有道场坪国家森林公园、吴越古道、千顷天池、仙人洞等自然景观，拥有濒临灭绝的南方亚种梅花鹿和黑鹿种群，国家一级保护植物红豆杉以及国家二级保护植物香果树、银杏、鹅掌楸等，是中国著名中药材——宁前胡的原产地和主产区。矿产资源丰富，硒石、花岗岩、石灰石、铅、锌、银、钾等储量大，品位高。2016年，全乡完成固定资产投资2.39亿元，财政收入487万元，完成工商税收487万元（含交通运输营改增及总部经济税收323.2万元）。

【农业现代化】 启动农机上山工程，农机具调查摸底工作已经完成；开展增殖放流，投放鱼苗60多万尾，加大禁渔工作力度，加强河流生态保护；开展春防工作；新增家庭农场8户；完成农村土地经营权确权登记颁证工作；完成造林任务355亩，成活率90%以上，完成全乡现有林培育6200亩（其中山核桃6000亩、香榧200亩），义务植树3万株。

【美丽乡村建设】 加强对已建成的省级美丽乡村云山村、市级美丽乡村大龙村和西泉村的管护，深化农村环境卫生综合整治，建立保洁员保洁效率周巡查制度。加强“门前三包”、十星级清洁户评选、垃圾分类减量等工作，全乡十星级清洁户创评挂牌率达70%以上。

【民生工程与社会事业】 全年完成危房改造56户，发放民政、计生、残联、社保等各类涉农补贴资金557万元，涉及17606人次，发放各类优抚救助救济款约68.18万元。做好校园周边及校车安全、暑期防溺水等工作，加强计生满意度宣传，开展城乡居民社会养老保险全覆盖工作，全乡60周岁以上享受养老金人员登记发放率100%。开展了三次汛前检查，及时处理防汛隐患。8月，集中开展抗旱保苗工作。

【旅游发展】 推进吴越古道景区市场化工作，完成门票价格听证，完成景区用地招拍挂。启动大龙农家乐民宿规划编制，开展系列争创和推介活动。加强农家乐培训和素质提升，推行农家乐诚信菜单制度，新增五星级、四星级农家乐各1家。获“安徽省优秀旅游乡镇”称号。

【资源和环境保护】 强化林业法律宣传，加强木材限额计划管理，落实森林防火常态化，做好巩固和完善林权制度改革后续工作。组织开展有害生物的防治，加强森林病虫害防治，保障林业生态安全。

（许晓琦）

南极乡

【概况】 南极乡位于宁国市南部，距市区40千米，东临万家乡，南与浙江省临安市岛石镇接壤，西邻甲路镇、霞西镇，北连宁墩镇。东（东山渡）马（马头岭）线穿乡而过，与浙江省道汤苦公路相连，辖杨狮、永宁、龙川、南极、梅村5个村，111个村民组，总人口1.18万人，总面积125.6平方千米。该乡属丘陵山区地貌，地处天目山北麓，境内峰峦叠嶂，平均海拔500米，森林覆盖率达83%以上。全乡山场面积19万亩，其中山核桃面积10万余亩，年产量4000吨，素有“中国山核桃第一乡”之称。现有山核桃加工企业10余家，其中“龙香源”“玉盘山”“孟仔”等为宣城市农业龙头企业，获有机食品、绿色食品认证，其中“龙香源”“梅记”获安徽名牌农产品、安徽著名商标称号。

全年完成规模以上工业增加值9023万元，全社会固定资产投资2.52亿元，财政收入520.6万元。

【农业现代化】 2016年，该乡拥有家庭农场27家、县级示范合作社3家、“六化”（规模化、标准化、科技化、生态化、休闲化、艺术化）示范家庭农场4家。完成南极江村油菜种植示范片、油菜脱粒及秸秆粉碎还田技术推广工作，完成任务区面积301亩，大河义顺家庭农场水稻收割及秸秆粉碎还田330亩。

【旅游发展】 加强宣传推介。举办南极牡丹园文化系列活动，运用《南极窗》和旅游宣传片，宣传南极旅游资源和乡土文化，加大招商力度，包装5个旅游招商项目，进行对外推介。争创山核桃特色小镇，杨狮村被评为“宣城市旅游示范村”。提升景点旅游功能。完善“宁昌古道”“三圣阁”旅游功能建设。完成徒步道路、景区停车场、星级公厕等项目建设。加强景区安全监管。多次开展南极漂流景区的安全检查，严禁景区在恶劣天气营业，筑牢安全防线，提高旅游服务质量。

【资源和环境保护】 做好秸秆禁烧工作，通过24小时轮流值守、不定时到村督查指导等方式，及时制止焚烧行为11次，减少大气污染。结合“三线四边”整治，加强对该乡辖区内固体废物、生活垃圾等进行集中清理防治。倡导烟花爆竹减少燃放，降低燃放污染。

【美丽乡村建设】 完成省级中心村永宁村建设规划，完成集镇老街破旧房屋拆除工作。打通集镇新区至永宁桥道路，完成集镇路网建设。建设农民文化广场、滨河长廊，开展集镇老街村庄改造整治及污水处理。启动龙川坞、江村、大坞等村庄整治提升工程，完成龙川农民健身广场建设。完成杨狮地质灾害整体搬迁项目重新规划、选址和征地工作。

完善小型水利工程管护机制改革工作，完成平川水库、永宁下街坝维修加固工程，启动永宁800米河堤加固项目改造。完成杨狮、永宁和龙川3个村的土地整理项目建设。完成“宁南段”道路拓宽工程，“南马段”正在建设。建设杨狮葛川至平川村庄道路。完成梅村等4条农村道路建设项目。完成南极洪家庄危桥重建。

完善《南极乡2016年农村环境卫生综合整治工作考核办法》，推进村旁屋边整治、乡风文明建设、十星清洁户评比等工作，提高农村环境卫生管理水平。实行山核桃蒲定点集中堆放，杜绝随意倾倒，防止污染水质。

【民生工程】 城乡低保等各类民生资金及时发放到位，各类政策性保险应保尽保。推进城乡居民养老保险工作，实施危房改造79户。完成5个村“一事一议”项目建设。完成农村土地承包经营权确权颁证工作。

完成中心公墓选址、规划工作。

完善教育基础设施建设，建设南极中心小学学校塑胶跑道和运动场，完成学校围墙拆改。加强师德师风建设，强化教育教学管理，学校教学质量位于全市农村学校前列。关爱留守儿童，重视学生安全工作，加强校车安全管理。

【社会事业】 加强矛盾纠纷排查调处，成功调解纠纷 78 起，调解成功率达 100%。开展校园周边治安环境排查整治，加强学校法制教育宣传，开展各类普法活动 18 次。严格落实企业、校园、地质灾害点、食品安全等安全生产责任制，紧抓防溺水、森林防火、防汛等工作不放松，未发生企业经营安全生产事故和食品安全事故，无赴省进京上访，无重大刑事案件发生。

【推进山核桃产业健康发展】 在梅村 12 个村民组开展山核桃病虫害飞机防治，在梅村十亩开展山核桃病虫害防治试验，加强对山核桃病虫害防控。基地新增 2 家山核桃加工企业，做好基地建设的监管服务，完善山核桃加工商贸区功能。

鼓励山核桃“自然落果”采收，加大山核桃管理及统一采收宣传，做好山核桃采收期间的技术服务，成立山核桃护秋队，严厉打击各类不法行为，维护山核桃采收秩序。

（俞叶俊）

宁墩镇

【概况】 宁墩镇位于宁国市东南部，距市区 25 千米，辖 7 个村 1 个社区 139 个村民组，总人口 1.5 万人，总面积 123.1 平方千米。该镇盛产毛元竹、山核桃、板栗、茶叶等资源，是宁国元竹、山核桃的重点产区之一；素有“宁国墩”之称，地理位置优越，交通便利，S104 线穿过集镇边缘，东马、宁万、中宁公路贯穿全镇；拥有各类企业近百家，其中规模以上企业 14 家、亿元企业 3 家、高新技术企业 2 家，涉及机械加工、铸造、耐磨材料、橡胶密封件、汽车零部件等工业企业和农林产品精深加工、畜禽养殖、花卉苗木等农业企业。2016 年，实现生产总值 10.70 亿元，同比增长 9.5%；完成财政收入 2560 万元，同比增长 5%。

【工业经济】 2016 年，亚晨碾磨铸件有限公司新上高端机械基础件精密铸造（CADI）项目生产线，新鑫新型墙体材料有限公司年产 8000 万块页岩烧结空心砖项目场平完成，申报 2015 年度宁国核心基础零部件产业集聚发展基地项目 4 个。招商项目 2 个，分别是年产 8000 万块页岩烧结空心砖项目与广东客商投资的无缝钢管生产项目；在谈项目 6 个。全年进出口总额突破 1 亿美元。

【基地建设】 全年成功申报 2015 年度宁国核心基础零部件产业集聚

图 52　2016 年 4 月 10 日，南极乡梅村村桥头组等 12 个村民组进行山核桃病虫害飞机防治

图 53　2016 年 12 月，总投资 1100 万元的省民生工程、市级重点项目宁墩大桥及中宁路建成通车

发展基地创新发展项目 4 个，分别是通润公司年产 200 万台高强度液压卧式商业千斤顶智能化生产线改扩建项目、亚晨碾磨公司高端机械基础件精密铸造项目、永泰实业汽车减震部件智能化加工技术改造项目、加贝利橡塑制品有限公司汽车长寿命刹车皮圈产业化项目。

【现代农业】　2016 年，持续推进“黑色”农产品为代表的特色产业发展，支持吴家大院与上海等地客商洽谈合作；扶持天行健公司发展壮大，天行健公司在 Q 板（中小企业股权报价系统）成功挂牌，延伸产业链；扶持乡味源、永华梨园、农诚农业等一批农业龙头企业发展；支持水栀子合作社、金东果蔬农业合作社升级发展。新增家庭农场 23 家，新增土地流转 26.5 公顷；完成农村土地承包经营权确权登记颁证工作；完成黄岗、吉宁土地整理项目。推进农村塘坝扩挖、河沟清淤、小型泵站更新改造工程项目。完成造林 260 亩，义务植树 2 万株。

【旅游经济】　2016 年，编制宁墩镇旅游总体规划。完成市级重点项目宁皇旅游度假区华东大裂谷景区停车场、旅游公厕建设、道路硬化、绿化设施完善。推动汇枫园林、青山实业、宁皇旅游等企业发展；引进山东长广农业科技发展有限公司投资南阳村集采摘、休闲、观光、旅游于一体的慢生活区项目。新增四星级农家乐 1 家，成功创建省级旅游乡镇。

【基础建设】　总投资 1100 万元的省民生工程、市级重点项目宁墩大桥及中宁路建成通车，完成宁万路、东马路道路拓宽改造，启动黄岗路及宁万大桥项目设计。新建集镇临时停车场 1 个，加强集镇秩序整治，规范户外广告管理，推进集镇绿化、亮化工程，巩固文明创建成果。推进宣城市级美好乡村南阳村与镇级美好乡村双川村建设，严格环境卫生综合治理考核，实行月暗访、季明察。

【社会事业】　2016 年，推进“一事一议”财政奖补项目建设，城乡居民养老保险参保 9419 人，续保率达 91.91%；农村合作医疗保险筹资 1719960 万元，参合 14333 人。“五保”保障金发放到位，并为 146 位五保户购买老龄保险。发放医疗救助金 336891 元，救助 60 人次。发放重度残疾人生活护理补助、计生特别扶助资金等补贴资金 252 万元，惠及农户 8000 余人次。开展“平安村”“平安乡镇”“零命案乡镇”等创建活动，全年累计调解民间纠纷175件，调解成功173件。全年发放教育促进会捐资助学资金13.14万元；人口和计划生育工作主要指标运行正常。切实做好安全生产、防汛抗旱、地质灾害防治等工作。完成通润地质灾害点整治项目招标。完成征兵工作任务。

（杨　芳）

梅林镇

【概况】　梅林镇位于宁国市东南部，距市区13千米，S104和宁宣杭高速穿境而过。辖区总面积185.5平方千米，下辖8个村1个社区195个村民组，2.3万人。具有“宁国企业家的摇篮”之称，是省政府确定的195家重点建制镇之一。2016年，围绕建设“人文、实力、和谐、希望”新梅林目标，突出抓好工业经济转型升级、招商引资和重点项目建设、休闲农业与乡村旅游发展、集镇建设与管理、民生工程建设和社会管理创新等重点工作，着力建设现代化的生态工贸型城镇，实现经济社会平稳健康和谐发展。

【财政收入】　全年全镇完成税收收入2698万元，其中目录企业税收2200万元，总部税收498.2万元。完成规模以上工业增加值2.2亿元；全社会固定资产投资10.5亿元，同比增长21%；规模以上工业企业25家。农民人均可支配收入15750元。

【工业经济】　2016年，完成招商协议资金4.7亿元，实际到位资金1.5亿元，新引进项目3个，在建项目1个，投产项目2个。全国首批953家“新三板”创新层企业安徽铜陵天海流体公司与富乐泰公司达成合作，成为该市乡镇企业参与资本市场合作的首例；海天力公司的“汽车制动气室橡胶隔膜的生产工艺”专利获中国专利优秀奖，成为全省唯一入选该名单的基地企业。全年引进安徽众晟模塑、田园美地等企业9家，推进“腾笼换鸟”盘活企业闲置资产，通过新引进4家精密铸造企业，盘活本地耐磨企业闲置厂房近2万平方米。

【基地建设】　该镇11家规模以上工业企业被纳入省核心基础零部件产业集聚发展基地企业，完成工业总产值4.3亿元，固定资产投资2.4亿元，实现税收1150万元。基地密封元器件、高端机械基础件、电子元器件三大主导产业累计总产值占全镇工业总产值的56%。2016年年底，基地核心基础零部件产业产值超6000万元的企业1家，3000万～6000万元的企业3家，1000万～3000万元企业7家。拥有3家高新技术企业，其中密封元器件产业1家、高端机械基础件产业1家、电子元器件产业1家。拥有发明专利29件，实用新型专利60件。

【旅游发展】　坚持建设“乡村旅游最佳目的地”和“东部旅游集散地”的发展思路。梅林狩猎俱乐部作为全国仅有的4家取得狩猎项目准入资质的企业之一，2016年，承办第二十八届全国职工射击大赛及第五届全国业余飞碟大奖赛，省体育局飞碟训练中心与该公司合作，将省飞碟训练基地落户该地。沙埠滑草滑沙场设施设备进一步提升，增设游船、攀岩等游乐项目，申报国家AAA旅游景区工作正在验收评审。“宁国市第二届单身青年联谊”“青春有约、玩转宁国”等活动在阳山凤栖沟、徽湖古道景区开展。对山民俗建设稳步推进。醉金香农庄、海林农庄等农旅产业发展良好。三冲生态农业文化园项目与浙江横店集团合作开发正在洽谈，该项目越野车赛道基本建成。畅心谷旅游休闲度假项目、吉森生态养老休闲度假综合开发项目落户。制作梅林镇旅游宣传片，深挖旅游文化资源，开发潜在项目。

【农业建设】　开展农业及知识技能培训，培养新型职业农民和技术员，壮大农业龙头企业发展，推进农村土地适度规模经营，提升农产品附加值。全年共流转土地10公顷、林地500亩，建设高标准基本农田4300多亩。造林1675亩，培育经济林133亩，义务植树4万株。新增中药材2000余亩、蓝莓100多亩。新增家庭农场21家、农业企业7家。

【美丽乡村建设】　2016年，完成8个村的村旁屋边整治工作，对镇村区域内户外墙体广告、违规堆放、乱披乱挂等实行日常巡查清理，实现镇村环境卫生保洁长效化、常态化。完成“一事一议”项目8个，“村村通”道路硬化5.6千米。实施小型水利改造提升工程6处，小型水库除险加固项目2个，修复大塘15口、渠道1200米，汛期抢修人饮工程9处。

【集镇建设】　实施省级乡镇政府驻地建成区整治项目，建成集镇农贸市场、停车场、篮球场。完成集镇老街亮化、防洪、排污工程，建设挡墙700立方米，修建渠道2500米，摊铺人行道5000平方米，完善免费无线网络等功能配套，实现集镇环境面貌、基础设施、公共服务配套设施整体换新。

【民生工程】 完成29项民生工程，发放低保、五保、残疾人等各类涉农资金830万元，实施大病救助39人次，改造危房68户。完成农村土地承包经营权确权登记颁证。完善城乡居民社会保障制度，加强劳务培训，拓展文化教育阵地建设，开展计生、教育等各项工作。

【社会事业】 落实《信访条例》，实行领导干部开门接访、带案下访制度，做好矛盾纠纷排查调处、信访积案化解等工作，依法妥善处理各类突发性事件，严格落实重大项目风险评估制度。全年受理信访17起，调解矛盾纠纷58起，调解率、化解率均为100%。在G20峰会等敏感时期，实现进京赴省越级访、群体访和非访“零”发生，被评为宣城市“示范基层综治维稳信访工作中心”。落实安全生产监管责任，镇、村、企业三级监管网络形成，全年无安全事故发生。完善各类应急预案和快速反应机制，公共卫生安全等突发事件应急处置能力得到提高。落实公务用车改革制度，建立办公用房管理长效机制。“营改增”稳步推进，交通运输业综合治税有效实施。开展滥建乱葬专项治理，基本完成镇村生态公墓建设选址。完成年度征兵工作任务和乡镇党委换届工作。

（唐四庆）

胡乐镇

【概况】 胡乐镇位于港口湾水库上游，距市区45千米，东与甲路镇和浙江临安市岛石镇相邻，南与绩溪县毗邻，西与旌德县接壤，北与甲路镇和方塘乡相依。镇内拥有周赟、笔石、奇石、红豆杉、千年古镇、“小三线”等特色文化生态旅游资源以及中国传统古村落——胡乐村。物产丰富，有天然矿泉水、钨锰矿石、石英石、莹石等矿藏，盛产山核桃、毛元竹、茶叶、蚕桑等农林特产，森林覆盖率85%。工业以农林特产加工为主，农业以农林特产和水稻、玉米等种植为主。近年来，先后被评为“安徽省历史文化名镇”“安徽省优秀旅游乡镇”“全国环境优美乡镇”“第二届安徽省文明创建工作先进村镇”和“安徽省森林城镇”。截至2016年年底，全镇国土面积195平方千米，其中耕地6864余亩，山场22万余亩；辖5个村1个社区101个村民组，人口约1.5万人。2016年，全年实现财政收入2554万元，税收689万元，固定资产投资4.4亿元，农民人均纯收入16500元，人口自然增长率控制在3‰以内，全年无重大刑事案件和安全生产事故发生。

【旅游发展】 根据总体规划，与安徽师范大学国旅学院旅游资源普查组对接，对全镇旅游资源开展全面普查。开展省级文保单位周氏宗祠的修缮与保护。开发浪荡坞、一万岭、胡乐老街等景点，指导景点完善

图54 2016年10月22日，首届宁国胡乐户外旅游节举行

旅游标识、解说词和基础设施，制作景点宣传册，累计接待游客23000余人。成功举办首届“相思红豆，邂逅老街”户外旅游节，吸引全省各地500余名毅行爱好者参与，20余家主流媒体关注。黄村休闲山庄和沪乐山庄建成营业。

【度假区保护与建设】 依据《青龙湾生态功能区规划》《青龙湾渔业发展规划》《宁国市青龙湾水域船只管理办法（试行）》有关规定，在宁国市青龙湾旅游综合开发规划的基础上，充分结合地方特色，采取各种有效举措，积极推进文化生态旅游名镇发展步伐。配合青龙湾管委会做好辖区内森林资源保护和封山育林，开展水上整治专项行动，划定辖区垂钓区域，对水上木屋进行离岸清理，规范水上垂钓、农家乐违规经营活动。配合市水务局对青龙湾生态旅游区采砂、采石进行专项整治，防止水土流失。加强辖区内农用自备船管理，严格农用自备船只审查制度，严禁农用自备船只从事营业性行为，重点时段均进行安全检查。加强辖区内一级水源地保护、畜禽禁养引导，对滥建乱葬、乱种乱养、未批先建、菇农随意倾倒香菇棒、钓友乱扔垃圾袋、泡沫饭盒、库区乱竖广告牌等行为进行集中治理。

【农业现代化】 昌水山核桃脱脯机获得农业机械推广鉴定证书，扶持徽芝园、皖林、永红粮油等品牌做大做强。开展职业农民培训，推广山核桃的生态管护办法，引导农户控制化肥和农药的使用量，提升山核桃品质。推广香榧、红豆杉、前胡、有机蔬菜种植技术，扩大种植面积。实施新型农业经营主体提升工程，放大家庭农场示范效应。新增家庭农场27个。完成汛期镇内病险水库、堰塘、沟渠的除险加固和水毁重建工程。累计投入80余万元，修复鸿门等河堤4处，修缮皇墓等水库大塘6处，新建霞乡村防洪渠1条。完成土地承包经营权确权颁证工作。

【基础设施建设】 2016年12月30日，宁绩高速胡乐出口建成通车，项目共征地14.67公顷，拆迁安置13户。新建古田路、“565”路、竹川叶家、龙池葡萄坑、霞乡米川等畅通工程道路，合计5.62千米。修建竹川沈家等“组组通”硬化工程和林区道路工程2.53千米。

【美丽乡村建设】 出台集镇建房管理办法，引导新建房统一按徽派风格建设，制定《胡乐镇农村环境卫生综合整治工作实施方案》，充实保洁员队伍，加强环卫设施配套建设，保障集镇污水处理厂和垃圾处理场的正常运行。强化秸秆禁烧工作。累计投入179万余元用于环境卫生整治，投入33万余元建设高标准垃圾焚烧炉，投入150万余元用于集镇污水处理。美丽乡村省级中心村胡乐村累计投入720万余元，完成道路硬化、老街青石板恢复、古建筑修复、沿河游步道建设、村庄绿化、整体改徽、廉夫桥重修等系列工程。

【民生工程与社会事业】 2016年，完成22项民生工程，发放各类涉农惠农补贴849万元。累计投入40余万元完成镇敬老院消防工程建设。发放移民后扶直补资金15.6万元，完成52户农村危房改造任务。城乡居民基本医疗保险工作成效显著，共有7312人次获得补助，发放补助款360余万元；实现城乡居民养老保险全覆盖。办理大病医疗救助32起，发放资金18.3万元，发放低保资金137万元，兑付五保、事实孤儿及抚养生活费36.3万元，发放优抚资金67.4万元。

全年未发生一起影响社会稳定的突发事件，未发生一起非法上访，被评为宣城市综治工作先进乡镇。

抓好安全生产例行检查工作，强化安全培训，全面排查和治理重大安全隐患，依法查处各类安全生产违法违规行为。建立健全产品质量和食品药品安全管理长效机制，每季度以及重大节假日期间，开展安全生产大检查。全年未发生一起安全生产事故和食品药品安全事件。

巩固鸿门、胡乐文化乐园建设成果，开展全民健身运动。支持胡乐初中校园文化建设和安全管理，建成胡乐中心幼儿园。提升镇卫生院及村卫生室的卫生服务水平。统筹做好工会、共青团、妇联等群团工作及武装、统战、民族、宗教、残联、关工委、老龄委等工作。

（吴承勇）

甲路镇

【概况】 甲路镇位于宁国市西南部，距城区25千米，辖4个村1个社区115个村民组，人口14800余人，面积182.55平方千米。2016年，该镇围绕“打造西部中心镇，建设美丽新甲路”的目标，实施“生态优镇、旅游重镇、经济强镇、和谐新镇”战略，开展“项目服务优质年”“旅游发展突破年”“集镇建管提升年”活动，实现全镇经济社会平稳健康发展。

2016年，完成固定资产投资3.65亿元，规模以上工业增加值1958万元；实现财政收入2041.6万元，其中税收收入541万元；城乡居民可支配收入15416元。

【旅游发展】 完成该镇境内旅游资源普查，对接旅游专业规划公司，以建设高标准的特色民宿、特色小镇

图 55 2016 年 8 月 20 日，甲路镇在旭日休闲农业观光体验园开展“与子同行，乐动甲路”亲子体验活动

为主要内容，科学编制该镇全域旅游发展规划，发挥青龙湾生态旅游度假区交通主入口优势，做好青龙湾旅游产业发展的承接工作。严格规划控制，加强对甲路高速互通、省道沿线、青龙湾核心区范围内各种建设的管控，为今后旅游产业发展留足空间，增强承载能力。旅游产业发展破题起步，推进旭日休闲农业观光体验园项目，与团市委、宁国市诗词协会合作，分别举办“与子同行、乐动甲路”、采风创作诗词朗诵等宣传推介活动，提升该镇旅游品牌，推动旅游发展。

【度假区保护与建设】 加强生态环境保护，集镇生活污水处理厂建成并投入使用，推进“滥建乱葬”专项整治工作，参与青龙湾环境专项整治行动。新增造林 404 亩。严控白茶种植、畜禽养殖，严禁秸秆焚烧、乱种乱养，推进山核桃产区生态修复，生态环境不断改善。发挥“旅游+”作用，通过项目整合，推进旅游产业基础设施建设。

【农业现代化】 各村相继成立集体资产管理、劳务服务公司，提升村集体经济实力。巩固发展农产品加工业和专业合作组织，重视农产品品牌建设。截至 2016 年，全镇农业龙头企业已发展至 13 家，专业合作社 17 家，家庭农场 44 家，获批农产品安徽省著名商标 1 个、有机产品认证 2 个、绿色食品认证 2 个，农业产业化水平提升。在全市率先完成农村土地确权登记颁证工作，并获全市农村土地承包经营权确权登记颁证工作一等奖。

【美丽乡村建设】 加强农村环境卫生综合整治，获全市 2016 年度农村环境卫生综合整治工作一等奖。完成省级中心村甲路村、宣城市级中心村庄村村和宁国市级中心村石门村建设，其中省级中心村甲路村在市级第一年测评中获一等奖。开展集镇秩序专项整治，街道违章停车电子抓拍系统建成投入使用，集镇秩序持续好转。完成省级生态森林乡镇创建任务，“宣城市级卫生乡镇”创建成功，并申报“安徽省级卫生乡镇”，村镇面貌焕然一新。

【民生工程】 完成 27 项民生工程，实施甲路村塔上组“户户通”项目等“一事一议”财政奖补项目 4 个、移民后扶项目 3 个。参加城乡居民基本医疗保险 14344 人，参保率达 99%以上；参加城乡居民基本养老保险 10466 人，参保率达 90%以上，人民保障水平不断提高。做好低保核查工作，共核实全镇农村低保户 316 户 503 人、城市低保户 20 户 26 人，发放城乡低保经费约 85 万元。

【社会事业】 落实安全生产“党政同责、一岗双责”安全生产责任制，以购买服务的方式，对安全生产工作实行专业化监管，加强校车安全和防溺水工作，全镇安全生产形势较为稳定。实行农村集体聚餐有奖上报制度，加强农村食品安全监管。落实法制宣传教育活动登记备案制度，利用“3·15”“6·26”各个节点，开展形式多样的普法活动，提升群众法治意识。加强社会治安综合治理，集中开展重大节假日和敏感时期不稳定因素大排查、大调处活动，调处各种纠纷 31 起，及时化解社会矛盾。甲路镇卫生院中医馆改建工作即将完成，启动家庭医生签约服务和数字化预防接种门诊工作，卫生医疗水平不断提升。开展人口和计划生育工作，出生政策符合率达98%以上，二多孩出生政策符合率达100%。开展双拥工作，完成民兵整组和军事训练，超额完成年度征兵任务。工会、共青团、妇女、儿童、老龄、关心下一代、残疾人、红十字会和宗教等事业均有序开展。

（汪　伟）

霞　西　镇

【概况】 霞西镇位于宁国市中西部，距离城区18千米，中津河、皖赣铁路、扬绩高速纵贯全境，县乡道竹虹路是该镇一条通往境外的主动脉。全镇辖6个村2个社区181个村民组，2.35万人，面积204平方千米，耕地1.5万亩，山场25万亩，毛竹5万亩，年毛竹产量200万根左右，茶叶6000余亩，山核桃2万亩，森林覆盖率达80%，是典型的生态农业大镇。该镇旅游资源丰富，拥有国家AAA级旅游景区石柱山、抽水蓄能电站资源青龙山等。

完成财税收入739万元，完成固定资产投资30855万元，农民人均可支配收入14506元。

【旅游发展】 完成镇域旅游资源普查、宣传片拍摄和“老三线”主题公园的设计评审。石柱山国家AAA级旅游景区通过复核，完成白坑坞景区道路路基拓宽，改善景区进入性。快活林农庄获评宁国市休闲农业和乡村旅游示范点，杨门口河道成为夏季纳凉游泳胜地，芳茂农庄正式对外营业，新增农家乐8家。

【农业现代化】 深化农村集体资产产权制度改革，完成农村土地承包经营权确权登记颁证工作，推进土地经营权流转，鼓励规模经营，扶持农民专业合作社、家庭农场等新型农业经营主体规范化发展。2016年，新增家庭农场31家，芳茂、快活林等4家家庭农场获宁国市“六化”示范家庭农场称号。众利专业合作社获评宁国市规范化合作社。新增有机食品认证4个。

【美丽乡村建设】 一是开展集镇整治提升工作。突出规划引领，高标准、全方位开展集镇整治提升，引导街道经营户和居民参与集镇管理。集镇外环路建成通车，完成雨、污水地下管网和污水集中处理工程建设，实施集镇主干道路拓宽和人行道铺设。拆除沿街经营户乱搭乱建雨棚30余处并进行统一规划和安装。电信、移动、联通、有线电视等弱电下地工程基本完工。二是开展村庄整治提升工作。推进“三线四边”环境治理，完成高潮、杨门口、长岭等绿化节点建设，打造精品线路。实施上门茶花坪、虹龙民主、朱村龙胜等自然村的村庄整治提升工程，改善群众生活环境。

【民生工程】 实施农村道路畅通工程6.05千米，“八小”水利工程▲13处，农村危房改造93户。完成石河村青龙山、石柱山里阳和后坑坞人饮改造工程，解决700余人安全饮水问题。发放粮食综合补贴、退耕还林补贴等各项惠农资金近980万元。

▲“八小”水利工程：是指省定民生水利工程，即推进农村小沟渠、小塘坝、小泵站、小水闸、小水库、中小灌区、末级渠系、桥涵配套建设。

【社会事业】 霞西、虹龙敬老院消防工程建成。2016年10月9日，由中鼎集团捐建的上门幸福苑顺利开院，部分空巢困难老人入院颐养天年。完成霞西中小学合并，推进公办幼儿园改建工程。完成人防疏散地域建设。完成镇妇联换届工作。

（鲁尊辰）

图56　2016年10月9日，由中鼎集团捐资建设的上门幸福苑建成使用

方塘乡

【概况】 方塘乡位于宁国市西部，青龙湾上游，国家森林公园核心区，东与青龙乡接壤，西南与旌德县为界，西与泾县相连，北与宣州区毗邻，距市区45千米。全乡总面积267平方千米，辖6个行政村139个村民组，总人口13927人，拥有山场32.3万亩，其中用材林28.9万亩、经济林1.6万亩、竹林1.8万亩，国家公益林10.4万亩，省级公益林2.6万亩，耕地9189亩，森林覆盖率85%。

2016年，完成全社会固定资产投资1.76亿元，规模以上工业增加值2900万元，财政收入1081万元，招商引资5000万元。

【农业现代化】 2016年，出台产业扶持政策，巩固扩大潘茶、上坦香榧基地，打造香榧之乡。推进绿色农业发展，加快青檀、蓝莓、有机稻、有机茶园、铁皮石斛基地建设，规范香菇产业发展。全年完成造林1600亩，流转林地793.8亩。加快林业结构调整，完成千万亩森林增长工程和林业有害生物监测与防治工作。获评有机食品认证2个、绿色食品认证1个，新增家庭农场28家、专业合作社5家。世京果园获国家级休闲农业和乡村旅游示范点、“安徽省著名商标”及“绿色食品认证”。高标准基本农田项目、水毁耕地复垦项目完成验收。投入90余万元，完成潘茶高峰河道清淤200米；投入20.4万元，实施葛村施村河堤加固工程；实施了3座水库除险加固工程，完成了“八小”水利改造提升工程21处。

【旅游发展】 2016年，获得安徽省优秀旅游乡镇、国家级“中华诗词之乡”称号，板桥村被评为“宣城市乡村旅游示范村”。完成板桥村“安徽省乡村旅游示范村”和世京果园国家AAA级旅游景区的申报工作。鼓励支持农家乐发展，拥有30家农家乐，并举办第一届农家乐培训班。围绕皖南“川藏线”等4条旅游精品线路开展宣传，举办“旅游兴乡，魅力方塘”国庆晚会。结合农发、交通、美丽乡村等项目，加快乡村旅游基础设施建设，制作板桥村景区道路标识牌，在皖南“川藏线”沿线建设5处游客驿站（旅游放心店）。2016年年底，潘分路改扩建工程建成通车，县级畅通工程凤板线改造提升工程完工、5.68千米的农村道路畅通工程及1.918千米的柯家河段老村道加宽工程进场施工，方胡路工程完成评审，葛村世京果园外环路完成前期路基修筑工作。

【度假区保护与建设】 开展滥建乱葬、乱种乱养、农民建房、“三线四边”及青龙湾环境五项整治，打响“山水灵地、烟雨方塘”和皖南“川藏线”最美方塘段的品牌，推进方塘乡全域旅游发展。配合青龙湾管委会加强水面及周边环境综合整治。加大皖南“川藏线”环境保护的宣传整治力度，成立专门队伍，开展综合执法，将皖南“川藏线”打造成一条干净整洁的精品线路。加强与青龙湾、“水墨汀溪”的对接，推进全乡旅游品牌建设。

【美丽乡村建设】 2016年，完成双村、上坦、葛村市县乡三级中心村建设。2015年动工的省级中心村板桥村提升工程已于2016年建成完工。投入环卫资金100余万元，新建垃圾焚烧炉3个，发放垃圾桶400个，增加保洁员工资待遇。优化考核制度，建立健全农村生活垃圾收集、分类、清运长效管理机制。结合“三线四边”城乡环境治理行动，在集镇开展环境综合治理工作。结合凤板线线路改造，启动敬老院至集镇路面的加宽改造。

【社会事业】 落实各项惠农政策，兑现各类涉农补贴1191万元。改造危房58户，兑现资金44.6万元。发放救灾、“五保”等各类民政资金382万元。发放计划生育奖扶资金62.1万元。实施“一事一议”项目6个，其中4个正在建设，2个已建成。落实移民后扶政策，发放移民直补资金130.8万元，完成双村村5.6千米移民道路建设。落实农村最低生活保障制度，严格核定低保对象，截至2016年年底，该乡共有低保户510户725人。开展城乡居民养老保险征缴工作，参保5781人，参保率达92.79%。60岁以上领取养老金人员2921人，发放养老保险金330万元，发放率100%。农村居民合作医疗参保率达96%。拓展就业渠道，举办实用技术培训班。加强农家书屋、综合文化站的更新利用。加强矛盾纠纷排查调处，全年排查解决矛盾纠纷59起，化解信访案件4件。强化森林防火监管，全年未发生一起重大火灾案件。

【民生工程】 完成民生工程9项，落实村级“一事一议”财政奖补资金65.9万元。工程建设方面，农村道路畅通工程共2个标段，合计5.68千米的路面硬化提升和1.918千米的老村道加宽，已进场施工。实施“八小”水利改造提升工程21处。资金发放方面，兑现补贴资金1186万元。宣传方面，利用宣传册、宣传牌、宣传车等多种形式，将民生工

图 57　2016 年 12 月 2 日，由中鼎集团捐建的方塘乡潘分路改扩建工程竣工通车仪式举行

程政策宣传到位，做到家喻户晓。

【潘分路改扩建项目完成】 潘分路路面宽 6 米，路基 7 米，全长 9.6 千米，改扩建工程项目资金由中鼎集团董事长夏鼎湖先生个人出资 2800 万元。2016 年 12 月，潘分路正式竣工通车。

（谢　骁）

青　龙　乡

【概况】 青龙乡地处宁国市西部，距市区 7 千米，辖 3 个村 99 个村民组，1.4 万人，面积 151 平方千米，耕地 3100 亩，山场 18 万亩，毛竹 4.3 万亩，森林覆盖率达 88%。拥有全国十大名茶之一的“黄花云尖”、特色产业盛园火烘鱼等。围绕打造全域生态旅游型乡镇这一主线，该乡发展特色乡村旅游，拥有乡村旅游点 6 个，旅游公司运营项目 4 个，农家乐 32 家（其中省级五星级农家乐 4 家），可接待游客床位 285 张，一次可接待用餐 1800 人，获得全国环境优美乡镇、中国摄影创作基地、安徽省优秀旅游乡镇、安徽省特色景观旅游名镇等称号。

【旅游发展】 2016 年，罗陵湾自驾游乐园、青龙池山庄等旅游项目正式营业。统一皖南“川藏线”旅游标识标牌，完善景区绿化长效管护机制。挖掘竹、茶、禅等历史文化，促进传统文化、产业文化、旅游文化多元融合发展。加快特色品牌建设，以省著名商标、宣城市知名品牌创建为方向，对外推介一批以“黄花云尖”茶叶、盛园火烘鱼等具有青龙地域特色的绿色有机农特产品。青龙潭食品列入安徽省名牌产品和安徽省著名商标行列。

【度假区保护与建设】 2016 年，依据《青龙湾生态功能区规划》《青龙湾渔业发展规划》，发展青龙湾生态旅游业，配合青龙湾管委会做好辖区内森林资源保护，开展水上整治专项行动，划定杨村湾垂钓区，规范水上垂钓经营活动。加强青龙湾生态旅游区矿产资源管理，禁止在青龙湾库区及周边采砂、采石。推进封山育林等工作，防止水土流失，保护自然生态环境。落实库区禁渔制度，划定固定垂钓区域（点），禁止网箱和投饵养殖，严禁毒、电、炸鱼等非法捕鱼活动。加强辖区内农用自备船管理，强化彭家岭码头日常运行巡查监管。加强对辖区内水源地保护、畜禽禁养引导、国土资源保护、环境保护等专项工作宣传和巡查工作力度。在汛期、旱期及节假日等重要时段，安排人员值班值守，加强巡查，坚决打击各类破坏度假区生态环境的行为。

【农业现代化】 2016 年，依托青龙湾竹艺、云尖生态农业、康大香榧重点农林企业，带动茶叶、毛竹、种养殖业等产业发展。推进中华蜂保护项目、宁一果园50亩葡萄蔬菜大棚基地建设，与上海市黎盎实业有限公司合作，打造“云间茶园——中国高端私人茶园”，提高黄花云尖知名度。新增家庭农场27户、家庭农场达46户，合作社达17户。开展科技培训4次，组织家庭农场主参加宁国市新型职业农民培训。完成造林4984.4亩，新建120亩大壁坑香榧基地1个，完成43个村民组1357户3404.39亩农村土地经营权确权登记颁证工作。该乡茶叶产量90吨、产值2500万元，食用菌种植规模达165万棒，规模养禽户28户，规模养猪户2户，蜜蜂养殖规模户18户，存栏家禽345000只，存栏猪4562头。

【财政收入】 2016年，完成固定资产投资1.9亿元，实现工业增加值2100万元。引进交通运输物流企业5家，总部经济税源企业13家。完成税收467万元，其中目录企业税收收入75万元，交通运输税和总部经济392万元。上级财政拨款总收入1378万元，其中市级财政拨款收入890万元，其他资金收入488万元。全年财政总支出1329万元，其中财政支出852万元，其他支出477万元。

【美丽乡村建设】 基础设施管护到位，对首批美丽乡村建设点储家滩沿河亲水平台、护栏、草坪等设施进行更换更新。及时修复汛期水毁八面佛公园水车、挡墙、污水管涵等基础设施，长效开展美丽乡村硬件设施、路灯管护、污水管网的运转维护和绿化管护等。开展农村环境卫生综合整治，实现垃圾分类减量处理全覆盖。依托老点提升、新点打造等项目支持，对西林村茶公园进行提升，对青龙村沿路文化墙进行出新美化。

【民生工程】 2016年，投入40万元建设水利及人饮工程，完成大塘扩挖、泵站工程、6千米沟河清淤等工程和元村小农水重点县工程。完成乡村畅通工程4.95千米道路硬化及青蒋路6.2千米道路拓宽项目。完成汛期水毁路段茶林段、双河段、西林黄花山河段等20余处损毁修复加固。推进彭家岭、杨村、惠杨公路5千米处地质灾害塌方治理项目。实施危房改造45户，发放冬令救灾款457户，办理重度残疾人护理补贴94名，落实城乡低保、五保、优抚等制度，发放补助资金226余万元。按时足额发放60周岁以上老年人基本养老保险。落实计划生育利益导向机制，发放计生家庭困难慰问金1.1万元、奖扶资金30.69万元、独双女困难户资金4400元。

图58 青龙乡龙阁村风光

【社会事业】 2016年，开展“平安青龙”建设，构筑乡、村、组三级联动综治工作体系，推进“七五”普法工作，加强依法行政，探索网格化信息员队伍建设。开展信访积案化解工作，调解各类矛盾纠纷51起，调处成功率100%。深化领导干部周一接访、上门走访等活动。开展综治信访工作，被授予2016年度宁国市社会治安综合治理工作先进单位、2016年度宁国市信访工作“三无乡镇”称号。创建培育社会主义核心价值观示范村和公园，新增和完善“三线四边”公益广告50余处。弘扬优秀文化传统，开展“宁国好人”“新乡贤”“最美家庭”“平安家庭”“十星清洁示范户”评选。开展敬老院献爱心、清理河道垃圾、社会主义核心价值观广场卫生整治等志愿服务活动30余次。

（袁 娓）

河沥溪街道

【概况】 河沥溪街道地处宁国市东郊，东与广德县杨滩乡相接，南与梅林镇相接，西与西津街道相接，北与汪溪街道相接，交通便捷，素有“小小宁国县，大大河沥溪”的美誉。面积98.6平方千米，辖3个村5个社区，2016年年末人口3.23万余人。是年，完成全社会固定资产投资73.6363亿元，新增规模以上企业10家，规模工业增加值为15.3亿元，城乡居民人均可支配收入34069元，招商引资签约项目2个，签约资金3亿元，新开工项目2个，新投产项目1个，实际到位1.5亿元。街道有行政编29人、事业编19人。

【河沥溪农业示范区建设】 2016年，河沥溪街道省级农业示范园围绕“打造农业园区、打造3A景区、打造美好乡村、打造特色小镇”的功能定位，投资近40万元完成核心区详规编制、评审。依据规划投资近430万元启动园区入口道路、景观节点、美丽乡村等配套建设，园区核心区新增连体大棚120亩，新增蔬菜、香菇等设施大棚近200亩。引导经营大户成立家庭农场22家，新增宣城市示范家庭农场2家，新增省级示范家庭农场2家。农业龙头企业完成固定资产投资2700万元，产值3.2亿元。大塘维修、灌溉沟渠等农田水利基础设施建设投入近430万元。完成农村土地确权14700亩，颁发农村土地承包经营权证书4604份。

【美丽乡村建设】 2016年，河沥溪街道农村环境卫生综合整治涉及3个村及3个村改居的社区，共189个村民组、2.37万人。建立各村党（总）支部书记为直接责任人管理、联村组长包村、网格员联组包户的工作机制，不断提升环境卫生质量。2016年年底，街道有垃圾房200座，是年新增垃圾桶600余个，配备环卫工人75人，全年累计拨付工作经费99.8万元。继续围绕中心村建设总体规划推进各项后续工作，2016年，县级中心村调整为长虹村官家湾，重点对村庄进行“三清四改五化一推”等基础设施建设和村庄环境整治。针对自然村村旁屋边整治，实现道路硬化、村庄绿化、路灯亮化、环境美化、公共设施配套化，改善农村基础设施，提高农村品位。

【民生工程】 2016年，全面完成省定和市定的各项民生工程任务。全年发放涉农补贴资金6463263.85元，涉及农户17315户。全年发放城镇居民低保金336户467人133.67万元，农村低保金387户541人123.54万元；发放农村危房改造资金24.6万元；发放89位在册五保户供养经费22.3万元；发放重度残疾人护理补贴资金69240元；发放城乡医疗救助金563897元。2016年，共审核上报失地农民保险121人；城乡居民养老保险正常参保10142人，续保9057人，续保率达91.94%；城乡居民医疗保险参保29905人，参保率达99.8%。完成就业阳光网办260人，新增就业500人；全年共受理劳动工资纠纷案例16起，调处率达90%。投入140万元进行长虹村亭子冲、凤凰山2座水库除险加固工程；投入69.2万元进行长虹村黄泥坑大塘等8处小型水利改造工程提升；投入60万元进行宣宁高速水系破坏修复工程等3处市级重点工程；投入32.3万元对4处河沥溪应急抢险修复工程、6座小（二）型水库及小型水利工程日常管护及各村面上工程进行奖补。

【社会事业】 深化“平安宁国”建设，落实重大事项社会稳定风险评估机制。加强专业性调解组织建设，完善街道、村（社区、企业）两级调解工作平台。开展特殊人群服务管理、预防青少年违法犯罪、流动人口信息采集和动态管理、“扫黄打非”等工作。全年该办共接待来访群众70人次，其中进京访4次、3人，赴省访3次、3人。办理国家信访局交办件3件，省信访局交办件9件，市信访局交办件46件，其中网上自办信访件32件。落实安全生产“党政同责一岗双责”责任制。推进企业安全生产标准化达标工作、安全生产“五级五覆盖”及企业安全生产责任体系五落实五到位，加强对高危行业、特种设备和职工健康安全的监管。全年无重特大事故发生。

【城市创建】 出台河沥溪街道《关于成立志愿服务领导组的通知》，制定《2016年度志愿服务工作方案》，推进村、社区志愿服务工作常态化、制度化建设。开展户外公益广告宣传及“三线四边”环境整治。投入35万元进行环境综合治理以及绿色长廊的补植工作。在辖区交通干道开展街边秩序整治，联合交警中队、城管中队开展文明交通宣传，对乱停乱放、乱搭乱建、乱披乱挂行为进行制止。完成新巷子、卫国巷、保家巷、滨河南巷、嵩合路支路、老机械公司宿舍路硬化工程，完成安居5、6、7、8、9号楼的改造工程。

【征收征迁及园区建设】 2016年，征迁任务19个，需拆迁房屋637户，面积153071平方米，征地134公顷。成立以党工委书记为组长的征迁工作领导组，下设3个征迁小组，采取连片包组、干部包户、市直单位协保的办法，倒排时间节点和任务，小组工作进度实行一天一调度，办事处征迁进度实行一周一调度。对工作中出现的问题，采取会议集体研究决策，一户一策，因户施策。结合“两学一做”学习教育，开展“党旗引领项目”系列活动，组织精干力量组成临时征迁先锋党支部，强力推进征迁任务。至是年底，宁中高中部迁建项目征地工作全部结束，拆迁完成377户、74190平方米，占98%；宁广高速征地工作全部结束，完成签约89户，拆迁87户，占80.9%；104线“二改一”项目签约74户。

【桥东社区】 位于宁国市东大门，东与广德县交界，南接梅林镇，西靠皖赣铁路，北接汪溪镇，是通往宣城、浙江的门户。社区所辖区域6.5平方千米，常住2300多户7000多人。辖区内有办事处、税务、工商、学校、金融网点、仓库、加油站等消防重点部门20余家。桥东社区党总支下设2个党支部，在册党员110人，预备党员2人，入党积极分子1人。社区设置党员活动室、计生办公室、图书室、综治办公室、微型消防室等，有工作人员11人，其中两委6人、计生专干2人、专职网格员2人、城管信息员1人。注册志愿者250人，其中党员志愿者30人。辖区分为8个网格，分别是河沿北巷网格、畈村北路网格、正街网格、商贸街网格、津三角网格、空挂网格、金桥湾网格、宁广路网格。除2名专职网格员外，其他网格员由社区两委及计生专干兼任。网格员实行“专人专格专责”，成为辖区居民与政府之间的桥梁和纽带。

【桥西社区】 位于市区东部，东至东津河畔，西至皖赣铁路线，南北分别与坞村社区、嵩合社区、蔬菜社区接壤，辖区面积1.5平方千米。设9个居民小组、6个社区网格，常住3707户7737人。社区党总支分2个党支部，共有党员139名。社区现有工作人员11人，其中专职人员6人，计生专干2人，社区专职网格员3人。辖区内有行政机关、学校、幼儿园、医疗所、集贸市场、企业等公共单位20余个。

（赵晏梅）

西津街道

【概况】 西津街道地处宁国市中心，辖区面积55平方千米，山场面积3万余亩，耕地面积329公顷，森林覆盖率约49.7%；辖7个社区6个行政村72个社区网格83个村民组，常住人口97923人。2016年，西津街道完成全社会固定资产投资42.5亿元、规模以上工业增加值2.01亿元、招商引资实绩1.72亿元，实现城乡居民可支配收入44000元。至2016年年末，行政编制28人，事业编制28人，特岗6人，“三支一扶”2人，自聘6人。2016年，获得“安徽省优秀旅游乡镇”称号。

【城市创建】 2016年，西津街道新建毒饵站1556个，完成改厕226座，拆除19座，城区实现无旱厕目标。开展“我们的节日”、“道德讲堂”、未成年人思想道德建设等多形式、多领域的志愿服务活动。开展背街后巷、老旧小区、违章搭建、广告挂牌、公共卫生等整治活动，完成13条背街后巷整治工作。至2016年年底，共绘制文化墙56面，设置社会主义核心价值观等公益性广告1万余幅。实行村社联动、干部联户制度，发挥业主自治作用，基本实现业主委员会组建和楼道长评选全覆盖。

【征收征迁】 2016年，西津街道坚持“阳光征迁、依法征迁、和谐征迁”，落实“五公开，十公告”制度，党员干部带头进组入户宣传政策，提前完成光明东路、旗山路、仙霞北路等项目范围内的征收征迁工作。全年完成房屋征迁333户68870.25平方米，完成土地收储75.4公顷，征收征迁进度均处于四大片区领先。

【服务业发展】 2016年，西津街道围绕“吃住行游购娱”，实施全要素开发，积极协助恩龙世界木屋村申报省级旅游度假区；开展巨浪谷水上乐园国家AAA级旅游景区创建，对景区配套设施建设进行优化升级，完成景区景点建设、游玩线路设计。挖掘本地特色民俗文化，依托街道文化活动中心等平台，培育农村腰鼓队、龙狮队等传统特色文化项目；依托西津街道文化共享基层服务点，开展“书法家进社区农家书屋活动”“送电影下乡”“送戏进万村”等群众文化活动。

【美丽乡村建设】 2016年，西津街道以县级美丽乡村中心村提升工程大村村一组、乡级美丽乡村示范点罗溪村罗田组创建为载体，以重要交通线为依托，以农村危房改造、农村清洁工程、农村道路建设、当家塘坝清淤沟渠治理、农村饮水工程等项目为抓手，共计投入60万余元，新（扩）建“户户通”960米、“组组通”380米，绿化300平方米，安装路灯18盏。2016年，新增家庭农场21家，其中宁一果园家庭农场被评为省级家庭农场。

【民生工程】 2016年，西津街道共完成12户农村危房改造任务、12处老旧小区整治、2处农村公路畅通工程及2处小型水利提升改造工程。贫困残疾人救助与康复、重度残疾人护理补贴、社会养老服务体系建设、农村居民最低生活保障、孤儿基本生活保障、农村五保供养及运行维护、计划生育家庭特别扶助金等全额发放到位；城乡居民养老保险、城乡居民合作医疗保险、政策性农业保险、山区库区农村住房保险试点等任务全面完成。

【社会事业】 2016年，西津街道开展各类法制宣传活动60次，散发法制宣传材料1万余册。推广网格员调解等“七大调解法”，深化社会矛盾纠纷调解机制。建设农村技防视频监控87个，资金投入达362734元。全年处理信访案件115件，化解信访积案6件；排查矛盾纠纷141起，调处141起，成功率100%。

【社区建设】 2016年，西津街道各村（社区）均建立社区工作协商委员会，推进城乡社区协商制度，建立环节完整、衔接有序的协商流程，明确协商内容“五议三不议”▲。完成北园社区“下楼工程”。各社区设有便民服务中心、党员服务站、“两代表一委员”活动室、党员议事室等多个功能站点，为社区居民提供全方位、一站式服务。凤凰社区、金桥社区、城北社区、城中社区均已建成居家养老中心，向辖区老人提供日间照料、养老休闲服务；凤凰社区创新设立引进社会组织孵化中心。金桥社区获“国家地震安全示范社区”称号，城北社区获“省级充分就业星级社区”。

（徐　夕）

▲五议：即经济社会发展中涉及当地居民切身利益的公共事务、公共环境、公益事业；当地居民反映强烈、迫切要求仲决的实际困难问题和矛盾纠纷；党和政府的方针、政策、重点工作部署在村（社区）的落实；法律法规和政策明确要求协商的事项；各类协商主体提出协商需求的事项。三不议：即对明显违反党的政策、国家相关法律法规的事项；上级党委、政府有明确要求、明文规定必须执行的事项；明显带有歧视性、不公平的事项，不予商议。

南山街道

【概况】 南山街道总面积58平方千米。至2016年年末，有耕地面积10905亩，辖8个行政村4个社区，常住人口35705人，其中港口湾水库移民3514人，是宁国市第二大移民乡镇（街道）。国家级宁国经济技术开发区南山园区坐落其中。连续多年被宁国市委、市政府表彰为目标管理工作先进单位，是“全国和谐社区建设示范街道”“全省新农村建设档案管理示范街道”“宣城市应急管理示范街道”。2016年，实现全社会固定资产投资60.28亿元，实现工业增加值71.44亿元，新增规模以上企业3家，农村居民人均可支配收入2.2万元。是年年末，有行政编制26人，事业编制23人。

【基地建设】 2016年，南山街道完成基地企业工业总产值235亿元，占整个开发区总量的85%；基地固定资产投资完成32.5亿元。辖区内现有工业企业500余家，其中限上商贸和服务业企业32家，规模以上企业115家，亿元企业33家，大型工业企业1家，以橡胶密封件、高端基础件、电子元器件为主的核心基础零部件基地企业64家，其中2016年新增3家。

【城市创建】 2016年，南山街道开展“联点进户共创建”、在职党员进社区工作。集中整治城中村、城乡接合部、失管小区和背街小巷的环境卫生。协调环境部门，出动垃圾清运车百余次，清运建筑、生活垃圾、杂物200余吨，总计投入约60余万元。先后投入资金10万余元用于购置垃圾桶、修缮垃圾房垃圾中转站、购置垃圾清运器具等。完成拆违行动年度工作任务2.4万平方米。

【征收征迁和园区建设】 2016年，南山街道共承担涉及凤形路、国泰路、城西湖、城西教育园区、坞村河堤等22个市级重点项目征收征迁工作。凤行路、国泰路、城西教育园区、城西湖、中医院迁扩建、小南河综合整治等市级重点项目稳步推进。截至2016年年底，城市建设征迁工作，完成土地收储71.35公顷，房屋征迁237户56773.98平方米；南山园区征迁工作完成房屋拆迁18户，累计拆除房屋10096.46平方米，完成征地5.78公顷。

【美丽乡村建设】 2016年，南山街道投入150余万元用于农村环境卫生整治，完成5千米农村道路畅通工程施工、80亩土地流转、5000亩土地确权登记颁证工作，建成高村村宣城市级中心村、鸡山村县级中心村、双龙村乡级中心村，村容村貌得到巩固和改善。鸡山村、千亩村、双龙村村级便民服务中心下楼工程全面完成。2016年，新增市级示范家庭农场22个，8个村集体经济收入均达到5万元。

【民生工程】 2016年，南山街道开展“联村帮户”活动，组织实施民生工程共计45项，千亩村染坊沟渠硬化等7个“一事一议”项目全面完工，独山村庙湾道路硬化等8个移民后期扶持项目建设接近尾声。新建林区作业道路3.1千米；完成6座大塘扩挖工程；实施农村危房改造22户；改造7条背街小巷；城乡居民养老保险续保8951人，续保率达95.31%；发放合作医疗保险补助、城乡低保、计生奖扶等民生工程补助资金共计700万元；兑现移民后期扶持项目资金204万元，发放移民直补资金210万元。人口计生主要效果指标运行正常，发放农村计划生育家庭奖励扶助对象374人次共计36万元。津南村集体经济股份合作制改革工作全面完成。

【社会事业】 2016年，南山街道共调处矛盾纠纷130余起、重大矛盾纠纷4起，摸排不稳定因素71个。社会管理一体化平台派单办结率达100%。开展打击非法集资专项行动。推进企业安全、食品药品、道路交通、消防等重点行业和领域的专项整治，加大对户外高空作业、涉氨涉粉、化工企业、小餐饮、娱乐场所、农贸市场的食品卫生监管力度，全年未发生安全事故。加大汛期地质灾害点监控和预警工作。防汛抗旱、森林防火、动物防疫各项措施责任落实到位，形成较为全面的应急管理预案体系。

【社区建设】 2016年，南山街道社区管理体系初步建立，社区服务功能日益完善。创业社区业务服务用房实现入驻，设有党建、群团、计生、社保、民政等服务窗口，引入移动、电信、供电、天然气、自来水公司进驻便民窗口，为辖区居民提供便捷服务。2016年，建成南河社区党群服务中心。是年，创业社区获得全省社区党建示范点、安徽省地震安全示范社区、宣城市文明社区称号，城南社区获得安徽省四星级社区志愿服务广场称号，白云社区获得安徽省三星级社区志愿服务广场、2016—2020年度安徽省科普示范社区荣誉称号，南河社区获得安徽省三星级社区志愿服务广场称号。

（易秉祥　韩　艳）

汪溪街道

【概况】 汪溪街道位于宁国市北端，素有宁国“北大门”之称，距市区3千米，东与广德县接壤，西与港口镇直通互达，南与河沥溪街道交界，北与宣城市宣州区水东镇毗邻。街道下辖6个行政村（其中联合、古林、姚高三村为传统农业乡村，集体经济欠发达；渡口、汪溪、殷白三村有固定集体收入，集体经济相对较好），150个村民组，总面积115.38平方千米，总人口2.3704万人，城镇人口742人，农村人口2.2962万人。截至2016年年末，机关行政编制24人，事业编制19人。全年，完成固定资产投资25.8亿元，同比增长18.4%；实现工业总产值76.1亿元，同比增长8.0%；实现规模以上工业增加值14.5亿元，同比增长5.1%，城乡居民人均可支配收入增幅高于全市平均水平。是年，先后获得2015年度人口和计划生育目标管理责任制先进单位称号、2015年度社会治安综合治理先进单位荣誉称号。

【城市建设】 截至2016年年底，汪溪街道共完成城市建设征地62.50公顷，征迁进度（以年初任务数为基数，下同）100%，征迁房屋118户，共计37052.52平方米，征迁进度（以面积为标准计算）90.69%。完成斗笠湾安置区道路、排水及路灯工程建设硬化工程，完成集镇老街人行道改造工程，完成联合村、姚高村农村社区服务中心大楼主体工程。完成联合村公墓规划及预算招标工作。累计拆除违建2300余平方米，清除抢栽抢种7000余株。完成30户农民建房申报审批。投入150万元开展农村环境卫生综合整治工作。

【征收征迁和园区建设】 2016年，汪溪街道共征收土地13.06公顷，迁坟144棺，其中循环经济园征地10.33公顷、新岭路扩征1.83公顷、殷白工业园石材加工中心征地0.9公顷。征迁房屋15户5441.48平方米，累计安置157户。启动新岭路向东延伸、殷白工业1号路项目建设。

渡口村13组进山道路及殷白石材加工中心已完成。循环经济园场平工作已全部完成，万佳项目已开工建设。

【科技创新】 2016年，落户汪溪街道的海伟电子有限公司与中科院合肥物研院、天地庄园与浙大分别开展产学研合作项目。全年新增发明专利授权30个。

【美丽乡村建设】 2016年，汪溪街道对县级中心村汪溪村进行提升工程。增建村庄入口停车位12个（路长60米、宽6米），村内增建停车位18个（路长50米，拓宽3米）；新增绿化带约600平方米；对12个景点进行提升，整改庭院3处；建围墙12处，约300米；建公厕1处，改造旱厕6处；治墙面8处，约200平方米；对村口电信、移动、联通、有线电视线路进行整理。

【民生工程】 2016年，汪溪街道完成农村危房改造项目任务数60户，通过市住建委检查验收后发放国家补贴资金47.4万元。完成古林东冲路0.4千米、姚高至古林的殷家岭路2.5千米、联合村渡船口路0.6千米、姚高村殷包村路2千米道路硬化；完成殷白村小殷村路0.253千米道路加宽；完成联合村泵站新建项目；完成西山大塘、联合乌龟大塘及板栗园大塘、姚高吴家冲大塘、古林牛村大塘、汪溪山北大塘防渗项目等小型农田水利设施改造提升工程。

【社会事业】 2016年，汪溪街道办理城乡居民养老保险15342人，适龄参保续费率达到90.02%。办理失地农民养老保险103人，办理"就业失业登记证"300余份，完成养老金领取资格认证387人。办理医疗救助60人，慈善救助17人，临时救助13人，救助资金共36万元。投入40余万元，完成敬老院消防建设。组织开展普法宣传、法律"六进"、法律进家庭、江淮普法行等重要活动。摸排调解各类矛盾纠纷119件，成功调解重大矛盾纠纷3起，形成卷宗64件。全年未发生群死群伤火灾事故。

【农业农村】 2016年，汪溪街道遴选30户科技示范户，开展示范种植1100亩，生猪养殖2800头，家禽36万羽毛，平均增产超过15%。做好小麦、水稻两季作物农业保险理赔及农业支持保护补贴摸底审核工作，发放农业支持保护补贴2次，涉及农户4339户，共发放资金1129911.2元。发放2015年度秸秆禁烧补助费用约18.8万元。发放移民库存扶资金约25万元；开展移民创业支付贷款贴息工作，共为12人办理贷款2万余元。科学管护29座万方以上大塘和7座小（二）型水库，完成龙安寺水库至窑湾大塘防洪渠道兴修；投入82.3万元，完成"6·20"洪水造成的16处水毁工程除险维修（姚高汪家冲河堤、殷白高山口河堤、汪溪湖南村山塘等），组织实施2016年冬至2017年春市级八小重点水利工程建设。做好天地庄园、好人缘、森杰红豆杉等重点项目服务工作，完成造林410余亩。开展农村土地经营有权登记颁证工作，共发证5142本，鉴证农业承包合同6起。新增3家宣城市示范家庭农场。

（徐　飞）

竹峰街道

【概况】 竹峰街道地处宁国市南郊，东接南山街道，南连霞西镇，西邻青龙湾，北依国家级宁国市经济技术开发区，青龙湾原生态度假区坐落境内，总面积99.1平方千米。辖竹峰、瓦窑铺、桥头铺3个村民委员会、48个村民小组，总人口7213人。耕地面积4125亩，林业用地11.22万亩，森林覆盖率76%。街道内设党政办公室、综治办公室、经济技术服务中心和社会事务服务中心，现有公务员编制数23个，实际人数23人；事业编制数15个，实际人数15人；其他三权在上、借调、聘用、公益性岗位人员14人，共计52人。

2016年，竹峰街道完成财政收入661万元（其中国税538万元、地税123万元），固定资产投资4.07亿元，完成规模工业增加值1700万元，完成招商引资协议资金2.3亿元，实际到位资金0.5亿元，居民可支配收入14551元。

宁国市杰远汽车零部件有限公司已开工生产。

【旅游发展】 2016年，竹峰街道完成青龙湾景区游客中心、景区码头、入口道路绿化拓宽项目建设任务及青龙湾污水处理项目征地工作；正在推进青龙湾35千伏变电所项目、竹霞35千伏线路改建以及花海等项目建设。推动发展环青龙湾农家乐集群，着力提高现有4家3星级以上农家乐接待水平，推进大堰民俗风情园建设。首次组织开展后东路徒步旅行体验活动。围绕街道发展定位，推进现代农业转型升级年活动，通过广泛宣传，认真核实，是年，共申报并通过农委审批27家家庭农场，经营范围包括草莓、食用菌、茶叶、毛竹、山核桃、蔬菜、养殖等多种产业，总规模1470.4亩，总年产值达610.5万元。

图 59　竹峰街道龙坞风光

【农业现代化】 2016 年，竹峰街道组建家庭农场 27 家，开展农产品质量安全检测 270 项，申报批复无公害优质农产品认证 4 个，完成 168 亩新造林。完成农村土地承包经营权确权登记发证。实现 3 个村病险塘库除治工程建设全覆盖，完成塘坝维修、除险加固、河道清理等水利设施项目。全面完成动物防疫的春防、秋防工作。

【美丽乡村建设】 2016 年 11 月，验收通过竹峰街道瓦窑铺村红旗村民组县级中心村建设项目。该项目坚持“注重原生态、创造新环境”理念，避免大拆大建，直接在现有的设施基础之上，对环境开展洁化、美化、亮化、绿化工作，总投资 20 余万元，实现“田地有篱笆、道路有植被、出行有路灯、健身有场所、墙壁有文化”。实施道路畅通工程，加强道路管护，完成瓦窑铺后坑坞至青龙的道路建设项目前期摸底工作。配合完成农村电网改造增容。获得宁国市 2016 年度农村环境卫生综合整治工作三等奖。

【民生工程】 2016 年，竹峰街道小农水项目井口坝工程完成下街河堤、小店河堤工程 2 处宁国市级重点工程小型水利改造提升工程，完成洪家坞大塘、大坞塘、方木坑塘 3 处万方以上大塘扩挖工程及 5 处小塘扩挖工程。制定完善民生工程项目后期管护制度，落实管护主体和责任人。各村“一事一议”项目全部竣工。完成验收农村危房改造 42 户。政策性农业保险理赔、惠民直达资金及移民直补、五保、低保、优抚等资金类民生工程均按时足额发放 153.55 万元。完成年度城乡居民社会养老保险、城乡居民合作医疗及农村住房保险投保工作。广泛开展针对困难群众、困难离任老村干部，困难党员、退伍军人、残疾人、移民、“空巢老人”、“留守儿童”等特殊群体的送温暖及慰问活动。

【社会事业】 2016 年，竹峰街道人口与计划生育工作在宁国市排名第五位。完善治安防控体系规范化建设，加大矛盾调处化解力度，共调处各类矛盾纠纷 52 起。严格落实安全生产“一岗双责”，深入开展高危行业、特种设备安全生产专项整治行动，全年无安全事故发生，获得 2016 年度宁国市食品药品安全先进单位称号。深化法制宣传，获得 2011—2015 年宁国市法制宣传教育先进集体称号。深化村校一体化办学，竹峰学校中考超额完成宁国中学录取任务数。

（黎宏涓）

天湖街道

【概况】 天湖街道是1998年安徽省重点水利工程——港口湾水库外迁移民主要安置区，于2000年12月16日设立天湖镇，2006年4月1日撤销天湖镇设立天湖街道，同时托管于宣城经济技术开发区。该街道位于宣城市西北，离宣城经济技术开发区8千米，距宣城市区11千米，距宁国市区63千米；东与宣城市宣州区金坝街道相连，南与宣州区杨柳镇交界，西、北与宣州区寒亭镇接壤，318国道及宣泾省道穿境而过。总面积26平方千米，有农田92943.69亩、耕地10155.45亩、林业用地13650亩、茶园4800亩，森林覆盖率34.4%。辖4个行政村45个村民组1个居民组，总人口5036人。2016年，实现财政收入2000万元，农村居民人均可支配收入13514元。天湖街道内设党政办公室、经济发展办公室、社会事务管理办公室、社会治安综合治理办公室四大办公室，是年底，在岗行政编制人员17人（含宣城开发区下派1人），在岗事业编制人员12人，聘用及其他工作人员10人。

【工业经济】 2016年，天湖街道完成工业总产值10.88亿元；完成规模以上工业增加值2.25亿元，完成全社会固定资产投资360万元。全年完成招商引资项目固定资产投资360万元，其中工业项目1个，累计实际形成固定资产投资量360万元；非工业项目2个，累计实际形成投资量2680万元。全年新落户市级重点项目1个，为宣城市人民警察培训基地项目。截至2016年年末，该街道拥有规模以上工业企业7家，初步形成食品加工、模具制造、洁具、天然气深加工四大类31家企业。

【基础设施建设】 2016年，天湖街道投资508.6万元，建设完成宁国市枫马路乡级公路畅通工程，投资160万元，建成枫总路及1600平方米压缩式垃圾中转站。新建钱村4组至6组"组组通"水泥路，街道"村村通"、"组组通"水泥路全部建成，基本实现"户户通"。是年，对钱村自来水管网改造提升，集镇及各村、组全部接通大豪水厂自来水，彻底改变天湖移民"喝塘水"的历史。争取上级资金和项目600余万元，先后完成集镇东岸路排水管道延伸工程、枫河、汤村、钱村水利冬修项目及八小水利工程以及4座当家塘坝的除险加固、1条排水沟和1个泵站的提升改造。自筹资金，完成对部分国有水田机耕路的拓宽维修，方便群众的生产生活。开通的9路公交车自早6点至晚18点，每隔15分钟一班空调公交车可直达宣城市区。

【美丽乡村建设】 2016年，天湖街道投入125万元，对钱村乡级美丽乡村中心村进行改造提升，完成村庄400米排水沟建设、村委会道路拓宽建设、新建文化墙、绿化工程，完成篮球场重建和文化活动中心维修。是年，通过植树造林实现森林增长246亩。启动开展畜牧家禽养殖业规范控制，化解现有养殖企业的污染问题。加大环卫设施投入和保洁员队伍建设，通过移民后扶项目和办事处自筹，完成1600平方米压缩式垃圾中转站及附属设施的建设，解决集镇垃圾处理问题。

【民生工程】 2016年，天湖街道发放《宁国市2016年实施33项民生工程政策解读》及办事处相关宣传册5000余份，惠民手册100%发放到农户，通过村务公开栏和万村网页、村级微信群实现村务公开100%到农户。开展城乡居民最低生活保障工作评议，全面核查申请信息，应保尽保。社保、新农合足额收取到位，全年累计发放移民补助、农村低保、地力补贴及其他各类惠农资金620余万元。

【社会事业】 2016年，天湖街道共处理各级各类信访案件4件，排查化解矛盾纠纷58起，成功调解56起，调解成功率98%。定时定期开展主题突出的安全生产大检查累计开展8次，全年未发生一起安全生产事故。家禽家畜防疫密度达到100%，全年未发生一起家禽家畜疫情。开办天湖学校幼儿园，第一学期入园率达到75%。顺利完成夏季征兵任务。开展"七五"普法进村、进企业、进校园活动。规范天湖中心公墓日常管理，开展"乱建滥葬"集中整治行动，经过党员干部深入宣传和示范带动，对境内"豪华墓""活人墓"完成整改。通过文明祭祀和森林防火宣传，天湖街道森林火灾次数明显下降。

（汪 进）

人物·荣誉榜

Rersonages & Honor Rolls

宁国年鉴

- 先进人物
- 新闻人物
- 逝世人物
- 荣誉榜

先进人物

【夏迎松】 男，1977年7月出生，宁国市人，中共党员，高级经济师。1999年毕业于美国Morehead州立大学，工商管理硕士。中鼎集团董事、中鼎股份董事、总经理。2016年4月29日，被中华全国总工会授予2016年全国五一劳动奖章。

他于1999年以优异的成绩毕业后，加盟曼哈顿金融投资公司。2000年，主动放弃国外优越工作及生活环境，毅然回国进入中鼎集团工作。截至2015年，先后筹建中鼎美国公司和中鼎欧洲公司，成立国家级企业技术中心和博士后科研工作站，通过资产重组让"中鼎股份"成功上市成为中国密封件行业第一股，主持建立中鼎全球研发平台，主导收购多家海外高端密封件产品的领军企业。先后获得安徽省五四青年奖章、"福布斯中国（A股非国有）上市公司最佳CEO"、宣城市拔尖人才、宣城市十大杰出青年等称号。2015年，中鼎集团已成长为拥有下属企业30余家、总资产105亿元、年销售115亿元、年纳税额8亿元、员工16000余人的大型跨国民营企业，并晋级为"中国汽车工业30强"，排名"全球非轮胎橡胶制品50强"第29位。

【曾庆伟】 男，1983年9月出生，宁国市人，中共党员，安徽飞达电气科技有限公司制造部副部长。2016年4月22日，被安徽省总工会授予安徽省五一劳动奖章。

他于2004年11月进入安徽飞达公司做铁盖检测操作工，善于思考与总结，将铁盖的一次合格率由90%提升到96%，并解决焊片脱落的质量问题。2005—2010年，先后任配件车间点焊工序班组长，CBB65车间副主任、正职主任。2011年7月，调任制造部副部长，起草制定"铝壳电容卷边竞技比赛""薄膜电容卷绕竞技比赛"规则及评选标准，组织开展员工技能大赛。2012年，在一个月内制定完成"AC电容器电性能测试"竞技比赛活动方案并被确认为宁国市五一劳动技能大赛电容器行业竞技比赛项目，他代表公司领队参赛取得该项目第一名。2015年，带队参加宁国经济技术开发区第一届职工劳动安全技能竞赛与宁国市2015年度工业主导产业行业职业技能大赛"AC电容器电性能测试"项目比赛均获得一等奖。2016年，公司改建3#厂房，投资新建行业最先进的电容器生产车间，他配合基建、设备、物流等部门团结280余名员工利用一周的时间完成整个厂房的搬迁，并在10天内恢复正常生产，确保市场订单的完成。同年2月，公司在广德的工厂顺利投产，为提升产能，他临时被委派到广德工作，大力开展岗位练兵、技能竞赛活动，以赛促学，制造部3月的产值较2月提升300%，完成公司的既定目标。

（市总工会　梅金树）

【周铁军】 男，1965年5月出生，宁国人，中共党员，江苏东南交通工程咨询监理公司董事长。2016年4月当选"安徽好人"，6月30日当选6月"中国好人榜"助人为乐类好人。

2006年，他与宁国市中美爱心教育发展促进会合作开展助学，在江苏南京发起"南京情"助学宁国活动，筹集善款11万余元，其中个人捐款62人。是年7月，在"南京情"首次捐赠仪式上，周铁军承诺今后每年捐资助学一批贫困学生，每年捐资助教一个建设项目。"南京情"助学活动秉承着"将每一笔资金真正用到贫困学生和贫困学校"的助学理念，规范透明、操作有序，募捐逐年增多，参加助学的爱心人士也从2006年的62人增长到2015年的179人，遍布全国十几个大中城市甚至海外，其中有40余人是2006年活动开展以来一直参与助学的。至2015年，"南京情"共结对资助宁国贫困大中小学生2229人次，资助额累计达153万余元。共捐款200余万元改善贫困学校的基础设施建设和办学条件，先后帮助方塘乡、甲路镇、汪溪和竹峰街道学校与津河中学完成学校教学楼、宿舍楼、科技楼、图书馆、微机室、活动室等建设及改造工程。

他不断探索助学新模式。2010

图60　2015年12月20日，"南京情"十周年座谈会在南京先行交通设计有限公司举行

年，与“南京情”爱心企业联合赞助宁国百名学子参观世博会活动。2015年4月，举行“南京情”送教助学活动，请南京教育专家到宁国举办多场专题教育讲座及观摩交流活动。2011年，他还捐资在宁国中学设立奖学金（每年10万元）。十年来。其个人对家乡教育的各项捐赠累计达80万元。

（市教体局　葛　正）

新闻人物

【丁焰更】 男，1973年4月出生，安徽怀宁人，中共党员，高级教师，宁国中学地理教师。2016年5月4日，被安徽省人民政府授予特级教师称号。

1997年毕业于安徽师范大学地理系，后一直从事中学地理教育工作。他追求优质高效轻负担的教学风格，多学年跨三个年级任课、周课时超30节，平时不考试，少留书面课后作业，教学成绩名列前茅。先后五次担任班主任工作，所带班级特色鲜明，成绩斐然。指导学生参加全国地理科技大赛，辅导学生研究性学习和社会调研，撰写地理小论文，学生研究成果获国家、省、市奖项百余篇，其中所辅导学生的研究论文《宁国市旅游资源评价与前景展望》获“安徽省首届中学生研究性学习成果”一等奖，且作为典型案例收入《安徽省普通高中研究性学习案例选》一书；所指导学生的实践习作《小溪口老街的保护与开发》发表在中文核心期刊《中学地理教学参考》。

他先后在《地理教学》《中学地理教学参考》《地理教育》《考试》等CN刊物发表论文30余篇。撰写的教科研论文获国家、省一等奖多篇，近五年主持两项省级重点课题并结题。多次参加教育主管部门组织的乡土教材和教辅用书编写工作。任职教研处副主任时，将主持课题的奖金全部用来为学校青年老师购买教育书籍。指导多名青年教师参加优质课大赛，获得省级一、二等奖。领衔的年轻地理组被评为宣城市唯一的优秀地理教研组。他先后被聘为首批省教育评估省级专家库成员、省普通高中骨干教师专业能力提升高端培训地理学科授课专家、省地理学会常务理事、宣城市地理学会副理事长、宣城市首届城镇骨干教师讲师团成员、宁国市兼职教研员、宁国电大兼职讲师。先后获宁国市师德先进个人、先进教育工作者、首届专业成长之星、优秀教科研主任与宣城市模范教师、第一届教科研先进个人、骨干教师、地理学科带头人、学术技术带头人、拔尖人才和江淮好学科名师提名奖、全国优秀科技辅导员等荣誉称号。2016年被评为中学正高（教授）级职称。

（市教体局　葛　正）

逝世人物

【李秾】 男，宁国市中溪东坡人，民盟宁国总支盟员，安徽农业大学退休教授。于2016年12月25日因病在宁国逝世。

李秾出生于1922年4月，1948—1953年先后就读于浙江大学、南京建国法商学院和安徽大学农学院。1953—1956年先后在辽宁省抚顺林校和湖北林校任教。1956—1978年在中国林业科学研究院从事森林植物分类研究工作，走遍全国各大林区调查采集大量珍贵稀有植物标本和木材研究标本。1978—1992年在安徽农学院（今安徽农业大学）担任森林植物分类学教学工作，历任讲师、副教授、教授，先后编写《树木拉丁学名释意》《黄山树木学实习指导》《种子植物分类系统——裸子植物》《植物拉丁文》等教材，指导学生开展课外研究小组活动。1992年获国务院甲级专家特殊津贴。

他一生致力于森林植物分类的研究工作，先后与人合著《中国热带及亚热带木材识别、材性和利用》《安徽木本植物》《中国主要木材名称》等著作，编著出版《黄山野生花卉》（汉英对照）一书，并参与《安徽植物志》第二、三、四卷的编写工作。其中研究成果《中国热带及亚热带木材》填补国家研究的空白，1980年获林业部科技成果一等奖。

他于1987年1月加入中国民主同盟，退休回宁国定居后于2000年与其他盟员发起成立民盟安徽省省直宁国小组。

（民盟宁国总支　吴俊芳）

【钱敏】 男，江苏无锡人，1915年8月出生，曾任中共苏浙皖边工委书记，领导解放宁国万家、宁国墩等地的战斗。2016年1月6日因病医治无效，在北京逝世。

1936年参与筹建无锡各界抗敌后援会，1938年加入中国共产党，曾先后任苏皖区党委秘书长，丹北中心县委代书记，苏中六地委书记等职。

1946年年底，中共华中分局决定建立中共苏浙皖边工委，钱敏被任命为边工委书记，负责筹建工作。钱敏领导苏浙皖边工委积极向南发展，先后派遣工委骨干、边工委武装到宁（国）东北和宁（国）东南地区开展游击斗争，建立游击根据地，成立地方党组织。1948年8月，苏浙皖边工委决定成立中共天西分工委及同级政权机构宁昌办事处，至1948年11月，中共天西分工委下设4个区委，包括甲路、宁墩、狮桥在内的整个宁（国）东南地区和昌北地区形成一个较大的游击区，成为苏浙皖边工委的活动中心。1948年12月19日晚，苏浙皖边区支队和天西武工队在苏浙皖边工委的指挥下，攻克宁（国）东（部地区）中心最反动的万家乡万家桥国民党据点，威震整个天（目山）西（部地区）。1949年4月21日，苏浙皖边工委及边区支队由万家乡大龙经万家桥直奔宁国墩攻下国民党据点，4月23日解放河沥溪，到达宁国县城与张帆部会合共同接管宁国县政权，并与解放军七兵团21军61师会师后前往广德。

中华人民共和国成立后，钱敏任嘉兴地委书记，又先后在杭州、上海、四川等地任职。1978年8月，任四机部部长。是中共十一大代表，第六届、七届全国人大常委会委员。2004年离休。

（中共宁国市委党史研究室　黄鸣全）

荣　誉　榜

2016年国家部委荣誉获得者（集体）一览表

表63

获得荣誉单位	荣誉名称	授予单位	授予时间
宁国市	国家园林城市	住房和城乡建设部	2016-01-15
宁国市	第三届国土资源节约集约模范县	国土资源部	2016-06
宁国市	中国生态文明奖	环境保护部	2016-05-30
宁国市	国家知识产权示范城市	国家知识产权局	2016-05-05
宁国市	2015年度国家知识产权试点示范城市工作先进集体	国家知识产权局	2016-09-12
宁国市	2016—2020年度全国科普示范县（市、区）	中国科学技术协会	2016-02-04
宁国市	国家学前教育改革发展实验区	教育部办公厅	2016-01
宁国市	中华诗教之乡	中华诗词学会	2016-11-11
宁国市	全国法治宣传教育先进集体	中共中央宣传部、中华人民共和国司法部、全国普及法律常识办公室	2016-05-20
宁国市依法治市领导小组办公室	2011—2015全国法治宣传教育先进普法办公室	中共中央宣传部、中华人民共和国司法部	2016-05
宁国市委组织部	2016年度“优秀党建云平台暨基层党建宣传示范单位”	人民日报社人民网	2016-07
宁国市工商联	2015年全国五好县级工商联	中华全国工商业联合会	2016-05
安徽中鼎密封件股份有限公司	中国出口质量安全示范企业	国家质检总局	2016-12-26
安徽司尔特肥业股份有限公司	2014—2015年度“守合同重信用”企业	国家工商行政管理总局	2016-06-27
安徽亚夏实业股份有限公司			
安徽詹氏食品股份有限公司			
亚新科噪声与振动技术（安徽）有限公司			
保隆（安徽）汽车配件有限公司SV气门嘴班组	2014—2015年度全国“安康杯”竞赛优胜班组	中华全国总工会、国家安全生产监督管理总局	2016-07-27

续表 63

获得荣誉单位	荣誉名称	授予单位	授予时间
仙霞初级中学团支部	2015 年度全国五四红旗团支部	共青团中央	2016-04-29
宁国中学、津北小学	2016 全国青少年校园足球特色学校	教育部	2016-06
安徽中鼎控股(集团)股份有限公司党委	全国先进基层党组织	中共中央	2016-07-01
安徽省凤形耐磨材料股份有限公司	十二五全国建材机械行业标准化先进集体	国家建筑材料工业机械标准化技术委员会	2016-09
宁国市人民医院	全国百姓放心示范医院	中国医院协会	2016-10
宁国市人民医院	全国健康管理示范基地	中国健康促进基金会、中华医学会健康管理学分会、中国健康管理协会	2016-10-22
港口中心卫生院	全国群众满意乡镇卫生院	国家卫计委	2016-12
南山街道创业社区	2015 年度全国综合减灾示范社区	国家减灾委员会、民政部	2016
西津街道金桥社区	国家地震安全示范社区	中国地震局	2016-12-23
港口镇山门村、霞西镇白茂村	第四批中国传统村落	住房和城乡建设部	2016-11
宁国市天行健乌骨羊养殖示范基地	全国科普示范基地	中科协、财政部	2016

2016 年省及省厅级荣誉获得者(集体)一览表

表 64

获得荣誉单位	荣誉名称	授予单位	授予时间
宁国市	安徽省农产品质量安全县	安徽省农业委员会	2016-09-19
宁国市	信息消费示范县	安徽省经信委	2016-07-20
宁国市	2015 年度全省人口和计划生育目标管理责任制考核先进市	安徽省人民政府	2016-05
宁国市	2015 年度全省政府网站工作先进市	安徽省人民政府办公厅	2016-04-07
宁国市	全省信访工作责任目标考核优秀单位	中共安徽省委、安徽省人民政府	2016-03-29
宁国市	全省公安工作先进县	安徽省公安厅	2016-04-01
宁国市	全省人防工作目标工作先进县市	安徽省国防动员委员会	2016-11-02
宁国市	全省人防基层建设成绩突出单位	安徽省人防办	2016-11-30
宁国市	2015 年度农机购置补贴政策落实延伸绩效管理优秀单位	安徽省农业机械管理局	2016-02-18
宁国市	安徽省 2015 年度县(市、区)党政领导干部履行教育职责督导考核优秀等次	安徽省委组织部、安徽省教育督导委员会、教育厅	2016-08

续表 64

获得荣誉单位	荣誉名称	授予单位	授予时间
宁国市政府	省规划建设管理工作考评一等奖	省城镇规划建设管理联席会	2016-02-15
宁国市委组织部	2015年度“全省组工信息工作开展比较好的单位”	安徽省委组织部	2016-01-29
宁国市人大常委会	《江淮法治》宣传工作先进单位	安徽省人大常委会办公厅	2016-09-20
宁国市政协	2015—2016年度全省宣传工作先进单位	安徽省政协办公厅	2016-09
宁国市科技局	县级防震减灾工作综合考核一等奖	安徽省地震局	2016-11-17
徽商银行宁国南山支行	2016年“抢抓旺季　奋力拓展”零售旺季营销竞赛活动优秀徽农支行	徽商银行总行零售银行部	2016-04
建行宁国锦苑分理处	内控领先奖	建行安徽省分行	2016-02-26
建行宁国支行	文化建设奖	建行安徽省分行	2016-02-26
建行宁国支行	信用卡业务推进奖	建行安徽省分行	2016-02-26
建行宁国支行营业部	女职工文明示范单位	建行安徽省分行	2016-02-26
宁国农行营业部	青年文明号	中国农业银行安徽省分行	2016-03
宁国农行营业部	平安农行	中国农业银行安徽省分行	2016-03
宁国农行团支部	五四红旗团委	中国农业银行安徽省分行	2016-05
宁国农村商业银行	全省农商银行系统“内控好、服务好、效益好”——“三好银行”	安徽省农村信用联社	2016
宁国市妇联	全省妇联系统目标管理考核优秀奖	安徽省妇联	2016-01-21
	安徽省三八红旗集体		
宁国市工商联	安徽省工商联系统宣传信息工作先进单位	安徽省工商联	2016-09
宁国市总工会	2015年度全省工会财务工作先进集体	安徽省总工会办公室	2016-12-20
安徽江南化工股份有限公司宁国分公司	安徽省劳动竞赛先进集体	安徽省劳动竞赛委员会、安徽省总工会	2016-04-22
安徽宁国晨光精工股份有限公司	安徽省工人先锋号		
安徽飞达新材料科技股份有限公司	2015年度安徽省“安康杯”竞赛优胜单位	安徽省总工会、安徽省安全生产监督管理局	2016-08-24
宁国飞鹰汽车零部件股份有限公司离合器车间装配班组	2015年度安徽省“安康杯”竞赛优胜班组		
安徽中鼎控股（集团）股份有限公司党委	全省先进基层党组织	中共安徽省委组织部	2016-07
安徽中鼎控股（集团）股份有限公司	安徽省职工“幸福家园”	安徽省总工会	2016-12-30

续表 64

获得荣誉单位	荣誉名称	授予单位	授予时间
安徽红桥金属制造有限公司工会委员会	2016年安徽省“职工书屋”示范	安徽省总工会	2016-12-30
亚新科噪声与振动技术(安徽)有限公司工会委员会	安徽省模范职工之家	安徽省总工会	2016-12-09
宁国市龙驰电器有限公司生产二车间工会小组			
安徽省凤形耐磨材料股份有限公司	标准化示范企业	安徽省经济和信息化委员会	2016-10
安徽省凤形耐磨材料股份有限公司	安徽省技术创新示范企业	安徽省经济和信息化委员会	2016-12
宁国津桥印刷包装有限公司	安徽省最佳品牌企业	安徽省经济和信息化委员会、安徽省科学技术厅、安徽省商务厅、安徽省工商行政管理局、安徽省企业品牌促进会	2016
宁国市地税局	安徽省卫生先进单位	安徽省爱卫会	2016-01-04
宁国市地税局	全省廉政文化建设标兵	中共安徽省纪委、安徽省监察厅	2016-04-22
宁国市住建委	全省法治宣传教育先进集体	安徽省省委宣传部、安徽省司法厅、省法治宣传教育办	2016-07-07
宁国市发展和改革委员会	全省发展改革系统“六五”普法工作先进单位	安徽省发展和改革委员会	2016-12
宁国市公共资源交易监督管理局	安徽省依法招标项目信息公开先进单位	安徽省招标投标协会	2016-01
宁国市公共资源交易监督管理局	2011—2015年度先进会员单位	安徽省公共资源交易协会	2016-01
宁国市机关事务管理局、宁国市财政局、宁国经济技术开发区管委会	2015年度省级节约型公共机构示范单位	安徽省机关事务管理局、省发改委、省财政厅	2016-01-19
宁国市经济技术开发区	2016年全省园区非公党建工作先进单位	安徽省商务厅	2016-12-22
宁国市财政局	2015年度现代农业生产发展资金绩效评价良好等级	安徽省财政厅	2016-10
宁国市教体局	安徽省中小学生宪法知识大赛优秀组织单位	安徽省教育厅	2016-08
宁国市教体局	安徽省2015年度国家开发银行生源地信用助学贷款业务考核优秀	安徽省学生资助管理中心、国家开发银行安徽省分行	2016-10
宁国市教体局	2014年度“一师一优课、一课一名师、课课有精品”活动省级“优课”优秀组织奖	安徽省教育厅	2016-10
安徽材料工程学校	安徽省五四红旗团委	共青团安徽省委	2016-04-28

续表 64

获得荣誉单位	荣誉名称	授予单位	授予时间
胡乐初中、开发区小学、中溪小学、仙霞初中	安徽省防震减灾科普示范学校	安徽省地震局、安徽省教育厅、安徽省科学技术协会	2016-11-08
宁国市人民医院	安徽省健康促进医院	省卫计委	2016-10
宁国市公安局国保大队	2016 年度空军招收飞行员政治考核工作先进单位	东部战区空军政治部、安徽省公安厅	2016-09-06
宁国市检察院侦查监督科	安徽省妇女维权岗	省妇联	2016-12-23
宁国市人民法院	全省法院 2014—2015 年度规范化诉讼服务中心	安徽省高级人民法院	2016-01-04
	全省多元化纠纷解决机制改革示范法院		
宁国市人民法院审管办	全省法院案件质量评查工作先进集体	安徽省高级人民法院	2016-01-21
宁国市人民法院民事审判第一庭	2015 年度全省中基层法院专项工作集体三等功	安徽省高级人民法院	2016-02-22
宁国市人民法院	全省法院审判管理“规范化、信息化、科学化”(2013—2015 年)活动先进集体	安徽省高级人民法院	2016-07-18
宁国市人民法院	第三批全省法院文化特色项目——青少年心理工作室	安徽省高级人民法院	2016-08-17
宁国市人民法院	全省法院信息工作先进单位	安徽省高级人民法院	2016-12-13
宁国市财政局、宁国市人民法院、宁国市卫生和计划生育委员会、宁国市卫生监督所、宁国市疾病预防控制中心、宁国市妇幼保健计划生育服务中心（原妇幼卫生保健所）、宁国市经济技术开发区管理委员会、宁国市机关事务管理局、宁国市广播电视台、宁国市河沥溪街道	2016 年省级卫生乡镇村(社区)卫生先进单位(复审重新确认命名)	安徽省爱国卫生运动委员会办公室	2016-12-30
宁国市政府办公室、宁国市政务服务中心（社会管理中心)、宁国市环保局、宁国市交通局、宁国康佳医院、南山街道社区卫生服务中心、宁国市中医肿瘤医院、宁国市人民医院、宁国市仁爱中西医结合医院、宁国市移民局、宁国市当代妇科医院、宁国市合客公路运输有限公司、河沥溪街道社区卫生服务中心、宁国市中医院、港口镇政府	2016 年度安徽省卫生先进单位	安徽省爱国卫生运动委员会办公室	2016-12-30

续表 64

获得荣誉单位	荣誉名称	授予单位	授予时间
甲路镇甲路村、汪溪街道汪溪村、港口镇港口村、港口镇山门村、西津街道城北社区	2016 年度“安徽省卫生村(社区)”	安徽省爱国卫生运动委员会办公室	2016-12-30
港口镇党委	“五个好”乡镇党委标兵	中共安徽省委组织部	2016-12
甲路镇甲路村党总支	“五个好”村党组织标兵	中共安徽省委组织部	2016-12
云梯畲族乡	第一批全省民族团结进步创建活动示范单位	安徽省民委	2016
云梯畲族乡	安徽省优秀旅游乡镇	安徽省旅游局	2016
青龙乡	2015 年度安徽省优秀旅游乡镇	安徽省旅游局	2016-02-19
西津街道	全省基层人防建设成绩突出街道(乡镇)	安徽省人防办	2016-11-30
西津街道城北社区	第二批省级充分就业星级社区	安徽省人力资源和社会保障厅	2016-01-25
南山街道创业社区党支部	省级社区党建工作示范点	中共安徽省委组织部	2016-06-08
南山街道创业社区	安徽省地震安全示范社区	安徽省地震局、安徽省民政厅、安徽省科学技术协会	2016-11-08
南山街道白云社区	2016—2020 年度安徽省科普示范社区	安徽省科学技术协会	2016-12-31
南山街道城南社区志愿服务广场	安徽省四星级社区志愿服务广场	安徽省文明办	2016-02-26
西津街道城西社区、城北社区志愿服务广场，南山街道南河社区、白云社区志愿服务广场	安徽省三星级社区志愿服务广场	安徽省文明办	2016-02-26
宁国市春芽志愿者服务队	全省学雷锋志愿服务“十佳志愿服务组织”	安徽省文明办	2016-05

2016 年宣城市市级荣誉获得者(集体)一览表

表 65

获得荣誉单位	荣誉名称	授予单位	授予时间
宁国市	加快水利改革发展先进县(市、区)	中共宣城市委、宣城市政府	2016-06-08
宁国市	2015 年度宣城市文明示范县(市)	中共宣城市委、宣城市政府	2016-02-06
宁国市	2015 年度文明市创建考核先进单位	中共宣城市委、宣城市政府	2016-07-14
宁国市	全市群众工作暨信访工作目标管理先进单位	中共宣城市委、宣城市政府	2016-04-27
宁国市	2015 年度综治工作目标管理考核先进单位	中共宣城市委、宣城市政府	2016-06-16
宁国市	2015 年度美丽乡村中心村建设第二名	中共宣城市委、宣城市政府	2016-02-06
宁国市	2015 年度农村清洁工程第一名	中共宣城市委、宣城市政府	2016-02-06

续表 65

获得荣誉单位	荣誉名称	授予单位	授予时间
宁国市	2015 年度目标管理绩效考核先进市	中共宣城市委、宣城市政府	2016-07-14
宁国市	全市美丽乡村建设先进市	中共宣城市委、宣城市政府	2016-02-06
宁国市	2015 年度全市人口和计划生育工作先进县市	宣城市人民政府	2016-09
宁国市	2015 年依法行政工作先进单位	宣城市人民政府	2016-04-26
宁国市	2015 年度金融工作考核先进单位	宣城市人民政府	2016-03-24
宁国市	2015 年度安全生产目标管理先进单位	宣城市人民政府	2016-03-31
宁国市水务局	抗洪抢险先进集体	中共宣城市委、宣城市政府	2016-10-08
宁国市妇联	十星清洁户创建先进单位	中共宣城市委、宣城市政府	2016-02
仙霞镇	2015 年度文明乡镇(街道)	中共宣城市委、宣城市政府	2016-02
港口镇政府	2011—2015 年全市法治宣传教育先进集体	中共宣城市委、宣城市政府	2016-12-06
天湖街道办事处	全国文明城市创建和“联点共建”先进单位	中共宣城市委、宣城市政府	2016-02-06
天湖街道办事处	全市抗洪抢险先进集体	中共宣城市委、宣城市政府	2016-10-08
天湖街道汤村村、枫河村	宣城市文明村	中共宣城市委、宣城市政府	2016-02-06
西津街道	2015 年度宣城市文明乡镇(街道)	中共宣城市委、宣城市政府	2016-02-06
南山街道办事处	2011—2015 年全市法制宣传教育先进集体	中共宣城市委、宣城市政府	2016-12-06
南山街道	2015 年度宣城市文明乡镇(街道)	中共宣城市委、宣城市政府	2016-02-06
南山街道创业社区	宣城市文明社区	中共宣城市委、宣城市政府	2016-02-06
南山街道万福村	宣城市文明村	中共宣城市委、宣城市政府	2016-02-06
安徽中鼎控股(集团)股份有限公司党委	全市先进基层党组织	中共宣城市委	2016-06-29
港口镇党委			
安徽省凤形耐磨材料股份有限公司党委			
安徽詹氏食品股份公司党委			
安徽省五星养殖(集团)有限责任公司山门基地党委			
安徽材料工程学校党委			
宁国市人民法院党总支			

续表 65

获得荣誉单位	荣誉名称	授予单位	授予时间
宁国市地税局机关党委	全市先进基层党组织	中共宣城市委	2016-06-29
宁国市国税局开发区分局党支部			
宁国市城西社区义工联盟党支部			
宁国市健民医院党支部			
西津街道金桥社区党总支			
河沥溪街道平兴村党总支			
梅林镇梅林村党总支			

2016 年国家部委荣誉获得者(个人)一览表

表 66

荣誉获得者	所在单位	荣誉名称	授权单位	授予时间
胡正平	宁国市委组织部	2016 年度全国纪检监察系统网络舆情和评论工作优秀个人	中央纪委宣传部、中央网信办网络评论工作局	2016-11-30
刘韩记	宁国市委组织部	2016 年度"优秀党建云平台暨基层党建宣传优秀通讯员"	人民日报社人民网	2016-12
汪贵才	宁国市科技局	2015 年度国家知识产权试点示范城市工作先进个人	国家知识产权局	2016-09-12
汪贵才	宁国市科技局	全国知识产权系统人才工作先进个人	国家知识产权局办公室	2016-12-15
张学俊	宁国市司法局法律援助中心	全国法律援助工作先进个人	中华人民共和国司法部	2016-09-29
夏迎松	安徽中鼎密封件股份有限公司	全国五一劳动奖章	中华全国总工会	2016-04-29
孙进军	宁国市农机局	2014—2016 年全国农牧渔业丰收奖	中华人民共和国农业部	2016-12
谭天贵	宁国中学	全国化学优质课(说课)比赛一等奖	中国教育学会	2016-10
钟　珺	宁国中学	第四届全国中小学外语教师教学能手	中国教师发展基金会	2016-12
刘定勇	宁国中学	苏步青数学教育奖	苏步青数学教育奖理事会	2016-12
王孟菲娜	宁国中学	全国青少年演讲比赛一等奖	教育部关工委	2016-08
谌祥波	津河中学	全国教育教学信息化大赛一等奖	教育部、中央电教馆	2016-11
方嗣卉				
张立东	宁国保安监管大队	全国先进保安员	公安部、共青团中央、全国总工会	2016-09
朱浪平	宁国市公安局警务保障室	全国公安机关"210 工程"建设先进个人	公安部	2016-06

2016 年省及省厅级荣誉获得者（个人）一览表

表 67

荣誉获得者	所在单位	荣誉名称	授权单位	授予时间
曾庆伟	安徽省宁国市飞达电气科技有限公司	安徽省五一劳动奖章	安徽省劳动竞赛委员会、安徽省总工会	2016–04
丁焰更	宁国中学	安徽省特级教师	安徽省政府	2016–06
谢一鹏	宁国市水务局水利规划办公室科员、方塘乡方塘村党总支第一书记	全省优秀选派第一书记（驻村扶贫工作队长）标兵	安徽省委组织部、省委宣传部、教育工委、安徽省财政厅、安徽省人力资源和社会保障厅、共青团安徽省委员会	2016–12
叶　鹏	仙霞镇仙霞村	安徽省优秀大学生村官标兵		
汪慧勤 张春梅	宁国市妇联	全省三八红旗手	安徽省妇联	2016–01–31
侯小强	宁国市人民法院	2015 年度全省中基层法院专项工作个人嘉奖	安徽省高级人民法院	2016–02–22
汪杰红	宁国市人民法院	全省法院政工工作先进个人	安徽省高级人民法院	2016–03–01
谈德军	宁国市人民法院	2014—2015 年度安徽省政法综治新闻作品文字类三等奖	安徽省委政法委、安徽省社会治安综合治理委员会办公室、安徽省新闻工作者协会	2016–06–06
侯小强	宁国市人民法院	全省法院民事审判工作先进个人	安徽省高级人民法院	2016–06–24
刘　丹	市公安局治安管理大队	全省优秀户籍民警	安徽省公安厅	2016–10–14
王长林	市公安局梅林派出所	个人二等功	安徽省省公安厅	2016–09–22
胡　倩	宁国市总工会	全省优秀工会工作者	安徽省总工会	2016–12
彭敦耘	宁国市司法局	2011—2015 年全省法治宣传教育先进个人	中共安徽省委宣传部、安徽省司法厅、安徽省法治宣传教育工作领导小组办公室	2016–07
孙开照	宁国市农产品质量监管局	2016 年安徽省农业行政处罚优秀案卷	安徽省农业委员会	2016–12
俞爱萍	宁国市渔业渔政管理局	安徽省农民满意农技员	安徽省农业委员会、中共安徽省委宣传部、安徽省总工会、安徽省人才工作领导小组办公室	2016–12–05
周福善	宁国市农产品质量监管局	2016 年安徽省农业行政处罚优秀案卷	安徽省农业委员会	2016–12
唐仕红	东津小学	安徽省教育系统优秀工会工作者	安徽省教育工会	2016–08
伍爱华 吴翠月	宁国市福利院	全省“敬老爱老助老模范人物”	安徽省老龄办	2016–09–27

续表 67

荣誉获得者	所在单位	荣誉名称	授权单位	授予时间
汪周根	中共宁国市市直工委	安徽省第七届“福星”	安徽省老龄办	2016-09-27
钟友根	云梯畲族乡关工委	全省关心下一代“十佳五老”提名奖	安徽省关心下一代工作委员会、省文明办、省委老干部局	2016-12-29
隗建明	汪溪街道办事处	全省优秀乡镇(街道)党(工)委书记	中共安徽省委组织部	2016-07
程守华	港口镇山门村	全省优秀村(社区)党组织书记		
金政辉	安徽省司尔特肥业股份有限公司	全省优秀党务工作者		
施远路	汪溪街道办事处党政办	2016 年安徽省防汛抗洪抢险救灾先进个人	中共安徽省委、安徽省政府	2016-12-24
徐冬亮	国网宁国市供电公司	优秀班组长	国网安徽省电力公司	2016-06
靳彩云	国网宁国市供电公司	财务实时管控先进个人	国网安徽省电力公司	2016-12
田钰泉	徽商银行宁国南山支行	优秀共产党员	中共徽商银行委员会	2016-07
戴　戴	建行宁国支行	代发工资拓展奖	建行安徽省分行	2016-02-26
张　晗	建行宁国支行	不良资产处置贡献奖	建行安徽省分行	2016-02-26
林　苗	建行宁国支行	百佳柜员	建行安徽省分行	2016-02-26
张骏骏	建行宁国支行	百佳个人客户经理	建行安徽省分行	2016-02-26
王　政	建行宁国支行	百佳对公客户经理	建行安徽省分行	2016-02-26
王家振	宁国农行	青年岗位能手	中国农业银行安徽省分行	2016-05
赵明旺	宁国农行	金钥匙管理明星	中国农业银行安徽省分行	2016-05
胡卫君	宁国农行	金钥匙营销明星	中国农业银行安徽省分行	2016-05
王银银	安徽聚隆传动科技股份有限公司	安徽省女职工“岗位建功成才行动”先进个人	安徽省总工会	2016-03

2016 年宣城市市级荣誉获得者(个人)一览表

表 68

荣誉获得者	所在单位	荣誉名称	授予单位	授予时间
陈　宁	宁国市天思农特产品产销合作社	宣城市劳动模范	宣城市人民政府	2016-04-26
程守法	宁国市港口镇山门村			
仇志敏	保隆(安徽)汽车配件有限公司			

续表 68

荣誉获得者	所在单位	荣誉名称	授予单位	授予时间
李家福	安徽中鼎控股（集团）股份有限公司	宣城市劳动模范	宣城市人民政府	2016-04-26
李宁徽	安徽高德韦尔精密部件有限公司			
金政辉	安徽省司尔特肥业有限公司			
叶巧荣	宁国市云梯畲族中心小学茅坦教学点	宣城市先进工作者	宣城市人民政府	2016-04-26
吴志辉	宁国市林业局林业技术服务中心			
程新建	宁国市公安局交通管理大队			
王长林	市公安局梅林派出所综合信息室	优秀共产党员	中共宣城市委	2016-06-29
蓝建华	国网宁国市供电公司云梯畲族乡供电所			
周夏耘	安徽亚夏实业股份有限公司			
边玉福	市津龙实业有限公司			
陈卫星	安徽司尔特肥业股份有限公司			
候存芳	市地净环卫清扫保洁公司			
童生元	市人民医院麻醉科			
李志猛	市国泰公共交通运营有限责任公司			
李金汉	霞西镇虹龙居委会			
邓秀宏	河沥溪街道桥东社区居民			
魏忠义	万家乡大龙村村民			
叶　鹏	仙霞镇仙霞村党总支			
郑志芳	市社会（儿童）福利院			
胡　霞	安徽材料工程学校			
程守华	港口镇山门村	优秀村（社区）党组织书记	中共宣城市委	2016-06-29
姚冬平	南山街道南河社区			
谢一鹏	方塘乡方塘村			
黄明翠	西津街道城中社区			
张腊贵	河沥溪街道长虹村			
陈良龙	万家乡党委	优秀党务工作者	中共宣城市委	2016-06-29
隗建明	汪溪街道党工委			

续表 68

荣誉获得者	所在单位	荣誉名称	授予单位	授予时间
朱俊敏	云梯畲族乡党委	优秀党务工作者	中共宣城市委	2016-06-29
陈　勇	竹峰街道党工委			
金政辉	安徽司尔特肥业股份有限公司	其他类型优秀党务工作者	中共宣城市委	2016-06-29
王忠斌	市财政局			
张　继	安徽凤形耐磨材料股份有限公司			
疏　陶	市晨光精工股份有限公司			
阮国慧	南山街道			
高广传	市发改委			
刘　凡	中溪镇党政办			
胡平凡	市文明办	2015年度全国文明城市创建先进个人	中共宣城市委、宣城市政府	2016-02-06
阮　媛	市委办			
李红星	市委宣传部			
刘根树	市发改委			
胡　斌	文旅委			
许娇艳	市妇联			
蔡德成	港口镇灰山村			
方建国	美好办			
潘志胜	南极乡政府			
苏　政	万家乡政府			
孙大发	汪溪街道姚高村			
邹艳霞	港口镇政府			
刘爱香	梅林镇政府			
刘木香	方塘乡政府			
陆在俊	市水务局	加快水利改革发展先进个人	中共宣城市委、宣城市政府	2016-06-08
张　勇				
杨先敏	市信访局	G20杭州峰会安保工作先进个人	中共宣城市委、宣城市政府	2016-09
潘龙君	仙霞派出所			
刘　庆	市公安局特(巡)警大队			

续表 68

荣誉获得者	所在单位	荣誉名称	授予单位	授予时间
陈　晓	凤形股份公司	宣城市优秀企业家	中共宣城市委	2016-06
刘根树	市铁路工作办公室	先进个人	中共宣城市委、宣城市政府	2016-02
徐永莹	市委宣传部	2011—2015 年宣城市法治宣传教育先进个人	中共宣城市委、宣城市政府	2016-12-06
付　慧	市人民法院			
尚忠宁	市司法局公律科			
王　娜	市司法局汪溪司法所			
王隆璋	市司法局中溪司法所			
姚雪芹	市检察院			
徐东晖	市财政局			
许娇艳	市妇联	十星清洁户创建先进个人	中共宣城市委、宣城市人民政府	2016-02
邹艳霞	港口镇	美丽乡村建设、“三线四边”环境治理、“十星清洁户”创建先进个人	中共宣城市委、宣城市政府	2016-02-06
王晓娟	天湖街道办事处	全国文明城市创建和“联点共建”先进个人	中共宣城市委、宣城市政府	2016-02-06
梅海波				
方建国	市美好办	2015 年度宣城市美丽乡村建设先进个人	中共宣城市委、宣城市政府	2016-02
汪　毅	青龙派出所	全市抗洪抢险先进个人	中共宣城市委、宣城市政府	2016-11

2016 年宁国儿女建功军营光荣榜一览表

表 69

姓　名	服役部队	家庭住址	获奖项目	姓　名	服役部队	家庭住址	获奖项目
孙　伟	解放军 73022 部队	西津街道罗溪村	三等功	鲍佳伟	解放军 73065 部队	河沥溪街道桥东社区	优秀士兵
高　立	解放军 73106 部队	西津街道城西社区	三等功	刘洛阳	解放军 77221 部队	河沥溪街道长虹村	优秀士兵
胡翌韬	浙江省军区司令部	南山街道渡口巷	三等功	叶　梓	装甲兵技术学院	河沥溪街道桥西社区	优秀士兵

续表 69

姓　名	服役部队	家庭住址	获奖项目	姓　名	服役部队	家庭住址	获奖项目
汪　洋	解放军 92742 部队	南山街道双龙村	三等功	陶　云	解放军 69338 部队	竹峰街道桥头铺村	优秀士兵
黄　伟	解放军 91991 部队	竹峰街道竹峰村	三等功	赵大明	解放军 46658 部队	天湖街道汤村	优秀士兵
楼继友	蚌埠汽车士官学校	中溪镇凤凰村	三等功	张文兵	解放军 92187 部队	梅林镇桥头村	优秀士兵
金　波	解放军 96518 部队	青龙乡西林村	三等功	张　振	北京装甲兵工程学院	万家乡万家村	优秀士兵
汪忠亮	解放军 96363 部队	青龙乡龙阁村	三等功	丁忠伟	解放军 95171 部队	万家乡云山村	优秀士兵
张　超	解放军 75240 部队	西津街道城中社区	优秀基层干部	汪海南	解放军 69338 部队	中溪镇荷花村	优秀士兵
韩梦仙	江苏省军区司令部	西津街道凤形山村	优秀士兵	项金鹏	解放军 75250 部队	中溪镇中田村	优秀士兵
丁　洋	解放军 77675 部队	西津街道金桥社区	优秀士兵	陈剑峰	解放军 96215 部队	仙霞镇孔夫村	优秀士兵
陈哲远	解放军 73680 部队	西津街道城西社区	优秀士兵	汪忠亮	解放军 96363 部队	青龙乡龙阁村	优秀士兵
吴正彪	北京装甲兵工程学院	西津街道城西社区	优秀士兵	王国强	解放军 96518 部队	方塘乡方塘村	优秀士兵
张　浩	解放军综合保障基地	河沥溪街道中鼎橡塑有限公司	优秀士兵	储　杰	海军后勤训练基地	方塘乡葛村村	优秀士兵
罗小建	解放军 75250 部队	河沥溪街道嵩合村	优秀士兵	章　悦	解放军 73055 部队	方塘乡方塘村	优秀士兵
张文杰	解放军 73096 部队	河沥溪街道滨河北巷	优秀士兵	徐礼贤	解放军 73133 部队	方塘乡方塘村	优秀士兵
马宁超	解放军 73678 部队	河沥溪街道长虹村	优秀士兵	施　蔚	西部战区联合作战指挥中心	中溪镇狮桥村	道德模范士兵

2016 年宁国市表彰市级荣誉名称文件一览表

表 70

文件名称	文　号	发文时间
关于表彰 2015 年度宁国发展功勋宁国发展贡献奖的决定	宁发〔2016〕6 号	2016-02-22
关于表彰 2014 年度考核优秀公务员的决定	宁发〔2016〕9 号	2016-02-22
关于授予刘年淮等 4 位同志“见义勇为先进个人”荣誉称号的决定	宁发〔2016〕12 号	2016-02-24
关于 2015 年度社会治安综合治理工作先进单位和先进个人的通报	宁发〔2016〕13 号	2016-02-24

续表 70

文件名称	文　号	发文时间
关于 2015 年度群众(信访)工作先进单位和先进个人的通报	宁发〔2016〕14 号	2016-02-25
关于授予詹权胜等四位同志 2015 年度宁国市农业产业化优秀企业家荣誉称号的决定	宁发〔2016〕17 号	2016-03-21
关于表扬 2015 年度食品药品安全监管工作成效突出单位的通报	宁发〔2016〕19 号	2016-04-07
关于全市关心下一代工作先进集体、先进个人的通报	宁发〔2016〕21 号	2016-04-21
关于表扬 2015 年度全市依法行政先进单位、先进个人、优秀法制工作者、优秀法律顾问的通报	宁发〔2016〕26 号	2016-05-31
关于 2015 年度民族团结进步先进单位的通报	宁发〔2016〕27 号	2016-06-07
关于 2015 年度全市人口和计划生育工作先进单位先进个人的通报	宁发〔2016〕29 号	2016-06-23
关于表彰全市先进基层党组织、优秀共产党员、十佳村(社区)党组织书记和十佳非公企业党建工作指导员的决定	宁发〔2016〕31 号	2016-06-30
关于表彰 2015 年度招商引资工作先进单位、先进个人和项目直接引荐人的通报	宁发〔2016〕34 号	2016-07-29
关于表彰全市先进教育工作者、模范教师、模范班主任的决定	宁发〔2016〕40 号	2016-09-05
关于表彰宁国市 2015 年度“文明单位、文明乡镇(街道)、文明乡村(社区)”的决定	宁发〔2016〕52 号	2016-12-02
关于表彰 2015 年度考核优秀公务员的决定	宁发〔2016〕55 号	2016-12-14
关于表扬 2011—2015 年全市法治宣传教育先进集体和先进个人的通报	宁发〔2016〕60 号	2016-12-27
关于表彰 2015 年度优秀提案、承办提案先进单位和先进个人的决定	宁办发〔2016〕130 号	2016-12-22
关于表彰 2014—2015 年度宁国市科学技术奖励的决定	宁政〔2016〕120 号	2016-12-27
关于表彰 2015 年度安全生产工作先进单位和先进个人的决定	宁政秘〔2016〕97 号	2016-06-17
关于表彰全市征兵工作先进单位和先进个人的通报	宁政秘〔2016〕118 号	2016-07-29
关于表彰第五届宁国市市长质量奖获奖企业的通报	宁政秘〔2016〕178 号	2016-11-01
关于表彰 2016 年度城乡居民基本医疗保险工作先进单位和先进个人的决定	宁政秘〔2016〕191 号	2016-11-23

附录

Appendixes

- 2016年中共宁国市委及其办公室重要文件目录
- 2016年宁国市人民政府及其办公室重要文件目录
- 书目·报刊文章题录
- 统计资料
- 交通指南

2016年中共宁国市委及其办公室重要文件目录

文件名称	文　号	发文时间
关于印发宁国市乡镇党委换届工作若干具体意见的通知	宁发〔2016〕2号	2016-02-18
关于严肃市、乡领导班子换届纪律的通知	宁发〔2016〕3号	2016-02-18
关于印发中共宁国市委“三严三实”专题教育整改方案的通知	宁发〔2016〕4号	2016-02-17
中共宁国市委关于印发2016年全市党建工作意见的通知	宁发〔2016〕5号	2016-02-19
关于2015年“三个年”活动考核结果的通报	宁发〔2016〕7号	2016-02-22
关于进一步加强项目工作的意见	宁发〔2016〕8号	2016-02-22
关于印发宁国市党员和国家工作人员违反征收征迁及禁违拆违规定行为责任追究暂行办法（修订）的通知	宁发〔2016〕20号	2016-04-06
关于成立市委“两学一做”学习教育协调小组的通知	宁发〔2016〕22号	2016-04-29
关于做好中共宁国市第十四届代表大会代表选举工作的通知	宁发〔2016〕24号	2016-05-23
关于印发《中共宁国市委常委会开展“两学一做”学习教育工作具体行动方案》的通知	宁发〔2016〕25号	2016-05-25
关于召开中国共产党宁国市第十四届代表大会第一次会议的通知	宁发〔2016〕28号	2016-06-16
中共宁国市委巡察工作实施办法（暂行）	宁发〔2016〕32号	2016-07-01
关于印发《创建全国平安建设先进市实施方案》的通知	宁发〔2016〕33号	2016-07-26
中共宁国市委关于深入学习习近平总书记视察安徽和在庆祝建党95周年大会上的重要讲话精神推动全面从严治党落到实处的若干意见	宁发〔2016〕36号	2016-08-11
关于2015年度目标管理考核结果的通报	宁发〔2016〕37号	2016-08-12
关于印发《宁国市2016年度目标管理考核办法》和《承担宣城市目标管理绩效考核责任考核奖惩办法（试行）》的通知	宁发〔2016〕38号	2016-08-12
关于印发宁国市城市规划区查处违法建设工作责任追究暂行办法	宁发〔2016〕39号	2016-09-05
中共宁国市委印发《宁国市党风廉政建设党委（党工委、党组）主体责任清单和纪委（纪工委、纪检组）监督责任清单（试行）》的通知	宁发〔2016〕42号	2016-10-12
中共宁国市委转发《市人大常委会党组关于宁国市市、乡人大换届选举工作的意见》的通知	宁发〔2016〕43号	2016-10-31
关于印发宁国市处置“僵尸企业”工作意见	宁发〔2016〕46号	2016-11-14
关于印发《在全市开展观念更新学习讨论活动的实施方案》的通知	宁发〔2016〕48号	2016-11-22
关于印发宁国市支持干部履职担当干事创业容错减责免责实施办法的通知	宁发〔2016〕49号	2016-11-22
关于进一步加强和改进市政协委员推荐提名工作的通知	宁发〔2016〕50号	2016-11-22
印发《关于在全市党员干部中开展“讲看齐、见行动”学习讨论实施方案》的通知	宁发〔2016〕51号	2016-11-30
关于印发《中共宁国市委关于加强人民政协协商民主建设的实施意见》的通知	宁发〔2016〕53号	2016-12-05
中共宁国市委议事规则	宁发〔2016〕54号	2016-12-13
关于印发宁国市第七轮乡镇财政管理体制实施意见的通知	宁发〔2016〕56号	2016-12-16
关于印发港口生态工业园区2016—2020年财政管理体制实施意见的通知	宁发〔2016〕57号	2016-12-16

续表

文件名称	文　号	发文时间
关于印发宁国经济技术开发区2016—2020年财政管理体制实施意见的通知	宁发〔2016〕58号	2016-12-16
关于印发《宁国市践行五大发展理念、学习对接苏浙沪行动方案》的通知	宁发〔2016〕59号	2016-12-21
转发《市委宣传部、市司法局关于在全市公民中开展法治宣传教育的第七个五年规划(2016—2020年)》的通知	宁发〔2016〕61号	2016-12-27
关于印发《宁国市贯彻〈干部教育培训工作条例〉实施办法》的通知	宁发〔2016〕62号	2016-12-26
关于实施"三津英才"六大行动计划打造人才高地的意见	宁发〔2016〕63号	2016-12-27
印发《关于加强市乡换届风气监督工作的实施方案》的通知	宁发〔2016〕64号	2016-12-27
关于推进社会主义文艺繁荣发展的实施意见	宁发〔2016〕65号	2016-12-25
关于推动传统媒体和新兴媒体融合发展的实施意见	宁发〔2016〕66号	2016-12-25
关于做好春节期间农村独(双)女困难家庭帮扶工作的通知	宁办发〔2016〕2号	2016-01-05
关于印发《宁国市落实党风廉政建设党委主题责任和纪委监督责任考核实施办法(试行)》的通知	宁办发〔2016〕3号	2016-01-04
关于印发宁国市加强和改进新形势下档案工作实施意见的通知	宁办发〔2016〕4号	2016-01-08
关于印发《宁国市机关事业单位工作人员调动管理暂行办法》的通知	宁办发〔2016〕5号	2016-01-12
关于市委书记、副书记领办农村基层党建创新项目的通知	宁办发〔2016〕6号	2016-01-18
关于印发《中共宁国市委常委领衔督办政协重点提案实施办法》的通知	宁办发〔2016〕9号	2016-01-26
关于开展落实党风廉政建设责任制和作风建设考核暨推进惩治和预防腐败体系建设检查以及市直单位领导班子和成员年度考核工作的通知	宁办发〔2016〕10号	2016-01-27
关于印发《中共宁国市委常委领衔督办2015年政协重点提案安排》的通知	宁办发〔2016〕12号	2016-02-02
关于"发改杯""十三五"优秀调研文章评选结果的通知	宁办发〔2016〕13号	2016-02-03
关于成立市委乡镇党委换届工作领导小组的通知	宁办发〔2016〕14号	2016-02-17
关于成立乡镇党委换届工作指导督查组的通知	宁办发〔2016〕15号	2016-02-16
关于开展落实党风廉政建设责任制和作风建设考核暨推进惩治和预防腐败体系建设检查以及乡镇党委换届考察、街道年度考核工作的通知	宁办发〔2016〕16号	2016-02-18
关于印发宁国市党的建设工作目标管理考核实施办法(试行)的通知	宁办发〔2016〕17号	2016-02-17
印发宁国市2016年重点项目调度办法、宁国市2016年项目工作考核办法的通知	宁办发〔2016〕18号	2016-02-21
关于印发宁国市基地建设推进年活动实施方案的通知	宁办发〔2016〕19号	2016-02-21
关于印发宁国市城市创建攻坚年活动实施方案的通知	宁办发〔2016〕20号	2016-02-21
关于印发宁国市旅游发展提速年活动实施方案的通知	宁办发〔2016〕21号	2016-02-21
关于做好招商引资工作的通知	宁办发〔2016〕22号	2016-02-21
印发宁国市向上争取项目资金考核奖励办法的通知	宁办发〔2016〕23号	2016-02-21
关于印发宁国市政协2016年协商工作计划的通知	宁办发〔2016〕24号	2016-02-25
关于印发"三津大讲堂"活动实施方案的通知	宁办发〔2016〕26号	2016-03-08
关于印发宁国市2015年度党政领导干部履行教育职责督导考核工作方案的通知	宁办发〔2016〕27号	2016-03-08
关于印发中共宁国市委全面深化改革领导小组工作规则、全面深化改革领导小组专项小组工作规则、全面深化改革领导小组办公室工作细则的通知	宁办发〔2016〕28号	2016-03-10

续表

文件名称	文　号	发文时间
关于印发宁国市推进清牌减负工作实施方案的通知	宁办发〔2016〕29 号	2016-03-16
关于成立城市征收征迁工作指挥部的通知	宁办发〔2016〕34 号	2016-04-08
关于印发 2016 年城市征收征迁工作调度、考核奖惩办法的通知	宁办发〔2016〕35 号	2016-04-08
关于印发宁国市发展壮大村级集体经济工作方案的通知	宁办发〔2016〕37 号	2016-04-22
关于成立宁国市依法征收征迁工作领导小组的通知	宁办发〔2016〕38 号	2016-04-26
印发关于在全市党员中开展“学党章党规、学系列讲话、做合格党员”学习教育实施方案的通知	宁办发〔2016〕41 号	2016-04-29
关于印发市委 2016 年全面深化改革工作要点的通知	宁办发〔2016〕43 号	2016-04-29
关于印发《宁国市结合“两学一做”学习教育分类化解重点信访事项专项行动工作方案》的通知	宁办发〔2016〕46 号	2016-05-05
印发《关于在全市开展信访工作“三无”乡镇(街道)争创活动的实施意见》的通知	宁办发〔2016〕47 号	2016-05-05
关于印发宁国市环境保护督察工作方案的通知	宁办发〔2016〕48 号	2016-05-11
关于印发宁国市社会服务管理信息化平台建设工作方案的通知	宁办发〔2016〕50 号	2016-05-13
关于做好宁国市 2016 年文化产业发展工作的通知	宁办发〔2016〕53 号	2016-05-15
关于做好宁国市 2016 年文化体制改革工作的通知	宁办发〔2016〕54 号	2016-05-19
关于认真落实党组(党委)书记履行干部日常监督第一责任人职责季度报告制度的通知	宁办发〔2016〕55 号	2016-05-21
关于调整宁国市事业单位公开招聘人员工作领导小组组成人员的通知	宁办发〔2016〕56 号	2016-05-22
关于印发《中共宁国市委 2016 年度政党协商计划》的通知	宁办发〔2016〕57 号	2016-05-23
关于印发宁国市加强城乡社区协商实施方案的通知	宁办发〔2016〕59 号	2016-05-24
印发《关于在市直单位中开展三个专项整治工作的实施方案》的通知	宁办发〔2016〕60 号	2016-05-26
关于成立宁国市国有林场改革工作领导组的通知	宁办发〔2016〕64 号	2016-06-07
关于进一步做好农村土地承包经营权确权登记颁证工作的紧急通知	宁办发〔2016〕65 号	2016-06-06
关于印发《宁国市党代表大会提案提议和意见建议暂行办法》等五个办法的通知	宁办发〔2016〕67 号	2016-06-14
关于印发《市委外事工作领导小组职责和工作规则》《市委外事工作领导小组办公室工作细则》《市委外事工作领导小组组成人员名单》的通知	宁办发〔2016〕68 号	2016-06-16
关于成立中共宁国市委巡视整改工作领导小组的通知	宁办发〔2016〕70 号	2016-06-17
关于成立市委意识形态工作领导小组的通知	宁办发〔2016〕71 号	2016-06-21
印发《关于在乡镇街道中开展三个专项整治工作的实施方案》的通知	宁办发〔2016〕73 号	2016-06-23
关于印发“基层组织长期不换届、不按规定交纳党费、违规发放津补贴、酒桌办公”四个专项整治方案的通知	宁办发〔2016〕74 号	2016-06-24
关于印发宁国市市级领导联系帮扶重点企业制度的通知	宁办发〔2016〕75 号	2016-06-28
关于印发推进领导干部履行经济责任审计监督全覆盖工作方案的通知	宁办发〔2016〕77 号	2016-06-29
关于印发新一轮计划生育优质服务先进市创建实施方案的通知	宁办发〔2016〕82 号	2016-07-25
关于成立中共宁国市委巡察工作领导小组的通知	宁办发〔2016〕83 号	2016-07-28

续表

文件名称	文　号	发文时间
关于印发宁国市进一步加强农村社区建设工作实施方案的通知	宁办发〔2016〕86 号	2016-08-02
转发中共安徽省委办公厅　安徽省人民政府办公厅印发关于进一步推进预算公开工作实施意见	宁办发〔2016〕87 号	2016-08-05
关于印发宁国市全民科学素质行动计划纲要实施方案(2016—2020 年)的通知	宁办发〔2016〕88 号	2016-08-12
关于印发《宁国市新的社会阶层人士统战工作联席会议制度》的通知	宁办发〔2016〕89 号	2016-08-13
关于做好 2016 年法治宣传教育考核工作的通知	宁办发〔2016〕91 号	2016-08-22
关于印发《宁国市创建国家卫生城市工作问责办法(试行)》的通知	宁办发〔2016〕92 号	2016-08-24
关于集中精力做好抗旱救灾工作的通知	宁办发〔2016〕93 号	2016-08-24
关于做好当前农村土地承包经营权确权登记颁证有关工作的通知	宁办发〔2016〕94 号	2016-08-25
转发中共安徽省委办公厅　安徽省人民政府办公厅印发关于坚持和完善计划生育目标管理责任制的实施意见的通知	宁办发〔2016〕95 号	2016-08-26
转发中共宣城市委办公室　宣城市人民政府办公室关于进一步规范党政机关公文传递管理的通知	宁办发〔2016〕96 号	2016-08-26
关于印发宁国市抗旱救灾工作方案的通知	宁办发〔2016〕97 号	2016-08-24
关于转发《宣城市党政机关工作人员文明上网行为规范》的通知	宁办发〔2016〕99 号	2016-08-30
关于成立市家庭文明建设领导小组的通知	宁办发〔2016〕100 号	2016-08-30
关于印发《宁国市“传承好家训　培育好家风”主题活动实施方案》的通知	宁办发〔2016〕101 号	2016-09-01
关于印发宁国市 2016 年度查处违法建设工作考核办法(试行)的通知	宁办发〔2016〕103 号	2016-09-05
关于成立宁国市扶贫开发工作领导组的通知	宁办发〔2016〕106 号	2016-09-05
关于进一步加强法律援助工作的意见	宁办发〔2016〕107 号	2016-09-09
关于印发宁国市行业协会商会与行政机关脱钩实施方案的通知	宁办发〔2016〕110 号	2016-09-18
市委办公室关于“推动工作落实”考核细则	宁办发〔2016〕112 号	2016-09-26
关于印发宁国市开展滥建乱葬专项整治工作实施方案的通知	宁办发〔2016〕113 号	2016-10-11
关于印发宁国市生态文明与环境保护委员会成员单位工作职责的通知	宁办发〔2016〕114 号	2016-10-14
关于印发宁国市生态文明与环境保护委员会议事规则的通知	宁办发〔2016〕115 号	2016-10-14
中共宁国市委办公室印发《关于深入学习宣传贯彻〈中国共产党问责条例〉工作方案》的通知	宁办发〔2016〕117 号	2016-10-21
关于印发宁国市国有林场改革实施方案的通知	宁办发〔2016〕118 号	2016-10-28
关于成立宁国市国家集体林业综合改革试验示范区建设工作领导小组的通知	宁办发〔2016〕119 号	2016-10-28
关于成立市乡人大、政府、政协领导班子换届工作领导小组的通知	宁办发〔2016〕120 号	2016-11-07
关于开展创建双拥模范单位和合格单位活动的通知	宁办发〔2016〕122 号	2016-11-08
关于印发《宁国市 2016 年全面深化改革工作考核评分细则》的通知	宁办发〔2016〕125 号	2016-11-18
转发中共宣城市委办公室　宣城市人民政府办公室关于加强宣城市人民政府政务服务中心窗口队伍建设意见的通知	宁办发〔2016〕127 号	2016-12-01
关于组建市委学习贯彻党的十八届六中全会精神宣讲团的通知	宁办发〔2016〕128 号	2016-12-01

续表

文件名称	文　号	发文时间
中共宁国市委办公室关于成立市委全面推进依法治市领导小组的通知	宁办发〔2016〕129 号	2016-12-05
转发《宁国市人大常委会党组关于完善审计查出问题整改情况向市人大常委会报告机制的意见》的通知	宁办发〔2016〕131 号	2016-12-23
关于印发《宁国市贯彻〈关于建立改革任务落实“三察三单”制度的意见〉实施办法》的通知	宁办发〔2016〕132 号	2016-12-23
关于成立宁国市 2016—2017 年工商联换届工作领导小组的通知	宁办发〔2016〕134 号	2016-12-29
关于转发《中共宁国市委统战部关于工商联(总商会)2016-2017 年换届工作的实施意见》的通知	宁办发〔2016〕135 号	2016-12-29
关于转发《乡镇纪委书记、副书记(监察室主任)提名考察办法(试行)》《市纪委派驻纪检(监察)组组长提名考察办法(试行)》的通知	宁办发〔2016〕136号	2016-12-30
关于进一步严肃“两会”换届纪律的通知	宁办发〔2016〕137号	2016-12-30
关于印发《进一步加强网络评论员队伍建设的意见(试行)》的通知	宁办发〔2016〕139号	2016-12-30

2016 年宁国市人民政府及其办公室重要文件目录

文件名称	文　号	时　间
关于印发宁国市青龙湾水域船只管理办法(试行)的通知	宁政规〔2016〕1 号	2016-03-01
关于印发宁国市青龙湾水域浮动设施管理办法(试行)的通知	宁政规〔2016〕2 号	2016-03-01
关于印发宁国市青龙湾水域垂钓管理办法(试行)的通知	宁政规〔2016〕3 号	2016-03-01
关于印发宁国市政府投资建设项目工程变更管理办法的通知	宁政规〔2016〕4 号	2016-03-21
关于印发宁国市国有土地上房屋征收补偿安置暂行办法的通知	宁政规〔2016〕5 号	2016-04-08
关于印发宁国市集体土地上房屋征迁补偿安置暂行办法的通知	宁政规〔2016〕6 号	2016-04-08
关于印发宁国市鼓励高层次科技人才团队创新创业实施办法(试行)的通知	宁政规〔2016〕7 号	2016-09-06
关于印发宁国市众创空间备案管理实施细则(试行)的通知	宁政规〔2016〕8 号	2016-09-06
关于印发宁国市被征地农民基本养老保险实施办法的通知	宁政规〔2016〕9 号	2016-09-18
关于印发宁国市城乡居民临时救助实施细则的通知	宁政规〔2016〕10 号	2016-11-11
关于印发宁国市城乡医疗救助及重特大疾病医疗救助实施办法的通知	宁政规〔2016〕11 号	2016-11-11
关于印发宁国市国有资产监督管理暂行办法的通知	宁政规〔2016〕12 号	2016-12-22
关于 2016 年市政府重点工作任务分解安排的通知	宁政〔2016〕1 号	2016-02-04
关于公布宁国市市乡政府权力清单目录(2015 年动态调整版)的通知	宁政〔2016〕6 号	2016-02-04
关于 2016 年实施 33 项民生工程的通知	宁政〔2016〕14 号	2016-03-21
关于贯彻落实宣城市促进经济持续健康较快发展实施意见的通知	宁政〔2016〕18 号	2016-03-29
关于调整宁国市城镇土地定级和基准地价的通知	宁政〔2016〕26 号	2016-04-22
关于印发依法行政约谈工作规定的通知	宁政〔2016〕27 号	2016-04-22

续表

文件名称	文号	时间
关于暂停主城区活禽市场交易的通告	宁政〔2016〕28 号	2016-04-29
关于划定禁止使用高污染燃料区域的通告	宁政〔2016〕30 号	2016-05-03
关于继续暂停主城区活禽市场交易的通告	宁政〔2016〕31 号	2016-05-06
关于印发宁国市扶持产业发展“1+1+5”政策体系的通知	宁政〔2016〕35 号	2016-05-10
关于恢复主城区活禽市场交易的通告	宁政〔2016〕36 号	2016-05-10
关于进一步做好重大决策事项合法性审查工作的通知	宁政〔2016〕38 号	2016-05-25
关于加强狩猎管理的通告	宁政〔2016〕43 号	2016-06-14
关于推进供给侧改革促进经济持续健康发展的若干意见	宁政〔2016〕52 号	2016-06-23
关于全面加强应急管理工作的实施意见	宁政〔2016〕66 号	2016-08-02
关于进一步加强我市森林资源保护管理工作的通告	宁政〔2016〕73 号	2016-08-11
关于加强山核桃安全采收管理的通告	宁政〔2016〕75 号	2016-08-24
关于落实粮食安全省长责任制的实施意见	宁政〔2016〕85 号	2016-09-27
关于加快发展总部型楼宇经济的若干意见(试行)	宁政〔2016〕87 号	2016-10-10
关于印发宁国市推进医疗卫生与养老服务相结合实施方案的通知	宁政〔2016〕94 号	2016-10-28
关于印发宁国市提升家庭发展能力建设实施意见的通知	宁政〔2016〕95 号	2016-10-28
关于印发城市规划区内企业整体搬迁新上项目财政补助暂行办法的通知	宁政〔2016〕96 号	2016-10-31
关于印发宁国市政府投资项目工程质量管理责任追究办法的通知	宁政〔2016〕100 号	2016-11-16
关于表彰 2014—2015 年度宁国市科学技术奖励的决定	宁政〔2016〕120 号	2016-12-27
关于公布宁国市市乡政府权力清单目录(2016 年动态调整版)的通知	宁政〔2016〕121 号	2016-12-30
关于加强宁国市部门统计工作的意见	宁政办〔2016〕1 号	2016-01-11
关于推进农村道路交通安全“两站两员”及“交通安全村”建设的实施意见	宁政办〔2016〕8 号	2016-04-11
转发安徽省人民政府办公厅关于加快融资租赁和典当行为发展的实施意见的通知	宁政办〔2016〕10 号	2016-03-21
转发安徽省财政厅、地方税务局关于扩大有关政府性基金免征范围的通知	宁政办〔2016〕11 号	2016-03-21
关于印发宁国市培育税源若干扶持政策的通知	宁政办〔2016〕12 号	2016-04-18
关于下达 2016 年度商业银行新增信贷投放指导性计划的通知	宁政办〔2016〕13 号	2016-04-28
关于印发宁国市房屋征收(迁)货币补偿购房券操作使用办法(试行)的通知	宁政办〔2016〕14 号	2016-05-03
关于印发加强安全生产监管执法实施意见的通知	宁政办〔2016〕15 号	2016-05-09
关于印发宁国市政府性资金存放银行机构管理考评办法(试行)的通知	宁政办〔2016〕16 号	2016-05-09
关于印发宁国市金融机构支持地方经济发展考核奖励暂行办法(修订)的通知	宁政办〔2016〕17 号	2016-05-09
关于印发《宁国市人民政府 2016 年依法行政工作要点》的通知	宁政办〔2016〕18 号	2016-05-16
关于全面推开“营改增”试点过渡期内部分事项调整情况的通知	宁政办〔2016〕19 号	2016-05-26
关于印发宁国市房地产市场平稳健康发展的实施意见的通知	宁政办〔2016〕20 号	2016-06-22
转发宣城市人民政府办公室关于大力推进大众创业工作实施意见的通知	宁政办〔2016〕21 号	2016-06-23

续表

文件名称	文　号	时　间
关于印发宁国市加快调结构转方式促升级行动计划2016年工作要点的通知	宁政办〔2016〕23号	2016-07-11
转发安徽省人民政府办公厅关于去杠杆防风险促进经济社会稳定发展实施意见的通知	宁政办〔2016〕28号	2016-07-21
转发宣城市人民政府办公室关于加强建筑服务业预缴税款管理工作的通知	宁政办〔2016〕29号	2016-07-21
关于印发宁国市2016年度民生工程实施情况考核办法的通知	宁政办〔2016〕30号	2016-07-21
关于印发宁国市现代生态农业产业化建设规划（2016—2020）的通知	宁政办〔2016〕31号	2016-07-26
关于印发宁国市招标采购代理机构信用考评和管理办法（试行）的通知	宁政办〔2016〕33号	2016-08-05
关于印发宁国市农发行项目贷款专项偿债准备金管理办法的通知	宁政办〔2016〕37号	2016-08-10
关于做好当前防旱抗旱工作的通知	宁政办〔2016〕38号	2016-08-18
关于印发宁国市2016年度依法行政目标管理考核指标体系的通知	宁政办〔2016〕39号	2016-09-08
关于印发宁国市查处违法建设专项资金使用管理暂行办法（修订稿）的通知	宁政办〔2016〕40号	2016-09-09
关于印发宁国市2016年度统计工作考核细则的通知	宁政办〔2016〕41号	2016-09-13
关于印发宁国市被征地农民基本养老保险实施细则的通知	宁政办〔2016〕42号	2016-09-18
关于印发宁国市经济适用住房上市交易实施意见的通知	宁政办〔2016〕43号	2016-09-23
关于进一步加强我市小型水利工程建设管理工作的通知	宁政办〔2016〕44号	2016-09-26
关于印发宁国市2016年度青龙湾度假区保护和建设考核办法的通知	宁政办〔2016〕45号	2016-09-26
关于公布宁国市行政审批中介服务项目清单的通知	宁政办〔2016〕46号	2016-10-09
关于全面实施环境监管网格化管理的通知	宁政办〔2016〕47号	2016-10-09
关于印发宁国市2016年应急管理工作考核办法的通知	宁政办〔2016〕48号	2016-10-21
转发安徽省人民政府办公厅关于印发安徽省重大行政执行决定法制审核规定的意见	宁政办〔2016〕50号	2016-10-24
关于印发宁国市村镇规划建设管理工作考核奖惩暂行办法的通知	宁政办〔2016〕51号	2016-10-26
关于进一步加强项目预审工作的通知	宁政办〔2016〕52号	2016-10-26
关于组建宁国市PPP项目社会资本采购评标考核库的通知	宁政办〔2016〕53号	2016-11-02
关于印发宁国市品牌指导站建设工作指导意见的通知	宁政办〔2016〕54号	2016-11-14
关于印发宁国市加强已收储土地管理工作意见的通知	宁政办〔2016〕55号	2016-11-16
关于印发2017年度宁国市城乡居民基本医疗保险管理办法的通知	宁政办〔2016〕56号	2016-11-23
关于印发2017年度宁国市城乡居民基本医疗保险门诊统筹管理办法的通知	宁政办〔2016〕57号	2016-11-23
关于印发宁国市气象监测设施规划建设和资料汇交共享管理办法的通知	宁政办〔2016〕58号	2016-11-24
关于印发宁国经济技术开发区临时挖掘道路暂行管理办法的通知	宁政办〔2016〕59号	2016-12-16
关于宁国市污水处理费征收使用有关工作的通知	宁政办〔2016〕60号	2016-12-16
关于印发宁国市防震减灾“十三五”规划的通知	宁政办〔2016〕61号	2016-12-16
关于印发宁国市政府信息依申请公开办理工作制度的通知	宁政办〔2016〕62号	2016-12-16
关于印发宁国市综合治税工作考核办法的通知	宁政办〔2016〕63号	2016-12-22

续表

文件名称	文号	时间
关于印发宁国市骨灰跟踪管理制度的通知	宁政办〔2016〕64 号	2016-12-22
关于印发宁国市气象事业“十三五”发展规划的通知	宁政办〔2016〕65 号	2016-12-26
关于印发宁国市农村居民建房管理办法的通知	宁政办〔2016〕66 号	2016-12-27
关于印发宁国市加强财政资金管理实施办法的通知	宁政办〔2016〕67 号	2016-12-30
转发市人力资源和社会保障局、市财政局、市教育体育局关于利用职工基本医疗保险个人账户结存基金开展健身活动意见的通知	宁政办〔2016〕68 号	2016-01-04
关于同意宁国市旅游发展总体规划的批复	宁政秘〔2016〕1 号	2016-01-07
关于同意云梯乡总体规划(2015—2030)的批复	宁政秘〔2016〕4 号	2016-01-12
关于同意梅林镇总体规划(2014—2030)的批复	宁政秘〔2016〕5 号	2016-01-12
关于同意宁国市文化展示中心规划方案的批复	宁政秘〔2016〕20 号	2016-02-04
关于任命宁国市工业投资有限公司董事会、监事会组成人员的通知	宁政秘〔2016〕34 号	2016-03-11
关于任命宁国市国创投资有限公司董事会、监事会组成人员的通知	宁政秘〔2016〕35 号	2016-03-11
关于 2015 年度全市民生工程组织实施工作考核情况的通报	宁政秘〔2016〕43 号	2016-03-22
关于同意宁国市农村饮水安全工程“十三五”规划的批复	宁政秘〔2016〕59 号	2016-04-20
关于同意将宁国碧桂园房地产开发有限公司开发的住宅小区命名为宁国碧桂园的批复	宁政秘〔2016〕87 号	2016-06-03
关于同意南极乡总体规划局部调整的批复	宁政秘〔2016〕127号	2016-08-22
关于同意宁国市“十三五”新一轮农村电网改造升级规划的批复	宁政秘〔2016〕145号	2016-09-18
关于同意宁国市生态环境保护“十三五”规划的批复	宁政秘〔2016〕160号	2016-09-30
关于表彰第五届宁国市市长质量奖获奖企业的通报	宁政秘〔2016〕178号	2016-11-01
关于宁国市消费者协会改制更名为宁国市消费者权益保护委员会的批复	宁政秘〔2016〕200号	2016-12-12
关于同意安徽省宁国市供电专项规划(2016—2030)等 3 项电力规划的批复	宁政秘〔2016〕214号	2016-12-23

书目·报刊文章题录

·书　目·

2016 年宁国市部分作者(含旅外宁国籍人士)著作书目一览表

表 71

书名	类别	编纂者	出版者	出版年月	字数(千字)或面数
《小核桃　大学问》	科普类	贯成刚主编	安徽科学技术出版社	2016-01	120
《相约成长》	文艺类	罗林编著	文汇出版社	2016-03	475
《宁国市文学作品选》	文艺类	许东升　华和平主编	文汇出版社	2016-07	480
《域外纪行》	文艺类	高新民著	文汇出版社	2016-09	220

续表 71

书　名	类　别	编纂者	出版者	出版年月	字数（千字）或面数
《宁国赏石》	文史类	宁国市观赏石协会编	皖内部资料性图书 XC—2016—08 号	2016-10	212 面
《宁国年鉴(2016)》	社会科学类	宁国市地方志编纂委员会办公室	黄山书社	2016-11	624
《梨园今昔——皖南花鼓戏在宁国》	文史类	赵祖军主编	黄山书社	2016-12	170
《津河浮古——宁国儒释道三名家》	文史类	汪秋明编著	黄山书社	2016-12	197
《状元之歌——南宋名相吴潜》	文艺类	桂忠阳	五洲传播出版社	2016-12	180
《宁国山核桃》	科普类	芮海林　李玉胜	团结出版社	2015-08	110
《黄德甫牡丹画集》	文艺类	黄德甫	中国文艺出版社	2015-09	86 面

说明：本书含 2015 年部分著作目录

·报刊发表文章题录·

本市作者论文

政治·经济·社会

皖南山区农村土地承包经营权确权登记颁证的困境与对策 / 王胜洲 /《农民致富之友》 2016 年 2 月

信息化背景下党校工作思想政治教育面临的挑战 / 吕慧清 /《决策与信息》 2016 年 3 月

合理保护　生态发展—千岛湖保护与开发成功经验对宁国合理开发青龙湖的启示 / 何颖 /《学理论》 2016 年第 3 期

积极开辟“智慧党建”服务新模式 / 宁国市委组织部 /《安徽党的建设》 2016 年第 3 期

着力构建大党建考核架构 / 杨中亚 /《安徽党的建设》 2016 年第 6 期

以为民服务为支点　打造党建“同心圆”/ 梅长春 /《社区党建》 2016 年第 6 期

关于加强留守儿童法治教育的调研报告 / 彭敦耘 /《普法依法治理通讯》 2016 第 6 期

安徽省宁国市“一技傍身”开辟就业道路 / 崔光宝 /《中国就业》 2016 年 06 期

宁国构建现代公共文化服务体系的实践与启示 / 芮津 /《科教文汇(上旬刊)》 2016 年 06 期

宁国智慧党建的实践与思考 / 王胜洲 /《安徽党校报》 2016 年 7 月 15 日

合理保护　科学开发　打造特色小镇—关于推进安徽宁国胡乐古镇保护开发的思考 / 何颖 /《消费导刊》 2016 年 7 月

人才是创新的第一要素 / 倪敏 /《经营管理者》 2016 年 8 月

关于智慧旅游建设与发展的思考——以安徽宁国为例 / 陆瑾 /《科研》 2016 年 8 月

科技创新驱动宁国经济加速转型升级 / 赵娜 /《安徽科技》 2016 年 08 期

科学决策　让“带病”干部止步 / 夏婷婷 /《安徽党的建设》 2016 年第 8 期

机制联动强根基　农村党建添活力 / 王普 /《党建研究》 2016 年第 9 期

用好严肃党内政治生活“传家宝”　吹响全面从严治党“新号角”/ 梅长春 /《安徽党的建设》 2016 年第 9 期

社区治理视野下社区社会组织的培育与发展 / 胡引 /《科研》 2016 年 10 月

关于健全宁国高层次人才激励机制的研究 / 倪敏 /《学理论》 2016 年 10 月

创新党性教育单元聚焦党校主业主课 / 方琴 /《第十三届长三角地区党校校长论坛论文集》 2016 年 11 月 25 日

打破组织关系隶属藩篱　推进非公经济党组织建设 / 胡正平、刘浏 /《企业党建》　2016 年第 11 期

实施“三津英才”六大行动　打好“比肩领跑”人才牌 / 宁国市委组织部 /《安徽党的建设》　2016 年第 11 ~ 12 期

宁国市创建安徽省公共文化示范区之我见 / 潘雪 /《大众文艺》　2016 年 14 期

加强宪法实施树立宪法权威 / 赵欢 /《法制博览》　2016 年 12 月

浅析当前社会下“互联网 +”的重要性 / 江梦婕 /《中外企业家》　2016 年 12 月

创新成就百亿中鼎 / 倪敏 /《经营管理者》　2016 年 12 月

当前行政诉讼监督存在的问题及对策 / 彭涛、陈瑛 /《中国检察学研究会民事行政检察专业委员会第四届年会论文集》　2016 年 6 月

教育

让数学课堂成为师生向往的乐园 / 陈晓明 /《中学教研》　2016 年 1 月

让人“防不胜防”的增解 / 陈晓明 /《福建中学数学》　2016 年 1 月

小组合作学习模式在高中政治教学中的应用 / 杨冬翠 /《中学教学参考》　2016 年 1 月

坚持，就是我们的特色 / 程国曙 /《中国学校体育》　2016 年第 2 期

初中历史教学与现实生活链接的路径 / 谭天翠 /《中学历史教学参考》　2016 年 2 月

数学课堂教学中的“长镜头”/ 汪庭斌 /《新课程教学》　2016 年 2 月

在语文教学中如何培养学生的语感 / 卢华东 /《中学课程辅导·教学研究》　2016 年 2 月

“立人教育”中的生命文化建设 / 罗林 /《安徽教育》　2016 年第 2 期

是“山清水秀”不是“山青水秀”/ 贾成刚 /《小学语文教师》　2016 年 2 月

也谈一类面积比的简洁计算公式 / 向金剑 /《中学数学研究》　2016 年 2 月

合作的数学课堂更精彩 / 王科 /《中学课程辅导》　2016 年 2 月

浅谈导学案的复备 / 金艾娇 /《新课程》　2016 年第 2 期

网页视频下载的有效方法 / 夏岚 /《实验教学与仪器》　2016 年 3 月

注重数学思想的渗透，追求教学课堂的和谐 / 陈晓明 /《中小学数学》　2016 年 3 月

整合课程资源　促成目标达成 / 丁宁宁 /《新课程教学》　2016 年 3 月

一个值得商榷的答案 / 陈晓明 /《数学通讯》　2016 年 3 月

对“光的反射”实验的改进与创新 / 陈明江 / 物理 / 宁阳学校 /《中学物理教学参考》　2016 年第 3 期

找准最近发展区　建构理想课堂 / 蔡之舞 / 地理 / 西津初中 /《科学中国人》　2016 年 4 月

蕴含在诗中的童话——《金色花》赏析 / 金艾娇 /《语文天地》(初中版)　2016 年第 4 期

小学语文教学语言特点新探 / 陈月娥 /《课外语文》　2016 年 4 月

《夜归鹿门歌》教学设计 / 李林燕 /《语文教学之友》　2016 年 4 月

我教书，我写作，我快乐 / 陈晓明 / 数学 / 宁国中学 /《数学通讯》　2016 年 5 月

老树发新芽 / 沈艳 / 化学 / 宁国中学 /《化学教与学》　2016 年 5 月

心理保健操结合团体辅导缓解中学生学习倦怠效果分析 / 王承清 /《中国学校卫生》　2016 年第 5 期

高中语文选修课教法之我见 / 程能斌 /《中学语文》　2016 年 5 月

素描头像写生中边缘的处理 / 殷勇 /《美术教育研究》　2016 年 5 月

是什么阻碍了学生写作能力的发展 / 李鸣晓 /《教育家》　2016 年 5 月

对一道解几与数列交汇试题的探究 / 陈晓明 /《中学数学研究》　2016 年 6 月

对高中信息技术课堂教学评价的思考 / 李慧林 /《实验教学与仪器》　2016 年 6 月

初中留守学生不良数学学习习惯的调查及思考 / 汪庭斌　朱建华 /《基础教育论坛》　2016 年 6 月

爱的管理　铁的纪律 / 余绍明 /《新课程教学》　2016 年 6 月

关注课堂动态，落实三维目标 / 朱铁军 /《中学教学参考》　2016 年 6 月

为心理导航——如何有效思品课中心理健康教育的因素 / 曹成慧 /《学校教育研究》　2016 年 6 月

浅谈对初中物理自主探究教学的认识 / 胡滨 /《学校教育研究》　2016 年 7 月

组块教学在初中历史教学运用中的思考 / 熊寿平 /《文理导航》 2016 年 7 月

农村学校开展课外阅读的实践与思考 / 熊寿平　罗清明 /《课程教育研究》 2016 年第 11 期

CBT 进心育课堂实践初探 / 邱先文 /《中小学心理健康教育》 2016 第 12 期

卫生

全髋关节置换术后下肢深静脉血栓形成的预防及护理 / 陈建红 /《中国医药指南》 2016 年 1 月

院前急救中危重病情判断与思维 / 张庆东 /《临床医学研究与实践》 2016 年第 1 卷

埃索美拉唑与奥美拉唑治疗十二指肠溃疡疗效比较 / 方玉成 /《基础医学论坛》 2016 年 2 月

大剂量应用人血丙种蛋白对新生儿 ABO 溶血的临床疗效与安全性分析 / 肖长水 /《中国现代医生》 2016 年 2 月

浅谈新时期做好医院青年思想政治工作的重要性和途径 / 王艳 /《科技　信息》 2016 年 2 月 486 期

医改新形势下做好医务人员思想政治工作的措施探讨 / 储奕 /《中国医学人文》 2016 年第 2 卷

手术患者的安全隐患及防范对策 / 丁静 /《当代临床医刊》 2016 年 4 月第 29 卷

小于胎龄儿的发生及干预治疗的研究进展 / 汪光斌 /《黑龙江医药》 2016 年 5 月

探究医院政治思想工作对构建和谐医患关系的重要性和必要性 / 储奕 /《养生保健》 2016 年 5 月

浅谈新时期下医院党政工作的创新意识 / 彭宁芳 /《养生保健》 2016 年 5 月

健康教育在糖尿病防治中的作用 / 彭欢 /《当代临床医刊》 2016 年 6 月第 23 卷

人工髋关节置换术的护理体会 / 胡莉芝、郑雯 /《中国医药指南》 2016 年 7 月

重症监护病房院内感染患者细菌种类及耐药性分析 / 王庞、王蕴 /《安徽医学》 2016 年 9 月

县级医院新生儿病房哺乳室对提高母乳喂养成功率的价值分析 / 汪光斌 /《中外医学研究》 2016 年 9 月

降钙素原联合 C- 反应蛋白对儿童中枢神经系统感染性疾病的临床诊断 / 肖长水 /《中华医院感染学》 2016 年 7 月

农业·林业

2015 年宁国市重大动物疫病强制免疫疫苗临床使用效果评价与分析 /吴庆婷 /《中国畜牧兽医文摘》 2016 年 01 期

宁国市蚕桑产业兴衰启示及今后对策 / 王啟苗 /《江苏蚕业》 2016 年 01 期

宁国市农业行政执法经验探讨 / 周福善 /《现代农业科技》 2016 年 1 月 20 日（2016 年第 2 期）

皖南山区微流水生态养殖草鱼技术研究 / 梅志安 /《现代农业科技》 2016 年 1 月 20 日（2016 年第 2 期）

宁国市发展人工种植野生中药材的经验与思路 / 王倖青 /《基层农技推广》 2016 年 02 期

宁国市夏玉米施肥误区及应对措施 / 刘海　王啟苗 /《农业开发与装备》 2016 年 05 期

宁国市免耕夏玉米施肥中存在的问题及对策措施 / 余宁 /《安徽农学通报》 2016 年 05 期

宁国市新型农业经营主体存在的主要问题及对策探讨 / 李先雄 /《农业科技通讯》 2016 年 5 月 17 日（2016 年第 5 期）

宁国市稻茬油菜全程机械化生产技术 / 余宁 /《中国农技推广》 2016 年 07 期

宁国市放心农资示范店创建小结 / 刘本芳 /《农业科技与信息》 2016 年 6 年 25 日（2016 年第 12 期）

宁国市乡镇基层农产品质量安全探讨 / 李先雄、任珊珊 /《安徽农学通报》 2016 年 7 月 31 日（2016 年第 14 期）

宁国市山路——水稻水旱轮作种植模式 / 刘宇平 /《安徽农学通报》 2016 年第 17 期，总第 303 期

宁国打造生态高效畜牧业 / 余斌 /《中国畜牧业》 2016 年 14 期

宁国市畜牧养殖模式现状及新探索 / 张玉 /《安徽农学通报》 2016 年 14 期

宁国市茶叶病虫绿色防控技术的做法与成效 / 何军 /《安徽农学通报》 2016 年 23 期

宁国市禁限用高毒农药监管现状及对策 / 周福善 /《现代农业科技》 2016 年 24 期

宁国山核桃生态可持续发展研究初探 / 王慎宁 /《中国林业产业》 2016 年 11 期

宁国山核桃苗木主要病虫害种类及防治技术 / 包承志 /《安徽农学通报》 2016 年 15 期

宁国市中小径竹笋产业现状与发展建议 / 徐慧琴 /《安徽林业科技》 2016 年 21 期

外地研究宁国论文

新型城镇化背景下农村宅基地退出机制研究——基于安徽省宁国市的调查 / 中国矿业大学土地管理系张勇、池州学院管理与法学院包婷婷 /《青岛农业大学学报（社会科学版）》 2016 年 01 期

基于景观特征评价的城市水系空间形象系统塑造——以安徽省宁国市为例 / 同济大学建筑与城市规划学院王敏 叶沁妍 /《包装世界》 2016 年 02 期

秩序化与精细化 老城区更新策略研究——以宁国为例 / 安徽建筑大学建筑与规划学院 吴运法 胡尚如 高珊 /《西安建筑科大学学报(自然科学版)》 2016 年 03 期

对安徽战略性新兴产业集聚发展的调研与思考——以宣城宁国、芜湖市为例 / 中共安徽省委党校管理学教研部 罗红 /《山东行政学院学报》 2016 年 06 期

安徽省宁国市国土资源环境承载力评价研究 / 中国国土资源经济研究院、国土资源部资源环境承载力评价重点实验室 周伟 郑娟尔 袁国华 /《资源与产业》 2016 年 06 期

基于源—汇理论和最小累积阻力模型的城市生态安全格局构建——以安徽省宁国市为例 / 中国环境科学研究院、中国城市规划设计研究院 王琦 付梦娣 魏来 韩煜 史娜娜 李俊生 全占军 /《环境科学学报》 2016 年 12 期

外地媒体报道宁国

服务为支点 打造"同心圆"/ 记者黄永礼 /《安徽日报》 2016 年 2 月 25 日

宁国市推进农村党建"动车组"工程 / 记者黄永礼 /《安徽日报》 2016 年 4 月 19 日

宁国市建成"智慧党建"平台 / 记者 张敬波 /《安徽日报》 2016 年 6 月 21 日

为"中国制造"雕琢核心零部件——宁国核心基础零部件产业集聚发展基地发展纪实 /本报记者 李跃波 鲍亮亮 张敬波 /《安徽日报》 2016 年 7 月 31 日

"宁国特色"中的政协担当 /杨建华 顾维林 汪润泽 /《江淮时报》 2016 年 8 月 2 日

当好配角成名角——宁国经开区核心基础零部件产业集聚发展基地见闻 /记者 鲍亮亮 李跃波 张敬波 /《安徽日报》 2016 年 8 月 3 日

小核桃打开大市场 /记者 鲍亮亮 通讯员 王庆华 /《安徽日报》 2016 年 8 月 7 日

绿色防控措施多 护好环境稻米香 /通讯员 瞿佳龙 记者 张敬波 /《安徽日报》 2016 年 9 月 5 日

优化品种品质结构，推广集约耕作模式，提升综合效益——夏种，结构怎么调? /记者 史力 通讯员 金家锟 /《安徽日报》 2016 年 6 月 22 日

宁国"四张清单"推动学透做实 /通讯员 赵欢 记者 张敬波 /《安徽日报》 2016 年 11 月 16 日

党员"上线" 党建"联网"/记者 朱胜利 /《安徽日报》 2016 年 12 月 5 日

好家风滋养好男儿——记宁国市官东家庭 /记者 张岳 /《安徽日报》 2016 年 12 月 29 日

统 计 资 料

2016 年宁国市国民经济和社会发展统计公报

宁国市统计局

2017 年 4 月 12 日

2016 年，面对错综复杂的宏观环境，全市人民在市委市政府坚强领导下，深入贯彻落实中央各项决策部署，主动适应把握经济新常态，坚持"五大战略""四换四驱"不动摇，全市经济社会保持平稳健康，人民生活持续改善，各项社会事业全面进步。

一、综合

初步核算，全市实现生产总值 254.4 亿元，按可比价格计算，同比增长 9.0%，其中，第一产业实现增加值 21.6 亿元，增长 3.2%；第二产业实现增加值 148.2 亿元，增长 8.8%；第三产业实现增加值 84.6 亿元，增长 11.1%。三次产业比重为 8.5：58.3：33.2，按常住人口计算，全市人均生产总值为 66171 元，折合 9962 美元。

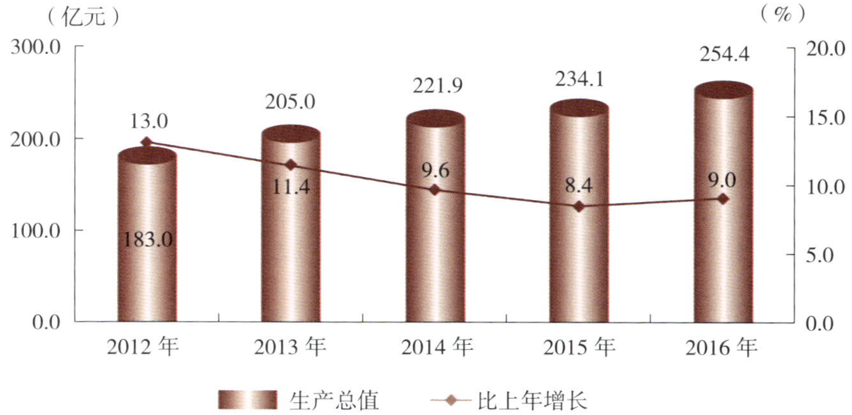

图 61　2012—2016 年全市生产总值及增长图

二、农业

全年实现农林牧渔业总产值 36.4 亿元，按可比价计算，增长 3.6%。其中，农业产值增长 2.2%，林业产值下降 1.9%，牧业产值增长 4.1%，渔业产值增长 1.5%。全年油料产量 1.3 万吨，增长 1.5%。全年肉类总产量 5.6 万吨，增长 4.9%，生猪出栏 22.1 万头，增长 1.11%；生猪存栏 11.5 万头，增长 0.02%。水产品产量 8116 吨，增长 4.9%。

全市农业机械总动力 30.1 万千瓦，增长 2.0%；全年化肥施用量（折纯）9898 吨，下降 10.7%；农村用电量 26028 万千瓦时，增长 1.7%。

2016 年主要农产品产量一览表

表 72

名　称	单　位	绝对数	比上年增长%
油　料	吨	13044	1.6
其中：油菜籽	吨	12580	1.7
茶　叶	吨	2600	4
水　果	吨	4800	−8.1
棉　花	吨	134	−11.8
蔬　菜	吨	94114	1.7

三、工业和建筑业

2016 年年末全市规模以上工业企业达 320 家，全年规模以上工业实现增加值 143.4 亿元，增长 9.5%，其中，股份制企业实现二业增加值 133.1 亿元，增长 9.2%；外商和港澳台商投资企业实现工业增加值 9.4 亿元，增长 14.0%。全年规模以上工业总产值达 598.8 亿元，增长 10.5%，三大主导产业完成总产值 320.5 亿元，占全部规模以上工业总产值的 53.5%，其中.汽车零部件实现总产值 241.9 亿元，增长 19.2%；耐磨铸件实现总产值 44.9 亿元，下降 6.6%；电子元器件实现总产值 33.7 亿元，下降 16.3%；节能建材与新能源应用、生物医药和电子信息三大新兴产业完成总产值 14.2 亿元，增长 21.6%。

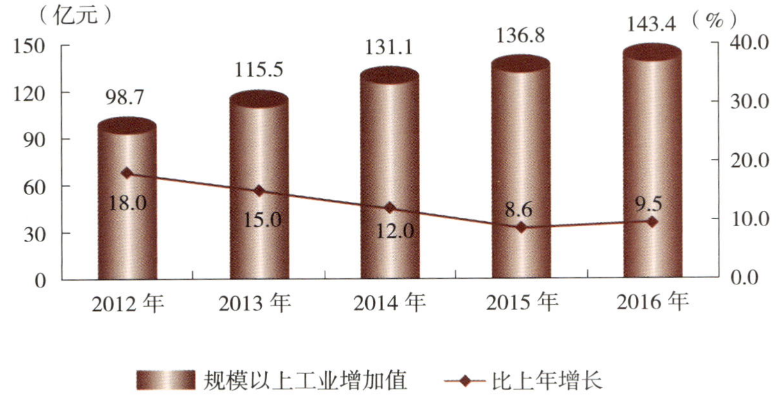

图 62　2012—2016 年全市规模以上工业增加值及增长图

全市规模以上工业经济效益综合指数 271.3%，比上年下降了 1.5 个百分点。实现主营业务收入 552.2 亿元，增长 11.0%；实现利税 55.5 亿元，增长 13.4%；实现利润 43.8 亿元，增长 19.8%。

2016 年主要工业产品产量一览表

表 73

名　称	单　位	绝对数	比上年增长(%)
精制食用植物油	吨	37078	38.4
塑料制品	吨	74083	4.3
硅酸盐水泥熟料	吨	3428938	−12.6
水泥	吨	2370180	−12.5
耐火材料制品	吨	38028	−8.8
铸铁件	吨	52730	−26.9
铸钢件	吨	583823	0.3
钢结构	吨	12211	44.2
泵	台	16154	−11.5
液压元件	件	65281	15.6
气动元件	件	54063	−5.2
金属紧固件	吨	8976	30.0
模具	套	50453	−8.4
电力电容器	千乏	347071	10.2
电子元件	万只	10121	−11.4

截至 2016 年年底，国家级宁国经济技术开发区共有注册企业 2017 家，其中工业企业 823 家，完成工业总产值 460 亿元，增长 11.7%；实现财政收入 19.6 亿元，增长 9.9%。省级港口生态工业园区共有注册企业 221 家，其中工业企业 109 家，完成工业总产值 119.3 亿元，增长 17.9%；实现税收收入 5.1 亿元，增长 8.6%。

全市资质内建筑企业完成总产值 30.8 亿元，增长 16.9%。房屋建筑施工面积 230.8 万平方米，比上年减少 16.7 万平方米，其中新开工面积 33.3 万平方米，比上年减少 57.1 万平方米；房屋竣工面积 36.2 万平方米，比上年减少 4.0 万平方米。

四、固定资产投资

全年全社会固定资产投资 335.3 亿元，增长 18.4%。按三次产业分，第一产业投资 22.3 亿元，增长 66.0%；第二产业投资 164.6 亿元，增长 12.2%，其中工业投资 164.6 亿元，增长 12.2%；第三产业投资 148.3 亿元，增长 20.5%。全年房地产开发投资 34.4 亿元，增长 14.1%；商品房销售面积 73.7 万平方米，增长 35.0%。

2016 年，市委、市政府认真落实项目工作“四督四保”和“八项制度”工作机制，实施了 123 个市级重点项目。重大项目加快推进。宁广高速开工建设，扬绩高速鸿门互通建成通车，申嘉湖高速西延至宁国段启动了前期工作。

五、交通和邮电

全年实现交通运输、仓储和邮政业增加值 10.2 亿元，增长 4.5%。年末全市民用汽车拥有量 5.6 万辆，增长 12.0%，其中私人汽车 4.7 万辆，增长 27.3%。

全年完成邮电业务收入 3.5 亿元，增长 5.6%。年末本地固定电话用户 5.2 万户，移动电话用户 42.9 万户。每百人拥有电话 125 部（含移动电话），互联网宽带用户达 12.6 万户，增长 13.9%。

六、商业、外贸和旅游

全年实现社会消费品零售总额 92.0 亿元，增长 12.7%，其中，限额以上消费品零售额 58.6 亿元，增长 16.5%。分城乡看：城镇市场实现消费品零售额 60.9 亿元，乡村市场实现消费品零售额 31.1 亿元。

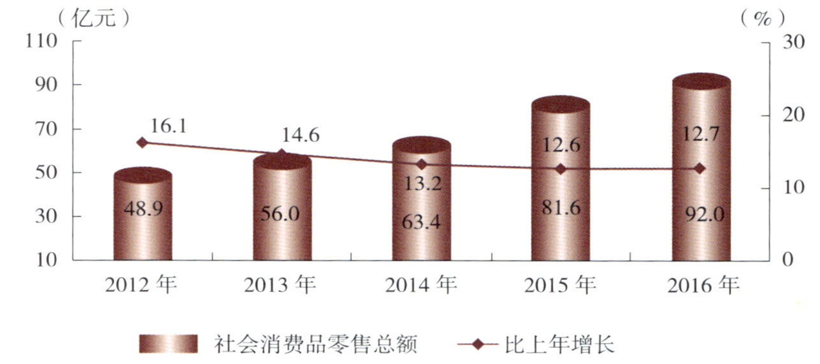

图 63　2012—2016 年全市社会消费品零售总额及增长图

全年实现进出口总额 57130 万美元，下降 17.9%，其中，出口 53190 万美元，下降 19.0%；进口 3940 万美元，下降 0.1%。

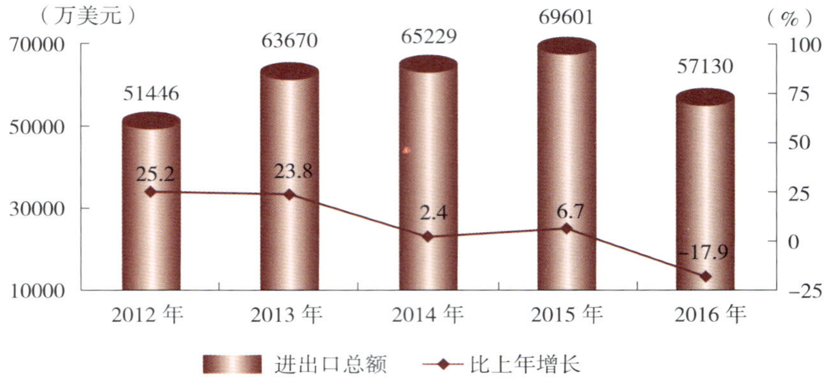

图 64　2012—2016 年全市进出口总额及增长图

全年实际利用外资 23798 万美元，增长 8.0%，当年新增外商投资项目 1 个，合同外资 1000 万美元。实际利用省外资金 151 亿元，其中工业项目 115 亿元，占到位资金的 76.1%；全市在建招商引资项目 209 个（含合资合作），其中新开工项目 113 个；在建招商引资项目中工业项目 108 个，占 51.6%；农业项目 14 个，三产及其他项目 87 个。

全年接待旅游者 692.1 万人次，增长 14.6%。实现旅游总收入 43.4 亿元，增长 21.2%，其中门票收入 1.5 亿元，增长 19.8%。全市有国家 AAAA 级旅游景区 2 个，国家水利风景区 1 个，国家森林公园 1 个。

七、财政、金融和保险

全年完成财政收入 41.4 亿元，增长 6.0%，其中地方财政收入 27.3 亿元，增长 11.4%；全市完成税收收入 31.6 亿元，下降 2.8%；全市完成财政支出 38.0 亿元，增长 1.9%。

图 65　2012—2016 年全市财政收入及增长图

年末全市金融机构人民币存款余额 220.3 亿元，比年初增加 49.0 亿元，比上年增长 28.6%。其中，住户存款 127.9 亿元，比年初增加 19.8 亿元，比上年增长 18.2%。金融机构人民币贷款余额为 190.1 亿元，比年初增加 23.5 亿元，比上年增长 14.1%。

全年保险业保费收入 2.9 亿元，其中，财产险保费收入 1.7 亿元，人身险保费收入 1.2 亿元。全年赔款和给付支出合计 1.1 亿元，其中财产险赔付 0.7 亿元，人身险赔付 0.4 亿元。

八、科学技术和教育

年末全市省级以上研发机构 39 家，其中，国家级企业技术中心 1 家，省级企业技术中心 23 家、工程技术中心 8 家、院士工作站 2 家，博士后工作站 5 家；拥有科技服务机构 16 家。新通过备案国家级星创天地 2 家，省级众创空间 1 家；新获批省重点扶持高层次人才团队项目 2 个；组织申报省级以上科技项目 80 余项，列入国家、省级科技计划项目近 50 项。高新技术企业用于科技开发经费支出 7.36 亿元。

年末全市拥有高新技术企业 77 家，通过省级创新型（试点）企业认定 17 家。全市专利申请量 1802 件，其中发明专利申请 976 件，专利授权量 854 件，其中发明专利授权 294 件。

年末全市共有各类学校 128 所，在校学生 47044 人，其中：中等专业学校 1 所，在校生 3521 人；普通高中 3 所，在校生 4693 人；普通初中 20 所，在校生 8837 人；小学 29 所，在校生 18332 人；幼儿园 79 所，在园人数 10783 人。小学学龄儿童入学率为 100%；初中升学率 100%，高中升学率 96.5%。全年输送本科学生 1634 人。

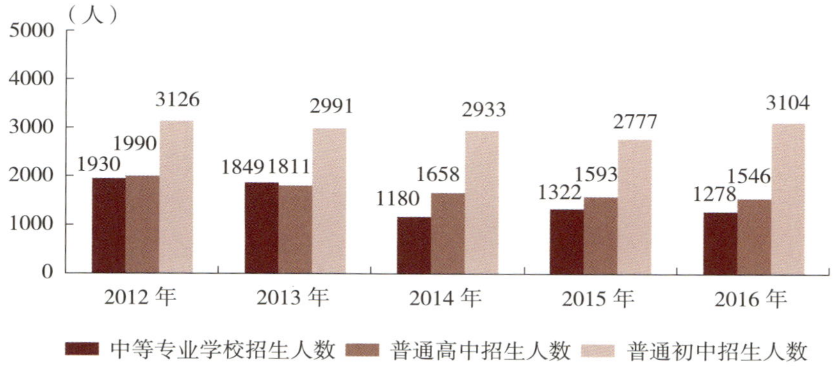

图 66　2012—2016 年全市中等专业学校、普通高中及普通初中招生人数图

九、文化、卫生和体育

年末全市共有艺术表演团体 8 个，举办各类文化活动 120 余场，开展“送戏进万村”103 场。放映电影 1236 场，受

益观众达 25.12 万人。《今日宁国》报为 4 开 8 版双面彩印，全年发行 250 期，共 300 万份。全年编发广播新闻 2904 条，广播栏目 8044 期；全年编发电视新闻 2210 条，电视专题 72 期。

年末全市共有医疗卫生机构 270 个，其中医院、卫生院 26 个，共设置社区卫生服务机构 21 个，村级卫生室 154 个。全市拥有卫生技术人员 2558 人，医疗床位 1877 张，平均每千人拥有卫生技术人员 6.6 人，床位 4.8 张。全市城乡居民合作医疗保险参合人数 35.6 万人，共补偿 110.5 万人次，补偿金额 20323 万元。

2016 年，全市《国家学生体质健康标准》测试达标人数 33796 人，达标率 93.9%。全年举办运动会 50 次，全民健身活动 30 次，参加全民健身活动人数 8.1 万人次。全市等级运动员 85 人，其中，健将级运动员 2 人、一级运动员 5 人、二级运动员 78 人；等级裁判人数 201 人，其中，一级裁判员 11 人、二级裁判员 40 人、三级裁判员 150 人。参加国内外比赛获奖牌数 9 枚，其中，金牌 2 枚、银牌 4 枚、铜牌 3 枚。

十、环境保护

全市饮用水源地水质符合Ⅱ类标准，环境空气质量达到二级标准。已建成自然保护区 1 个。当年人工造林面积 667.3 公顷，年末森林面积 191.7 千公顷，活立木总蓄积量 855.6 万立方米，森林蓄积量 850.4 万立方米；森林覆盖率达 77.7%。

十一、人口、人民生活和社会保障

年末全市户籍人口 38.6 万人；人口自然增长率 2.7‰，较上年提高 1.2 个千分点。

全市城乡居民可支配收入 27016 元，增长 7.2%。从城镇看，常住居民人均可支配收入 34069 元，增长 8.2%；人均消费性支出 22413 元，增长 28.2%，人均住房建筑面积 68.7 平方米。从农村看，常住居民人均可支配收入 15016 元，增长 9.2%；人均生活消费支出 16083 元，增长 9.2%，人均住房建筑面积 64.6 平方米。

年末全市参加城镇职工基本养老保险人数为 80649 人，参加城镇职工基本医疗人数为 72408 人，参加失业保险人数为 44595 人，参加工伤保险人数为 57685 人，参加生育保险人数为 51159 人。城镇登记失业率 3.0%。

年末全市共有敬老院和福利院 29 个，床位 2922 张，收养 1919 人；享受低保救济人员 13216 人，其中，城市居民 2526 人、农村居民 10690 人，全年发放保障金 4111.4 万元。

注：[1]本公报数据为初步统计数。

[2]全市生产总值及各产业增加值绝对数按现价计算，增长速度按可比价格计算。

[3]年末总人口取自公安年报；人口自然增长率取自计生年报。

[4]规模以上工业统计范围为年主营业务收入 2000 万元及以上的工业企业，固定资产投资统计范围为计划总投资 500 万元以上项目及房地产。

2016 年宣城市各县市区主要经济指标统计表

表 74

指标名称	单　位	2016 年	比上年增长%
地区生产总值	亿元	1057.8	8.7
宣州区	亿元	290.7	8.7
郎溪县	亿元	119.7	9.1
泾县	亿元	89.9	8.2
绩溪县	亿元	60.8	7.8
旌德县	亿元	35.8	7.3
宁国市	亿元	254.4	9.0
其中：广德县	亿元	202.8	8.9
规模工业增加值	万元	4307445	9.4
宣州区	万元	608883	11.6
郎溪县	万元	548314	9.7

续表 74

指标名称	单位	2016年	比上年增长%
泾县	万元	313888	9.5
绩溪县	万元	141755	7.4
旌德县	万元	64161	6.5
宁国市	万元	1434359	9.5
其中：广德县	万元	944120	10.2
固定资产投资完成额	万元	14142678	10.2
宣州区	万元	2377516	−3.8
郎溪县	万元	2517079	12.5
泾县	万元	1203145	0.8
绩溪县	万元	1159805	5.2
旌德县	万元	487939	11.6
宁国市	万元	3353194	18.4
其中：广德县	万元	2505149	18.3
工业固定资产投资完成额	万元	6858723	10.8
宣州区	万元	834377	11.8
郎溪县	万元	1517135	23.5
泾县	万元	420117	2.3
绩溪县	万元	467882	4.8
旌德县	万元	139098	−31.8
宁国市	万元	1646407	12.2
其中：广德县	万元	1521746	8.9
社会消费品零售总额	万元	4758406	12.6
宣州区	万元	1807843	12.7
郎溪县	万元	365189	12.8
泾县	万元	425779	12.6
绩溪县	万元	311727	12.6
旌德县	万元	223929	12.3
宁国市	万元	919925	12.7
其中：广德县	万元	704014	12.5
全社会用电量	万千瓦时	973354	11.7
宣州区	万千瓦时	232194	11.7
郎溪县	万千瓦时	131534	27.0
泾县	万千瓦时	88578	22.7
绩溪县	万千瓦时	43142	8.1
旌德县	万千瓦时	26202	3.6
宁国市	万千瓦时	212523	0.2
其中：广德县	万千瓦时	232240	13.5

续表 74

指标名称	单　位	2016 年	比上年增长%
全部财政收入	万元	2024317	7.1
宣州区	万元	354531	6.1
郎溪县	万元	233588	7.0
泾县	万元	186166	10.5
绩溪县	万元	97402	7.0
旌德县	万元	72087	8.1
宁国市	万元	414018	6.0
其中：广德县	万元	343005	7.0
地方财政收入	万元	1393235	5.9
宣州区	万元	255225	6.4
郎溪县	万元	178554	3.8
泾县	万元	121017	5.2
绩溪县	万元	73696	5.3
旌德县	万元	53582	9.5
宁国市	万元	273239	11.4
其中：广德县	万元	234446	10.2
年末金融机构人民币存款余额	万元	14682114	21.9
宣州区	万元	5767090	22.4
郎溪县	万元	1467171	33.1
泾县	万元	1474464	13.5
绩溪县	万元	942874	17.2
旌德县	万元	664443	19.9
宁国市	万元	2203294	28.6
其中：广德县	万元	2162779	16.2
年末金融机构人民币贷款余额	万元	10413552	15.7
宣州区	万元	4224632	17.5
郎溪县	万元	956676	20.1
泾县	万元	710974	5.7
绩溪县	万元	622769	16.0
旌德县	万元	382620	32.3
宁国市	万元	1901083	14.1
其中：广德县	万元	1614800	11.5

说明：宣州区地区生产总值含市直

2016年宁国与苏浙周边县（市）主要经济指标统计表

表75

指标名称	单位	2016年	比上年增长%
地区生产总值			
宁国市	亿元	254.4	9.0
临安市	亿元	505.2	8.6
兰溪市	亿元	303.7	7.5
安吉县	亿元	324.9	7.1
溧阳市	亿元	801.3	8.6
长兴县	亿元	499.1	8.0
规模以上工业增加值			
宁国市	亿元	143.4	9.5
临安市	亿元	134.0	9.0
兰溪市	亿元	176.4	7.9
安吉县	亿元	117.9	5.7
溧阳市	亿元	287.7	11.2
长兴县	亿元	220.3	9.2
固定资产投资完成额			
宁国市	亿元	335.3	18.4
临安市	亿元	266.0	15.0
兰溪市	亿元	200.7	15.4
安吉县	亿元	186.7	13.6
溧阳市	亿元	486.6	10.0
长兴县	亿元	407.8	13.5
社会消费品零售总额			
宁国市	亿元	92.0	12.7
临安市	亿元	174.1	10.1
兰溪市	亿元	135.0	11.6
安吉县	亿元	141.1	12.3
溧阳市	亿元	303.0	10.1
长兴县	亿元	231.8	12.5
实际利用外资			
宁国市	亿美元	2.4	8.0
临安市	亿美元	2.1	11.3
兰溪市	亿美元	0.3	42.3
安吉县	亿美元	1.8	20.9
溧阳市	亿美元	3.4	216.4
长兴县	亿美元	1.1	−11.9

续表 75

指标名称	单　位	2016 年	比上年增长%
全部财政收入			
宁国市	亿元	41.4	6.0
临安市	亿元	64.8	7.5
兰溪市	亿元	37.4	−5.8
安吉县	亿元	60.3	8.1
溧阳市	亿元	261.4	25.3
长兴县	亿元	79.1	6.3
地方财政收入			
宁国市	亿元	27.3	11.4
临安市	亿元	37.3	14.7
兰溪市	亿元	22.7	−2.7
安吉县	亿元	35.9	8.3
溧阳市	亿元	59.0	5.0
长兴县	亿元	45.5	5.2
出口总值			
宁国市	亿美元	5.3	−19.0
临安市	亿美元	18.5	5.5
兰溪市	亿美元	12.4	0.9
安吉县	亿美元	27.7	8.2
溧阳市	亿美元	7.5	−2.6
长兴县	亿美元	18.1	12.4

交 通 指 南

·航　空·

2017 年南京禄口机场宁国城市候机厅乘车简明时刻表

表 76

发车地点	到达地点	班　次	发车时间
宁　国	南京禄口机场	1	6:30
		2	9:30
		3	11:00
		4	13:30
		5	16:00
南京禄口机场	宁　国	1	11:00
		2	13:30

续表 76

发车地点	到达地点	班 次	发车时间
南京禄口机场	宁 国	3	15:30
		4	17:30
		5	21:00

说明:宁国城市候机厅电话:0563-2205086;宁国城市货栈,电话:0563-2205088;宁国城市候机厅、城市货栈地址:宁国市宁国大道奥林匹克体育广场(正门)

·铁 路·

宁国火车站旅客列车简明时刻表

表 77

方 向	车 次	运行区间	始发站发车时间	宁 国		终点站到站时间
				到	开	
往芜湖方向	K156	昆明—南京	19:18	6:17	6:23	9:48
	K8420/8417	黄山—上海	20:08	22:53	23:02	8:03
	K8410	黄山—淮北	8:03	10:35	10:39	19:00
往黄山方向	K8418/8419	上海—黄山	20:16	4:14	4:18	7:11
	K8409	淮北—黄山	7:35	16:16	16:24	19:11
	K8381	合肥—黄山	8:10	12:25	12:30	15:08

说明:宁国火车站位于迎宾路 101 号,此时刻表于 2017 年 7 月 1 日零时起执行

·公 路·

宁国汽车站客运班车时刻表

表 78

班次		里程(千米)	车 型	发车时间	途径主要站点	对方发车时间	到达站
沪苏方向	宁国—上海	305	大型高一	7:00	平望、金泽	13:30	沪太路、老北站
	宁国—上海	305	大型高一	8:10	平望、金泽	15:30	
	宁国—上海	305	大型高一	13:00	直达	7:10	
	宁国—上海	305	大型高一	15:30	直达	11:00	
	宁国—上海川沙	305	大型高一	9:35	直达	18:15	浦东川沙站
	宁国—南京	257	大型高一	7:20	当涂、马鞍山	14:20	小红山站
	宁国—南京	257	大型高一	13:40	当涂、马鞍山	9:30	
	宁国—张家港	333	大型高一	7:30	苏州、常熟	13:55	长途南站
	宁国—常州	212	大型高一	8:00	宜兴、漕桥	13:20	长途总站

续表 78

班次		里程（千米）	车　型	发车时间	途径主要站点	对方发车时间	到达站
沪苏方向	宁国—常州	212	大型高一	13:40	宜兴、漕桥	8:50	长途总站
	宁国—宜兴	152	中型中级	7:00	祠山岗、张渚	13:05	金三角车站
	宁国—长兴	128	中型中级	10:50	泗安、大云	8:00	长兴火车站
	宁国—嘉兴	245	大型高一	13:40	南浔、震泽	9:10	汽车北站
	宁国—无锡	223	大型高一	8:40	宜兴、漕桥	13:45	中心站
	宁国—无锡	223	大型高一	13:20	宜兴、漕桥	8:20	
杭州方向	宁国—杭州	187	大型高一	6:00	藻溪、余杭	10:00	西站
	宁国—杭州	187	大型高一	8:10	藻溪、余杭	11:40	
	宁国—杭州	187	大型高一	8:50	良渚、彭公	14:20	
	宁国—杭州	187	大型高一	10:00	直达	7:10	
	宁国—杭州	187	大型高一	12:00	藻溪、余杭	6:30	
	宁国—杭州	187	大型高一	13:20	藻溪、余杭	16:30	
	宁国—杭州	187	大型高一	14:30	直达	8:50	
	宁国—杭州	187	大型高一	16:30	直达	13:20	
	宁国—临安	128	中型中级	6:50	横路、於潜	12:30	东站
	宁国—临安	128	中型中级	9:10	横路、於潜	13:50	
	宁国—临安	128	中型中级	14:50	横路、於潜	7:00	
	宁国—浦江	228	大型高一	7:30	分水、桐庐	7:40	西站
	宁国—於潜	87	中型中级	11:20	横路	8:30	南站
	宁国—富阳	183	中型中级	14:00	分水、新登	7:45	新车站
	宁国—萧山	210	中型高一	10:20	临安、杭州	15:10	汽车总站
	宁国—东阳	320	大型高一	9:00	诸暨、义乌	7:45	西站
	宁国—宁波	383	大型高一	7:20	上虞、慈溪	13:50	北站
	宁国—安吉	110	中型中级	7:10;12:50	杭垓、孝丰	10:30;15:20	安吉汽车站
	宁国—安吉	110	中型中级	10:30;15:20	杭垓、孝丰	6:55;12:50	
	宁国—永康	351	大型高一	15:00	金华	过路	
	宁国—桐庐	156	大型高一	15:00	於潜、分水	过路	
合肥方向	宁国—合肥	269	大型高一	7:00	巢湖、肥东	12:10	明光路
	宁国—合肥	269	大型高一	7:35	巢湖、肥东	13:20	交通饭店
	宁国—合肥	269	大型高一	8:20	巢湖、肥东	13:50	
	宁国—合肥	269	大型高一	9:10	巢湖、肥东	15:20	
	宁国—合肥	269	大型高一	10:00	巢湖、肥东	16:30	
	宁国—合肥	269	大型高一	11:10	巢湖、肥东	17:20	明光路

续表 78

班次		里程（千米）	车　型	发车时间	途径主要站点	对方发车时间	到达站
合肥方向	宁国—合肥	269	大型高一	11:50	巢湖、肥东	6:20	明光路
	宁国—合肥	269	大型高一	13:20	巢湖、肥东	7:20	
	宁国—合肥	269	大型高一	14:30	巢湖、肥东	8:30	
	宁国—合肥	269	大型高一	15:50	巢湖、肥东	9:20	交通饭店
	宁国—合肥	269	大型高一	17:00	巢湖、肥东	10:30	明光路
	宁国—芜湖	149	大型高一	6:00	直达	13:30	聚龙广场
	宁国—芜湖	149	大型高一	12:50	湾沚	8:40	长途汽车站
	宁国—铜陵	182	大型高一	7:20	钟鸣、顺安	11:40	新长途站
	宁国—铜陵	182	中型高一	12:10	钟鸣、顺安	8:00	
	宁国—安庆	306	大型高一	7:50	南陵、贵池	7:20	中心站
	宁国—池州	225	中型中级	12:40	南陵	8:20	中心站
	宁国—郎溪	109	中型中级	15:40	十字铺	过路	郎溪汽车站
黄山方向	宁国—黄山	150	中型中级	8:30	歙县、绩溪	13:30	长途汽车站
	宁国—黄山	150	中型中级	13:30	歙县、绩溪	8:20	
	宁国—歙县	122	中型中级	12:35	扬溪、绩溪	8:20	歙县汽车站
	宁国—绩溪	87	中型中级	6:30	38 号桥、金沙	9:30	绩溪汽车站
	宁国—绩溪	87	中型中级	9:00	38 号桥、金沙	10:40	
	宁国—绩溪	87	中型中级	10:30	38 号桥、金沙	8:00	
	宁国—绩溪	87	中型中级	11:25	38 号桥、金沙	8:50	
	宁国—绩溪	87	中型中级	12:10	38 号桥、金沙	15:40	
	宁国—绩溪	87	中型中级	13:05	38 号桥、金沙	16:25	
	宁国—绩溪	87	中型中级	14:00	38 号桥、金沙	过路	
	宁国—绩溪	87	中型中级	16:30	38 号桥、金沙	14:15	
	宁国—旌德	87	中型中级	7:20	尚村、俞村	9:40	旌德汽车站
	宁国—旌德	87	中型中级	9:55	尚村、俞村	6:10	
	宁国—旌德	87	中型中级	11:55	尚村、俞村	15:00	
	宁国—旌德	87	中型中级	13:20	尚村、俞村	7:30	
	宁国—旌德	87	中型中级	15:30	尚村、俞村	12:00	
	宁国—坎头	68	中型普客	9:45;14:25	柏山、38 号桥	7:10;12:10	坎头站
	宁国—胡家	79	中型普客	12:55	柏山、38 号桥	7:00	胡家站
快客	宁国—广德	62	中型中级	6:30—17:15;每 25 分钟一班			广德汽车站
	宁国—宣城	57	中型高一	6:00—17:45;每 25 分钟一班			宣城汽车站

说明:此时刻表为 2017 年 7 月 13 日宁国市运管所提供,宁国汽车站位于 S104 线与东城大道北交汇处,2016 年 1 月 8 日启用

2017年宁国市农村汽车线路车次一览表

表79

站名	级别	途径主要站点	起点首末班车时间 首班	末班	班次	里程（千米）
客运东站（位于S104线与东城大道北交汇处，新长途汽车站内）	宁国—仙霞	梅林、中溪、狮桥	6:00	17:40	4	55
	宁国—仙霞	梅林、中溪、狮桥	6:00	17:40	4	55
	宁国—仙霞	梅林、中溪、狮桥	6:00	17:40	4	55
	宁国—仙霞	梅林、中溪、狮桥	6:00	17:40	4	55
	宁国—仙霞	梅林、中溪、狮桥	6:00	17:40	4	55
	宁国—仙霞	梅林、中溪、狮桥	6:00	17:40	4	55
	宁国—仙霞	梅林、中溪、狮桥	6:00	17:40	4	55
	宁国—仙霞	梅林、中溪、狮桥	6:00	17:40	4	55
	宁国—仙霞	梅林、中溪、狮桥	6:00	17:40	4	55
	仙霞—宁国	狮桥、中溪、梅林	5:30	17:30	4	55
	宁国—梅村	平兴、沙埠、梅林、苍岭、宁墩、南极、龙川、曹口、江村、施村	6:00	15:40	4	55
	宁国—大龙	平兴、沙埠、梅林、宁墩、万家、曲坞、朱家坞	6:12	16:30	4	55
	宁国—洪家庄	平兴、沙埠、梅林、苍岭、宁墩、南极、龙川、曹口、江村	6:25	15:00	4	55
	宁国—龙川	平兴、沙埠、梅林、宁墩、万家、银峰	6:37	14:50	4	54
	宁国—红游	平兴、沙埠、梅林、苍岭、宁墩、南极、龙川、曹口	6:49	16:10	4	55
	宁国—梅村	平兴、沙埠、梅林、苍岭、宁墩、南极、龙川、曹口、江村、施村	7:01	15:55	4	55
	宁国—南阳	平兴、沙埠、梅林、宁墩、黄岗	7:15	15:35	4	50
	宁国—西泉	平兴、沙埠、梅林、宁墩、黄岗、万家、外村、溪塔	7:25	16:30	4	53
	宁国—关岭	平兴、沙埠、梅林、宁墩、杨狮、南极	7:36	15:15	4	50
	宁国—大龙	平兴、沙埠、梅林、宁墩、万家、曲坞、朱家坞	7:47	15:35	4	55
	宁国—梅村	平兴、沙埠、梅林、苍岭、宁墩、南极、龙川、曹口、江村、施村	7:58	16:30	4	55
	大塔—宁国	平兴、沙埠、梅林、宁墩、万家、银峰	5:40	13:47	4	53
	梅村—宁国	平兴、沙埠、梅林、苍岭、宁墩、南极、龙川、曹口、江村、施村	6:00	14:14	4	55
	大龙—宁国	平兴、沙埠、梅林、宁墩、万家、曲坞、朱家坞	5:45	14:24	4	55
	施村—宁国	平兴、沙埠、梅林、苍岭、宁墩、杨狮、南极、龙川、曹口、江村	6:25	14:36	4	53

续表 79

站名	级别	途径主要站点	起点首末班车时间		班次	里程（千米）
			首班	末班		
客运东站（位于S104线与东城大道北交汇处,新长途汽车站内）	西坞—宁国	平兴、沙埠、梅林、宁墩、黄岗、万家、西坑口	6:00	14:55	4	52
	尤川—宁国	平兴、沙埠、梅林、宁墩、黄岗、万家、银峰	6:20	14:44	4	54
	周吉—宁国	平兴、沙埠、梅林、苍岭、宁墩、杨狮、南极	6:10	15:43	4	50
	南阳—宁国	平兴、沙埠、梅林、宁墩、黄岗	6:40	15:10	4	50
	梅村—宁国	平兴、沙埠、梅林、苍岭、宁墩、杨狮、南极、龙川、曹口、江村、施村	7:05	15:25	4	55
	深坑—宁国	平兴、沙埠、梅林、宁墩、黄岗、曲坞、大龙	6:35	15:18	4	55
	大塔—宁国	平兴、沙埠、梅林、宁墩、黄岗、万家、银峰	6:55	15:34	4	53
	梅村—宁国	平兴、沙埠、梅林、苍岭、宁墩、杨狮、南极、龙川、曹口、江村、施村	6:30	15:03	4	55
	西泉—宁国	平兴、沙埠、梅林、宁墩、黄岗、万家、外村、溪塔	7:25	15:51	4	53
	红游—宁国	平兴、沙埠、梅林、苍岭、宁墩、杨狮、南极、龙川、曹口	7:30	16:16	4	55
	大龙—宁国	平兴、沙埠、梅林、宁墩、万家、曲坞、朱家坞	7:10	16:06	4	55
	洪家庄—宁国	平兴、沙埠、梅林、苍岭、宁墩、杨狮、南极、龙川、曹口、江村	6:45	15:58	4	55
	和隆坞—宁国	平兴、沙埠、梅林、宁墩、黄岗、万家	6:15	16:24	4	48
	梅村—宁国	平兴、沙埠、梅林、苍岭、宁墩、杨狮、南极、龙川、曹口、江村、施村	7:40	16:32	4	55
	西泉—宁国	平兴、沙埠、梅林、宁墩、黄岗、万家、外村、溪塔	8:10	17:00	4	53
	关岭—宁国	平兴、沙埠、梅林、宁墩、杨狮、南极	8:00	16:52	4	50
	大塔—宁国	平兴、沙埠、梅林、宁墩、黄岗、万家、银峰	8:25	17:35	4	53
	梅村—宁国	平兴、沙埠、梅林、苍岭、宁墩、杨狮、南极、龙川、曹口、江村、施村	8:15	17:24	4	55
	大龙—宁国	平兴、沙埠、梅林、宁墩、万家、曲坞、朱家坞	7:55	17:14	4	55
	大坞—宁国	平兴、沙埠、梅林、苍岭、宁墩、杨狮、南极、龙川、曹口、江村、施村	8:30	17:50	4	55
	西坞—宁国	平兴、沙埠、梅林、宁墩、黄岗、万家、西坑口	7:40	16:40	4	53
	双川—宁国	平兴、沙埠、梅林、东山渡、玉虹	6:30	15:30	4	40
	双川—宁国	平兴、沙埠、梅林、东山渡、玉虹	7:30	16:30	4	40
	双川—宁国	平兴、沙埠、梅林、东山渡、玉虹	7:00	15:50	4	40
	宁国—虹龙	平兴、沙埠、梅林、东山渡、玉虹	7:45	15:30	4	40

续表 79

站名	级别	途径主要站点	起点首末班车时间		班次	里程（千米）
			首班	末班		
客运东站（位于S104线与东城大道北交汇处，新长途汽车站内）	乐川—宁国	平兴、沙埠、梅林、东山渡、苍岭、小河口	6:45	15:25	4	40
	万家—西泉	万家、外村、溪塔	7:00	15:40	4	25
	七都—宁国	桥头、梅林、沙埠	7:30	11:30	4	44
	七都—宁国	桥头、梅林、沙埠	8:30	13:00	4	44
	七都—宁国	桥头、梅林、沙埠	9:30	15:00	4	44
	七都—宁国	桥头、梅林、沙埠	10:30	16:00	4	44
	七都—宁国	桥头、梅林、沙埠	11:30	16:50	4	44
	红地—宁国	桥头、梅林、沙埠	13:00	14:00	4	44
	姚高—宁国	高山口、汪溪	7:00	14:50	4	25
	姚高—宁国	高山口、汪溪	7:30	16:20	4	25
	姚高—宁国	高山口、汪溪	8:00	15:00	4	25
	宁国—姚高	玉村、长虹	7:30	15:30	4	25
	姚高—宁国	高山口、汪溪	9:00	15:00	4	25
	古林—宁国	汪溪、高山口	7:00	16:30	4	25
	元村桥—宁国	沙埠、平兴	8:20	14:20	4	29
	宁国—元村桥	平兴、沙埠	10:50	16:00	4	29
	元村桥—宁国	沙埠、平兴	9:10	15:10	4	29
	长虹月村—宁国	刘村、江村	7:30	17:00	8	25
	龚家坞—宁国	金山、梅村	7:00	17:00	8	25
	长虹—宁国	八里	7:00	16:00	8	25
	长虹—宁国	八里	7:30	16:50	8	25
	畈村高桥—宁国	畈村、长虹	7:20	16:40	8	25
	宁国—对山	沙埠、梅林	7:00	17:00	6	26
客运南站（位于宁阳西路与创业南路交叉口）	新安—宁国	梅林、沙埠	8:00	14:00	4	33
	宁国—新安	沙埠、梅林	9:10	17:00	4	33
	宁国—联合	汪溪、落花荡	8:30	15:00	4	25
	联合—宁国	落花荡、汪溪	9:30	16:30	4	25
	孚坑—宁国	方塘、东风桥	5:40	14:30	4	67

续表 79

站名	级别	途径主要站点	起点首末班车时间		班次	里程（千米）
			首班	末班		
客运南站（位于宁阳西路与创业南路交叉口）	上坦—宁国	方塘、马村	7:20	15:10	4	65
	前进—宁国	方塘、东风桥	6:20	15:40	4	70
	石岭—宁国	方塘、东风桥	6:50	13:30	4	68
	宁国—上坦	方塘、东风桥	7:20	16:00	4	65
	潘茶—宁国	方塘、东风桥	8:00	13:30	4	78
	葛村—宁国	方塘、东风桥	8:30	16:30	4	65
	小方山—宁国	方塘、东风桥	7:40	14:00	4	70
	上坦—宁国	方塘、东风桥	9:00	17:00	4	65
	甲路—宁国	竹峰、瓦窑铺	6:30	17:50	6	27
	甲路—宁国	竹峰、瓦窑铺	6:30	17:50	6	27
	西坑—宁国	甲路、竹峰、瓦窑铺	7:30	13:40	4	60
	宁国—胡乐	甲路、竹峰、瓦窑铺	7:00	17:30	4	46
	西坑—宁国	甲路、竹峰、瓦窑铺	7:30	13:40	4	60
	胡乐—宁国	甲路、竹峰、瓦窑铺	7:00	17:30	4	46
	宁国—胡乐	甲路、竹峰、瓦窑铺	7:00	17:30	4	46
	西坑—宁国	甲路、竹峰、瓦窑铺	7:30	13:40	4	60
	浪荡坞—宁国	鸿门、竹峰、瓦窑铺	14:00	14:00	4	48
	虹龙—宁国	霞西、竹峰	8:45	14:55	4	24
	路下园—宁国	霞西、竹峰	13:10	16:10	4	32
	宁国—上门中村	霞西、竹峰	7:30	16:15	4	32
	石河村—宁国	霞西、竹峰	14:25	14:25	4	32
	中村—宁国	霞西、竹峰	7:30	14:55	4	32
	宁国—虹龙三合	霞西、竹峰	8:10	15:40	4	24
	霞西—宁国	竹峰	6:50	18:00	8	14
	宁国—霞西	竹峰	5:30	18:00	8	14
	宁国—霞西	竹峰	5:30	18:00	8	14
	霞西—宁国	竹峰	6:50	18:00	8	14
	平阳—胡乐	鸿门	6:50	16:00	4	24

续表 79

站名	级别	途径主要站点	起点首末班车时间 首班	末班	班次	里程（千米）
客运南站（位于宁阳西路与创业南路交叉口）	石门—甲路	石门、甲路	9:20	14:30	6	14
	四联—甲路	庄村	7:00	14:30	6	15
	甲路—宁国	竹峰、瓦窑铺	6:30	17:50	6	27
	甲路—宁国	云门、二号洞、瓦窑铺、竹峰	甲路首发班车 5:00，南站末发班 17:00；宁国首发班车 6:30；南站末发班车 17:50；甲路至宁国大合拢运营，发车时间循环营运		6	27
	甲路—宁国	云门、二号洞、瓦窑铺、竹峰			6	27
	甲路—宁国	云门、二号洞、瓦窑铺、竹峰			6	27
	甲路—宁国	云门、二号洞、瓦窑铺、竹峰			6	27
	元川—宁国	甲路　二号洞、瓦窑铺、竹峰	元川首发班车 7:00，南站末发班车 15:15		4	35
	胡乐—宁国	鸿门、甲路、云门、竹峰	胡乐首班发车 5:40，南站末班发车 16:10；南站首班发车 7:00，胡乐末班发车 17:30；胡乐至宁国大合拢营运，发车时间循环营运		4	44
	胡乐—宁国	鸿门、甲路、云门、竹峰			4	44
	胡乐—宁国	鸿门、甲路、云门、竹峰			4	44
	胡乐—宁国	鸿门、甲路、云门、竹峰			4	44
	胡乐—宁国	鸿门、甲路、云门、竹峰			4	44
	西坑—宁国	胡乐、鸿门、云门、甲路、竹峰	西坑首班发 5:10，南站末班发 13:40，循环运营		4	62
	平阳—宁国	甲路、云门、二号洞、竹峰	平阳首班发 7:00，南站末班发 14:30		4	51
	四联—宁国	庄村、竹峰	四联首班发 7:10，南站末班发 14:00		4	45
	南坞口—宁国	庄村、竹峰	南坞口首班发 6:50，南站末班发 13:30		4	43
	石门—宁国	甲路、云门、二号洞、竹峰	石门早班发 7:00，南站末班发 13:30		4	48
客运西站（位于西津街道凤形村）	济川—西站	东风桥、青龙、大村	6:10	17:00	24	21
	东风桥—西站	青龙、大村	6:10	17:00	4	15
	双河—西站	东风桥、青龙、大村	6:30	15:50	4	25
	茶林—西站	青龙、大村	6:40	15:20	4	21
	方家冲—西站	青龙、大村	6:10	16:00	4	17
	太平—西站	株木店、恩龙	6:40	15:00	4	32
	电厂—西站	株木店、恩龙	6:50	17:00	4	15

续表 79

站名	级别	途径主要站点	起点首末班车时间		班次	里程（千米）
			首班	末班		
宁国市公路运输有限公司农班车	省水泥厂—宣城	杨林	6:00	16:30	6	45
	省水泥厂—宣城	杨林	6:00	16:30	6	45
	省水泥厂—宣城	杨林	6:00	16:30	6	45
	省水泥厂—宣城	杨林	6:00	16:30	6	45
	宁国—水东	汪溪	6:00	17:20	8	25
	宁国—水东	汪溪	6:00	17:20	8	25
	宁国—水东	汪溪	6:00	17:20	8	25
	宁国—水东	汪溪	6:00	17:20	8	25
	宁国—海峰	长虹			4	38

2017年宁国市港口至宁国及港口地区公交运营线路一览表

表 80

线别	运营时间	起讫站点	沿途线路与站点
公交21路	夏季：5:00—18:00 冬季：5:00—17:30	港口—宁国火车站	港口集镇—三里凉亭—港口开发区—七里凉亭—加油站—三号井—株木店—恩龙山庄—桂花树—团山—双桥铺—罗溪岔路—西站—金山维也纳—西津办事处—凤凰城—皇文一店—世纪广场—城管局—宁国火车站
公交22路	5:30—18:00	山门—宁国	山门—水泥厂—港口开发区—加油站—三号井—株木店—恩龙山庄—桂花树—团山—双桥铺—罗溪岔路—西站—金山维也纳—西津办事处—凤凰城—皇文一店—世纪广场—城管局—宁国火车站
公交23路	6:30—17:30	电厂—宁国	电厂—陈村——矿生活区—矿部农贸市场—洪家庄—东山村—加油站—三号井—株木店—恩龙山庄—桂花树—团山—双桥铺—罗溪岔路—西站
公交24路	6:30—17:00	港口—西村	港口集镇—港口火车站—陈村—电厂—桃园—西村
公交25路	6:30—17:30	港口—程村	港口集镇—三里凉亭—七里凉亭—水泥厂—山门老厂—山门洞—程村
公交26路	夏季：6:00—17:30 冬季：6:00—17:00	港口—方家冲	港口集镇—三里凉亭—七里凉亭—水泥厂—山门洞—山门—方村—方家冲
公交27路	6:00—17:30	港口—太平屠村	港口集镇—镇政府—三里凉亭—港口开发区管委会—飞达工业园—龙润驾校—华普建材—经五路变电站—太平屠村

续表 80

线　别	运营时间	起讫站点	沿途线路与站点
公交 28 路	夏季：6:00—17:30 冬季：6:00—17:00	港口—汪村	港口集镇—镇政府—三里凉亭—港口开发区管委会—飞达工业园—龙润驾校—华普建材—经五路变电站—太平汪村

2017 年宁国市公交运营线路一览表

表 81

班　别	线　别	起讫站点	线路与沿途
5:20—21:50	1-1 路	宁国汽车站—客运西站	线　路：东城大道—滨口路—河沥溪路—东津路—津河东路—津河西路—凤形路 站　点：宁国汽车站—燕子山安置区—三泉廉租房—架云轩奇石古玩城—中鼎橡塑—创业园综合楼—农民工创业园—开源耐磨—正兴耐磨(八里)—畈村村委会—河沥中学—医药仓库—小溪口—幸福巷—河沥农贸市场—河沥马场—津河中学—市医院—国际大酒店—苏果超市—广通巷—北门闸—中奇花园—西津公寓—凤凰明珠—市医院西区—凤凰明珠—西津公寓—家怡康复医院—山门北路口—老干局—翠竹家园—市政府—凤凰城—西津办事处—凤形山—金山维也纳小区—客运西站
5:20—21:50	1-2 路	宁国汽车站—客运西站—幸福城	线　路：东城大道—滨口路—河沥溪路—东津路—津河东路—津河西路—凤形路 站　点：宁国汽车站—燕子山安置区—三泉廉租房—架云轩奇石古玩城—中鼎橡塑—创业园综合楼—农民工创业园—开源耐磨—正兴耐磨（八里）—畈村村委会—河沥中学—医药仓库—小溪口—幸福巷—河沥农贸市场—河沥马场—津河中学—市医院—国际大酒店—苏果超市—广通巷—北门闸—中奇花园—西津公寓—凤凰明珠—市医院西区—凤凰明珠—西津公寓—家怡康复医院—山门北路口—老干局—翠竹家园—市政府—凤凰城—西津办事处—凤形山—金山维也纳小区—客运西站—幸福城
夏季：5:50—18:10 冬季：6:00—17:40	2 路	交通驾校—客运西站	线　路：交通驾校—S104—东津路—宁阳东路—宁阳中路—山门南路—南山西路—凤形路—仙霞大桥—青龙西路—宁港路 站　点：交通驾校—庙山村—宁元寺—宁广路口—小溪口—幸福巷—河沥农贸市场—河沥马场—津河中学—宁阳公园（市医院南门）—交通局—南门桥—农贸市场—市农合行—商之都—小南河（丰盛苑）—宁墩路口—南山路口——中鼎公司—南山办事处—水务公司—三津中学—杨家山—清华路口—双龙站（百信丽郡）—市医院西区—凤凰明珠—西津公寓—滨江御城—西津办事处—凤形山—金山维也纳小区—客运西站
杨郭村发车： 夏季 6:10—18:10 冬季 6:20—17:40 白云路发车： 夏季 5:50—18:10 冬季 6:10—17:40	3 路	汪溪—南门山岗—白云路	线　路：宣宁路—宁国大道—宁城北路—宁城南路—南山西　路—宁阳西路—染坊路与白云路交叉处 站　点：杨郭村—吴郭村—般白园区—小汪村北—小汪村南—物流园区—般白村委会—五星公司—汪港路口—汪溪中学—落花荡路口—汪溪木竹市场—汪溪街道—汪溪加油站—飞达公司—聚龙山—市体育馆—双河路口—潘村（宁阳学校）—金桥路—桂冠花园—时代广场—市委党校—市政府—住建委—市工会—市中行—华泰超市—津南小学—宁中高中部—书香名邸—联益小区—南山路口—中鼎公司—南山办事处—豪辰俪景—明星花园—开发区农贸市场

续表 81

班　别	线　别	起讫站点	线路与沿途
5:20—21:50	4 路	宁国汽车站—客运南站	线　路：宁国汽车站—S104—东津路—宁阳东路—宁阳中路—宁阳西路—创业路 站　点：宁国汽车站—燕子山加油站—金桥湾—严家湾—下水碓—津三角—小溪口—幸福巷—河沥农贸市场—河沥马场—津河中学—宁阳公园（市医院南门）—交通局—南门桥—农贸市场—市农合行—商之都—文欣家园—上海花苑—材料工程学校—豪辰俪景—光彩大市场—百合公馆—亚夏汽车城—松岭站—客运南站
夏季 5:55—18:10 冬季 6:00—17:40	5 路	火车站—竹峰	线　路：青龙东路—东岸路—人民路—宁城北路—津河西路—仙霞南路—凤形路—杨山路—外环西路—S215 竹峰中学 站　点：火车站—亚新科花园—运管所—市财政局—住建委—市工会—苏果超市—广通巷—北门闸—中奇花园—仙霞路小圩安置区—仙霞路双龙巷口—江南花苑—清华路口—杨家山—三津中学—开发区小学—中鼎泰克—天成公司—东坡公司—科技服务中心—飞鹰公司—二里冲—下阳村—竹峰粮站—竹峰派出所—竹峰中学
夏季 5:50—18:10 冬季 6:00—17:40	6 路	燕子山—客运南站	线　路：振宁路—东城大道—S104—东津路—迎宾路—北园路—中溪北路—中溪中路—城西路—山门中路—清华路—凤形路—钓鱼台路—创业路 站　点：电子信息产业园—新鸿泰—上格照明—双宁机械—中鼎橡塑北—架云轩奇石古玩城—三泉廉租房—燕子山安置区—宁国汽车站—燕子山加油站—金桥湾—严家湾—下水碓—津三角—小溪口—幸福巷—河沥农贸市场—河沥马场—津河中学—大华市场（南）—实验小学—津园村—中鼎花园—西街—九洲家园—清华苑—江南花苑—清华路口—杨家山—三津中学—开发区管委会—半山澜溪地—大大科技—博宏纺织—客运南站
夏季 5:20—18:10 冬季 5:50—18:00	7 路	河沥开发区—双龙站	线　路：东城大道—金桥路—慈安路—宁国大道—青龙东路—东风路—宁阳东路—山门南路—宁墩路—国泰路—仙霞南路—清华西路—凤形路 站　点：众益工业广场—红檀树蓝领公寓—创业园综合楼—中鼎橡塑—架云轩奇石古玩城—三泉廉租房—燕子山安置区—宁国汽车站—燕子山加油站—金桥大桥—金桥路林村—竹林园小区—宁阳学校—金桥路—桂冠花园—时代广场—市委党校—宁国花园（南）—运管所—金鸥花园—城东路口—交通局—南门桥—农贸市场—市计生委—宁墩路—时代尊城—仙霞路新安—江南花苑—双龙站
高山口发车 夏季 6:05—18:10 冬季 6:15—17:40 南站发车 夏季 5:50—18:10 冬季 6:00—17:40	8 路	客运南站—汪溪	线　路：宁阳西路—南山路—宁墩路—长乐路—宁阳东路—迎宾路—北园路—东岸路—胡乐路—宁国大道—金桥路—宁国汽车站—S104—汪溪 站　点：客运南站—松岭站—亚夏汽车城—百合公馆—光彩大市场—豪辰俪景—南山办事处—中鼎公司—南山路口—联益小区—书香名邸—宁中高中部—飞达御府—长乐路—宁阳公园（市医院南门）—大华市场（南）—金鸥花园—运管所—宁国花园（东）—胡乐路—桂冠花园—金桥路—宁阳学校—竹林园小区—金桥路林村—金桥大桥—宁府山庄—石村—东南木业—聚龙山—飞达公司—汪溪加油站—汪溪街道—汪溪木竹市场—落花荡路口—汪溪中学—汪港路口—五星公司

续表 81

班　别	线　别	起讫站点	线路与沿途
6:00—17:40	9 路	宁国汽车站—客运南站	线　路:宜黄公路—外环南路—创业路 站　点:宁国汽车站—燕子山安置区—三泉廉租房—架云轩奇石古玩城—中鼎橡塑—创业园综合楼—农民工创业园—开源耐磨—正兴耐磨（八里）—山里仁—太阳禽业—津桥包装—平兴加油站—鸡山村委会—华达耐磨—亚夏驾校—杰宇铸造—中财物流城—万福村—瑞泰科技—生力公司—詹氏公司—客运南站
夏季 5:50—18:10 冬季 6:00—17:40	10 路	客运南站—火车站	线　路:客运南站—创业路—外环西路—独山路—双龙路—龙潭路—津河西路—迎宾路—火车站 站　点：客运南站—博宏纺织—绿源板厂—华普建材—冠星汽配—盛鼎站—中鼎公租房—独山路口—双龙巷口—双龙路—龙潭公园—凤凰明珠—西津公寓—中奇花园—北门闸—广通巷—苏果超市—国际大酒店—市医院—迎宾路—火车站
	11 路	河沥八里—河沥八里	线　路:河沥八里—滨口路—东城大道路—泰顺路—S215 省道—河沥八里 站　点:河沥八里—正兴耐磨—开源耐磨—农民工创业园—红檀树蓝领公寓—众益配套公寓—源光电器—河沥中心小学—河沥八里
6:30—15:30	12 路	独山—火车站	线　路:独山村—双龙站—市医院西区—津河路—东风路(大华市场,运管所)—青龙东路(亚新科花园)—火车站
6:00—18:00	13 路	罗溪—苏果超市	线　路:罗溪、客运西站、凤凰桥、老干局、苏果超市
6:10—17:00	14 路	五公里	线　路:交通驾校—S104—平兴五公里
5:20—17:00	15 路	二号洞	线　路:火车站—迎宾路—宁阳公园(市医院南门)—交通局—南门桥—农贸市场—市农合行—商之都—文欣家园—上海花苑—材料工程学校—豪辰俪景—光彩大市场—百合公馆—亚夏汽车城—松岭站—客运南站—竹峰—S215—二号洞
夏季 6:00—17:30 冬季 6:00—17:00	16 路	万福—火车站	线　路:万福—南站—宁阳路—中心农贸市场—华泰超市—宁城北路—人民路(财政局)—东风路(运管所)—青龙东路(亚新科花园)—火车站

索引

Indexes

- 条目索引
- 正文图表索引
- 简略语和名词解释索引

一、索引采用主题分析法编制。全书除彩页、大事记外，均做索引。

二、索引设“条目索引”“正文图表索引”“简略语和名词解释索引”3种。

三、3种索引均按标引词汉语拼音顺序排列。

四、标引词中类目名称用黑体字标明。标引词后的阿拉伯数字表示内容所在页码，数字后的a、b、c分别表示左、中、右栏，无字母的表示该内容为通栏，图表用（图）或（表）注明。

标引词后第二个页码起，表示该索引参见内容所在位置；空一字起排的为上一标引词的附见内容。

条目索引

A

B

F

G

H

J

K

L

M

N

P

Q

R

S

T

W

X

Y

Z

正文图表索引

G

J

K

L

M

N

Q

S

T

W

X

Y

简略语和名词解释索引

T

W

X

Y

Z